D1732331

Kurt Prauße • Totgeglaubt, doch quicklebendig

Kurt Prauße

Totgeglaubt,
doch quicklebendig

Hüben und drüben mit Lust und Frust

FRIELING

Die Deutsche Bibliothek – CIP-Einheitsaufnahme
Prauße, Kurt:
Totgeglaubt, doch quicklebendig : hüben und drüben mit Lust und Frust /
Kurt Prauße. – Orig.-Ausg., 1. Aufl. –
Berlin : Frieling, 1997
(Frieling-Erfahrungen)
ISBN 3-8280-0195-5

© Frieling & Partner GmbH Berlin
Hünefeldzeile 18, D-12247 Berlin-Steglitz
Telefon: 0 30 / 7 74 20 11

ISBN 3-8280-0195-5
1. Auflage 1997
Titelillustration: Kurt Prauße
Sämtliche Rechte vorbehalten
Printed in Germany

Inhalt

Buch III: Wieder vereint
(Bilaterale Beziehungen)

Vorwort zum Teil I

Ein Bürger wie Du und ich, dazu eine Frau oder ein Mann wie Du und ich. – Eigentlich sind es Frauen und Männer, so wie Du und ich, so wie wir alle sind, nur etwas normaler oder auch anormaler, ganz nach Betrachtung! In diesem Buch soll über Menschen berichtet werden, die wie im Zwanzigsten Jahrhundert in Deutschland leben.

Es wird versucht, in lockerer Form das Leben im „Dritten Reich", nämlich unter „Hitler", und danach, nach dem für Deutschland verlorenen Dritten Weltkrieg, im geteilten Deutschland, nämlich in der DDR und in der BRD zu erzählen!

Man möge mir verzeihen, wenn die geschichtlichen Daten nicht immer ganz korrekt sein sollten, denn ein Geschichtsbuch soll es nicht sein.

Wichtig scheint mir, daß die unterschiedlichen Staatsformen und Lebensbedingungen im getrennten Deutschland für die Nachwelt erhalten bleiben. Da ich diese Zeit selbst, in der DDR als auch in der BRD, miterlebt habe, ist fast alles wahrheitsgetreu dargelegt.

Man möge aber auch verstehen, wenn manche sprachlichen Ausdrucksformen nicht korrekt sind, das aber ist Absicht! – Von wegen der Komik und so! – Ja, – und was so zwischen den Zeilen steht, die erotischen Abhandlungen nämlich, ist auch Absicht! – Von wegen der Abwechslung und so. –

Monogamie gab es nicht immer schon, bei den Menschen meine ich, und Polygamie gibt es auch heute noch, ganz offiziell noch! – Na und das Tier im Menschen und den „Leithammel" und so, das gibt es halt auch heute immer noch!

Ob Emanzipation was Gescheites war oder ist, in Lesbos schon, oder heute wieder? – Ich wage es zu bezweifeln! –

Da ist noch die Moral zu erwähnen! – Ja, wer hat sie eigentlich erfunden? – Warum sollen nur die Begüterten, warum nicht auch die von der „Gesellschaft" und von der Natur Benachteiligten kein Recht auf Liebe und Sex haben!? – Wer will, wer kann da Richter sein!? –

Sie taten es schon immer, und sie tun es noch immer! – Ja, es ist den Frömmsten schon passiert! –

Namen und Handlungen sind frei erfunden und im Zweifelsfall rein zufällig!?

Der Verfasser

Eine schwere Geburt

Es herrschte große Aufregung bei Paulsens, in einem Dorf mitten in Thüringen! Der Landarzt Dr. Brandt, schon seit drei Stunden aus dem fast zehn Kilometer entfernten Nachbardorf angekommen, war am Verzweifeln. Mein Vater in spé, Hellmuth, war völlig am Boden zerstört, auch meine künftigen Großmütter standen händeringend und jammernd herum. – Was war zu tun!? Alle schienen hilflos! – Jetzt hatte es Lene faxendicke satt! – Sie, die am meisten Betroffene und sich quälende Frau, übernahm das Kommando!

Los, tut doch was, Sie auch Doktor, das Mädchen stirbt mir noch, bevor es überhaupt geboren wird! – Das Fruchtwasser ist doch schon eine Ewigkeit abgegangen. Könnt ihr denn nicht mal zugreifen und es herausziehen!? – Los, bewegt euch endlich! Hellmuth, Doktor, na los, endlich, was getan, und nicht wie die Hampelmänner herumgestanden!

Mir selber war inzwischen auch ganz übel geworden, ich bekam überhaupt keine Luft mehr! – Wie mag das bloß enden, waren meine letzten Gedanken.

Meine beiden Vorbrüder, Heinz vornean, der ältere, und Rolf, der auch nur ein Jahr ältere, saßen ganz verstört und weinend in unserer Wohnküche auf der Chaiselongue, und wußten nicht, was das sein sollte! – Vom Klapperstorch und von der kleinen neuen Schwester hatte die Mutter gesprochen. – Aber das hatten sie sich ganz anders vorgestellt! Viel schöner hatten sie sich das gedacht! – Ein Glück für meine Mutter war es, daß Sonntag war, wer sonst hätte ihr in dieser schicksalsschweren Stunde helfen können! – Der alte Doktor schien mit seinem Latein am Ende zu sein!?

Komm schon, Hellmuth, du hast das Ganze mit eingerührt, und nun mußte es auch mit zu Ende bringen! – Los! Hellmuth, komm her, siehste denn nicht, daß schon was rausguckt, das merk ich doch!

Endlich war es, dank Hellmuths Entschlossenheit und Lenes Federführung, gelungen, mich auf diese Welt zu bringen! – Ohne meine eigene Mitwirkung allerdings. Ich hatte dabei völlig versagt!

Das große Fiasko war aber nun noch lange nicht zu Ende, denn ich war auf einmal gar kein Mädchen, sondern schon wieder ein Junge! – Und das noch Schlimmere daran war, daß ich schon tot war, noch bevor ich am Leben war!

Ja, da hing ich nun an meinen beiden Beinen und sah am ganzen Körper von rot bis dunkelviolettblau aus!

Lene konnte das gar nicht mit ansehen, am liebsten hätte sie alles selbst in die Hände genommen, wenn sie gekonnt hätte! – Aber sie blieb nicht untätig, denn sie gab auch jetzt wieder die Kommandos. „Los, Hellmuth, hörst du! Hole Wasser! Kaltes, warmes, heißes! – und große Tücher! Bettücher! – Los! und ihr anderen könntet euch etwas mehr bewegen! – Sie Doktor, schon mal was von Massage gehört!? Kneten müssen Sie das Kind, und in nasse Tücher packen, mal warm, mal kalt, oder umgekehrt!?"

Und Schläge auf den Po bekam ich! – Aua! – Und das gefiel mir gar nicht! Ich fing an mich zu wehren, ich schrie und strampelte, solange, bis ich geboren war! – Um ein Haar hätten sie mich ..., aber ich hatte dann eben doch noch rechtzeitig meine Entscheidung getroffen, und spazierte in diese sch... Welt!

Die Spannung fiel von allen ab, es war überstanden, und ich konnte mich endlich ausruhen von den Strapazen!

Inzwischen waren auch die anderen Verwandten und Bekannten und sonstigen Neugierigen eingetroffen. – Der Bäckersgroßvater, die Tante Grete, die Tante Liese, nicht die Heil Hitler Tante Luise aus Weimar, die Nachbarinnen und eceteras. Mein Paulsensgroßvater konnte nicht kommen, er schaute von „Oben" zu! –

Ich wurde bewundert, es war mir ganz peinlich sozusagen, soviel Blabla auf einmal. – Sieht aus wie Lene, ja, genau wie dir aus dem Gesicht geschnitten, und die krummen Beine und große Nase wie Hellmuth. Über den völlig zerdrückten, noch immer rotblauen Kopf, und das viel zu kleine linke Auge am Kopf da oben, wurde mit Rücksicht auf meine Eitelkeit nicht gesprochen! Diese äußeren Mängel verschwanden mit der Zeit dann auch noch, und aus mir schon Totgeglaubten wurde doch noch ein ganz hübscher Junge, wie aus Frauenmündern, und sonst auch, später zu hören war!

Nach meiner Geburt, wenn es überhaupt eine war, kann ich mich an einige Jahre rein gar nichts mehr erinnern, bis auf folgende Begebenheit: So mit drei Jahren etwa, es kann auch ein paar Tage später gewesen sein, bin ich die sogenannte Bodentreppe heruntergepurzelt, so richtig kopfüber und -unter, dabei taten mir fast alle Gräten weh, ich spürte das so richtig, vor allen die vorn an meinem Kopf ganz besonders! Hatte doch jemand unten am Ende der Purzelbahn eine große Bratheringdose, mit Hühnerfutter drin, hingestellt, und die Narbe über meinem linken Auge kann man immer noch sehen. – Dabei hat mich das Hühnerfutter gar nicht so sehr gestört! – Wenn es bloß nicht so weh getan und ich am Heulen gewesen wäre.

Ein Andermal, da wurde ich wieder einmal erwischt, als ich am Zeter und Mortio am Schreiben war. Ich hatte mal wieder was ausgefressen. Ich kann mich heute nicht mehr daran erinnern, was es war, aber der verhängten Strafe nach muß es schon etwas mehr Schlimmes gewesen sein! – In den Keller hatte mich meine Mutter gesperrt! – Wir hatten nur einen relativ kleinen Keller unter unserem Haus, aber dafür war er für uns Kinder schrecklich dunkel, denn er hatte nur rohe Bruchsteinmauern und gar kein Fenster nicht! Das Wasser lief die Wände herunter, und auch von der Decke tropfte es. Eine einfache grobe Brettertür mit dicken Querriegeln verschloß dieses Verließ! – Ja, und an diesen Querriegeln hing ich nun und schrie wie am Spieß! – Waren da doch böse Geister in diesem Keller, wie Mutter immer sagte, wenn wir in Arrest mußten! – Völlig aufgelöst und schon wieder mit hochrotem Kopf wurde ich nach kurzer Zeit wieder aus der Haft entlassen. Noch lange danach flennte ich vor mich hin! Obwohl unsere Eltern keine Tyrannen waren, nein ganz und gar nicht, aber damit hatten sie wohl, ohne genau darüber nachzudenken, einen schlimmen Erziehungsfehler begangen! – Ich habe noch lange in meinem Leben an diese Geister und Unholde denken müssen, noch oft davon geträumt! Es hat in mir ein schreckliches Angstgefühl hinterlassen, bis in die Steinzeit hinein! – Ob es meinen drei Brüdern auch so angehangen hat, weiß ich nicht genau, aber ich erinnere mich auch an spätere Jahre, wenn abends unsere Eltern mal in die Spinnstube oder sonstwohin gingen und wir nach Einbruch der Dunkelheit zum Schlafzimmerfenster gemeinsam herausbrüllten und heulten und um Hilfe schrien, weil da wohl irgendwo im Hause ein Einbrecher sei! – Alles hat eben seine Ursache, und da unser Haus am Ortsende lag, recht einsam, vor allem des Nachts, und da man schon mal in unsere Speisekammer eingestiegen war und das ganze Frischgeschlachtete geklaut hatte, warum sollte da nicht schon wieder einer hier sein, der uns vielleicht umbringen wollte!

Dann erinnere ich mich an meinen Bäckersgroßvater, der eines Tages an unserem Hause anhielt und mir eine Tüte saure Bonbons schenkte! Das mußte wohl ein Versehen gewesen sein, fuhr er doch fast täglich mit seinem Breck an unserem Haus vorbei, wenn er sein Brot und Semmeln nach Hänichen und Meckfeld fuhr. Übrigens, ein „Breck" ist so was wie ein leichter Pferdewagen, damals ein Sportcoupé unter den Pferdewagen. – Nun, wenn es auch kein Versehen gewesen sein sollte, so nehme ich es ihm auch heute nicht mehr übel, denn immerhin hatte er ja dreizehn von der Sorte wie mich – Enkel –. Es war übrigens mein siebter Geburtstag, wovon ich spreche. Das heißt, ich wurde sex Jahre alt!

Nur für die, die sich nicht erinnern können oder wollen, das war 1933, da, wo Adolf Hitler die Macht ergriffen hatte! – Zweimal mußte er da zugreifen, denn beim erstenmal, im Januar glaube ich, hatten ein paar Stimmen gefehlt. Aber der Herr Hindenborg, „von", natürlich, wurde „Reichspräsident", „burg", natürlich! – Er hat den Herrschaften, wie auch meinem Vater, schon erklärt, wie das gemacht werden muß mit dem Stimmzettel. – War doch der Führer, der Herr Hitler, ein Nationalsozialist, der weiß, was sich gehört, und auch, was er wollte! Wo doch auch die Krupps und Tissens und von Farben dazurieten, warum denn auch nicht!? Und wie lange schon hatte man dem Millionenheer von, oder doch nicht von, die Arbeitslosen meine ich, angelügt! –

Weil auch mein Vater tagelang, nein, ich meine jahrelang, den ganzen Tag lang in der Küche vorm Buffet rumstand, meiner Mutter ewig im Wege und uns mehr Angst als alles andere einflößte, waren saure Bonbons oder gar Schokolade oder Südfrüchte oder gar Speiseeis oder Limonade und so, sogenannte „Böhmische Dörfer"! – Coca Cola und so was war damals noch gar nicht erfunden, denke ich.

Übrigens hat Mutters Schwester, die Tante Luise, die ganze Familie vergattert, damit die Nachwahl nicht wieder ins Auge ging! – War sie doch Adolfs Kampfgefährte! – Das Goldene Parteiabzeichen und den Silbernen Adler bekam sie dafür.

Dann wurde ich ABC-Schütze, mit fast schon sieben Jahren erst. Wohl nicht, weil ich zurückgeblieben war, ich meine wegen meiner schweren Geburt, sondern, weil zu meiner Zeit am ersten April eingeschult wurde, und unter „Sex" ging eben nichts! – Wahrscheinlich hatten meine Mutter und Väter zur Zeit der Grundsteinlegung daran gar nicht gedacht! – Mein schwarzes Haar hatte ich von meiner Mutter geerbt. Aber zum Glück hatte mir Großvater Otto seine Vollglatze nicht vermacht! –

Eine große Zuckertüte hatte ich dann bekommen, wahrscheinlich so ein kleiner

Ersatz, und weil ich ja auch schon ganz schön stark war und sie schleppen konnte! –
Aber wozu das Ganze eigentlich, mußte ich doch mehr als die Hälfte des Inhaltes an
meine Geschwister und die restliche große Verwandtschaft verteilen! – Begriffen
habe ich das damals nicht. Erst kriegste so'n Haufen Süßigkeiten, mußt dich noch
damit bis nach Hause schleppen, und dann so was!? – Nun ja, wie dem auch war,
ich war inzwischen zu einem ganz ordentlichen und ganz gewieften Prachtexemplar
entwickelt geworden.

Ich verstand es ,meinen Kantern zu gefallen, sofort war ich da, wenn sie runterge-
fallen waren, die Kreide oder der Rohrstock und so. Das „Tafelwischen" war selbstverständlich Knuth, nämlich mir, vorbehalten! – So leid mir das der Mitschüler wegen auch tat. – Aber am allerambesten gefiel ich mir, wenn ich den Lehrer mal zu
vertreten und für Ruhe und Ordnung zu sorgen hatte! – Da war ich auch noch ganz
stolz auf mich, wenn ich es mir auch gar kein kleines bißchen anmerken ließ!?

Ich wußte doch selbst, daß ich der Schwarze, der Bäckers Knuth war, man stand
doch schließlich über den Dingen! – Und dann war das ja auch nicht jedem gegeben,
das Tafelwischen und so! – Oder? –

Diese Vormachtstellung hatte ich natürlich auch auf mein außerschulisches Da-
sein ausgedehnt, und ganz selbstverständlich mich auch zum Rädelsführer ernannt! –
Wer sonst wohl hätte das sein sollen? – Von Gottesgnaden! – Noch! – Da waren al-
lerdings noch so ein paar Neider, mit denen ich zu rechnen hatte. So zum Beispiel
die schon ein paar Jährchen „Älteren" – und – hm, und Egon, mein gleichaltriger
Vetter! – War sein Vater doch in der „schwarzen SS", mein Vater aber nur in der
NSDAP. Mit dem gesamten „Jungstahlhelm" wurde er übergeführt, in diese neue
Partei, und mit „Heil Hitler" natürlich!

Aber so leicht ließ ich mir meine Vormachtstellung nicht streitig machen. Und
natürlich hatte ich mich auch immer wieder zu bewähren!

Das zeigte ich ihnen mit meiner Stärke, Kraft und Ausdauer und mit meiner Lautstärke! – Die gehört da wohl mit dazu? Und ob! –

Wenn ich optisch auch nicht der Größte war und wie ein Athlet aussah, so glich
ich diese Mankos mit List, Mut, Flinkheit und großer Geschicklichkeit aus! – Ich
brachte es immer fertig, fast immer, meine Rivalen und Gegner auszutricksen. Im
Ringkampf legte ich jeden, fast, aufs Kreuz! – Hatte ich doch mit meinen Brüdern
Rolf und Fred schon von klein auf täglich Sport getrieben. Boxen, Fechten, Judo,
Jiujitsu und natürlich Ringkampf! Bei Wind und Wetter! Das Gerät dazu machten wir
uns selbst, natürlich in Vaters Werkstatt, wo alle Werkzeuge und so vorhanden waren, wenn sie waren wo sie hingehörten!? Wie gesagt, alle Ränke und sonstigen
Auseinandersetzungen entschied ich für mich. Das brachte mir immer wieder große
Bewunderung ein und stärkte meine Position! – Ob die Gegner größer oder älter wa-
ren, eh die richtig begriffen hatten wo es langging, hatte ich sie schon von den Beinen geholt. Bei schulsportlichen Wettbewerben, ob im Springen, Sprinten oder
Langlauf, Knuth war immer an der Spitze zu finden!

Natürlich hatte ich durch meine Position auch immer den Mut zu haben, bei un-
angenehmen Dingen voran zu gehen und aber auch die Verantwortung zu tragen,

auch wenn das schon mal ganz schön weh tun konnte! – Aua! – Da hatten wir beispielsweise in der Dachrinne unseres Schützenhauses ein Spatzennest mit Jungen drin entdeckt, welche ausgenommen werden mußten, wie wir es nannten. – Waren sie doch in den Augen unserer Eltern keine nützlichen Tiere, sondern nur ein lästiges Volk, was den Hühnern doch nur ihr Futter wegfraß! – Also, na wer schon? Ich natürlich mußte die Rinne hochklettern und die kleinen nackten Dinger, ach, wie eklig, in meine Hosentaschen stecken. Und was nun, war die Frage? – Das ist doch klar, war die einhellige Meinung, natürlich töten, ist doch klar! – Und wie? Das ist doch auch klar, so wie es unsere Alten mit den kleinen Katzen auch taten. –

Ja, und wer sollte nun der Scharfrichter sein? – Nach eingehender Diskussion war alles klar, nämlich ich war mal wieder am dransten! – Natürlich ich, wer denn sonst, und Kneifen galt nicht, wenn es da drinnen auch weh tat! – Doch selber schuld! – Oder? –

Das Nachspiel folgte auf den Fersen, und wem schon? – Natürlich schon wieder mir. – Unser sehr gestrenger Lehrer, der Streitbart, hatte davon erfahren und konnte den nächsten Morgen wohl kaum erwarten.

Das Schlimme an der Sache war aber noch, daß es gar keine Spatzen, sondern Rotschwänzchen gewesen sein sollen! – Woher sollten wir das nun aber auch wissen? – Natürlich hätten wir die nicht hingerichtet!

Auf diesem Schulweg hatte ich alle Mühe, meine Fassung zu bewahren, denn ich erinnerte mich an ein anderes Delikt, nach dem mir eigentlich heute mein Hinterteil noch ganz schön brennt, wenn ich daran zurückdenke!

Nur war es damals moralisch nicht ganz so schlimm, weil wir im Kollektiv zum Befehlsempfang antreten mußten! – Aber aua aua, ist aua aua! –

Diesmal war ich mehr oder weniger der Alleinangeklagte, und diesmal ging es um mein persönliches Ansehen und Prestige, ja, für mich ging es um meine Führungsposition! – Es stand alles für mich auf dem Spiel! –

Da mußte ich durch, da half alles nichts, kein Gewimmer und kein Zaudern! Schon am Tag zuvor, nach Schulschluß, hatte ich mich ins Klassenzimmer geschlichen und den Rohrstock mit Zwiebelsaft eingerieben, denn wie jeder erfahrene Schüler unserer Zeit wußte, zerbricht danach der Stock bei Benutzung sofort – oder auch nicht!? –

Zwei Unterhosen, mehr fiel auf, und eine möglichst dicke Überhose war selbstverständlich. – Vor einiger Zeit, als die beiden „Töpfe" mal wieder dran waren, hatte der Streitbart sie untersucht, und siehe da, sie mußten vor der ganzen Klasse ihre je vier Unterhosen herunterlassen, und schon bevor sie noch die Oberhosen wieder an ihrem Platz hatten, hatten sie ihre festgelegte Ration verpaßt bekommen. – Na, so 20 Schläge auf den nackten Arsch war auch kein besonderes Vergnügen! – Da war hinterher eine ganze Menge aua, aua! Da heulten auch unsere Mädchen aus Sympathie ein wenig mit! –

Die Töpfe, die zwei fast gleichaltrigen Brüder unserer Klasse, die konnte er einfach nicht ausstehen, die konnten machen, was sie wollten, es war immer falsch, und sie duckten sich schon, wenn der Streitbart nur zur Tür hereinkam. Nun hatten sie auch noch das Pech, direkt am Gang und unmittelbar hintereinander sitzen zu dürfen. – Ihr habt so richtige „Mauschellengesichter", sagte er jedesmal, wenn er an ihnen vorbeikam – und klatsch, klatsch, hatten sie ein paar Ohrfeigen erwischt! – Es war manchmal schlimm, denn er kam, ganz unabsichtlich natürlich, des öfteren an ihren Plätzen vorbei! – Uns war es so peinlich, aber auf der anderen Seite waren wir heilfroh, nicht auch ein Topf sein zu müssen. – Ja, was dem einen sein Uhl, ist dem anderen seine Nachtigall, wie man so ganz richtig zu sagen pflegt!?

Nun, die Stunde nahte, oh Gott, du lieber Gott, wenn ich das doch schon hinter mir hätte. Ich rutschte auf meiner Bank hin und her, und ich hörte die Schadenfreude meiner nicht so ganz treuen Untertanen im Raume herumknistern und knurren. Laut sagte niemand etwas, dazu hatten sie sich noch nicht entschließen können, aber die Spannung war zu fühlen!

Da! – Die Tür sprang auf! – Und „Er" rauschte hinein! – Ohne guten Morgen und ohne Klatschklatsch, an den Töpfen vorbei, aber mit schier grimmiger Miene, steuerte er auf sein „Katheder", das Stehpult, zu!

Er nahm die Brille ab, putzte sie und schaute wie ein Feldherr über sein Reich hinweg. – Während ich mir die Backen zusammenkniff und am Versuchen war, Haltung zu bewahren.

Dann donnerte er mit lauter Stimme: „Knuth! – Nach vorn kommen!" – Ich nahm meine weichen Knie unter meine zittrigen Arme und sah sicher wie eine Kalkwand aus, und das Heulen schien mir näher als das Lachen zu sein, aber heulen, das durfte ich jetzt nicht, auf gar keinen Fall nicht, was sollten denn die Zuschauer, und der Herr Lehrer von mir denken!? – Ha, gejubelt hätten sie und mir sofort mein Zepter entrissen, hätten sie, ganz bestimmt, da war ich mir ganz sicher, und was hätten sie im Dorf herumgetratscht, und auch die Alten erst! – Na, und den Streitbart, der mich doch immer gemocht zu haben schien den konnte ich jetzt auch nicht im Stich lassen!

Ich riß mich zusammen, am Riemen sozusagen riß ich mich, und hocherhobenen Hauptes ging ich nach vorn, in die Höhle des Löwen!!

Hmm – so – soso! – tönte er, – da hast du, – ausgerechnet DU! – von wegen, nur Spatzen ausgenommen! (Übrigens weiß ich heute, daß Spatzen auch Menschen sind.) – Ja, weißt du denn nicht, wie Rotschwänzchen aussehen? – Und überhaupt, wieso tötet man kleine unschuldige Tiere, die sich nicht wehren können? Stell dir mal vor, das wären Adler gewesen? – Hm? – Die Eltern der kleinen Adler hätten euch aber was erzählt, da hättet ihr aber schlecht ausgesehen! – Alte Männer, halbalte, meine ich, sind an so was schon gescheitert, ja, von dem Kot dieser Vögel kann man erblinden, wenn das Zeug in eure Augen kommt! – Was heißt hier „nicht gewußt?" – He! – Du bist mir aber einer, ein schönes Früchtchen bist du mir – aber –! Jawoll, ja! – Hm, also, ja! – Knuth, da hast du mich schon ein bißchen sehr enttäuscht, denke ich, – hm, – meine ich. – Also! – hm, da wirst du nun wohl oder übel, –mm, – für vier Wo – vierzehn Tage die Eselsbank drücken müssen! – Ist das klar!? – Los! Nun pack schon deine Sachen! – Ab gehts! –

Was war das? – Keine Sänge, kein großes Donnerwetter? – Alle waren am Staunen! – Und ich erst! – Enttäuschung konnte man spüren, sie fühlten sich um das große Vergnügen gebracht! Noch dazu, weil er gleich zur Tagesordnung überging. – Oh, ihr Töpfe! – Klatsch, klatsch. –

Ich aber begriff, was er mir damit sagen wollte. Er hatte mich an meiner Achillesferse getroffen, denn auf der Eselsbank sitzen zu müssen, war für mich viel schlimmer, als Prügel zu beziehen! Zwei ganze lange Wochen lang wurde ich an meine Frevelei erinnert. Und die anderen konnten hämische Bemerkungen von sich geben oder es sein lassen. – Welche Schande! – Wenn das meine Mutter erfährt, ich, ihr Lieblingssohn!? –

Zirkus Wetterhahn

So, in der Schule war ich nun, ich blieb auch der „Liebling" meiner Lehrer, die dann des öfteren wechselten, denn in der Unterstufe wurden immer wieder junge Lehrer eingesetzt, sie übten sozusagen an uns.

Natürlich war ich auch getauft worden, lutherisch-evangelisch, wie alle Leute in unserem Dorf und der ganzen Umgebung. Pastor Alberty war unser Pfarrer, er hatte schon unsere Eltern getauft, konfirmiert und getraut. Ich wurde auf die Namen „Knuth, Helmut" getauft, Knuth, wie der jüngere Bruder meines Vaters, und Helmut, wie mein Vater selbst, nur nicht so „hell". Mein Bruder Rolf bekam Otto und Magnus drangehängt, so, wie unsere Großväter hießen. Fred, er hieß natürlich Alfred, so, wie Onkel Alfred, er wurde noch mit Günter ausgeschmückt. Die Zusatzausstattung von Heinz war Karl Hermann, eben auch so ein paar Onkelnamen. Als Paten bekam ich Tante Else, die Gastwirtsfrau mit eigener Schlachtung, und Onkel Hermann, den Bäckermeister, zugeteilt, dabei war ich gar nicht so schlecht weggekommen, denn wie die Zeiten auch kommen sollten, gegessen und getrunken wird immer! Radio und Fernsehen gab es damals noch nicht, die ersten Radios hatten allenfalls die Großbauern, Bäckers und Kanters. Das hatte aber auch was Gutes, wie ich meine, nämlich hätten wir Kinder unsere Jugendzeit nicht so turbulent und abwechslungsreich erlebt wie geschehen. Wir mußten sie gewissermaßen selbst gestalten, die einzigen Anregungen lieferten uns lediglich der Landfilm, der monatlich einmal erschien. Und die recht spärlichen Krimihefte und der Lederstrumpf von Gerry Cooper. Vielleicht auch noch unsere Lesebücher – ja, und „Wilhelm der Busch" darf nicht vergessen werden! Max und Moritz waren eine Zeitlang unsere Vorbilder. Natürlich spielten wir diese Geschichten nach und selbstverständlich kostümgerecht, wir bastelten uns, außer den Kleidern, auch rote oder schwarze Perücken, wenn's sein mußte, auch grüne und blaue, wir machten sie aus Sisalstricken, die wir auftrottelten. Als dazu passendes Objekt wählten wir die Gemeindedarre aus! Dieses Gebäude war allerdings schon ziemlich baufällig und gleich bei unserer ersten Vorstellung passierte es, daß Vetter Egon durchs Dach und die Decke brach und auf dem Lehmboden landete. Aber außer einigen Verstauchungen und Hautabschürfungen war ihm Gott sei Dank nichts ernsthaftes passiert, weil er noch durch einen Stapel Trockenhorten gefallen war, die wie ein Dämpfer gewirkt hatten. Wir nahmen schnellstens Reißaus, um nicht entdeckt und für den Schaden haftbar gemacht werden zu können, und sei es auch nur durch den Rohrstock!

In dem Film „Standschütze Bruckner" hatten es mir die Schmuggler ganz besonders angetan, denn ich sympathisierte mit ihnen und ergriff ihre Partei. Folglich war ich im nächsten halben Jahr bei unserem neuesten Spiel der Schmugglerhauptmann „Rinaldo". – Ein steiles, dichtes Waldgelände, „Schweiz" genannt, eignete sich ganz hervorragend dafür. Wir bildeten zwei Parteien, die „Grenzer" und die „Schmuggler". Die Einteilung und die Positionen verteilte natürlich ich. Es war für alle eine Ehre, einen entsprechenden Posten oder Titel zu bekommen, genauso wie im Leben der

Erwachsenen! Für mich war das ganz besonders von Bedeutung, deshalb ernannte ich mich zum Schmugglerhauptmann. Mein Vetter Egon und Fred bekamen die nächsten Chargen. In diesem Falle wurde Fred mein Stellvertreter „Oberschmuggler" und Egon Grenzpolizei-Leutnant, nicht etwa Hauptmann! – Nein, wo käme ich da hin, da wäre er ja mehr als ich gewesen! –

Wir bauten Schutzhütten aus Ästen und Riesig, polsterten den Boden mit weichem Moos aus und fühlten uns pudelwohl darin.

Die Grenzer wurden am Bergkamm postiert und wir Schmuggler im Tal. Wir benutzten unsere Jacken als Rucksäcke, stopften sie mit Moos aus, so daß sie nach Masse an Schmugglerware aussahen. Nun hatten wir zu versuchen, mit unserem Schmuggelgut über den Bergkamm zu kommen. Wenn wir von den Grenzern entdeckt wurden, gab es wilde Keilereien, die meist nicht ohne blaue Flecken abgingen. Ich erinnere mich, daß es eine schöne Zeit war, die Schmugglerzeit, oft vergaßen wir dabei die Tageszeit, und im Nu wurde es dunkel, da war es dann richtig gruselig, so, daß wir dann unsere Beine unter die Arme nahmen und schleunigst nach Hause liefen! – Die Geister und Ungetüme hinter uns her! –

Im Winter hatten wir reichlich Abwechslung, und wie ich meine, waren in dieser Zeit die Winter viel strenger, viel kälter als heutzutage. Ende Oktober begann es schon zu frieren und zu schneien. Da war der zugefrorene Müllersee, auf dem wir uns dann tummelten. Die Schlittschuhe, wenn man überhaupt welche besaß, waren sogenannte Absatzreißer. Meist stammten sie noch von unseren Eltern, sie waren völlig verrostet. Auch waren sie nicht an den Schuhen fest verankert, wie das heutzutage der Fall ist, sondern mußten mit einem Schlüssel an unsere normalen Schuhe angeschraubt werden. Oft lösten sie sich wieder, oder der ganze Absatz riß ab. Wer keine Schlittschuhe hatte, mußte sich mit dem Schlitten begnügen oder zog die benagelten „Derben" an und glennerte! Beim „Glennern" wurden sehr ehrgeizige Wettbewerbe ausgetragen, es kam nämlich darauf an, auf der Eisbahn am weitesten zu rutschen, da waren der Anlauf, die Geschwindigkeit und die Beschaffenheit der Schuhsohlen von ausschlaggebender Bedeutung! – Mit den Schlittschuhen war es natürlich viel interessanter, da wurden Sprünge geübt – in die Höhe und in die Weite! Es wurde rückwärts gelaufen und Pirouetten gedreht – ganz wie die Eisstars es wohl taten! – Das für uns Jungens am interessanteste Spiel war jedoch das Torpedoschießen, dabei wurde versucht, mit etwa zwie Meter langen Pfählen die Läufer der Gegenpartei abzuschießen! Es war nicht ganz ungefährlich, denn Knochenbrüche und starke Prellungen kamen dabei schon mal vor. – Und natürlich waren die Mädchen auch mit auf dem Eis, und so hatten wir Gelegenheit, uns zu sehen und verstohlene Liebesblicke auszutauschen oder auch mal körperlichen Kontakt zu haben. So zum Beispiel, wenn sie hingefallen waren und man Hilfe leisten durfte!

Unter uns Jungens war das Thema „eins" auch in diesem Alter schon akut. Wir rätselten schon lange, wie es bei den Mädchen und Frauen da „unten" wohl aussehen mußte. Die Vorstellungen darüber waren sehr unterschiedlich, es waren nur Vermutungen, daß Mädchen keinen Piepmatz, wie wir Jungen, hätten, sie rührten aus sehr flüchtigen Einblicken her. So war es zum Beispiel schon einmal vorgekommen, daß beim Turnen bei einem Mädchen das Höschen aufgeplatzt war. Oder die Geislersmädchen, sie waren zu zwölf zu Hause, sie hatten große Löcher in ihren Schlüpfern. Eigentlich hatten sie große Löcher mit etwas Stoff drumherum an. Ja, und immer wenn von denen eine an der Reihe war, versuchte jeder von uns einen der vordersten Plätze zu bekommen, um sich weiterzubilden, natürlich nur! - Ich genoß allerdings den Vorteil, da schon etwas mehr Einblick genommen zu haben, dies behielt ich allerdings für mich, war ich doch damals schon ein Kavalier!

Ja, da war zum Beispiel folgendes passiert: Es war im Sommer, im Langwärtsgraben, das war ein Bachlauf mit viel Bäumen und Büschen an seinen Ufern. Ich streifte allein durchs Gebüsch und wurde aufmerksam durch Geräusche. Es war ein Geflüster, und ich sah dann, wie sich die Zweige bewegten. Ich schlich mich an und stand plötzlich vor einer Gruppe größerer Jungens und „Dona"! - Dona war nicht unbekannt, sie genoß ein etwas anrüchiges Image unter der jungen Generation. Allerdings nur „diesbezüglich", und natürlich waren wir alle scharf auf sie! - Und nun fiel mir das Glück buchstäblich in die Hände, eigentlich vor die Füße! - Jedenfalls lag sie auf den Rücken, den Rock hochgezogen, und kein Höschen hatte sie auch nicht an. Durch mein Dazukommen waren alle sehr nervös und aufgeregt, sie, die Jungens, fummelten an ihren Hosenlätzen herum und hatten rote Köpfe! Es war für alle eine peinliche Situation. Nur Dona behielt die Nerven, und sie löste das Problem auf ihre Art! Sie sagte zu mir: „Na, Knuth, wie ist es, willste auch mal drauf!?" - Zunächst war ich ganz verblüfft, ganz durcheinander und mächtig aufgeregt, aber auf der anderen Seite war das die große Chance meines noch so jungen Lebens! Ein weibliches Wesen, eine Frau, fast Frau, so aus der Nähe, so intim kennenzulernen, dachte ich sofort. - Kurzentschlossen zog ich mir die Hosen runter, legte mich für ein paar Sekunden auf Donas Bauch, stand dann wieder auf, zog meine Hose hoch, schaute in die Runde und ziemlich stolz, etwas verschämt wohl auch, zog ich wieder von dannen! -

Zurück zum Winter! - Schlitten- und Skifahren war immer wieder reizvoll, besonders das Bobfahren, wie wir es nannten, dabei wurden immer mehrere Schlitten zusammengebunden und in einer zusammenhängenden Schlange den Berg hinuntergefahren. In späteren Jahren mit den Mädchen zusammen, und wenn es schon dunkel wurde, machte es ganz besonderen Spaß. Man konnte sich nämlich so schön festhalten, wenn man hinter einem Mädchen mit schon „was dran" zu sitzen kam!

Das Skilaufen war damals noch in den Anfängen, es gab aber schon einfache Ski-Bindungen zu kaufen. Dazu mußte man zwar elf Kilometer weit mit dem Rad nach Erfurt fahren. Für unsere Eltern war das aber kaum erschwinglich, noch dazu wir ja vier Buben zu Hause waren, die alle Skier haben wollten. Da mußten die Bretter und die Stöcke in Eigenbau erstellt werden. Zum Glück hatten wir „Hellmuth", unseren Vater, der ein Tausendsassa war, er war Zimmermann, Schreiner, Maurer, Steinmetz und Landwirt in einer Person, er konnte alles, was handwerkliche Fertigkeit anging. Er ließ sich vom Stellmacher ein paar Eschenbretter geben, und da es möglichst nichts kosten sollte, durften da auch ein paar Äste drin sein, wobei es dann nicht ausblieb, daß mal ein Ski zerbrach. Selbstverständlich bekamen wir die neuen Skier erst zu Weihnachten! Wie fieberten wir diesem Ereignis dann entgegen, die Zeit schien still zu stehen, bis es endlich soweit war! – Ja, richtig toll sahen sie dann aus, als sie unter dem Gabentisch lagen, Vater hatte sie noch schön angestrichen, meine waren okergelb! Richtig verliebt hatte ich mich in sie! –

Wir hatten, wie ich schon sagte, immer viel Schnee im Winter, ich erinnere mich an die über zwei Meter hohen Schneewälle entlang unserer Straßen und an die tollen Schneehöhlen, die wir da hineingebaut hatten und in denen wir dann auch wieder unsere Schmuggelspiele vom Stapel ließen.

Die „Doberste" war eine langgestreckte Anhöhe, sie erstreckte sich vom Doberstenhölzchen bis zum Ortsrand, wo wir wohnten. Auf diesem „Berg", so hoch war er nun auch wieder nicht, es war mehr ein Hügel, stand auch die Windmühle mit „Müllers" und ihren acht Kindern. Die Müllerskinder waren so schüchtern, daß sie nur zur Schule gingen, wenn ein Elternteil oder die große Schwester Rosa mit ins Dorf ging! – Da fällt mir ein, daß auch ich bis zu einem gewissen Grade schüchtern war, vor allem aber war ich damals schon sehr eitel! Wenn ich beispielsweise mit einer geflickten Hose oder mit riesterbesetzten Schuhen zur Schule gehen sollte, dann war das ein einziges Fiasko, meine Mutter mußte mich dann regelrecht in die Schule prügeln. Sobald sie glaubte, ich würde nun endlich gehen, kehrte sie um, um nach Hause zurückzugehen, aber ich tat dann das gleiche, immer auf Distanz natürlich. –

Das ging immer solange, bis die Turmuhr acht schlug, dann konnte man mich aber flitzen sehen, und bei Regenwetter kam ich dann mit der ganzen Dorfstraße auf dem Rücken und Ranzen in der Schule an! Mein Lehrer hänselte mich dann immer: „Na, Knuth, mal wieder nicht aus dem Bett gekommen, was?" – Da war Mutter jedes Mal geschafft. Auch hinterher hatte sie ihre liebe Not, den Dreck von meiner Kleidung wieder abzubekommen. – Es gab damals auf dem Lande nur schossierte Straßen (kein Pflaster oder Bitumen).

Auf der Doberste wurden dann im Winter, außer der Bob- und Schlittenbahn, auch eine Sprungschanze gebaut. Ein Schnee-Eishaufen natürlich nur, darauf sprangen wir bis etwa zehn Meter weit. Es gab dabei auch viele Stürze und ab und an einen Knochenbruch. Die Töpfe sprangen übrigens immer am weitesten, da waren sie Meister ihres Faches!

Wir haben auch viel Skilanglauf, vor allem in den Wäldern, absolviert. Wie oft kamen wir zu Hause halb erfroren und zu Eisklumpen erstarrt an, kein Gefühl mehr in Händen und Beinen, und auch in der Hose war alles erstarrt!

Da fällt mir diesbezüglich noch eine andere Episode ein: Heinz, unser sechs Jahre älterer Bruder, und Kanters Hans gingen an einem späten Nachmittag auf eine Langlauftour, heute würde man „in die Loipe gehen" sagen. – Nachbars Otto und ich, wir waren damals noch zwei Knirpse von sieben bis acht Jahren, wollten da auch mitmischen, Otto mit dem Schlitten und ich auf den Skiern. Wir folgten den Größeren, aber der Abstand wurde immer größer, und wir verloren sie aus den Augen! – Otto gab bald auf und kehrte um. Mein Ehrgeiz war aber stärker, und ich folgte weiter der Spur im Schnee. Es fing dann auch schon zu dämmern an. Ich sah weit und breit niemand mehr und hatte mittlerweile schon den Rand des Eichenberges erreicht. Zwischen den großen Eichen wallten die Schatten und Nebel wie Teufelswerk auf! Meine Beine wurden immer schwerer, und ich fing an, mich mehr und mehr zu fürchten! Ich dachte an die Geister und an die Unholde, und dann kam mir der Kindermörder „Seefeld" in den Sinn, der zu dieser Zeit sein Unwesen hier trieb! In der Zeitung hatte gestanden, daß er auch in unserer Gegend gesehen worden war! Ich war vielleicht noch zwei Kilometer vom Dorf entfernt, dazwischen ein Berg, Hügel meinetwegen. – Das schaffe ich nie mehr, waren meine Gedanken, da schnappt mich eher der Seefeld, und der murkst mich ab, einfach so, wie er es mit den anderen Kindern gemacht hatte! – Jetzt schnallte ich meine Skier ab, ließ sie liegen, wo sie waren, und lief, so schnell ich konnte, schnurstracks über den „Berg" nach Hause! – Rolf, der Ärmste, mußte sie dann in der Dunkelheit noch suchen gehen und nach Hause tragen! Angsthase! Paß auf, daß dich der Kindermörder nicht frißt, hänselte er mich danach noch eine ganze Weile. – Mehr Angst als vor dem Mörder hatte ich nun aber, daß meine Angst nicht publik wurde! –

Die späteren Ski-Waldläufe waren auch nicht ungefährlich, denn wir fuhren da wie die Irren die Waldwege hinunter, blieben oft an starken Baumwurzeln hängen und kamen zum Sturz. Einmal hatte ich mir dabei das Knie angeschlagen, es wurde gleich dick, und ich konnte nicht mehr gehen, so daß mich meine Artgenossen auf meinen Skiern heimschaffen mußten. – Nach drei Tagen aber stand Knuth schon wieder auf seinen Brettern! – Ich war hart im Nehmen! –

Zur Zeit des ersten Schuljahres hielten wir uns hauptsächlich im bzw. am Langwärtsgraben auf, im Frühjahr und im Herbst ließen wir in seinen Wassern Schiffe schwimmen (oder heißt es fahren), dazu wurden in der Winterzeit tolle Modellschiffe gebastelt, Kriegsschiffe natürlich, was wohl sonst? – Und mit tollen Namen wie „Bismarck" oder „Graf Spee"! – Dabei trugen wir immer Wettkämpfe aus, wir liefen dabei oft fünf bis zehn Kilometer am Ufer des Baches entlang. Wahrscheinlich war es sogar die doppelte Entfernung, denn so ein Bach macht viele Kurven und Windungen, wenn er so dahinzieht!

Das unübersichtliche Gelände des Baches war für heimliche und riskante Unternehmungen ganz besonders geeignet, so zum Beispiel um Brunhilde, unsere Nachbarstochter, nach eingehender Diskussion und mit aller Überredungskunst zu überzeugen, sie auf ihre Weiblichkeit untersuchen zu müssen! – Natürlich alles in ein Doktorspiel verpackt, versteht sich! –

Das Doberstenhölzchen war allerdings unsere Hauptniederlassung. Von hieraus wurden viele Operationen gestartet, so wurden zum Beispiel die „Hänicher", das waren die Nachbardorfskinder, überfallen und verprügelt, immer wenn wir Lust und Gelegenheit dazu verspürten. Sie waren dazu verdammt, bei uns in Klebach Brot vom Bäcker holen zu müssen! Warum wir sie immer verprügelten, das wußte wohl keiner von uns, warum mußten sie auch solche „Ohrfeigengesichter" haben!? – Zwangsläufig kamen sie dann auch immer in Konvois an, oder sie versteckten sich hinter einem Bauernwagen, oder aber es kam ein Erwachsener mit, dann waren wir zu feige, sie anzugreifen. – Aber Gnade uns Gott, wenn wir mal nach Hänichen mußten, dann kriegten auch wir eine Naht verpaßt. Es sei denn, wir kamen auch im Konvoi, da hatten sie wieder keine Chance, denn wir waren immer in der Überzahl! – Wir waren doch nicht etwa feige? – Ach wo, – nein, nein, wir hatten doch hart zu sein! Das war doch ganz im Sinne des Führers! – Wenn es aber mal wieder gar zu schlimm wurde, dann wurde der Kanter eingeschaltet, natürlich von den Eltern, und wir mußten mal wieder einen Trommelwirbel mit dem Rohrstock über uns ergehen lassen! – Danach war mal wieder für eine Weile Ruhe! – Aber wehe euch! Es paßt schon mal wieder!

Wenn es im Sommer sehr heiß war, gingen wir im Dorfteich baden, obwohl da auch die Jauche mancher Bauern hineinlief, aber ein Schwimmbad gab es weit und breit nicht. Die meisten von uns lernten dabei auch das Schwimmen, und es war selbstverständlich, daß „ich" dazu gehörte! Die Vorstufe des Schwimmens war das Hundepaddeln, wir hatten es einfach den Hunden abgeschaut! – So ist das nun mal im Leben, der Mensch ist eben erfinderisch, und wer kümmerte sich schon darum, ob wir schwimmen konnten, weder die Eltern, noch die Lehrer! – Das kam erst viel später in Mode! –

Einmal, in den großen Ferien, kamen Lothar, Reinhold und Schwesterchen aus Frankfurt an der Oder zu Besuch zu Nachbars, zu Otto und Brunhilde. Sie brachten uns alle durcheinander, so zum Beispiel nahm Lothar bei uns allen erst einmal eine „Schwanzparade" ab, und dabei erhielten wir zusätzliche Informationen über das Kinderkriegen und das Geschlechtsleben im allgemeinen! Nun, wir lernten wieder einiges dazu, denn die Städter waren da schon etwas weiter als wir Hinterwäldler. Aber sie, die Großstädter, hatten noch andere Ideen. Ein Zirkus sollte es sein, den wir aufziehen wollten. Zuerst mußte ein Name her! –

Althoff oder Sarasani? – Nein, es mußte etwas Neues sein, etwas noch nie Dagewesenes, viele Vorschläge wurden gemacht, aber dann war es klar! Wir hatten ihn, den Namen, „Wetterhahn" hieß er, unser Zirkus! – Toll, was!? –

Nun ging es ans Werk, ein Programm mußte gemacht werden, und die Positionen mußten besetzt werden. – Lothar, nicht „ICH", wurde zum Direktor, zum Zirkusdirektor, ernannt! Ich wurde nur Zirkusclown, ja, was war eigentlich ein Clown? – Man sagte es mir schließlich, und ich war dann auch ganz zufrieden und bereitete mich darauf auch gut vor. Ja, und Männe mußte auch mitmachen, er bekam eine kleine Kinderjacke und Hose verpaßt, letztere erhielt ein „Schwanzloch", und eine Schiebermütze auf den Kopf gestülpt, und er sah darin ganz vortrefflich aus! – Mit Männe konnte man alles machen, er war uns mal aus Erfurt zugelaufen, er war Dakkel von Beruf und dressiert, und gut erzogen war er, ganz sicher war er ein „adeliger Hund". Selbstverständlich war er stubenrein, und auf seinen Hinterbeinen stehend, konnte er „bitte, bitte" am Tisch machen!

Es wurde jetzt Tag und Nacht für unseren Zirkus gebaut und gebastelt, ein Boxring, Säbel mit Handschutz, wie es sich gehört, ein Fahrrad für den Kunstfahrer Reinhold präpariert, Witze wurden gelernt, ein paar Lieder eingeübt, ja und Vaters Trompete mußte für den Ansager Fred herhalten. –

Das Ganze wurde dann mit Plakaten im Dorf und auch in einigen Nachbardörfern angekündigt! – Das Wetter, die Premiere war an einem Sonntag, war bestens! Nur der Erfolg, mit ohne vielen Zuschauern, war weniger bestens! – Ebensowenig gut waren die Einnahmen. Es war alles in allem ein großer Reinfall! – Nun, wir haben es überstanden. –

Der andere Nachbarsjunge hieß Walter, es war Schifters-Waller, wie er von uns genannt wurde, oder auch der „Butterpinsel", denn seine Frisur sah so aus. Er hatte einen Sprachfehler und trug eine sogenannte Nickelbrille, wir verspotteten ihn nicht, wie das in solch einem Falle meist getan wurde. Nein, das nicht, aber wir setzten ihn ab und zu für „Sonderaufgaben" ein! – Willis Vater war außer Bauer auch noch Sprengmeister, deshalb mußte Willi, auf Lothars Geheiß, Sprengstoff und Zündschnur besorgen. – Jetzt wurden Schießversuche durchgeführt, und da das körnige Dynamit ohne Sprengkapsel nicht explodieren wollte, mußte „Waller" an die Front. Und zu seinem und unserem Glück trug er seine Nickelbrille, denn bei dem Experiment im Mauseloch flog ihm die präparierte Luftpumpe um die Ohren! Seine Augenbrauen und sein Butterpinsel erinnerten hinterher an Wilhelm Busch, an den Lehrer Lemke! An seine kaputte Tonpfeife und so!

Der nächste Anschlag galt dem Schützenhaus, eigentlich mehr den Böllerkanonen, die darin waren. – Eine davon genügte uns, aber ohne einen zünftigen Einbruch ging das nicht, also brachen wir die Läden auf und schlugen ein Fenster ein. – Ja, wir waren schon gut! – Was? Ach, was soll das, wir hatten doch mutig zu sein! Ein deutscher Hitler-Junge ist hart, schweigsam und treu! – Und schnell wie ein Windhund muß er sein, um davonlaufen zu können! – Das lernten wir schon in der Schule. Das schloß abernicht aus, daß wir Sänge bekamen, wenn wir keine Windhunde waren! Ein Glück, der Kanter war ja gerade in den Ferien!

Wir schleppten eine „Kanone" zum Ringelholz-Steinbruch und stopften sie mit Schwarzpulver, ein wenig Dynamit, Papier und Lehm. Wir versahen das Zündloch mit einer Zündschnur und brannten sie an. – Knall, noch knaller, bums, großer Bums! – Und , die Kanone sprang mindestens drei Meter hoch in die Luft und zerbarst!! – Ein Glück, daß wir genug Angst gehabt und weit genug weggegangen waren, in volle Deckung! Es hätte noch schlimmer ausgehen können! – Reißaus, und weg waren se! – Aber es war trotz des Einsatzes vom Gendarm „Gottsacker" nicht herausgekommen, wer die Übeltäter waren!

Lothar war ein Meister seines Faches, und auch ich konnte da noch dazulernen. Er hatte eine neue Idee, nämlich folgende: Also, du, Fritz, Bäckers Fritz, auch ein Cousin von uns, und du, Gerhard, der Ziegenbart, ihr besteigt jetzt jeder ein Fahrrad und fahrt gegenläufig um den oberen Häuserblock. Dabei müßt ihr aufpassen, daß ihr nicht von unseren Steinen, mit denen wir euch jedesmal bewerfen, wenn ihr am Dorfplatz vorbei kommt, getroffen werdet! – Das ging solange gut, bis eben einer von uns getroffen hatte! Denn im gleichen Augenblick stießen Fritz und Gerhard zusammen, weil sie jedesmal, wenn sie bei uns vorbeifuhren, ihre Köpfe einzogen– Ganz normal! – Oder? – Bei dem Zusammenstoß brach sich Fritz den Oberarm und mußte ins Krankenhaus gebracht werden. – Na wartet, nur, die Ferien sind ja bald zu Ende, und der Rohrstock wird ein Neuer sein!

Es gab noch einige Episoden mit den Großstädtern, vielleicht noch diese: Unser Vater hatte uns ein sehr schönes Auto gebaut, etwa zwei Meter lang, viersitzig und zum Treten, wie ein Fahrrad, mit Kugellagerung und auch gummibereift. Es wurde von allen bestaunt, auch von den Erwachsenen! Uns und Lothar war das Auto zu schnieke, das mußte anderen Zwecken zugeführt werden, lautete der Marschbefehl! Es wurde ein Schützenpanzerwagen mit Raupen und Panzerturm! – Ja, und nach dem Umbau mußte ein Mutiger da hinein, um mit Steinen beworfen werden zu können.

Allerdings mit Steinen, die einige Nummern größer als normal waren denn es mußte doch krachen, und ungefährlich durfte es auch nicht sein! – Nachdem es nur noch ein Trümmerhaufen war, stieg Fred dann aus! – Ein bißchen blaß und auch froh war er schon, als dieses Manöver vorüber war!

Danach gab es auch Hiebe, aber nicht vom Kanter, sondern vom Vater! – Ersatz mußte her, aber woher nehmen und nicht stehlen? Oder doch stehlen!? – Das Wichtigste, was wir brauchten, waren die Räder, und wer auch immer die Idee hatte, es war wohl die einzige Chance, Räder zu bekommen. – Also, da waren „Deschlers", auf hochdeutsch „Tischlers", aber das war sowieso nur der Spitzname. In Wirklichkeit hießen die, die einen Spitznamen hatten meist ganz anders. Genauso, wie ich Bäckers Knuth war oder eben nur so genannt wurde.

Also noch mal, sie, die Frau des Hauses „Deschler", brachte das Mittagessen immer in einem alten hochbeinigen Kinderwagen aufs Feld, und anschließend, nach dem Essen, half sie dann auch mit bei der Feldarbeit, und das war unsere Chance! – Als alle Bauersleut am anderen Feldrain waren, schlichen wir uns an und räumten den Wagen schnell aus, und ab ging die Post! – Mit Karacho über Stock und Stein und erst mal in unser Versteck ins Doberstenhölzchen! – Aber wir hatten uns zu früh gefreut, denn der Verdacht fiel sofort auf uns, auf die Paulsens-Bande! Herr Deschler kreuzte auch sehr bald bei unseren Eltern auf und sagte ohne Umschweife: „Haben eure Jungen", wahrscheinlich hat er sich auch noch leicht härter ausgedrückt, „haben sie unseren Kinderwagen geklaut!?" – Ja, wir hatten, und am Abend in der Dunkelheit brachten wir ihn heimlich, still und leise vor ihr Hoftor zurück. – Ein Glück, daß der Streitbart nichts davon erfuhr! – Unser Hellmuth hatte das schon erledigt! – Aua, aua! –

Nach Rolfs Idee und Anweisungen wurde auch ein Flugzeugdrachen aus Holzlatten und Bettuchbespannung gebaut. Er war etwa fünf bis sechs Meter lang und breit. Als er fertig war, ging er auf die Doberste, um damit zu fliegen. Rolf hing sich unten an den Rumpf und wir „anderen" mußten mit langen Seilen im Laufschritt ziehen! – Aber er flog nicht – er war wohl zu schwer und Rolf fiel damit auf die Nase!

Wenn auch die Frankfurter irgendwann wieder nach Hause mußten, für mich Gott sei Dank, das Leben ging weiter, auch in Klebach! Wir schlugen und vertrugen uns bei unseren Spielen ernster und weniger ernster Art. Wir spielten Indianer, ich als Häuptling „Old Shatterhand", was das auch immer heißen mochte, Fred als Winnetou, Edgar als Unterhäuptling „Pfeil", nein, nicht „Schneller Pfeil", und die anderen bekamen eben auch einen Namen! – Vielleicht Tiger, Löwe oder Lahme Ente!? – Die Uniformen bauten wir auch diesmal selbst, wie gehabt, Hühner und Gänsefedern wurden eingefärbt und Kartoffelsäcke für die Hosen geklaut. – Bei einem Schulausflug nach den Ferien durften wir unsere „Tracht" sogar mitnehmen. Ja, unser neuer Lehrer, der Herr Schall, ich durfte ihn manchmal sogar Werner nennen, regte auch noch an, daß die Mädels doch auch mitmachen könnten. Als Indianerinnen, als Squaws sozusagen. – Das war eine große Freude für uns, wir halfen unseren künftigen Squaws so gut wir konnten bei der Anfertigung ihrer Kleidung, was sich in der Hauptsache auf die Beschaffung des Rohmaterials, die Kartoffelsäcke, beschränkte, denn Phantasie hatten sie auch selbst. Nur Kartoffelsäcke im Sommer zu beschaffen, war wesentlich schwieriger als im Herbst, wenn Erntezeit war, da konnte man sie einfach auf dem Feld verschwinden lassen, jetzt, im Sommer, mußte man sie regelrecht stehlen!

Als dann alles soweit war, an einem herrlichen Sommermorgen, zogen wir dann mit „Werner" los! – Wir hatten auch ein paar kleine Zelte mitgenommen, auch irgendwoher organisiert, um für unsere Squaws und die lieben Kinderchen „Wigwams" bauen zu können! – Es wurde für uns alle der schönste Schulausflug unseres Lebens! Wir bekamen dabei die besten Gelegenheiten, unsere „Freundinnen" fast zwangsweise mehr in unsere Nähe zu bekommen! – Jeder hatte seine Freundin zu haben, wer nicht wollte, bekam eine zudiktiert, natürlich von mir, vom Knuth! – Oftmals wußten die Mädchen gar nichts von ihrem Glück! – Ich glaube, daß vor ein paar Jahren, als die Kanterstochter Regina meine Freundin war, sie auch nichts von ihrem Glück gewußt hat. Es sei denn, daß sie mich auch so sehr geliebt hat und daß sie nicht den Mut hatte, es mir zu beichten! – Oder, Regina? –

Aber jetzt war Ursel, Olberts Ursel, meine Freundin, sie war selbstredend die Schönste im ganzen Land! Sie, das heißt ihre Familie, also ihre Eltern mit Familie, waren neu zugezogen. Sie hatte noch eine Halbschwester, die Lisoth hieß, und zwei Brüder. Lisoth war auch ein hübsches Mädchen, ein bißchen pummelig, aber auch wie Ursel schon gut entwickelt, sie wurde Egon zuerkannt! – Transfer, über Lisoth, hatte ich Ursel erst vor ein paar Tagen einen Liebesbrief zukommen lassen, aber bis heute noch keine Antwort erhalten. Jetzt, als wir beide allein in unserem Wigwam waren, faßte ich Mut, sie danach zu fragen. Sie bekam einen roten Kopf und war ganz verschämt, als sie leise zu mir sagte: „Knuth, – ja, lieber Knuth, ich habe dich auch sehr gern, du bist ein sehr mutiger und so tapferer Junge! – Ja, ich mag dich auch sehr!" – Wie bitte!? – Aber im Nu machten wir es wie die Alten, so wie wir es schon oft im Kino gesehen hatten, wir versuchten uns zu küssen! – Wir kamen in Hochform, unsere Herzen schlugen viel höher, und wir drückten und küßten uns immer wieder. – Wenn wir dann außerhalb des Zeltes waren, wagten wir es kaum, uns in die Augen zu sehen, aber heimlich schauten wir uns immer wieder an! – Und so oft wie möglich, so oft es uns vertretbar erschien, gingen wir in unseren Wigwam, um uns zu küssen und zu betasten. – Wir schwebten an diesem Tage förmlich im „Siebenten Himmel"! – Wir schrieben uns danach noch viel mehr Liebesbriefchen und versuchten, so oft es möglich war, zusammen zu sein. Wenn wir ins Kino gingen, trachteten wir immer danach, nebeneinander zu sitzen, um unsere Hände halten zu können oder mit einem scheuen Blick uns unsere Liebe zu zeigen. – Aber am

Tage, wenn wir uns beobachtet fühlten, hatten wir nicht den Mut, miteinander zu reden, da waren wir einfach noch zu schamhaft oder doch noch zu jung? – Wahrscheinlich aber doch ganz normal!? –

Da gab es noch „Dummpaul" (etwa 20 Jahre alt) und die „Schanze"! – Dummpaul war ein geistig unterentwickelter Typ, der von den Nazis kastriert worden war. Oft sagte er, um uns zu ärgern: „Eier Helmuth, Eier Lene, immer fik-fik!" Dazu machte er die bekannten Handbewegungen. Die Schanze war eine verwinkelte Gasse, durch die wir nicht gerne hindurchgingen, schon gar nicht bei Dunkelheit, denn da versuchte uns Dummpaul immer aufzulauern. Weil er, abgesehen von seinem Sprachfehler, auch nicht schnell laufen konnte, ärgerten wir ihn und riefen immer: „Dummpaul, Dummpaul!" – Das taten wir natürlich nur aus der Distanz, eben dann, wenn wir sicher waren, daß er uns nicht in die Hände bekam. Wenn er uns wirklich mal fassen würde, dann Gnade uns Gott, denn er war unberechenbar, er hätte uns sicherlich fürchterlich verdroschen! Auf alle Fälle hatten wir mächtigen Dampf vor ihm! – Vor allem in den Wintermonaten, wenn wir die Zeitung austragen mußten, oh, wie haßte ich die „Thüringische Landeszeitung Deutschlands", so hieß sie nämlich. Da waren die abgelegenen Höfe und so viele dunkle Ecken, ja, und eben die so verfluchte „Schanze"! Da hatte ich oft die Hosen voll, da waren dann auch wieder die „Bösen Geister" und so! – Einmal ging ich bei Dunkelheit mit Rolf durch die Schanze, einen anderen Weg zu gehen war wenig sinnvoll, denn auch da konnte Dummpaul auf uns lauern. Ja, da waren wir nun, mitten in der Schanze, als eine Gestalt aus einem Torbogen heraustrat und auf uns zukam! – Oh weh, er war es, es war „Dummpaul". – Was jetzt tun? Ich wollte schon meine Beine unter die Arme nehmen, aber da hatte Rolf eine bessere Idee, er sagte: „Komm Vater, mach zu"!

Hinter uns, noch weit zurück, hörte man nämlich jemand des Weges kommen. – Jetzt nahm allerdings Dummpaul seine Beine unter die Arme und verschwand, so schnell er konnte! –

Die Situation war wieder mal gerettet!

Ja, das Zeitungsaustragen war schon so eine Sache, abgesehen von Dummpaul, der fast immer hinter der Haustür stand, wenn wir uns anschlichen, um so lautlos wie möglich die Zeitung vor die Tür zu legen. Dabei war er so geschwind, er riß uns die Zeitung aus der Hand und pitsch-patsch, haute er sie uns um die Ohren. Und obwohl wir immer damit rechneten, waren wir jedesmal wieder überrascht, um nicht zu sagen konsterniert, wie ein Kaninchen vor der Schlange. – Ich fuhr oft mit dem Fahrrad und hängte den Zeitungsranzen, wie wir ihn nannten, über die Schulter, so, daß der Ranzen an meiner linken Körperseite hing. Das brachte mir eines Tages eine ziemlich mittelschwere Gehirnerschütterung ein. Ich fuhr im Hinterdorf bergauf, und da es ziemlich schwer zu treten war, konnte ich nicht auf dem Sattel sitzen, sondern fuhr sozusagen stehend. Das Rad war für mich sowieso viel zu groß, es war ja ein normales Herrenrad. Dabei geriet der Zeitungsranzen unter die Lenkstange, so daß ich steuerungsunfähig wurde, das hatte zur Folge, daß ich zum Stehen kam, das Rad rückwärts fuhr, der Rücktritt einrastete und das Rad wie ein Gaul vorne aufstieg und seitlich umschlug. Ich war dabei so hilflos, daß ich mit dem Kopf auf die Straßendecke aufschlug! – Ein junges Mädchen kam und half mir beim Aufstehen, sie fragte mich, was ich denn gemacht habe, daß ich bergauf zum Fallen gekommen sei? – Ja, sagte ich, das heißt, ich wollte es ihr erklären, aber mir fiel der Name „Zeitungsranzen" nicht ein. – Na ja, weißt du –, der Büttel (Beutel) ist mir dazwischen gekommen! – Da ich auch zu Hause nicht fähig war, zu erklären, was geschehen sei, wurde eine Gehirnerschütterung diagnostiziert, von wem auch immer, und ich mußte zwei Wochen im Bett liegen.

Etwa neun- bis zehnjährig spielten wir „Soldaten". Es war ja in der Zeit, als Hitler die „Deutsche Wehrmacht" aufbaute. Täglich kam aus den Erfurter Garnisonen Militär zu Übungen in unser Gebiet. Es kamen die Grenadiere, die Artillerie, die Panzer und die Luftwaffenfahrschule. Wir hatten also genügend Vorbilder und Anregungen, vor allem, um die Uniformen und die Handfeuerwaffen nachzubilden. Wir bauten Gewehre, den Karabiner 98K, das leichte Maschinengewehr 38, die Pistole 08 und Stielhandgranaten sehr naturgetreu nach. Ich, als selbsternannter „Major", stibitzte die alte Fahrerpistole 09, die mein Vater aus dem Ersten Weltkrieg mitgebracht hatte. Gerhard, er hatte einen sogenannten „Ziegenbart", hatte zu Hause einen alten Trommelrevolver entwendet, sogar noch mit passender scharfer Munition dazu! Beim Probeschießen tat einem das Daumengelenk ganz schön weh! Wir waren natürlich sehr vorsichtig mit den scharfen Dingern, denn Angst hatten wir dabei schon! Großen Wert legten wir auf die Herstellung der Uniformen, denn damit wollten wir ja auch ein bißchen renommieren, vor allem vor unseren „Bräuten"! – Gefreiten- und Unteroffizierstressen und Litzen herzustellen, war kein großes Problem, auch die Orden und Ehrenabzeichen nicht, dafür gab es ja Silberbronze. – Aber die Majors-Epauletten, das war nicht so einfach! Wir wußten, daß die Schützen welche an ihren Uniformen trugen, aber es war doch nicht so einfach daranzukommen. Mir kam in Erinnerung, daß mein Paulsens-Großvater, den ich zwar nie kennengelernt hatte ein Schütze war, deshalb ging ich zu Großmutter „Alma" und bat sie, mir Großvaters Uniform mal zu zeigen. Sie hatte den Uniformrock in der Tat aufgehoben und war erfreut, daß ich mich dafür interessierte. Sie zeigte mir ihn ganz stolz! – Und siehe da! Da waren tatsächlich Majors-Schulterstücke dran! Ich überlegte fieberhaft, wie ich es anstellen konnte, an diese Epauletten zu kommen!?

Mit einer List gelang es mir, sie aus dem Zimmer zu locken, ich bat sie nämlich, mir eine Stulle zu machen, weil ich sehr hungrig sei. Als sie aus dem Zimmer gegangen war, machte ich mich eilig daran, die Dinger abzumontieren, und verduftete! – Die Schelte habe ich zu gegebener Zeit nachgereicht bekommen. –

Aber so kam ich zu dem, was damals mein höchstes Ziel war, jetzt erst war ich wer! – Jetzt konnte ich erst richtig kommandieren! – Die „Krone" brachte mir eines Tages unser Walter Fischner, er kam mit einer richtigen Unteroffiziers-Schirmmütze an, die er höchstwahrscheinlich dem Bräutigam seiner großen Schwester geklaut hatte. Aber das wollte ich gar nicht wissen; warum sein Gewissen unnötig belasten!? – Die Hauptsache war, daß sie mir paßte! – Eine Papiereinlage war zwar vonnöten, aber was soll's! –

Wir hatten schon so unsere liebe Not, alles in Reih und Glied zu bekommen, aber danach machte alles noch mal soviel Spaß. Ich kommandierte meine Truppe nun mit lauter und stolzer Stimme, ich scheuchte sie über die Felder und durch die Wälder, auf die Doberste und durchs Ringelholz, so wie es uns die richtigen Soldaten vormachten, wie wir es ihnen abgeschaut hatten! – Überglücklich waren wir, wenn wir in den Panzern oder auf den Krädern der Soldaten mitfahren durften! Wer eine große Schwester hatte, der war im Vorteil, denn der wurde bevorzugt mitgenommen, er wurde als Vermittler oder. als Kurier benutzt. Da wurde so manche Schwester abgeschleppt, im Panzer oder im geschlossenen Fahrschulauto, und so manche davon hat ein Kindlein davongetragen, mal mit, mal ohne Hochzeit. Natürlich wurden wir bei solch einer Fahrt ausgeschlossen. Ich Pechvogel hatte leider keine Schwester! –

Nicht sehr angetan war ich von der Artillerie, denn der Krach bei deren Schießübungen ging mir durch Mark und Bein, mir taten da immer die Ohren fürchterlich weh, wir mußten ja auch immer dicht dabeistehen. Es hatte den Anschein, daß es den anderen nichts ausmachte , und ich besonders empfindlich war. Auch später, als ich Soldat wurde, und auch an der Front hatte ich vor dem lauten Geknalle immer mächtigen Dampf, um nicht zu sagen Angst!

Das Soldatenspielen wurde später durch unsere Aktivitäten im Jungvolk, danach in der Hitlerjugend, abgelöst. Obwohl es nicht mehr so viel Spaß machte, weil es reglementiert war und es für manche von uns auch zu Hause Probleme gab, weil die Eltern antinationalsozialistisch eingestellt waren.

Meine Mutter hatte ich sehr gern, sie war sehr schön, wenn auch etwas zur Fülle neigend und klein. Sie hatte volles schwarzes Haar, ganz so wie ich, sie war allerdings sehr streng mit uns Jungen! Das mußte sie wohl auch sein, denn mit uns „fünf Männern" hatte sie schon ihre liebe Not! Sie bezog uns schon recht bald in ihren Aufgabenbereich mit ein, sicher auch der Not gehorchend, aber auch nicht zu unserem Nachteil! Es kam uns in unserem späteren Leben, sei es beim Militär, im Beruf oder in der Ehe, doch wieder zugute. Wir wurden jeden Morgen zu unseren täglichen Aufgaben eingeteilt. Jeder von uns mußte alles einmal tun, da mußte gespült, gekocht, gewaschen, gebügelt, gestopft, gepflickt und gescheuert werden. Nur das Einkaufen war meine Domäne, ich weiß nicht genau, warum das so war, wohl deshalb, weil meine Brüder sich schämten, öffentlich und unter dem Gespött der Dorfjugend Mädchenarbeit verrichten zu müssen. Mir hat das komischerweise nichts ausgemacht, obwohl ich doch sonst recht genant war. Ich kaufe heute noch ein, ich glaube auch, daß ich es sogar gerne tue! –

Im Sommer, wenn die Walderdbeeren reif waren, mußten auch wir mit dem Purzelkörbchen in den Eichenberg losziehen, um die so gut schmeckenden Beeren zu suchen. – Um uns herum natürlich nur Langröcke, Weiber! – Da war es mal wieder gut, eine Freundin zu haben, denn eigenartigerweise hatte ich kein großes Talent zum Beerenpflücken, sie fielen mir immer durch die Finger. Wenn Ursel und oder Lisoth in der Nähe waren (natürlich waren sie das), halfen sie mir gern, so daß ich am Ende auch mit vollem Korb nach Hause kam! – Als Dank dafür bekam ich dann schon mal ein Küßchen oder einen heimlichen Händedruck ab! –

Nun kann ich aber nicht sagen, daß ich meinen Vater nicht mochte, nein, er war sehr gut zu uns, und er war sehr fleißig und geschickt. Was hat er nicht alles für uns gebastelt! Wenn er ein bißchen mehr Geschäftssinn und Unternehmungsgeist gehabt hätte, so hätte er eine Spielwarenfabrik aufmachen können, denn so schöne Sachen, wie er uns baute, gab es zu dieser Zeit in einschlägigen Geschäften gar nicht zu kaufen. Er hatte uns Handwagen, Eisenbahnen, Autos, Karussells (große und kleine) gebastelt, um nur einiges zu nennen. Geschlagen hat uns unser Vater kaum einmal, ich kann mich nur an zwei solche Situationen erinnern. Einmal wollten wir des Abends irgend etwas nicht essen, da nahm er eine Schürze von unserer Mutter und prügelte uns damit ins Bett. Das sah wohl so komisch aus, daß meine Mutter lauthals herauslachte und Vater dann mit einstimmte! Ein zweites Mal, es war bei der Kartoffellernte, da hat er Fred und mich mit der Peitsche um die Beine geschlagen, weil wir uns herumprügelten und keine Lust mehr hatten, Kartoffeln aufzulesen! Wenn das auch nicht allzu weh getan hat, so hat es doch einen starken Eindruck auf uns gemacht, so daß wir fortan unserem Vater gegenüber vorsichtiger waren, und ich glaube, daß er danach nicht mehr tätlich zu werden brauchte.

Nun noch ein paar Erinnerungen an diese Zeit. Da war erstmal „Groß-Lenzner" und der „Gottsacker", Lenzners Karl war ein Tunichtgut, ein Spitzbube, etwa dreißig Jahre alt, damals noch ein sogenannter „Leichtverbrecher". Gottsacker war der Land-Gendarm, er hieß richtig „Kirchhof", er war noch aus dem Kaiserreich übriggeblieben mit Chaco? (Helm) und schon etwas senil!

Großlenzner hatte immer wieder was auf seinem Kerbholz, und Gottsacker war immer hinter ihm her. Schon aus reiner Gewohnheit machte er vor Lenzners Hause, es war eine kleine Kate, mit seinem „Veloziped" halt, klopfte ans Fenster und fragte Karls Mutter: „Großlenzner da?" – Die Antwort war natürlich immer die gleiche: „Nee!" – Keine Frage! – Walters Mutter war ja auch nicht „ohne", sie wischte auch ab und zu in dieser Branche mal Staub! – Aber irgendwann hatte Gottsacker doch mal wieder Glück und erwische Großlenzner ! Er legte ihm Handschellen an und band ihn mit einem Strick an sein Fahrrad an! Ab ging die Post nach Weimar. Unterwegs, etwa auf halber Strecke, bekam Herr Kirchhof Durst, denn es war ein heißer Sommertag. In Nore, an der Gastwirtschaft, hielt er mit Karl an. „Großlenzner!" sagte er, „ich muß erst ein Bier trinken, du wartest hier, bis ich wieder rauskomme! – Klar? – Hast du verstanden?" – Karl hatte verstanden! – Und ob! –

Als Gottsacker nach etwa zehn Minuten wieder herauskam, war Großlenzner fort, natürlich samt Fahrrad! – Die Fahndung begann von neuem! –

Großlenzners Schwester „Elfriede", etwa zwanzigjährig, als leichtes Mädchen verschrien, überraschte uns einmal, als wir am Schützenhaus unzüchtig beisammensaßen. Pitter aus Düsseldorf war zu Besuch und klärte uns ein wenig in Sachen Kindermachen auf. Er war einige Jahre älter als wir, etwa fünfzehn, und groß war „Er" im Gegensatz zu „Unsereins", und reif war er, da funktionierte alles schon so richtig! – „Sieh an, sieh an!" sagte eine Stimme im Hintergrund! Es war Elfriede! „Also ihr möchtet es wohl auch schon können!? Zeigt mal her, was ihr zu bieten habt!" sprach sie und kam näher. – Wir waren völlig erschrocken und verschämt auch. – „Ja", sagte sie, nachdem sie uns begutachtet hatte, „da ist wohl nur der Pitter zu gebrauchen." Sprach`s und zog ihn mit sich ins Gebüsch! – Nachdem wir uns wieder gefaßt hatten, schlichen wir uns näher ans Gebüsch und schauten durch die Zweige. War das eine aufregende Sache! Ein großes Erlebnis für uns! – Wenn ihr ein paar Jahre älter seid, komme ich mal wieder vorbei, waren ihre Worte, als sie danach erhobenen Hauptes davonging! –

Themawechsel! – Da waren die zwei großen Gegensätze in unserer Familie, es war die Tante Luise und der „große" Onkel Hans! Die große Nationalsozialistin und der Erzkommunist!

Hans Güldenburg stammte aus dem Ruhrgebiet, er hatte Mutters Schwester, die Tante Anna, geheiratet. Ihre Ehe schien eine einzige Katastrophe zu sein. Er arbeitete in der mitteldeutschen Industrie-Metropole bei Merseburg/Micheln, im kleinen Ruhrgebiet Hitlers, als Werkmeister. Warum er Kommunist war, weiß ich ebensowenig wie den Grund, warum unsere Tante Luise, auch eine Schwester unserer Mutter, Nationalsozialistin war! Letztere war Jungfer und Obermeister des Damenschneiderhandwerkes von ganz Mitteldeutschland von Beruf. Wenn beide zusammen mal zu uns zu Besuch kamen, meist nur anläßlich einer Familienfehde, war der „große Hund" los, das war eine einzige Katastrophe! Sie befehdeten sich dermaßen, daß die Feststimmung immer gleich dahin war. Wir Kinder machten dann Front gegen beide, denn den politischen Unterschied konnten wir nicht erkennen oder verstehen. Wir bewaffneten uns mit Knüppeln und stellten uns vor ihnen auf, sozusagen aus Protest! Was sollten wir auch sagen oder sonst tun!? Die Situation war sicher so ähnlich wie heutzutage auch, nur mit dem Unterschied, daß es heute große öffentliche Demonstrationen sind, die oftmals blutig enden. Es ging meist solange, bis einer der Bärbeißer vorzeitig das „Lokal" verließ, meist war es der Große Hans, der dann mit donnernder Stimme kundtat, daß er unser „Braunes Haus" nie mehr betreten werde!

Ich erinnere mich auch noch daran, daß Tante Luise den späteren Thüringer Gauleiter Saukel mit zu uns gebracht hat. Sie war ja eine alte Kämpferin! Mit Adolf Hitler persönlich bekannt und Inhaber des goldenen Parteiabzeichens und des silbernen Adlers. Es bestand sogar der Verdacht in der Familie, daß sie nur des Führers wegen noch nicht geheiratet habe, daß sie sich da irgendwelche Hoffnungen mache. – Im übrigen war sie eben eine „Hering", sehr selbstbewußt und auch eine Führernatur! So wie ich! – Ha, ha! –

Aber eine feine und elegante Frau war sie schon. Und sie ist wahrscheinlich auch mit ihren achtzig Jahren als Jungfer gestorben.

Der Große Hans hat sich später von Tante Anna getrennt, sie hatten sich auseinandergelebt, er in Micheln mit seinem Verhältnis und sie mit ihrem Putzfimmel in Ulle bei Weimar. Sie hatten zwei Kinder, Jutta, die bei Tante Else in der Gastwirtschaft aufwuchs und sie später beerbte, und den „Kleinen Hans", den ich in meinem späteren Leben auch noch oft wiederbegegnete! –

Bevor ich auf die Jungvolk- bzw. Hitlerjugendzeit näher eingehe, noch eine Begebenheit mit Schifterwaller, unserem Nachbarssohn. Eines Tages kam er an und sagte: „Knuth! – Ech hawe zwanzch Mark gefongn, ongern Bernboom! – wellstes kamn?" – (das ist thüringisch). Zwanzig Mark waren damals viel Geld. „Na ja, gib sie mal her und ruf alle zusammen", sagte ich. – Als die wichtigsten Kumpane unserer Truppe zusammen waren, wurde beratschlagt, was wir mit dem Geld machen sollten. – Ja, da essen wir erst mal frische Brötchen mit frischer Leberwurst und trinken eine Flasche Kronsprudel dazu! – Ein herrliches Essen! – Ja, und dann noch einen Füllfederhalter für jeden und ein Taschenmesser!? – Ja, was eigentlich noch? – Mehr fiel uns im Moment nicht ein, wir waren erst einmal gesättigt und rundum zufriedengestellt. – Danach gingen wir in unsere Hütte ins Doberstenhölzchen, und als wir gerade am Beraten waren, was mit dem Restgeld geschehen sollte, wurde unsere tolle Hütte zusammengedrückt! – Meine Ahnung ließ mich sofort durch die Hintertür verschwinden! – Am Abend aber mußten Fred und ich zum Rapport. Walters Vater war nämlich bei meinen Eltern aufgekreuzt und hatte ihnen mitgeteilt, daß Walter das Geld seinen Großeltern gestohlen habe. – Er, Walter, wollte sich damit wohl bei uns „Liebkind" machen, wie man so schön sagt! – Ich und natürlich auch alle anderen, mußten das restliche Geld, das wir inzwischen aufgeteilt hatten, und die Gebrauchsgegenstände zurückgeben! – Was waren wir traurig, so schnell wieder „arm" sein zu müssen! – Und danach hatten wir auch noch eine Weile mit dem Kühlen unserer Hinterteile zu tun! – Ja, so hart kann das Leben sein! –

Der Hitlerjunge

Nun, der legendäre „Hitlerjunge Quex" war ich natürlich nicht, aber ein richtiger und begeisterter Hitlerjunge war ich schon, so einer, wie die meisten Jungens unserer Zeit es waren. Wir wurden ja ganz besonders in der Schule von unseren Lehrern so erzogen und auf die auf uns noch zukommenden Ereignisse und Aufgaben vorbereitet! Da mein Vater in der NSDAP (Nationalsozialistische Deutsche Arbeiterpartei) war (er war seinerzeit nach der Machtübernahme Hitlers aus dem Stahlhelm-Verband direkt in die Partei übernommen worden), hatte ich bei der Anmeldung zum Jungvolk gar keine Schwierigkeiten, noch dazu, da meine Mutter durch ihre Schwester Luise ohnehin dahin tendierte. Und Egon hatte den Vorteil, daß sein Vater Mitglied der „SS" (Schutz-Staffel Hitlers) war! (Die „SA" war die Schutz-Abteilung Hitlers, nur zur Information.) – So waren für diesen Lebensabschnitt die Weichen wieder einmal gestellt, vor allem, was die Führungspositionen anging. Egon und ich wurden zu Jungenschaftsführern mit jeweils etwa zehn Hitlerjungen ernannt. Der Jungzugführer wurde uns aus einem anderen Ort vor die Nase gesetzt. Die „Hänicher und die Schellräder"-Jungschaften gehörten mit zu unserem Jungzug. Schwierig war es zu Anfang, mit unseren Händeln fertig zu werden, denn ab jetzt waren wir ja eine Einheit, hatten wir eine zu sein! – Was sollte es auch!? – „Deutschland, Deutschland" ging nun mal doch über alles, über alles in der Welt! – (Erste Strophe des Deutschlandliedes, der Nationalhymne.).

Zu Anfang durften einige Jungens aus Klebach der Hitlerjugend nicht beitreten, weil ihre Eltern dagegen waren, aber das wurde „geändert", und so nach und nach waren meine früheren „Soldaten" wieder mit von der Partie, ich glaube mich zu erinnern, nur mit ein oder zwei Ausnahmen. – Jetzt wurden wir neu eingekleidet, und diesmal nicht auf unsere „Kosten"! Unsere Eltern, ob arm oder reich, wurden vom Staat in die Lage versetzt, uns mit Braunhemd, kurzer schwarzer Samt-Cordhose, schwarzem Halstuch mit geflochtenem Lederknoten und einem Schiffchen als Kopfschmuck auszustatten! – Zur Winteruniform gehörten außer dem Braunhemd und dem Halstuch eine sogenannte lange Überfallhose, eine schwarze Blousonjacke und eine Schirmmütze mit Ohrenklappen! – Ja, da hätte ich beinahe das Wichtigste, nämlich die Armbinde mit dem Hakenkreuz, vergessen! – Rot war sie, und in einem weißen Kreis war das schwarze Hakenkreuz! –

Orden und Ehrenzeichen kamen nach, als erstes ein silberner Winkel am Oberarm und eine doppelte rotweiße Schnur im Knopfloch als Erkennungszeichen des Jungenschaftsführers, später war das eine dicke geflochtene grüne Schnur für den Zugführer, sie war an der Schulterklappe befestigt und ging bis zum Knopfloch der Brusttasche! – Schick! – Ja, einfach schick!!! – Und ob! –

Nun hatten wir anzutreten! Jedes Wochenende, und vor allem in blank geputzten Schuhen, egal ob mit oder ohne Riester, und in gebügelten Hemden natürlich! – Nicht wie die „Halbwilden"! –

Wir lernten das Strammstehen, das Geradeaus und das Linksum und das Rechtsum! – Na ja, eigentlich konnten wir das alles schon, ich hatte die „Vormilitärische Ausbildung" ja schon vorgenommen! Nämlich in der Zeit des Soldatenspielens. – Für mich persönlich war das alles eine enorme Umstellung, denn ich war plötzlich nur noch „Gefreiter" und nicht mehr „der Herr Major". Viele von den Jungen mußten das gespürt haben, und ich wurde immer unsicherer, ich hatte plötzlich Komplexe, zum Beispiel, wenn ein Neuer auftauchte, ein neuer Vorgesetzter aus einem anderen Dorf! – Wie konnte man so plötzlich degradiert werden, einfach so!? – Überwunden habe ich das erst viel später, nämlich erst als ich Soldat wurde, werden durfte, da hatte man sich unterzuordnen, das konnte man ja noch verstehen! –

Aber trotz allem war die Zeit des Jungvolkes, der Hitlerjugend, für uns eine schöne Zeit, ich meine auch für mich persönlich! Es wurde uns doch vieles geboten, technisch wie auch kulturell gesehen und gemessen an der Zeit vorher! Wir machten viele Feldspiele, Schnitzeljagden, Abkochen, Radtouren und so.

Natürlich war das Ganze auf vormilitärische Ausbildung ausgerichtet, aber die meisten von damals haben das erst nach dem Krieg, dem Verlorenen, gemerkt, ich auch. – Bei einem verlängerten Wochenenddienst zur Burgruine Ehrenstein haben wir viel Spaß gehabt, es wurde gebrutzelt und gesungen, und wir machten schöne Spiele. – Nur des Nachts war es gar nicht mehr so schön, denn da mußte man Wache schieben, allein, ganz allein! – Man stelle sich das nur vor! – Eine „ganze" fürchterlich lange Stunde lang, das war vielleicht schlimm, da kamen plötzlich die Geister und Unholde wieder aus dem Gemäuer, aus dem Burgverlies, welche am Tage doch ganz harmlos aussah! – Man konnte mit dem Luftgewehr doch auch nicht einfach in der Gegend herumschießen, auf einen Schatten vielleicht, wie hätte man das erklären sollen, falls man dabei ertappt wurde!? Ja, so eine Stunde konnte doch sehr lang werden, und was ein Glück, daß es nicht nur Nächte und Burgruinen gab! –

Später, in der „Hitlerjugend", so ab vierzehn, wurden wir der Nachrichten-HJ zugeteilt. Ich wäre lieber in die Motor-HJ gegangen, schon allein, um nicht mehr so viel laufen zu müssen. Aber wer hat mich schon gefragt? Wir hatten auch hier die vormilitärische Ausbildung wahrzunehmen, irgendwie waren wir trotzdem stolz darauf, Hitlerjunge sein zu dürfen! – Als der „Führer" beispielsweise in Weimar zu einer Großkundgebung kam, durften wir auch mit Spalier stehen, welch eine Ehre! Ich habe „IHN" da wirklich aus allernächster Nähe gesehen, wem war das schon vergönnt? – Eigentlich hätte man sich danach die Augen und Ohren nicht mehr waschen dürfen, ach, was sage ich da! Man hätte sich überhaupt nicht mehr waschen dürfen, nach solch einem Vorzugsrecht! –

Um das Ganze zu verstehen oder begreifen zu können, muß man wissen, daß Hitler, der ja 1933 an die Macht in Deutschland gekommen war, zu Anfang seiner Erfolge die damalige miserable wirtschaftliche Lage und auch den desolaten Zustand der Regierung der „Weimarer-Republik" auf seiner Seite hatte. Seine anfänglichen Maßnahmen, vor allem die Abschaffung der sehr hohen Arbeitslosigkeit, die er durch die Einführung des Arbeitsdienstes und der Deutschen Wehrmacht und durch die Ingangsetzung der Rüstungsindustrie, den Bau der Autobahnen, die Kasernenbauten, den Bau des Westwalles usw. erzielte, brachten ihm viele Sympathisanten ein! –

Mein Vater stand plötzlich nicht mehr den ganzen Tag simulierend an den Küchenschrank gelehnt herum! –

Die negativen Seiten seiner Politik, wie die Arischen-Gesetze oder die Judenverfolgung wurden von den meisten zu spät oder aber auch gar nicht erkannt. – Ich nehme für mich in Anspruch, daß ich davon nichts gewußt habe. – Nein, ich bin auch nicht auf so eine Idee gekommen, als später mal eine Unmenge von Polizisten, in Uniform und in Zivil, unsere ganzen Wälder nach sogenannten Verbrechern durchkämmten, die aus dem nahegelegenen Buchenwald ausgebrochen waren. – Was wußten wir schon, was ein KZ ist!?

Da waren eben „Verbrecher" drin, die der Gesellschaft nur Schaden zufügten! – Juden waren für mich/uns nur wohlhabende Leute, vielleicht etwas vollgefressen, so wie der Viehhändler Rosenbaum, der alle paar Wochen mal mit seinem Pferde-Viehwagen vorbeikam, um eine Kuh oder ein Schwein von Vater zu kaufen! – Ein bißchen Feilschen und ein Handschlag! – Basta! –

Für unsere Bräute gab es zu „Adolfs" Zeiten wenig Zeit, sie waren genauso wie wir Jungens in das neue System eingereiht worden, zuerst bei den Jungmädels und ab vierzehn im Bund Deutscher Mädels (BDM).

Ab und an schrieben wir uns schon noch ein Briefchen, wir waren inzwischen zwölf Jahre alt geworden, Ursel hatte schon richtig schöne kleine Brüste bekommen, sie gefiel mir immer mehr, ich hätte sie von der Stelle weg heiraten können! – Ich meine so von meinem Gefühl her. – Wir waren schon zu dieser Zeit sehr gereift, ja, wir waren ja auch so erzogen worden. Ich glaube heute, daß wir damals schon spürten, daß etwas in der Luft lag. Wir drückten uns immer enger zusammen, wenn wir die Gelegenheit dazu hatten! War es Angst oder Liebe, oder Liebe in der Angst!? – Schade, ich habe Ursel in meinem späteren Leben nie mehr wiedergesehen! – Lisoth bin ich noch zweimal begegnet. –

Und dann begann der „Zweite Weltkrieg", am ersten September 1939 wenn ich mich nicht irre!? Am Tag zuvor wurden mein Vater und alle seine Altersgenossen zum Militärdienst (Ersatzreserve) einberufen, es wurde mobilgemacht, wie man so schön sagte! Da mußte man hingehen, da konnte man nicht absagen oder sich einfach drücken, so wie das heute möglich zu sein scheint! Er mußte sich in Rudolfstadt bei einem Baubataillon melden, und da er ja im Ersten Weltkrieg schon dabei war, wurde er gleich Obergefreiter. –

Was bedeutete Krieg nun für uns Kinder, Kinder, die eigentlich schon erwachsen waren!? Ja, zunächst bedeutete es Vaters Stelle, das heißt, die Lücke, die er hinterließ, zu füllen, zumindest die Aufgaben des Mannes zu übernehmen, die schweren Feldarbeiten zum Beispiel.

Es war nicht mehr wichtig für uns Paulsens-Jungens, wer kocht oder putzt, jetzt mußte Futter fürs Vieh gemacht, geackert und gesät, geerntet und gedroschen werden! Heinz, unser Ältester, war nicht mehr zu Hause, er war in der Lehre als Bäcker und Konditor, er mußte doch in die Fußstapfen von Herings-Großvater „Otto" treten. Jetzt war Rolf, Fred und ich dran, das Kommando hatte natürlich unsere Mutter „Lene" übernommen! Das war für sie kein Problem, war sie doch eine geborene Hering, und überhaupt, wieso hatte sich diesbezüglich da was verändert? – So richtig hatten wir Kinder zu diesem Zeitpunkt wohl nicht begriffen, was Krieg eigentlich bedeutet, denn als nach etwa zwei Wochen, nach Kriegsbeginn, einige Bomben ganz in unserer Nähe herunterkamen (vom Himmel), haben wir nur „Hurra, Hurra, der Krieg ist da!" gerufen. –

Nie werde ich die Situation vergessen, als ich mit Fred unterm Ringelsholze am Eggen war. Unsere beiden Kühe, die wir vorgespannt hatten, gingen mir „durch", das heißt, sie galoppierten davon, als sich ein Zugseil gelöst hatte und ich es wieder einhängen wollte. Die Egge erfaßte mich an meinen Fesseln, und ab ging die Post. Zunächst hielt ich mich in gebückter Stellung an der Egge fest, konnte mich aber nicht lange so halten und geriet mit meinem ganzen Körper darunter und je lauter ich schrie, um so schneller liefen die Kühe! Ich schrie Hilfe, ich weinte, und ich hatte Angst! – Viel ANGST! – Erst als wir am Ende des Feldes angekommen waren, hörte ich Fred rufen „Brr, Brr", das heißt halt, ja und er konnte die Kühe zunächst anhalten, aber als er sie wieder losließ, um zu sehen, was eigentlich los sei, galoppierten sie wieder davon! – Wo bist du denn, rief er, ich kann dich nirgends sehen!? – Hier, unter der Egge, wimmerte ich nur noch. Mir blieb nichts weiter übrig, als mich selbst von den Eggen zu befreien! Mit Aufbietung meiner letzten Kräfte schaffte ich es dann auch, die Egge hochzustemmen, um hervorzukommen, dabei behinderte mich ein Eggenzahn, der tief in meinem Oberschenkel steckte! Abgesehen von den großen Hautabschürfungen an Armen und Beinen war ich in den Weichteilen unverletzt geblieben! Das Glück im Unglück hatte ich wohl auch meiner guten körperlichen Kondition zu verdanken! – Zu guter Letzt haben wir dann die Kühe gemeinsam vor den Wagen gespannt und sind nach Hause gefahren. Ich bekam von Muttern einen Verband um den Oberschenkel und einige Pflaster auf die Schürfwunden und Basta! – Basta war gut und schön, aber nicht mehr schön, als ich nach zwei Tagen nicht mehr laufen konnte, ich hatte Schüttelfrost und ein dickes Bein bekommen und konnte keinen Schritt mehr gehen! Das Bein wurde dick und grün und gelb, und es hackte darin. Ich glaube, daß ich mein Bein verloren hätte, wenn nicht Tante Luise unverhofft aufgetaucht wäre, denn meine Mutter wollte das Ganze nur mit kalten Umschlägen heilen. Aber Tante Luise kannte ein besseres Rezept, die „Schwarze Salbe" nämlich! Daß es auch noch Ärzte gab, schienen sie wohl beide nicht zu wissen! – Nun, etwa zwei Tage nach dieser Behandlung war es dann soweit, der Eiter lief aus meinem Bein, „eimerweise" kann man schon sagen! – Vom Tage an konnte ich wieder laufen, ich war wieder da! – Noch mal Glück gehabt! –

Ja, ich glaube heute noch, daß uns die ersten Kriegsjahre noch mehr geprägt haben, daß wir noch erwachsener als erwachsen wurden. Doch bei allem Erwachsensein waren wir aber auch noch Kinder geblieben. Gott sei Dank, und obwohl unsere Freizeit sehr eingeschränkt war, was sich in der Schulzeit sowohl auch in der Dienstzeit bei der Hitlerjugend ausdrückte. Nach wie vor schrieb man Liebesbriefe und balgte sich herum. Wenn Heinz beispielsweise mal nach Hause kam, wurden die Kräfte gemessen, wir Jüngeren schlossen dabei meist nicht schlecht ab. Dabei gelang es mir auch, ihn mal aufs Kreuz zu legen. Aber genausogut setzte sich Fred mir gegenüber durch. Wenn es gar nicht mehr ging, bekam ich von ihm den Milchkannendeckel auf die Nase, oder er warf mit einem Messer oder sonst einen geeigneten Gegenstand nach mir. – Auch von diesen Händeln besitze ich noch ein paar Blessuren. – Dann begann auch die Zeit, wo wir zum Konfirmationsunterricht mußten. Allerdings muß man wissen, daß zu unserer Zeit der Staat sehr stark gegen die Kirche opponierte, unser damaliger Lehrer Woge bemühte sich da ganz besonders, uns gegen den Pfarrer aufzuwiegeln. Beispielsweise stiftete er uns an, vor die Pfarrei zu ziehen und im Chor „Gänsehamster, Gänsehamster" oder ähnliche der Kirche abträgliche Dinge auszurufen. – Obwohl es vor dem Krieg alles zu kaufen gab, was man so benötigte, und die Masse auch wieder in der Lage war, nämlich durch das hitlerische Arbeitsbeschaffungsprogramm, war mit Kriegsbeginn alles knapp und zum Teil auch rationalisiert worden. – Meine und auch Egons Eltern waren, dem allgemeinen Trend folgend, auch antikirchlich eingestellt, so daß wir unser Verhalten als ganz normal empfanden. Anläßlich unseres ersten Unterrichtstages verteilte unser Pastor ein Formblatt und sagte: „Das laßt ihr von euren Eltern unterschreiben und bringt es am nächsten Unterrichtstag wieder mit!" – Egon sagte gleich, nachdem er es überflogen hatte: „Das unterschreibt mein Vater bestimmt nicht!" – Die erste Reaktion vom „Gänsehamster" war: „Da willst du es wohl auch nicht haben, Knuth!?" – Nein, war selbstverständlich meine Antwort! – Hochroterhobenen Hauptes tobte unser Pastor und schrie: „Jetzt habe ich euch endlich, ihr Ketzer!" Und er schmiß uns regelrecht hinaus! (Das Formular war eine Verpflichtungserklärung dahingehend, daß sich die Eltern einverstanden erklärten, ihre Konfirmandenkinder regelmäßig in den Kindergottesdienst zu schicken.) – Trotz späterer Vorsprache und Bitten des Pfarrers bei unseren Eltern gingen wir beide fortan nicht mehr in den Konfirmantenunterricht! – Damit waren wir sozusagen disqualifiziert und zu den Vorreitern der sogenannten „Jugendweihe" geworden! Wir wurden dann sozusagen „nationalsozialistisch konfirmiert" – Natürlich mit allem Pomp und die Fahne hoch! – Etc., etc. – und so! –

Kriegstümelei

Die Zeit kam, die Zeit verging, und der Krieg ging weiter, und obwohl er schon längst zu Ende sein sollte, dauerte er nun immerhin schon über zweieinhalb Jahre! Mein Vater war nach dem Frankreichfeldzug Ende 1940 wieder entlassen worden, er galt jetzt als „unabkömmlich", er war in seinem Alter wohl als Landwirt besser eingesetzt. Dafür mußte unser Heinz jetzt einrücken, er hatte sich mit seinen neunzehn Lenzen freiwillig zur Marine einziehen lassen. Ich wurde bald vierzehn Jahre und mußte mich nun für die Zukunft entscheiden, ja, was wollte/sollte ich denn mal werden? – Mein Gott, lieber Vater, du hast doch sicher eine Idee!? – Oder? – Natürlich haben Väter immer eine Idee, die Kinder wollen, haben zu sollen, immer mehr als der Vater, der Groß- und Urgroßvater haben sie werden zu sollen! – „Knuth, du mußt Baumeister werden, oder so was! – Klar!" – Warum eigentlich Baumeister, oder so was, dazu braucht es doch einiger Voraussetzungen, der mittlerenReife beispielsweise! – Es gab damals, ganz besonders auf dem Lande, wenig Möglichkeiten, das Gymnasium oder eine andere höhere Schule zu besuchen. Das war auch eine Frage der Verkehrsverbindungen, der Unterbringung und der vorhandenen Kapazität. Den einzigen unserer Schule zur Verfügung gestellten Platz an der Aufbauschule in Gotha bekam nicht ich, sondern mein Vetter Egon. Der Lehrer, den wir zu dieser Zeit hatten, war ausgesprochen häßlich, wir konnten uns beide nicht ausstehen, und so hatte ich diesmal keine Chance! Hier bestätigt sich die Ausnahme der Regel, daß sich Gegensätze anziehen! – Natürlich war ich sauer! –

Mein Vater war inzwischen bei einer Tiefbaufirma in Erfurt als Schachtmeister tätig, und sein Chef hatte zu ihm gesagt: „Dein Knuth muß Bauingenieur werden, lassen Sie ihn eine Lehre im Baugewerbe absolvieren, dann kann er über ein Vorsemester zur Baugewerkschule gehen. – Der schafft das immer!" – Warum ausgerechnet ich? – Na, wenn`s denn sein muß! – Also wurde ich erst einmal praktisch vorgeschult. Ich mußte in eine Zimmererlehre gehen. Im Dorf war der Zimmerhof, dort hatte mein Vater vor fünfundzwanzig Jahren auch schon gelernt. Mein Meister Max Hoya war ein Cousin meines Vaters, was nicht unbedingt ein Vorteil für mich war! Leider wurde er bei Kriegsende von den Russen abgeführt; er ist nie wieder zurückgekommen. Angeblich haben russische Soldaten auf seinem Hof Methylalkohol gefunden und getrunken und sind daran kaputt gegangen! –

Wie dem auch sei, ich fing dort eine Lehre als Zimmerer an. Und was ich da alles machen mußte, hatte mit dem Berufsbild oft recht wenig zu tun, das waren Arbeiten, die zur Sägemüllerei gehörten. So zum Beispiel das Holzabschnitzen, das Abschälen von Fichtenstangen, das Dickebohlentragen oder das Herumbatalgen mit schweren Baumstämmen. – Oft sagte der Meister: „Knuth, du mußt eine Latte hinten annageln (am Stamm oder der Bohle), damit es nicht so schwer für dich wird!" – Na ja, klever war ich schon, denn je weiter am Ende oder an der Spitze man das Monstrum trug, um so weniger Last hatte man. Das ging dann zwar zu Lasten des Partners, aber da das ja erwachsene Männer waren, hatte ich da keine Gewissensbisse! Bei den stupiden Arbeiten, wie dem tage- oder wochenlangen Holzabschnitzen, träumte ich oft vor mich hin, dabei dachte ich fast nur an Mädchen, natürlich an Ursel, aber da ich nun mit fünfzehn Jahren anfing, ein Mann zu werden, gingen mir auch schon mal andere Frauen durch den Kopf, mehr die zugänglichen erotischen Typen, dabei erinnerte ich mich auch an die „geile" Elfriede oder mir kam die „Christel von der Post" in den Sinn! – Sie schien auch nicht „ohne" zu sein. Oft, wenn ich am Feierabend an ihrem Haus vorbeiging, stand sie vor der Haustür und sprach mich an, manchmal saß sie auch auf den Eingangsstufen, da waren mindestens acht bis zehn davon, und sie saß dann ganz oben, und sie hatte einen kurzen Rock an, und sie hatte auch nur ein kleines Höschen an, und sie öffnete ihre Schenkel dabei, eh, – ich meine, sie machte dann ab und zu mal die Beine auf, ich wollte sagen, sie machte mich dann immer ganz verrückt! – Meine Gedanken waren dann, ob sie das ganz bewußt tat oder nur zufällig, und was sie von mir vielleicht erwartete? – Wenn sie mal nicht da war, war ich enttäuscht, und ging dann noch mal ein Stück zurück, in der Hoffnung, daß sie dann bestimmt da sei. Ich ließ manchmal auch ganz bewußt meinen Rucksack im Zimmerhof, um einen Grund zu haben, noch mal zurückgehen zu können. Ganz schwarzes Haar hatte sie, mit einem langen Pferdeschwanz, und dann schaute sie mir tief in die Augen, mit ihren schwarzen Kohlen, so richtig tief, so daß ich ganz verlegen wurde! – Ob es nur wirklich so kleine schwarze Höschen gab, dachte ich immer wieder, und wo nur die vielen Fliegen herkamen. Sie schien mir immer überlegen zu sein, ob das das eine Jahr ausmachte, was sie älter war als ich!?

Die Lehrzeit war zu Anfang nicht leicht, einige Male bin ich weinend nach Hause gelaufen und habe zu meiner Mutter gesagt: „Da geh ich nicht mehr hin!" Entweder ich hatte mir mit der Schrotsäge in die Hand gesägt oder mit dem Stemmeisen in den Oberschenkel gestochen, oder aber es war wegen des Poliers Artur, der „Blaue" genannt, wohl weil er fußige Haare hatte. Ich nannte ihn „Furzer", weil er immer und ewig wie die Pest stank. – Nun, eben der hatte mich beleidigt! – Einmal hatte er Arschloch zu mir gesagt, das war einfach zu viel für mich, und als er dann noch das Angebot machte, mich in den Arsch treten zu wollen, habe ich ihm die Stirne geboten und gesagt: „Bitte, tun Sie es doch!" – Das hat ihn so durcheinander gebracht, daß er mich fortan mit „Sie" ansprach! Von da an hatte ich meine Ruhe vor ihm! – Zum Glück gab es auch noch meinen Onkel Arno, er war Postengeselle, und ich bat ihn, mich doch mit auf seine Baustellen zu nehmen. Er war zwar auch kein Engel, das waren die Bauleute sowieso nicht, aber er war nicht ewig am „Furzen", so wie der Blaue.

Verdammte Angst hatte ich vor dem „Transmissionskeller", und als man mich einmal „bat", da hinunterzugehen, um einen Riemen wieder aufzulegen, diese Antriebsriemen waren reine Monster, 50 bis 60 Zentimeter breit und mehr als zehn Meter lang, und das, während alles in vollem Betrieb war, lehnte ich ab. Auch dann noch, als mein Meister es mir mit harter Stimme befahl! – Ich wußte nämlich, daß dabei vor wenigen Jahren ein anderer Lehrling ums Leben gekommen war, weil sein Schal in die Antriebsriemen gekommen war und er zu Tode geschleudert wurde.

Oft kam ich abends völlig am Boden zerstört nach Hause, beispielsweise, wenn wir am Aufrichten von Dachkonstruktionen oder Fachwerkscheune⸱ Knochenarbeit und hoch oben im Himmel! Oder auch, wenn wir ⸱ mußten und dazu einen Pfahlrost zu schlagen hatten. Hunder⸱ etwa eineinhalb Meter lang und zehn- bis fünfzehn Zentimeter di⸱. zweit mit dem Vorschlaghammer in den Boden schlagen, so mit unse⸱ einfach so! Anschließend mußten sie noch mit der Schrotsäge auf einheitlic⸱. abgeschnitten werden. Und dies mehr im Liegen als im Stehen! – Und das Ganze ⸱ tagelang! – Ja, und hinzu kam, daß wir jeden Tag mit dem Fahrrad, vollgepackt mit Werkzeug, und schwerem Rucksack auf dem Buckel, noch zehn bis zwanzig Kilometer fahren mußten! – Mir blieb halt nichts erspart! Da doch lieber Holz abschälen und träumen dürfen! – Ja und dann fiel mir wieder Geilfriede ein, ich erinnerte mich, wie sie vor ein paar Jahren sagte: „Wenn ihr ein paar Jahre älter seid, komme ich mal wieder vorbei!" – Warum eigentlich nicht umgekehrt, dachte ich so bei mir? – Aber allein zu ihr zu gehen, dazu hatte ich nicht den Mut, deshalb sprach ich mit Haufolds Hans und mit Sieghart, die beiden waren für so was immer zu haben. Wir mußten es mehrere Male versuchen, sie abends allein zu Hause anzutreffen, denn meist öffnete ihre Mutter, wenn wir am Fenster anklopften, dann rissen wir immer wieder aus! – Aber dann klappte es, sie war allein zu Hause, und sie ließ uns auch gleich ein. „Ich kann mir schon denken, was ihr wollt! Na, nun mal raus mit der Sprache", fuhr sie fort, „ihr sucht doch ein Abenteuer, eine richtige Frau, so mit allem dran! Was? Und wieso kommt ihr da zu mir? Ihr habt euch gedacht, die macht`s mit jedem, auch mit halben Kindern! Was? – Habt ihr denn überhaupt Geld für so was? Hm? – Bis jetzt hatte keiner von uns auch nur ein Sterbenswörtchen herausgebracht`, und am liebsten wären wir im Erdboden versunken, oder schnell wieder abgehauen, aber dann sagte sie: „Nun seid ihr einmal da, zeigt mal her, wieviel Geld ihr mitgebracht habt, was bin ich euch wert?" – Wir kramten in unseren Taschen herum und brachten etwa zwei Mark zusammen, wer hätte denn an so was gedacht, daß das Geld kosten soll! Na, da war der Pitter vor zwei Jahren aber billig davongekommen! – „Ha, ha", lachte sie. „Zwei ganze Mark, mehr ist euch die Sache nicht wert, was? – In Erfurt bekomme ich fünf Mark dafür, manchmal sogar zehn! Und zu dritt! Da kriegt man noch viel mehr, was denkt ihr denn?" – An die Sterngasse in Erfurt konnte ich mich schwach erinnern, ich hatte davon gehört und war an einem freien Tag mal nach Erfurt gegangen, zwei Stunden bin ich gelaufen, eine Strecke wohlbemerkt, und dann mußte ich noch zweimal unter der so wahnsinnig langen Bahnunterführung durch! Um mein Leben bin ich gerannt, wer wußte schon, wann die einmal einfiel!? – Oft genug hörte man von so etwas! Na ja, hineingegangen bin ich aber doch nicht, in die Sterngassenhäuser, nur von außen habe ich sie mir angesehen, und wie habe ich mich geschämt für die halbnackten Frauen, die da hinter den halboffenen Fenstern saßen! –

„Ja, für ganze zwei Mark, da könnt ihr euch höchstens mal was ansehen, so im Detail, höchstens mal dran – aber nicht dreinfassen! Seid ihr damit einverstanden?" – Ich glaube, uns war inzwischen der ganze Appetit vergangen, aber da wir nun schon mal da waren, willigten wir ein. Sie knöpfte ihre Bluse auf und sagte:

...uth, du bist der älteste, du darfst mir das Leibchen öffnen!" – Mit zitternden ...nden und Knien tat ich wie angeboten. Dann legte sie sich auf dem zerschlissenen ...ofa zurück und zog ihre Beine hoch, so daß man schon tief blicken konnte. – Ja, nun guckt nicht so wie die hypnotisierten Karnickel, tut das, wofür ihr bezahlt habt! – Aber nur dran-, nicht dreingreifen, ist das klar!? – Wer immer den Anfang gemacht hat, fluchtartig hatten wir das Lokal verlassen! Saudämlich war uns zumute! – Ja, und nie mehr würden wir zu dieser Shickse gehen! –

Da waren dann noch die Kriegsgefangenen, ich meine die Russen und die Polen, die zum Teil im Schützenhaus untergebracht waren. Des Nachts wurden sie eingesperrt, und am Tage mußten sie arbeiten. Die Polen durften in der Landwirtschaft arbeiten, und die Russen mußten unter ständiger Aufsicht Schneeschippen oder im Steinbruch arbeiten oder so. Wenn die Russen in unserer Nähe waren, kochte meine Mutter immer mal einen großen Pott Pellkartoffeln, da stürzten sie sich regelrecht drauf und verschlangen sie mit Haut und Haar, wie man zu sagen pflegte! Damals ahnte ich noch nicht, daß Hunger so weh tun kann und daß ich selber einmal froh gewesen wäre, da mitschlingen zu können! – Die Polen aßen mit bei den Bauern und hatten teilweise schon richtigen Familienanschluß, was offiziell zwar verboten war, so manche Frau bekam deshalb eine Glatze geschnitten. Zum Glück gab es aber das Kopftuch! – Eines Tages kam ich in Nachbars Wohnküche, um irgend etwas zu borgen, da lag Rose rücklings über der Kanapeelehne und streckte alle Viere von sich, und war am Stöhnen. Pavleg, der Pole, stand davor und war um sie bemüht! Er war am Schnaufen, ich dachte, Nachbars Rose sei es nicht gut oder Pavleg wolle ihr was antun! Ich wollte schon Hilfe holen, doch da begriff ich, daß Pavleg ihr schon am Helfen war! Roses Mann war ja auch Soldat und war schon lange nicht mehr auf Urlaub gewesen! – Es waren ja nur Entspannungsübungen, die sie da machten und die beide so nötig hatten! – Ich kam später wieder! –

Im Frühjahr 1943 zogen dann meine Eltern von Klebach nach Orba um. Der Grund war hauptsächlich der, daß der Hof meiner Eltern durch den Bau der Autobahn-Zufahrt zerschnitten worden und für die Landwirtschaft nicht mehr geeignet war. Sie pachteten einen größeren Hof in Orba im Thüringer Wald im Kreis Rudolfstadt. Es war Winterzeit, als wir da ankamen. Rolf und ich schleppten die Zweizentnersäcke (beinahe zwei) mit Weizen und Roggen auf den Dachboden. Der Hof war völlig abgewirtschaftet, so daß wir das Saatgetreide mitbringen mußten. Mein Rückgrat bog sich unter der Last wie eine Weide im Wind, aber Dank unseres körperlichen Trainings in den vergangenen Jahren schafften wir es, und wir genossen auch gleich Ansehen bei der Jugend im Dorf. Insgesamt war es zu Anfang deprimierend für uns Jungens, und ich glaube für unsere Mutter auch. Waren wir doch aus einem kleinen, aber doch sauberen und relativ neuen Hof in einen größeren, aber schmutzigen, vergammelten Hof übergesiedelt! Die Umstellung war für uns alle sehr groß. – Ich mußte den Lehrherren wechseln, dabei kam mir zustatten, daß Meister Max mir noch einige Werkzeuge und eine Sammlung der Fachzeitschrift „Der Zimmermann" geschenkt hatte. Rolf mußte in der Nähe Erfurts bleiben, denn er lernte Flugzeugbauer, und in der Nähe unserer neuen Heimat gab es dafür keine Gelegenheit. Fred und ich mußten eine neue Sprache lernen, das heißt, einen neuen Dialekt, in Thüringen hatte fast jedes Dorf seinen eigenen Dialekt, wenn manchmal auch nur mit kleinen Unterschieden! In Engerschöwlich trat ich erneut eine Lehre an. Es war beim Zimmermeister Herrnschuh, auch „Schnief, Schnief" genannt. Der hatte zusätzlich eine Bautischlerei dabei und Gott sei Dank kein Sägewerk wie in Klebach! So lernte ich hier auch, wie man Türen, Fenster und Treppen baut. Dies kam mir später in der Praxis wie auch beim Studium und in meiner weiteren beruflichen Laufbahn zu Gute! – Die Meisterin machte mich oft ganz konfus, wenn sie zum Beispiel rief: „Knuth, jag mal die Hinner aus dem Garten, oder paß auf die Hunne mit den Kleenen of." Ich konnte keine Hunde sehen, weder im Garten, noch sonstwo! Aber um es verstehen zu können, muß man wissen, daß in Engerschöwlich „Hunne", Huhn bedeutet und „Hinner", Hunde. In Klebach war das genau umgekehrt, da hießen Hunde, „Hunne" und Hühner „Henner"! – Und so war es bei vielen anderen Vokabeln. Aber ich lernte schnell. In meinem Alter war das keine Schwierigkeit. Aber sie machte mir noch anderen Kummer, nämlich als ich in der Erntezeit mit aufs Feld mußte, zum Kartoffelnauflesen oder so, da gab es in der Pause Kaffee und Kuchen. Milchkaffee mit Ziegenmilch! Der Kuchen war auch mit Ziegenmilch gebacken! – Pfui Teufel, nie im Leben konnte ich was mit Ziegenmilch zu mir nehmen. Heimlich schüttete ich den Kaffee auf die Erde`, und den Kuchen buddelte ich Stück für Stück in den Boden! – Na, schmeckt`s, Knuth? – Und ob es mir schmeckte! –

Bedingt durch den Umstand, daß die meisten Gesellen eingezogen waren, bis auf wenige alte, hatte ich den Vorteil, sehr viele interessante Arbeiten machen zu müssen oder zu dürfen, es waren Arbeiten, die in der Regel nur von Gesellen, wenn nicht gar vom Polier gemacht wurden. Meine ersten Türen waren für meine Begriffe recht gut gelungen, für den Altgesellen jedoch weniger gut, denn die Proportionen der Füllungen waren nicht gut gewählt, sie sahen eben nicht aus! Er nahm sie wieder auseinander und machte sie neu! Auf alle Fälle hatte ich was dazugelernt, nur hätte man mich ja auch vorher darauf aufmerksam machen können, aber nein, nein, wenn ein Lehrling auf Anhieb perfekte Türen gemacht hätte, wozu brauchte man da Gesellen oder gar Poliere? Ein andermal kam Schnief-Schnief und sagte: „Komm, Knuth, wir müssen ein Geviert machen!" Ja, was war das nun wieder ein Geviert? – Ganz einfach, es war nichts weiter als ein Kantholzrahmen mit einer Bohlenabdeckung auf eine Jauchegrube. Ich machte mich mit einem anderen Lehrling daran, den Rahmen zuzurichten, und der Meister war dabei, die Abdeckbohlen zuzuschneiden. Er fragte mich, vom Lagerboden herunter: „Knuth, sag mal, wie lang die Bohlen sein müssen?" – Ich nahm Maß und sagte es ihm. „Da müssen Sie aber den Falz zweimal dazugeben, zweimal vier Zentimeter"! – Das werde ich wohl selbst wissen, brummte er und schnitt zu! – Als das „Geviert" dann an Ort und Stelle eingebaut wurde, paßt es haargenau, bis auf die Abdeck-Bohlen, sie fielen nämlich durch, sie waren zu kurz, genau zweimal um die Falztiefe! – Kurz und lang wurde ich vom Meister geschimpft, natürlich war ich es schuld, daß die Bohlen zu kurz waren, wer sonst auch!? Ich hätte ihn umbringen können, vor all den Leuten, wie stand ich jetzt da? – Wie ein richtiger Trottel! –

Nun das Leben in Orba war ganz neu für uns, ich war schon fast sechzehn Jahre alt, die Menschen hier waren ganz anders, sie waren aufgeschlossener und freundlicher als zu Hause in Klebach – nicht so stolz! Auch die Jugend war viel interessanter, natürlich, sie waren neu für uns. – Toll fand ich die „Spinnstuben", die da üblich waren. Am Abend, jede Woche ein- bis zweimal, immer im Hause eines anderen Mädchens, immer die Reihe herum. – Ha! Heijuchheirasa! – Jetzt konnte man so richtig in den Mädels herumwühlen! Das machte Spaß, die waren auf Draht! – Es wurden Pfänderspiele gemacht, ja das war Sache, ab und zu wurde das Licht ausgemacht, da wurde gefummelt usw.! Da waren Bienen darunter, die einem auch schon mal an die Hose gingen, die hatten das gar keine Scheu! Ja, und geküßt mußte werden, daß es eine helle Freude war. Manchmal erwischte man auch ein Mädchen, das nicht so schön war, das nicht so gut schmeckte, eben eins, das keine helle Freude war, aber das mußte in Kauf genommen werden!

Eine neue feste Freundin schaffte ich mir in Orba aber nicht gleich an, obwohl „sie" sich große Mühe gaben! Rolf und ich waren natürlich Hahn im Korbe, wir waren ja die Neuen, und schlecht sahen wir ja nun auch nicht geradeaus, zum Leidwesen der ansässigen Burschen! Da war Irmtraud, sie wurde Rolfs Favoritin, Mariana und Lona, die hatte Heinz am Wickel, wenn er auf Urlaub kam, auch Anni war nicht zu verachten, bei ihr gefiel mir ihre große Oberweite. Lisa konnte mir auch gefallen, sie war recht hübsch, nur ein bißchen zu groß für mich, bei ihr mußte ich immer in die Steigbügel steigen, wenn ich sie küßte, aber da sie mich mit „Mehr" immer wieder vertröste, ließen meine Bemühungen bald nach.

Weil die Mädchen mich immer stärker anmachten, wie man heute zu sagen pflegt, ging ich auf die Suche nach zugänglicheren Frauen, nach schon eingefahrenen Modellen! Da war Helge, sie war eine Städterin, sehr attraktiv und aufreizend, ihr Mann war Soldat. Sie ließ sich von mir auch umwerben und flirtete mit mir, bis auf Hundert brachte sie mich immer, wenn ich bei ihr war, aber im entscheidenden Augenblick ließ sie mich auf dem Trockenen sitzen, das Luder! Ich wurde immer spitzer, ich schaute mich nach allen möglichen Frauen und Mädchen um, nur soviel Auswahl war da auch wieder nicht. Es gab zwar einige Stroh- und Kriegerwitwen, aber nur wenige davon sagten mir zu. – Na, und so frei, um jede anzusprechen, die mir gefiel, war ich damals auch noch nicht! – Aber dann kamen die ersten Evakuierten! Das waren Menschen aus dem Rheinland und anderen von Bombenangriffen bedrohten Gebieten. Da war gutes Material dabei, sie waren auch nicht so zugeknöpft, und freier in ihren Anschauungen waren sie. Außerdem hatten sie Hunger und verdienten sich gerne etwas dazu, die meisten jedenfalls.

Heinz kam auf Urlaub und brachte eine Verlobte aus Erfurt mit. Davon hatten wir gar keine Ahnung, sie war für meine Begriffe etwas zu klein geraten und noch etwas unterentwickelt, ich glaube auch in sexueller Hinsicht, denn sonst wäre er wohl nicht gleich mit Gilla losgezogen! – Ja, da war noch Gilla, sie war die Tochter von Vaters Chef aus Erfurt, achtzehn Jahre und ein tolles Weib für ihr Alter schier unersättlich, eine richtige Nymphomanin, wie man sie sich als Mann nur wünschen kann! Nicht zum Heiraten allerdings! Aber zum Lernen und Üben wie geschaffen! –

Mich hat sie auch geübt, sie war eigentlich meine erste Frau im Bett und so, ich meine überhaupt, so ganz richtig, mit allem, was so dazugehört! Ich schlief mit Fred, der ja zwei Jahre jünger als ich war, in einem Zimmer und sie mit ihrer jüngeren Schwester Nana, auch nicht übel, aber noch nicht ganz soweit entwickelt wie Gilla, im dahinterliegenden Zimmer. Sie mußten also durch uns hindurchgehen, wenn sie ins Bett gingen, wir schliefen also Tür an Tür, dazwischen sozusagen! Eines Nachts kam sie in unser Zimmer geschlichen, ich war noch wach und „husch, husch", war sie mit unter meiner Bettdecke. Sie umarmte und küßte mich gleich ganz stürmisch und hatte mich auch sofort in der Hand, in beiden Händen hatte sie mich, und geküßt hat sie mich auch gleich! Ja, sie wußte, wovon sie sprach, und ich war gleich im siebenten Himmel! Mein Gott, mein lieber Herein, wie war mir so wohl zumute! Mir war so gut übel zumute, daß ich mich sehr bald übergab, sehr zum Leidwesen von Gilla, aber sie machte aus der Not eine Tugend und rutschte gleich ein Bett weiter! Und sicher, von vornherein nichts böses ahnend, hatte sie die Kerze gleich mitgebracht! – Auch das lernten wir sehr schnell, was ist das schon, weiß doch jeder, was man mit einer Kerze macht!

Da Gilla nur in den Ferien zu uns kam, war es an der Zeit, sich nach was anderem umzusehen. Bei meinen Eltern war ja eine junge Frau, etwa so zwanzig bis zweiundzwanzig Jahre alt, mit zwei kleinen Kindern einquartiert. Eine noch sehr gut aussehende Mutter war auch noch dabei, sie bekam die große Stube im Obergeschoß und die junge Frau mit den Kindern die zwei Zimmer gegenüber.

Ja, Jutta war eine flotte Rheinländerin, sie hatte tolle Beine, so stämmig, nein, nicht dick, und einen hübschen runden Po, so richtig zum Reinkneifen, und einen Blick hatte sie, der ging einem durch und durch! – Irgendwann faßte ich mir dann Mut und sprach sie an: „Na, wie sieht es denn aus, sicher haben sie zu wenig zu essen und so, auch für die Kinder wird es fehlen. – Soll ich ihnen mal was vorbeibringen, vielleicht Eier, Speck und Butter, oder eine schöne Wurst vielleicht?" – Ja, sagte sie ohne Umschweife, Speck und Bütterchen können wir schon gebrauchen, die Eier liebe ich auch, aber am meisten ist mir schon an der Wurst gelegen. – Nur, ich weiß nicht, ob ich das bezahlen kann? – Aber da machen sie sich mal keine Sorgen, Geld will ich keins, – ich, – ich dachte da an Naturalien, – na ja, sie werden schon verstehen, ich meine, eine Hand wäscht die andere! – Sie lächelte mich süß an und sagte: „Na gut, bringen sie mir die Sachen, ich lasse mir da was einfallen!" – Ja, und sie hatte sich was einfallen lassen, als ich am Abend an ihre Tür klopfte. „Kommen sie nur herein, die Kinderchen sind schon im Bett", hörte ich sie sagen! Ich trat ein und war angenehm überrascht, das Zimmer war ganz dämmrig, sie hatte ein Tuch über die Lampe gelegt, ein rotes, und sie stand vor dem Eßtisch, mir den Rücken zugewandt! Komm nur näher, hörte ich sie sagen, ganz buhlerisch, mit einer zärtlichen Stimme, sagte sie es. Sie hatte sich über den Tisch gebeugt, ich sah ihre Muskulöse und die Oberschenkel. Ganz fest und gut gewachsen, auch ihr schöner runder Po war zu sehen, wenn auch nur schemenhaft! „Weißt du, ich bin sehr erkältet und ich nehme gerade ein Dampfbad, stell die Sachen hier auf den Tisch und gib mir die Wurst. – Von hinten vielleicht!?"

Ich war ganz aufgeregt und tat wie geheißen. – Schön hart ist sie, sagte sie, und sie drückte sie – die Wurst! – Aah! – Jetzt wird mir heiß, oh ja, ganz heiß wird mir! – Mir läuft jetzt die ganze Brühe nur so herunter! – Ja, ich bin sicher, morgen bin ich wieder ganz gesund! – Du kannst mir öfters mal eine Wurst oder so vorbeibringen, ich meine reinbringen, ja, magst du?" Und ob ich mochte, noch viele Eier und Würste bekam sie von mir. Mal im Kuhstall, mal im Geräteschuppen und am öftersten auf dem Heuboden in der Scheune, da schmeckte es ihr am besten! –

Mit der Zeit wurde unser „Geschlachtetes" immer weniger! Meine Mutter sagte schon: „Wo bloß unsere Würste alle hinkommen!? Hellmuth, hast du vielleicht eine Idee?" – Er hatte keine Idee, nein, er wollte sich da raushalten, war er doch auch kein Kostverächter. Im Gegenteil, er konnte auch sehr hilfsbereit sein! –

Eines Tages, als ich wieder mal an Juttas Tür klopfte, öffnete mir die „Schwarze Oma", ihre Mutter. „Komm nur rein, sagte sie, ich weiß Bescheid, gib nur her, Jutta ist in der Stadt, sie holt Karl am Bahnhof ab, er kommt auf Urlaub! Wenn du willst, gehen wir auf mein Zimmer!? – Ja, in Ordnung sagte ich, da ist es wohl auch am besten, wenn ich die Sachen mit zu Ihnen hinübernehme!" Ja, ja, kommen Sie!" Als wir in ihrem Zimmer angekommen waren, stellte ich es auf den Tisch, und sofort nahm sie die Eier in ihre Hände, und die Wurst war auch gleich verschwunden! – Ja, so was schmeckt mir auch, wie lange habe ich schon keine harte Wurst mehr gehabt! Durch den dummen Krieg muß man doch auf vieles verzichten! Oh, wie schmeckt mir die gut, davon könntest du mir öfters mal eine bringen. Oh, oho! Sie war etwas weicher als Jutta, ich meine etwas rundlicher, nicht so fest, aber da war schon noch alles dran, ausdauernd war sie, um nicht zu sagen genüßlich, sie hatte einen langen Atem, man konnte es hören! – Danach klopfte ich mal rechts, mal links, je nachdem, wann Jutta frei hatte! Denn mittlerweile war ihre Offenheit bekannt, im ganzen Land! – Eigentlich hätte sie einen eigenen Lebensmittelladen aufmachen können, so fleißig wie sie war! –

Mit der Hitlerjugend tat sich in Orba nicht viel, was mir auch ganz recht war, denn die Führungspositionen waren hier ohnehin schon vergeben. So konnte ich mich mehr den anderen Interessen zuwenden, dem neuen Hobby, sozusagen! – Inzwischen waren noch mehr Evakuierte aus dem Rheinland in unser Dorf gekommen, denn die Bombenangriffe auf die Großstädte im westdeutschen Raum nahmen immer mehr zu. Da war Hanna Schöller aus Neuwied mit ihrer Mutter gekommen, sie war etwa sechzehn. Für sie interessierte sich Gerhard, ein Mitlehrling und Freund von mir. Für die Mutter später die feindlichen Offiziere, schon der guten englischen Sprache wegen. In der Nachbarschaft, bei Hansims, war auch eine Familie eingezogen, Familien immer ohne Mann, denn die hatten zu tun mit der Kämpferei an den vielen Fronten! Inzwischen hatten die deutschen Soldaten fast ganz Europa erobert, in Polen fing es an, dann kam Frankreich dran, Holland und Belgien eingeschlossen, dann gings nach dem Norden, nach Dänemark, Norwegen und Finnland.

Obwohl „Adolf" mit Stalin, dem starken Sowjetrussen, einen Pakt geschlossen hatte. (Dabei war Polen aufgeteilt und die baltischen Staaten von den Russen annektiert worden.) Obwohl es so war, haben wir Deutschen 1941 auch Rußland angegriffen! Bis Stalingrad und unmittelbar vor Moskau waren unsere Truppen vorgedrungen, wie Napoleon seinerzeit. Dabei wurde das bißchen „Balkan" gleich mitbesetzt! Ja, und als die Italiener in Nordafrika mit den Engländern nicht fertig wurden, haben wir da auch noch mitgemischt, General Rommel war dort der Held! – Mit England waren wir per „Deutscher Luftwaffe" im Clinch, Bombenangriffe auf London, hauptsächlich! – Und dann fahren wir gegen England! Ahoi! –

Ja, da waren Mädchen dabei, bei Hansims ihren Evakuierten, die Ältere hatte es mir angetan, vielleicht vierzehn- bis fünfzehnjährig war sie erst, aber rassig und schon gut entwickelt, und ein bißchen zu groß war sie auch, oder vielleicht war ich auch zu klein, ein kleines bißchen aber nur! Wir waren etwa gleich groß und schön! Sie war einfach eine liebenswerte Person, mit guten Manieren noch dazu! Nur für mich geschaffen war sie, das war mir klar, und wie gehabt, sie wurde die Meine! Aber das nun wieder nicht ohne Konkurrenz. Sanders Gerald war mein Erzrivale und von ihm werde ich auch später noch einiges zu berichten haben. Bis dato waren wir eigentlich die dicksten Freunde, aber jetzt war es damit vorbei! Aus und vorbei! – Der Neid brach aus, auch noch „andere" mißgönnten mir die rassige Monic, sie alle schlossen sich zu einer Entente gegen mich zusammen, es blieben nur noch wenige, die mir zur Seite standen! Es waren die Schwachen, die weniger Gutaussehenden, die eben, die bei solchen Angelegenheiten ohnehin keine große Chance hatten. Mein einziger wahrer Freund war jetzt nur noch Fritz, ein langes Laster war er, und der Bruder von Lisa. Wenn wir zusammen nach Königsee ins Kino gingen, mit Monic natürlich, etwa vier Kilometer zu Fuß, hatten wir oft so unsere Probleme. Die meisten guten Filme waren erst ab achtzehn erlaubt, und die Hitlerjugendkontrolleure waren da sehr streng mit uns „Männern" (weniger streng bei den hübschen Mädchen), da nützte auch der Wehrpaß nichts! Wir setzten Vaters Hut auf und klebten uns einen Schnurrbart an, um älter auszusehen. Manchmal hat das auch geklappt, dann war es schön im Kino, da konnten wir unsere Händchen halten und drücken und so! Das größere Problem waren aber meiner Neider, meine Feinde eigentlich schon! Einmal, auf dem Heimweg im Borntal, da standen sie alle, sie versperrten uns den Weg, es war eine ganze Horde von acht bis zehn Mann, na ja, alle konnte man noch nicht als Mann bezeichnen, aber da waren sie und wollten Rache an mir nehmen, wie sie so schön sagten! Sie wollten mit mir abrechnen, und da sie es nicht so recht begründen konnten, worüber sie mit mir abrechnen wollten, stammelten sie was von allem Möglichen, alte Kamellen, die mit der eigentlichen Sache überhaupt nichts zu tun hatten!

Ich nahm das Ganze anfänglich gar nicht so ernst und ging, mit Monic im Arm, weiter des Weges, bis einer von ihnen, Gerald hielt sich übrigens ganz im Hintergrund, Monic mit einem Stecken über ihre Brust hieb. Das war für mich zuviel des Guten, das war das Alarmsignal! Ich blieb sofort stehen, reichte Fritz meinen Hut und Mantel, jetzt sah ich nämlich rot! Im scharfen Ton sagte ich: „Was und wer bitte, will was von mir!? – Kommt her, ihr Feiglinge, jetzt geht`s zur Sache!" – Etwas zögernd und langsam kamen die zwei größten von ihnen auf mich zu! Ich wartete nun auch nicht lange`, und ehe die beiden sich versehen hatten, warf ich Otto in den Straßengraben und schlug auf ihn ein, im gleichen Moment sprang Werner mir auf den Rücken und wollte mich von Otto losreißen, aber ehe er sich versah, hatte ich ihn auch schon unter mir zu liegen bekommen und bearbeitete beide mit meinen Fäusten. Da riefen sie beide um Hilfe: „Los, Gerald, Ernst, Harry, kommt doch und zerrt ihn runter!" – Aber keiner von denen hatte jetzt noch den Mut, mich anzugreifen, sie standen wie versteinert da, das Ganze ging wohl allen etwas zu schnell, ja, so kannten sie mich noch gar nicht! – Dann stand ich auf, versuchte ganz cool zu bleiben, ging zu Fritz, nahm meinen Hut und Mantel, zog mich wieder an und ging zu Monic, die am Schluchzen war! Als sei nichts geschehen, gingen wir Arm in Arm weiter, Fritz folgte uns! – Vom Tage an war ich nun der „Wilde Thüringer"!!!

Natürlich war das nicht die erste Auseinandersetzung dieser oder ähnlicher Art gewesen, in vielen Einzelkämpfen hatte ich mich schon durchgesetzt, jetzt war ich endgültig anerkannt als der Stärkste, der Beste!

Es kehrte wieder Frieden ein unter der Jugend in Orba, und Gerald hatte aufgegeben, mir Monic streitig zu machen, denn sie hatte sich ja auch so verhalten, daß kein Zweifel mehr bestand, zu wem sie gehörte, gehören wollte! – Wir begannen, uns auch immer näher zu kommen, trotz unseres Alters trafen wir uns am späten Abend entweder im Grünen oder bei uns zu Hause, wenn die Eltern schon zu Bett gegangen waren. Letztere, sowie auch ihre Mutter, schienen das zu akzeptieren, denn es gab von daher keinen Protest! –

Es begann mit zaghaften Berührungen, nach und nach auch in den erogenen Zonen, die Neugier war beiderseits so groß und stark, daß wir mit der Zeit auch das Höchste suchten und fanden!

Wir beide waren so glücklich und beseelt, und vor allem hatten wir unser gemeinsames Geheimnis! Größer kann das Glück gar nicht sein! Man mußte es sehen, unser Glück! – Ganz von weitem schon!!! –

Bei all dem „süßen Leben" ging aber das normale Leben weiter. Rolf war inzwischen auch Soldat geworden – werden müssen –, er kam zur Luftwaffe, als Flugzeugbauer, ganz klar, zum Regiment „Hermann Göring", und da hatte er mit den ersten sogenannten „V-Waffen" zu tun! Das waren die ersten Raketenwaffen! Diese Raketen wurden von Holland aus nach England geschossen, allerdings noch ohne Atomsprengköpfe – Gott sei Dank! –

Mit Fred verstand ich mich sehr gut, und in meiner „übrigen" Freizeit versuchten wir zusammen mit Vater in den heruntergekommenen Hof Ordnung zu bringen. Wir entrümpelten den Dachboden, damit das Getreide gelagert werden konnte. Leider haben wir dabei viel Porzellan zerschlagen, denn die nach heutigem Verständnis so wertvollen alten Bauernmöbel, zum Teil mit wundervollen Intarsienarbeiten ausgestattet, haben wir einfach zerschlagen. – Kulturbanausen! – Der viele Dreck und auch noch alter Bauschutt mußte mit Eimern über die steilen Treppen in den Hof hinunter getragen werden. Wir sahen da immer fürchterlich aus und haben uns danach, mangels einer Dusche, mit dem Wasserschlauch gegenseitig abgespritzt. Das war immer ein Gaud! Vater verdrückte sich da aber schon vorher, denn das Baden mit Wasser in der Wanne wurde auf dem Lande gerade erst gelernt.

In meiner Ausbildung als Zimmerer lernte ich immer mehr dazu, und trotz meiner Jugend und relativ kurzen Ausbildung übernahm ich mit noch einigen jüngeren Lehrlingen größere Aufgaben, wie Fachwerkhäuser und Scheunen sowie Treppenbau etc.! Natürlich mußten wir auch Reparaturarbeiten wie Hoftoranlagen, Dielenfußböden, Zaunanlagen .ausführen. Im Winter wurden hauptsächlich Bautischlerarbeiten in der Werkstatt oder das Ausschneiden und Zuschneiden von Stammholz im Walde vorgenommen. Letzteres war harte Knochenarbeit, bei Kälte und Schnee waren wir bis zu zehn Stunden am Ball! Einmal waren wir in einem Sägewerk am Holzauslängen, es war Freitag, Zahltag, und ich als „Postengeselle in spé" hatte uns gestattet, die Mittagspause um rund fünfzehn Minuten zu überziehen, denn an diesem Tage war es besonders kalt und am Schneien noch dazu! Als wir vom nahegelegenen Gasthaus zurück zu unserem Arbeitsplatz kamen, war „Schnief, Schnief" schon anwesend und hatte auf uns warten müssen. Er brachte ja unseren kümmerlichen Lohn, im ersten Lehrjahr bekamen wir Lehrlinge DM 3,46, im zweiten DM 5,00 und im dritten DM 8,00 pro Woche, ich bekam aber immer ein paar Mark mehr!

Er machte mir auch gleich heftige Vorwürfe wegen unseres Zuspätkommens, wegen des Überziehens der Mittagspause! Ich sagte ihm, das sei meine Sache und ginge ihn gar nichts an! Und im übrigen könne er mich mal! Da kam er so sehr in Rage, lief rot an im Gesicht und nahm sich einen dicken Rettel und steuerte auf mich los! Auch ich hatte mich mit einem Knüppel bewaffnet, und so standen wir uns gegenüber! „Du Hund du", schrie er mich an, „ich erschlage dich!" – „Na los doch, komm schon her!" schrie ich zurück.

Er erkannte aber, daß er kaum eine Chance gegen mich hatte, mußte er doch auch mit der Solidarität der anderen zu mir rechnen, so warf er seinen Rettel fort und die Lohntüten mir vor die Füße! Laut schimpfend und schniefend zog er davon! Er hat hinterher das Thema nie mehr erwähnt, sicher hatte er eingesehen, daß man bei so einem miesen Wetter nicht so engstirnig sein darf! Trotz solcher oder ähnlicher Zwischenfälle hatte ich zum Meister ein gutes Verhältnis, er hat meine Leistungen anerkannt und honoriert. Letztlich war er auch ein wenig von mir abhängig, was ich aber bewußtermaßen nicht ausnutzte.

Seine Adoptivtochter Liesel kam ab und zu mal in die Werkstatt, um Holzabfälle zum Verheizen zu holen. Sie war etwa fünfundzwanzig bis achtundzwanzig Jahre jung und sah recht gut aus. Ihr Mann war Oberfeldwebel und mußte sich anstatt um seine Liesel um die Rekruten in der Kaserne kümmern. Sehr zum Verdruß seiner Frau ganz offensichtlich, wie ich sehen konnte! – Es viel mir auf, daß sie immer dann kam, wenn ich allein in der Werkstatt war. – Und mir fiel auf, daß sie sich immer schicker machte und kurze Röckchen trug und eine ausgeschnittene Bluse oder so anhatte. Ihre hüpfenden und lachenden Möpse schauten herausfordernd in der Gegend herum und mir ins Gesicht! – Dann, eines Tages sprangen sie zur Bodentreppe, und sie gaben mir einen Wink! – Komm doch, laß uns mal nachschauen, ob da oben noch alles in Ordnung ist, riefen sie ganz lüstern mir zu!? – Trapp, trapp, und fort waren sie! – Ich konnte ihr so schnell gar nicht folgen, denn meine Hose schien mir jetzt mindestens zwei Nummern zu klein zu sein. – Aber natürlich fand ich sie dann doch. „Na komm schon, Kleiner du meiner, flüsterte sie mit lockender Stimme. – Du wirst doch wissen, was du einer am Hungertuch nagenden Frau schuldig bist!?" – Oh, ja ja, stammelte ich und natürlich wußte ich, was sie brauchte! – Und die Vöglein sangen im Gebälke! – Und noch des öfteren! –

In den Wintermonaten vertrieben wir uns außer in den Spinnstuben die Zeit noch mit Theaterspielen. Wir führten auf der Bühne des Tanzbodens „Zur Seestadt" viele schöne Sketche und Theaterstücke auf. Dabei fiel die Rolle des Liebhabers fast immer mir zu, wem sonst? Die Geliebte war meist Hänsers Gret, aber nur beim Theaterspielen, denn ansonsten war sie nicht mein Typ, obwohl sie gut aussah, aber für mich war sie eben wieder einmal etwas zu lang geraten!

Übrigens, die „Seestadt" war eines der beiden Gasthäuser in Orba. Der Name soll der Legende nach so entstanden sein: Ein junger Pfarrer, von der Waterkant stammend, mußte unseren, ich meine den damals ansässigen Pfarrer vertreten. Und in seiner Unerfahrenheit hat er eine alte Predigt aus seiner Hamburger Studienzeit auf Orba umgemünzt! Da hat er dann anstatt Seestadt Hamburg gesagt: „Seestadt Orba, du wirst an deiner Seefahrt noch zu Grunde gehen!" – Nun, den See gab es in Orba ja, den großen Dorfteich nämlich! – Sehr schön angelegt und mit vielen Trauerweiden umgeben! –

Dann kam auch für mich die Zeit, Soldat zu werden. Im Januar 1944, mit erst sechzehndreiviertel Jahren mußte ich mit meinen Gleichaltrigen, mit Otto, Werner, Roland und Fritz zur Musterung nach Rudolfstadt. – „Wollen Sie Offizier werden?" fragte mich der Major. – „Jawoll, Herr Oberst!" war sofort meine Antwort. – Es drehte sich alles um mich herum, wie, hatte ich richtig gehört? – Sollte ich wirklich noch mal Offizier werden, so richtig einer!? – Nun, außer Fritz waren wir alle KV1, das hieß „Kriegsverwendungsfähig Erster Klasse". Wir waren ganz happy, ich ganz besonders, und so feierten wir unsere Musterung auch gebührlich, so, wie es sich auch heute noch gehört! –

Aber bevor ich Soldat werden sollte, wollte ich meine Gesellenprüfung noch ablegen, das aber wollte mein Meister wiederum nicht, denn er hatte die Hoffnung, mich nach dem Kriege noch ein Jahr als „Stift" arbeiten zu lassen. Vorausgesetzt, aus dem Kriege wieder heil nach Hause zu kommen, war das aber nicht mein Wille und so wendete ich mich selbst direkt an die Kreishandwerkskammer, mit der Bitte, die Prüfung vorzeitig ablegen zu dürfen. Zum größten Ärger von „Schnief, Schnief" wurde meinem Wunsche stattgegeben, aber er war am Schimpfen und Wettern: „Der dumme Junge, der kann doch noch nichts!" Ich aber ließ mich nicht beirren, schon jetzt zeigte ich, auch ohne fremde Hilfe, daß ich wußte, was ich wollte, und daß ich auch imstande war, es durchzusetzen! – An irgend einem Tage mußte ich beim Obermeister in Oberneisbach antreten, um meine Prüfung abzulegen. Eigentlich hatte ich auch keine Bange, daß das schiefgehen könnte, denn bei vorangegangenen Berufswettkämpfen hatte ich immer gut abgeschnitten! Das Theoretische ging auch schnell und ohne Probleme über die Bühne. Die erste praktische Aufgabe, ein „Zimmermannsbock", auch, aber die zweite praktische Arbeit hätte mir beinahe das Genick gebrochen, wie man zu sagen pflegt! – Ich mußte noch ein „verdecktes Eckschloß" machen, und im Normalfall werden die Sägeschnitte mit der sogenannten Schrotsäge gemacht, aber da ich allein zur Prüfung war, mußte ich dazu die „Handsäge" benutzen, welche sehr feine, enge Schnitte macht. Optisch war das zwar noch ein Vorteil, aber der Nachteil stellte sich sehr bald heraus, nämlich dann, als der Obermeister zur Abnahme kam! – „Fein, sehr schön", waren seine Worte, „aber wenn das Schloß beim Auseinandernehmen kaputt geht, hast du die Prüfung nicht bestanden!" – So, jetzt kam ich ins Schwitzen, es war wie verhext, ich bekam das Eckschloß nicht wieder auseinander, obwohl es doch so leicht zusammengegangen war. Wie Butter, so weich war es gegangen, man konnte richtig hören, wie die Luft entwich! Ich war am Verzweifeln, so etwas war in der Praxis noch nie passiert, ich versuchte alle Tricks, um das Schloß doch noch auseinanderzubekommen, es tat sich einfach nichts, ich war den Tränen nahe, ich wollte schon ein neues machen, aber dazu fehlten mir die Zeit und das Holz! Dann war mir alles egal, entweder gewinnen oder verlieren, ich nahm die Axt und schlug mit aller Kraft darauf ein, und wie ein Wunder, das Schloß sprang auf und blieb heil! So bekam ich dann meinen Gesellenbrief mit der Note „Gut", nach nur zwei Jahren Lehrzeit! –

Noch erwähnen muß ich die Berufsschulzeit, da hatte ich auch immer sehr gut abgeschnitten, nur das Verkehrsproblem war so eine Sache, ganz besonders nach Tannrode und Weimar, dahin mußte ich immer mit dem Fahrrad fahren, Sommer wie Winter. Etwa zwanzig Kilometer eine Strecke, das war im Herbst und Winter eine Schinderei, um nicht zu sagen eine Katastrophe. Die Straßen waren überwiegend nur schossiert, daß heißt, bei Regenwetter waren es Schlammstraßen, da drehte sich oft kein Rad mehr um seine Achse, wie oft habe ich da den Dreck von den Rädern gekratzt oder das Fahrrad tragen müssen. Hinzu kam, daß es meist schon oder immer noch stockdunkel war. Manchmal hielt ich mich mit der Hand hinten an einem Laster fest und ließ mich durch den Schlamm ziehen. Wie ich danach aussah, wenn ich zu Hause ankam, muß man sich vorstellen! Wie ein einziger Drecklumpen nämlich! –

Da auf diesen Straßen und zu dieser Tageszeit kaum Verkehr herrschte, war es manchmal unheimlich, wenn beispielsweise undefinierbare Geräusche in der Nähe und Ferne zu hören waren, es war manchmal die Hölle für mich, physisch wie auch psychisch! – Ja, und so gerne ich auch in die Berufsschule ging, so verhaßt war mir der Tag immer wieder! –

Zwischenzeitlich hatten wir in Orba einen russischen „Zivilarbeiter" aus der Ukraine bekommen, sie wurden nach der Besetzung des westlichen Teiles Rußlands zwangsevakuiert und mußten in „Großdeutschland" „Frontdienste" verrichten. Bei den sogenannten Volksdeutschen war das anders, sie wurden entsprechend ihrer Ausbildung in ihren Berufen eingesetzt und auch sonst *fast* normal behandelt. – Nun, unser Russe hieß Nikola, Nickel gerufen, er war erst zwanzig Jahre alt und ein feiner Kerl. Von ihm und später auch von seinem Nachfolger Iwan lernten Fred und ich ein wenig russisch, so gut jedenfalls, daß wir uns einigermaßen verständigen konnten. Im allgemeinen aber wurden diese Arbeiter gut untergebracht und behandelt, vor allem, soweit sie privat eingesetzt waren. Zum Leidwesen für Nickel geschah es, daß Gilla mal wieder auftauchte, und nachdem sie alle, die für sie in Frage kamen, wieder durchgenommen hatte, vor allem auch die Urlauber, machte sie sich auch an Nickel heran, dem es sicher nicht ungelegen kam, schließlich war er auch nur ein Mensch! Sie hatten sich in unserer etwas abgelegenen Feldscheune getroffen, und da es dabei offensichtlich nicht ohne Geräusche vor sich ging, hatten vorbeikommende Leute Verdacht geschöpft und Alarm geschlagen. In den Kriegswirren brachen immer wieder Inhaftierte aus Gefängnissen und Arbeitslagern aus, was den Verdacht nahelegte, daß es sich in der Feldscheune um solche Leute handeln könne. Alle noch anwesenden Männer, meist nur alte und ganz junge, so wie auch ich, versammelten sich auf dem Dorfplatz und hielten Rat. Hansims Günter, der Dorfälteste, war der Wortführer, er hatte sich auch schon mit einem alten Trommelrevolver bewaffnet. Es wurde beschlossen, die Scheune zu umzingeln und zu stürmen, ein richtiger Sturmangriff sozusagen! Mir war ganz mulmig zumute, denn wer wußte schon, wer und wie viele sich darin aufhielten?! – Nun, wir schlichen uns an, und mit Gebrüll und Hurra wurde die Scheune im Sturm erobert! – Ja, und was, wer kam zum Vorschein? Es war ein nackter Mann und eine nackte Frau, Nickel und Gilla! Die Überraschung war groß, regelrecht gelungen, und nach dem ersten Schreck kam das Kommando: „Los, peitscht sie aus!" Das war ja schlimmer als Blutschande, eine echte Deutsche mit einem Russen, einem nur Halbmenschen, zusammen, und nackt noch dazu, so richtig nackend mit gar nichts an, nein, so was war doch völlig unmöglich bei uns im Großdeutschen Reich! – Ist das nicht gar Wehrdienstzersetzung? – Nach langem Palaver einigte man sich dahingehend, daß Gilla Orba sofort zu verlassen hatte, auf Nimmerwiedersehen! Und Nikola wurde anschließend von der inzwischen eingetroffenen Polizei abgeführt, was aus ihm geworden ist, weiß ich nicht! Gilla haben wir nie wiedergesehen, wie es hieß, hat sie nach dem Krieg einen Kanadier geheiratet und ist nach Kanada ausgewandert. – Als Ersatz bekamen wir dann „Iwan", er war ein ruhiger, älterer Typ, der uns keine solchen Probleme machte.

Später bekamen wir neue Einquartierung, nämlich ein volksdeutsches Ehepaar aus Rußland mit drei Kindern, er war Lehrer und sprach recht gut deutsch, was bei ihr sehr zu wünschen übrig ließ.

Jutta mit Familie war inzwischen in die Nachbarschaft zu Sammers umgezogen. –

Mit scharfen Waffen

Ja, the time was running, es war Anfang April 1944, und ich mußte zum Reichsarbeitsdienst nach Hessisch-Lichtenau einrücken. Und ich ging gerne und war stolz, endlich dazugehören zu dürfen! Trotzdem fiel mir der Abschied schwer, ganz besonders von meiner Monic.

Sie brachte mich auch zum Bahnhof, und es gab Küsse und Tränen! Tränen gab es natürlich auch zu Hause bei Muttern, denn ich war ja nun schon der dritte Sohn der Familie, der einrücken mußte, na und die Gefallenenanzeigen kamen immer häufiger, auch in unserem Dorf! –

Im hessischen Lager „Teichhof" bei Fürstenhagen mußte ich nun meinen Arbeitsdienst ableisten. In der Hauptsache bestand diese Leistung aus Erdarbeiten, Ausschachten von Kanalgräben, meistens in Felsboden. Natürlich alles mit Hacke und Schaufel und mit Hammer und Meißel. Unser Barackenlager war unmittelbar neben einer unterirdischen Munitionsfabrik gelegen, was nur insofern von Bedeutung war, daß da alle paar Wochen was in die Luft flog, auch ohne die fast täglichen Bombenangriffe der Westalliierten! Es war eigentlich nur eine Frage der Zeit, wann wir dran waren mit dem „In-die-Luft-fliegen"!? Die Arbeiter in der Fabrik, fast ausnahmslos Ausländer und Gefangene, und auch das Aufsichtspersonal, wahrscheinlich so Halbverbrecher von Beruf, sahen alle quittegelb im Gesicht und an den Händen aus, was wohl mit dem Umgang mit Schwefel zusammenhing. Im großen und ganzen lief aber alles ganz gut ab, bis auf einige Ausnahmen. Da war zum Beispiel die militärische Ausbildung, die zusätzlich einiges von uns abverlangte. Ich denke da unter anderem an die Gasmaske, damit konnten uns die Ausbilder schon ganz schön piesacken, vor allem, wenn wir damit durchs Gelände gejagt wurden. Da ging einem wirklich die Puste aus, es war manchmal zum Umfallen, und da versuchten wir alle Tricks, wir schoben alles Mögliche hinter den Maskenrand, um mehr Luft zu bekommen, das Taschenmesser, Steinchen oder dergleichen. Wer dabei aber erwischt wurde, und es wurde erwischt, dem ging es dreckig, der bekam eine Sonderbehandlung! Mir erging es auch mal so, obendrein war ich gerade stark erkältet, so eine Art Grippe hatte ich. Der Stabsarzt hatte mich am Morgen untersucht … aber nicht dienstuntauglich geschrieben, und so fiel mir das Ganze doppelt schwer. Das ich alles überstanden habe, grenzt fast an ein Wunder, so einen harten Striez habe ich selbst später beim Barras nicht erlebt, es ging auf und nieder im vollen Tempo, durch Wasser und Schlamm und durch die Wälder, natürlich nur mit Maske, und ohne das Messer hinter dem Maskenrand, es war zum Umfallen. Was mir irgendwann auch gelang, auch die Fußtritte brachten mich nicht wieder auf die Beine! Man hat mich dann nach Hause getragen, und nun war der Stabsarzt einverstanden, daß ich ins Revier kam!

Auch das Auswechseln der Filter oder Klarsichtscheiben im sogenannten Gaskeller war eine Tortour, dabei hat mancher Gas geschluckt bzw. Tränengas in die Augen bekommen und mußte hinausgetragen werden! Andere Begebenheiten waren, daß wir splitternackt zum Impfen antreten mußten, das geschah fast jede Woche einmal, wir wurden gegen Typhus, Paratyphus, Gelbfieber, Cholera und etc., etc. geimpft, dabei kam es fast immer zu Infektionen, wir bekamen dicke, gelbgrüne Beulen an den Armen und auf der Brust.

Irgendwann hatten wir auch Filzläuse, das war deshalb schlimm, weil wir alle verhört wurden, man unterstellte uns, „fremdgegangen" zu sein. Wir Säue mit unseren Sackratten, wie sie der Stabsarzt nannte, mußten zu Strafexpeditionen antreten, die meisten von uns, so auch ich, wußten gar nicht, warum, aber mitgefangen, mitgehangen! – Warum bin ich auch zum Arbeitsdienst gegangen? Das war doch schließlich meine Sache!? –

Mutter schrieb mir in einem ihrer Briefe, daß Monic sich einen neuen Freund zugelegt habe, was ich gar nicht glauben konnte, denn in ihren Briefen schwor sie mir, daß sie mich innig liebe! Nun, wer mochte da wohl recht haben?

Das Vierteljahr war dann doch auch relativ schnell vergangen und wir wurden entlassen, allerdings nur, um Soldat werden zu müssen oder zu wollen. Ich glaube, damals doch zu wollen!

Aber zunächst war ich erst mal wieder zu Hause, es war Anfang Juli 1944, und ich war wieder Zivilist!

Ein glücklicher Umstand wollte es, daß meine Brüder Heinz und Rolf in kurzen Abständen auf Urlaub kamen und wir uns mal wiedersehen und eingehend unterhalten konnten. Rolf war sehr zuversichtlich, was den Endsieg betraf. Er deutete mir an, daß er bei einer Einheit sei, die an ganz neuen Waffen ausgebildet werde, aber mehr dürfe er mir nicht sagen! – Das war übrigens unser letztes Zusammensein.

In dieser Zeit, eigentlich schon beim Arbeitsdienst, gab ich mir große Mühe, das Rauchen zu lernen. Ich hustete zwar wie ein Schwindsüchtiger dabei, aber um „in" zu sein, mußte es halt sein, na, und sollte man die Zuteilungszigaretten etwa verschenken oder gar wegwerfen? – Scheißspiel! –

Später beim Barras habe ich das Rauchen wieder eingestellt.

In den folgenden Wochen tat sich dann auch einiges, was mein Seelenleben betraf, ich war noch oder wieder mit Monic liiert, wir hatten eine Aussprache gehabt, von wegen Freund gehabt und so, es gab dabei aber keine klaren Beweise, daß da ein anderer gewesen war. Wir waren verliebt wie eh und je und waren wieder viel zusammen, obwohl meine Mutter sehr skeptisch blieb und mich immer wieder warnte.

Eines schönen Tages, es war ein heißer Sommertag, als plötzlich ein „Weibsbild" an unserem Hausaufgang stand, wo ich mich mit Fred und einigen Freunden am Unterhalten war. Ein junges, hübsches und verdammt schickes Mädchen, eine saubere Deern war das! Sie war nur in Turnhose und Hemd und hatte sonst nichts drunter und nichts drüber, keinen BH hatte sie nicht an, obwohl da genug zu sehen war, was einen solchen gerechtfertigt hätte! Aber, nein, nötig hatte sie ihn wiederum auch nicht, ganz im Gegenteil, sie konnte sich ganz gut mit „Ohne" sehen lassen! – Und wie die am Hüpfen waren, die zwei Händevoll!! –

Ich war wie fassungslos, wie geblendet war ich, ja wo kam „Die" denn her? War sie vom Himmel gefallen, wieso hatte ich sie noch nie gesehen, wer war sie eigentlich? – Nach einiger Zeit, es mußten Minuten vergangen sein, kam ich wieder zu mir und fing zu stottern an: „Ja, ja, nun sagen Sie mal, wer sind Sie denn? – Wo kommen Sie her, sind Sie etwa eine neue Evakuierte?" – Sie aber blieb ganz unbekümmert und lachte mich an: „Ich, – ich bin doch deine Nachbarin, die Sanders Margot. Du kennst doch meine drei Brüder, den Kurt, den Heinz und den Gerald." – Und ob ich die kannte, die beiden älteren hatte ich kennengelernt, als sie auf Urlaub waren, na und Gerald war ja mein bester „Freund", aber keiner von ihnen hatte jemals erwähnt, daß sie eine Schwester hatten, und noch so eine tolle! – Sie können es sich sicher denken, ich war verknallt, mir nichts, dir nichts verliebt, war ich, ganz neu verliebt, verliebt in die burschikose, unbekümmerte und unkomplizierte Nachbarstochter! Sie selbst wußte davon natürlich noch nichts, vielleicht noch nicht mal ich selbst wußte es genau. Aber der Grundstein war gelegt, von nun an drehten sich all meine Gedanken um ein neues Wesen!

Sie war in einem Nachbarsort, etwa fünf Kilometer entfernt, in einem Gasthaus mit Pension im sogenannten „Pflichtjahr" und kam relativ selten nach Hause, wohl auch deswegen, weil sie da einen festen Freund hatte. Dort war sie Mädchen für alles, sie mußte putzen, kochen, servieren, alles mußte sie da lernen und machen!

Kurz danach bekam ich meine Einberufung zum Militär. Zu den Pionieren nach Aschaffenburg wurde ich gezogen.

Ich hatte die schöne Nachbarin nicht wiedergesehen und unterhielt noch die üblichen Beziehungen zu Monic, sie brachte mich auch diesmal wieder zum Zug nach Rotenberg, und wir verabschiedeten uns unter Küssen und Tränen, wie gehabt. – Meine Gefühle zu ihr waren zwar inzwischen etwas abgeflacht, was einerseits mit den Gerüchten um den vermeintlichen Anderen und aber auch mit dem Kennenlernen der Sanders Margot zusammenhing. Und wie schon gesagt, ich hatte die hübsche Nachbarin nicht wiedergesehen, aber meine Gedanken drehten sich fortwährend um sie. Ich wußte auch sonst nichts von ihr, aber ganz sicher war, daß so ein schönes Mädel nicht ständig unumworben war!

Ich reiste also per Bahn von Thüringen nach Aschaffenburg, nach dem Hessenland, zum Abbelwoi. Das war für mich schon wieder eine aufregende Reise, ich erinnere mich noch an die ständig wechselnden Landschaften und an die großen Weiden mit den vielen braun-weiß gefleckten Kühen.

In „Ascheberg" sind wir schließlich angekommen, mit der sogenannten Margarinekiste, ich hatte mir extra einen schönen Holzkoffer gebaut, der mich fast bis zum Ende des Krieges begleitet hat. So richtige Koffer wie heute gab es derzeit gar nicht mehr zu kaufen, und was sollte man auch damit?

Zunächst mußte ich mich in der Jägerkaserne melden, da war die Ausbildungskompanie der Pioniere untergebracht. Die Einkleidung ging wie üblich vonstatten: „Paßt, hau ab, du Kanalmade!" – Natürlich paßte erst mal gar nichts, entweder zu groß oder zu klein. Wir sahen alle wie Pat und Patachon aus, wie die Gehängten! Der Umtausch erfolgte so nach und nach, je nach Dringlichkeit, und die ganz besonders „Extremen" kamen zuerst an die Reihe, die sich selbst auf die Füße traten, weil die Hosen zu lang waren zum Beispiel. Ich hatte insofern Glück, weil ich Putzer beim

Uffizier wurde, und der hat den Kammerbullen Beine gemacht und ging selbst mit mir zur Kleiderkammer. Schließlich sollte sein Putzer doch ordentlich aussehen, das war er doch sich selber und auch seiner Freundin schuldig! Letztere lernte ich noch bald genug kennen. Ich mußte ab und zu eine Nachricht zu ihr bringen, und bei dieser Gelegenheit mußte ich ihr auch ab und zu mal das Korsett schnüren helfen! Was der Uffizier aber nicht wissen dürfte, wie sie mir eindringlich versicherte, nein, von der „Eindringlichkeit" solle er nichts erfahren!

Die Ausbildung viel mir nicht sonderlich schwer, da ich ja schon vorausgebildet war, einmal im Arbeitsdienst und in der Hitlerjugend, und schließlich hatte ich mich ja schon in der frühesten Jugend selbst ausgebildet! Die Ausbilder merkten dies auch sehr bald, sicher hatten sie schon so ihre Erfahrungen und beschäftigten sich daher beispielsweise mehr mit den Älteren, mit den dicken, fetten „Peronjes", den halben Pollacken, den Bäckers und Metzgers, die wurden entsprechend hergenommen! Nun, so ganz ungeschoren kam ich aber auch nicht davon, denn den Minendienst, den Wasserdienst und Brückenbau und so mußte ich schon auch erlernen. Aber nach einer relativ kurzen Zeit wurde ich zur Ordonnanz des Oberfelds erkoren! Von da an hatte ich es noch viel leichter als die anderen, ich mußte sein Fahrrad hinter ihm herschieben, Pilze suchen durfte ich, putzen mußte ich sie natürlich auch, denn seine Strohwitwenfreundin, die mit zwei kleinen Kindern in der Kaserne wohnte, hatte sich zu schonen. Sie mußte für ihn dasein und schön sein mußte sie, natürlich für ihn. Deshalb schickte er mich oft zu ihr, um einzukaufen und zu putzen, na ja, und auf die kleinen Kinderchen durfte ich natürlich auch aufpassen, wenn sie mal ausgingen! Bei Fliegeralarm mußte ich sie mit den Kindern in den Luftschutzkeller und danach wieder zurückbringen. Wenn der Oberfeld nicht da war, bat sie mich meist noch zu bleiben, um ihr beim Auspacken und Einschlafen behilflich zu sein. Sie sei so an die Massage und die Einschlaftropfen gewöhnt, sagte sie, und ich könne das doch schon recht gut, und vor allem bevorzuge sie es, wenn ich es ihr täte, denn ich sei sehr gut und dauerhaft!

Für mich war das aber nur eine Abwechslung und Entspannung. Ich war gedanklich bei Monic und/oder aber auch bei der Margot.

Es gab aber auch noch einige andere Erlebnisse dieser Art. An einem Sonntagmorgen beispielsweise wurde ich zur Wache am Kasernentor gerufen, und es empfing mich ein hübsches junges Mädchen, welches zu mir sagte: „Ich soll sie von meiner Freundin lieb grüßen und fragen, ob sie am Nachmittag nicht zu ihr kommen möchten? Sie würde darüber sehr erfreut sein und sich auch erkenntlich zeigen!" Obwohl sie mir noch den Namen und die Adresse nannte, wußte ich nicht, um wen es sich handelte. – Ich sagte trotzdem zu, was konnte mir schon passieren, und machte mich entsprechend zurecht, um einen guten Eindruck zu machen.

Als ich am Nachmittag an der genannten Adresse eintraf, stand ich vor einem Gutshof mitten im Gelände und auf mein Klopfen öffnete „Sie" mir die Tür. Sie war die, die mir am Kasernentor die Nachricht überbracht hatte! Sie fiel mir gleich um den Hals und küßte mich ab, ich war ganz verwirrt, bis ich endlich begriff, daß sie ihre eigene Freundin war! Sie bat mich, doch hereinzukommen, ihre Mama würde sich freuen, mich endlich kennenzulernen, ihr Vater sei leider im Felde, in Rußland, sagte sie noch zu mir. Nun, ich wurde erwartet, der Kaffeetisch war schon gedeckt, und alles drumherum gefiel mir sehr, auch die Mama! Nach dem Kaffeetrinken gingen wir beide spazieren, sie zeigte mir die Felder und die Wirtschaftsgebäude. Gefällt es dir? Sprach sie mich dann gleich per „Du" an und schmiegte sich dabei eng an mich an. Sie war ein netter Kerl, war gut gewachsen, nicht sehr groß, aber das gefiel mir, endlich war ich nicht mehr so klein. Ja, auch ihr Freund sei Soldat, erzählte sie mir, ihre Mama sei der Ansicht, daß ein so hübsches, junges Mädchen nicht versauern dürfe, deshalb habe sie sich den Trick mit der Freundin einfallen lassen! Als ich sie fragte, wie sie denn an meinen Namen gekommen sei, sagte sie: „Den habe ich wirklich von meiner Freundin, du kennst doch Marga Kruse, oder etwa nicht?" – Ja, natürlich, ich kannte Marga, ich hatte sie in Goldberg kennengelernt, an einem Sonntagmorgen war es, wir hatten eine militärische Übung dort. – Das war so gewesen, unsere Kompanie sollte Goldberg erobern, welches von einer anderen Kompanie besetzt war, und unser Oberfeld hatte dabei ein bißchen gemogelt, indem er einige von uns schon vorher eingeschmuggelt hatte, und ich gehörte auch dazu. Bevor der „Krieg" beginnen sollte, hatten wir uns aber zu verstecken, und so landete ich in einer kleinen Nebengasse und wußte nicht, wie ich mir die Zeit vertreiben sollte. Da sah ich im Hof eines kleinen Hauses ein junges Mädel, welches beim Schuhputzen war. Sie gefiel mir auf Anhieb, und ich malte mir schon aus, wie ich mir mit ihr die Zeit vertreiben könnte, auch in den nächsten Wochen und Monaten. Nur, wie sollte ich es anstellen, mit ihr ins Gespräch zu kommen? Aber da war das „Rauchen" mal wieder von großem Vorteil, denn ich holte mir so einen Glimmstengel aus meiner Tasche und heuchelte, kein Feuer bei mir zu haben. „Räusper, Räusper! – Hallo Fräulein! – Ja, ‚Sie' meine ich! – Hätten sie vielleicht mal Feuer für mich? Wissen Sie, ich bin eigentlich viel zu früh hier, sozusagen noch gar nicht da! Verstehen Sie, was ich meine?" – Sie war zunächst ganz erschrocken und sehr zurückhaltend, aber so nach und nach ging sie auf ein Gespräch mit mir ein, und dann holte sie mir auch Feuer aus dem Haus. Beim Anzünden des Streichholzes schauten wir uns in die Augen, und es schien gefunkt zu haben, denn sie war dann auch bereit, mich am Nachmittag im Kaffee auf der Hauptstraße zu treffen. Sie kam auch, war aber sehr zurückhaltend und niedergeschlagen, wie mir schien. Dann sagte sie zu mir: „Wissen sie, ich habe mit meiner Mutter darüber gesprochen, daß wir uns hier treffen werden, und sie hat es mir eigentlich verboten, weil ich verlobt bin und mein Bräutigam im Felde ist, aber ich bin trotzdem hergekommen, damit Sie nicht umsonst auf mich warten müssen." Wir haben uns dann noch eine ganze Weile unterhalten und Kaffee getrunken, aber trotz meiner Bitten sagte sie zum Abschied: „Nein, wir dürfen uns nicht wiedersehen! – Außerdem bin ich katholisch." Ja, das war meine Bekanntschaft mit Marga Kruse! –

Die Zeit in „Ascheberg", wie man mittlerweile so sagte, war am Ende doch nicht so ganz „Ohne", denn es fanden fast tägliche Bombenangriffe durch die Engländer und Amis statt. Wir mußten fast jede Nacht in den Keller und anschließend, wenn der Angriff vorbei war, noch zum Bergungs- und Aufräumungseinsatz! Das war eine fiese Sache, denn die Toten, Halbtoten und Verstümmelte und Verletzten aus den Trümmern zu holen, war nervlich ganz schön aufreibend! Ich konnte in den ersten Wochen kaum noch was essen, es ekelte einen alles an, die zerquetschten Körper, die ausgerissenen Arme und Beine, das viele Blut, nein, es war einfach zum Weinen! Ich glaube, wir alle sahen aschfahl in unseren Gesichtern aus, alt waren wir plötzlich geworden! Es schien alles so sinnlos geworden zu sein! – Und wie oft sind wir abends nach Dienstschluß, wenn die Sirenen zu Heulen anfingen (nein, sie schrien, sie brüllten), durch die Straßen und über die Felder gelaufen, um aus der Stadt herauszukommen, um dem Inferno zu entgehen! – Manchmal fielen die Bomben schon auf halbem Wege, und wir warfen uns in die Ackerfurchen, wenn es donnerte und krachte um uns her! Wenn sie zerbarsten, war es ohrenbetäubend, nervenraubend, nein, es war fast tödlich! Manchmal hatten wir die Nachbarorte, wie Goldberg oder Schwoiheim, schon erreicht und landeten in einem Hauskeller. Da war es oft noch schlimmer als auf dem freien Felde zu liegen, denn man sah nichts und hörte es nur krachen und spürte, wie der Kellerboden sich wie Gummi bewegte und die Wände zitterten, man hatte das Gefühl und die Angst, ja die Angst, daß alles einstürzen würde! – Alle Leute im Keller waren am Schreien, am Beten und Wimmern, und wir, wir Soldatenmänner mußten, sollten, tapfer sein! Wir durften ja nicht weinen!

Ab und zu ging ich auch noch ins Gutshaus, ich fühlte mich da geborgen! In Mamas Schoß am allergeborgsten. Nämlich dann, wenn die Tochter des Hauses nicht zu Hause war. Sie, die Mama, war eine hervorragende und dankbare Seelentrösterin, und das mochte ich sehr! Ja und sie tröstete sich dabei auch gleich mit, denn die Sorge um die Männer im Felde war doch sehr groß und hinterließ ihre Spuren!

Aber zurück zu den Bombardements. Auch in den Weinkellern, die tief unter dem Straßenniveau lagen, oder in den großen Gewölben der Schloßkeller, hatte man bei den Angriffen kein sicheres Gefühl. Ich habe manchmal Angst gehabt, daß diese Gewölbe einstürzen könnten und ich mit vielen anderen darunter begraben würde. Als ich Ascheberg Anfang fünfundvierzig wieder verließ, waren von den fünf Schloßtürmen nur noch einer da!

Ich wurde eine Zeitlang abkommandiert, um die technische Aufsicht beim Bau eines großen Luftschutzstollens vertretungsweise zu übernehmen. Der Vorgänger und wohl auch der Planer dieser Anlage, ein Bauingenieur, wurde an die Front versetzt. Er hatte mich noch kurz in die „Kunst" des Nivellierens eingeweiht und mich mit den Bauarbeitern bekanntgemacht. Es waren russische Kriegsgefangene. Da der Stollen an zwei Stellen, nämlich Ein- und Ausgang, zur gleichen Zeit begonnen wurde, er war mehrere hundert Meter lang, konnte man am Ende von einer gelungenen Sache sprechen, da die Abweichung in der Höhe nur dreißig und seitlich nur etwa achtzig Zentimeter betrug! Mitten im Stollen hatte ich für mich und meine Freunde eine kleine abgeschlossene Nische einbauen lassen, welche „wir" bei Angriffen während der Bauarbeiten bezogen. Natürlich kamen in solchen Situationen auch viele Menschen in den noch unfertigen Luftschutzstollen. Ich erinnere mich, als eines Tages ein Großangriff stattfand, der mehrere Stunden dauerte und noch keine Belüftungsanlage vorhanden war, war am Ende des Angriffs der Sauerstoff so gut wie verbraucht!

Die Menschen fielen um wie die Fliegen! Als wir uns in unserem Kabüfken eine Zigarette anzünden wollten, brannte kein Streichholz mehr!

Ein Glück, daß der Angriff zu Ende war, denn sonst hätte es sicher viele Erstikkungstote gegeben, wir wären da ganz sicher mit von der Partie gewesen, weil wir mittendrin saßen und keine Chance gehabt hätten, da herauszukommen, durch die Menschenmassen hindurch! Im nachhinein muß ich heute sagen, daß die Bombenangriffe viel schlimmer, viel demoralisierender waren, als die Kämpfe an der Front, zumindest verglichen mit dem, was ich persönlich erlebt habe!

Da war dann noch Rita Meckerl, sie wohnte in Heimbach. Kennengelernt habe ich sie durch Heinz Donnerwitz, einem Mitleidsgenossen, der fast jeden Abend unterwegs war, auch ohne Ausgangsschein, er hatte den Bogen so richtig raus, wie man sagt. Wir anderen waren da noch ziemlich unverdorben. Einmal ist es aber auch schiefgelaufen, denn als wir nach einem Angriff auf dem Kasernenhof zum Bergungseinsatz angetreten waren, wurde Heinz von der Wache erwischt, als er gerade über den Zaun geklettert war und sich schnell noch einreihen wollte. Daraufhin wurde er zu einem Monat „Fallschirmjagdkommando" verdonnert und konnte nun sein Bratkartoffelverhältnis nicht mehr besuchen. Er schickte mich zu ihr, damit sie Bescheid wußte, er deutete mir auch an, daß ich ihr auch Grüße dalassen könnte, wenn ich es wollte! Sie war aber ganz und gar nicht mein Typ. Allerdings lernte ich bei ihr Rita kennen, sie war zwar ziemlich groß und etwas dick, aber sie hatte ein hübsches Gesicht und war ein anschmiegsames Mädchen. Mit ihr trieb ich es immer auf der Küchenbank, nicht sehr bequem, aber in der Not frißt der Teufel Fliegen! Ihre Mutter, auch eine Kriegerstrohwitwe, störte uns dabei immer. Alle paar Minuten kam sie unter irgendeinem Vorwand in die Küche und machte Stielaugen, ich glaube, sie hatte auch einen großen Appetit! Wenn Rita mal nicht da war, da bereitete sie mir meine „Kartoffeln". – Und eigentlich noch viel gekonnter! –

Ein tägliches Schauspiel gab es oft noch auf dem Kasernenhof! Es war der „Donnerbalken"! Durch die ständigen Bombenangriffe, die an unserer Kaserne auch nicht vorüber gingen, waren die Wasser- und Abflußleitungen immer wieder verstopft und defekt, so daß die Toiletten unbrauchbar waren. Deshalb wurden mitten auf dem Kasernenhof die sogenannten „Donnerbalken" errichtet, es war eine lange Grube mit einem Rundholz als Sitzgelegenheit darüber, ja und darauf hockten und donnerten wir dann, wir saßen da wie die Schwalben auf den Telefondrähten im Herbst. Das Interessanteste dabei waren aber die Zuschauer, in der Regel waren es die Frauen des Offiziers- und Unteroffizierskors, die in den unmittelbar angrenzenden Häusern wohnten. Das war meist ein Gaudi, denn die Frauen gaben oft ihren Kommentar ab, und wenn sie nur sagten: „Das ist aber ein starkes Stück!" – Worauf die Landser dann antworteten: „Und von der Länge sagen sie nichts!?" –

Der Dienst bei den Pionieren war im allgemeinen schwer, oft schon eine Schinderei, und er war auch nicht ungefährlich, denn es kam schon mal vor, daß bei der Ausbildung an scharfen Minen oder an Flammenwerfern, Panzerfäusten und Sprengköpfen was schief ging. Einmal ist ein ganzer Zug, etwa fünfundzwanzig bis dreißig Soldaten, beim Auseinandernehmen einer Mine im geschlossenen Raum in die Luft geflogen! Oder beim Wasserdienst, beim Übersetzen über den Main, auf Sturmbooten, oder beim Brückenbau sind viele Landser abgesoffen! Unangenehm, um nicht zu sagen scheußlich, war das sogenannte „Gewohnheitssprengen", wobei man in einem Granattrichter liegen mußte und auf dem Trichterrand eine scharfe Sprengladung gezündet wurde! Da hatte man das Gefühl, das Trommelfell sei geplatzt, und auf dem Nachhauseweg schwebte dann die „Duftwolke" über der ganzen Kompanie! – Da hatten viele nicht genügend Zeit in der Putz- und Flickstunde, um alles wieder in Ordnung zu bringen! –

Nun, auch die Ausbildungszeit ging vorbei, vielleicht schade und viel zu schnell für manchen, denn nun ging es an die Front! – In den Tod!? – Einige von uns, so auch ich, hatten da noch eine Galgenfrist. Wir wurden zur Unteroffiziersschule nach Mittenwald ins Gebirge abkommandiert, und da es keinen Urlaub gab und wir mittlerweile auch ein bißchen Heimweh hatten, es war nun Januar geworden, nahmen wir uns selbst einen kurzen Heimaturlaub! Anstatt direkt von Aschaffenburg nach Mittenwald zu fahren, setzte ich mich in einen Zug, der in die entgegengesetzte Richtung fuhr, nach Thüringen nämlich, und Heinz fuhr mit mir, da er wohl kein richtiges Zuhause hatte. Das Problem war aber, daß wir auf einen Sammelmarschbefehl fuhren (den aber ein anderer bei sich hatte) und bei Kontrollen durch die Kettenhunde unterwegs in große Schwierigkeiten gekommen wären. Das hätte das Kriegsgericht bedeuten können, so mancher wurde zu dieser Zeit wegen unerlaubtem Entfernens von der Truppe standrechtlich erschossen! Wenn die Zugkontrolle kam, verkrochen wir uns entweder unter einem Haufen Gepäck oder stiegen auf der falschen Seite aus, bis die „Hunde" wieder fort waren. Das ging immer gut, bis wir in Meiningen an der Sperre unseren Marschbefehl vorzeigen sollten, den wir aber nicht hatten. Der Wachposten schickte uns ins Wachlokal, wo ein Unteroffizier mit „viel" Verständnis saß! Er sagte gleich zu uns: „Menschenskinder, haut ab, laßt euch nicht wieder hier sehen!" Im selben Moment tauchte aber ein Offizier auf, der sofort wissen wollte, was denn los sei! – Na ja, sagte der Unteroffizier zu ihm, die wollen nur schnell mal heim zu Muttern. Daraufhin hielt uns der Major eine lange Moralpredigt, und nur weil wie ehrlich waren und zugaben, kurz mal zu Haus Guten Tag sagen zu wollen, und weil auch er kein „Ehrgeizler" war, sah er von einem Verfahren ab und ließ uns laufen!

Es war eine große Freude zu Hause, als wir ankamen. Mutter, Vater und Fred waren glücklich, mich wiederzusehen, selbstverständlich war Monic auch überglücklich, aber auch Margot, die hübsche Nachbarin, schien sich über mein Kommen zu freuen, sie war, seitdem ihr Vater auch zu den „Waffen" gemußt hatte, wieder zu Hause, um ihrer Mutter unter die Arme zu greifen.

Vielleicht mir zu Ehren oder auch zufällig, fand am nächsten Tag eine „Spinnstube" statt, und an diesem Abend gelang es mir, obwohl Monic mit von der Partie war, Margot zu küssen, nämlich dann, als mal wieder das Licht ausgemacht wurde und ich mich in ihrer Nähe befand. Ansonsten flirtete sie mit Heinz, was mir gar nicht so recht war. – Am nächsten Tage kreuzte ich ganz selbstverständlich bei Nachbars auf, irgendein Vorwand war mir schon eingefallen. Ich war überglücklich, als Margot anbot, uns am nächsten Tage zum Bahnhof begleiten zu wollen, obwohl ich mir gar nicht so sicher war, ob sie es mehr meinetwegen oder wegen Heinz tat, denn ich kannte ja Heinz, und wer weiß, was sich am vergangenen Abend zwischen beiden so getan hatte. Sie hatte mir aber noch ein Bild von sich gegeben, worauf ich sehr stolz war und was dann auch immer in meinem Spind hing. Eingerahmt mit einem handgeschnitzten Rahmen aus Haselnußzweigen! – Ob es mir recht sei, wenn sie mit zum Bahnhof komme, hatte sie dann noch gesagt! – Und ob es mir recht war! Aber ja doch! –

Da war aber noch das Problem, Monic klarzumachen, daß sie nicht mitkommen könne. Der Pferdeschlitten sei schon voll besetzt, sagte ich ihr. Sie zeigte Verständnis, und wir verabschiedeten uns bei ihr zu Hause. Als wir, das heißt Fred, Margot, Heinz und ich am Bahnhof ankamen, gingen wir schnell in den schon wartenden Zug, und als ich dann noch mal aus dem schon abfahrenden Zug schaute, sah ich Monic am Zaune stehen! Winkend und weinend! Da sprang ich noch mal aus dem Zug, nein, durch das Fenster kletterte ich, lief zu ihr hin und küßte und drückte sie rasch und rannte hinter dem fahrenden Zug her, und ich konnte gerade noch auf das Trittbrett des letzten Waggons aufspringen! – Monic war allein und zu Fuß durch den dicken Schnee nach Rotenberg gelaufen, um mich noch mal zu sehen, sicher hatte sie herausgefunden, daß Margot mitgefahren war, aber niemals hat sie darüber ein Wort verloren!!!

Wir fuhren ab Saalfeld mit dem Schnellzug über Nürnberg und München nach Mittenwald. Was die Kontrollen anging, so war es diesmal nicht so schlimm, weil der Zug dermaßen überfüllt war und die Kettenhunde gar keine Chance hatten, da hineinzukommen, geschweige denn wieder heraus! Aber den ersten Teil der Strecke mußten wir außen, an den Türen hängend, auf dem Trittbrett, zubringen, was bei dieser Kälte und dem Schneegestöber absolut kein Vergnügen war. Erst kurz vor Nürnberg gelang es auch mir, ins Innere des Zuges zu gelangen. Ich war heilfroh, denn noch länger hätte ich es wohl nicht mehr ausgehalten und wäre wahrscheinlich heruntergefallen. Aber hier zeigte sich wieder einmal, was der Mensch alles aushalten kann! – Im Zug selbst war es Gott sei Dank schön warm, nicht durch die Heizung, sondern durch die vielen Menschen, die dicht an dicht standen. Mit der Zeit erholte ich mich auch wieder. Für Abwechslung im Zuge sorgte ein Bayer und eine Berlinerin, eine „Preußin", denn sie waren sich wohl auf die Zehen getreten, sie hatten sich ganz schön in die Haare gekriegt. Sie schimpften sich auf der ganzen Strecke bis nach München! –

„Ihr Saupreißen, warum bleibt ihr nicht in eurem Berlin!?" – so klingt es mir unter anderem heute noch in den Ohren. –

In Mittenwald angekommen, mußten wir noch etwa zwanzig Minuten zu Fuß bis zum Lager Buckelwiesen gehen, und das mit dem vielen Gepäck! – Einen sogenannten „Transfer zum Hotel" gab es hier nicht! – Als wir uns beim Spieß meldeten, gab es gleich einen Anschnauzer und ein Verhör: „Ja mei, wo kommt's denn her, da haben's ja länger als ä Wochen g'braucht, um von Aschaffenburg hierher zu komme, des is ja unmeglich!?" Wir sagten, wir wären unterwegs immer wieder durch Fliegerangriffe, vor allem in den größeren Städten, aufgehalten worden, in Würzburg und München beispielsweise! – „Nix hab i ghört von nem Bombenangriff in München!" schnauzte er uns an. Da er uns aber das Gegenteil nicht beweisen konnte oder wollte, nahm er uns den Schmarren ab, wie er noch so schön sagte, und dann sagte er uns, zu welchem Zug wir eingeteilt seien. Unserem Zugführer, ein altgedienter Unteroffizier, schien unser Zuspätkommen nicht sonderlich aufzuregen, waren wir doch ohnehin nicht die Letzten. Aber als dann alle da waren, ging's zur Sache, es wurde eine harte Zeit, vor allem noch erschwert durch die Schneemassen um diese Jahreszeit hier! Die Mienen mußten im Schnee anstatt in der Erde verlegt werden, das hatte den Nachteil, daß man sie nicht so leicht wieder fand, trotz unseres Verlegesystems und der Meßketten. Das hat uns einmal um unser Mittagessen gebracht, weil am Ende der Übung eine Mine fehlte, wir mußten stundenlang auf dem Bauche kriechend nach ihr suchen, aber sie war einfach weg! Schimpfen und „Hinlegen, auf Marsch, Marsch!" Das war dann die Begleitmusik auf dem Nachhauseweg. – Aber das Schönste war, daß die Mine dann doch da war! – Sie war bei der Kälte gar nicht erst mitgegangen zu unserer Übung, einfach zu Hause geblieben war sie! – Am schlimmsten war hier aber der Wasserdienst, wir konnten nur Übersetzen und Stegebau über die Isar üben, aber bei der reißenden Strömung und dem kalten Wasser war das lebensgefährlich! Mancher ging dabei baden und verlor dabei seinen Stahlhelm, denn beim Wasserdienst war es verboten, den Kinnriemen festzumachen. – Ein verlorenes Staatseigentum kostete drei Tage Bau! Na und eine ordentliche Erkältung hing da meist mit dran.

Aber schlimm war auch der Hunger, wir bekamen nur ein viertel Kommisbrot am Tage, in Ascheberg war es noch ein Drittel gewesen, das Zubrot war auch nicht viel. Zu Mittag gab es aber ein richtiges Menü, eine rot gefärbte Wassersuppe oder eine helle, sehr helle Suppe mit etwas Grasähnlichem darin. Zwei mit der ganzen Schale und dem Dreck drumherum gekochte, nicht sehr üppige Pellkartoffeln, ein bißchen Fleisch, nicht soviel, wie man annehmen könnte, richtiggehend gar nicht viel! Aber eine feine und diesmal nicht wenig und nicht gutschmeckende bräunliche Soße dazu. Der Nachtisch war aber spitze, entweder es gab Rote Grütze oder Vanillepudding, mit ohne Milch natürlich, aber dafür war er mit Süßstoff zubereitet!

Ja, es war zum Sterben zu viel und zum Leben auch zu wenig, na und dick wurde davon keiner! – Wer wollte schon dicke Soldaten!? –

Man hatte immer Hunger in den Gamaschen, ich ganz besonders, denn mein Mitesser wollte ja auch existieren, ich hatte nämlich den sogenannten „Schweinebandwurm", etwa schon ein Jahr hatte er es sich in mir bequem gemacht und trotz aller Versuche der Ärzte dachte er nicht daran, woanders Quartier zu nehmen. Also gingen wir des Abends ins Städtchen und kauften uns noch einige „Stammessen" dazu (solange die Moneten reichten). Stammessen war ein Essen, was alle Gaststätten billig anbieten mußten und wofür man keine Lebensmittelmarken brauchte! Meist war es eine Kartoffelsuppe oder saure Kartoffelstücke, so was ähnliches wie Kartoffelsalat, aber immer mit ohne Speck oder so was ähnlichem dran. Nun, die Portion war nicht teuer, zwanzig Pfennige nur, aber bei einer Mark Wehrsold war das doch viel. Es war ein Glück für mich, daß ich das Rauchen wieder aufgegeben hatte, sonst hätte mein Bandwurm schlecht ausgesehen!

Aber trotz des Kohldampfes war ich immer noch da, er aber auch!!

An einem freien Sonntag ging ich so durch die Schneelandschaft spazieren, mich faszinierte die Berglandschaft, und wie so oft nahm ich ein Sonnenbad. Mitten im Schnee liegend, einfach herrlich fand ich das! – Auch herrlich fand ich Zenzi! Ich entdeckte sie, als ich in einen Heustadel eindrang, die Tür stand ein wenig auf, und da stand sie, rotbäckig (ich meine jetzt noch rotwangig), sie strahlte mich gleich erleichtert an, als sie wohl sah, daß ich ihr gefiel! „Hab'n sie den Xaver net gsehn? Den Saubazi, der wollt scho lang dasei! – Aber vielleicht helfen sie mir dahinauf, vielleicht ist er da oben und hat sich da versteckt", sagte sie und schickte sich an, eine Leiter zu erklimmen, die auf den Heuhaufen hinaufführte. – Ja, sagte ich, noch immer ein wenig verwirrt, nur zu, ich schieb schon ein bißchen! Und wenn's recht ist, sagte ich dann schon ein wenig mutiger geworden, schiebe ich kräftig – ganz kräftig, wenn sie es mögen! Sie war am Jauchzen und Lachen. „Ja, scho, i mag das scho, ganz kräftig!" Natürlich war Xaver nicht da, und natürlich durfte ich Xaver ordentlich vertreten, ja ganz kräftig, wie sie sagte, durfte ich! – Und hungrig war sie, ich mußte einigemal verschnaufen – und rotbäckig war sie am Ende auch!

Wie schon gesagt, die Ausbildung war hart, aber wir waren ja nicht zur Erholung hier, wir sollten ja zu „Elitemenschen, zu Führungskräften" ausgebildet werden. Jeder von uns mußte mal als Gruppenführer und mal als Zugführer fungieren. – Mir hat das keine Schwierigkeiten gemacht, aber manch anderer hat sich da schwer getan. Des öfteren sagte der Gruppen- oder Zugführer: „Paulsen, komm her und übernimm das Kommando, zeig denen mal, wie das gemacht wird!" – Ja, hier machte sich die vormilitärische Ausbildung wieder bemerkbar, da waren wir Jungen wieder mal im Vorteil! – Als dann das Vierteljahr um war, hieß es wieder einmal „Tornister packen"! Jetzt wurden wir einer Fronteinheit zugeteilt. Die meisten wurden Oberpionier und erhielten einen Stern am Ärmel, ich gehörte zu den wenigen, die einen Winkel erhielten und somit Gefreiter waren. Man mußte die Leiter wieder von unten hochklettern! – Nur einer, der kleine Scheel, wurde gleich zum Uffzier befördert! – Da fällt mir noch der letzte Abend ein, der Abend vor der Abreise! Als ganz unerwartet der UVD in unserer Bude auftauchte und uns bat, doch ausnahmsweise und freiwillig die kommende Nacht eine Wache zu übernehmen. Wir waren erstmal sauer und am Murren, aber als er sagte, daß soeben noch der Brotwagen eingetroffen, aber der Fourier mit dem Schlüssel zum Magazin nicht anwesend sei, änderten wir unsere Meinung sofort und sagten ihm unsere Hilfe zu. Da sagte ich, selbstverständlich, das ist doch wichtig, schließlich geht es doch um unsere Marschverpflegung, aber natürlich helfen wir da! –

Als der Erste als Sonderwache eine Weile gegangen war, schickte ich den Zweiten mit der großen Kaffeekanne hinterher, um ein Kommisbrot an Land zu ziehen! Aber im Nu war es aufgegessen, und wir entschieden uns dafür, noch eins zu holen. Aber dann sagten wir, bei so vielen Broten dürfte es auch nicht auffallen, wenn jeder von uns eines bekäme! Was sind schon zehn Kommisbrote!? – Nur hatten wir nicht daran gedacht, daß mit der Zeit auch die „Anderen" Wind von der Sache bekommen würden, wie es dann auch der Fall war, und so ergab es sich dann auch, daß am anderen Morgen zwar der Wagen noch dastand, aber ohne ein einziges Brot! – Das *Theater* am nächsten Morgen war groß, es wurden Verhöre geführt, Durchsuchungen der Zimmer vorgenommen, aber gefunden wurde nichts, denn die Baracken boten da genug Möglichkeiten, ein paar Brote zu verstecken. „Ich" sollte dann schuld sein, aber ich redete mich damit heraus, daß ich mich nicht verantwortlich gefühlt habe und schließlich ja auch einmal schlafen müsse! Ja, und da unsere Zeit in Mittenwald ohnehin abgelaufen war und man Platz für die Neuen brauchte und uns an der Front haben wollte, ließ man uns in Gottes Namen ziehen, nicht ohne vorher noch einen Wagen Brot für unsere Marschverpflegung geholt zu haben! – Auf in den Kampf! –

Jetzt wurden wir zum Truppenübungsplatz in die Rhön nach Wildflecken beordert, aber diesmal jeder mit einem eigenen schriftlichen Marschbefehl, man wollte uns wohl nicht wieder so in Verlegenheit bringen wie das letzte Mal! Denn Heimaturlaub war wieder nicht! Da ich ja nun schon Routine besaß, war auch diesmal ein Abstecher in die Heimat geplant. Ich fuhr also schnurstracks in Richtung Nord-München, Nürnberg, Saalfeld, rechts von der Rhön vorbei und nach Hause! – Diesmal blieb ich fast eine ganze Woche auf „Heimaturlaub"! „Mancher" riet mir, doch ganz zu Hause zu bleiben, denn der Krieg müsse doch bald zu Ende sein! So einfach war das nun wiederum nicht, auch wenn die Amerikaner schon am Rhein standen, denn wer da erwischt wurde, wurde standrechtlich erschossen! – Einfach so! –

Ich hatte Glück, daß Margot zu Hause war. Wir hatten uns oft geschrieben, aber sie war recht sachlich und zurückhaltend. Ich aber recht verliebt, mit dein dich ewig Liebender und so! – Wir waren fast die ganze Zeit meines schwarzen Urlaubs zusammen und turtelten und schmusten miteinander. Monic war für mich abgeschrieben, sie hatte auch bald gemerkt, daß ich umgestiegen war! Nach außenhin taten wir so, als sei nichts geschehen, wir grüßten uns und sprachen auch miteinander. Trotzdem war ich überrascht, daß Margot mir ihre ganze Zeit widmete. Nie sprach sie von ihrem alten Freund Otte, und ich fragte auch nie nach ihm. Obwohl ich fast jeden Abend mir ihr in der „Helle" lag (Helle, das ist eine Art Ofenbank), kam es zu dieser Zeit noch nicht zu intimen Beziehungen zwischen uns. Ich glaube, daß sie mir dazu auch zu schade war. Warum ich damals so zurückhaltend war, weiß ich nicht, ich denke, es lag daran, daß ich sie richtig liebte! Es muß da wohl Unterschiede geben! Wahrscheinlich kann der sexuelle männliche Trieb bei wahrer Liebe und bei sinnlicher Zärtlichkeit eingedämmt werden, und man kann dabei auch ohne intime Verbindung glücklich sein! – War das bei Monic anders gewesen!? Hatte ich sie doch nicht so sehr lieb gehabt? Heute glaube ich, daß es eine noch relativ flüchtige Sache war, mehr aus Neugier, Stolz oder Angabe heraus, oder aber vielleicht war diese Verbindung durch die Gerüchte, daß sie in meiner Abwesenheit andere Freunde gehabt habe, doch abgeflacht. Aber ganz sicher auch durch das Kennenlernen von Margot mehr und mehr erloschen. – Bei all den anderen Frauen, die ich vorher kennengelernt hatte, hätte ich mir nicht vorstellen können, daß das Ganze ohne Sex hätte verlaufen können. Aber eines ist sicher, wir, Monic und ich, sind nicht im Bösen auseinander gegangen, unsere Liebe ist einer echten Freundschaft gewichen! Wir haben uns auch später, als ich schon verheiratet war und sie wieder nach Düsseldorf zurückgegangen war, noch öfters geschrieben, mit Wissen von Margot!

Nun, die paar Urlaubstage, die es eigentlich gar nicht gab, vergingen wie im Fluge, und es hieß mal wieder Abschied nehmen, und diesmal brachte mich nur eine Frau zum Bahnhof, nämlich Margot! – Unter heißen Küssen (glaube ich mich zu erinnern) und bei zärtlichen Liebesbeteuerungen verabschiedeten wir uns! Dieser Abschied war intensiver und ernster als der vorherige, denn ab jetzt begann für mich als Soldat auch der Ernst des Lebens, denn jetzt ging es an die Front! In den Kampf, Mann gegen Mann sozusagen. – Ich fuhr mit dem Zug, ohne anzuecken, über Meiningen nach Bad Neustadt in der Rhön, und da ich erst sehr spät am Abend dort ankam, mußte ich bei ziemlicher Kälte auf den Eingangsstufen des Bahnhofgebäudes kampieren, weil der Wartesaal schon geschlossen war. Ja, wie sollte ich nun weiterkommen nach Wildflecken, nachdem ich meine Knochen wieder in Gang gebracht hatte? – Mangels einer besseren Gelegenheit machte ich mich zu Fuß auf den Weg, nicht ohne vorher noch einen Kartengruß an Margot in den Briefkasten einzuwerfen. Als ich etwa so fünf Kilometer gegangen war, merkte ich, daß mein Waffenrock-Taschenknopf (links oben der), der, wo das Soldbuch zu sein hatte, offenstand und das ach so wichtige Soldbuch nicht mehr da war! – Ja, was nun, das konnte schon wieder „Kriegsgericht" bedeuten, wo konnte nur das Ding sein, überlegte ich krampfhaft. – Ja, die Karte, der Briefkasten, nur da konnte ich es verloren haben! – Ich versteckte meinen Tornister und das andere Gepäck hinter einem Busch am Straßenrand und lief, so schnell ich konnte, den Weg zurück. Nach schon kurzer Zeit kam mir eine junge Frau mit einem Handwagen entgegen, und als wir uns begegneten, sah sie mich komisch an. Ach was! Ich bin doch fast verheiratet, dachte ich noch, die soll sich nen anderen suchen! Aber es muß eine Eingebung gewesen sein, denn als ich mich doch noch einmal umdrehte, sah ich, daß sie stehengeblieben war und etwas hoch in ihrer Hand hielt. Das konnte mein Soldbuch sein!? „Haben sie was verloren?" rief sie mir nach. – „Ja! Mein Soldbuch ist weg", antwortete ich. „Wie heißen Sie?" fragte sie zurück. Nachdem ich ihr meinen Namen genannte hatte, sagte sie, dann kommen sie her, ich habe es gefunden, unterm Briefkasten lag es! Ich war so froh, daß ich noch mal am Kriegsgericht vorbeigekommen war und fiel ihr um den Hals und bedankte mich mit allen möglichen Worten. – „Ja", sagte sie nun, „eigentlich müßte das mehr wert sein als nur ein Dankeschön, nur leere Worte! – Oder, meinen sie nicht?" – Na ja, sagte ich, ich bin nicht so in Eile, wenn es „darauf" ankommt! Sie lachte mich an und sagte: „Warum eigentlich nicht, wer weiß in diesem verdammten Krieg schon, wenn's wieder mal so paßt und mein Mann ist auch Soldat, ich bin auch nicht dabei, wenn er in Frankreich so brav ist! Drum sei's, komm, gehn wir da in die Büsch!" – Ich gab ihr, was sie begehrte, und bekam, was ich brauchte, nämlich einen preiswerten Nachhilfeunterricht. – Was hatte das auch schon mit Margot zu tun, ich war ja schließlich auch nur ein Mensch! – Ein Mann im Kriege. Wer wußte zu dieser Zeit schon, wie lange man noch mitmischen durfte, und solange man noch konnte, durfte, sollte man schon Nächstenliebe üben!

Mein Zuspätkommen in Wildflecken fiel nicht weiter auf, da noch viele zu fehlen schienen. Eine neue Infanterie-Division wurde hier aufgestellt, sie bekam den stolzen Namen „Adolf Hitler"! Die Soldaten hierfür kamen aus aller Herren Länder, das letzte Aufgebot schien es zu sein, ganz Junge wie ich und ganz Alte, aus dem ersten Weltkrieg Übriggebliebene! Halbe Krüppel und alle möglichen Auslandsdeutsche, die kaum deutsch verstanden! – Ich wurde dem schweren Zug des Pionierbataillons zugeteilt und als Gewehrführer eines SMG eingesetzt. Es fehlte an gut ausgebildeten Leuten, die in der Lage waren, ein „Schweres Maschinengewehr" oder einen Granatwerfer bedienen zu können, und da wir in Mittenwald das auch mitgelernt hatten, waren wir hier willkommene Gruppenführer. Ich bekam noch sechs Mann dazu, auch ein Ober- und ein Stabsgefreiter war dabei, aber keiner davon hatte eine Ahnung! Die zwei alten Hasen wollten sicher auch keine haben, wie man mit so einer Spritze umgeht. Also konnte ich sie nur als Tragesel für die Munition und die Lafette und das Gewehr selbst verwenden. Den Schützen „Eins", der, wo mit dem Ding schießen muß, mußte ich selber machen! Da zu dieser Zeit, März fünfundvierzig, vieles nicht mehr normal war, vor allem, was die Ausrüstung anging, mußten wir mit dem Panjewagen und mit Fahrrädern in den Kampf ziehen. Letztere bekamen wir in Berlin. Denn unmittelbar nach der Zusammenstellung wurden wir zum Truppenübungsplatz „Döbritz-Dalgow" bei Berlin-Spandau verlegt! Hier bekamen wir den letzten Schliff und, wie schon gesagt, die unsinnigen Fahrräder, die uns später eher hinderlich als nützlich waren. Als wir sie, die Räder, in Spandau abholen mußten, hatten wir noch das Pech, mitten in einen Bombenangriff zu geraten. Es wurde ein Chaos, denn jeder mußte zwei Fahrräder mitnehmen, und schon als die ersten Bomben um uns herum einschlugen, mußte man die Dinger erstmal auspacken, den Lenker festschrauben und die Pedale eindrehen. Und da unser Begleitoffizier offenbar ein Irrer war, ein ganz junger Leutnant mit dem Ritterkreuz um den Hals (letzteres hätte ich auch gerne gehabt), mußten wir auch wie die Irren im Bombenhagel durch die Straßen von Berlin rasen! Das war zusätzlich erschwert, da der Lenker sich immer wieder verdrehte, weil er in der Eile nicht richtig festgeschraubt worden war und weil man noch ein halbverpacktes Rad auf dem Rücken hatte! Wenn Sie wissen, was ich meine! In Deckung durften wir nicht gehen, und wie ein Wunder kamen wir bis auf ein paar Kratzer dann auch fast unbeschädigt in Döbritz an. – Bei manchen waren die Hosen gestrichen voll! – Wie man hören konnte!

Von Berlin wurden wir dann in den Harz verlegt. Mit der Bahn, das war auch so ein Himmelfahrtskommando, denn die Amerikaner waren immer näher nach Mitteldeutschland herangekommen, und deren Jagdbomber beaasten uns tagsüber dermaßen, daß wir nur langsam und unter großen Verlusten vorwärts kamen. Als wir dann im Morgengrauen in Quedlinburg ausgeladen wurden, waren die Jabos schon wieder da, wo waren nur unsere Jagdflugzeuge? Hermann Görings stolze und unschlagbare Luftwaffe!? Nichts war davon noch zu sehen, denen war der Sprit ausgegangen, wir konnten uns nur noch unter den Waggons verkriechen oder Reißaus nehmen, so wie es auf der ganzen Fahrt hierher schon immer der Fall gewesen war! – Das Kriegspielen fing für uns gut an! Wir bezogen Stellung in einem Wald in der Nähe von Werningerode, soweit wir das beurteilen konnten. Gott sei Dank nicht auf freiem Felde, so daß wir der amerikanischen Luftwaffe nicht den ganzen Tag über ausgesetzt waren. Wir kamen direkt ins Kriegsgetümmel hinein. Schon bald begriff ich, warum meine „alten Hasen", die mir mit unterstellt waren, keine Ahnung von einem schweren Maschinengewehr haben wollten! Denn sobald ich die ersten Feuerstöße aus der Spritze heraus hatte, waren die Aufklärungsflieger auch schon über uns, und kurz danach knallten auch schon die ersten Granaten ihre schweren Granatwerfer um uns herum, oder die Jabos schütteten ihre Bomben über uns aus! Sie schossen verdammt gut, und wir hatten schon die ersten Verluste und Verletzten. Aber es dauerte nicht sehr lange, bis wir Frontneulinge die wichtigsten und lebensrettenden Tricks herausgefunden hatten, so konnten wir an den Geräuschen, dem Pfeifton und dergleichen erkennen, ob sie in unserer Nähe oder weiter entfernt einschlagen würden!

Einmal, in der Nacht, mußte ich mit meiner Feuer-Spritze und zwei Trägern ganz nach vorn, vorner als unsere Infanterie lag, um eine Brücke zu sichern, die von einem anderen Zug zur Sprengung vorbereitet wurde. Wir konnten die amerikanischen Infanteristen ganz nahe vor uns als Schatten erkennen, dabei hielten wir die Luft an und hofften, daß die Kollegen von der „anderen Feldpostnummer" bei ihrer Arbeit möglichst keinen Lärm machten! Es ging dann auch alles gut, und als wir wieder zurück waren, fiel die Spannung von uns ab! – Und die zentnerschweren Steine auch!

Ein paar Tage später wurden wir in der Dämmerstunde auf einem Kahlschlag in Stellung geschickt, und da der Boden sehr hart und felsig war, konnten wir keine „Verdeckte Feuerstellung" aufbauen, sondern uns nur mit Holzscheiten etwas absichern, was uns aber wenig Schutz gegen Bomben oder Granatsplitter gegeben hätte. Als wir soweit fertig waren, es war nun schon ziemlich dunkel geworden, sah ich mich ein bißchen um, um zu sehen, wer, wo, was um uns herum war. Ich stellte bald fest, daß der ganze Kahlschlag nur so von deutschen schweren Maschinengewehren und Granatwerfern wimmelte! – Na, Gnade uns Gott, dachte ich, wenn das die Amis morgen früh weißkriegen, sind wir alle geliefert! – Was für ein Unsinn auch, soviel Amis gab es gar nicht, die wir damit hätten erschießen können! – Aber genug amerikanische Soldaten und vor allem Granaten und Bomben gab es, die uns ein Trommelfeuer hingezaubert hätten! Wir hatten dann aber wieder einmal großes Glück, denn im Morgengrauen suchte unser Zugführer ein schweres Maschinengewehr für eine Sonderaufgabe. Ich habe mich sofort freiwillig gemeldet, denn schlimmer konnte es anderswo sicher nicht kommen! – Im Gegenteil! – Wir mußten sofort aufbrechen (und die Steine, die schon am Fallen waren, konnten wir gleich oben lassen), denn wir sollten einen Waldweg sichern, und da die Sichtweite gerade zehn Meter betrug, stellten wir das MG auf einen Holzstoß auf.

Noch bevor wir begriffen hatten, was los ist, hörten wir unseren Zugführer rufen: „Pflanzt auf die Gewehre!" und fast gleichzeitig hörten wir „Hurrää! – Hurrää!" – Jetzt sahen wir sie auch schon, die Riesenschatten, wie sie aus dem Walde auf uns zukamen! – Ich konnte gerade noch meine Pistole entsichern und den Spaten ergreifen, und drauf ging's! – Ja, dann ging alles sehr schnell. Ich schlug und schoß um mich herum, ich dachte wohl an gar nichts mehr, nur ein Film lief sekundenschnell vor meinem geistigen Auge ab! – Da war die Mutter, die Kindeszeit, alles in Bruchteilen von Sekunden! – Und ganz plötzlich war alles vorbei! Wie ein Spuk was das gewesen! – Die Anspannung fiel ab. – Ja, und was nun, wer hatte gewonnen? Wir schienen gewonnen zu haben, denn außer den Toten und Verwundeten waren keine Amis mehr zu sehen! – Auch wir hatten Tote und Verwundete! – Kreideweiß sahen wir alle aus, und wir zitterten noch lange am ganzen Körper wie Espenlaub! –

Gott sei Dank hatte ich, hatten wir es einigermaßen überstanden, und Gott sei Dank mußte ich ähnlich Schlimmes nicht noch einmal erleben! – Am darauffolgenden Tage mußten wir die Überbleibsel unseres ersten Zuges zum Kompanietroß bringen, die meisten von ihnen sind entweder auf dem besagten Kahlschlag gefallen oder in Gefangenschaft geraten. Wie man erzählte, hatte es da ein Mordsblutvergießen gegeben.

Bei diesem Transport lief uns das Kriegsgericht mal wieder über den Weg, denn wir kamen damit in eine Waffen-SS-Feldjägerstreife, die uns für Fahnenflüchtige hielt und uns wieder einmal standrechtlich erschießen wollte! Da war es gut „alte Hasen" bei sich zu haben, denn die schienen so was schon zu kennen, und schneller als die jungen SS-ler hatten sie ihre Gewehre und Pistolen im Anschlag! Da buken dann sie kleine Brötchen und waren sicher noch froh, selbst am Leben geblieben zu sein! – Wie schnell sich das doch ändern kann!? –

Wenn wir auch nicht allzuviel über den Frontverlauf erfuhren, so wußten wir doch, daß die Engländer fast den ganzen Norden erobert hatten und die Russen kurz vor Berlin standen, na und die Amerikaner hatten wir ja greifbar nahe vor uns. Letztere hatten schon ganz Italien besetzt und waren auch schon in Süddeutschland weit vorgedrungen! Es war also nur noch eine Frage der Zeit, wann der Spuk vorbei ist! – Auch die Franzosen hatten sich den Alliierten angeschlossen und machten mit Jagd auf die Nazis, auf uns „Kriegsverbrecher"! –

Der Kriech is alle

Auf dem Wege zu unserem Kompanietroß begegnete mir „Hans", er war aus Gorscht, einem Nachbarort von Orba, er rief mir schon von weitem zu: „Wellste met, der Kriech is alle!" Er erzählte uns, daß der Kommandeur unsere ruhmreiche Division aufgelöst und sich selbst in Gefangenschaft begeben habe. Als wir bei unserem Troß angekommen waren und diese Nachricht verbreiteten, wollten uns der Spieß und der Zahlmeister auch wieder standrechtlich erschießen, aber vorsichtig und als sogenannte gebrannte Kinder hatten wir mit so was gerechnet und unsere Waffen schon schußbereit im Anschlag! – Nach kurzer Debatte tauchte unser Kompanieführer auf und bestätigte, was wir gesagt hatten. Er löste formal auch die Kompanie auf und gab Anweisung, uns allen die Wehrpässe auszuhändigen. Aber ich hatte Pech, denn mein Paß war nicht da. Er war gerade beim Bataillon, denn ich sollte zu Führers Geburtstag, nämlich morgen, zum Unteroffizier befördert werde, wie der Spieß mir sagte. Aber so blieb ich ROB-Gefreiter, was soll's, obwohl ich damals sehr enttäuscht war, denn Uffzier, daß klang doch ganz anders als nur Gefreiter. – Wie man doch zu leiden hatte! –

Wir bepackten uns mit allerlei Fressalien, mit Decken und Zeltplanen und machten uns auf den Nachhauseweg, wie wir glaubten, denn die paar Kilometer würden wir klar in zwei Tagen schaffen! Aber es sollte anders kommen, wir hatten die Amerikaner vergessen und auch die Deutschen, die konnten uns noch viel gefährlicher werden, das konnte uns den Hals kosten, denn wer wußte schon, wo noch Krieg war und wo nicht!? – Wir übernachteten im Hotel auf der Roßtrappe und wollten am nächsten Morgen weiterziehen, dabei aber kein Risiko mehr eingehen, denn von der Etappe hatte sich der Krieg immer ganz interessant angesehen, aber an der Front sah es ganz anders aus! Gar nicht mehr so lustig, und da war der Gedanke ans EK oder gar Ritterkreuz schnell vergessen! Das „ganze Leben lang" tot sein, nein, das wollte keiner! Wir entschieden uns dann doch lieber in Gefangenschaft zu gehen! So schlimm konnte es doch nun auch wieder nicht werden! Den Gerüchten nach würden die Alten und Jungen sowieso sofort entlassen. – Ja, und wie meistens in meinem Leben, war ich am nächsten Morgen wieder am Dransten, denn da standen sie, die Amis, mit ihren Jeeps und Maschinengewehren vor unserem Hotel. Keiner wollte als erster hinausgehen! Man konnte ja auch nicht wissen, ob da nicht einer mit nervösem Finger darunter war, bei den Amis meine ich. Aber auch unter uns konnte so einer sein! – Der in letzter Minute den Krieg noch gewinnen wollte!

Ich marschierte also als „erster" und mit *zitternden Knien* hinaus und dabei in die Maschinengewehrläufe und Negergesichter blickend! – Die „hands" hatte ich selbstverständlich „up"!

Do you have a watch or a medal? May I have it!!!? – und weg war es, als Dank gab es mit dem Knüppel eins über den Schädel! – Thank you, dear frend! Scheiß Ami! –

Aber es ging dann doch alles gut, es fiel kein Schuß mehr, und wir wurden wieder in Reih und Glied gestellt, irgend ein Offizier, ein Deutscher, gab den Befehl „Im Gleichschritt Marsch!" – In Halberstadt wurden wir in eine Fabrik gesperrt! Verpflegung gab es keine, dafür aber auch keine Betten, denn wir hatten auf den Betonfußboden herumzuliegen, und wer wollte, der durfte auch stehen! Nach einigen Tagen des Wartens und Ratens, was wohl mit uns geschehe, wurden wir mit Lkws auf einen großen Acker in der Nähe von Göttingen gebracht. Genau wußte keiner, wo wir waren, sicher sollten wir das auch gar nicht wissen, denn der Krieg war zwar für uns, aber noch nicht generell zu Ende! Wer konnte schon wissen, was der „Adolf" noch alles aushecken würde, hatte er im Endeffekt nicht doch noch eine Wunderwaffe, mit der er das Ruder noch herumreißen konnte!? Sicherheitshalber hat uns der Ami, uns „nunschonmal" Gefangenen, außer Schußweite gebracht! Nicht etwa zu unserem Schutz, nein, nur zu seiner eigenen Sicherheit. Wir hätten ja wieder mobil, kriegslüstern, werden können! Also wurden wir wieder auf Lkws und sogenannte Sattelschlepper verfrachtet, ja regelrecht verfrachtet, mit „go on" und dickem Knüppel und so! Wir waren auf jedem Fahrzeug nur so viele, daß wir nicht umfallen konnten! Ich hatte noch das „Glück", als letzter auf ein Fahrzeug gepfercht zu werden, mit Kniffen und Puffen, und auch noch als Rechtsaußen! – Meine Decke und die Zeltbahn, die ich mir über die Schultern gehängt hatte, weil es am Schneien war, hat man mir freundlicherweise noch heruntergerissen! – Ich kann heute nicht mal sagen, ob es die Amis oder die noch anstehenden „Kameraden" waren! – Unser übriges Gepäck, das wir bis dato noch hatten, warfen uns die Herren Nigger noch herauf, aber da wir mindestens zwei Mann zu viel an Bord waren, flog alles wieder herunter, was sollten wir auch damit? Bei den Amerikanern bekommen wir alles neu, war die Parole! Die Nigger fuhren und fuhren mit uns durch die Gegend, sie fuhren wie die Säue, mit Karacho und immer schön rechts! Rechts deswegen, weil wir uns da nicht zu kämmen brauchten, denn das besorgten die Zweige und Äste der Straßenbäume!

Ich hatte zwar den Vorteil, nicht an Luftmangel zu leiden, dafür aber das Vergnügen, beim Anfahren oder Beschleunigen fast das Rückgrat zu brechen, denn die Menschenmassen vor mir brachten eine enorme Schubkraft nach hinten! Einmal knallte mir regelrecht ein Ast auf die Nase, nein, es kann nur ein Zweig gewesen sein, denn sonst würde ich jetzt nicht mehr hier sitzen, dabei ging ich in die Knie, das heißt, ich wäre, hätte anstandshalber in die Knie gehen gehabt zu müssen, wenn da genug Platz dafür gewesen wäre. Aber mangels Masse hing ich hinten über die Planke, bis ich wieder bei Sinnen war! Die Reise dauerte dann auch länger als uns lieb war, wir fuhren und fuhren! Das heißt, wir wurden gefahren, es dauerte und dauerte und wollte kein Ende nehmen, es kam uns wie Tage und Wochen vor! – Dann, irgendwann (nach Jahren) fuhren wir über den Rhein! Ich glaube, es war eine Pontonbrücke in der Nähe von Bonn, oder was weiß ich, wo das war. Und dann endlich waren wir da!!! – Gott sei Dank!!! – Auch wenn da keine Mutter oder Margot war, das war uns jetzt egal, die Hauptsache war, daß wir „da" waren! –

Wir wurden abgeladen, nein, heruntergeschmissen wurden wir, denn wir waren gar nicht mehr fähig, herunterzusteigen, geschweige denn zu stehen, es dauerte eine ganze Zeit, ich weiß nicht mehr wie lange, bis sich unsere Muskeln wieder erholt hatten, um gehen zu können. Nun, wo waren wir? – Auf einem großen Acker, auf Wiesen in Obstplantagen! Man war gerade dabei, Stacheldrahtzäune zu errichten. Alles wurde in kleine Camps aufgeteilt, genau wie ein KZ. – Es schneite und regnete, und des Nachts fror es noch! Für die Latrinen wurden an den Zäunen entlang Gräben ausgehoben und Weinfässer für unsere Trinkwasserversorgung aufgestellt! Das Wasser darin schmeckte sehr stark nach Chlor, ob der Inhalt Quell- oder Rheinwasser war, wußten wir nicht. Die Landser, die schon vor uns da waren, begannen, sich Schutzwälle aus den vorhandenen Rüben zu bauen oder Löcher in die Erde zu buddeln. Die Rüben wurden bald danach aufgegessen, um nicht zu sagen gefressen, denn unser Hunger wurde immer größer! – Erdlöcher und Höhlen als Unterkunft! – Ja! Aber womit bauen? – Mit den Händen, den Fingern, allenfalls mit einer leeren Konservendose oder einem Löffel oder Messer, wenn man so was hatte! – Da stand ich nun mit ohne mein Latein! Die erste Nacht verbrachte ich sitzend oder liegend auf dem Erdboden und natürlich frierend! Durch das Hin und Her, das immer wieder „umquartiert werden", hatte ich meine ehemaligen Kameraden aus den Augen verloren und war gewissermaßen mutterseelenallein! Ich kannte keinen einzigen um mich herum, ich saß da wie ein verlorener Sohn. Da ich die erste Nacht schon so mies verbracht hatte, überlegte ich, was wohl zu tun sei und wie das weitergehen sollte. Ich fragte meine Nachbarn, warum sie sich die Löcher und Höhlen bauen, wir würden doch sicher bald entlassen werden oder aber Zelte bekommen, solche wie da hinten schon eins stehe! Sie lachten mich aus und sagten: „Du Träumer, du Narr du, du wirst schon noch dahinterkommen, wie nett die Amerikaner zu uns deutschen Schweinen sind! „Gerüchteweise hatte es geheißen, daß alle Jugendlichen unter achtzehn und alle Alten über fünfzig Jahren sofort entlassen werden würden! Aber wie ich erkennen mußte, sah es hier nicht danach aus! Ich schlenderte so durch die Gegend und überlegte, was zu tun sei. Ich kam zu dem Entschluß, mir auch eine kleine Höhle zu bauen, aber womit bloß, überlegte ich weiter. Nur mit den Fingern schien mir das so gut wie aussichtslos. Aber zunächst verspürte ich Hunger, und mit Hilfe des Messers meines Nachbarn machte ich die Dose Schweinefleisch auf, die ich noch bis hierher gerettet hatte. Aber nachdem ich ein wenig davon gegessen hatte, merkte ich, daß der Inhalt nicht mehr ganz einwandfrei war, und warf sie weg. Ja, was nun, das Stück Margarine, welches ich in meiner Manteltasche untergebracht hatte, war durch das Gedränge auf dem Lkw auch nicht mehr zu genießen, denn es war nur noch als großer Fettfleck im Mantelstoff zu erkennen! So blieb mir nur noch der Zucker in meinem Kochgeschirr, mit dem mußte ich nun aber sehr haushalten, denn wer wußte schon, wann wir etwas zum Essen bekommen würden!? – Die Rübenreste wurden immer wieder inspiziert und alle noch nicht verfaulten Teile gegessen, die waren sehr schnell zu einer Delikatesse avanciert! – Der Zufall kam mir dann zu Hilfe, was das Werkzeug betraf, ich sah bei einem Rundgang durch die Prärie einen Kameraden über einen Latrinengraben hocken und aus seiner Jackentasche etwas Wunderbares herausschauen! Ich muß dazu sagen, daß er seine Jacke bei seinem Geschäft ausgezogen und neben sich gelegt hatte. Das Wunderbare war ein Messer, ein richtiges Bestecksmesser, mir wurde wunderbar zumute! Und ehe ich mich versah, lief ich davon, so schnell ich konnte, das Messer in meiner Hand und nur noch an das Schneetreiben, den Frost und an die Höhle denkend! – Hinter mir hörte ich jemand schimpfen und fluchen, sein Nachteil war, daß er die Hosen unten hatte und ich noch ziemlich schnell laufen konnte! – Der Kampf ums eigene Leben hatte begonnen, es war der Selbsterhaltungstrieb! –

Trotz aller anfänglichen Skrupel war ich jetzt ganz zufrieden, und ich pfiff auf die Moral, hier konnte man sich dafür rein gar nichts kaufen, allerhöchstens sterben! In diesen Tagen, als ich so allein war, fühlte ich mich sehr einsam, ich hätte weinen können, wahrscheinlich habe ich es auch getan, ich weiß es nicht mehr! –

Da ich nun ein Messer hatte, fing ich gleich an, mir ein Loch zu buddeln. Nun darf man nicht glauben, daß das so einfach ging, denn bei den steinigen und zum Teil gefrorenen Boden kam ich nur langsam voran, auch verließen mich bald die Kräfte und hinzu kam die Angst im Nacken. Nämlich, daß der Messereigentümer plötzlich hinter mir stehen könne und wer weiß was mit mir machen würde. Selbst wenn der versuchen würde, mich zu erschlagen, konnte ich nicht auf Gnade oder Hilfe anderer rechnen! – Die erste Nacht, das heißt, es war ja die zweite, verbrachte ich in Hockstellung in meinem unfertigen Loch und meinen Mantel über den Kopf gezogen. Am nächsten Morgen waren alle meine Glieder steif, mit einer einzigen Ausnahme allerdings, wie man sich denken kann, und ich hatte Mühe, wieder herauszukommen. Ich holte mir Wasser aus einem der großen Weinfässer, trank und aß etwas von meinem Zucker und buddelte weiter, ich grub das Loch noch tiefer und machte dann eine Unterhöhlung. Dabei brach mir das Messer ab, und ich hatte nun nur noch die Klinge in der Hand, davon bekam ich wunde Hände und mußte dann aufhören. Es blieb mir nun nichts übrig, als ein neues Werkzeug zu suchen. Das hieß eigentlich nichts anderes, als wieder was zu stehlen! – Aber stehlen Sie mal was, wo nichts zu stehlen ist! – Ich hatte aber wieder Glück, denn eine leere Blechdose mit ohne Boden stolperte mir über meine Füße. Hoppla, dachte ich mir, du darfst mich begleiten, wenn's keiner sieht! – Also weiter ging es mit dem „Hausbau", ich kam an diesem Tage soweit, daß ich mich zusammengerollt wie eine Katze hineinzwängen konnte! Durch die Plagerei am ganzen Tag war ich so erschöpft, daß ich sofort einschlief, nicht ohne mich vorher noch mit dem Mantel zugedeckt zu haben! –

Als ich wieder zu mir kam, mußten wohl ein paar Tage vergangen sein, denn die Sonne schien auf meine Knochen. Ich hörte Stimmen über mir, man sagte: „Der scheint hin zu sein, den können wir zuschütten! – Laßt mal sehen, wer er ist, vielleicht hat er Papiere bei sich!?" – Ich war so schwach und steif, daß ich nicht in der Lage war, aus meinem Loch herauszukommen. Mit all meinen Reserven konnte ich mich dann doch noch irgendwie bemerkbar machen, und da zogen sie mich heraus, aus dem Dreck und meiner Scheiße! Sie ließen mich einfach liegen, friß oder stirb! Und wie der stinkt! – Ich hatte die Hosen voll, voller geht's nicht, denn mich hatte die Ruhr erwischt, und nun versuch mal, dich sauber zu machen, wenn du nichts hast, und bei meiner Verfassung noch dazu! Ein Stück von meinem Unterhemd mußte dazu herhalten! Aber was ich jetzt ganz dringend brauchte, war Wasser, vor allem zum Trinken, denn der Durst, den ich jetzt hatte, tat schlimmer weh als mein

Hunger! Aber woher nehmen? – Jeden, den ich um Wasser bat, sagte: „Du bist doch krank, man riecht es doch, geh doch ins Revier!" – Gab es so was denn hier? – Ja, es gab eins, es war in dem einzigen Zelt, ganz da hinten, untergebracht. – Aber dahin mußte ich erst einmal kommen, bei meinem Zustand, ich meine jetzt meinen physischen Zustand, war das fast unmöglich! Na und bei meinem Aussehen mußte ich damit rechnen, daß man mich wie eine dreckige Laus zertreten würde! – Vom Gestank ganz zu schweigen! – Ich konnte ja nicht mal auf meinen Beinen stehen, geschweige denn dort hinlaufen. Da keiner, absolut keiner, bereit war, mir zu helfen, blieb mir keine andere Wahl, dorthin zu kriechen! Ich brauchte mindestens einen halben Tag dazu! Meinen wahnsinnigen Durst spürte ich schon gar nicht mehr, ich war schon halbtot, als ich endlich ankam! Ein deutscher Sani gab mir etwas Kohle, mehr habe er leider nicht. Auch kein Wasser, sagte sie, ich meine er! Das Wasser müsse ich mir schon selber holen! Da hinten am Zaun, aus so einem großen Faß! Das ich das kaum noch schaffen konnte, wollten sie wohl nicht verstehen, hier war sich eben jeder selbst der Nächste! – Nun schon dreivierteltot, riß ich mich noch einmal zusammen und kroch zurück in Richtung „Weinfässer". – Ein Glück, daß das Gelände eben war, sonst hätte ich mich sicher noch verlaufen, nein, verkrochen, meine ich! Ein Wunder auch, daß ich nicht zertrampelt wurde, denn um die Wasserstellen herrschte sehr reger Verkehr, und ich hatte mich da ja auch „hinten" anzustellen, daß hieß für mich anzulegen, um Wasser zu bekommen. Als ich dann nach Stunden endlich dran war, gab es ein neues Problem, ich hatte nämlich keinen Becher oder so was ähnliches, woraus ich hätte trinken können! Beinahe schon ganz tot und mindestens nach noch einer Stunde, gab es doch noch einen Samariter unter den vielen Egoisten! Eine, nein einen, der mir aus seinem Becher zu trinken gab! – Mir schien, es sei der Sani vom Revier gewesen. – Danach erholte ich mich einigermaßen, und ich versuchte, zu meinem Loch zurückzukehren, was mir aber nicht gelang. Entweder ich hatte nun doch die Orientierung verloren oder man hatte mein Loch zugeschüttet, samt Mantel, Kochgeschirr und Zucker! In der Zwischenzeit, während meiner „Abwesenheit" (Loch, Ruhr, Revier) hatte sich im Lager in organisatorischer Hinsicht einiges getan. Man hatte alle Gefangenen in Zehner-, Hundert- und Tausendschaften eingeteilt, um uns zählen und auch ein wenig verpflegen zu können.

Wie man hörte, sollen in unserem Lager etwa dreihunderttausend Gefangene gewesen sein. Es war übrigens in der Nähe von Rhemagen, wie wir mittlerweile herausbekommen hatten, und es wurde von einem Colonel geleitet, der „Jude" war, wie er uns bei seiner Begrüßungsansprache wissen ließ. – „Ja!" brüllte er noch durchs Mikrophon, „und ihr sollt merken, daß ich Jude bin!" – Da brauchten wir nichts mehr dazuzulernen! –

Wir waren nicht nur deutsche Gefangene, es waren auch Russen, Polen und Ungarn da! –

Mein neues Problem war jetzt, woher etwas zu essen bekommen? Ich gehörte nirgendwo dazu, man hatte mich einfach vergessen, beziehungsweise, ich hatte gerade gefehlt, als eingeteilt wurde! Was nun? Wer sollte mir wohl was abgeben von seiner „Riesenportion"?! Da brauchte ich mir gar nicht erst was einzubilden, da hatte ich doch schon meine Erfahrung mit dem Wasser gemacht! Der Selbsterhaltungstrieb war nun wieder mal stärker als die Humanität! – Um nicht zu verhungern, mußte ich mir was einfallen lassen, Beschwerdestellen oder so was gab es hier nicht, man war auf sich selbst gestellt! – So griff ich zu einer inhumanen List, ich stellte mich bei der nächsten Lebensmittelverteilung einfach bei einer Zehnerschaft in die Reihe und tat so, als gehöre ich dazu. Das hätte auch beinahe geklappt, aber als der letzte, der elfte nämlich, nichts bekam, war der große Hund los! Alle schauten sich an, schauten mich an, und dann zeigten einige von ihnen auf mich, ja, „du" gehörst nicht zu uns! – -Aber ich behauptete einfach, daß ich von Anfang an zu dieser Gruppe gehöre, ich versuchte es damit zu beweisen, daß ich einige von ihnen mit dem Vornamen ansprach, die ich mir schnell eingeprägt hatte! Das machte sie unsicher, und zu guter Letzt wurde ein anderer, ein dümmerer als ich, davongejagt! – Ich bin heute darauf nicht besonders stolz und hoffe, daß er mit dem gleichen Trick weitergekommen ist! – Auch die, die danach kamen! – Übrigens gab es beim Barras schon immer den „Dümmeren" und wenn zehn Gescheite zusammen waren, wurde einer zum „Dummen" ausgeguckt, es war dann meist nur der nervlich Schwächere, der Humanist! Da hatte es gar keinen Zweck, an die Menschheit zu appellieren, da war es besser, sich selbst mit auf die Seite der Richter zu stellen, und das sehr schnell, um nicht zum „Angeklagten" zu werden! –

Kurz nachdem ich mich in das Reglement eingereiht hatte, kam die Parole auf: „Alle Jugendlichen unter achtzehn Jahren zum Haupttor kommen!" – Aha, jetzt werden wir entlassen, dachten wir. –

Da setzte ein Gedrängel ein, mancher vergrub sein Soldbuch oder den Wehrpaß, um sich jünger zu machen, um schneller nach Hause zu kommen!

Wir standen dort etwa zwei Tage, und wieder ohne Verpflegung! Dann endlich bewegte sich etwas! Wir wurden in ein Camp gebracht, das vorher geräumt worden war, geräumt für uns Jugendliche! Das war eine tolle Sache für uns, denn hier gab es Löcher und Höhlen in Massen! Ich setzte mich in ein Loch, eigentlich völlig übereilt und in ein viel zu großes Loch dazu, was mir gar keinen Schutz bot, und ehe ich gescheit geworden war, waren die schönen Höhlen schon alle besetzt. Als ich dann, nach einem Sondierungsrundgang zurückkam, saß da ein anderer in „meinem Loch" und behauptete auch noch, daß es sein Loch sei! – Na so was Infames! „Das gibt es nicht noch mal!" brüllte ich los. Ich sprach die Nachbarn an, es doch zu bestätigen, daß das mein Loch sei! Aber die zuckten nur mit den Achseln! – Wir schimpften uns wie die rohen Spatzen, und daß wir uns nicht geschlagen haben, lag wohl nur daran, daß unser physischer Zustand es nicht mehr hergab! – Plötzlich, wie aus heiterem Himmel, sagte mein Gesprächspartner ganz ruhig zu mir: „Ich heiße Franz, Franz Paul ist mein Name, ich brauche einen Kumpel!" – Kumpel, das Wort war mir zwar neu, aber ich verstand sofort, was er meinte. Brauchte ich nicht auch einen Kumpel, war ich nicht auch ganz allein, schon wieder allein?! – Er kam mir wie gerufen, wie vom Himmel gesandt! Ich willigte ein, daß ich mit in „mein" Loch ziehen durfte. Und von nun an waren wir unzertrennlich und teilten Freud und Leid bis zum Ende unserer Gefangenschaft! Mit Franz war es plötzlich ein ganz anderes Gefangenendasein, es war auf einmal alles viel leichter, und er war ein gescheiter Junge, eigentlich sah er mehr wie ein Mädchen aus, die Hände, das Gesicht und so. Auch sein Gang und die Figur, es war alles ein bißchen mädchenhaft an ihm. Interessant war, daß er sich im Lager sehr gut auskannte, und manchmal glaubte ich auch, daß er von einigen Amis sogar gegrüßt werde. Da er auch gut englisch sprach, wagten wir uns auch etwas näher an den Außenzaun heran und sprachen mit den Wächtern. So erfuhren wir auch, daß der Krieg inzwischen zu Ende sei, wo wir genau waren und so manches mehr! – Was eine gemeinsame Sprache doch ausmacht, dachte ich oft danach. – Wir kuttelten auch mit den Amis. Mancher, vor allem die Raucher, gaben für drei Zigaretten sogar ihren Ehering her. Die nächsten Tage schlichen wir des Nachts über die Hauptlagerstraße in das große Entlausungszelt zum Übernachten, was nicht ungefährlich war, denn es war verboten, aus dem Camp herauszugehen, und mancher hat dabei das Leben verloren! Die Amis schossen ohne Pardon, ich glaube, daß es eher aus Angst als aus Unmenschlichkeit heraus getan wurde! – Aber den Befehl dazu hat es sicher gegeben! – Siehe Ansprache des Lagerkommandanten!? –

Eines Tages entdeckten wir, daß in einer vorhandenen Höhle noch ein „Alter" hauste, und da er ja im Jugendcamp nichts zu suchen hatte, vertrieben wir ihn kurzerhand und zogen natürlich selbst ein! – Da diese Höhle groß genug für vier war, nahmen wir noch zwei andere mit. Eigentlich aber nur, weil sie eine Decke besaßen, unter die wir mit kriechen konnten! Diese Höhle wäre uns später bald noch zum Verhängnis geworden, als sie nach einem langanhaltendem Regenwetter so nach und nach einbrach! – Ein Glück für uns, daß es so nach und nach geschah, denn wenn die über einen Meter dicke Decke auf einmal eingebrochen wäre, wären wir darunter erstickt!

Wir rappelten uns jedesmal wieder aus der heruntergefallenen Erde heraus und schliefen gleich wieder ein, und als ich am Morgen wach wurde, hatte ich Franz im Arm und schaute den Himmel an, es war ein blauer Himmel und ich war im siebenten Himmel, ich hatte geträumt, daß Franz und ich ineinander verliebt seien. – Kurz vorher hatten wir unsere beiden Untermieter zum Teufel gejagt, da wir feststellen mußten, durch sie wieder verlaust zu sein! – Wir gingen wieder zum Entlausen, eine Pulver-Spritze unter die Mütze, eine in jeden Ärmel, eine zum Hals hinein und eine in den Hosenlatz, und „unsere" Decke ließen wir natürlich mit entlausen! –

Wir zogen um in ein neues Loch, was für uns zwei gerade groß genug war, etwa zwei Meter lang, einen Meter breit und tief, und als Dach hatten wir aus Stacheldraht halbrunde Bügel gemacht und darüber Brotsackpapier mit innenliegender Teerschicht gelegt, so daß wir gegen Wind und Wetter und auch gegen die Einsicht abgeschirmt waren! – Eines Tages, in diesem neuen Nest, sagte Franz zu mir: „Weißt du, lieber Knuth, dabei schmiegte er sich fest an mich an, ich heiße gar nicht Franz, sondern Franziska! – Ja, Franziska Paul heiße ich! Da staunst du, was?!" – Und ob ich staunte, aber im gleichen Moment fiel es mir wie Schuppen von den Augen! – Natürlich hatte ich schon immer gespürt, daß sie nicht normal war, daß sie sich anders als ein Mann benahm! – Ja, sagte ich, und du bist der „Sanitäter", der mir aus seinem Becher zu trinken gab, als ich schon fast gestorben war!? Jetzt lächelte sie, drückte sich noch fester an mich und gab mir einen Kuß, einen sehr zärtlichen Kuß, den ich spontan mit einem Gegenkuß erwiderte! Ja, als du bei uns im Revier aufkreuztest, hätte ich für dich keinen Pfifferling mehr gegeben, daß du da durchkommst, und da ich erkannt hatte, daß ich in so einem Revier ohnehin nicht viel helfen konnte, habe ich mich entschlossen, dir zu folgen, irgendwie hatte ich das Gefühl, dir helfen zu müssen! –

An unser neues Camp grenzte das Verpflegungslager direkt an! – Und die Obstplantage, mit den noch kleinen Äpfeln und so, die oft unseren Hunger stillen mußten, aber manchen auch zum Verhängnis wurden, von wegen Ruhr und so!

Polen bewachten das Verpflegungscamp, wir hatten den Zaun zwischen uns schon eine Weile beobachtet und festgestellt, daß zwischen den Kontrollgängen nur wenig Luft war, was uns jedoch nicht daran hinderte, einen Einbruchsversuch zu wagen. Da an diesem Zaun auch die Latrinengräben waren, taten wir so, als würden wir unsere Notdurft verrichten. Als dann der Streifenposten vorbei war, kletterten wir durch den Zaun und liefen zu den hoch aufgestapelten Brotsäcken und schleppten ein paar davon zum Zaun zurück. Nun versuchten wir, die Säcke durch den Stacheldraht zu schieben, was aber nicht gelang, und der dabei entstandene Krach, vor allem die Anfeuerungsrufe der „Zuschauer", brachten die Bewacher auf den Plan, so daß wir nur noch eine einzige Chance hatten, nämlich die Flucht anzutreten! Die Polen schlugen mit ihren dicken Knüppeln auf uns ein! – Die meisten von uns entkamen, einige wurden verprügelt und abgeführt, ich rannte aber noch mal zurück und angelte mir ein Brot durch den Zaun, dabei bekam ich einen Hieb auf den Kopf, den ich aber hinnahm, denn ein ganzes Brot zu haben, war in unserer Situation mehr wert! Dieses Brot teilte ich natürlich mit Fränzchen, denn so nannte ich „ihn" ab jetzt. – Eigentlich wollten wir das Brot auf mehrere Tage verteilen, aber das gelang uns nicht! In ganz kurzer Zeit war es verzehrt, unser Hunger war einfach nicht zu stillen. Uns fehlte vor allem das Fett! – Ja, der Hunger war so groß, und man mußte schon sehen, wie man über die Runden kam. Mit der Zeit wurde unsere Zehnerschaft immer kleiner, entweder durch Krankheit oder durch noch Schlimmeres. Das Essen wurde aber immer noch für zehn empfangen und auch in zehn Portionen geteilt. Der Gruppenführer, ein vierzehnjähriger ehemaliger Flakhelfer, sagte, daß er diese Portionen ins Krankenrevier bringe. – „Und sicher auch in den Himmel!" sagte ich zu ihm. – Am folgenden Tage folgte ich ihm, als er angeblich in den „Himmel" ging. Er hatte sofort begriffen, was ich wollte, denn kurz danach blieb er stehen und sagte: „Gut, du kriegst die Hälfte davon ab. Halte aber deinen Mund!" – So kamen wir, Fränzchen und ich und mein „Untermieter", der Bandwurm, wieder ein Stück weiter auf unserer Lebensleiter. –

Nach und nach wurden wir alle immer schwächer, und wir waren kaum noch in der Lage, unsere Verpflegung von der Verteilungsstelle abzuholen!

Unsere Versuche, ich meine die körperlichen Beziehungen zwischen Fränzchen und mir, wurden von keinen nennenswerten Erfolgen gekrönt! – „Wie kommst du als Frau zu uns Männern ins Lager, und wieso hat das bisher niemand gemerkt?" fragte ich, „und was willst du machen, wenn wir mal entlassen werden?" – „Das kann ich dir sagen, wie es dazu kam, hör zu: Ich war als Krankenschwester in einem Feldlazarett tätig, und als die Amis immer näher kamen, besorgte ich mir Männerkleidung und ließ mir das Haar kurz schneiden, denn ich hatte nicht die Absicht, den Niggern als Frau in die Hände zu fallen, darüber kursierten ja die tollsten Gerüchte! – Ja, und bei der Entlassung werden wir ja wohl nicht ausgezogen werden, und im Endeffekt heiße ich halt Franz, das ist die Abkürzung für Franziska, und Krankenpfleger anstatt Krankenschwester, das ist eben ein Schreibfehler, na und mein Geburtsdatum hat mit dem Geschlecht doch nichts zu tun, oder? – Und mein bißchen Busen, das kennst du ja!" – Da hatte sie recht, mußte ich zugeben. – Na, vielleicht sehen wir uns mal wieder, wir tauschten unsere Adressen aus, ich schrieb sie mir verschlüsselt in mein Tagebuch, das ich hier angefangen hatte. –

Ja, Brotsäcke und Kartons mit Nudeln und Konservendosen durch die Hügel- und Löcherlandschaft schleppen, das konnten mit der Zeit nur noch wenige von uns. Ein Lochnachbar und ich meldeten uns ab und zu zum Essenholen, speziell zum Kartoffelsäcketragen. Nicht ohne Eigennutz, versteht sich, denn vorher banden wir uns die Hosenbeine zu, und wenn beispielsweise ich den Sack auf dem Rücken trug, blieben wir von der Trägerkolonne immer weiter zurück, um ein Loch in den Sack zu machen, meist waren schon welche drin, und mein Nachbar steckte sich die Hosenbeine mit Kartoffeln voll und verschwand in unser Loch. Ich beschleunigte dann meinen Schritt wieder, und kurz vor unserer Verteilerstelle, die der Hundertschaft, bat ich dann einen anderen Reserveträger, mich doch abzulösen, da ich nicht mehr weiter tragen könne. Natürlich haute ich dann auch schnell ab, um nicht erwischt zu werden.

Eines Tages sahen wir, wie ein Träger aus einer Kolonne abbog und einen Karton mit Spaghetti in ein Loch fallen ließ und dann selbst darin verschwand! Obwohl wir ziemlich weit weg waren, konnte ich mir die Stelle gut merken, und ich pirschte mich an und überraschte die Insassen, als sie gerade beim Teilen der Nudeln waren. Sie fingen gar nicht erst zu diskutieren an. „O.K.", sagten sie, „clevere Menschen soll man belohnen, du bekommst deinen Anteil!" –

Es war nicht ungefährlich, Lebensmittel zu stehlen, denn wenn einer erwischt wurde, wurde er von den Massen gelyncht, das ging oft bis zum „Geht nicht mehr"! Ich wurde einmal erwischt, als ich aus einem vorbeikommenden Kartoffelsack eine große Kartoffel nehmen wollte. Sie hatte mich so freundlich angesehen, und in dem Moment, als ich zufaßte, bekam ich einen Kinnhaken verpaßt und stürzte direkt in ein bewohntes Nest. Da war es, als sei ich in ein Wespennest gefallen, sie stürzten sich auf mich und riefen: „Wehe dir, wenn du unser Dach nicht gleich wieder in Ordnung bringst!" – Ich zeigte auf den „Boxer", der mir den Kinnhaken verpaßt hatte, und sagte, daß er mich hier hereingestoßen habe. Sofort stürzten sie sich auf ihn, um den Reparaturauftrag weiterzugeben! – Bevor der sich rechtfertigen und den wahren Grund meines Eindringens erklären konnte, war Knuth natürlich auf und davon! – Ob ich das Ganze überlebt hätte, ich weiß nicht! –

Außer dem sehr wenig Essen, das wir bekamen, gab es noch das Problem, wie man es zubereiten sollte! – Ja, was bekamen wir pro Tag eigentlich zu essen? – Also es gab, mit geringen Varianten, folgendes: ein Stück Brot, so groß wie eine

Streichholzschachtel, einen Eßlöffel Dosenspinat oder Tomaten, vielleicht zwei Eßlöffel Trockenmöhren oder Hülsenfrüchte, manchmal auch genausowenig Teigwaren oder Kartoffeln, und ganz selten eine Messerspitze Fett und noch ganz seltener Salz und Pfeffer. Bei der Fettration war immer die Frage: „Essen oder die Stiefel damit einfetten?" Aber Kaffee bekamen wir genug, er war grob gemahlen, und da wir ja kein heißes Wasser nicht hatten, aßen wir das Kaffeepulver, um unseren Hunger zu stillen, dafür war der Schlaf dann hin und vorbei – tage- und nächtelang!!! –

Nun, da das meiste in rohem, ungekochtem Zustand war, mußten wir uns was einfallen lassen, ja, und da wir auch kein Feuermaterial nicht besaßen, bis auf das Verpackungsmaterial und die Obstbäume, welche wir natürlich nicht fällen durften, hieß es, findig zu sein. Wenn da auf einmal ein Baum weniger dastand, so durfte das keiner merken, wie das auch immer geschah! – Geschirr hatten wir uns aus leeren Dosen gemacht, sogar noch schön mit Gravuren versehen, und der beste Ofenbau-Spezialist war ich weit und breit. – Ich baute die Öfen aus Lehm, ich meine dem vorhandenen lehmigen Ackerboden, aus Dreiliterdosen und Stacheldraht. Den Stacheldraht benutzte ich für den Feuerrost, und aus der Dose machte ich einen Mantel, indem ich den Boden herausschnitt und sie in der Längsrichtung auftrennte, damit der Original-Dreiliterpott (Dose) gerade hineinpaßte. Da drumherum baute ich die Rauchzüge aus „Lehm"! Der Vorteil dieser Methode war, daß wir so gut wie keine Energieverluste hatten! – Wenn Sie, liebe Leser, verstehen!

Geheizt wurde in der Hauptsache mit den teerimprägnierten Brotsäcken und Kartons, es war erstaunlich, mit wie wenig Heizmaterial man einen Dreiliterpott zum Kochen bringen konnte! – Aber mangels Brennmaterial mußten wir oft die Teigwaren, das Dörrfutter oder auch die Kartoffeln ungekocht essen! – Probieren Sie mal, eine rohe Kartoffel zu essen, das ist gerade so, als müsse man Sägespäne herunterschlucken! Pfeffer und Salz gab es zu Pfingsten zum ersten Mal, jeder bekam gleich eine ganze Handvoll davon, ich erinnere mich, da ich gerade Geburtstag hatte, es war mein Neunzehnter, das heißt, ich wurde achtzehn, und dazu wollte ich uns ein Festessen bereiten! Eine „Erbsensuppe" stand auf der Speisekarte, und vielleicht, weil ich Geburtstag hatte oder weil Pfingsten war, hatte es mal etwas mehr davon gegeben. Ich hatte sie in unserem „Kochtopf" am Abend vorher schon eingeweicht, das wußte ich noch von Muttern, und in unseren „Schrank" gestellt! Der Schrank war ein Erdloch in unserem Loch, ein Wandschrankloch sozusagen! – Die ganze Nacht über regnete es, und um unsere gesamten Lebensmittelvorräte nicht zu gefährden, schüttete ich alles in den Erbsentopf. – Am nächsten Morgen, es war der Pfingstsonntag, saßen wir völlig im Freien, völlig durchnäßt saßen wir in unserem „Wasserloch"! Ganz niedergeschlagen schauten wir in den blauen Himmel und die aufgehende Sonne! – Zwei uns gegenüberwohnende Männer, sie hatten sich vermutlich um mindestens zehn Jahre jünger gemacht, sahen uns an und sagten: „Wenn euch eure Mütter jetzt sehen würden, sie würden die Hände über den Kopf zusammenschlagen!" Ja, es war ein Bild für die Götter, wie man zu sagen pflegt! Die Suppe war dann entsprechend ausgefallen, aber so scharf, daß man sie eigentlich gar nicht essen konnte, doch der Hunger trieb sie rein! Der berühmte große Durst kam übrigens nicht auf, wahrscheinlich brauchte der Körper diese Gewürze dringend, vor allem das Salz. –

Kurze Zeit später kam ich zufällig an einem Trupp von Gefangenen vorbei, die mit ein paar Amis gerade dabei waren, von einem Lkw Sachen und Zeltplanen abzuladen. Diese Sachen schienen für die Gefangenen bestimmt zu sein, die im Nachthemd oder nur in ihrer Unterwäsche aus den Lazaretten in Gefangenschaft geraten waren. – Die meisten davon waren inzwischen gar nicht mehr da, sie waren schon „dahingegangen"! –

Da es dabei gerade zu regnen anfing, sagte ein Ami zu den „Arbeitern": „Cover your self! – Take a tent!" – Verstanden habe ich es nicht, aber begriffen hatte ich sofort! – Ich fühlte mich gleich angesprochen und hängte mir auch eine Zeltplane über und nahm sofort Reißaus! – Und ein Ami reißte mir gleich nach! – Stop! rief er mir nach, na, das konnte sogar ich verstehen, was das hieß! Jetzt rannte ich wieder einmal um mein Leben, denn „der" hätte mich wahrscheinlich zertreten, wenn er mich erwischt hätte. Ich lief zwischen den Hügeln und Löchern entlang bis zu unserem Loch, in welches ich mich sehr schnell fallen ließ! – Und wenn Fränzchen das Ganze nicht beobachtet hätte und mich nicht sofort mit der Decke zugedeckt hätte, hätte das schlimm enden können! – Jetzt endlich waren wir wieder zu einem Dach über unseren Köpfen gekommen! –

Ja, es gäbe da noch so manches zu berichten, beispielsweise, daß wir in unserem Camp eine neue Wasserversorgung bekommen hatten, und zwar war ein riesengroßer Wasserboiler (mindestens hundert Kubikmeter groß) auf einem hohen Gerüst aufgestellt worden, und das Wasser lief nun ständig aus einem armdicken Rohr herab ins Gelände. Wir mußten es regelrecht auffangen, und nach einigen Tagen war ein großer See entstanden, in dem wir fortan stehen mußten! Sozusagen im Wasser nach Wasser anstehen mußten wir jetzt! Da wir einzeln gar nicht solange stehen konnten, mußten wir uns immer wieder ablösen, und wer da keinen Ablöser hatte, mußte das Risiko eingehen, solange anzustehen, bis er nicht mehr stand, und wenn er noch Pech hatte, ließ man ihn einfach liegen, wo er lag, nämlich unter Wasser! – Wieviele dabei ertrunken sind, weiß ich nicht. –

Oder ein anderes Ereignis, ein nicht besonders ästhetisches: Ein Mitgefangener mußte sich erbrechen, es sah nach Spinat aus und war offenbar aus Gräsern und Blättern. Sofort stürzte sich ein anderer darüber und aß es noch einmal! – Ja, Hunger tut weh, und da wird der Mensch zum Tier! –

Oft sahen wir wie wandelnde Drecklumpen aus, vor allem dann, wenn es tagelang geregnet hatte, wir mußten den Dreck regelrecht mit dem Messer oder einem anderen scharfen Gegenstand von unserer Kleidung abkratzen! – Wie in Kindeszeiten! –

Eines Tages fanden wir in einem Loch einen Kameraden, der schon völlig apathisch war, er reagierte kaum noch auf unsere Ansprache. Wir zogen ihn heraus und entkleideten ihn. – Oh Schreck, wie sah der bloß aus, er war am ganzen Körper von Ausschlag befallen, und seine „Klamotten" sahen aus, als würden sie von selbst davonlaufen! – Er war unendlich verlaust! – Wir schrubbten ihn mit Wasser und einer groben Bürste, wonach er feuerrot aussah und am ganzen Körper blutete. – Seine

Kleider verbrannten wir, und ihn brachten wir ins Revier! – Bei der Entlassung traf ich ihn noch mal wieder, er war immer noch sehr depressiv und auch nicht mehr unterhaltsam. Aber wie ich herausfand, war er der Sohn eines Fotographen aus Schwarzberg, ganz in der Nähe meiner Heimat. – Etwa ein Jahr nach seiner Heimkehr soll er verstorben sein! Sicherlich an den Folgen seiner Gefangenschaft beziehungsweise an den Folgen des Nationalsozialismus! –

Die Zeit verging, der Sommer war gekommen, und man sprach erneut von Entlassung. Viele von uns, ausgenommen die Insassen des Jugendcamps, waren vorher laufend auf Güterzüge verfrachtet und nach Frankreich verkauft worden! – So gegen Mitte Juni 1945 war es dann auch soweit, es wurden sogenannte Entlassungszelte aufgestellt, wo wir uns wieder einmal anstellen mußten und endlich registriert wurden und somit unsere Entlassungspapiere vorbereitet werden konnten. – Nach wiederum einer Woche war es dann geschafft, wir wurden namentlich aufgerufen, um unsere Papiere in Empfang zu nehmen. Da standen wir den ganzen Tag wachsam in der Gegend herum, die „Antenne" immer auf Empfang, um ja nicht den eigenen Namen zu verpassen! – Irgendwann wurde auch ich aufgerufen, und nachdem immer so ein paar Tausend zusammengestellt waren (es ging nach Landeszugehörigkeit), marschierten wir ab, ab nach Sinzig in das Entlassungslager! – Selbstverständlich habe ich mich noch von Franziska verabschiedet, aber durch die Nervosität und die Anspannung, in der wir waren, fiel das Abschiednehmen recht kurz, um nicht zu sagen, kläglich aus! – Laß was von dir hören, ja! – Vergiß mich nicht! – Nein, ja! – Tschüß!!! –

In Sinzig angekommen, mußten wir wieder ein paar Tage warten, aber hier bekamen wir zum ersten Mal offiziell warme Verpflegung, man wollte uns wohl schnell noch ein bißchen herrichten, um einigermaßen aussehend vor Muttern zu erscheinen! –

Dann wurden wir in offene Güterwagen gepfercht, was uns jetzt aber völlig egal war, denn es ging nun in Richtung Heimat! Am nächsten Morgen ging die Post ab! Über den Rhein in Richtung Erfurt. Unterwegs mußte der Zug öfters anhalten oder ganz langsam fahren, denn die Gleisstrecken waren in einem desolaten Zustand. Einmal hielten wir mitten in einer Ortschaft, da brachten die Bewohner belegte Brote, waschkörbeweise brachten sie sie angeschleppt! – Aber es war jammerschade darum, vor allem um die Waschkörbe, denn wir stürzten von den Waggons auf die Waschkörbe zu und fielen über das Dargebrachte her wie die wilden Tiere. Wir balgten uns darum und zu guter Letzt hat keiner was davon abbekommen, es wurde alles zertreten und zertrampelt, und die Waschkörbe lagen am Schluß zerrissen und zerfetzt auf der Straße herum! – Die Leute standen ganz entsetzt an die Hauswände gedrängt und mußten mit ansehen, wie Menschen zu Tieren geworden waren. – Das mit den gemeinsamen Vorfahren schien sich mal wieder zu bewahrheiten! –

Endlich in Erfurt angekommen, wurden wir in der Henne-Kaserne ausgeladen, und zum ersten Mal nach vielen Monaten konnten wir wieder in einem Bett und mit einem Dach überm Kopf schlafen. Hier hatten wir lediglich auf den nächsten Bus oder Lkw zu warten, der in unseren Heimatkreis fuhr, um endgültig wieder frei zu sein! – Der nächste Bus nach Rudolfstadt sollte aber erst in ein bis zwei Wochen fahren, was mir viel zu lange dauerte. Deshalb fragte ich den Spieß (ja, so was gab es wieder, da sind wir Deutschen einmalig), ob ich nicht zu Fuß gehen könne, denn ich wolle in Klebach, meinem Geburtsort, Station machen! Er willigte ein und händigte mir den Entlassungsschein aus, und keine zehn Pferde hätten mich länger halten können, keine Minute länger blieb ich gefangen, ich setzte mich gleich auf Schusters Rappen und zog los! – Ich war wieder frei! – Frei! - Frei! Es war unvorstellbar, man konnte wieder tun und lassen, was man wollte, und hingehen, wohin man wollte! Es war kaum zu fassen!!! Ich ging querfeldein, hier kannte ich mich ja aus, unterwegs ging ich an einem Erbsenfeld gar nicht erst vorbei, sondern mitten hinein, da nahm ich erst mal das „erste Frühstück"! Das „zweite" nahm ich von einem Kirschbaum! – Na, wenn das mal gutgeht!? –

Es dauerte Stunden, ehe ich das zehn Kilometer entfernte Klebach erreichte, denn mit meinem Tempo war es nicht weit her, nach hundert Metern mußte ich schon eine Pause einlegen, und nach einigen Kilometern mußte ich mich auch mit den Erbsen und Kirschen wieder auseinandersetzen, die wollten von mir nichts mehr wissen! – Ich ging zuerst zu Bäckers! Im Dorf schauten alle Leute aus den Fenstern und fragten: „Wer bist du denn?" Man sah sich ja nicht mehr ähnlich, nur noch Haut und Knochen kamen da einhergeschlichen. – Ja, das ist doch Bäckers Knuth, der Schwarze! – Tante Grete und meine Cousine Edith begrüßten mich sehr herzlich. Onkel Hermann war gestorben, und auch Fritz war tot, er war in Weimar in der Lehre bei einem Bombenangriff ums Leben gekommen! – Natürlich wurde ich gut verpflegt, aber ich mußte damit auch sehr vorsichtig sein, besonders mit dem Fett, und nachdem ich von allen, auch der gesamten Verwandt- und Nachbarschaft begutachtet worden war, legte ich mich darnieder und schlief den Schlaf des Gerechten, bis zum nächsten Morgen! – Das fand sogar in einem Federbett statt! –

Nachdem ich mich gut erholt und gestärkt hatte, brach ich am nächsten Morgen auf, um Orba ein Stück näher zu kommen! Ich hatte ja noch etwa dreißig Kilometer zurückzulegen, und dazu würde ich mindestens noch drei Tage benötigen. – Daß man mich mit einem Gefährt, Pferdewagen oder Motorrad oder noch was Besserem ein Stück des Weges hätte begleiten können, auf so eine Idee war keiner gekommen! –

Aber wahrscheinlich hatten sie so was gar nicht mehr!? –

Unterwegs bat ich Bauern, die auf der Straße mit dem Pferdewagen unterwegs waren, mich ein Stück mitzunehmen, was sie meist auch taten, aber das war auch kein Vorwärtskommen. – Dann hatte ich wieder großes Glück (ich bin eben ein Glückspilz, man sollte so was sein!): Ein Auto, so ein richtiges Auto, hielt neben mir (zu dieser Zeit war ein Auto eine Seltenheit hoch drei), und der Fahrer fragte mich, wie er am schnellsten nach Nürnberg käme? Das konnte ich ihm natürlich sagen! „Da haben sie aber Glück gehabt, mein Herr, daß sie mich getroffen haben, denn ich will in die gleiche Richtung! Da fahren sie am besten über Stadtelm, Rotenberg, Saalfeld und dann über den Thüringer Wald nach Nürnberg! – Am besten ist es, wenn sie mich ein Stück des Weges mitnehmen!" – Er lachte und sagte: „Wenn Sie nicht gelogen haben, soll es so sein, aber steigen Sie erst mal ein!" – In Stadtelm angekommen, erkundigte er sich noch einmal, wie er nach Nürnberg komme, und da meine Prophezeiung in etwa stimmte, durfte ich bis kurz vor Rotenberg mitfahren! – Ich bedankte mich für die Mitnahme, wünschte ihm noch eine gute Weiterfahrt und stieg in Melwitz aus. – Man stelle sich vor, drei ganze Tage Fußmarsch hatte ich eingespart! – Von hier war es nur noch drei Kilometer bis Orba. Ich machte mich also auf den Weg, und da es bergauf ging, mußte ich immer kürzere Pausen einlegen, denn meine Kräfte waren bald am Ende! Als ich ganz kurz vor Orba angelangt war, sah ich am Wegrain eine junge Frau, die wohl am Walderdbeerensuchen war. Sie schaute zu mir her und ich erkannte, daß es ein junges Mädchen war, ja es war sogar Margot, meine Margot! – Nicht zu fassen, sie war es wirklich! –

Sie hatte mich nicht sogleich erkannt, so sehr ähnlich sah ich mir ja auch nicht, und dazu kam mein Aufzug. Außerdem hatte sie auch gar nicht mit meinem Kommen gerechnet, hatte sie doch das letzte Lebenszeichen von mir vor mehr als drei Monaten aus der Rhön erhalten! – „Ja, kann das denn wahr sein! Bist du es wirklich?" – Sie ließ ihr Körbchen fallen und kam mir entgegengelaufen, und sie fiel mir um den Hals und drückte und küßte mich, ich bekam kaum noch Luft! Ja, da kommst du ja gerade recht, ich habe doch morgen Geburtstag! Ach, was freue ich mich, daß du wieder da bist, Knuth! – Was wird sich deine Mutter freuen, noch gestern hat sie zu mir gesagt, daß sie mit deinem Kommen nicht sobald rechne, wenn überhaupt! In deinem Falle müsse man mit allem rechnen, nur nicht mit was Gutem! Du hast ihr ja zuletzt aus Berlin geschrieben, und da muß ja der Teufel los gewesen sein, sagte sie, eher rechne sie mit Rolfs oder Heinz' Heimkunft! –

Wir setzten uns erst eine Weile an den Wegrand und umarmten und erzählten uns im Stenostil, was in letzter Zeit alles passiert war. Wie Margot mir sagte, hatte man von allen ehemaligen Wehrmachtsangehörigen noch nichts gehört, mit Ausnahme davon, daß Erich Atzermann und Karl Langfeld, der Mann von Jutta, schon zurückgekehrt waren. Ich war also die Nummer drei der Heimkehrer! – Wir gingen ins Dorf, nachdem Margot ihre Beeren wieder eingesammelt hatte (ich mehr wankend als gehend), und sofort liefen fast alle Bewohner auf dem Dorfplatz zusammen, und alles schrie und heulte durcheinander! – Wer ist es eigentlich? – Ist es unser Max, Fritz, Hans? – Nein, es ist ja Paulsens ihrer, es ist doch der Knuth! – Unser Haus lag direkt am Dorfplatz, und hinter den Fenstern konnte ich meine Mutter und Fred erkennen, sie hatten noch gar nicht mitbekommen, daß ich es war, der da auf dem Dorfplatz umlagert wurde. Dann stand Fred in der offenen Haustür und schrie: „Mutter, Vater, kommt schnell, es ist Knuth! – Unser Knuth ist wieder da!" –

Nun kamen sie gelaufen und umarmten und küßten mich, sie konnten es nicht glauben, daß ausgerechnet ich, ihr „jüngster" Soldat, wieder daheim war! – Das große Erzählen und Berichten nahm kein Ende! – Aber nun mußte ich erstmal wieder seelisch, moralisch und körperlich aufgebaut werden. Vor allem mußte ich erst einmal erzählen, wo ich herkomme und wie es mir ergangen sei, und umgekehrt wollte ich natürlich auch wissen, wie es ihnen ergangen sei und ob sie von Heinz und Rolf etwas gehört hätten, was sie leider verneinten! Mit dem Essen mußt du langsam machen, sagte meine Mutter, nur leichte Kost zu Anfang, und viel Schlaf brauchst du, aber wir kriegen dich schon wieder hin! Die Hauptsache ist, daß du wieder da bist! Fred mußte gleich die Zinkbadewanne in die Küche holen, und Mutter bereitete heißes Wasser für mein langersehntes Bad! – Vater saß derweil auf der Chaiselongue und war am „Grunzen", das tat er immer, wenn er zufrieden oder erstaunt war! – Nachdem ich am nächsten Morgen wieder auf den Beinen war, ging ich erstmal in den Hühnerstall und trank zwei Eier aus, denn meine verlorengegangene Potenz wollte ich wiedererlangen, und das möglichst bald!

Zur Wiedererlangung meines seelischen Gleichgewichtes brauchte ich sicher noch eine lange Zeit, bis ich das alles weggesteckt hatte! Ich träumte noch lange von den Ereignissen der Gefangenschaft und den vorangegangenen Kriegserfahrungen, oft hatte ich Alpträume und wachte dann hilfeschreiend im Bett auf! Es waren doch viele Dinge geschehen, die man erst einmal vergessen mußte, und da war immer wieder die Frage, ob die anderen, die Zurückgebliebenen, es inzwischen auch überstanden hatten. Was mochte aus Fränzchen geworden sein? – Und überhaupt, warum, wozu das Ganze? – Wo war „ER" denn, der Führer „Heil Hitler"?! – Erst Jahre später erfuhren wir, daß er sich in Berlin im sogenannten Führerbunker erschossen hatte! –

Durch dick und dünn

Ja, wir hatten den Krieg verloren, es war für uns noch gar nicht zu fassen, besonders für mich selbst nicht, aber im Moment, so direkt nach der Gefangenschaft, war es doch eine große Erlösung, und man konnte wieder Pläne für die Zukunft schmieden, man konnte wieder auf ein normales Leben bauen! –

Am Tage nach meiner Heimkehr ging ich, nun schon ein wenig erholt, zu meiner Margot, zu ihrem Geburtstag, sie wurde neunzehn Jahre alt, sie war fast ein Jahr älter als ich, aber was war das schon, es kümmerte mich doch nicht, sie gefiel mir, wie sie war, ein reifes schönes Mädchen. Sie hatte eine tolle Figur, einen gut entwickelten Busen, ja, sie gefiel mir rundherum!

Ich erschien in kurzen Hosen, in meiner HJ-Hose, was sollte ich auch anziehen, mir paßte doch nichts mehr, ich war zwar noch etwas gewachsen, dafür aber spindeldürr geworden, und was hatte man schon besessen an Kleidung? In den Kriegsjahren gab es ohnehin nicht viel zu kaufen. Außerdem hätte ich in einem Anzug sicher lächerlich ausgesehen, wie ein Gehängter, mit meinen neunzig Pfund Lebensgewicht! Die Geburtstagsfeier verlief für mich nicht ganz zufriedenstellend ab, denn ich hatte das Gefühl, in der hinteren Reihe zu stehen, da war Gotthilf, ein siebzehnjähriger Evakuierter, mir völlig unbekannt, und Karl, er war solo, ohne Jutta, da, ja, wer weiß, was da zusammenging!? Loni, Marianne, Margit und Gerald waren noch dabei und natürlich Margots Mutter. Bei den Geburtstagsaufnahmen durfte ich auch nur in der zweiten Reihe stehen, sie „meine Margot", hängte sich an Karls Arm oder stellte sich neben Gotthilf, schämte sie sich mit mir? Oder nahm sie Rücksicht auf ihren Otto, der offenbar noch nicht zurückgekommen war? Ich wurde jedenfalls nachdenklich und zog mich in mein Schneckenhaus zurück, um herauszufinden, woran ich war! – Trotzdem umwarb ich Margot weiter und bekam mit der Zeit auch das Gefühl, daß sie mich mochte oder wieder mochte. – Mein Mißtrauen jedoch blieb noch viele Jahre, obwohl sie mir eigentlich keinen erkennbaren Anlaß dazu gab! – Übrigens ist ihr Freund meines Wissens nie zurückgekommen, jedenfalls hat Margot nie mehr darüber gesprochen! –

Mit der Zeit wurde ich wieder kräftig und stark, die amerikanischen Besatzer hatten mich wiederholt mit vorgehaltener Pistole kontrolliert und fissitiert, wahrscheinlich aus Angst oder auch aus Eifersucht! Sie, die Soldiers, hatten, nicht ohne den Einsatz ihrer materiellen Vorteile wie Schokolade, Zigaretten und Spirituosen, alle jungen Frauen (sagen wir fast alle) in Orba und im ganzen Umkreis zu Orgien „eingeladen", und dabei auch verführt! Wer von den Frauen beteiligt war, weiß man nicht genau, mit Ausnahme derjenigen, die splitternackt von den Amis ausgesetzt wurden und auf ihrem Nachhauseweg in diesem Aufzug angetroffen wurden! Ein Verdacht viel allerdings auf „fast" alle! – Ich glaube, da schlief manche Frau noch lange danach sehr unruhig, denn es soll Schnappschußfotos gegeben haben. Beim Tanz und so, und im Evakostüm und so! Mancher Ehemann hat davon erfahren, aber was soll es nach so vielen Jahren, und die Not, nicht nur die materielle, war zu dieser Zeit eben da! –

Auf beiden Seiten! – Etwa nach drei Wochen, seitdem ich zurück war, verließen uns die Amis, und die Russen kamen. – Die Sieger, die sogenannten Alliierten, hatte auf der Potsdamer-Konferenz endgültig die Teilung Deutschlands und Berlins beschlossen! – Für den Berliner „Westsektor" hatten sie Brandenburg, Thüringen und einen Teil von Sachsen eingetauscht! Meines Erachtens war es erst dadurch möglich, einen zweiten deutschen Staat, nämlich die DDR, existenzfähig und geburtsfähig zu machen!

Die Russen taten fast das gleiche wie die Amis, nur mit dem Unterschied, daß sie alle arme Schweine waren und sich einfach nahmen, was sie brauchten oder haben wollten! Sie vergewaltigten nicht nur die Frauen, sondern sie stahlen auch wie die Raben Kleidung, Lebensmittel und vor allem Schnaps. Dabei schreckten sie auch vor Mord nicht zurück! Beispielswiese wurde der Schwiegervater meines späteren Studienkollegens der ein Lebensmittelgeschäft in Volstädt hatte, von einem Russen erstochen, weil er ihm keinen Alkohol mehr geben konnte, er hatte einfach keinen mehr! Dazu kam, daß dieser Russe fast schon zur Familie gehörte, weil er da schon lange Zeit ein- und ausging! –

Oder ganze Familien wurden bei Einbrüchen in abgelegenen Gehöften umgebracht! Das waren nach Darstellung der deutschen „Nachkriegspolizei" allerdings „Deutsche" in russischer Uniform gewesen! – Na ja, diese Polizisten waren ja fast ausschließlich Kommunisten und nicht gerade die Gescheitesten.

Als die Russen dann auch in Orba mit ihren Panjewagen eintrafen, herrschte große Panik und Angst. Nicht nur bei den Frauen, warum auch, ich meine jetzt die, die bei den Amis auch nicht zugeknöpft waren, denn Männer waren die Russen ja schließlich auch! – Oder? –

Daß sie nicht so begütert waren, dafür konnte der einzelne doch nichts. Na und sexuellen Bedarf hatten sie eben auch letztlich genausoviel wie die deutschen Frauen, die auch monate- oder jahrelang ohne Männer gewesen waren! Was sich aber im einzelnen abgespielt hat, weiß man nicht. Nicht jede Vergewaltigung oder auch der gewollte Kontakt wurde publik, aber im allgemeinen war anzunehmen, daß das Ganze in Orba besser ablief, als zu erwarten war. Meine Mutter, Margot und ihre Mutter Olivia hatten sich gut verstecken können, und zwar schliefen Letztere mit bei uns, denn wir hatten keine Russen als Einquartierung im Haus. Bei Sanders hatte zum Glück der Offizier, ein junger Leutnant, mit übernachtet, und dadurch ging da alles glimpflich ab, bis auf die neuen Taschentücher, die sie am nächsten Morgen alle hatten, und die neuen Stiefel, die der Offizier anhatte. Eigentlich gehörten sie Margots Bruder Kurt. Die heimatvertriebene Frau Werter aus dem Osten, die tschechisch konnte und im Haus geblieben war, schien das „übrige" im Griff gehabt zu haben!

Wir hatten am Abend vorm Schlafengehen noch allerhand Wodka getrunken, den die Russen aus der Schnapsfabrik von Rotenberg mitgebracht hatten, deshalb schlief ich in dieser Nacht sehr fest und ziemlich lange, fast bis zur Mittagszeit. Beim Zubettgehen hatte ich wohl auch vergessen, daß Margot und ihre Mutter in unserem Zimmer schliefen, denn ich hatte mich trotzdem in mein Bett gelegt und war mit dem dicken Knüppel, den ich bei mir hatte, sofort eingeschlafen. Da ich mich gegen

Morgen offensichtlich bloßgestrampelt hatte, muß es wohl passiert sein! – Ich schien einen Traum zu haben, ein großer Schatten schwebte über mir, und ich spürte, daß man mich in der Hand hatte, sozusagen fest im Griff! Ja, man mußte mich völlig in die Mangel genommen haben! – Weich und doch auch wiederum sehr fest war der Griff einer Umklammerung. Es schien mir nicht unangenehm, ganz im Gegenteil! – Aber da war noch was. Zwei riesengroße Steine schienen auf meiner Brust zu liegen, sie schienen mich regelrecht zu erdrücken. Ich hatte das Gefühl, ersticken zu müssen. Dann fingen sie zu tanzen und zu hüpfen an, immer schneller und schneller, und ein stöhnendes Geräusch begleitete das Ganze! – Und ich wollte um Hilfe rufen, wie ich es so oft tat, seit ich aus dem Krieg zurück war, vielleicht tat ich es auch?! – Ein wohliges Gefühl durchrieselte meinen ganzen Körper, und so nach und nach wurde ich wach. – Als ich die Augen ein wenig öffnete, sah ich den Rücken einer Frau, die aus dem Zimmer ging!

Ganz entspannt schlief ich wieder ein.

Bevor ich es vergesse, mein Bruder Heinz und Margots Vater sind erst Anfang 1948 aus der Gefangenschaft zurückgekommen. Ihre Brüder Kurt und Heinz sind aus Rußland beziehungsweise Rumänien nicht wieder zurückgekehrt, sie gelten heute noch als vermißt. Unser Rolf ist kurz vor Toresschluß, Ende April, in Holland gefallen. Diese Mitteilung bekamen wir inoffiziell Mitte 1946 von einem heimgekehrten Offizier, der diese Information von Rolfs ehemaligen Batteriechef in der Gefangenschaft übernommen hatte.

Übrigens auch Groß Lenzner, der Ganove, hatte daran glauben müssen! – Aber erst nach dem Kriege. – Er war wohl in den härteren Kreis der Verbrecherwelt aufgestiegen. Man fand ihn später in einem Wald bei Klebach tot auf. Wahrscheinlich wurde er vergiftet, in dieser Zeit ging man solchen Fällen nicht näher nach! –

Am Ende waren allein in Orba etwa dreißig Männer als gefallen oder vermißt gemeldet, und das bei nur rund zweihundert Einwohnern. – Nun, das Leben ging weiter, es mußte weitergehen, und ich ging auch wieder zu Schnief-Schnief, meinem alten Meister, aber jetzt als Geselle! Ein Teil der alten Mannschaft, ehemalige Gesellen und Lehrlinge sowie ein Polier, trafen auch wieder ein. Nach kurzer Zeit wurde ich, trotz meiner Jugend und kurzen Lehrzeit, Postengeselle, Vorarbeiter sozusagen! Ich bekam anstatt einer Mark pro Stunde eine Mark und zehn Pfennige. Aber sag den Altgesellen nichts davon, sagte der Meister zu mir, die anderen brauchen das nicht zu wissen, du verstehst doch, wie ich das meine!? Ich habe dann in dieser Zeit, zusammen mit Lehrlingen und jungen Gesellen, interessante Arbeiten machen können, zum Beispiel Fachwerkwohnhäuser und Dachstühle mit Schiftungen. Letzteres sind in der Zimmerei komplizierte Dachkonstruktionen, die mancher Altgeselle oder Polier nicht herstellen konnte. Ich erinnere mich an einen Fall, als mich der Meister zusammen mit Gerhard auf eine Baustelle schickte, um einen Dachstuhl mit Walm und Kehlen zu zimmern. Eine Schiftung also! – Vorher hatte ich so was nur einmal mit einem Polier gemacht, mehr oder weniger nur zugesehen, denn als ich ihn damals fragte, wie das eigentlich funktioniert, hatte er mir geantwortet: „Das mußt du mindestens zwanzig Mal mitgemacht haben, und dann kannst du es noch lange nicht!" Mein Meister konnte mir da aber auch nicht helfen, denn er beherrschte das Schiften auch nicht, aber ganz sicher hatte er angenommen, daß ich das schon irgendwie hinkriege, ja, und wen sollte er da schon hinschicken!? – Der Polier, der das konnte, war noch in Amerika in Gefangenschaft! – In dem Ort, in dem die Baustelle und das Holz lagen, wohnte in unmittelbarer Nähe ein pensionierter Zimmererpolier, der jeden Tag einmal auftauchte und uns bei unserer Arbeit zusah. Auf meine wiederholten Fragen, ob es denn richtig werde, was wir machten, gab er keine Antwort. Er zuckte immer nur mit seinen Schultern und verschwand wieder. – Dann entsann ich mich meines ersten Meisters in Klebach, an die Fachzeitschriftensammlung „Der Zimmermann", diese studierte ich an den Abenden, und am Wochenende baute ich das Ganze im Modell im Maßstab 1:1O. Was allerdings nicht so einfach war, wie ich es hier schreibe! Nur der Fachmann wird es verstehen! (Viel später an der Bauschule in Weimar habe ich das Schiften mit all seinen Finessen erst richtig gelernt!) – Aber meine Bemühungen haben genügt, den Bau hinzukriegen! Bis auf die Schifterschmiegen, die nicht so ganz paßten. Heute weiß ich, welchen Fehler ich gemacht hatte. – Nach dem Aufrichten kam dann der Polier von nebenan und klopfte mir auf die Schulter und sagte: „Kleener, das hätte ich dir nicht zugetraut, das haste gut gemacht, alle Achtung!" Der Meister hatte sich die ganze Zeit nicht sehen lassen. Erst zum Richtfest kam er angeschnauft, er brummte was vor sich hin, es sollte wohl eine Anerkennung sein! Nichts Genaues wußte man nicht. Dann stopfte er zwölf Thüringer Klöße in seinen dicken Bauch und stapfte wieder davon! –

Gerhard und ich waren sehr stolz, daß wir das in uns gesetzte Vertrauen erfüllt hatten, und nahmen das zum Anlaß, uns vollaufen zu lassen! – Die Heimfahrt mit den Fahrrädern war dann auch dementsprechend! Wir fuhren von einem Straßengraben in den anderen, und zu guter Letzt mußten wir unsere Fahrräder noch auf den Rücken nehmen, denn die Räder waren so verbogen und ließen sich vor lauter „Achten" nicht mehr drehen! – Hei dideldei! –

Das Leben ging nun auch wieder einigermaßen in geregelte Bahnen über, und wir versuchten, alles wieder zu normalisieren, es kamen auch immer mehr ehemalige Soldaten zurück! – Aus Gefangenschaft! –

Mit Erich Atzermann freundete ich mich an, wir konnten uns aufeinander verlassen, vor allem, wenn es mal heiß herging. Erich war größer und kräftiger als ich, zumindest optisch, ansonsten war und blieb ich der „Wilde Thüringer"!

Zwei Schwestern, Else und Rethe, zwei ganz gutaussehende und gutgebaute Kriegerwitwen, etwa fünf bis zehn Jahre älter als ich, wohnten am Dorfplatz noch im Elternhaus. – Eines Tages, als ich gerade vorbeiging, rief mir Else zu: „Schwarzer, kannste mir nicht mal helfen? Komm doch mal rein!" – Nun, warum sollte ich nicht helfen wollen? Ich ging also hinein, und als ich das Wohnzimmer betrat, stand sie mir im Morgenmantel gegenüber und sagte: „Du bist doch stark, du kannst mir doch mal das Korsett schnüren!?" Dabei öffnete sie ihren Bademantel und stand mit nichts drunter da! – Ja, was war das denn? Ich war ganz geblendet, aber nein, sie hatte eine ganze Menge drunter, mich schauten zwei pralle Brüste an, ganz frech schauten sie mir mitten ins Gesicht! – Natürlich stotterte ich, sicher helfe ich dir, ja du mußt wirklich geschnürt werden, wie ich sehe! Und ich begann sofort mit der Arbeit, ich schnürte und schnürte, dabei kam sie mir sehr entgegen. Sie schien es auch gar nicht eilig zu haben, denn ich konnte das Gefühl nicht loswerden, daß das Ganze ihr unheimlich Spaß bereitete! – Als ich ihr zum Schluß noch die Schleife gebunden hatte, verabschiedete ich mich von ihr und ging. Sie bat mich noch, doch gelegentlich ihr mal wieder zu helfen!

Eines anderen Tages schaute ich wieder einmal hinein, Else war aber nicht zu Hause, nur Rethe war da und sagte: „Da du schon mal hier bist, könntest du mir auch mal behilflich sein! Mal nach dem Schraubstock sehen, du weißt doch, daß wir keinen Mann mehr im Hause haben, und ich bin sicher, daß der mal wieder geölt werden muß!" – Sie ließ mich den Schraubstock sorgfältig untersuchen, ja und was soll ich sagen, es war hohe Zeit, daß er wieder einmal geölt wurde! Ich tat es dann auch ordentlich! Er hatte auch noch eine große Spannkraft, wie ich spürte, als ich dazwischen geriet! Sie war mit meiner Arbeit am Ende auch sehr zufrieden und sagte: „Komm ruhig mal wieder vorbei! Ich meine herein, denn bei uns gibt es immer was zu tun!" – Ich ging noch einige Male hinein, mal zum Schnüren, mal zum Ölen! –

Wir organisierten nun auch wieder die Kirmesfeierlichkeiten, so richtig wie früher. Die Mädchen mit langen Kleidern, wir Männer in dunklen Anzügen mit weißen Handschuhen und so! – Da wurde wieder musiziert, gesungen, gegessen, getrunken und getanzt, und auch die Ständchen, bei den „Jungfrauen" wurden wieder abgehalten. Drei Tage dauerte es, auch Karussells, Luftschaukeln und Schießbuden waren dabei. Die Musikanten wurden reihum zum Mittag- oder Abendessen eingeladen und die Verwandten von Nah und Fern kamen zu Besuch! Am Ende war der viele Kirmeskuchen zur Neige gegangen, obwohl zwischen fünfzehn bis zwanzig Kuchen gebacken worden waren. Die Kuchen waren so groß wie Wagenräder, das war thüringische Tradition! –

Das Tanzen hatten wir ja während des Krieges nicht in einer Tanzschule lernen können, denn diese waren in dieser Zeit geschlossen, wegen der Pietät und so. Wir wurden von den Kriegerwitwen und sonstigen alleingelassenen Frauen trainiert. Der eine oder andere bekam als Lohn dafür noch Privatunterricht im Benehmen und im Besonderen! – Warum auch nicht, so war dann beiden Seiten geholfen. – Ja, es wurde wieder Frieden, auch unter den Menschen. Wir waren stolz, alles wieder in den Griff zu bekommen, auch die Frauen bekamen uns wieder in den Griff! Ich ging immer öfter mit Margot im Arm und auch mit der stolzgeschwellten Brust und so über den Dorfplatz spazieren. Ja, ich wollte „sie" herzeigen! – Natürlich hatte ich wieder Neider und Feinde. Ich vergesse nicht, daß mich so einer im Vorbeigehen „du Arschloch" nannte, worauf er als Antwort sofort meine Faust im Gesicht hatte, wonach anschließend ein schönes blaues Veilchen erblühte! Wenn Sie wissen, was das ist!? – Ich hatte diese Angelegenheit schon wieder vergessen, als mich dann im Hof der Seestadt mehrere Männer darauf ansprachen. Ja, sagten sie, sie seien die Onkels von dem „Veilchen", und sie hätten beschlossen, mir auch ein paar von dieser Sorte zu schenken! – Ja, da stand ich nun, so mutterseelenallein, vor einer Mauer starker Männer, ja, und die wollten was von mir, nicht ich von ihnen! Nein, ich wollte absolut nichts von denen, schon gar keine Veilchen! – Wo nur Erich war, dachte ich im gleichen Moment, aber wenn er zu sehen gewesen wäre, wären diese Feiglinge gar nicht aufgekreuzt! – Es blieb mir gar keine andere Wahl, Angriff ist die beste Verteidigung, hatte ich doch gelernt, also: „Drauf gehts!" –

Wie ein Blitz packte ich zu, und im Null-Komma-Nichts hatte ich einige von ihnen auf dem Boden liegen und bearbeitete sie mit meinen Fäusten. Das Ganze erinnerte an den Kinobesuch im Borntal. Ich sah mich schon als Sieger, aber das durchzuckte mich ein wahnsinniger Schmerz! – Einer dieser noch herumstehenden „Asse" hatte mein linkes Bein erwischt und es fast um hundertachtzig Grad verdreht. – Wo bloß der Erich war, zuckte es mir wieder durch den Kopf! – In diesem Moment hätte ich ihn wirklich so dringend gebraucht! – Aus! – Alles vorbei! – Und damit war der „Wilde Thüringer" gestorben und vergessen!

Später hatte ich mir eigentlich vorgenommen, diese Typen alle einzeln abzupassen und ordentlich zu verprügeln, aber ab dem darauffolgenden Tag wurde ich „erwachsen"! – Na ja, was man so erwachsen nennt!? – Auf alle Fälle konnte ich zwei Wochen lang überhaupt nicht mehr gehen! –

So nach und nach verließen uns die Rheinländer, die Evakuierten, auch wieder. Monic mit ihren Eltern und der Schwester, die Neuwieder und die Düsseldorfer und auch die große Wahrsagerin „Warin" aus Bonn (die mir unter anderem die große Reise über den Ozean, Kontakt mit Behörden und ein langes Leben vorausgesagt hatte).

Auch die aus dem Osten stammenden Zivilarbeiter hatten uns wieder verlassen. Iwan und Heines aus Rußland waren gar nicht gerne zurückgegangen, wußten sie doch nicht, was ihnen da bevorstand. – Etwa zehn Jahre danach schrieb uns die älteste Tochter aus Rußland einen Brief und teilte uns mit, daß ihr Vater zu zehn Jahren Zwangsarbeit nach Sibirien verurteilt worden war und daß sie jetzt in oder bei Omsk lebten! – Dieser Briefkontakt, den ich einige Jahre pflegte, ist aus Gründen, die später zu erkennen sind, leider abgerissen! – Es kamen dann so nach und nach auch noch deutsche Gefangene aus Rußland zurück, unter anderem war da auch Else dabei, eine junge Frau, die aus Versehen einige Jahre in einem Lager in Sibirien zubringen mußte. Da sie aus Ostpreußen stammte, wußte sie nicht, wo ihre Verwandten abgeblieben waren. Die deutschen Ostgebiete wurden ja nach dem Zusammenbruch weitestgehend von den „Deutschen" befreit, daß hieß nichts anderes, als daß die Deutschen ihre Heimat zu verlassen hatten! – Das besorgten die Russen, die Tschechen und die Polen. Je nachdem, wer sich da breitgemacht hatte! – Mein Vater hatte ihr eine ehemalige Abstellkammer, die direkt am Treppenpodest gelegen war, zurechtgemacht, so daß sie einigermaßen menschenwürdig darin wohnen konnte! – Nachdem sich Else wieder so richtig sattgegessen hatte und wieder zu Kräften gekommen war, holte sie sich ihren Nachtisch auf ihre Art! Wenn ich beispielsweise an ihrer Tür vorbeikam, kam plötzlich eine Hand heraus und zog mich in ihre Kammer hinein. Und da sie Jiu-Jitsu beherrschte, hatte man da auch keine große Chance, ungeschoren davon zu kommen! Da wurde man einfach verspeist! – Und obwohl sie relativ klein war, hatte sie mich, ehe ich mich versah, entblättert und aufs Kreuz gelegt.

Das übrige war für sie Routinesache, sie fing dann zu rotieren an, daß Hören und Sehen vergingen, und nach einer halben Stunde war ich dann jedesmal geschafft, regelrecht am Boden zerstört hatte sie mich! –

Nach dem Kriege gab es an Konsumgütern und Nahrungsmitteln noch weniger als während des Krieges selbst. Wir mußten ja nun auch noch die Besatzer miternähren; diese holten jetzt natürlich aus Deutschland heraus, was nur herauszuholen war. In den Fabriken mußten wir beispielsweise alle Maschinen demontieren und in große Kisten verpacken, damit sie nach Rußland transportiert werden konnten! – Wenn die Aufpasser gerade nicht in der Nähe waren, haben wir oft kurz vor dem Verschließen die empfindlichen Armaturen mit dem Hammer kaputtgeschlagen, so daß die Maschinen unbrauchbar wurden! –

Auch begann der Schwarzmarkt zu blühen, für ein paar Zigaretten bekam man sonstwas, vielleicht eine Hose oder ein paar Schuhe. Für einen Rucksack voll Kartoffeln, ein paar Würste und ein paar Eier, eine Nähmaschine oder einen Teppich. Die Städter hatten großen Hunger zu leiden und opferten manches wertvolle Stück, um zusätzlich was Eßbares zu bekommen!

Aber auch mancher Bauer war schlecht dran, vor allem dann, wenn er seine Felder weit ab, an den Wald angrenzend, hatte. Das hatte einmal den Nachteil, daß nicht so viel wuchs, und zum anderen, daß da viel gestohlen wurde! Aber bei seinem Ablieferungssoll wurde das nicht berücksichtigt. Ich ging oft nur mit einem Rübensaftbrot zur Arbeit, aber das war immer noch besser als gar nichts!

Meine zukünftigen Schwiegereltern hatten auch so ein Feld, welches direkt an einem Waldrand lag, und auch da wurden immer an den Wochenenden Kartoffeln gestohlen! Da habe ich mich viele Nächte lang mit Gerald am Waldrand versteckt, um die Diebe zu fangen, aber so nach Mitternacht, manchmal gegen drei Uhr morgens, waren wir so müde, daß wir wieder nach Hause gingen, ohne einen Dieb gesehen oder gefangen zu haben. Dann wechselten wir unsere Taktik, und wir gingen erst kurz vor dem Morgengrauen hinaus, und siehe da, nach der zweiten Nachtwache hatten wir sie! – Wir hörten auf einmal Stimmen und ein Wagengeräusch, zuerst noch leise, dann aber immer lauter, immer näherkommend, und dann tauchten Schatten auf, es war eine ganze Sippe, Männlein und Weiblein und Kinder! Nachdem sie sich an ihre Arbeit gemacht hatten, brachen wir mit lautem Gebrüll, welches auch ein wenig unserer Angst entsprang, aus dem Walde hervor und überwältigten zwei Männer. Die anderen nahmen Reißaus! – Wenn sie zusammengehalten hätten, hätten sie uns mit ihren Hacken und Gabeln ganz schön in die Enge treiben können oder uns gar schwer verletzen können. Wir hatten ja nur einen Knüppel bei uns! – Auf alle Fälle haben wir die zwei Männer ins Dorf abgeführt und dem Bürgermeister übergeben. Wir verzichteten jedoch auf eine justiziale Anzeige, und die Männer erklärten sich bereit, einige Stunden kostenlos in der Gemeinde zu arbeiten! – Aber vom Tage an wurden keine Feldfrüchte mehr in unserer Gemeinde geklaut. Und wir waren natürlich die Helden!

Die ständig neu ankommenden Heimatvertriebenen aus dem Osten belegten auch die freigewordenen Wohnungen und Notunterkünfte wieder, und es waren jetzt noch mehr Fremde da als während des Krieges! Dies bedeutete noch mehr Hunger und wirtschaftliche Schwierigkeiten, aber auch wieder mehr Frauen, alleinstehende Frauen, und demzufolge noch mehr „Hilfe und Nächstenliebe"!

Die Männerknappheit wirkte sich überall aus, bei den Feldarbeiten, in den Fabriken und eben auch in den Betten. – Als wir eine längere Zeit in einer Likörfabrik zu tun hatten, waren die dort beschäftigten Frauen um uns Männer sehr bemüht, sie versorgten uns mit den so raren und sehr begehrten Spirituosen, so gut sie nur konnten. Alle (na, fast alle) waren sehr freundlich und erboten sich, einem die Fabrik mit all ihren Winkeln und Verstecken zu zeigen! Jede hatte da so ihren speziellen abgelegenen Ort, wo man ungestört ein halbes Stündchen miteinander verbringen konnte.

Diese tête à tête Örtchen waren meist so gut präpariert, daß da ein Schäferstündchen sehr angenehm war. Ich glaube, daß einige Frauen da auch gemeinsame Sache machten, ich meine, daß sie sich diese Örtchen teilten und Rücksicht aufeinander nahmen! Sie gönnten einander ihre Freuden, und wenn es nicht anders sein konnte, teilten sie auch den Partner (den Fang, wie sie es nannten)! Diese Zeit in der Schnapsfabrik hatte den Vorteil, mir eine ganze Menge an Spirituosen aufsparen zu können, und ich konnte mit einer Flasche Schnaps auf dem Schwarzmarkt auch andere Raritäten eintauschen. Der Nachteil war aber auch, daß man immer unter „Stoff" stand, man war immer angeschickert und in guter Laune. Man war sozusagen immer zu allen Schandtaten bereit! Selbst wenn wir mal nüchtern waren und uns zum Feierabend auf den Heimweg machten, war immer wieder einer von uns der Verführer, nämlich indem er den anderen überredete, doch eine Flasche aus seinem Rucksack zu holen und zu öffnen! „Nur ein kleines Schlückchen, nur mal kosten!" – Meist war das Gustav, ein alter Maurer und Wilddieb! Da er aber weniger als wir Junioren vertrug, blieb er dann meistens auch auf der Strecke! – Sein Sohn, etwa vierzigjährig, machte uns dann auch immer wieder Vorwürfe und drohte uns mit Prügel und so, denn er war der Leidtragende, er mußte seinen Vater dann mit dem Handwagen durch die Prärie karren, und da es heimwärts nur bergauf ging, war es schon eine Schinderei für ihn! – Wir konnten da nicht viel helfen, denn wir hatten mit uns selbst zu tun! – Und wenn wir einmal angefangen hatten, blieb es nicht bei einer Flasche, da hatten wir nicht eher Ruhe, bis die letzte Flasche geköpft war! –

Im allgemeinen trank man zu dieser Zeit, mangels etwas Besserem, fast nur selbstbereiteten Obstwein, da hatte jeder so sein Spezialrezept, und ich muß sagen, mancher Heidelbeerwein schmeckte ganz vorzüglich. Was wurde da oft angestellt, um an einen „Guten Tropfen" zu kommen! Ich erinnere mich zum Beispiel, daß meine Mutter die Speisekammertür immer unter Verschluß hielt, damit unser Wein nicht so schnell alle wurde! Da ich aber immer erfinderisch und auch nicht unsportlich war, kletterte ich des Nachts durch das kleine Fenster, das unmittelbar unter der Speisekammerdecke angebracht war. Dabei mußte ich regelrecht an der Wand kopfüber hinunterhangeln, was schier unmöglich schien. Nachdem der Wein aber trotz verschlossener Tür immer weniger wurde, vermutete unsere Mutter, daß jemand einen Zweitschlüssel habe! – Aber „der Dieb fängt sich meist selbst!" So war es auch hier der Fall, denn bei einem erneuten Versuch, an den köstlichen Wein zu kommen, war ich vorher schon ein wenig angeschickert und blieb im bewußten Fenster stecken! Ich kam weder rein noch raus, ja es blieb mir nichts anderes übrig, als um Hilfe zu rufen! – Na, so eine Schande! –

Wenn es gar nichts mehr zu trinken gab, wenn alle Reserven versiegt waren, gingen wir in die Seestadt, zu Emma, sie hatte immer noch was, darauf war sie eingestellt. Ja, sie konnte warten, bis uns der Stoff ausgegangen war, jetzt konnte sie ihren sauren Rabarberwein an den Mann bringen. Oftmals hatte er schon einen Essigstich, aber das hinderte Emma nicht daran, uns dafür einen teuren Preis zu machen! Letztlich störte es uns auch nicht. – In der Not frißt der Teufel bekanntlich Fliegen! –

Da zu dieser Zeit die Rauchwaren sehr knapp und teuer waren, wurde im Garten auch Tabak angebaut. Mit der Zeit waren wir dann einigermaßen perfekt im Fermentieren und Herrichten eines einigermaßen brauchbaren Tabaks. Er wurde einige Stunden in einer Blechdose im Backofen erhitzt und danach getrocknet. Danach roch er wunderbar, aber wenn er geraucht wurde, roch er nicht besser als der russische Machorka!

Hohe Zeit

Nun, zwischenzeitlich kam ich auch mit Margot voran, ich mochte und begehrte sie immer mehr, und irgendwann kam es dann auch zu unserem ersten intimen Zusammensein! Allein die Vorstellung, mit ihr vereint zu sein, war für mich etwas Wunderbares, etwas Hingebungsvolles! Es war das Einmalige, das Ineinanderschmelzen, fest miteinander Verwachsensein. Das Gefühl des nicht mehr Auseinanderkommens! – Ab jetzt waren wir fest miteinander verbunden! – Und obwohl Margot keine sich hemmungslos hingebende Liebhaberin ist, ich meine in sexueller Hinsicht, ist sie eine stark emotional liebende Frau! Durch ihre zärtliche, ja man kann sagen mütterliche Art, aber auch durch ihre bescheidene Zurückhaltung, gepaart mit einem starken Selbstbewußtsein sowie ihrem sehr großen Hilfsbedürfnis für alle schwachen Menschen, und durch ihr ewiges Ausgleichsbestreben wurde sie mir immer liebenswerter. Da auch ihre äußeren optischen Werte, wie schon angemerkt, meinen Vorstellungen entsprachen, schloß ich mich ihr immer stärker an! – Vom Tage an sah ich keine andere Frau mehr, sie schienen für mich tabu zu sein! – Wir verbrachten von nun an fast jeden Abend, ja, fast jede Nacht zusammen! Wir liebten uns, so oft wir konnten und eben noch konnten! – Zwischendurch überraschte sie mich mit kleinen leckeren Naschereien, vor allem mit selbstbereiteten kulinarischen Genüssen. Sie schien zu wissen, daß Liebe durch den Magen geht, das scheint der weibliche Instinkt zu sein! –

Margot war auch eine ausgezeichnete Köchin, das hatte sie in der Pension, in der sie ihre Pflichtjahre absolviert hatte, gelernt, so wie auch alle anderen Hausarbeiten.

Nun, bei der ständigen Turtelei blieb es nicht aus, daß Margot schwanger wurde! – Na ja, die „Pille" gab es damals noch nicht, und der „Froms Akt" war so lästig und gar nicht gefühlsecht. Aber da wir ohnehin eine eigene Familie gründen wollten, war letzteres auch gar nicht wichtig für uns. Nach all den vergangenen Wirren schien es uns vernünftig und erstrebenswert zu sein, eine eigene Familie zu haben. Hinzu kam, daß von unseren Jahrgängen ohnehin kaum noch jemand da war. Ursel und Erich hatten auch inzwischen geheiratet. Die damalige Zeit hatte uns viel reifer gemacht als es normalerweise der Fall ist! – Aber leider, und bedingt durch die schweren körperlichen Arbeiten im Stall und auf dem Felde, die zu jener Zeit auch von den Frauen verrichtet werden mußten, weil eben immer noch die Männer fehlten, hatte Margot eine Fehlgeburt. – Anstandshalber oder der Optik und der Moral wegen und obwohl der Schwiegervater und unsere Brüder noch nicht aus der Gefangenschaft zurückgekehrt waren, verlobten wir uns dann zu Weihnachten 1945. Wir liebten weiter und machten weiterhin Kinder, weil es uns viel Spaß machte, was sollte man sonst auch tun!

1946 trat ich der CDU bei, warum der CDU? – Nun, ich hätte auch in eine andere Partei eintreten können, wenn überhaupt!? Ja, was hatte mich eigentlich dazu veranlaßt? – Ausschlaggebend war da eine sehr beeindruckende Situation. Nämlich, daß der Parteivorsitzende der CDU von Königsee den russischen Stadtkommandanten anläßlich einer öffentlichen Wahlversammlung an der Krawatte gepackt hatte und sich seine politische Einmischung verbat! Außerdem waren in dieser Partei auch sonst noch viele mir sympathische Leute, im Gegensatz zu anderen Parteien. – Die Kommunisten mochte ich schon gar nicht! –

Nun mußten wir aber bald heiraten, denn es hatte wieder geklappt, das Kindermachen meine ich! Wir warteten zwar immer noch auf die Rückkehr der noch Gefangenen, insbesondere auf den Schwiegervater in spe. Er hatte aus russischer Gefangenschaft geschrieben, aber er kam und kam nicht. – Da es nun aber immer mehr pressierte, denn wenn man genau hinsah, konnte man es ihr schon ansehen, daß sie schwanger war, beschlossen wir, zu Weihnachten 1946 zu heiraten.

Nun mußten wir uns damit beschäftigen, die notwendigen Kleider für die Hochzeit und die Ringe und anderes zu beschaffen. Mit Lebensmitteln und Schnaps bekamen wir dann auch das Nötigste. Die goldenen Ringe waren nur vergoldet, wie sich später herausstellte (also beschissen wurden wir), und die Stoffe fürs Brautkleid waren schwarze Blattspitze und fliederfarbener Seidenstoff fürs Unterkleid. Wir fuhren damit zu Tante Luise nach Weimar. (Sie war nach einer kurzen Haftzeit durch die Russen wieder entlassen worden und leitete wieder eine Schneiderstube. Da durfte sie die Russenfrauen, die Offiziersfrauen, natürlich nur, schick anziehen. Ihr Vorteil war dabei, daß sie alles bekam, was rar war.)

Sie schneiderte für Margot ein tolles Kleid und auch einen weißen Schleier dazu. „Deine Margot hat ja einen richtigen Kartoffelbauch", sagte sie noch zu mir. – Sie schien gar nicht auf den Gedanken zu kommen, daß es eine Hohe Zeit war und keine Hochzeit! Ich hatte einen dunklen Anzug, der ursprünglich dem „Kleinen Hans" gehört hatte. Na, er paßte so einigermaßen, dazu trug ich ein Paar schwarze Schuhe, auch nicht mehr ganz neu, dafür hatte ich aber neue weiße Handschuhe, also picobello, so wie es sich gehörte! – Nun konnte es losgehen, zu essen und zu trinken gab es genug. Die Tanten und Verwandten waren auch alle da, und es wurde rundherum eine gelungene Feier. Wir waren ein schönes Paar. Ist doch klar, das ist doch immer so! – Margot wurde um ihr schönes Kleid beneidet und bewundert! Sie konnte es, mit kleinen Änderungen, später noch oft zu besonderen Anlässen tragen. Das konnte ich von meinem Anzug absolut nicht behaupten, denn der war zur Hochzeit schon hochunmodern! –

Ende Februar des folgenden Jahres, Sie brauchen nicht zu rechnen, es war fast genau drei Monate nach der Hochzeit, kam unser Sohn „Peter" zur Welt. Als die Wehen begannen, es war übrigens auch an einem Sonntag, mußte ich die Hebamme holen. Wir wohnten zunächst noch bei den Schwiegereltern und hatten nur ein Schlafzimmer für uns. Margot wünschte, daß ich bei der Geburt anwesend sein solle, was mir allerdings gar nicht so angenehm war. Das Kindermachen gefiel mir besser als das Kinderkriegen! Als dann die Hebamme noch darauf bestand, mir das Ganze im Detail und aus der Nähe mitanzusehen, da wurde mir ganz mies zumute! – Oh weh, ich kann Ihnen sagen, das Stöhnen, Jammern und Schreien brachte mich dem Weinen näher als dem Lachen! Mir war alles vergangen, ich wurde immer kleiner und häßlicher, und dann flutscht da so ein kleines völlig verknittertes Wesen auf diese

Welt! Erschwerend bei dieser Geburt war, daß es eisekalt im Zimmer war und gerade kein Strom da war. Ich mußte also mit der Kerze in der Hand den Beleuchter spielen! Technische oder medizinische Hilfen, so wie heute, gab es nicht, das einzige dergestalt war ein Roman, den die Hebamme las, ja und ansonsten braucht man viel Geduld, sicher nicht weniger als heute! – Ich bin sicher, wenn man in der Produktionsphase immer daran denken würde, was danach kommt, würden weit weniger Kinder produziert werden. Aber Gott sei Dank vergißt man so was doch recht schnell wieder, und es macht dann auch gleich wieder recht viel Spaß! – Ich meine die Machart, die vorbereitende Produktionsphase.

Klein Peterle machte uns auch viel Spaß und Freude, er wuchs zu einem prächtigen Kind heran. –

Bevor ich nun mein „Schlachtfeld" vom Lande in die Stadt verlege, will ich noch ein paar interessante Erlebnisse und Begebenheiten schildern, die dieses Kapitel abrunden sollen.

Als Kind vom Lande hat man so manches erlebt, was Stadtkinder nicht mitbekommen, so war es beispielsweise selbstverständlich, daß man mit dabei war, wenn Tiere sich begatteten oder geboren wurden! Wir standen ganz selbstverständlich dabei, wenn zwei Hunde zusammenhingen oder ein zu großes Kalb im Mutterleib zersägt werden mußte, oder aber, wenn ein Tier vom Tierarzt den Bauch aufgeschnitten bekam, um einen Nagel herauszuholen. Auch beim Schlachten mußte man mithelfen, allerdings verschwand ich da immer, wenn's ans Töten der Tiere ging. Davor hatte ich sozusagen großen Schiß! Ich kam dann erst wieder zum Vorschein, wenn beispielsweise das Schwein auf der Leiter hing!

Ein andermal mußte ich mit Fred mit einer Ziege zum Bock ins Nachbardorf, und als es ans Bezahlen ging und unser Geld nicht ausreichte, hatte Fred die rettende Idee, denn er sagte nämlich: „Ja, da machen sie doch für die zwanzig Pfennige wieder was raus!" –

Mit dem Dorfbullen, das nehme ich schon vorweg, gab es für mich ein unvergeßliches Ereignis. Als ich noch in Orba wohnte, holte ich den Bullen Hans schon mal aus seinem Stall, wenn ein Bauer mit einer geilen Kuh kam und Vater und Fred, unsere beiden Landwirte, gerade nicht anwesend waren. Hans war da aber noch ein junger und friedfertiger Geselle, und es gab gar keine Probleme. – Aber als ich vielleicht so zwei Jahre später mal zu Besuch in Orba war und die beiden Landwirte auch nicht anwesend waren, kam auch eine Kuh, die es mal wieder nötig hatte, mit ihrem Bauern zum „Decken"! „Selbstverständlich!" sagte ich. „Ich hole den Bullen aus den Stall, das habe ich doch schon öfters getan! – Warten Sie nur, das mache ich schon!" – Er lachte und sagte: „Eigentlich wollte ich mit der Kuh zum Bullen! Sonst hätte ich es ja auch selber machen können!" Nun, wir scherzten, ich ging in den Stall und schnauzte Hans an: „Los, zur Seite, komm, du wirst gebraucht!" – Er fauchte mich zwar an, ging dann aber problemlos mit ausgefahrenem Lanzer hinter mir her und besprang die Kuh! Aber danach rächte sich meine Leichtfertigkeit! Ich hatte ihn nicht mit der Stange am Nasenring geführt, ich hatte nicht bedacht, daß er zwei Jahre älter geworden und nicht mehr so zahm wie zuvor war. Jetzt wollte er nicht mehr zurück in den Stall, er wollte noch mehr, er fing an, seine Augen zu rollen und mich anzufauchen, als wolle er sagen, laß mich noch mal, sie kommen doch so selten! Im Nu hatte er Schaum vor seinem Maul, mir wurde ganz mulmig zumute und ich bekam plötzlich Bammel! Ich faßte ihn mit den Fingern am Nasenring und hielt mich zu meinem Glück daran sehr fest. Hans paßte das aber nun ganz und gar nicht, er schnaufte noch mehr und brüllte wie ein „Stier"! Jetzt fing er an, mit mir durch den ganzen Hof zu rasen, auch über den Misthaufen ging's, und ich hing wie eine große Glocke vorne dran! Zum Glück ließ ich nicht los, denn sonst hätte er mich zertrampelt oder mit den Hörnern mir meinen Bauch aufgeschlitzt, und wenn Fred nicht auf der Bildfläche erschienen wäre, ich weiß nicht, was aus mir geworden wäre. – Der Bauer, der mit der Kuh, hatte längst Reißaus genommen! – Und ich war noch mal mit dem Leben davongekommen! –

Wir hatten außer Kühen, Schweinen, Hühnern und Ziegen auch ein Pferd und „Bienen". Auf dem Pferd sind wir in den Wintermonaten oft geritten, um es fit zu halten. Das war allerdings kein Kunst- oder Sportreiten, aber wir konnten uns schon auf einem Pferderücken behaupten, ob im Trab oder Galopp! –

Die Bienen waren für mich allerdings ein völlig unbeschriebenes Blatt, diese hatte nämlich der „volksdeutsche Lehrer Hein" dagelassen, als er nach dem Zusammenbruch mit seiner Familie wieder nach Rußland zurück mußte! Ich fühlte mich nun für sie verantwortlich, das heißt, ich wollte sie versorgen, obwohl ich keine Ahnung davon hatte. Früher, wenn Herr Hein sich um sie bemüht hatte, machte ich immer einen großen Bogen um sie, denn man wußte ja, daß Bienenstiche sehr schmerzvoll sind! Die Situation forderte mich heraus, und ich machte mir selber Mut und zog mich „warm" an, obwohl es Frühling war! Der Hut mit dem Schleier und das Rauchgerät waren noch da, dazu band ich mir einen Schal um den Hals, zog Handschuhe an und band die Jackenärmel und die Hosenbeine mit Schnur zu! Also bestens präpariert, aussehend wie ein Polarforscher und gar keine Angst mehr habend, ging ich zu den Bienen. Obwohl einige Bienen um mich herumflogen, machte ich den ersten Kasten auf und zog eine der Waben heraus. Im selben Moment flogen Hunderte, ja Tausende von Bienen um mich herum, dabei wurde ich immer nervöser und schlug um mich, was die Biester im Null-Komma-Nichts in Harnisch versetzte!

Zehn, zwanzig oder mehr hatten zugestochen, am Kopf, in den Rücken, überall hin, ja, wozu eigentlich die ganze Maskerade, dachte ich, und ich nahm Reißaus! Ich floh in den Kuhstall, aber sie waren hinter mir her, es brummte nur so und pikte immer aufs Neue! – Ich rief Fred um Hilfe! – Er hatte offensichtlich alles beobachtet, denn relativ schnell stand er mit dem Wasserschlauch zur Stelle und verscheuchte diese Übeltäter! – Endlich konnte ich mich aus meiner Vermummung wieder befreien! – Ich war wieder einmal gerettet! Seither habe ich großen Respekt vor „Bienen", vor allem dann, wenn sie in der Überzahl sind!

Nun, das Schlachten habe ich schon erwähnt, aber ergänzend dazu ist das „Schwarzschlachten" noch interessant, denn während und auch nach dem Kriege durften die Bauern auch nicht so viel schlachten, wie sie wollten. Es mußte genehmigt sein und mogeln galt nicht, denn sie wurden regelmäßig gezählt, die Tiere, meine ich. Aber trotzdem kam es vor, wenn der Bürgermeister das Schlachten kontrollierte, daß ein Schwein fünf Beine oder auch mal zwei Köpfe hatte! – Nun, für eine „Extrawurst" schaute er schon mal weg! – Es wurde übrigens hart bestraft, wenn er mal genau hinschaute, bis fünf Jahre Zuchthaus hat mancher Bauer dafür brummen müssen! –

Als Fred zum Studium in Triptis war, hat es mich mal wieder erwischt, denn Vater hatte im Geräteschuppen einen Schweinekoben gebaut, gut getarnt natürlich. Sie fütterten darin zwei „schwarze Schweine". Das ging so lange gut, bis die Nachbarn aufmerksam wurden. Aber als meine Mutter schon vor dem Aufstehen und nach dem Bettgehen mit dem Futtereimer dahin ging und die inzwischen schon größer gewordenen Schweine ihre Klappe nicht mehr hielten, wurde es kriminell! – Also, Knuth! Alles klar!? – Morgen abend schlachten wir die zwei Schweine! – Können wir nicht warten, bis Fred wiederkommt? fragte ich zurück, Vater du weißt doch, daß ich so was nicht kann! – Seit wann ißt du mit deiner Familie denn kein Schweinefleisch mehr, konterte er. – Oder gehst du für mich in den Knast? –

Also wurde am nächsten Abend geschlachtet, und da das Ganze in aller Stille und Heimlichkeit ablaufen mußte, durfte natürlich auch kein Licht angemacht werden. Mein Vater gab mir die Axt in die Hand und kroch in den Koben hinein, und dann schob er das erste Schwein durch die Futterluke langsam heraus! Zuschlagen sollte ich, mit der Axt, genau auf die Platte schlägst du, hatte er mir noch gesagt. – Als ich die weiße Platte sah, schlug ich zu! – Danach war nur noch ein lautes Quietschen zu hören! – Von wegen heimlich, still und leise! – In meinem Schrecken sprang ich auf das herausgesprungene Schwein, es war so um einen Zentner schwer und ich klemmte es mir zwischen meine Knie und schob ihm den Axtstiel in den Rachen, damit es nicht mehr schreien konnte! – Das hatte ich als Kind in Klebach mal miterlebt, als andere Leute beim Schlachten waren, wahrscheinlich auch am Schwarzschlachten!? – Damals schon und auch jetzt war mir ganz mies zu Mute! Vater kam schnell heraus und stach das Schwein ab! – Beim zweiten klappte dann alles wie am Schnürchen! – Am nächsten und den folgenden Tagen tuschelten die Nachbarn! – Vater brachte diese „Gerüchte" damit zum Verstummen, indem er Drohungen gegen jedermann verkündete, der sein Maul nicht halte!!!

Da waren auch noch „Försters", sie waren mit Sanders befreundet, besonders Olivia ging auch gerne in den Wald, da konnte sie sich was zugute kommen lassen, was dazuverdienen!

Eines Tages waren komische Geräusche aus der Scheune zu hören, als ich in die Nähe des Tores kam! – Es klang wie ein Wimmern und Stöhnen. – Ich öffnete die Schlupftür, und, oh Schreck, ein Bild des Grauens bot sich mir dar! – Rücklings lag sie da, hing sie auf der kleinen hölzernen Treppe, die zu dem etwa einen Meter höhergelegenen Banzen führte. Ihr Rock war ganz hochgerutscht, und man sah ihre strammen Oberschenkel zum Himmel ragen! – Ja, fuhr es mir durch meinen Kopf, wie ein Blitz zuckte es mir durch! Ja, immer lassen sie was auf der Treppe herumliegen. – Diesmal war es ein dickes Bündel Heu, da mußte sie doch stürzen und jammern, so was kann doch auch weh tun! Randolf, der Förster, war aber schon zur Stelle, wie bestellt stand er vor ihr, etwas vornübergebeugt, hatte er sie mit seinen kräftigen Armen und derben Händen um die Taille gefaßt. Sicher, um sie zu sich heranzuziehen und um ihr aufzuhelfen! – In der Hektik war ihm wohl der Leibriemen gerissen, denn seine Krachledernen hingen ihm in den Kniekehlen. Sein Hut lag auf dem Boden, und sein Haar hing ihm ins Gesicht, ganz strähnig und schweißnaß war es schon. – Nur sein Aser hing noch korrekt auf seinem Rücken. – Ja, und die Schrotflinte hatte er vorsichtshalber auch ganz korrekt an die Banzenwand gelehnt!

Warum nur so aufgeregt, frage ich? – Er drehte sich um und sagte: „Geh nur schnell wieder, ich richte das schon, sie ist gefallen, da kannst du dich ganz auf mich verlassen!" – Zu ihr sagte ich: „Ist das so, bist du gefallen?" – Ja, ja, geh nur, sagte sie leise, ich bin nur leicht verletzt, und Randolf kriegt das schon in den Griff! Er hat mir schon öfters mal geholfen, seitdem ich allein und in Not bin! –

Etwa eine halbe Stunde danach sah ich sie wieder aus der Scheune herauskommen, krank sah sie nicht aus, aber etwas verlegen strich sie sich ihren Rock glatt, ansonsten strahlte sie Zufriedenheit aus!

Guck nicht so, sagte sie zu mir, wer kümmert sich sonst schon um mich? – Wir alleinstehenden Frauen müssen da schon sehen, wie wir mit uns fertig werden, wer greift uns da schon mal unter die Arme? – Und wer hilft mir bei der Feldarbeit und so!? – Ja, recht hatte sie, und ich hatte doch Margot, aber vielleicht müßte man da schon auch mal aushelfen!? – Und so alt ist sie ja auch noch nicht, gerade erst Anfang vierzig ist sie erst!

Studienzeit

Mit der Ehe und mit dem Kind hatte ich nun eine große Verantwortung übernommen, das kam mir jetzt erst richtig zu Bewußtsein. Ich erinnere mich noch daran, daß ich eines Nachts im Bewußtsein dessen geweint habe! – Ich verdammter Schwächling, ich! (Ich war schon zwanzig Lenze alt!) – Aber ich ließ mich nicht unterkriegen, ich schmiedete Pläne, wie ich beruflich weiterkommen konnte, um meine Familie einmal besserstellen zu können. Da gab es nur eines, nämlich dazulernen, lernen und studieren! – Von zu Hause hatte ich, zumindest was die Initiative anging, nichts zu erwarten, denn sie hatten diesbezüglich keine eigenen Erfahrungen. – Zufällig las ich in der Tageszeitung, daß in Weimar eine Fachschule für das gestaltende Handwerk eröffnet werden sollte, und daß sich Interessenten melden möchten. – Das waren diesbezüglich die ersten Gehversuche in der damaligen Ostzone, wieder Bildung, Weiterbildung zuzulassen. Hoch- oder Fach-Ingenieurschulen waren noch nicht erlaubt. Ich bewarb mich dort, und da ich keine höhere Schulbildung hatte, mußte ich eine Aufnahmeprüfung ablegen, welche ich auch bestand. Wie ich später feststellte, hatten sich da alle möglichen Leute beworben, auch solche, die aus politischen Gründen in ihren eigentlichen Berufen keine Chance mehr hatten. Wie beispielsweise Studienräte und so. Für uns weniger Gebildete war das aber auch ein Vorteil, wie umgekehrt natürlich auch, denn wir lernten einer vom anderen. – Der Studienrat beispielsweise gab uns abends Nachhilfeunterricht in Mathe, Physik und Chemie und wir halfen ihm in praxisbezogenen Fächern!

Die Organisatoren dieser Schule waren ehemalige Dozenten von verschiedenen früheren Baufach- und Hochschulen. – Zwei Jahre Ganztagsunterricht und abends noch Nachhilfe, das schaffte uns ganz schön! – Viele haben vorher die Segel gestrichen, aber ich wollte es wissen, ich hielt durch!

Obwohl es in Weimar auch schöne Frauen gab, ließ ich mich nicht aus meinem Takt bringen, zumindest nicht so schnell, mein Ziel war die Weiterbildung, die fachliche Weiterbildung stand für mich im Vordergrund. Daran konnte die hübsche Blondine, die mir jeden Morgen auf der anderen Straßenseite begegnete, gar nichts ändern! Sie ging in entgegengesetzter Richtung, und ihre hellblau strahlenden Augen schauten mich immer an, dabei zeigte sie ihre weißen Zähne und hatte immer ein Lächeln auf ihren Lippen! – Ach was, sie schaute mich gar nicht an, sie schaute nur zu meiner Straßenseite und durch mich hindurch, das war mir nach längerer Zeit völlig klar, wie konnte ich mir nur was anderes einbilden!? – Trotzdem drehte ich mich immer nach ihr um und schaute ihr nach! –

Tante Luise hatte mich freundlicherweise bei sich aufgenommen, sie hatte für sich allein eine relativ große Wohnung, so daß außer mir auch noch meine Cousine Hanchen da wohnen konnte, sie ging auch in Weimar auf eine Haushaltsschule. Sie, die Cousine, war schon achtzehn Jahre alt und sah trotzdem ganz gut aus! Wir sahen uns meist nur morgens und abends, immer war schon einer von uns im Badezimmer, und immer lief sie mir kaum bekleidet über den Weg. Ein Leibchen hatte sie an, ja und ewig war es in Bewegung! In den Fingern juckte es mir, konnten denn die zwei „Händevoll" nicht stillhalten, wenn sie sich an mir vorbeidrängelten!? – Zu wessen Glück auch immer, Gott sei Dank hatte ich da gerade immer was anderes in den Händen! –

Nun, die Nachhilfestunden bezahlte ich immer mit Brotmarken, wie ich auch andere Dinge mit Lebensmittelmarken bezahlte, denn ich brachte mir meine Hauptnahrungsmittel immer von meinen Wochenend-Heimfahrten mit. Mittags aß ich in der Kneipe neben der Schule, in dem „Fuchsbau", entweder es gab Graupensuppe mit Fleischeinlage, Treppenspringer hießen die Graupen, und Mehlwürmer waren die Fleischbrocken darin. Oder es gab Pellkartoffeln mit Rote-Beete. Ja, ich habe das wirklich gegessen, so wie manch anderer auch, es hat zwar oft große Überwindung gekostet, aber da mußte man durch. Von zu Hause konnte ich an Geldmitteln nicht allzu viel erwarten, da war ich mit einem kleinen Taschengeld, dem Fahrgeld und dem Schulgeld von dreihundert Mark pro Semester schon zufrieden! Die Schwiegereltern hatten ja die Aufgabe übernommen, während meiner Studienzeit meine Familie mitzuernähren. – Ja, und trotz all dieser Einschränkungen war ich rundum zufrieden mit meinem Dasein, und ich freute mich immer sehr auf das gemeinsame Wochenende mit Margot und Klein Peterle! Zu all den Strapazen in Weimar kam dann noch dazu, daß Tante Luise für mich auch ein Theater- und Opernabonnement abgeschlossen hatte. Natürlich hatte ich da hinzugehen und etwas für meine Allgemeinbildung zu tun! Wenn ich nur nicht immer so abgearbeitet gewesen wäre, wie oft bin ich da eingeschlafen! – Mir blieb aber auch nichts erspart! – Auch meine Blondine nicht! –

Ja, da stand sie plötzlich vor mir, mir direkt gegenüber im Foyer des Theaters, und was glauben Sie, was sie nicht hatte und nicht tat? – Sie schaute mich nicht mit ihren blauen, sondern mit ihren grünen Augen an! – Hallo! – Ja, so ein Zufall, nicht wahr? Wir kennen uns doch, ich meine, ich freue mich, Sie kennenzulernen! – Oder, Sie doch auch?! – Ja, sagte ich, eigentlich kennen wir uns schon mindestens ein Jahr, so vom weiten, meine ich, oder?! – Nun, das Eis war gebrochen, sie hakte sich unter, du gestattest doch, und dirigierte mich hinaus ins Freie und sagte: „Ich schlage vor, wir gehen ein wenig im Goethe-Park spazieren. Bei so einem lauen Sommerabend. Unser Sommernachtstraum könnte es werden, wenn du es willst? Willst du? – Na ja, da wollte ich es eben auch. – Als ich nickte, blieb sie stehen, und wir schauten uns tief hinein in unsere Augen, und gut küssen konnte sie auch! – Und dann saßen wir beim Mondenschein der Länge nach auf ihr, obwohl die Bank sehr hart war, war sie doch weich und geschmeidig. Und sie konnte lieb sein, vor allem, solange ich hart blieb! –

Wir unterhielten uns noch lange und gingen dann auseinander, und das dann auch für immer! – Nein, nein, einen verheirateten Mann, nein, das wollte sie nicht, nie in meinem Leben, gebe ich mich einem verheirateten Mann hin! – Nie mehr in meinem Leben! – Das waren ihre letzten Worte. –

Als Abschluß, nach den zwei Jahren, konnte man die Meisterprüfung ablegen, jeder in seinem erlernten Fach natürlich, und natürlich wurde da auch schon mal ein

Auge zugedrückt, denn was für eine Meisterprüfung sollte ein Schulmeister schon ablegen!? – Auch ich konnte es nur mit einem sogenannten Bakschisch erreichen, denn mir fehlten die vorgeschriebenen Gesellenjahre und das Alter! – Aber die Frau Herr Oberregierungsrat war schon darauf vorbereitet! Ihr Gatte nämlich war von der Handwerkskammer bestallt worden, dafür zu sorgen, daß da alles mit rechten Dingen zuging! Na, und was Ordentliches zu essen, ja, ja, das geht schon in Ordnung! – Also legte auch ich meine Meisterprüfung ab, mit „gut" bestanden, war recht gut. Den offiziellen Brief erhielt ich aber erst, als ich dreiundzwanzig war.

Viele meiner Mitstreiter gingen anschließend zu einer Bauingenieursschule, die inzwischen wieder eröffnet worden war. Der Schulbesuch in Weimar wurde bei gutem Abschluß mit vier Semestern angerechnet. Ich war jetzt durch meine frühe Heirat zum ersten Mal im Nachteil, denn das konnte ich finanziell nicht verkraften, ich konnte es auch meinen Eltern und Schwiegereltern nicht mehr zumuten, meine Familie länger zu versorgen, da war ich dummerweise eitel! –

Ich mußte jetzt erst einmal wieder Geld verdienen, wie und womit auch immer. Dazu hatte ich zwei Möglichkeiten: Erstens, ein Baugeschäft zu eröffnen, wozu ich ein Gewerbe und Geld benötigte, und zweitens, irgendwo bei einer Behörde oder in einem Industriebetrieb eine Anstellung als Techniker zu bekommen. – Ich bewarb mich sofort in beiden Richtungen, ich beantragte ein Gewerbe bei der Kreishandwerkskammer und bewarb mich gleichzeitig in mehreren Betrieben und beim Kreisbauamt als technischer Angestellter. Es dauerte und dauerte, bis ich endlich von ein paar Firmen eine Antwort bekam und auch zu Vorstellungsgesprächen eingeladen wurde. Diese Gespräche schienen meist positiv zu verlaufen. Als dann aber immer die Frage gestellt wurde: „Sind Sie politisch organisiert?" – Aber ja, war dann meine spontane Antwort, ja, ich bin Mitglied der CDU! – So, aha, so, so, ja, das ist ja schön. – Ja, Sie hören bald von uns! – Auf Wiedersehen! – Sie meinten auf Nimmerwiedersehen, denn die Absage folgte dann auf dem Fuße! Irgendwann begriff ich, daß ich wohl doch in der falschen Partei war! – Ich wußte, daß es in der Westzone besser war, das heißt, ich dachte es, und genau im richtigen Augenblick kam der „kleine Hans" aus Marburg zu Besuch, er studierte da Volkswirtschaft, und er sagte: „Knuth, du kommst mit nach dem Westen, hier bei den Kommunisten gehst du nur vor die Hunde!" – Damals war es noch relativ einfach, die Grenze zwischen Ost- und Westdeutschland zu überqueren, man mußte nur jemanden kennen, der sich da auskannte, und vielleicht einem Grenzgängerhelfer ein paar Mark geben. Ja, es war im November 1948, kurz nach der Währungsreform. Unser Ostgeld galt im Westen absolut nichts mehr! Ich besprach mich mit Margot, und sie willigte ein, daß ich mit Hans nach dem Westen ging, schwarz, natürlich, was anderes gab es nicht. Ich packte mir einige Porzellanfiguren und Spiralbohrer ein, in der Hoffnung, diese im Westen gut verkaufen zu können, und fuhr mit Hans nach Warta an die Grenze. Das ging so weit auch gut, und wir trennten uns vorher. Hans ging ganz offiziell durch den Schlagbaum, er war ja „Westdeutscher", und ich verschlug mich in die Büsche, um schwarz über die Grenze zu gehen. Danach wollten wir uns am westlichen Schlagbaum wieder treffen! – Mein Grenzübertritt war nicht so einfach, wie ich es gedacht hatte, erstens war da eine mehrere hundert Meter lange und etwa zehn Meter hohe Mauer, und überall waren Russen und ostdeutsche Polizei, die mich alle scheel anschauten. Daß sie mich nicht angesprochen haben, das verstehe ich heute noch nicht! Ich lief also auf der Straße immer an der bewußten Mauer entlang, und hinter mir hörte ich ein paar Russen, die sich miteinander unterhielten und ich traute mich nicht, mich umzudrehen. Jede Sekunde rechnete ich damit, daß sich die bewußte Hand auf meine Schulter legen würde und die Worte „Stoi! – rucki wers" zu hören sein würden! Was „Halt, Hände hoch" bedeutet hätte! – Aber plötzlich waren die Stimmen weg, weg, wie weg! – Ohne mich umzudrehen und auf jede Gefahr hin, kletterte ich dann den steilen Hang hoch, nachdem die lange Mauer endlich zu Ende war! – Nichts geschah, kein Knall! Ich lief nun zurück, was ich konnte, immer im Walde, entlang der Grenze, und als ich dann vor dem Grenzzaun stand, war da auch schon ein Loch darin, sicher für mich extra gemacht! – Ich lief weiter, und beinahe wäre ich in ein tiefes Loch gefallen, ich konnte mich gerade noch an einem Strauch festhalten und wieder hochziehen! – Oh Gott, ich danke dir! – So! Das war geschafft! Ich traf Hans, wie verabredet, er kannte den West-Grenzoffizier, einen ehemaligen Freund aus dem Kriege, und wir fuhren mit einem Laster nach Bebra zum Bahnhof. Hans hatte Fahrkarten gekauft und ging noch mal aus, um an einem Kiosk eine Zeitung zu holen. – Als er zurückkam, hatten sie mich schon geholt, aus dem Zug nämlich, und diesmal war es die Westpolizei gewesen. Warum auch nicht, hatte ich doch keinen gültigen Paß, nur einen DDR –, nein, einen Ostzonenausweis, und dazu noch einen, der schon ein halbes Jahr ungültig war! – Wer schaute damals schon auf seinen Ausweis, ob der auch noch gültig war. – Am nächsten Morgen sahen wir uns wieder, nämlich im Polizeigefängnis von Rothenburg, vor dem Schnellrichter. Na ja, da Hans wohl schon alles arrangiert hatte, sagte der Richter: „Seien Sie ruhig, wenn ich sage, zwei Tage Haft, dann ist das schon das Beste für Sie! Im übrigen können Sie gehen, Ihr Vetter wartet schon auf sie!" – Wegen illegalen Grenzüberschritts war ich, so wie viele andere, verurteilt worden! –

Jetzt hatte ich ein amtliches Stück Papier und konnte mit Hans weiter nach Marburg fahren.

In Marburg lief dann aber alles nicht so, wie Hans es in Aussicht gestellt hatte. Erstens fand ich keine Arbeit, da der Winter vor der Tür stand, und zweitens konnte ich meine Mitbringsel nicht an den Mann bringen, obwohl ich regelrecht damit hausieren ging. Ja, Spiralbohrer können wir gebrauchen, sagte man mir in einer Schraubenfabrik, aber nur Linksbohrer! – Kein Geld hatte ich auch nicht, dieweil Hans auch keines hatte. Jede Zigarette mußte ich schnorren, und da Hans nur selten nach Hause kam, wußte ich nicht, wie ich mir die Zeit vertreiben sollte. – Ins Ruhrgebiet müssen sie gehen, da ist mehr los als hier in der Provinz, sagte man mir. – Ja, aber wie dahin kommen, wo ich doch kein Geld hatte!? So schlenderte ich an den Abenden durch die Straßen und schaute mir die vollen Schaufenster sehnsüchtig an. Und da ich mir ohnehin nichts kaufen konnte, schweiften meine Gedanken immer öfter nach Orba ab, zu Margot und Peter, und meine Stimmung sank von Tag zu Tag! Ich machte mich mit dem Gedanken vertraut, wieder heimzufahren, so schön schien mir der „Goldene Westen" nun auch wieder nicht zu sein! – Ich kam mir sehr verlassen vor, und durch das Fehlen des nötigen Kleingeldes war ich aktionsgehemmt und konnte nicht viel unternehmen. Inzwischen hatte ich einen meiner mitgebrachten Porzellanvögel an einen Ami verkauft, na, sagen wir, verschleudert, und ich leistete mir einen Kinobesuch. An der Kinokasse begegnete ich ganz unerwartet Lisoth! Sie war in Marburg als Krankenschwester tätig, wie sie mir erzählte. – Ja, was machst du hier, Knuth? Wie freue ich mich, dich mal wiederzusehen! – Von ihr erfuhr ich, daß Ursel inzwischen verheiratet sei und schon zwei Kinder habe. Ihren übrigen Geschwistern und den Eltern ginge es gut, sie leben alle noch in Ostdeutschland, schloß sie ihren Kurzbericht. – Wie ich sehe, willst du auch ins Kino gehen, komm, laß uns zusammensitzen, da kannst du mir auch von dir berichten. – Lisoth war als Kind zwar schon immer etwas pummelig gewesen, aber jetzt hätte man fast zwei Frauen aus ihr machen können, dabei sah sie aber gut aus, und ihr hübsches Gesicht und ihr freundliches Lächeln gefielen mir, außerdem war sie gut angezogen, so daß man sich ihrer nicht zu schämen brauchte! –

Nachdem ich ihr von meinem trübseligen und erfolglosen Dasein in Marburg erzählt hatte, lud sie mich nach dem Kinobesuch in ein Café ein (was ich nicht abschlug), und wir unterhielten uns sehr angeregt. Wir tauschten alte Erinnerungen aus und tranken einiges dabei. Anschließend sagte sie: „Komm doch noch eine halbe Stunde mit zu mir, ich wohne gleich hier um die Ecke!" – Eigentlich war ich müde, und nach dem doch reichlichen Weingenuß wäre ich am liebsten nach Hause gegangen. Auf ein Abenteuer war ich ohnehin nicht aus, wo ich doch glücklich verheiratet war. Aber da sie mich so lieb bat, wollte ich nicht unhöflich sein, und was war schon dabei? – Sie hatte ein hübsche kleine Wohnung, die mir auf Anhieb gefiel. Setz dich hier in den Sessel, sagte sie und holte gleich zwei Weingläser und eine Flasche Wein dazu und bat mich, die Flasche zu öffnen. – Sie wolle sich nur ein bißchen frischmachen und etwas bequemer zurückkommen, sagte sie noch, und weg war sie!

Relativ schnell, für eine Frau, kam sie zurück, und ich war ganz fasziniert von ihrem Aussehen, sie hatte ihr Haar, welches sie sonst als Zopf trug, aufgemacht und über ihre Schultern hängen, dazu trug sie ein dreiviertellanges weißes Tüllkleid, durch das ihre Haut schimmerte und auch ihre Formen zu erkennen waren. Sonst hatte sie nur noch ein Paar hübsche Pantöffelchen an. Das dazugehörige Höschen hatte sie in der Eile sicher ganz vergessen, was mich aber nicht weiter störte! Sie kam auf mich zu und setzte sich mir mit angezogenen Knien direkt gegenüber. Zuvor hatte sie das Deckenlicht ausgemacht und eine Stehlampe eingeschaltet, welche auf den Boden unmittelbar zwischen uns beide schien, so daß wir nicht geblendet wurden, aber doch auch so, daß ihr Blickfang voll zur Geltung kommen konnte! – Ja, sagte sie dann, na, wie gefalle ich dir? –

Obwohl Lisoth ziemlich dick war, nein, sie war nicht fett, hatte sie dabei doch eine gute Figur!

Dann öffnete sie ihre Lippen ein wenig, wie ein Karpfen, der aus dem Wasser schaut, öffneten und schlossen sie sich! Es war herrlich anzuschauen, wie die mich umwarben! Solche großen, wulstigen und schönen Lippen hatte ich noch nie so direkt vor meinem Blick gehabt! – Na, wie gefällt dir das? flüsterte sie. – Dieser große aufgesprungene Pfirsich? fragte ich zurück. – „Zum Reinbeißen" antwortete ich ganz spontan. – „Prost", sagte sie und stieß mit mir an. „Na, tu's doch! – Ich mag das doch!" – Ja, sie mochte das, aber sie mochte auch noch mehr, und sie verstand es dann auch, mich in die Enge zu treiben!!! – Zu guter Letzt war es, bei all ihrer Dicke, ihre Enge, die mir gefiel!

Wir verabredeten uns nicht, um unser Picknick zu wiederholen, es sollte einmalig bleiben! –

Nach etwa vierzehn Tagen Marburgaufenthalt entschloß ich mich, wieder nach Hause zu fahren! –

Aus der Traum vom Westen! – Hans schien es auch egal zu sein, wahrscheinlich war er froh, denn ich war ja doch nur eine Belastung für ihn! –

Über Phillipstal nach Vacha nahm ich meine Route, denn in Phillipstal war gerade Kirmes, wie ich erfahren hatte, und das konnte im Falle, daß ich beim Grenzübertritt geschnappt wurde, eine Ausrede für mich sein. Hinzu kam, daß man in diesem Ort in einen Zug einsteigen konnte, der aus der Ostzone durch die Westzone und direkt wieder in die Ostzone hineinfuhr. Es war ein Ostzonenzug, der in Phillipstal den Westen tangierte. In Vacha zunächst ohne Probleme angekommen, hielt ich mich ein wenig im Bahnhofsvorraum auf, leider ein wenig zu lange, wie sich bald herausstellen sollte! – He, sie da! – Wie? Meinen Sie mich, Herr Wachmeister? Ja, kommen Sie mal her, und zeigen Sie mir mal Ihren Ausweis! – Ja, hier bitte! – Sagen sie, wo kommen Sie denn her? – Aus Phillipstal, sagte ich, ich war bei meinem Onkel zur Kirmes, ganz sicher, daß das klappen würde! – Aber ich hatte die Rechnung ohne die Polizei gemacht, denn mein Ausweis machte da schon wieder nicht mit. Er hatte doch vergessen, sich verlängern zu lassen! – Also, da kommen Sie mal mit auf die Wache! – Los, ab geht's! – Scheiße! –

Nach kurzem Verhör wurde ich gleich eingesperrt, und obwohl ich dann noch einen ehemaligen Freund von Margot traf, der als Leutnant dort fungierte, wurde ich gleich als Spion eingestuft! Ich wurde verhört und verhört! – Was haben Sie in Ihren Stiefeln? – Ziehen Sie mal einen aus! – Ich hatte tatsächlich im Innenfutter des rechten Stiefels Geld versteckt und hob mein rechtes Bein, um diesen Stiefel auszuziehen. – Nein, den anderen bitte, kam sofort der Befehl! – Also, die zweihundert Mark waren schon mal gerettet und der Verdacht der Spionage nicht noch mehr erhärtet worden. – Ich wurde dann den Russen in Dermbach übergeben, die mich täglich und nächtlich immer wieder verhörten: „Du Spion!" „Du Schwinia". Das war jedes zweite Wort. – Endlich, nach drei Tagen, bei Wasser und rohen Möhren und im Massengrab auf Holzpritschen, ohne alles und zusammen mit Männlein und Weiblein über- und durcheinander, durfte ich gehen, das heißt, sie fuhren uns noch auf Lkws zum Bahnhof! – Wie gehabt! –

Übrigens war das Über- und Durcheinander bedingt durch zu wenig Liegemöglichkeiten, oder auch gewollt! – Jedenfalls konnte man ohnehin nicht schlafen, weil viele am Stöhnen waren, vor Schmerzen, oder vor lauter Lust! – Eingepferchte und

Gefangene sind auch menschliche Tiere! – Von meinem Ausflug in den „Goldenen Westen" war ich nun doch schneller zurückgekehrt, als alle Eingeweihten vermuten konnten, wenn überhaupt! – Ich war wieder frei! – Denn die Russen hatten mich wieder hergegeben, sie hatten mich nicht vorsichtshalber erstmal nach Sibirien verbannt, so wie manch anderen unschuldigen Germanski!

Zur Erinnerung sei noch mal kurz erwähnt, daß die Sowjetunion ja nach dem verlorenen „Zweiten Weltkrieg" den Osten des „Dritten Reiches" besetzt hatte und dabei war, das Land in einen sogenannten „Sozialistischen Staat" umzugestalten. Dazu war es notwendig, die Menschen, auch die „Nazis", umzuformen, ideologisch neu zu orientieren!

Alle Altkommunisten kamen aus ihren Löchern hervor, und mancher behauptete, schon immer Kommunist gewesen zu sein, da war doch eine neue Chance, da konnte man doch wieder vorne mit dabei sein!

In allen größeren Städten waren russische Offiziere als Stadtkommandanten eingesetzt worden, und die Führungspositionen der neuen Verwaltungen wurden mit vorgeschulten Leuten besetzt, die noch vor dem Krieg in die Sowjetunion emigriert waren oder in russischer Gefangenschaft eine „Kopfwäsche" absolviert hatten! –

Fachliche Qualifikation war nicht so wichtig, zu Anfang nicht, später merkte man, daß dies so nicht funktionierte, und nahm Umbesetzungen vor. Man fing an, diese Leute zu qualifizieren und umzuschulen, was jedoch nicht in allen Fällen mangels Masse gelang! –

Ausnahmen bestätigen wie immer die Regel! –

Na ja, da wurde dann die „DDR" gegründet, und die KPD und die SPD wurden zwangsverschmolzen zur „SED" (Sozialistische Einheitspartei Deutschlands) –

Margot und einige gute Freunde, die von meinem Trip wußten, darunter auch Lothar, der CDU-Dorfsekretär, er hatte mir ja noch ein politisches Zeugnis mit auf den Weg nach dem Westen gegeben, waren hocherfreut, mich wieder in ihrer Mitte zu haben! Natürlich hatte ich viel über den „Goldenen Westen", na, sagen wir mal, damals noch „Silbernen Westen", zu erzählen! – Ja, da ist doch auch nicht alles Gold, was silbern glänzt, war die einhellige Meinung! – Da wird dir nun auch nichts anderes übrigbleiben, als dich hier bei uns in der „Sowjetischen Besatzungszone" einzurichten! – Oder? –

Ja! – Da auch in meiner Abwesenheit keine positiven Reaktionen auf meine Bewerbungen eingegangen waren, mußte ich mir wieder was einfallen lassen!

Vorwort (Buch II)

Auch dieses Buch wird bezüglich seines Themas und seiner Mischung von Allgemeinheiten und Intimitäten in leichter Kost gehalten.

Warum muß man immer wieder das „Nullachtfünfzehn" praktizieren!? – Damit die Ehe bald zur Qual wird, die Partner sich nichts mehr zu sagen haben und sich mit der Zeit nur noch anöden!?

Die Phantasie ist meist auch vorhanden, und man denkt allenfalls mal darüber nach, aber keiner bringt den Mut auf, darüber zu reden. – Und ganz klar ist, daß der Partner doch dafür zuständig ist!

Würden denn so viele Eheleute fremdgehen, wenn dem nicht so wäre? – Sie tun es meistens auch ganz unbeabsichtigt und ungewollt, nur dem Triebe folgend und in einer Art von Trance. – Und wenn die Hemmschwelle überwunden wurde! So beispielsweise unter Alkoholeinfluß! –

Natürlich gibt es Paare, die mit weniger Sex, Erotik und Abwechslung auch zufrieden sind. Sie führen oft auch eine gute Ehe, zumindest nach außen hin! –

Generell nimmt die „Liebe" zweier Menschen zueinander ständig zu, wenn sonst alles stimmt, aber die Erotik und der Sex nehmen leider immer mehr ab! – Wenn man nichts dagegen unternimmt! –

Glückwunsch aber all denen, bei denen alles harmoniert, und denen, die rundherum zufrieden sind! – Auch mit dem bißchen „Sex"! –

Die in diesem Buch doch recht vielen Personen und Namen müssen Sie nicht verwirren, denn die von Bedeutung sind, sind bald wiedererkannt! Und wie schon gesagt, manches ist Phantasie und Dichtung! – Und fast alle Namen sind frei erfunden oder ausgeborgt! –

Der Umzug

Der Onkel Herbert von Margot, er war zu dieser Zeit der Oberbonze der SED in Orba, gab mir den „guten Rat", doch in die SED einzutreten, da hätte ich bestimmt bessere Chancen, eine Anstellung oder so zu bekommen!
Ob der wußte, daß ich Mitglied in der CDU war!? –
Nun, ich ließ es mir durch den Kopf gehen, ich schlief mit Margot die ganze Nacht hindurch und auch die folgenden Tage noch des öfteren. Und geschwächt wie ich war, tat ich¡s dann eben!

Ja, was sollte ich auch tun, fast ein halbes Jahr war ich schon arbeitslos, obwohl es so was in der DDR gar nicht gab, so was hatte es in einem sozialistischen Staat gar nicht zu geben! – Wo denken Sie denn hin!? –

Von der Handwerkskammer hörte ich auch nichts, es hing wohl damit zusammen, daß die Bestrebungen der „Partei", immer mehr „Sozialistische Produktionsgenossenschaften" zu gründen, mehr und mehr Form annahmen. – Da war man an der Gründung neuer privater Gewerbebetriebe sicher nicht mehr interessiert! Der Winter kam, und ich vertrieb mir die Zeit mit „Klein Peterle" und vor allem mit Großmargot. Zwischendurch baute ich Möbel für unsere künftige Wohnung. Unter Anleitung meines Vaters fertigte ich so nach und nach eine moderne Küche und ein Schlafzimmer. Man muß wissen, daß es damals so was nicht im Laden zu kaufen gab, es gab allenfalls alte gebrauchte Möbel, wenn überhaupt! – Ja, und was war nun eigentlich modern? – Ich hatte im Krieg, bei den Aufräumungsarbeiten oder wenn ich meine „Feldwebels" vertreten mußte, schon mal ein modernes Schlafzimmer kennengelernt! –

Also war Phantasie gefragt, für Vater war das neumodischer Kram. Heute würde man es schon als nostalgisch einstufen. Wie auch immer, die Zeiten ändern sich, die Mode schon lange! – Das Schlafzimmer hat übrigens so lange seine Dienste getan, bis meine Schwiegereltern in den 90er Jahren darin verstorben sind! – Sie erbten es nach unserer Flucht von uns!

Die Küche fertigte ich aus astfreiem Kiefernsperrholz und wunderschöner abgelagerter Lärche. Sie wurde in Natur belassen und bestand aus einem Küchenbüffet mit Aufsatzteil, einer Auszugspüle mit zwei Emailleschüsseln, einem Auszugtisch und vier Stühlen. Die Stühle waren mein Meisterstück, denn sie hatten geschweifte Rückenlehnen und schräg ausgestellte Füße. – Nur der, der was davon versteht, weiß was ich meine!

Das Schlafzimmer war natürlich auch modern, aber da es so viel schönes astfreies Holz nicht gab, mußte es gestrichen werden. – Das machte Erich der Mohr, der kreuzt später noch auf! Natürlich verstand Erich sein Handwerk, denn er war ja Malermeister und nicht nur Anstreichermeister.

Das Wohnzimmerbüffet ließen wir vom Dorftischler Alfred machen, es hatte auch ein Aufsatzteil, natürlich mit Glasschiebetüren, ganz modern zu dieser Zeit, und eichefourniert war es! – Es dauerte natürlich lange bei Alfred, bis es fertig wurde, dafür war es dann aber besonders dunkel ausgefallen, was uns gar nicht gut gefiel! – Bis wir uns daran gewöhnt hatten! – Leider blich es nicht aus, dafür steht es aber heute noch bei unserem Neffen in der „Kleinen Stube". – Nostalgie! –

Die Couch und zwei Sessel machte uns ein Sattler für einen großen Schinken und noch was dabei. Ich mußte ihm allerdings die Gestelle dazu fertigen, was auch nicht ganz so einfach war, denn die Armlehnen waren alle geschweift, wenn Sie wissen, was ich meine, und aus Buche noch dazu! –

Heinz, mein älterer Bruder, war nun 1948 auch aus der Gefangenschaft zurückgekehrt. In Frankreich hatte er sich herumtreiben müssen, erst in der Festung St. Nazaire und dann bei den Bauern, die auch noch kein WC kannten, wie er erzählte, nicht mal einen Donnerbalken wollten sie je kennengelernt haben, nein, einfach um die Ecke wurde da geschissen! – Sie, die „Fritzés", wie die Deutschen allgemein gerufen wurden, bauten sich ein „Grünes Häuschen" mit Grube im Garten, so wie es in Allemagne zum Teil auf dem Lande noch üblich war, natürlich mit einem Herzchen in der Tür, als Guckloch. Ein großer Nagel an der Wand mit Zeitungspapierstücken dran, diente zum, na ja, es war eben besser als die Finger! – Franzosens begafften das Ganze von weitem und waren sich zu Anfang wohl nicht im Klaren, wozu das Dings dienen sollte. Aber so nach und nach trauten sie sich immer näher heran, bis sie es dann wagten, sich mal hineinzubegeben! – Und siehe da, von fortan konnte man im Garten und hinter den Gebäudeecken wieder treten, ohne auf eine „Mine" zu treten!

Auf dem Heiratsmarkt in Zelle hatte er dann auch seine Kät gefunden, und spät in der Nacht, auf dem Heimweg nach Ewerschöwlich, war es dann mindestens drei- bis fünfmal passiert. – So weit war es schon, so um die acht bis zehn Kilometer, nämlich! – Ja, da konnte ein Mädchen schon fallen, mehrmals sogar, denn es war ja auch dunkel dabei, und Wald war da auch, und natürlich gab es da auch viele Steine zum Anstoßen! – Übrigens war der Heiratsmarkt ja extra dazu gemacht! – Jedes Jahr wieder, am Himmelfahrtstag (heute noch), wird er und es gemacht! – Vorher wird viel getrunken und noch vieler getanzt und geküßt! – Wie soll sonst jeder was Passendes finden? Mit klarem Blick und Verstand etwa!? – Ja, und da gibt es ja auch noch die Überwindung, die Hemmschwelle, meine ich!

Wie programmiert, der Erfolg stellte sich ein, es wurde dann „auch" hohe Zeit, genauso wie bei uns! – Es mußte geheiratet werden! – Es wurde eine schöne Feier, und ich vergesse sie nicht, denn es ging fröhlich hochher zu!

Ja, und obwohl auch Käts Brüder, drei davon hatte sie, aus dem Kriege und aus der Gefangenschaft nicht zurückgekehrt waren, ging es hoch her! – Übrigens kehrten sie alle nicht wieder zurück, die drei Brüder! –

Nun, zur Hochzeitsfeier war da auch ein mitteljunges Weib aus dem „Westen" da. Sie hatte Spaß daran, den ganzen lieben langen Tag ausgerechnet mit mir herumzuflirten, und ich habe mich dabei auch nicht ganz korrekt zugeknüpft verhalten, wie es sich wohl geziemt hätte! – Ich und der Ziemer hatten einfach Schwierigkeiten, ihr aus dem Weg zu gehen. Aber warum immer Suppe essen, wenn sich so ein Festtagsbraten immer wieder darbot!? Hinzu kam, daß dieser Braten schön knusprig und hübsch auch noch war. Gar nicht erwehren konnte ich mich vor dem festen Prallen und der straff gewölbten Bluse, immerfort waren sie mir im Wege, laufend stieß ich mich daran! – Die Bluse war schön, schön durchsichtig nämlich war sie, und der BH war gar keiner, nur so ein Heber war das, nur ein großes Loch mit Stoff drumherum, und mittendrin standen sie! Das konnte man doch sehen, alle schauten hin! Ich manchmal auch! Die lebten so richtig und schauten heraus, hart und spitz schienen sie zu sein, so wie ich! – Na, und der Rock erst noch, den sie anhatte, ein Petticoat sei das, sagte sie, das sei jetzt „Drüben“ große Mode. Ja, das war erst ein Ding, der war noch kürzer als kurz, da konnte man ja bis ans Ende der Welt sehen! – Dazu gehörte ein Unterrock, der war aus weißer oder auch andersfarbiger Spitze, und der war so stark gestärkt, daß der ganze Minirock waagerecht stand, dadurch wurde er natürlich noch mehr kürzer als kurz!

Als sie es fertiggebracht hatte, mich am Nachmittag, nach dem Kaffeetrinken, allein mit ins Grüne zu nehmen, mit mir „spazieren“ gehen zu wollen, wie sie so lieb sagte, daß sogar Margot nichts dagegen hatte, hatte sie sogar gar keine Strümpfe an, nur das kleine Schwarze hatte sie drunter. – Doch, doch, sie hatte schwarzes Haar! – Zuvor hatte sie mich am Kaffeetisch noch geküßt, außer mir hat das niemand gemerkt, denn raffiniert, wie sie nun mal war, hatte sie die Kuchengabel unter den Tisch fallen lassen. Natürlich saß sie mir direkt gegenüber. – Gequetscht hat sie „sie“ mir auch noch dabei, das war natürlich volle Absicht! Ich lief dabei rot an – auch im Gesicht – und konnte nur mit Mühe einen Schrei unterdrücken! – Zum Abendessen saß sie wieder links neben mir, war doch klar, und da sie nur Salat und fertige Schnittchen aß, hatte sie die eine Hand an meiner Seite völlig frei. Plötzlich war sie Linkshänderin, denn sie brauchte ihre Rechte für andere wichtige Aufgaben! Nämlich, mir in meiner Hostentasche herumzufummeln! – Nein, nach Kleingeld suchte sie nicht darin, sie war dabei, mir das Taschenmesser zu öffnen! –

Wir aßen und tranken solange, bis wir nicht mehr konnten. Nach dem Essen wurde dann auch getanzt, mit Polonäse und Ringelreihen und so, das machte Elviera sehr viel Spaß, natürlich auch fast allen anderen daran Beteiligten. Geküßt und gedrückt wurde in großen Mengen. Vor allem die Damen waren laut am Quietschen, besonders, wenn die Poly mit den Händen so unten dazwischendurch vonstatten ging. Die Männer waren alle bestrebt, hinter Elvie zu sein, war da doch die größte Möglichkeit aller Möglichkeiten zu erwarten! –

Zu später Stunde, nein zu früher Morgenstunde, war es dann soweit, uns alle in die Betten zu verfrachten. Und nach dem vielen Alkoholgenuß war es scheinbar auch kein Risiko mehr, wer da wohl mit wem im Zimmer schläft, es mußte ja auch zusammengerückt werden! – Der Zufall wollte es, oder aber auch der Nichtzufall hatte es so arrangiert, daß Margot und ich zusammen mit Elvie in ein Doppelbettzimmer verfrachtet wurden, und da wir, wie schon gesagt, alle ziemlich blau waren, war da auch gar keine Gefahr angezeigt, von wegen wer da wo schläft! – Das Sicherste für die Frauen schien es zu sein, mich in die Mitte zu packen! So konnte ich nicht aus dem Bett fallen und auch die Orientierung gar nicht erst verlieren, denn sie hatten mich immer richtig im Griff!

Am nächsten Morgen, äh, es war schon Mittag, sah sie mich ganz glücklich und zufrieden an! – Margot sagte, sie habe wie eine Tote geschlafen und nichts gehört und gesehen. – Ich auch!!!

Ende März 1949 bekam ich ganz unerwartet eine Aufforderung vom Staatshochbauamt aus Rudolfstadt. – Zur Vorstellung wurde ich gebeten! – Das Kreisbauamt, bei dem ich mich beworben hatte, hatte meine Bewerbung dorthin weitergeleitet, weil sie momentan keine freie Planstelle hatten.

Nun, ich fuhr mit dem Zug von Rottmich nach Rudolfstadt. Bis Rottmich hatte ich allerdings einen Fußmarsch von rund einer dreiviertel Stunde durch Wald und Flur zurückzulegen!

So stellte ich mich dann dort vor! – Und stand dann vor ihm, vor dem Regierungsbaurat, „oh Gott", den kannte ich doch, und „oh, ihr Götter", der kannte mich auch! – Als CDU-Mitglied kannte der mich nämlich! – War er doch der Kreisvorsitzende von dieser Partei. Irgendwann mußten wir uns wohl mal begegnet sein. – Nachdem ich mich von meinem ersten Schrecken erholt hatte, war nun schon alles egal, ob mit oder ohne Glied! Gleich nach der Begrüßung sagte er: „Sind Sie nicht der Knuth Paulsen, der sich vor ein paar Wochen aus meiner Partei abgemeldet hat!? – Ja, ja! – stotterte ich, ja, jawohl, das, der bin ich! – Herr Naumann!

Aber es sollte noch schlimmer kommen, denn am Besprechungstisch saß da noch einer, der mir auch bekannt vorkam, es war der zweite Vorsitzende der von Gott und mir verlassenen Partei, es war das „Kreisratsmitglied, der Herr Wollovsky". – Und noch ehe er mich richtig begrüßt hatte, sagte er: „Ja, Herr Paulsen, was wollen Sie nun eigentlich, wollen Sie hier beim Staatshochbauamt anfangen, oder wollen sie sich selbständig machen? – Gestern erst habe ich Ihrem Gewerbeantrag zugestimmt!"

So'n Scheißspiel, ging es mir durch meinen Kopf, erst gar nichts und nun alles auf einmal! – Wie ein begossener Pudel kam ich mir vor, ich schien mich etwas zu schämen, und man konnte es mir wohl auch ansehen! – Ja, fing ich wieder zu stottern an: „Wenn es möglich ist, dann möchte ich doch lieber hier im Staatshochbauamt als Technischer Angestellter anfangen, denn für das andere fehlt mir noch das Anfangskapital."

Jetzt mischte sich Herr Naumann ein und fragte mich, ob ich was von „Statik" verstehe? – Ja, antwortete ich, wenn sie nicht gerade was Kompliziertes und Ausgefallenes verlangen! –

Also gut, wenn das so ist, können Sie morgen schon anfangen! – Sie müssen wissen, daß wir etwas „älteren" Techniker da nicht mehr so sattelfest sind, und wie sie wissen, wenn man da erst wieder raus ist, der Krieg und so, na sie verstehen schon!? – Für den Anfang bekommen Sie die Besoldungsgruppe „Sieben", das sind, – warten Sie – ja, das sind zweihundertsechsundneunzig Mark brutto, dazu kommt dann noch Wohnungs- und Kindergeld. – Haben Sie Kinder? – Ja, antwortete ich „ein Kinder!"

Eine Wohnung, eine Staatswohnung, bekommen Sie auch, das heißt, einen Teil von einer Wohnung bekommen Sie zugeteilt, denn unsere Wohnungen sind sehr groß, und soviel Wohnraum steht Ihnen nicht zu mit Ihrer „Einkinderehe"! Allerdings schießen die Preußen auch bei uns nicht so schnell, denn Sie können erst in etwa einem Jahr mit dem Einzug rechnen! – Auch wir haben Wartelisten, Sie verstehen!? – Einverstanden, Herr Paulsen? – Und das mit der „Fahnenflucht" vergessen wir erst einmal, ein Kommunist sind Sie allemal nicht! – Auch einverstanden, Herr Kollege, fügte er noch hinzu und blickte Herrn Wollovsky an. – Ja, sagte der, da gratuliere ich auch! –

Und ob „ich" einverstanden war, ich konnte es noch gar nicht fassen! – Natürlich bedankte ich mich herzlich und verabschiedete mich. – Fast taumelnd verließ ich das Zimmer!

In freudiger Stimmung traf ich gegen Abend wieder Zuhause ein und erzählte, was mir widerfahren war. Margot und unsere Eltern freuten sich, daß für uns nun bald normale Verhältnisse einkehren würden, und wir berieten gemeinsam, was nun alles noch zu tun sei, bis wir nach Rudolfstadt umziehen konnten. Für mich bedeutete das Aufstieg, ein ganz neues Leben stand vor mir, natürlich auch vor meiner ganzen Familie! –

Hoffentlich war das mit unserer „Verknackung" ins Reine gekommen, denn Walter Ulbricht, der Oberkommunist, hatte anläßlich der Gründung der DDR doch eine Amnestie erlassen, in die wir, Gerald und ich, mit hineinpaßten! –

Wir hatten nämlich, wie das zu dieser Zeit fast Gang und Gebe war, im Winter 1946/47 etwas geklaut und uns dabei erwischen lassen! –

Nun, das war so: Gerald, der als Schmied gelernt hatte, war in dem Betrieb beschäftigt, in dem ich kurz nach dem Kriege die hochwertigen Maschinen mit verpakken mußte. Er war gerade dabei, sich zu Hause, im ehemaligen Pferdestall, eine eigene Schmiede einzurichten, und da es, wie schon gesagt, ja nichts zu kaufen gab, mußte er sich das Nötige dazu eben organisieren „englisch einkaufen"! – So nannte man das damals! – Eines Tages sagte er zu mir: „Hör mal, Knuth, kannste mir mal helfen? – Ich habe da im Kiezertal an der Rinne etwas liegen sehen, das will ich heute abend, wenn's dunkel ist, holen!" – Ja, und was soll ich dabei, fragte ich zurück? – Ach, du brauchst nur Schmiere zu stehen, das andere mach ich schon! – Was konnte ich schon sagen, natürlich helfe ich dir, Schwager. Als es zu dämmern begann, zogen wir dann los, nichts Böses ahnend! Gerald hatte einen leeren Rucksack bei sich!

Am Tatort angekommen, er befand sich an der Reichsstraße 88 hinter einer Hecke und einem Bach, sagte mein Schwager: „So, du bleibst hier auf der Straße und paßt auf, daß keiner kommt, und ich hole das Ding, das „einer" da drüben an der Mauer versteckt hat!" Als er durch die Hecke verschwunden war, hörte ich jemand des Weges kommen, da es mittlerweile aber schon dunkel geworden war, konnte ich aber nicht erkennen, wer es wohl war. Ich warnte Gerald und tat dann so, als würde ich mir die Schuhe zubinden. Eine Frau ging an mir vorüber und schaute mich an, aber plötzlich war sie von der Bildfläche verschwunden! –

Inzwischen war Gerald mit dem „Ding" und seinem Sack wieder aufgetaucht und sagte: „Komm, laß uns abhauen, es ist alles gutgegangen!" – Seelenruhig gingen wir auf der Straße entlang in Richtung Heimat. – Von wegen, alles gutgegangen! – Ganz plötzlich stand er vor uns! – Ein Mann! – Wie aus den Wolken gefallen, schien er zu sein! – Halt! Wache! Kontrolle! – Stehenbleiben! –

Ja, was war das denn, wo kam der bloß her? – Wie Schuppen viel es mir von den Augen! – Natürlich! Die Frau und das Wachhäuschen da an der Straße! Hau ab! Sagte ich zu Gerald, den übernehme ich schon! – Er begriff und haute sofort ab, er rannte, daß die Funken nur so stoben! – Und ich begann den Wachmann zu bearbeiten, ihn kampfunfähig zu machen! Zeit, darüber nachzudenken, was jetzt zu tun war, hatte ich keine, ich dachte nur, so schnell wie möglich von hier zu verschwinden und für Gerald einen Vorsprung zu gewinnen. Ich bearbeitete diesen „Feind" mit meinen Fäusten wie ein Irrer und versuchte, so schnell wie möglich wegzukommen, aber der ließ mich einfach nicht los! Der Irre wehrte sich nicht einmal, sondern er hielt mich einfach nur fest! – So nebenbei hörte ich eine Frauenstimme „Polizei! Kommen Sie schnell, da ist einer, der bringt meinen Freund um!" – Wie? Polizei, jetzt aber nur weg von hier, dachte ich. – Aber wie nur, wenn der mich doch nur loslassen würde, der Idiot! – Irgendwie gelang es mir dann, von ihm loszukommen, und dann rannte ich davon! – Hinter mir hörte ich schon ein Auto kommen, die Polizei, dachte ich, und ich rannte um mein Leben!

Mir ging die Puste aus, hatte ich doch bei der Prügelei schon viel Energie verbraucht, und nun, da ich von der Straße abgebogen war, ging es einen steilen Hang hinauf, den ich aber nicht mehr schaffte, denn die ausgeruhten Polizisten hatten mich eingeholt! – Scheißspiel, was nun!?

Mitgenommen, abgeführt, sozusagen, haben sie mich! Und nach einem kurzen Verhör wurde ich in den Kohlenkeller unter dem Rathaus in Königstadt gesperrt. Entweder gab es damals noch keine richtigen Zellen dort, oder der „Räuberhauptmann", ein halber Verwandter meiner Schwiegereltern, wie sich später herausstellte, wollte mir das ersparen!?

So gegen Mitternacht bekam ich dann Gesellschaft, na, wen schon? – Mein Schwager wurde mir als Gesellschafter beigegeben. Wir tauschten uns aus, wir informierten uns darüber, was jeder ausgesagt hatte, und da ich ohnehin nicht genau wußte, was wir eigentlich geklaut hatten, und Gerald das corpus delicti unterwegs in den Straßengraben geworfen hatte, wurden wir dann am nächsten Morgen entlassen. – Auf dem Heimweg, über Nacht hatte es zu unserem Glück geschneit, deshalb hatten sie „es" nicht gefunden, nahmen wir das „delicti" mit nach Hause!

Sie führten eine Hausdurchsuchung erst durch, nachdem Gerald Haus und Hof dazu „hergerichtet" hatte! – Natürlich fanden sie nichts! –

Noch als ich in Weimar studierte, war die Verhandlung, und weil ich der ältere war, sozusagen der Hauptverbrecher, bekam ich ein halbes Jahr auf Bewährung und mein Schwager vier Wochen Jugendstrafe, auch auf Bewährung, aufgebrummt! – Basta! –

Was hat mich das an Nerven gekostet! – Wenn das in mein Führungszeugnis kommt! Meine ganze Karriere ist zum Teufel, waren meine Gedanken! – Ich danke dir, „Lieber Gott Walter", für deine Amnestie! – Heil Moskau! – Mein Schwager war inzwischen in die Volkspolizei eingetreten. – Nachdem ich nun im Staatshochbauamt angefangen hatte, mußte ich jeden Tag morgens und abends eine dreiviertel Stunde zu Fuß nach Rottmich laufen. – Im Sommer und Winter, bei Wind und Wetter, Nacht und Nebel, bei Eis und Schnee, versteht sich! – Wie oft mußte ich mir im Amt die Schuhe und Strümpfe an der Heizung trocknen! – Was war ich doch ein Glückspilz! Nein, ich war nicht sauer, ganz und gar nicht! Damals war es noch ganz normal, daß man zur Arbeit weit laufen oder mit dem Fahrrad fahren mußte. Wenn ich daran denke, wenn die Alten erzählten, auch mein Vater noch, sie mußten oft zehn bis zwanzig Kilometer täglich (eine Entfernung) gehen oder mit dem Rad fahren und dann noch zehn bis zwölf Stunden arbeiten!

Wir bekamen dann drei große Zimmer in einer ehemaligen „Beamtenwohnung", mit Küchen- und Badbenutzung und zentralgeheizt. Sie kostete etwa 25 Mark im Monat (warm). Wir konnten damit sehr zufrieden sein, denn wer bekam damals schon so eine schöne Wohnung und zu solch einem Preis! –

Endlich war es soweit, und wir zogen nach Rudolfstadt in die Schultestraße ins Beamtenviertel. Denn vor dem Krieg und bis zur Auflösung der Länder war in Rudolfstadt das Landesfinanzministerium untergebracht. Die Atmosphäre und die Gebäude entsprachen der einer gemütlichen Residenzstadt.

Unsere Mitbewohner, ein älteres Ehepaar, er war pensionierter Bankdirektor und eine alleinstehende Dame mittleren Alters, waren nette Leute.

Den halben Garten durften wir nutzen, was für die Versorgung mit zusätzlichen Lebensmitteln und zur Aufbesserung unserer Finanzen sehr gut war. Wir fühlten uns hier so richtig wohl und waren sehr glücklich miteinander.

Beruf und Liebe

Im Amt hatte ich mich sehr schnell eingelebt, und ich schien auch ganz beliebt zu sein, auch bei den Damen des Hauses. Ich spürte, wie sie mir nachschauten und auch untereinander tuschelten. Auch im gesamten Neuen-Behördenhaus reckten und wendeten sie ihre schönen und auch weniger schönen Köpfe. Ja, mir fielen die langen Hälse schon auf, aber ich war nicht hier, um mir meinen Kopf verdrehen zu lassen, nein, und nochmals nein! Die Herren des Amtes, die meisten waren schon älter oder alt, waren froh, daß da einer war, der frisch von der Schule kam, der auf dem neuesten Stand der Technik war und der vor allem auch was von Statik verstand! Der auch in der Lage war, Ausschreibungsunterlagen zu erstellen und der gerne am Reißbrett arbeitete und zeichnete.

Außer den mir übertragenen Sonderaufgaben (wie schon angedeutet), wurde mir das Aufgabengebiet Feuerwehr und Grenzpolizei übertragen. Das heißt, die bauliche Betreuung dieser Ressorts oblagen ab nun meiner Wenigkeit persönlich. Es machte mir viel Spaß, hier zu arbeiten, alles hatte Niveau, die Arbeit und die Menschen, mit denen ich fortan zu tun hatte. Manches, sagen wir vieles, war für mich neu, manchmal sogar „Böhmische Dörfer"! Da hörte ich Ausdrücke und Wörter, die ich nie zuvor gehört hatte. Aber ich paßte gut auf und schaute in Büchern nach, wenn ich etwas nicht verstand!

Wie gehabt, lernte ich sehr schnell, und nach relativ kurzer Zeit merkte man mir meine ländliche Herkunft kaum noch an! – Wenn ich noch vor kurzer Zeit beispielsweise gesagt hatte: „Wir haben noch nicht geessen!", sagte ich nun: „Wir haben noch nicht gegessen!" – Ja, so feine Unterschiede gibt es in unserer deutschen Sprache! –

Die Arbeitszeit war günstig, und da wir eineinhalb Stunden Mittagspause hatten, konnte ich täglich mein Mittagsschläfchen halten, denn wir wohnten nicht weit weg vom Amt. Ich gewöhnte mich so schnell an diese Bequemlichkeit, und auch Margot machte es viel Spaß, jeden Tag mit mir so einen schönen Schlaf zu machen! –

Von Amts wegen hatten wir drei Kreisgebiete zu betreuen, das heißt, nur die staatlichen und landeseigenen Anlagen wie Schlösser und Burgen, Staatsgüter und Domänen, Feuerwehrhäuser, Kultur- und Sportanlagen. Für unsere Dienstfahrten nahmen wir immer einen Dienstwagen oder einen Mietwagen mit Chauffeur. – Es war ein herrliches, geruhsames und friedvolles Dasein, ewig hätte es dauern mögen! – Aber leider! –

Ja, leider, denn nach etwa einem Jahr meiner Zugehörigkeit wurden in der gesamten DDR alle Finanz- und Staatshochbauämter aufgelöst! Weg mit dem kapitalistischen Kram, war die Devise! Die Aufgaben dieser Institutionen wurden teilweise auf die Kreisbauämter und die neugegründeten sogenannten „Volkseigenen Entwurfsbüros" übertragen. Auch die Stadt- und Gemeindebauämter wurden bei dieser Reform liquidiert. – Es wurde dezentralisiert! – Die staatliche Planwirtschaft mußte her! – Und weg mit den Nochkapitalisten und ihren Anhängseln! –

Lothar Zacker, ein Kollege vom Staatshochbauamt, wurde in die „noch" Landeshauptstadt Erfurt beordert und beauftragt, in Rudolfstadt ein Zweigbüro des neuen Volkseigenen Entwurfbüros aufzubauen! Ihm wurde anheimgestellt, sich dazu noch einen Mitarbeiter aus dem vormaligen Staatshochbauamt auszusuchen. – Unser Amtsleiter, den ich persönlich für den Geeigneteren hielt, wurde dabei übergangen. Er war ja auch in der falschen Partei! – Nebenbei erwähnt, bekam er nie mehr eine Chance, in der DDR angestellt zu werden! Nach etwa einem halben Jahr zog er mit seiner Frau und den fünf Kindern nach West-Berlin. – Wir haben sie, die Familie, später mal dort besucht. Es war traurig zu sehen, wie dieser Mann, mit hoher künstlerischer Veranlagung als Architekt und Musiker, verkümmerte! Dies hat sich letztlich auch auf die ganze Familie ausgewirkt. – Obwohl er dort eine Anstellung im Bezirksbauamt bekommen hatte (unter seinem Niveau), nahm er Gesangstunden und versuchte, damit sein Einkommen zu verbessern. Das war in seinem Alter zwar verlorene Liebesmüh! Ein Akt der Verzweiflung!? – Für uns stellte es sich sehr deprimierend dar! –

Nun, Herr Zacker hatte mich ausgewählt, mit ihm das neue Büro aufzubauen, der Rest der Mitarbeiter vom Amt wurde entweder pensioniert, entlassen oder vom Kreisbauamt übernommen. Da fällt mir noch Rortraut ein, unsere Sekretärin, sie wurde auch mit übernommen. – Gilla, die andere Sekretärin, schon eine angehende Jungfer, kam mit zum Kreisbauamt.

Ich hatte wieder einmal Glück gehabt, was war ich froh, nicht gleich wieder abseits stehen zu müssen!

In dem neuen Büro bekamen wir interessante Aufgaben, wie beispielsweise den Wiederaufbau der Papierfabrik in Zienruck oder die Planung einer neuen Eisengießerei! Das war alles Neuland, sowohl für mich, als auch für meinen neuen Chef. Zu Anfang machten wir alles gemeinsam, denn was der eine nicht wußte, das wußte der andere oder auch beide nicht! Wir wälzten Fachbücher und besichtigten vergleichbare Objekte. So lief dann auch alles prima, und man war mit uns zufrieden, was sich darin bemerkbar machte, daß unser Büro und unsere Gehälter wuchsen. Nach etwa einem Jahr hatten wir rund zwanzig Mitarbeiter.

Meine persönlichen Leistungen wurden auch vom „Bigboß" in Erfurt anerkannt! Ich wurde als vollwertiger Architekt und Bauleiter eingesetzt, bekam dann ein Dienstmotorrad, was ich auch privat nutzen, waschen und pflegen durfte. Ich bekam dann die Chance, noch ein kombiniertes Direkt-/Fernstudium zu machen, was mich allerdings zusätzlich belastete und ewig lange dauerte!

Wie gesagt, die Arbeit als Architekt machte mir sehr viel Spaß, und da wir auch Bauleitungsaufgaben wahrzunehmen hatten und ich des öfteren mal nach Erfurt in die Zentrale mußte, war es auch sehr abwechslungsreich!

Ich war auch ein guter Ehemann und fleißig dabei, und dabei wurde Margot wieder mal schwanger. Bei soviel Spaß und Freude war das auch kein Wunder!

Wenn Rosel nicht gewesen wäre!

Ja, Rosel war die Fahrerin unseres Mietwagens, der ihrem Mann gehörte, nebenbei war sie noch eine attraktive Frau, schlank war sie, nicht mehr ganz neu und ein bißchen schmuddelig. Aber der Sex, der schaute ihr aus den Augen, das sah doch ein Blinder! – Später erst kam ich drauf, daß sie eigentlich eine Nymphomanin war! – Wenn man mit ihr unterwegs war, mußte man ihr einfach zu „Gefallen" sein, sie ließ da nichts anbrennen! Im Sommer zum Beispiel vergaß sie grundsätzlich und auch vorsichtshalber, ein Höschen anzuziehen, da zeigte sie einem schon während der Fahrt, was sich gehörte! Ihren Sitz hatte sie sehr weit vorne eingerastet, so daß sie mit stark angezogenen Knien im Wagen lag. Die Sitzlehne hatte sie immer flach zurückgelehnt, und das rechte Knie fiel ihr immer sehr weit zur rechten Seite! – Natürlich waren wir gleich per „Du", und natürlich kam sie uns bald auch besuchen, auch ihre Mutter brachte sie schon mal mit, und natürlich war sie auch mit Margot gleich per „Du", und wir mußten sie auch besuchen, um ihren Erich kennenzulernen und Brüderschaft mit ihm trinken! – Jubel, Trubel, Heiterkeit! –

Zu Anfang glaubte ich, daß sie in mich verliebt sei, aber so mit der Zeit kam ich dahinter, daß es ihr nur um den Sex ging, denn sie erzählte darauflos. Ja, weißt du, dahinten rechts ist ein kleines Wäldchen, da war ich mit Herrn Süßauer auch schon, weißt du, mit dem Sozialdezernenten, und mit Müller, Meier, Schulze hatte, sie dies und jenes gemacht. Ja, Rosel hielt überall an, wo sie ihre Standorte hatte und da ging es zur Sache, je öfter, desto besser, war ihre Devise! Eines Tages erwähnte sie in solch einem Zusammenhang auch Lothar, da wurde mir spätestens klar, daß es ihr nur auf das „Eine" ankam, denn besonders schön war er nun doch wirklich nicht. Als sie dann schwanger war und in der Klinik lag, besuchte er sie jeden Tag, aber die Zwillinge starben gleich nach der Geburt. – Und Erich ließ sich scheiden! – Später heiratete sie wieder und vergammelte voll und ganz! Ja, sie landete regelrecht in der Gosse!

Trotz dieser Ausschweifung führten wir weiterhin eine gute Ehe, ich weiß auch nicht, ob Margot davon je etwas mitbekommen hatte.

So mit der Zeit aber fühlte ich mich doch sehr benachteiligt und gebunden, verglichen mit meinen Kollegen, denn sie waren fast alle noch ledig. Wenn wir beispielsweise nach Dienstschluß noch ein Bierchen trinken gingen und ich dann sagen mußte: „Ich muß jetzt gehen!" Da fingen die Kollegen immer an, mich zu hänseln, wenn Sie wissen, was das ist. – „Ja, der Papa muß nach Hause und muß die Kinderchen trocken legen." – Und wenn Ralf mir dann noch von seinen Amoiren mit unserer Sekretärin erzählte oder wie er Gilla über den Schreibtisch gezogen hatte. Oder die Sekretärin ihm beim Spaziergang einfach in die Hosentasche gefaßt hatte, ihm, nur einfach so angefaßt hatte sie „ihn" dabei, und ohne rot zu werden auch noch dazu! – Was war das doch aufregend, was es doch noch alles gibt, wovon ich nicht mal zu träumen gewagt hatte! Ich bekam immer mehr das Gefühl, etwas versäumt zu haben. – Was heißt da „etwas", ach was, viel mehr schien ich versäumt zu haben, wer weiß, was es da noch alles gibt!?

Eine hemmungslose Liebhaberin war Margot ohnehin nicht, das war ihr einfach zu genant und auch ein bißchen zu unanständig! Und woher sollte sie es schon wissen? – Soviel Erfahrung hatte sie auch noch nicht! – Meine Kompetenz reichte ihr da scheinbar auch nicht aus, na und so viel Erfahrung besaß ich doch wiederum auch noch nicht! – Und da ist eben auch ein Unterschied, ob man mit der eigenen Frau (oder auch eigenen Mann) ins Bett geht oder mit einem erfahrenen Partner! – Am liebsten da schon mit einer Halbseidenen, mit einer Hemmungslosen! – Schön ist es halt, wenn beide Partner enthemmt sind, vielleicht etwas angeschickert, nicht zu viel, sonst schläfste gleich wieder ein! Trotzdem wünschte ich mir keine andere Ehefrau! Margot war – wie schon gesagt – eine perfekte, saubere und adrette Frau, sie erfreute mich auch immer wieder mit einer selbstgekochten oder gebackenen Nascherei!

Unser Peter war inzwischen auch fast vier Jahre alt und machte uns weiterhin viel Freude. Tagsüber ging er in den Kindergarten. Der war nicht weit von unserer Wohnung entfernt, und Peter ging und kam schon ganz allein des Weges. An den Wochenenden machten wir oft kleinere Ausflüge in die nähere Umgebung, oder wir fuhren mit dem Motorrad zu dritt nach Orba. Alle freuten sich, wenn wir zu Besuch kamen, konnten sie sich doch an ihrem „ersten Enkel" und an unserer Unterstützung bei den Erntearbeiten und so erfreuen! – Natürlich freuten wir uns auch, weil wir dabei außer unseren Eltern und Geschwistern auch unsere alten Freunde wiedertrafen. – Und ein paar Eier und Speck und so mit nach Hause nehmen konnten! – Mit ohne Bezahlung! –

Am Rosenmontag im Jahre 1951 war es dann soweit! Margot war im Morgengrauen mit einem Taxi ins Krankenhaus gefahren, mich hatte sie nicht geweckt, denn ich war erst spät nach Hause gekommen! Ich war irgendwo klebengeblieben, außerdem war bei uns gerade mal wieder Funkstille! – Das kam in letzter Zeit öfters vor, vielleicht hing es auch mit der Schwangerschaft zusammen. Ich war von einem zweiten Kind gar nicht so begeistert, schon wegen der Kosten, die danach auf uns zukamen, und wegen der Einschränkung bezüglich der Liebe und der Freizeit im Besonderen! Hinzu kam, daß mir andere Frauen den Hof machten! – Und auch Margot beschäftigte sich mehr mit anderen Leuten, sie tröstete sie, wenn sie Kummer und Sorgen hatten, und gab gute Ratschläge, nur an sich selbst dachte sie nicht. – Wie oft sagte ich zur ihr: „Du müßtest eigentlich in der Heilsarmee sein!" Offenbar ging es uns zu gut, daß wir uns zu wenig mit uns selbst beschäftigten! –

Das Motorrad war auch ein wenig Mitschuld an unseren neuen Problemen, denn ich mußte damit oft auf die Außenbaustellen fahren. Dabei kam es schon mal vor, noch auf ein Gläschen eingeladen zu werden, und da blieb ich schon mal kleben und vergaß dabei Frau und Kind, wie man so weniger schön sagt.

Nun zurück, als ich an diesem Morgen endlich wach wurde und mich umschaute, stellte ich, oh Schreck in der Morgenstunde, fest, daß da, außer mir, keiner zu Hause war! – Ich zog mich an und wankte so nach und nach ins Büro. – Na, war's mal wieder spät, gestern, wurde ich angesprochen! – So gegen Mittag gratulierte mir unsere Sekretärin Trude zum Stammhalter, ja, sie wußte, daß meine Frau heute Morgen einen Sohn, unseren zweiten Sohn, geboren hatte, alle schienen es zu wissen, nur ich, der Vater, nicht! – Natürlich wußte Trude alles. Was mich betraf, hatte sie doch auch ein Auge auf mich geworfen. Sie hatte ihre Fäden um mich schon gesponnen, eigentlich war es mehr ihre Mutter, wie Mütter nunmal sind, wenn die eigene Tochter plötzlich im Freien steht. Ja, Trude war mit ihrer achtjährigen Tochter von ihrem Mann alleingelassen worden, er war einfach abgehauen! –

Heute kam ich mir selbst doch sehr schoflich und gemein vor, denn Margot hatte es wirklich nicht verdient, in dieser Stunde alleingelassen zu werden! – Ich mußte mir die Tränen zurückhalten. Ich spürte, wie sehr ich sie doch liebte! –

Danach verließ ich das Büro, kaufte einen großen Blumenstrauß und lief so schnell ich konnte. Von Furien getrieben sauste ich los! Und ganz außer Atem nahm ich sie in meine Arme! – Und sie küßte mich auch sehr innig! – Und wir weinten beide, nein, alle drei weinten wir, denn ihre Mutter Olivia stand auch noch hinter uns!

Jürgen-Diethart hatte sie ihn genannt! – Wann sollte sie mich denn fragen, wie wir das Kind nennen wollen!? –

Ja, das Motorrad, immer wieder war es schuld. Es war kein neues, nein, beileibe nicht, eine DKW, Baujahr 1933, damals galt es als Sportmodell, 350 Kubikzentimeter, mit Schaltknüppel und Schaltkasten dran. Oft hatte es seine Macken, besonders der Schaltkasten. Entweder es sprang nicht an, oder es hatte eine andere Krankheit!

Auf den Baustellen wurde zu dieser Zeit noch relativ viel getrunken, und eine Promillegrenze war noch gänzlich unbekannt! Und da waren dann auch schon mal Frauen mit dabei, die es auch auf mich abgesehen hatten, vielleicht waren sie auch auf mich angesetzt. Wie schon angedeutet, sah ich nicht schlecht aus, fast wie so ein Frauentyp! – So'n Quatsch! – Na ja, ich war aber auch fast ein Schwächling, denn seit ich nicht mehr der „Wilde Thüringer" war, konnte ich mich nur noch selten wehren, vor allem dann nicht, wenn diese Bienen noch schick aussahen und auch sonst noch was zu bieten hatten.

Es blieb da auch nicht aus, daß ich unter getrübtem Blick schon mal in etwas anrüchige Kreise geriet! – Unter normalen Verhältnissen betrog ich mich und meine Frau, wenn überhaupt, nur mit ordentlichen und bedürftigen Frauen! – Wenn es schon sein mußte! Und auch nicht immer ging ich mit solchen Frauen gleich ins Bett. Obwohl ich es oft gerne getan hätte, geschah es dann spontan, wenn es eben gerade brannte. In „hübsche" Mädchen konnte ich mich auch schnell mal verlieben, denn sie machten es mir immer sehr leicht. Unmißverständlich gaben sie mir zu verstehen, daß sie mich mochten und daß sie nicht abgeneigt schienen!

Meine Sturm- und Drangperiode schien sich aufgetan zu haben, mancher Bauherr oder Firmenchef spürte das und glaubte wohl, mir da was zugute kommen lassen zu müssen! – Von dieser Zeit an ließ ich auch nichts mehr anbrennen, als indirekte Bestechung empfand ich es auch nicht, denn mußte ich doch dafür etwas tun, manchmal sogar eine ganze Menge! – Na, und von den subjektiven Schwierigkeiten, in die ich da schon mal geriet, gar nicht zu reden! –

Ob ich auf ein Richtfest oder eine Kirmes geladen wurde, meistens war da die Auswahl schon getroffen, schöne Frauen, schlank bis vollschlank und gut gebaut waren sie, oder aber sie hatten andere Vorzüge! (Charme kann wertvoller als Schönheit sein!) – Meist kam ich auch ans Ziel! Und manchmal landete ich noch in Mutters Bett, um zu übernachten, da war es oft noch viel amüsanter! Als Ausrede für zu

Hause hatte ich ja das alte und ewig kaputte Motorrad! – Als ich beispielsweise die Bauleitung der Sportschule in Blankenberg hatte, hatte mich die Frau des Leiters der Baufirma mit „Rosi" bekanntgemacht. Sie war natürlich sehr hübsch, schwarzhaarig und sechzehn Jahre jung. Ich hatte mich so ein bißchen, oder auch etwas mehr, in sie verliebt. Sie war gleich sehr anhänglich, und wir gingen tanzen oder zusammen essen, und wir küßten uns auch mal des öfteren! – Zu Anfang noch sehr zaghaft. – Sonst aber taten wir uns nichts, denn irgendwie war sie mir zu schade, ausgerechnet von mir verdorben zu werden. Wer bin ich denn sonst noch!? – Ja, wenn es mich überkam, ich meine, wenn es über mich herkam, dann konnte ich auch nett und anständig sein! – Später auch noch öfter.

Vollwaise war sie und lebte bei ihrem Großvater, einem seriösen alten Herrn, und wie sie mir erzählte, war er sehr dahinter her, daß keiner hinter ihr her war!

Aber immer, wenn ich kam oder sie suchte, egal, was sie gerade tat, kam sie zu mir! Selbst, wenn sie gerade zum Tanz war (ohne mich) und ich sie ausrufen ließ, ließ sie jeden anderen Verehrer einfach auf der Tanzfläche stehen und lief mir freudestrahlend in meine Arme hinein! – Wir waren so richtige Turteltäubchen! – Als sie aber dahinter kam, daß ich verheiratet war, gab sie mir den Laufpaß! – Schade! – Aber warum auch nicht!?

Aber so rücksichtsvoll ich ihr gegenüber auch war, nicht daß ich es mit ihr nicht auch gerne getan, und auch versucht hätte, um so schlimmer trieb ich es dann mit anderen, mit sogenannter leichterer Ware!

Ein bunter Hund

Da war Mona, Sekretärin an der Kinder- und Jugendsportschule, die vom „örtlichen Bauführer", meine ich. Natürlich sah sie auch gut aus, aber auf mich machte sie doch einen etwas „leichten" Eindruck. Wie ich auch bald herausfand, war sie „bi", denn nach einem leichten Geplänkel in der Baubude, nach einigen Bierchen und so, bot sie mir an, sie doch nach Rudolfstadt zu ihrer Freundin mitzunehmen.

Ich tat ihr den Gefallen, und nachdem sie mir noch tolle Erlebnisse androhte und so, gefiel mir das Angebot immer besser! – Was konnte mir da schon passieren, wo ich doch in ihrer Obhut war!? –

Als wir da ankamen, tat sich mir gleich der Himmel, nein, ich muß schon sagen, die „Hölle" auf! Ihre Freundin, eine mollige Dreißigerin, lag unbekleidet und mit offenem Schritt in ihrem Bett und war mit nichts zugedeckt. Dabei führte sie sich gerade eine Weinflasche zu Gemüte! Natürlich war sie schon in bester Laune und paßte zu unserer Stimmung! – Sie freute sich riesig über unser Erscheinen und bat uns, doch gleich mit ihr anzustoßen! Im Nu stand Mona im gleichen Kostüm da, und in Null-Komma-Nichts hatte sie auch mich entblättert, somit paßten wir alle drei ins Bild!

Anfangs fühlte ich mich überrumpelt und kam mir ein wenig deplaziert vor, aber nach etwas noch mehr Alkoholgenuß schon weniger deplaziert, danach noch immer weniger und noch ganz weniger! Ich wurde immer lockerer, und die Darbietungen der beiden „Lesben" ließen mir das Blut zu Horne steigen. – Sie waren sich am Küssen und am Kosen, heftig betatschten sie sich gegenseitig, und auch die Flasche war mit von der Partie! Sie inhalierten beide dieselbe und gleichzeitig auch. – Dabei waren sie am Lachen, Jubeln, Stöhnen und um die Wette! Nun ermunterten sie mich, doch teilzuhaben! Gaben sie mir zu verstehen! Und wenn ich es nicht getan hätte, wäre es auch schon sehr bald zu spät gewesen! Dafür küßten und streichelten sie mich dann auch, wechselweise und auch überall! –

Na, wann kommst du mal wieder mit? fragte mich Mona bei unserer nächsten Begegnung. – Ach, weißt du, du allein bist zweimal so schön, wie ihr beide zusammen, antwortete ich ihr, und das schien ihr sogar noch zu gefallen. Daß ich nicht wieder dahinging, lag hauptsächlich daran, daß das Drum und Dran, nicht so war, wie ich es mir vorgestellt hatte, und daß dort wahrscheinlich oft, sehr oft, solche Parties stattzufinden schienen, nur in anderer Besetzung! Jahre später begegnete mir die mollige Lessi mit einem mir gut bekannten Kollegen Arm in Arm am Theaterplatz. – Ganz stolz stellte er mir seine künftige Frau vor! – Hallo, Weinflasche, begrüßte ich sie! – Pech oder Glück? Wer weiß das schon!? –

Es gab in dieser Zeit viele Frauen, die so allein waren, meist waren sie schon etwas älter und reifer natürlich. Bis überreif gab es sie sogar, da hieß es manchmal schon aufzupassen, wenn man nicht „dran" sein wollte. Außer ihrem Charme und vielfach noch guter Figur, hatten sie viel Erfahrung, und bei all ihrer Raffinesse konnten sie auch noch sehr hübsch sein oder so aussehen!

Sie gaben sich richtig hin (einem), man hörte und spürte es, da war Kraft dahinter und Verlangen, und zum Schluß waren da auch noch Dankbarkeit und viel Hoffnung! – Bei einigen spielten Kosten gar keine Rolle, aber das war die Ausnahme und für mich nicht so von Bedeutung! –

Ja, es gab da noch viele Frauen im besten Alter, die großen Bedarf hatten, aber Mangel an Gelegenheit, besser gesagt, an Männern. Die Auswirkungen des Krieges waren eben immer noch zu spüren! Ich allein war natürlich nicht in der Lage, diese Lücken zu schließen. Ich hatte ja schließlich auch noch eine liebe Frau zu Hause, die ab und zu auch noch Bedarf anmeldete! –

Inzwischen waren wir in Rudolfstadt umgezogen, wir hatten eine abgeschlossene Dreizimmerwohnung in der Nähe des Bahnhofes bekommen. Ursache hierfür waren die Russen, brauchten sie doch unsere Wohnung für einen ihrer höheren Offiziere! Nach ein paar Monaten hörten wir das „Puff, Puff" und das Gepfeife schon nicht mehr. Zweiundachtzig Stufen bis in die vierte Etage fielen Margot manchmal etwas schwer, nämlich wenn sie den kleinen Diethart hochtragen mußte. Dafür hatten wir den Vorteil, daß das gemeinsame Bad direkt über uns, im Dachboden, untergebracht war.

Beruflich ging alles gut voran, wir waren ins Rathaus umgezogen, hatten unseren Industriebau an ein neu eingerichtetes spezielles „Industrie-Planungsbüro" abgegeben und hatten nur noch die Bearbeitung der Allgemeinen Hochbauprojekte wahrzunehmen. Wir planten Wohnungsbauten, Krankenhauserweiterungen, Schulen, Verwaltungsgebäude, Kindergärten und landwirtschaftliche Gebäude! –

Ich mußte des öfteren nach Erfurt ins Hauptbüro und später, als die Bezirke eingerichtet wurden (als dezentralisiert wurde), nach Gera fahren, denn ich war damals noch der einzige Führerscheininhaber. Berichte mußte ich erstatten oder aber auch Abrechnungen über unseren Haushaltsplan vorlegen.

Einmal im Jahr schickte mich Lothar auch nach Berlin zum Bauministerium, um neue Instruktionen entgegenzunehmen. Immer ich! – Aber dadurch war ich immer auf dem Laufenden und wurde natürlich auch nicht dümmer dabei, ganz im Gegenteil! Es ist nie ein Fehler im Leben, andere Menschen kennenzulernen, wurde ich dadurch doch viel freier in meinem Auftreten und auch im Besonderen! – Mit der Zeit gab ich mich immer salopper und vor allem Frauen gegenüber viel burschikoser! – Ich war mit der Zeit bekannt! – Wie ein bunter Hund, sagt man da wohl!? –

Diese Gelegenheiten nutzte ich auch schon mal zu einem Tête-á-tête! Beispielsweise anläßlich einer Berlinfahrt (Lothar hatte ich eingeweiht!), um einen Abstecher an die Ostsee zu machen! – Noch nie zuvor war ich dort gewesen. – Isolde, die kleine nette Blondine von der Bank, machte Urlaub in Kühlungsborn. Wir flirteten schon eine Weile miteinander. Die Kollegen wußten es und gönnten sie mir auch, hatten sie doch auch ihren Vorteil davon. Denn immer, wenn unser Gehalt „endlich" auf dem Konto war, rief sie mich an! – Sofort setzte ein „Run" auf die Kasse ein, und die Konten wurden wieder geplündert! –

Isolde war sehr erfreut, daß ich es doch wahrgemacht hatte, sie im Urlaub zu besuchen und zum Dank dafür durfte ich endlich auch mit ihr schlafen! Das Fatale war nur, daß da noch eine andere Frau mit im Zimmer schlief, die dann so nett war, währenddessen nicht mal aus dem Bett zu gehen, um das Zimmer zu verlassen, noch dazu es am hellen Tage geschah! Hinzu kam, daß Isolde auch noch nie vorher beigeschlafen worden war!

Ich hatte viel Spaß mit ihr, vor allem des Abends, und dabei konnte sie so wunderschön singen. Ihr Vater hatte es ihr beigebracht! Lehrer in Wirrwich war er, und ganz stolz darauf muß er wohl gewesen sein! – Ja, und der Hein spielte abends auf dem Schifferklavier und in der Gaststätte noch dazu, und einen Riesenapplaus gab es danach immer! Den ganzen Abend konnte sie das ganze Lokal unterhalten, auch mit Seemannsliedern hauptsächlich und anderen Volkshelden auch! – Im „Westen" hätte sie damit eine tolle Karriere gemacht (ohne play back) mit einem wirklich guten Erfolg. Ja, leider konnte ich nur ein paar Tage bleiben! – Soviel Geld besaß ich sowieso nicht! –

Im Büro bekamen wir später Zuwachs aus der Nachbar-Kreisstadt Saalfeld, denn man war mal wieder am Umorganisieren! Unsere beiden Büros wurden nämlich zusammengelegt, was uns einen neuen Chef einbrachte, den „Saalfelder" ersten Mann. Lothar zog kurze Zeit später seine Konsequenzen. Uns war der Neue nicht sonderlich sympathisch, belästigte er uns doch ewig mit seinen Detailfimmels. Tagelang schikanierte er uns mit dem Zeichnen von Haustürprofilleisten, den richtigen Sigmalinien und dergleichen, er war halt so ein verdorrter Oberlehrertyp! Dann wurden wir mal wieder dem Industrie-Entwurfsbüro Jena zugeordnet, mal wieder reorganisiert und umorganisiert, es war dadurch oft eine unbefriedigende Unruhe in unser Büro eingekehrt! – Das einzige Positive daran war, daß ich immer wieder neue Gesichter, vor allem hübsche Frauen und Mädchen, kennenlernte.

Da hatte ich wieder meine liebe Not, damit fertigzuwerden, aber es waren meist nur kurze Flirts, die sich bei Betriebsfeiern und so ergaben.

Auf so einer Feier waren auch „Bierfeins" mit dabei, und weil das in Rudolfstadt im „Löwen" stattfand und Bierfeins aus Jena kamen, war es besonders schön! – Ja, wunderbar und gemütlich war es, und wir waren am Tanzen und Flirten, vor allem mit Bierfeins! Margot mit Norbert und ich mit Doris! Wir verstanden uns prima, und wir mochten uns alle vier miteinander! – Und als das Fest zu Ende war, gingen wir mit ihnen zu uns nach Hause, denn sie sollten und wollten bei uns übernachten.

Da wir kein Gästezimmer hatten, wer hatte damals schon so was, mußten sie mit in unseren Ehebetten schlafen. Wir tranken deshalb noch ein bis zwei Flaschen Sekt zusammen und entschlossen uns für Lust und gute Laune! – Wir zogen uns dabei aus und halfen uns auch gegenseitig dabei, mit viel Spaß und an der Freude! – Wir einigten uns, die Partner zum Schlafen zu tauschen, aber wohlgemerkt, nur zum Schlafen! – Und wie gesagt, so getan, ich, und wir, waren sicher etwas aufgeregt und erregt dabei auch. Wir machten auch noch das Licht aus und versuchten dabei zu schlafen. Körperkontakt ließ sich dabei natürlich nicht vermeiden, auch bei Doris nicht, zumindest war das mit dem Schlafen dann doch so eine Sache! Die ganze gespannte Hand um mich herum, so daß ich nicht einschlafen konnte. – Da sie auf dem Rücken schlief, ein Bein ganz hochgezogen, und so wenig wie wir Platz zu

zweit hatten in dem Bett, schien es das Beste für mich zu sein, auf der Seite zu liegen, direkt hinter ihr. Und sie küßte doch so gern und ich doch auch! – Was konnten wir dafür, daß wir nicht ruhig liegenblieben und nicht laut atmen durften! –
Ob sie nebenan wohl auch in so einer mißlichen Lage waren? – Man konnte sie nicht oder kaum hören.

Als die große Not ein Ende hatte, war die wunderschöne Nacht vorbei, und wir frühstückten gemeinsam und küßten uns noch gegeneinander, bis wir uns dann auch verabschiedeten! – Nette Leute! – Hatten sie sich doch schon lange ein Kind gewünscht! –

Nun, wenn man das so liest, muß man glauben, daß ich ein Angeber oder ein Sexprotz, eine Art Casanova oder so einer sei. – Nein, eigentlich fühlte ich mich ganz normal, ich war fleißig, ein recht guter Ehemann und Vater, ich liebte meine Frau und die beiden Jungens. – Vielleicht war ich ein bißchen zu agil und ein ganz kleines bißchen zu potent!? Im allgemeinen war ich aber sehr beliebt bei unseren Freunden und Bekannten, man verzieh mir meine burschikose Art – und – auch meine kleinen Seitenspünge!? – Na ja, ein kleiner Charmeur war ich wohl doch. –

Manchmal frage ich mich selbst: warum ich? Warum flogen die Frauen immer auf mich? Gab es doch noch so viele andere Männer um mich herum! – Egal, ob im Freundeskreis, bei Bekannten oder im Büro, ich war bei den Frauen meistens die Nummer „Eins", und manche Freundschaften basierten offensichtlich nur an dem Interesse der beteiligten Frauen an mir selbst. – Ich spürte das sofort, und dann tat mir Margot immer leid, denn sie glaubte, eine gute Freundin gefunden zu haben! – Die Ausnahme soll allerdings auch hier gelten! –

Aber zu meiner eigenen Ehrenrettung kann ich fast mit ruhigem Gewissen sagen, daß ich mit den Frauen unserer „echten" Freunde nie etwas angefangen habe. – Natürlich habe ich sie auch hofiert, aber eben nur soweit, wie es ihr und mir gefallen hat und soweit es ein Charmeur vom Scheitel bis zur Sohle eben tut! –

Auch im Dienst habe ich es so gehalten, ganz besonders und vor allen Dingen bei direkt von mir abhängigen Mitarbeiterinnen. – Wenn es in Ausnahmefällen auch schwergefallen war! – Auf alle Fälle ließ ich daraus keine festen Verhältnisse entstehen.

Aber zurück zur Kernfrage! Ich glaube, daß ich Frauen gegenüber kaum Hemmungen hatte und daß mein Blick frei und offen, vielleicht auch ein bißchen herausfordernd, war, was bei unerfüllten oder auch vernachlässigten Frauen viel Hoffnung aufkommen lassen konnte! – Oder war es das Vielversprechende, das Romantische, was manche Frau sich im Stillen wünschte, den verschwiegenen Liebhaber?

Für manche Frau kann es auch der Nervenkitzel oder die Selbstbestätigung gewesen sein! – Frauen sind doch auch bedürftige Menschen! – Und ich behaupte, daß die Frauen im allgemeinen und die Ehefrauen im besonderen meist, fast immer, selbst dran schuld sind! – Nämlich daran, daß ihre Männer nach anderen Frauen schauen oder gar fremdgehen! Beim Umschauen fängt es schon an! – Sie sollten, ja müssen, ihren Männern auch schon einmal entgegenkommen, sie sollten ihre sexuelle Verklemmtheit über Bord werfen, vor allem dann, wenn „ER" auch ein Verklemmter ist!

Wichtig ist auch, daß sie ihr Äußeres nicht vernachlässigen, das Gesicht nicht, den Körper nicht, wie auch die Kleidung nicht! – Vor allem auch zu Hause nicht! – Das muß nicht teuer sein, und wer es selbst nicht kann, der sollte sich Rat holen. – Ein Gemälde darf es allemal nicht sein, aber gekonnt! Auch ein bißchen raffiniert und im besonderen Falle! – Auch nicht nackt soll sie sein, nein, man muß noch was erahnen müssen, etwas finden können! – Ja, und dann muß sie auch einmal der aktive, der kreative Partner sein! Mit der Verklemmtheit, der Zurückhaltung meine ich das „Sich-nicht-äußern", wenn etwas gefällt! – Zeigen muß man es! Durch Artikulation mit der Stimme und in Gebärden! – Beide brauchen die Bestätigung, die Genugtuung, daß der Partner befriedigt wurde, daß er glücklich ist!

Kleine Verrücktheiten – und viel Freude

In Rudolfstadt zu wohnen, war schon ein Vorzug, denn es war eine schöne und gemütliche Stadt, und, wie ich schon sagte, eine ehemalige Residenzstadt! Der Stadtkern mit teilweise achthundert Jahre alten Häusern, der schöne Marktplatz mit dem alten und neuen Rathaus und die Marktstraße, die in „Ernst-Thälmann-Straße" umbenannt worden war, mit den überwiegend barocken Häusern, vermittelten eine geborgene Atmosphäre. Ja, hier konnte man sich wohlfühlen! Rudolfstadt liegt an der thüringischen Saale und ist von bewaldeten Hügeln umgeben. Im Norden ist es vom Hain-Berg begrenzt, und unmittelbar über dem alten Rathaus thront die Heidecksburg, ein gewaltiger langgestreckter barocker Baukörper, Schloß der ehemaligen Fürsten von „Schwarzburg-Rudolfstadt-Sondershausen". Dazwischen, auf halber Höhe, war das gernbesuchte Schloßkaffee mit seiner herrlichen Aussicht über die Stadt und die Saale. Das Schloß ist zum Teil als Museum eingerichtet und zum Teil auch bewohnt, allerdings von den „Privilegierten des neuen Regimes". Die alten Besitzer hatte man davongejagt, die Plutokraten! – Volkseigentum war angesagt! –

Durch die Eingemeindung der umliegenden Orte war Rudolfstadt zwar größer geworden, etwa fünfunddreißigtausend Inhabitants, dafür aber auch schmutziger, ganz besonders durch die „Zellwolle", das Chemiefaserwerk in Schwarza! Die unmittelbare und nähere Umgebung von Rollscht war landschaftlich sehr reizvoll, da waren erstmal der Marienturm und der Kulm mit seinen Ausflugslokalen, der Hain und Zeigerheimer-Berg zum Wandern, und die Gondelstation und die Bauernhäuser an den großen Saalewiesen boten reiche Abwechslungen.

Die Nachbar-auch-Kreisstadt Saalfeld, bot mit ihren Feengrotten eine besondere Attraktion, auch die Burgruine „Greiffenstein" bei Bad Blankenberg und das Schwarzatal waren sehr reizvoll für eine Radtour oder für eine Kremserfahrt, eine Pferdekutschtour! –

Dann kam Lux, er war Schäferhund von Beruf. Anläßlich einer Dienstreise in der Burggaststätte zum Greiffenstein hatten wir uns festgebissen, na ja, wir waren dort am Renovieren und hatten noch gut gegessen und machten noch ein Schwätzen nach dem anderen, und noch ein Bier dazu! – Die Wirtsleute kannten wir gut, denn wir waren ja ihre Brötchengeber gewesen! Die Wirtin ganz besonders, denn sie war eine propere aber auch ganz ansehnliche Frau! Da war aber noch ein Grund, denn sie hatten kleine Hunde, die uns auch viel Freude bereiteten. Eins von den Wollknäulen hatte es mir ganz besonders angetan, nämlich „Lux"! Und weil er fast gar nicht teuer war, waren die Wirtsleute heilfroh, daß ich ihn mitnahm! – Meine Frau war nur ein bißchen froh und hauptsächlich, weil ich irgendwann erst in der Frühe wieder auf der Matte stand!

Noch ganz viel weniger war sie über den Haufen erfreut, den Lux freudestrahlend in die Diele gesetzt hatte, ganz mitten da hinein! – Sie war außer sich. „Wie kannst du mir nur so ein Viech in die Wohnung bringen, und was soll das mal für ein Hund werden? – Was, ein Schäferhund? Bist du von allen guten Geistern verlassen? – Glaubst du, daß die Mithausbewohner das dulden!?" zeterte sie – zeter – zeter – zeter!

Ja, daran hatte ich bei meinem Einkauf natürlich nicht gedacht, wie, das niedliche Kerlchen macht auch Arbeit und Krach auch noch dazu!? –

„Bring ihn wieder weg, aber auf der Stelle!" sagte sie, nicht ganz leise noch dazu! Wie stolz war ich gestern noch, und wie sich die Kinderchen freuten, das war doch ein herrliches Spielzeug für sie, und für mich erst! –

Ja, da ließ sie aber nicht mit sich handeln, ich mußte mir was einfallen lassen! – Zurückbringen konnte ich ihn nicht, denn wie hätte ich da dagestanden? –

Und siehe da! Ich hatte eine Idee. Ja, Lux wurde vom Stadthund zum Dorfhund befördert, ob er wollte oder nicht! – Das wiederum mußte ich erst meinen Schwiegerleuten beibringen, was mir alsdann auch gelang. Ein Hofhund braucht natürlich auch eine Hundehütte, ein Halsband und eine Kette. – Er bekam eine lange Kette, damit er nicht so allein war. Die Hütte baute ich ihm höchstpersönlich, dafür war sie dann so schön, daß sie ihm sehr gut gefiel, wie ich mir denken konnte. –

Margot fuhr im Sommer oft nach Orba, um ihren und meinen Eltern bei der Ernte zu helfen. Ich kam oft nach, wenn es meine Zeit erlaubte, das machte uns zwar Spaß, war aber manchmal auch eine ganz schöne Plackerei, denn wir waren ja nicht laufend im Training. Peter war nun mit seinen sechs Jahren auch groß genug, um allein Eisenbahn fahren zu können, und so fuhr auch er an den Wochenenden und in den Ferien zu seinen Großeltern. Da fühlte er sich so richtig wohl, zu Hause fühlte er sich da, und Freunde hatte er dort auch noch.

Eines Tages hatten wir ihn wieder einmal in den Zug gesteckt, um nach Orba zu fahren. In Rottenberg stieg er dann aus, wie geheißen, und ging zu Fuß die Dreiviertelstunde durch Wald und Feld. Und immer bergauf seines Weges! – Vor ihm ging eine alte Frau, ganz in schwarz. Er war sich erst nicht sicher, ob er sie überholen solle oder nicht, aber da sie immer langsamer wurde, faßte er sich ein Herz und ging am Bogen schnell an ihr vorbei. – Da sprach sie ihn an! Oh Schreck! – „Na, Kleiner, wo willst du denn hin, so allein?" – Das siehste doch, gab er burschikos zur Antwort! – „Wie heißt du denn?" – Peter! antwortete er. – „Ach, bist du etwa der kleine Paulsens Peter?" – Ja, siehste doch, gab er erneut zur Antwort. – Ach! Das ist aber interessant, da bin ich doch deine Großtante Trude aus Owernisse! – Ach, sagte er nun: „Und ich dachte, du bist ne alte Hexe!" –

Oh Gott, hatte ich eine Lust! – Aber nur nicht zum Kartoffelauflesen oder so, und deshalb kam ich wieder einmal vom Wege ab! – Und nicht gleich in Orba an. – Mit dem Zug fuhr ich diesmal, und als ich in Rottenberg ankam, roch es nach Kirmes, überall hörte und roch man es, und als ich dann am „Rinnetal" vorbeikam, zog es mich hinein, mit aller Kraft, und ich landete auf dem Tanzboden! Ich tanzte schon immer gerne, warum weiß ich auch nicht so genau, wahrscheinlich, weil man dabei mit dem schwachen Geschlecht auf Tuchfühlung kommt und beim Tanzen sehr schnell Kontakt findet. Erleichtert wird das Kontaktfinden dabei noch durch den Alkoholgenuß, der beim Tanzen fast automatisch mit dabei im Spiele ist. – Also enthemmte ich mich an diesem Abend so nach und nach und vergaß dabei ganz und gar, wo ich eigentlich hinwollte, hingehörte! – Schuld daran war natürlich die Bedienungsfrau, die wo mir beim Bierheranschaffen immer schöne Augen machte und mich dabei noch mit ihrer großen Oberweite streichelte! – Das brachte mich so in Harnisch, daß ich ihr gar nicht böse sein konnte. Ich ließ es mir einfach gefallen und fand mit der Zeit, in der ich ein Bier nach dem anderen trank, immer mehr Gefallen daran.

Als dann Feierabend war, half ich ihr beim Zusammenräumen und stellte mit ihr noch die Stühle auf die Tische. – Zum Dank dafür brachte sie mich in ein Gästezimmer und meinte: „Sie sind doch so fett, daß sie unmöglich nach Hause gehen können! – Allein!" – fügte sie noch hinzu.

Ich mußte wohl schon eingeschlafen sein, als ich plötzlich halbwach wurde und feststellte, daß ich mit einer Frau im Bett lag, möglicherweise sogar mit einer Fremden!? – Sogar ausgezogen, völlig und ganz und gar, schienen wir dabei auch noch zu sein! Ob das gar eine abgekartete Sache war, sollte ich zu meinem Entsetzen womöglich vergewohltätigt werden? – Sollte ich das so einfach zulassen oder es einfach verwehren!? Nein, bei meiner Hilflosigkeit und Schwäche fiel mir das nicht im Traume ein! – Ganz im Gegenteil, ich ließ es einfach zu, nun gerade ließ ich es zu! – Ich fand die kuschelweiche fleischfarbene Zudecke sehr angenehm, und weil sie so schön mollig war, wehrte ich mich immer weniger stark, wodurch ein beiderseitiges und eindringliches Entgegenkommen die angenehme Folge war! –

Die Lust kam uns hoch! –

Guten Morgen, ich sehe mal nach dem Frühstück! – Sprach sie und verschwand. –

Nach einer Weile klopfte es an die Tür und auf mein „Herein", erschien eine leicht und luftig gekleidete junge Frau mit dem Frühstückstablett. Sie wünschte mir einen schönen Guten Morgen und setzte sich zu mir auf den Bettrand. „Ich soll noch schön grüßen, von meiner Tante, aber sie ist wieder nach Hause gefahren!"

Es war Adlaine, die Wirtin selbst, eine hübsche interessante Endzwanzigerin, ein stolzes, stattliches, vielversprechendes Weib mit einem anständig geilen Blick! – Ich hatte sie schon des öfteren gesehen, so was entging einem Mann wie mir doch nicht. Nachgegangen war ich ihr in Rudolfstadt schon einige Male. Ich hatte aber noch nie den Mut gefunden, sie anzusprechen, sie hatte mich dabei immer ganz verwirrt, allein schon ihr Antlitz von hinten! Natürlich hatte sie mich dabei immer ertappt und durch ihre Augenwinkel beobachtet. – Ihre Ausstrahlung, der Gang, die Bewegungen und die gesamte Haltung faszinierten mich so schlimm, daß sie mich oft wie ein Magnet hinter sich herzog! –

Wie ich wußte, war sie noch ungebunden, aber sagenumwobene Geschichten machten sie nur noch begehrlicher!

Als wir uns dann irgendwann verabschiedeten, sagte sie zu mir: „Eigentlich hatte ich gestern abend angenommen, daß du meinetwegen gekommen bist! – Aber was soll's, du warst in guten Händen! –

Also, bis auf ein andermal, ich bin sicher, daß es bald sein wird!"

Ach, geh! – Freunde des Hauses haben nichts zu zahlen, bei mir ist alles „inklusive"! – waren ihre letzten Worte noch! –

Lassen Sie mich nun zu unseren neuen Freunden kommen. Da waren „erstens" Reubers, Willer war mein Kollege, eine Zeitlang auch mal mein Boß, er war ein ruhiger, netter und feiner Typ. Künstlerisch war er mir überlegen, denn außer seinen architektonischen und gestalterischen Fähigkeiten war er auch noch ein sehr guter Hobbymaler. – Oft gingen wir zu zweit oder auch zu dritt mit dem Malkasten hinaus in die Natur, um Landschaftsbilder zu malen oder zu skizzieren. Zu Hause wurden sie dann vollendet. Oder auch nicht. – Wichtig dabei war uns vor allem, bei schönem Wetter an der frischen Luft zu sein und die herrliche Natur zu bewundern und zu genießen!

Helge, seine Frau, war selbstredend auch eine nette und gutaussehende frauliche Freundin. Sie war ein mütterlicher Typ, ähnlich wie Margot, dafür aber ein bißchen vollschlanker und etwas erotischer, bei aller Zurückhaltung, versteht sich.

Wir hatten (beide Familien) je zwei Kinder, Jungen, die fast gleichen Alters waren, Wolfi, der ältere und Jochen, der jüngere.

Jede Woche spielten wir zusammen Skat oder auch Doppelkopf. Mal bei uns, mal bei Reubers, oder im Sommer gingen wir in die Gärten ihrer Eltern zum Grillen und so. – Willers Eltern hatten einen Garten unterhalb des Marienturmes mit einem schönen Wochenendhaus darin. Helges Eltern hatten ein sehr großes Wochenendgrundstück am Zeigerberg mit drei Hütten darin. Des öfteren blieben wir da auch über Nacht, vor allem, wenn wir toll gefeiert hatten. Dabei hatten wir immer viel Spaß, ganz besonders dann, wenn wir uns „singend" unterhielten. Normales Sprechen war dabei verboten, und wer daneben „sang", mußte ein Pfand ablegen, das ging dann solange, bis jeder fast nur noch sehr wenig am Leibe hatte!

Eines Morgens, nach so einer Übernachtung, geschah es, daß ich mir beim Öffnen eines Marmeladenglases meine rechte Innenhandfläche schlimm verletzte, weil ich dabei das ganze Glas zerdrückt hatte. Es blutete fürchterlich, und mangels eines Verbandkastens zog sich Helge ihr Leinennachthemd über den Kopf, riß es in Streifen und verband mich damit! Das war damals, in gesitteten Kreisen, wie wir zum Beispiel ein solcher waren, fast undenkbar! – Stand sie doch ganz mit ohne was anzuhaben vor mir! –

„Otto", er war ein noch selbständiger Unternehmer, zu dieser Zeit gab's das noch in der DDR, schon etwa doppelt so alt wie ich. Ich hatte öfters mit ihm geschäftlich zu tun, und mit der Zeit freundeten wir uns an, dabei waren wir übereingekommen, daß unsere Freundschaft keinen Einfluß auf unsere geschäftlichen Beziehungen haben dürfe. – Zuvor hatte er mir mal einen „Braunen" (1.000 Mark) in die Hand gedrückt, den ich ihm aber zurück gab. – So nötig ich das Geld auch hätte gebrauchen können! – „Weißt du Otto, wenn wir auf Dauer Freunde bleiben wollen, darf es das einfach nicht geben. Ich habe nichts dagegen, wenn wir mal zusammen ausgehen und du unbedingt darauf bestehst, die Zeche zu zahlen!" sagte ich zu ihm. – Und so hielten wir es dann auch! –

Wir paßten zusammen wie Latsch und Pantoffel, wie man in Thüringen zu sagen pflegte, denn Otto war auch kein „Kostverächter"! Für so nebenbei hatte er sein Hannchen. Sie war eine Kriegerwitwe mit Bedarf und so, etwa zwanzig Jahre jünger als er, aber das war ja nichts Schlimmes. Wenn wir mal zusammen einen „draufmachen" wollten, hatte sie immer Schwierigkeiten, für mich eine passende Partnerin zu finden, denn ihre Freundinnen waren alle mordslang und schlimm dünn auch noch dazu, also nicht gerade meine Kragenweite. Natürlich paßte ich mich dann an und machte gute Miene dabei, und da ich nicht gerne jemand verletzen wollte, ließ ich mich dann eben auch mal von einer Bohnenstange vernaschen! – Waren sie doch auch Menschen mit Anrecht auf ein Vergnügen!

Als ich Otto nach einem längeren Krankenhausaufenthalt mal wieder begegnete, sagte er zu mir: „Knuth, wenn du einen guten Rat von mir haben willst, dann versuche immer am Ball zu bleiben, was den Sex angeht, denn es dauert sehr lange, dies nach einer längeren Unterbrechung wieder in die Reihe zu bekommen! Wenn ich mein „Hannchen" nicht gehabt hätte, wer weiß, ob ich meine Potenz zurückerlangt hätte!" –

Auch ein Achtzigjähriger erzählte mir einmal im Gasthaus „Zum Hirschen", daß man in dem Alter noch ganz gut dabeisein kann, wenn man immer in der Übung bleibt! – „Jonge", sagte er auf 'platt', „ich hawe in Tichel ne 54järje Freindin, die besuch'j jede Woche noch zweemal! – on die es emmer sehr zufriede met mer!" – (On ech haw'es ihm ooch werglich gegloobt! – gloobt mersch ruhig).

Zu unseren besten Freunden gehörten dann auch noch Fritz und Käth, aber auf sie komme ich später noch zu sprechen. –

Dann waren da noch Hannfried und Annchen, er war Forstmeister, ein schlanker, großer und netter Typ. Sie war ein kleines Pummelchen, mit viel Busen, nie wußte sie so recht, wohin mit den Massen! – Aber lieb war sie auch! –

Anläßlich unseres gemeinsamen Urlaubes an der Saaletalsperre, im Forstamtsferienhaus, haben wir viel Spaß miteinander gehabt. Große Freude machte uns das Pilzesuchen und -putzen! Annchen und Hannfried kannten alle Pilze, die es gab, und wußten auch, wie man sie trocknen kann. Auf alle Fälle niemals vorher waschen, denn dann fangen sie zu schimmeln an! – Natürlich lernten wir von ihnen auch, wie man Pilze zubereitet! – Es hat uns immer prima geschmeckt! – Und wir leben heute auch noch! –

Selbstverständlich haben wir in der Talsperre auch gebadet und herumgepaddelt. Ganz besonders hatten wir viel Spaß mit Annchens großen Paddeln, wenn wir mit „oben ohne und unten nichts" herumpaddelten!

Zweitbeste Freunde hatten wir natürlich noch sehr viele, ich will sie damit nicht abwerten, auch will ich sie an dieser Stelle nicht aufzählen, aber gelegentlich komme ich auf den einen oder anderen noch zurück!

Im Rahmen der Volkshochschule habe ich auch mal einen Kursus für Fotografieren und Entwickeln absolviert. Dabei lernte ich den mir vom Sehen und von der Legende her schon bekannten „Hünen Waldemar" kennen. Eingeweihte Kreise wußten, wenn seine Frau oder die Freundin seiner Frau im Obergeschoß aus dem Fenster herausschaute, konnte Waldemar nicht weit sein! – Denn auch er schaute mit aus dem Fenster, aber er stand dann hinter der „Frau", und dazwischen waren die Stores! – Die rhythmischen Bewegungen der Gardine übertrug sich dabei auch auf die jeweils weit heraushängende Frau und auf ihren geistesabwesenden Blick! – Die Fenster dieser Wohnung waren zum Marktplatz gelegen und machten dadurch das Ganze erst richtig spannend! Spannend für die Darsteller und für das eingeweihte Publikum! –

Wir kamen durch diesen Kursus öfters in Kontakt, und Waldemar zeigte mir dann auch schon mal einige Pornobilder! – Ich glaube, daß es eigene Produktionen waren, wahrscheinlich waren die Hauptdarsteller seine „eigenen Frauen" und er selbst.

Weiterhin erzählte er mir, daß er vor einiger Zeit im Schloßkaffee mal einen „Porno-Filmabend" veranstaltet habe! – Nur ausgewählte Paare aus seinem Bekanntenkreis habe er dazu eingeladen! –

„Was glaubst du, was da los war! – Nach spätestens zehn Minuten fingen sie an, sich zu befummeln und nach und nach auszuziehen! Und als dann der Film zu Ende war und das Licht wieder eingeschaltet wurde, saßen sie (fast alle) halbnackt bis nackt so da herum!

Daß manche sich da in der Zusammengehörigkeit vertan hatten, merkten die meisten erst, als sie wieder richtig „da" waren!"

Na ja, in der damaligen DDR, im Sozialismus, war Pornographie sowie auch Prostitution „offiziell" generell verboten! –

Um bei Waldemar zu bleiben, wenn er beispielsweise mal bei uns vorbeikam und Margot gerade oben etwas Dekolleté trug und er ihre „Struma-Operationsnarbe" zu Gesicht bekam, fing er gleich an: „OooH, AaaH, was haben sie da für eine schöne Narbe! – Darf ich die mir mal etwas näher besehen!? – Jaaa? – Darf ich die mal leicht betasten, befühlen? – Ja? – Bitte, bitte!!!"

Nun, Waldemar war nun mal ein erotischer und sexuell leicht erregbarer Typ! –

Wie sagt doch der „Kölner" so ganz richtig: „Jeder Jeck ist anders!" –

Als Anfang der fünfziger Jahre das Theater umgebaut und erweitert wurde und ich damit beruflich auch zu tun bekam, lernte ich auch viele Mitarbeiter des Theaterensembles kennen! – Unter anderem auch „Rumpelstilzchien", den Gewandmeister! –

Eines Tages, ich saß im Kaffee Vogtei und trank ein Glas Bier, und wer erschien auf der Bildfläche!? – Es war Gernot (Rumpelstilzchien), er blickte in die Runde und als er mich entdeckt hatte, hellte sich seine Miene auf. Er „strahlte" nur so und kam auf meinen Tisch zu! – Darf ich mich bitte zu dir an den Tisch setzen, bitte, mein lieber Knuth!? –

Schon saß er da und schon knuttelte er mich ab, so als wären wir die dicksten Freunde, um nicht zu sagen, die dicksten Freundinnen! –

Wie geht es dir, mein lieber Knuth, flötete er mich an. – Danke! antwortete ich, und dir Gernot!? –

Ach, – ich komme gerade vom Eisenwaren-Schönmichel! Weißt du! – Du weißt doch!? – Oder? – Na ja, der wollte was von mir! – Du verstehst doch, was ich meine, mein lieber Knuth!? –

Nein! – Ich verstehe nicht, was du meinst, mein „lieber" Gernot! – Ich habe zwar gehört, was das für einer sein soll, aber was hat das mit dir zu tun, und überhaupt, ich verstehe nicht, was man dabei empfinden kann!? – Im Gegenteil! – Kleine Pause. –

Ooooh, die Drüsen, die Drüsen! – War er jetzt am Säuseln! –

Du! – Lieber Knuth, du bist mein Typ! - Mein allerliebster Knuth, nur du! – Hauchte er, zu mir gewandt! –

Jetzt erst hatte ich begriffen, was er von mir wollte und warum er sich zu mir an den Tisch gesetzt hatte! –

Nein, mein Lieber, da wird wohl nichts daraus, da mußt du dir schon eine andere Partnerin suchen, sagte ich zu ihm und verabschiedete mich von ihm, nicht im Bösen! –

Als ich diese Story am nächsten Tage im Büro zum besten gab, lachten sie alle lauthals heraus. – Wie, das wußtest du nicht!? – Ja, wo sollte ich das schon herwissen, bis jetzt hatte ich ihn für ganz normal angesehen und als netten Menschen empfunden und kennengelernt.

Als ich etwas später meinen ersten Telefonanschluß erhielt, bekam ich die Rufnummer „175" – Was glauben sie, was ich da für einen Spaß damit bekam! – „Hallo! Ja, hier ist der Klub der warmen Brüder!" – Und andere Frotzeleien mehr! – Natürlich kamen diese Anrufe von meinen Kollegen und aus dem näheren Bekanntenkreis! (Damals gab es den § 175 im Strafgesetzbuch noch!)

Fensterln & Kapriolen

Wie ich schon erwähnt habe, hatten wir wieder, oder auch immer noch, unsere Büros im Rathaus. Das Schönste dabei war, daß an diesem Rathaus das Hotel „Zum Löwen" dranhing! – Und am noch Schönsten war, daß auf unserem Flur auch noch eine Verbindungstür zwischen beiden Gebäuden war. Diese Tür war offensichtlich während des Krieges als Notausgang installiert worden. – Aber am Aller-amschönsten war, daß auf dieser Etage im Hotel die meisten der ledigen und alleinlebenden weiblichen Mimen des Theaters wohnten!

Wenn Sie ganz richtig ahnen und sich erinnern, daß wir doch gerade dabei waren, das Theater umzubauen und zu erweitern, so war es gar nicht zu vermeiden, den auf uns einstürmenden Kontakt abzuwehren! –

Aber mit Lust und Tücke kämpften wir uns da durch. – Jeder von uns hatte schon nach kurzer Inspektion die richtige Zimmernummer herausgefunden, die ihm gefiel! –

Wenn man mal sehr abgespannt war, konnte man auf seine Zimmernummer umsteigen und sich wieder kräftig entspannen! – Eben mal ein kleines oder größeres „Nickerchen" machte man da zwischendurch! Diese Verbindungstür bekam mit der Zeit eine überdurchschnittliche Frequenz, und es war manchmal schon leicht peinlich, wenn man sich da so begegnete! – Unserem Chef natürlich auch! – Ganz besonders traf es unseren Nikolaus, denn er hatte sich ganz schlimm in die Sopranistin „Josephine" verknallt. Sie war zwar etwas füllig, aber sonst eine sehr hübsche Zimmernummer! – Einmal, anläßlich einer Fete im Hotel „Zum Löwen", holte er plötzlich zwei Goldringe aus der Tasche und gab seine Verlobung mit „Sophie" bekannt! – Hurra und Hallo, waren unsere Reaktionen. – Na, und noch viel mehr Prost und auf euch beide! –

So schön diese Verlobungsfeier auch war, mußte sie Nikolaus umgehend wieder rückgängig machen, denn seine Eltern waren mit seiner Wahl gar nicht einverstanden! – Nach deren Meinung paßte so eine „Kurtisane" doch nicht in ihr Milieu! – Hatten sie doch ein gutgehendes Zimmerer- und Schreinergeschäft in Bad Blankenberg und einen „guten Namen" hochzuhalten! – Damals war das noch so! –

Nikolaus trug das Ganze mit Würde, und bald danach hatte er auch eine neue Zimmertür gefunden, bei der er sich prächtig entspannen konnte!

So hatten wir mal wieder unsere zusätzliche Abwechslung in unserem Müßiggang! –

Diese Verbindungstür erinnert mich auch noch an einige andere Begebenheiten!

So war nämlich auf der einen Flurseite hinter der bewußten Tür das Stadtwerk mit seinem Verwaltungsstab untergebracht. Da war auch „Resa" beschäftigt, aber nicht nur mit dem normalen Kram von Arbeit, sondern auch mit ihrem „Dienstgeheimnis"! –

Eines Tages war die schon etwas mittelälterliche Jungfrau allerdings mit einem ihrer Geheimnisse intensiv beschäftigt, denn als ich, ganz offiziell und zufällig wohl bemerkt, zu ihr ins Zimmer trat, lag sie gerade mittenmang auf ihrem Schreibtisch! – Rücklings und mit hocherhobenen Armen und Beinen! – Und sie ließ sich vom Malermeister Rübe tiefschürfend und überzeugend seine ganz ordentlich überzogene Rechnung verklickern! – Das machte er einfach so im Stehen! – Na, so was!? –

Der „Ordnung halber" verließ ich fast sofort und unbemerkt das Zimmer und wartete vor der Tür, bis ich vernahm, daß die Rechnungsdifferenzen beigelegt waren. – Zur beiderseitigen Zufriedenheit, wie man so schön sagt! –

Natürlich habe ich bei dem Vor-der-Tür-stehen die anderen lästigen Eindringlinge vor einer Zumutung bewahrt! – Denn so schön war Resa nun auch wieder nicht! – Diese überflüssigen Pfunde! – Ein Bild für die Götter! – Noch nie hatte ich so was in wilder Fahrt aus allernächster Nähe gesehen! – Sie hatten wohl vergessen, daß es auch einen Schlüssel gab, der von innen ins Schloß paßte! –

Zum Leidwesen mancher „Rechnungsleger" ging auch Loter des öfteren tagsüber und wohl auch nach getaner Arbeit durch diese beiden Türen! – Und das nicht ohne Erfolg, wie es sich später noch herausstellen wird! –

Eigentlich ist es schade, daß es doch relativ wenige solche „Heiligen Gemächer" in Büros und anderen Institutionen gibt! Das ist nunmal das Leben, und was soll's! Nur keinen Neid! – Wozu sind diese Erfindungen sonst gemacht? – Natürlich um seine Bedürfnisse befriedigen zu können! Das ist doch selbstverständlich! –

Ich will damit absolut nicht sagen, daß Büro- und andere Diensträume-Einrichtungen der Notdurft sind!

Wenn in Orba Kirmes war, nahmen wir oft unsere Freunde mit, denn für sie war es mal was anderes, und da konnten sie sich mal wieder so richtig satt essen! – Na, und viel Spaß gab es auf so einer Kirmes auch immer! –

Da war auch Helje, die junge und burschikose „Wirtin"! – Und auch Hermann, der Schnapsfabrikant. – Ich nehme es hier schon mal vorweg, daß wir uns später, unter ganz anderen Umständen, wiedertreffen! – Nun, Hermann war ein Neureicher „Weltmann", er war, für uns Normalverbraucher und Hinterwäldler, sehr selbstbewußt und auch ein bißchen überheblich! – Sicher hatte er vergessen, daß er auch aus anderen Verhältnissen stammte! – Seine Mutter hatte es halt verstanden, den Schnapsfabrikanten „Oecke" in Rottenberg zu bezirzen, zu heiraten und zu beerben! –

Hermann verkehrte natürlich bei Helje in der Wirtschaft, wo auch der Landarzt Doktor Weis mit Gattin aus Königstadt ein- und ausgingen. Arnd, Ehemann von Helje, war ein arroganter Protz und Rechthaber seines Zeichens, der sich kurz nach dem Krieg auch wenig in der Öffentlichkeit sehen ließ! –

Alkoholitäten waren noch einige Jahre knapp und recht teuer. Zur Kirmes kam dann Hermann mit seiner Frau, der „Wienerin", im offenen Sportwagen angebraust! – Auf dem Rücksitz saß eine Korbflasche mit dem so berühmten „Thüringer Gebirgstropfen"! –

So! – Jetzt konnte es losgehen, das Feiern! –

Auf dem Tanzboden in der „Seestadt", die andere Gaststätte im Ort, bei Emma, wurde nun getanzt und gesungen. Und nach der nächsten „Korbflasche", die wo Hermann auf Bitten von Helje gerne holen mußte (natürlich begleitete sie ihn dann im offenen Cabriolet), wurde dann auch geschunkelt und geknutscht! – Zunächst nur oberflächlich und ein wenig geziert noch, aber dann, so p... à p..., ich meine, so nach und nach, wurde auch schon mal das Licht ausgehen gelassen! – Hoch die Tassen und Hurra! – Was soll's, da muß man doch nicht ausgerechnet heute, wo doch Kirmes ist, immer den eigenen Partner, und sich draußen herum treiben lassen! – Nein, heute wird mal eine abwechslungsreiche Kost ausprobiert! – Na, denn Prost und Juchheirassa! –

Als fast alle schon heimgegangen waren, es graute schon der Morgen, nur noch ein paar jüngere jugendliche Jungs und ich waren wie gewöhnlich dabei, die Stühle auf die Tische zu stellen.

„Weißt du, Knuth, da über dem Kegelbahndach, siehste da oben zwei Fenster!? – Die, wo noch offen stehen!" – Ja, was ist mit den zwei Fenstern? fragte ich? – „Na, daderhinter schlafen doch die zwei jungen Dinger, die aus Leipzich!" – Ja, und!? – Na ja, wellste uns daderbei nich e bißche helfe? –

Warum denn nicht! – Natürlich helfe ich euch daderbei ein bißchen! Ihr seid ja auch noch etwas zu klein! – Ich meine, um da hineinzukommen! – „Ach, weißte, nei kommn mir schon, aber nauf nich!" Na gut, da schlage ich vor, daß ihr mich erst mal auf das Dach hinaufhieft und ich sondiere erst mal die Lage! – o.k.? –

Ja, prima! – Oben angekommen horchte ich erst mal am offenen Fenster und als ich gleichmäßige Schlafgeräusche vernahm, stieg ich mit aller Vorsicht ins Zimmer. Ich schlich zum ersten Bett und stellte fest, daß dieses Mädchen fest schlief. – Ich sah auch, das machte die helle Mondnacht möglich, daß sie einen herrlichen Körper hatte, denn sie lag mit nichts an auf der Zudecke!

Das zweite Bett schien auch tief und fest zu schlafen, aber da, plötzlich und ganz langsam schob sie ruhig die Decke zur Seite und streckte mir ihre Arme und Beine völlig entgegen! Sie war auch völlig unangezogen!

Ganz im Nu hatte ich mich ihr, was die Kleidung anbetraf, angepaßt, so daß sie sich in mich hinein nahm und wir unsere helle Freude ineinander bekamen! – Der erste Einstieg war also ohne großen äußeren Widerstand gelungen, und die Draußenstehenden gaben Pfeifgeräusche von sich, denn sie warteten doch auf Informationen!

Hallo! Eggart! flüsterte nun das Nachbarbett. „Und wer küßt mich? Komm schon her, Hubert!" – So begab ich mich hin und mit soviel Freude und Hineingabe machte es auch reichlich Genuß! –

Nach der ersten und zweiten Erregung war alles gestillt und plötzlich Stille! Und dann fragten beide fast gleichzeitig: Jane, wo ist denn Hubert!? –

Verdammt nochmal, waren jetzt meine Gedanken! – Und als dann das Licht anging, waren beide am „Kreischen"! – Aber wer ist das denn? Oh, ein Fremder! „Na, so was!?" –

Im Hause wurde es inzwischen auch laut und ich hörte Herwart, den Schwiegersohn des Hauses und Bürgermeister, immer näher kommen! – Im Nu hatte ich jetzt meine Siebensachen beisammen und stieg wieder durchs Fenster, nur diesmal in der anderen Richtung! – Ich lief übers Dach und rief meinen „Kommilitonen" zu: Los, fangt mich auf, es brennt! –

Im selben Moment, als ich heruntersprang, hörte ich Herwart aus dem Fenster hinter mir sagen: „Aha! – Der Wilde Thüringer!" –

Ja, und so lernte ich auch das „Fensterln"! –

Nach Abschluß der drei Tage andauernden Kirmes fuhr ich mit Margot auf dem berühmt-berüchtigten Motorrad, der 350er DKW, wieder nach Hause. – Unsere Freunde waren am Tage vorher schon abgereist. –

Mittlerweile war es dunkel geworden, und da an der Lampe etwas defekt war, hielt ich in Quiksdorf an, um es wieder herzurichten! Ich konnte den Schaden recht schnell beheben und setzte mich wieder aufs Motorrad und trat den Kikstarter durch. Und es war nicht zu fassen, das Motorrad sprang ausnahmsweise mal direkt an, sonst mußte ich zehnmal und mehr durchtreten, bevor es mit den Gefallen tat! – Ich war dermaßen erfreut und sagte zu Margot: „Los, drauf!" – Und fuhr gleich los!

Nach einer Zeit, ja es war schon eine Weile her, sagte ich nach rückwärts, Margot zugewandt: „Hast du auch deine Tasche nicht vergessen!?" –

Keine Antwort! – Hast du gehört!? – Ich fragte, ob du deine Tasche hast? – Wieder keine Antwort! – Ich faßte mit der Hand hinter mich und erschrak, denn da war gar keiner hinter mir. Na, gibt es denn so was? Wo war sie denn abgeblieben, hatte ich sie etwa gar verloren? – Oder hatte man sie mir gestohlen, ohne daß ich etwas gemerkt hatte!?

Ich hielt natürlich sofort an und wendete. – Ich konnte es nicht fassen! – Wie konnte das nur passiert sein, waren meine Gedanken. Da kaum Verkehr auf der Straße war, es war mittlerweile ja auch schon sehr spät geworden, fuhr ich nun auf der linken Straßenseite langsam zurück, dabei den Randstreifen und Straßengraben ständig im Auge behaltend und ausleuchtend! Ich fuhr und fuhr. – Nichts! – Mittlerweile bekam ich richtige Angst! So was konnte es doch gar nicht geben!?

Als ich endlich an der Stelle angekommen war, wo ich die Lampe repariert hatte, sah ich einen Schatten wild gestikulierend auf mich zukommen! – Weinend und ganz aufgelöst wankte sie mir entgegen! – Warum hast du mich hier stehen lassen, stammelte sie. Du wolltest mich wohl loswerden? – Und so im Dunkeln! – Wir fielen uns um unsere Hälse und weinten beide wie um die Wette! In Zukunft überzeugte ich mich immer genau, ob auch alle an Bord waren!

Ein anderes Mal, ich war nach Erfurt zur Ingenieurschule unterwegs, als ich auf halber Strecke wieder umkehrte. Es war Winterszeit und kurz nachdem ich losgedonnert war, mich vorher noch in eine dicke, lange Wattehose gepackt, eine Pelzjacke übergezogen sowie eine dicke Wollmütze, Schal und Handschuhe übergestülpt hatte. – Wie ein Eskimo sah ich aus. –

Da fing es wieder zu schneien an, dazwischen Nieselregen, so um den Gefrierpunkt herum tändelte die Temperatur! – Es bildete sich sofort Glatteis, daß ich alle paar hundert Meter quer über die Straße wegflutschte und entweder im Graben oder mitten auf der Straße lag! – Immer wieder rappelte ich mich auf und fuhr langsam weiter. – Aber als mich dann ein schwerer Lastzug überholte und ich um ein Haar und zwei Schweineborsten beinahe darunter gerutscht wäre, entschloß ich mich, endlich umzukehren! – Obwohl ich dann auch Stunden brauchte, bis ich zu Hause ankam, war es ganz sicher mein Glück, noch einmal mit einem blauen Auge und verbogenen Gestängen davongekommen zu sein!

Glück hatte ich aber immer wieder, wenn ich mal die Kurven zu schnell genommen hatte und dann der Straßengraben freundlicherweise nicht zu tief oder fast völlig zugeschwämmt war. Wenn ich dann auch nur mit Ach und Krach über den Acker brauste und nach der nächsten Kurve wieder auf der Straße landete! – Oder wenn mir in einer unübersichtlichen Kurve nicht ausgerechnet ein Fahrzeug entgegen kam – oder gar zwei nebeneinander!

Letzteres passierte mir auf dem Wege nach Jena. Die Ortsdurchfahrten waren da sehr kurvenreich und eng! – Ein Pferdegespann vor mir mit null-Stundenkilometern machte mich ganz nervös, ich kam und kam nicht voran. – Da ritt mich plötzlich der Teufel! – Er drückte mir die Augen zu und gab Gas! – Ja, und da war plötzlich so mir nichts, dir nichts, eine Kurve da, mit vielen Häusern rechts und links. Und zu meinem größten Entsetzen kamen mir da auch noch ein Traktor mit Hänger und ein irrer Motorradfahrer entgegen! – Der mußte doch völlig bescheuert sein, dachte ich ganz schnell, so mitten in einer unübersichtlichen Kurve überholen zu wollen! – Und noch dazu, wo ich doch diese Spur schon belegt hatte! – Ja, ein Glück für uns beide, daß das „Teufelchen" bei mir am Steuer saß! – Irgendwie hat er es geschafft, daß wir nur an der Wand entlang scheuerten und hinterher kreidebleich am Straßenrand gestikulierend gegenseitige Schuldzuweisungen und Belehrungen von uns gaben!

Zu dieser Zeit hatte die Verkehrspolizei anscheinend auch noch keine klaren Direktiven, denn als ich beispielsweise mal mit meiner DKW auf großer Tour war und meine Malesse mit dem Übergepäck hatte, war sie sehr behilflich! –

Das war so: – Na ja, da mußte ich erst mal uns alle „Vier" plazieren. Mich selbstverständlich als Piloten auf den dafür vorgesehenen Fahrersitz, Peter, zu dieser Zeit etwa sechs Jahre alt, als Navigator vor mir auf dem Benzintank. Margot mit dem zweijährigen Jürgen auf dem Schoß, als Hauptpassagiere auf dem dafür vorgesehenen Sozius! – Das Frachtgut wurde gleichmäßig verteilt. – Der Hauptpassagier bekam einen großen Rucksack auf den Rücken geschnallt und der Pilot zwei Kartons oder Wegezehrtaschen umgehängt! – Na, und das Hauptgepäck, zwei mittelgroße Pappkartons, wurden zwischen den Vorder- und Hinterbeinen der Gesamtcrew mittels Stricken fachgerecht festgezurrt!

Ich düste nun so mit 60 bis 70 Sachen von Rudolfstadt gen Orba, als das Mißgeschick daherkam! Einer der beiden Pappkartons ging fliegen, und das ausgerechnet in einer Ortschaft und ausgerechnet unter Polizeiaufsicht! Ja, da hatte sicher das Teufelchen mal wieder seine Hand im Spiel gehabt! Aber er schien wieder gnädig zu sein, denn die Herren von der Volkspolizei boten uns gleich ihre Hilfe an. – Sie waren eifrig damit beschäftigt, das Paket zusammenzuklauben und an meiner Überlandmaschine wieder festzuzurren, ohne daß ich selbst meine Fahrerkanzel verlassen mußte! – Ja, und weiterhin eine gute Fahrt! –

Polizei, dein Freund und Helfer, im wirklichen Sinne des Wortes! – Danke! –
Nun, die nächsten beiden Episoden geschahen unter Leitung meines Schutzengels!
Wie sagt man doch so schön und ganz richtig!? – Kinder und Besoffene haben
meist einen Schutzengel in ihrer Nähe! – Mir ist es am liebsten, wenn er ganz nah
ist! –

Da war mal wieder Kirmes in Orba gewesen, und nach reichlich genossenem Alkohol hatte ich es in den Kopf bekommen! – Und ganz gleich danach auch in die
Beine, wie man auch so schön sagt! –

Also, da war Lux, der Schäferhund, den ich ja mal unter leichter Benebelung mit
nach Hause gebracht und dann zu meinen Schwiegereltern nach Orba geben mußte! –
Ja, und heute sagte er zu mir: „Ich möchte wieder in die Stadt, hier auf dem Dorf gefällt es mir gar nicht, und noch dazu immer an der Kette hängen zu müssen und von
den wilden kleinen Menschen mit Steinen beworfen zu werden! Nein, weißt du, mein
lieber Herr Knuth, nimm mich doch bitte wieder mit nach Rudolfstadt!"

Ihn kraulend, überlegte ich, was da wohl zu machen sei? – Weißt du was, Lux,
wenn ich wüßte, wie ich dich transportieren könnte, würde ich dich wieder mitnehmen, heute besteht ja das Problem nicht mehr wie damals in der Teil-Etagen-Woh-
nung. Du könntest doch in Mörla wohnen. Da sagte er zu mir: „Mach's doch auch
so wie mit deinen Jungen!" Na klar, fiel es mir wie Schuppen von den Augen, auf
dem Benzintank! –

Komm her, los komm rauf! – Er hatte verstanden und war auf den Tank gesprungen. Aber als ich den Motor an hatte und losfuhr, sprang er sofort wieder herunter! –
Nun, ich versuchte es noch mehrmals, aber immer das gleiche Ergebnis! Ich fuhr
dann langsam ohne ihn los, und er lief mir auch nach! – Als ich etwa 500 Meter gefahren war, versuchte ich es wieder, ihn aufs Motorrad zu bekommen, was mir soweit auch immer gelang, aber wenn ich losfuhr, sprang er wieder ab! – Es dauerte
dann etwa drei Kilometer, bis er sitzen blieb! – Das heißt, er lag vor mir, sein Kopf
hing dabei ein ganzes Ende über die Lenkstange hinweg!

So fuhr ich nun relativ langsam gen Rudolfstadt, immerhin mit etwa 25 Kilometer pro Stunde. Im Morgengrauen traf ich an unserem Haus in der Anton-Sommer-
Straße 23 ein. Ganz ohne Zwischenfall war ich angekommen, mit Ausnahme der
neugierigen Irren, die mich unterwegs gesehen und begafft hatten!

Ich sperrte Lux in unseren kleinen Hof, gab ihm zu fressen und zu saufen, was
auch immer er wollte und nach ein paar Stunden Schlaf fuhr ich wieder zurück! –
Wo warst du heute nacht eigentlich mit deinem Motorrad, wollte Margot wissen.
Lux wurde erst viel später vermißt! –

Vielleicht noch etwas Engel:

Das war dann auch in so einer vernebelten Situation in Orba. – Es packte mich
plötzlich, denn das Motorrad wollte unbedingt Gassi gehen! – Ich ließ mich auch gar
nicht lange nötigen und holte es aus der Scheune und wurde auf den Sozius ge-
hievt! –

Gang rein, Gas geben, und ab ging die Post! – Wohin, wußte das Motorrad auch
noch nicht, denn schließlich saß ich ja am Lenker! – Das heißt, es war mein Beifah-

rer, denn er spielte den Navigator und Boß gleichermaßen! (Das sind manchmal richtige Affen!) – Ich war eigentlich gar nicht dabei und schaute nur zu. – Aber dann, als es passiert war, ließ er mich im Stich! – Ich mußte selber „Hilfe und Aua" schreien und mich abmühen und fürchterlich herumquälen! – Es war richtig schlimm und gefährlich! – Ich hatte plötzlich furchtbare Angst um mein Leben, und meine Wade brannte wie Feuer! –

Da war er doch auf einen völlig ausgewaschenem und unbefahrbarem Feldweg mit vielen kleinen Kürvlein dahingebraust und hatte die Kontrolle über sich so richtig verloren. – Und plumps-peng, peng gegen einen Strauchdieb gerast und den Rand hinuntergefallen! – und dann auch noch Fahrerflucht begangen! –

Nur mich und das Vehikel hatte er zurückgelassen! – Ja, und mich hat er auch noch unter das Motorrad gelegt und den heißen Aufpuff ausgerechnet auf meine nackte, schöne Wade! –

Ja, und wie schon gesagt, brüllen und das Krad hochstemmen, mit Kopf unter, das hatte er einfach mir überlassen! – Ich danke dir, mein liebes Engelchen, daß du mir geholfen hast, das Motorrad hochzustemmen und daß du den Funken ausgeblasen hast, der mein Motorrad durch Feuer vernichten wollte! –

Immer wieder das Motorrad war es, das schuld hatte! –

Der Seniorchef der Baufirma „Kipfer" empfing mich wie immer sehr freundlich und überschwenglich! – Ich hatte immer das Gefühl „der will was von mir"!? –

Nach einem gutbürgerlichen, ländlichen Frühstück im Familienkreis begaben wir uns anschließend ins Büro, um mit unserer eigentlichen Arbeit zu beginnen. – Ich hatte in seiner Endabrechnung große Mängel festgestellt, um nicht zu sagen, Kraut und Rüben schön durcheinander vorgefunden!

Ich fühlte, ich wußte, daß dies keine böse Absicht oder ein Versuch des Betruges war, sondern nichts anderes als Unwissenheit und Unkenntnis! Auch sein Sohn, der mit dabei war, war wohl sehr überfordert. Woher sollte so ein „Kleinunternehmer" auch schon wissen, was eine VOB oder das BGB war!? – Das waren „Bücher mit den bekannten sieben Siegeln" für sie! – Als ich ihnen alle gesetzlichen Vorschriften und Reglements erklärt hatte, waren sie hilfloser als zuvor, und völlig niedergeschlagen schauten sie mich an. Sie schienen nachzudenken, man hörte es förmlich knistern in ihren Köpfen, wie sie da wohl herauskommen könnten und ihr Gesicht auch nicht verlieren würden!? – Wann wurde in Zienrück schon mal so etwas gebaut? – Mehrfach hatte ich derartige Situationen schon erlebt. Vor allem, wenn es sich um alte Leute, sogenannte Handwerksbetriebe, handelte!

Für sie war ich eine Amtsperson, die sie mit viel Respekt betrachteten und achteten. – So'n bißchen „Lieber Gott" vielleicht auch!? –

Und da ich meine Bauprojekte irgendwann ja auch mal abschließen mußte, bot ich mich in solchen Fällen als Helfer an! – So machte es auch heute bei den beiden Kipfers „plumps!" – Zwei Steine fielen ihnen von den Herzen! – Meine Herren, sind Sie einverstanden, wenn wir die Abschlußrechnung gemeinsam noch einmal machen!? – Oh, ja, bitte Herr Paulsen, wir haben so einen „Staatsauftrag" doch noch nie durchgeführt, wir sind da noch nicht so perfekt!

Also machte ich mich daran, eine komplett neue Massenberechnung zu erstellen und konzipierte die neue Form der Schlußrechnung! – Sie beide halfen mir dabei so gut sie konnten. – Natürlich wurde ich umhätschelt und mit Drinks und Naschereien versorgt. Dabei war die Zeit wie im Fluge vergangen, und es war mittlerweile schon sehr spät geworden. – Froh über das Gelingen und die daraus resultierende Abschlußsumme, boten sie mir an, doch bei ihnen über Nacht zu bleiben, was mir sehr gelegen kam, denn mit meiner tollen Maschine in der Nacht bis Rudolfstadt zu fahren, war doch mit vielen Risiken verbunden! – Da rief ich bei unseren Mitbewohnern, bei Bankdirektors, an, um meine Frau zu informieren, daß ich heute nicht nach Hause käme, von wegen der Angst in der Nacht und der vielen Arbeit! – Jeder hatte damals noch kein Telefon. –

Am nächsten Tage, es war ein Samstag, ließ ich mich noch einmal überreden, doch noch dazubleiben, denn heute beginne ja ihre Kirmes! – Die Vorkirmes. – Natürlich war ich mit mir am Herumkämpfen, ob ich das meiner Frau antun könnte? – Und wie sollte ich das begründen? – Na ja, dann habe ich nochmal bei Bankdirektors angerufen und meine Frau ans Telefon gebeten. – Ja, hallo, mein Schatz! – Weißt du, da ist mir gestern doch ein großer Fehler unterlaufen! Ja, und nun hänge ich heute voraussichtlich den ganzen schönen Tag hier noch fest, wie mir das leidtut. – Was, das glaubst du nicht!? – Ich würde es doch auch nicht glauben, kannst mir's glauben! – Na ja, so gegen Abend, ja, ja, tschüß! – Und grüß auch die Jungens recht schön!

Auf dem Tanzboden war ein Tisch reserviert, schon am hellen Vormittag, und das „Vorgericht" und der „Nachtisch" waren schon mitserviert! – Zwei schicke junge Frauen, im Festkleid und mit einem Dekolleté, sage ich Ihnen, bis zum Bauchnabel! – Natürlich schaute ich da gar nicht so tief hin! – Wer ist man denn schon? –

Ich entschied mich für Ilona! – zunächst! – und zum Nachtisch tanzte ich mit ihr, danach auch noch des öfteren. – Sie war nicht sehr groß, aber sie lag mir gut in den Armen und himmelte dabei zu mir hoch, und sie preßte mich des öfteren auch und überallhin und auch dagegen! – Dann zog sie mich mit sich fort, und wir erstürmten das über dem Lokal gelegene und mit Blumen geschmückte Zimmer! – Und dann, ganz unverhofft, küßten wir uns! – Sekt, russischen, gab es dazu. Und ich gefiel ihr so gut und so sehr, wie sie zu mir säuselte, so daß es etwas länger gedauert hatte. –

Der alte Herr Kipfer war am Schmunzeln, als er uns wieder auf der Tanzfläche entdeckt hatte. –

Bitte, Herr Paulsen, so bleiben sie doch noch zum Abendessen, und danach können sie doch wieder tanzen. – Vielleicht auch mal mit unserer Tochter, Angela, haben Sie nicht bemerkt, wie sie sich danach sehnt!? – Na ja, na gut, wenn Sie meinen? – Liebe Frau Kipfer! –

Mein Gott, da hatte ich aber einen faux pas begangen, wie konnte ich bloß die Tochter des Hauses übersehen haben? – Sie war ein sehr schlankes Mädchen, eine hübsche Blondine, und noch sehr jung mußte sie sein! –

Gleich nach dem Abendmahl und nach dem Gottesdienst hakte sie sich mir unter! – Sie strahlte noch, und immer lieblicher schaute sie zu mir auf! – Ach, wissen se Herr Paulsen, ich kann noch nicht gut tanzen, aber sonst bin ich schon ganz gut dabei! – Wenn Sie wissen, was ich meine? – Darf ich Knuth zu ihne sage? – Ich heiße Angela, das soll Engel heißen!, sagt man. – Komm, find's doch selber raus, ob ich einer bin!? –

Sie führte mich nach draußen, immer weiter und in die Felder, Wiesen und Wälder! – Dort am Waldrand sagte sie, wo gerade noch die Sonne hinscheint, siehst du da die großen Heuhaufen? – Oh! wie schön, sagte ich zu Angela, sollen wir dahin gehen? – Ooh, jaa, gerne! Eine Decke liegt dort, die muß da einer verloren haben! – Einer? – Jetzt wurde sie rötlich im Gesicht und schlang mir ihre nackten Arme um meinen Kragen und war mich ganz und gar am Küssen! – Und es zog uns hin, zum Daraufhinsinken! –

Das schlichte weiße Leinenkleid öffnete sich, und sie sahen mich so lieb an, daß sich ihr schöner braungebrannter Körper wie ein Kunstwerk vor mir darbot! – Ich konnte nicht widerstehen, auch ihrem Charme und ihrer Perfektheit nicht! – War ich, bin ich gut?, strahlte sie mich an! –

Oh, ja, und ob! – Du bist wirklich ein „Engel" – mein (B)Engel, Angela! –

Als wir in vorgerückter Stunde wieder am Tisch aufkreuzten, erhellten sich die Gesichter der Familie, und sie strahlten daher! – Was halten Sie davon, wenn Sie am nächsten Wochenende mit Ihrer sehr geehrten Frau Gemahlin zur Hauptkirmes zu uns kommen!? – fragte mich Frau Kipfer. – Ja, warum nicht, antwortete ich. – Mal sehen, was meine Frau davon hält? –

Er, der alte Herr, der Boß, schien mit sich zufrieden zu sein, denn er griente über alle vier Backen, wie man in Thüringen so sagt! –

Margot war dann auch einverstanden, nachdem sie mir die Leviten gelesen hatte, von wegen und so! –

Ich freue mich auf so'ne Kirmes, wo ich nicht immer den Gastgeber spielen muß! sagte sie. Da kann ich mal so richtig mitfeiern und vielleicht auch herausfinden, wer deine „Tisch- und Tanzpartnerin" war. –

Zu Mittag gab es Karpfen! – Auf polnische Art zubereitet! – Das wird etwa so gemacht: „Karpfen in große Stücke schneiden, in Butter braten/dünsten, mit viel kleingeschnittenen Möhren drin und verschiedenen anderen Kräutern und Knoblauch dran. – Die Soße sieht bräunlich aus! – Dazu gibt es Salzkartoffeln und viel Weißwein!"

Es war eine richtige Lust für uns, nach langer Zeit mal wieder Karpfen essen zu können! – Und soviel wir nur konnten. – Jetzt strahlten wir über alle vier Backken! – Anschließend ging¡s auf den Tanzboden, wo wir uns bei ländlicher Blasmusik und mit viel Tanz und noch vieler Bier und Wein und so gut unterhielten und auch sonst viel Spaß untereinander trieben! –

Wo ist eigentlich Ihre Tochter? – Von der mir mein Mann so viel vorgeschwärmt und so wenig erzählt hat? fragte Margot die Frau Kipfer. – Ach wissen Sie, es tut uns so leid, daß sie heute nicht da sein kann! Ja, da hat ihr Gatte ganz recht, sie ist schon ein richtiger kleiner Engel, aber sie ist heute auf großer Tournee mit ihren Klassenfreunden! – Da fühlt sich das Kind noch am wohlsten! – Wenn Sie wissen, was ich meine. – Ach so! Also noch ein halbes Kind? – Ja, ja, ja, vielleicht noch ein viertel Kind!? – Nur noch –

Nun, dumm waren sie nicht, vor allem wollten sie verhindern, daß ich in Verlegenheit kam. – Ilona war offensichtlich auch auf „Kinderlandverschickung!? – Nun, mir war es ganz recht, so konnte ich mich doch mal wieder so richtig meiner lieben Margot zuwenden!

Ach, was haben Sie eine nette Frau, sagten Herr und auch Frau Kipfer zu mir, und noch so eine schöne dazu! – Ja, wer bin ich denn? –

Zu Weihnachten tauchte dann ganz unerwartet der Herr Kipfer mit Rucksack bei uns auf, der Junior war's, und beste Grüße von den Eltern brachte er mit! Ja, die Gans, die hätte sich das Bein gebrochen, und es sei doch nur ein Dankeschön für die gute Hilfe und die nette Freundschaft und so! –

Wie ich schon sagte, hatte ich des öfteren Handwerksmeistern geholfen, ihre Abrechnungen ordnungsgemäß zu machen. Oder auf den Baustellen detaillierte Aufrisse gemacht, weil sie selbst dazu oft nicht in der Lage waren und der Bau nicht vorangekommen wäre. – Ob Zimmerer, Schlosser, Schreiner, sie waren gute Praktiker, aber weniger gute Theoretiker! – Für diese Hilfen, die offiziell nicht zu meinen Obliegenheiten gehörten, habe ich nie etwas verlangt, aber irgendwie hat fast jeder mir ein Dankeschön, eine Anerkennung zukommen lassen. – Der eine gab mir, oft ganz verschämt, eine Wurst oder ein paar Eier oder auch eine Flasche Wein oder Schnaps. Ich glaube, ich hätte sie beleidigt, wenn ich es abgelehnt hätte! – Und ich bin überzeugt, daß ich dadurch meinen Respekt und mein Image nicht eingebüßt habe!

Kontra – Re

Irgendwann im Jahre 1951 erkannte ich die große Chance, wieder aus der SED herauszukommen! Nämlich wurde da die sogenannte „Große Parteiüberprüfung" vollzogen!

Auf so was hatte ich schon immer hingearbeitet, regelrecht darauf gewartet. – Ich hatte einfach meine Parteibeitragszahlungen eingestellt! – Schon lange! – Man hat mich auch nicht gemahnt! –

Negative Äußerungen über das kommunistische System, über die vielen Unzulänglichkeiten bezüglich der Versorgung der Bevölkerung und auch über die Inkompetenzen der Staatsfunktionäre und die Anmaßungen vieler dieser Gernegrößen! – Man sah, daß kein System dahinter war und eben auch die Fachleute fehlten, speziell in den Verwaltungen. – Ganz bewußt verhielt ich mich „antisozialistisch". (Sie nannten das „antidemokratisch", was mir völlig schnuppe war, da ich damals den „feinen" Unterschied noch gar nicht begriff!) –

Ich hatte bis dahin noch nie eine Parteiversammlung besucht, trotz verschiedener Einladungen dazu!

Vor dieses Tribunal ging ich aber diesmal fast mit Freude! Besonders vorbereitet hatte ich mich aber nicht. Warum schon"? Was ich wollte und was nicht, das wußte ich schon. – Mein Ziel war klar! – Ich war ganz sicher, daß sie mich aus der „Partei hinauskatapultieren" würden! Möglicherweise mit Pauken und Trompeten! – Das Risiko der öffentlichen Anprangerung und möglicherweise auch den Verlust meines Arbeitsplatzes, meiner Stellung, mußte ich einkalkulieren!

Wen sonst, wenn nicht mich, sollten sie „ausschließen"? – Was sollte das Ganze für einen Sinn haben, wenn es nur eine Finte war? – Da mußten doch schwarze Schafe gefunden werden, die vorzeigbar waren, die schuld am Mißlingen des „Sozialistischen Aufbaus der DDR" waren! – War ich das gefundene Fressen!? – Denkste! Nein! – Sie schmissen mich nicht aus der Partei, trotz meiner negativen Antworten, die ich ihnen gegeben hatte während des „Verhörs"! – Nein, nicht ich, sondern einige von den „Winslern", die bleiben wollten! –

Zurückversetzt in den Kandidatenstand! – Basta! (Meine jahrelangen Beitragsrückstände waren dabei gar kein Thema!) – Ach was! – So'ne Scheiße! – Was nun? – Ich zahlte weiterhin keine Beiträge und beteiligte mich auch nicht an irgendwelchen parteipolitischen Aktionen! – Nun schon gar nicht! –

Einer dieser „Überprüfer" sagte mir später, daß das Tribunal der Meinung war, daß ich noch so jung sei und den rechten Weg schon noch finden würde! – Mit Geduld würde man mich schon noch im Sinne der Partei erziehen! – Aber bitte! – Ich hab dir das nicht gesagt, sagte er noch! – Also lange Leine!? –

Mit dem Voranschreiten des „Sozialismus" bekamen wir im Büro auch viel mit dem Bau von Kolchosegebäuden zu tun. Da ich vom Dorf stammte, aus der Landwirtschaft, war ich mal wieder gefragt! – „Landwirtschaftliche Produktionsgenossenschaften" wurden sie genannt, diese neuen „Fabriken"! –

Im Prinzip fiel mir das nicht sonderlich schwer, denn wußte ich doch, wie groß etwa ein Schwein oder wie dumm ein Ochse war! –

Mit den „Genossen" vom Landwirtschaftsamt entwickelten wir neue und vor allem billige Tierbehausungen! – Das müssen wohl russische Vorbilder gewesen sein, die da dahinterstanden. Rinderoffenställe und Schweinehütten aus Strohballen waren die Vorgabe! – Was für ein Quatsch, dachte ich so bei mir. Zu Hause wurden im Winter die Ställe verbarrikadiert und alle Fugen dichtgemacht, damit es warm im Stall sei und die Kühe weiter viel Milch gäben! – Alles Neu macht der Sozialismus!

Jahre später haben die Landwirtschaftsexperten festgestellt, daß warme Ställe eine viel höhere Milch und Fleischproduktion ergeben! Vor allem in der kalten Jahreszeit! – Die Informations- und Kommunikationszeit von Rußland bis „Deutschland" dauerte schon etwas! – Das war ja immerhin so einige 1000 Kilometer weit weg! – Oder gab es da Sprach- oder Übersetzungsprobleme? –

Dann kam ganz plötzlich und über Nacht der 17. Juni 1953! –

Die Bauarbeiter in „Ostberlin" hatten den Stunk angefangen! – Ursache war aber der „Mitschurin", der von seinen Erdbeerbäumen gefallen war und im Saft einer heruntergefallenen Beere ertrunken war! – Aber noch viel schuldiger war das große Vorbild „Hennecke", der immer schneller und besser am Arbeiten war und dafür natürlich vom Ober-Genossen „Stalin" mit so großen und schweren Orden des „Sozialismus" und auch noch von dem „Helden der Arbeit" behängt wurde, damit er tödlich zerbrach! – Nach seinem Tode! –

Die „Deutschen Genossen" waren anfänglich dafür zwar empfänglich, von wegen der Leistungsprämien und Orden auch! – Aber dann hatten sie die Faxen dicke! – Auch die Frauen von den Ordensträgern, denn sie konnten sich dafür rein gar nichts kaufen! – Was gab es denn schon zu kaufen? – Das Brot kostete so gut wie nichts, andere „Grundnahrungsmittel und bezugsscheinpflichtige Konsumgüter" waren auch spottbillig, so wie eine Wohnung auch! – Warum sollten sie also ihre privaten Illusionen zurückstecken und auf ihre verschlissenen Männer verzichten!? – Die Ehescheidungsquoten stiegen dementsprechend! – Ein Urlaubsplatz kostete ohnehin so gut wie nichts! – Allerdings nur im „Sozialistischen Lager", wenn überhaupt! – Da kann doch nicht jeder Urlaub machen, wann und wo er will! – Wo kämen wir da hin!? –

Und na ja, wer hat denn da was dagegen, wenn ich meine Kirschen dem Konsum verkaufe, für zehn Mark das Kilo, wo ich sie doch vorne im Laden für eine Markfuffzig wiedererstehen kann! – Den kleinen Umweg mach ich doch gerne, wenn's sein muß sogar des öfteren! – Bin doch nicht doof! –

Auch konnte ein Landbewohner, ein ehemaliger Bauer, zum Beispiel einen jungen Ochsen füttern und am Jahresende für rund fünf MT verkaufen, oder Eier, Hühner, Karnickel, Schafwolle und ähnliches billig produzieren und sehr überteuert an den Staat oder seine Einrichtungen veräußern! – Der Steuerzahler, den es ja in diesem Sinne wie in der BRD gar nicht gab, wird's schon machen! – Da war der „Schalk", der das schon machte! Erst viel später erkannte man, daß es da noch einen großen Strauß und andere Große und Dicke gegeben haben mußte, die schalkhaft gewesen sein mußten! – Letzteres war für uns Nullachtfuffzenbürger in der DDR kaum bekannt! – Aber die Berliner Genossen, die Igges, hatten schnell begriffen, wo es langging! – Na ja, bis dahin konnten die ja och schon mal um die Ecke kicken! – Nach West-Berlin sozusagen! – Und doof warn die Igges noch nie! – Na und wieso nicht in den „Westen" dürfen, in Urlaub, zu Verwandten und Freunden und so!? – Ihr habt se wohl nicht alle auf der Leine, was!? –

Wir in Rudolfstadt wir hatten gerade das Parkrestaurant umgebaut. Danach hieß es Theaterrestaurant, weil es direkt neben dem Theater stand. – Nach dem Kriege, als sowieso nischt los war, hatte man es zweckentfremdet. – Als Möbellager sozusagen. – Die Möbel, die da drinnen stehen sollten, die gab's aber gar nicht! – Arbeitsbeschaffungsprogramm!? –

Kurz nach dem Umbau war es das renommierteste und am meisten besuchte Restaurant mit Unterhaltungsmusik und Tanz und so!

Der schwarze Kurt war der damalige HO-Gaststättenleiter in Rudolfstadt. Von Hause aus war er Parkettleger von Beruf, das hatte den Vorteil, daß er beim Umbau mithelfen konnte, das neue Parkett zu verlegen! Wer konnte das schon sonst noch? – Viele, die keine Ahnung hatten, mußten da mit Hand anlegen, auch ich tat es! Was sollte es denn, lebten wir doch im Sozialismus! –

Nach Fertigstellung war es eine gelungene Sache! – Da gab es die große Tanzfläche, ein Musik- und Darbietungspodium und die sehr begehrten Randnischen, fast wie kleine Separees. – Diese Halbdinger da waren immer sehr gefragt, weil man da nicht gleich gesehen werden konnte. – Es konnte doch mal vorkommen, daß einem nicht so danach zumute war! – Wenn Sie wissen, was ich meine. Jedenfalls war dieses Ambiente gut angekommen! – Noch dazu, da die Oberkellnerin die Frau Lundner war!

Sie war eine mitteljunge Kriegerwitwe, gut gewachsen und aufreizend zurechtgemacht und immer mit etwas Besonderem im Hinterhalt! – Vor allem für ihre Stammgäste!

Ob es rare oder ausgefallene Getränke, Früchte oder Speisen waren, sie hatte immer noch was in petto! – Ja, im Ausnahmefall und zu sehr später Stunde war sie auch bereit, einen sexuellen Nachtisch zu servieren! – Im Separee, hinter ihrem Büro, und, wie gesagt, nur bevorzugten Gästen war das vorbehalten. Nicht immer kostenlos war das, aber je nachdem!? –

Bei großer Nachfrage gab sie auch schon mal Zeitkarten aus, dann aber gegen eine entsprechende Gebühr! – Diese wiederum war abhängig von der Zeit und Dauer der Zeit, meine ich! – Ich hatte da immer viel Zeit und kein Geld! –

Irgendwann, bekam sie Probleme! – Sie hatte einen „Trapper" (wie man munkelte) bekommen! – Da mußte sie Namen angeben, wer die Väter gewesen waren! – Oh Gott, da kamen viele in Frage, so viele Väter konnte es gar nicht geben! – Mir gab sie den freundschaftlichen Tip, doch auch mal zum Hautarzt zu gehen! –

Da war vielleicht ein Andrang, und viele bekannte Gesichter sah man da wieder! Oh! –

Wie Blamabel müssen die sich da vorgekommen sein! – Und die Ehefrauen erst!? Aber zurück zum 17. Juni! – Ich glaube mich zu erinnern, daß dieser Tag an einem Wochenende war. – Man hatte es im Radio gehört, immer wieder, und egal, welches Programm man einschaltete, den Osten oder den Westen.

Viele Menschen, Tausende, seien in der Karl-Marx-Allee in Ost-Berlin, der Hauptstadt der DDR, aufmarschiert! – Ganz spontan, so ganz ohne Vorbereitung, wie vom Himmel gefallen und ganz ohne Genehmigung seien sie da! – „Was soll der Quatsch, liebe Bürger! – Geht sofort wieder heim!" – Der Walter und der Herr Pieck baten ihre „frommen und doch so fleißigen Schäfchen" händeringend zur Vernunft! – „Unsere „Freunde" mögen doch so was nicht! – Versteht doch!!!"

Von den Westsendern kamen nur kurze Informationen und vage Vermutungen! – Kommentatoren sprachen von der großen Chance der Wiedervereinigung, aber nur zaghaft und andeutungsweise. –

Dann, so gegen zehn, kamen markante und aufgeregte Stimmen durch den Äther des Leipziger Rundfunks und wohl auch aus Berlin: „Brüder und Schwestern, liebe Genossen, kommt alle auf die Straßen, wir wollen Gerechtigkeit und Freiheit!" – Zustimmendes Gebrüll von den Demonstranten war im Hintergrund zu hören! – Und dann Tumulte und Brüllerei und „Knack!" – Aus, die Sender hatten den Geist aufgegeben, aufgeben müssen!? –

Jetzt endlich passierte etwas in der „Sowjetisch besetzten Zone!" –

Ich zog mich schnell ausgehfertig an und machte mich auf die Socken! Ich wollte, mußte dabei sein, wenn es um bessere Bedingungen in unserem Lande ging! – Als ich auf dem Marktplatz erschien, war da keiner, kein Demonstrant! Nur Gaffer und die berühmten Leisetreter gingen daher oder lugten um die Häuserecken! – Ich ging durch die Bahnhofsgasse in Richtung Bahnhofvorplatz. Und als ich dort um die Ecke bog, sah ich ein aufgeregtes Häuflein vor dem Theaterrestaurant! Ich ging darauf zu und wurde gefragt, ob ich mitdemonstrieren würde? – Na klar, sagte ich, deswegen komme ich doch! – Die Hälfte der Anwesenden kannte ich nicht oder nur oberflächlich, so vom Sehen. Der harte Kern hing am Radio und hörte den Informationen des Bayrischen Rundfunks zu. – Man berichtete, daß die Rote Armee in einigen Städten schon aufmarschierte und daß es nur eine Frage der Zeit sei, wann sie eingriff. Sie sprachen auch von Plünderungen der Parteizentralen in einigen Städten, wie auch in Jena. – Die ganzen Aktenschränke würden aus den Fenstern geworfen, ja selbst Menschen würden da mit herausgeschmissen! –

Plötzlich tauchte „Günther" auf, in Zivil war er, eigentlich war er Leutnant bei der Bereitschaftspolizei in Kumbach, im ehemaligen Hermann Göring Heim. Ich kannte ihn gut, auch seine Frau! – Sie waren beide blond und groß, besonders er! – Sie war eine schöne und liebliche Frau und auch sonst sehr gut! – Er bat dann ums Wort und stellte sich vor, besonders denen, die seine Frau und ihn noch nicht näher kannten. – Wir hatten schon des öfteren mal zusammen gesessen und getanzt. – Ja, sagte er, wie Sie wohl wissen, wissen Sie, wer ich bin!? – Ist aber auch egal, ob Sie mich oder meine Frau schon kennen. Jedenfalls sind wir hier, weil mein Oberstleutnant mich hergeschickt hat, um mit euch zu demonstrieren! Jawohl, das hat er gesagt! –

Und dann hat er noch gesagt: „Fürchtet euch nicht, wir sind mit euch!" – Hallo und Klatschen, mit allen Händen! – „Und weiter hat er gesagt, wenn es soweit ist, steht die ganze Bereitschaft bereit, um die Russen in unseren Kasernen zu entwaffnen! – Jawoll!" – Und wieder viel Hallo, und so!

Wir standen und saßen wie auf heißen Kohlen! – Wann ist es endlich soweit? Wo sind die Waffen? – Wer sind eigentlich diese hundert oder zweihundert Leute hier, hat da mancher wohl gedacht. – Ich auch, glaube ich, hoffentlich ist da kein Spitzel darunter!? Natürlich kannte ich einige, manche waren sogar sogenannte Kadermenschen aus Politik und Wirtschaft. – Aber denen traute ich eher als den grauen Mäusen! – Ganz fest hofften wir auf moralische und militärische Unterstützung vom Westen! – Warum sagen die nicht: „Los, jetzt hat eure Stunde geschlagen! – Haut drauf, schlagt sie zusammen!?" „Connie", wo bist Du!? –

Dann endlich! – Wir jubelten, als wir seine sonore und feste Stimme vernahmen: „Brüder und Schwestern in der Sowjetzone! – Ich sage euch, unternehmt nichts! Geht sofort nach Hause! – Laßt euch nicht verirren, denn wir können euch nicht helfen! – Unsere alliierten Westfreunde? (Funkstille!) Zähneknirschen, weiße Kreide im Mund und noch ein bißchen mehr Angst im Nacken! – Hoffentlich hat mich keiner hier gesehen, keiner erkannt!? – Rasend schnell und ganz unauffällig liefen wir davon, wie ein Hühnerhaufen stoben wir auseinander! –

Die meisten von uns sind eigentlich gar nicht dabeigewesen, hinterher! – Bis auf die, die am nächsten Tag verhaftet wurden und für viele Jahre aus dem Verkehr gezogen wurden! – Manche davon haben es nicht überlebt! – Entweder in Sibirien umgekommen, krepiert, oder gleich in der DDR zum Tode verurteilt und hingerichtet ...

Entweder hat mich keiner wiedererkannt, oder es war schon einer zuviel!? – Natürlich wurden ja auch noch einige für später gebraucht! – Ich, vielleicht!? – Die „Rote Armee" hat dann Nägel mit Köpfen gemacht! Und die Funktionäre, die ihre Hosen bis obenhin voll hatten, zogen am nächsten Tage frischgewaschen und neu aufgebügelt und aufgebaut und wieder aufgerichtet und neu motiviert durch die Gassen der Stadt! – Sie trauten sich wieder! – (langsam) –

Natürlich hatten Margot und ich uns immer noch und immer wieder ganz lieb wie gehabt! – Und an einem Sonntag, eines schönen Tages, ging es los! – Sie bekam Rückenschmerzen und starke Blutungen mit Bauchweh dabei. – Natürlich holte ich gleich den Sonntagsarzt. Er wohnte gleich um die Ecke und war auch schon ein bißchen alt geworden. Er schien sie zu untersuchen und brammelte was in seinen Bart, was so wie was angestellt, was wir wohl hätten und so gehießen hätte können! – Warme Umschläge und viel Kamillentee verordnete er. Da er sich auch nicht wieder sehen ließ, Margot aber die folgende Woche immer wieder starke Schmerzen hatte und auch immer noch blutete und immer blasser und dünner wurde, rief ich in Jena den bekannten, noch privat praktizierenden Frauenarzt Prof. Dr. Herold an! – Ja, Herr Paulsen, obwohl heute zwar Sonntag ist, aber was sie mir soeben erklärt haben, da ist höchste Eile geboten! – Beschaffen sie sich sofort einen Krankenwagen, und bringen sie ihre Frau schnellstens hierher in meine Klinik! –

Gesagt, getan! Ich kannte den Chefarzt hier im Krankenhaus, der mir sofort zu einem Sanka verhalf! – Auf Privatrechnung natürlich! – Woher nehmen? – Sofort nach Ankunft in Jena, untersuchte der Professor meine Frau persönlich und teilte mir auch gleich mit, daß meine Frau eine Bauchhöhlenschwangerschaft habe und daß er sofort operieren müsse! – Warum kommen Sie erste heute zu mir!?

Schon etwa zwei Stunden später wurde ich ins Ordinariat vom Professor gebeten. Da haben wir aber noch mal Glück gehabt, Herr Paulsen, aber es war wirklich höchste Eisenbahn, wenn nämlich der Eileiter geplatzt wäre, hätte es das Aus für Ihre Frau bedeuten können! – Übrigens habe ich den anderen Eileiter bei dieser Gelegenheit gleich mitgekürzt, denn es wäre immerhin möglich, daß sich so etwas wiederholen könnte! – Leider hatte ich vorher nicht die Zeit, die Zustimmung Ihrer Frau dazu einzuholen, aber da Sie ja schon zwei Kinder haben, ist das sicher nicht so schlimm! – Heißt das, daß meine Frau keine Kinder mehr bekommen kann!? – Ja, das heißt das! – Aber im Bedarfsfalle besteht jedoch die Möglichkeit, es rückgängig zu machen, die Kürzung, meine ich. O.K. – Und nochmals ganz herzlichen Dank für alles, ganz besonders dafür, daß Sie die Operation sofort und heute noch vorgenommen haben! – Ich bekam die Rechnung als Privatpatient und mußte sie auch erstmal bezahlen, als solcher. – Die Kasse erstattete uns nur einen Teil, aber mein Betrieb war so nett, auch was dazu beizusteuern! –

Ich konnte Margot noch am Nachmittag in ihrem „Einzelzimmer" besuchen und wir freuten uns dann auch sehr darüber! – Du mußt aber jetzt sehen, daß du nach Hause kommst zu unseren Kindern, sagte sie zu mir, los, hau ab! –

Ich brauchte schon etwa zwei Stunden, um von Jena mit dem Zug nach Rudolfstadt zu kommen. Ich hatte die Kinder bei Frau Heiser, die als Jungfer mit im Hause wohnte, untergebracht und von Jena aus die Schwiegermutter in Orba via Bürgermeister informieren und bitten lassen, doch möglichst heute noch nach Rudolfstadt zu kommen – diesbezüglich!

Inzwischen, so auf der Heimfahrt, hatte ich Zeit, um über den vergangenen und hektischen Tag nachzudenken. – Zum Schluß war ich ganz zufrieden mit mir und uns! – Das Beste daran war ja, daß wir nicht mehr aufzupassen brauchten und das Geld dafür sparen würden!

Ich war dann auch froh, als ich zu Hause ankam und Olivia bei den Kindern vorfand! – Sie hatte sie schon abgespeist und auch für uns ein schönes Dinner vorbereitet! Was immer es war, es hat uns beiden geschmeckt, und ich hatte noch eine Flasche Sekt am Bahnhofskiosk gekauft, den wir uns dann schmecken ließen! – Waren wir doch beide überglücklich über den guten Ausgang des Ganzen! –

Ich darf doch in Margots Bett schlafen, oder soll ich lieber auf der Couch schlafen? fragte sie dann, als der Sekt alle war. – Wo du am gernsten möchtest, lallte ich, denn auch mir war er schon leicht zu Kopfe gestiegen, ich hatte im Zug schon ein Schlückchen zur Brust genommen! Wegen der Freude doch, na und Olivia vertrug auch nicht viel von dem Sekt! – So gingen wir dann auch zu Bette und in sie hinein. –

Seitenlage war für uns angesagt, das war doch klar, von wegen des Karusselleffektes! – Daß wir die gleiche Seite bevorzugten, war reiner Zufall! Und dann wußte ich, daß mir nichts passieren dürfe, von wegen der Kinder und Margot und so! – Da wehrte ich mich, und ich streckte dem Ungeheuer meine Waffen entgegen, den Bauch benutzte ich dabei als Schutzschild! – So konnte ich diese Nacht gut überstehen!

Olivia blieb noch übers Wochenende und betreute uns und nahm am Montag die beiden Jungens mit nach Orba, solange, bis Margot wiederkam. – Ich besuchte sie ein paar Einigemale, und so nach einer Woche etwa hatte sie nichts dagegen, wenn ich dann schon mal wieder unter die Decke schaute!

Eines Morgens, als ich gerade ins Büro ging, begegnete ich Adlaine, sie kam aus Richtung Bahnhof. – Hallo Knuth, gut, daß ich dich treffe, sag, hast du heute Lust? Natürlich, fiel ich gleich ein, immer, wenn ich dich sehe! Du Schlimmer du! – Ich wollte dich fragen, ob du Lust hast, mit mir heute mittag im Hotel Kaiser zu speisen!? – Gern, liebe Adlaine, wenn du meinst und auch Lust hast? – Ist heute ein besonderer Tag? – Du wirst schon sehen! So zwischen zwölf und hab eins! Ja!? – Ja! – o.k. –

Kaum im Büro angekommen, sagte mir mein Boß: Sie müssen heute morgen direkt mal nach Gera fahren, wir sollen in der Weinsberggasse eine neue Kinderkrippe bauen. Bringen Sie mal alle Unterlagen mit, die dort im Hauptbüro vorhanden sind! Auch das noch, ausgerechnet heute! – Wie sollte ich das nun wiedermal schaffen und pünktlich im Kaiser sein?

Nun, ich beeilte mich, schnell fortzukommen. Wie ein Irrer fuhr ich durch die Lande und über die miesen Landstraßen mit ihren vielen Löchern und engen Kurven. – Etwa fünfzig Kilometer hatte ich da hinter mich zu bringen, eine Strecke. Meist war da mit Staus zu rechnen, schon wegen der landwirtschaftlichen Fahrzeuge und der Kühe und Schweine. – Mit allen Risiken schaffte ich es dann, und war so gegen eins im Kaiser angelangt, wenn auch leicht verstaubt und abgehetzt!

Ich sah aber keine Adlaine! Wahrscheinlich war ich nun doch noch zu spät gekommen und sie war schon gegangen. – Na, da ich schon mal hier war, bestellte ich mir ein Thüringer Rostbrätel mit Kartoffelsalat. –

Na, hat es Ihnen geschmeckt, fragte der Kellner, als ich bezahlen wollte. Der Nachtisch ist schon serviert, auf Zimmer zwölf werden Sie schon erwartet! Ja, was sollte denn das? War ich sofort am Nachdenken, es konnte ja nur Adlaine dahinterstecken, die schöne und stolze Wirtin aus Rottenberg!? – Man hatte schon munkeln gehört, daß der Hotelier und Wirt ein Gucklochmolch sei!? – Na, den werde ich mal auf seine dicken Finger gucken und ihm die Suppe versalzen, den Nachtischspaß! –

Ich klopfte an die Tür Zimmer Nummer zwölf im 1. Obergeschoß im Hotel „Zum Kaiser" am Markt in Rudolfstadt. Mit leichtem Herzklopfen, wie man sich denken kann. „Herein, der Herr Nummer zwölf" hörte ich ihre aufreizende Stimme hinter der alten Tür. – Gott sei Dank war diese Stimme noch jung, im Gegensatz zum Gebäude. – Langsam trat ich ein und war ganz entzückt von dem wunderschönen Morgenrock, welcher mir mit Freude und auf leichten Füßen entgegenflog! Wie ich mich freue, daß du mich nicht versetzt hast, mein Lieber, Du! – Komm, nimm mich in deine Arme!!! – Dann küßte sie mich, einfach so, aber mit großer Leidenschaft und doch so zart und weich mit dem vollen Mund! – Zum ersten Mal! – Wie war mir da

144

aber zumute? – Es waren natürlich ihre vollen Lippen und die stürmische Zunge, die ich spürte, und auch ihr ganzer Körper und weiblicher Zauber, mit dem sich dabei öffnenden Morgenrock und Charme! – Moment bitte, mein Lieb, stotterte ich, ich muß mich erst mal fangen, besinnen, meine ich. – Und doch schnell erst mal nach nebenan gehen, muß ich! –

An diese Tür klopfte ich nicht an, sondern öffnete sie leise und ging zu der an die Nummer zwölf angrenzende Wand und riß den „Molch" von seinem Schemel, auf dem er stand, mit der Kamera in der Hand. Ich schleuderte sie zu Boden und trampelte darauf herum und auch auf der Kamera! –

So, da bin ich wieder, sagte ich zu Adlaine. – Ja, was war das für ein Lärm nebenan? – Vergiß es, er wird es dir sicher erzählen! – Ich kann nur hoffen, daß du an dem Geschäft nicht beteiligt bist!? –

Bitte sag mir, warum du mich heute hierher gebeten hast? – Was ist der Anlaß? – Halte mich bitte nicht für pervers oder so, antwortete sie, aber ich werde es dir erklären. – Und mit dem, mit wem auch immer, der nebenan ist oder war, habe ich nichts am Hut! – Glaub mir das bitte! Ich gebe zu, meine Idee scheint nicht sehr gut gewesen zu sein, aber verzeih mir bitte! – Du bist heute auch nicht der erste Mann, der es nicht für so originell gehalten hat! – Also, ich heirate nächste Woche und da wollte ich heute Abschied von meinem „Jungfernleben" feiern! – Mal anders, als ihr Männer das sonst tut. Du weißt, daß ich eine begehrte Frau bin. – Und ich will verhindern, daß mein Zukünftiger in unserer Ehe vielleicht aus Versehen nicht immer wieder mit meinem Vorleben konfrontiert wird. – Natürlich weiß er, daß ich kein Unschuldsengel war! – Deshalb habe ich mich heute, und hier, von meinen ehemaligen „Freunden" verabschiedet! – Und da keiner den Gedanken der Hoffnung auf mich behalten sollte, hatte ich für jeden von ihnen eine extra Zeit und ein anderes Zimmer reserviert! – Mit einer kleinen Vorspeise oder Imbiß oder so! – Wahrscheinlich kannst du das nicht verstehen!? – Ich hatte es aber gehofft!!! –

Ja, aber sag mir, warum hast du mich da einbezogen? – Wir hatten doch noch nie was miteinander! – Außer, daß du mich verrückt gemacht hast, wenn ich dich sah! – Ja, und ich habe das natürlich auch immer gespürt, wenn du mir so „heimlich" nachgegangen bist! – Auch aus den Augenwinkeln habe ich dich dann beobachtet! – Und wenn du mir direkt entgegenkamst, habe ich doch auch immer zurückgefunkt! – Oder etwa nicht? Na, und mit jedem bin ich ja nun auch nicht gleich ins Bett gegangen! – Oder??? –

Jetzt war ich aber von den Socken!!!

Komm, mein Lieber, setz dich zu mir und sei wieder friedlich und trink wenigstens einen Schluck Krimsekt mit mir! – Bitte! –

Na gut, sagte ich, du hast mich völlig verwirrt! – Wie immer schon! –

Aber warum die Nummer zwölf, liebe Adlaine!? – Nun, ich gehe immerhin auf die Dreißig zu, und es waren heute gerade alle Zimmer dieser Etage frei für meine Vergangenheiten! – Außerdem habe ich sehr lange überlegt, mit wem ich von meinen vielen Anbetern das Dutzend vollmachen sollte! –

Unser Haus

Wie ich schon erwähnt habe, war es offiziell nicht gestattet, privat Planungen größeren Umfangs durchzuführen. Dafür gab es noch einige „Freischaffende Architekten", die eine Sonderzulassung hatten. Es waren ältere Kollegen, die in den staatlichen Entwurfsbüros oder in den Behörden keine Anstellung mehr erhalten hatten.

Mit welcher Vermittlung auch immer, ich bekam den Auftrag, für Schindlers die Planung für ihr neues Wohnhaus zu übernehmen. Sie waren reizende Leute. – Aber eben Lehrer! – Er, sie und es. – Ja, auch der Sohn war so einer! – Na ja, damals durften nur wenige privat bauen. – Das war doch noch ein Relikt von den Kapitalisten übriggeblieben! – Aber da man die „Schaffende Intelligenz" für den Aufbau des Sozialismus brauchte, und eh die alle noch abhauten – gen Westen! –, wurde denen eben Absonderliches gestattet! – Auch ein Privatarchitekt, und auch noch einer, der gar keine Sonderzulassung hatte! – Das kommt noch schlimmer, die waren in der CDU und ich fast noch in der SED mit einem großen Beitragsmanko! Und man stelle sich vor, die besaßen auch noch eine westdeutsche Illustrierte, in der das Haus, was sie gerne hätten, abgebildet war! In Farbe auch noch!

Nun, ich erfüllte ihnen ihren Wunsch zur vollen Zufriedenheit, und wir wurden dabei gute Freunde. – Auch mit Familie und so! – Sie war dann auch die Klassenlehrerin unserer Kinder, und er gab diesen unmusikalischen Bengels später auch Musikunterricht.

Warum baut ihr euch nicht auch ein eigenes Haus? fragten sie uns eines Tages. – Hm, ja – wohin!? – antworteten wir.

Wir wüßten ein schönes Grundstück für euch, es hat etwa über 700 Quadratmeter Grundfläche und kostet so knapp an die 3.000 Mark. – Überlegt es euch! –

Irgendwann sagte Margot: „Weißt du, wenn ich arbeiten gehen würde, das heißt, wenn ich was Passendes finden würde und Jürgen einen Kindergartenplatz bekäme, könnten wir uns das mit dem Bauen doch mal überlegen!?"

Stell dir aber mal vor, was das für eine Belastung für uns bedeutet, sagte ich. Die Zinsen für das Grundstück allein und die Tilgung sind schon 135 Mark im Jahr! Dann bräuchten wir noch mindestens 50.000 bis 60.000 Mark für das Material und so, was nochmal etwa 2.300 Mark an Zinsen kosten würde. – Im Monat müßten wir da mit mehr als 200 Mark rechnen! – Ja schon, aber wir haben doch auch noch unsere Eltern, die uns helfen würden. Das Bauholz zum Beispiel würden sie uns doch kostenlos geben! Und auch sonst würden wir doch mit praktischer Hilfe rechnen können. Wir helfen denen doch auch jedes Jahr bei den Ernten und so in ihren Landwirtschaften. Auch unsere Brüder würden uns helfen! Laß uns darüber noch mal schlafen, und wir sollten da auch nichts übereilen! – Wir hatten dieses Thema erst mal wieder vergessen. Ich hatte auch noch den Auftrag bekommen, die neue Kinderkrippe mitzubetreuen, und war damit ziemlich ausgelastet.

Wir beteiligten uns an Kurzreisen. So zum Beispiel mit dem Architektenbund nach Potsdam, Dresden, Meißen, Bauzen. –

Dabei hatten wir unseren Spaß, auch mit den Kollegenfrauen, wie Helge, Inge und ecetera!

In Prag waren wir auch mal, vier Tage lang, aber mit ohne Frauen. – Nur ganze 75 Kronen bekamen wir als Taschengeld umgetauscht, das reichte gerade für zwei Ansichtskarten und vier Glas Pilsner! – Die Übernachtung im Europahotel auf dem Wenselplatz und die Verpflegungskosten wurden über den BDA erledigt. – Wenn wir dann die Westdeutschen oder andere „Kapitalisten" dort in den Lokalen sahen, wie die schwelgten, fühlten wir uns als richtige arme Schweine! – Die DDR-Mark wollte keiner haben, auch unsere „tschechischen Freunde" nicht! – Und wo sollten wir schon Devisen herhaben? – Wußten wir nicht einmal, wie diese „Dinger" aussahen. –

Trotzdem hat uns Prag sehr gut gefallen, vom Fachlichen und Historischen her. – Aber menschlich, „deutsch-tschechische Freundschaft", da waren wir doch sehr enttäuscht! – Wenn wir beispielsweise einen oder mehrere Male nach dem Wege oder was anderem fragten, antworteten sie „oft" in perfektem Deutsch: „Tut mir leid, ich verstehe kein Deutsch!" – Ja, wo waren wir denn? –

Nur noch für diejenigen, die die oben erwähnten Städte nicht kennen sollten, ein paar Kurzinformationen:

– Potsdam dürfte wohl allgemein bekannt sein, da lebte der „Alte Fritz" (Friedrich der Große), auch schon der Vater, der Soldatenkönig von Preußen. – Na, und Sanssoucis! – Aber ich bitte Sie!

– Dresden, da denke ich an „August den Starken" und leider auch an die Bomben im Zweiten Weltkrieg! – Aber da mußte man der DDR doch ein Kompliment machen, denn der historische Wiederaufbau, wie „Zwinger", „Semperoper" und so, war schon gut vorangegangen!

– Meißen, na, da hat der Alchimist J. F. Böttger in der Manufaktur das chinesische Porzellan neu erfunden. Oder die I. Heinriche und Ottos (928/968) gelebt. Die Zwingburg vom Herzog Albrecht, 500 Jährchen später, ist da auch noch.

– Bauzen: Wie Meißen, nur noch mehr Türme rundherum. – Und die „Sorben" leben da noch und sprechen immer noch wie damals! – Die Straßenschilder sind zweisprachig. –

Das neue Kreispolizeiamt gleich hinter der Schillerschule auf dem vormaligen Kirmesplatz wurde von mir geplant und gebauleitet. Auch die statischen Berechnungen der tragenden Bauteile und die Vorkalkulation durfte ich mitdurchführen! – Es machte so richtig Spaß, so ein Vorhaben in allen seinen Phasen der technischen Planung und in allen Details bearbeiten und koordinieren zu dürfen. – Auch die Verhandlungen und Beratung mit den zukünftigen Nutzern war sehr interessant! – So gelang es mir dann auch, die Arestzellen für auf frischer Tat Ertappte und kurzfristig Inhaftierte nicht wie allgemein üblich im Keller, sondern im Obergeschoß des Anbaus unterzubringen. – Dabei hatte ich natürlich ein wenig an eventuellen „Eigenbedarf" gedacht! – Man konnte doch nie wissen, was in diesem Staat noch auf einen zukommen würde.

Ich mußte meine ganze Überredungskunst aufwenden, um den genossen Oberstleutnant von dieser Lösung zu überzeugen! – Keller, sagte ich zu ihm, ist längst nicht mehr up to date, es ist doch bekannt, daß die meisten Gefangenen durch einen Tunnel, den sie unter dem Fußboden ihrer Zelle gegraben haben, entkommen sind! – Von oben herauszukommen, ist so gut wie unmöglich, da kann man eher den Hals brechen, und durch die starken Eisengitter, die ich einbauen lasse, muß auch erst mal einer herauskommen! – Natürlich, sagte er, das ist ja toll! Solche guten Feilen und Stahlsägen gibt's ja gar nicht, und die müßte er erstmal hereinbekommen bei unseren modernen Kontrollsystemen, und wo will er die Leiter hernehmen!? – Ja, sehr gut, Genosse Paulsen! – Sehr gut! Daß man die Decke über diesen Zellen mit einem normalen Eßbesteck ausbauen konnte, da sie nur aus einfachen Kalkputz-Leichtbauplatten und einer Sparschalung bestand, vergaß ich zu erwähnen! – Na, und ein paar Dachziegel wegzunehmen, war ja keine Schwierigkeit. Dachrinne und Regenfallrohre sind für einen halbwegs geübten Ausreißer ein guter Leiterersatz! –

Ich wurde nicht erwischt, deswegen nicht, und auch sonst nicht! – Hätte aber sein können. In diesem Staate war alles drin! –

Anfang 1954 hatte Margot ihre erste Arbeit bekommen. Ausgerechnet in dem neuen Kreispolizeiamt, als Aushilfe für die neuen Personalausweise nämlich. Danach auch gleich wieder bei der Versicherung!

Das war dann auch mit für unsere Entscheidung, ein Haus bauen zu wollen, ausschlaggebend. Wir kauften das Grundstück, das heißt, wir entschieden uns dafür, auch deswegen, weil es ganz in der Nähe von Schindlers Hause lag. Ein leichter Südhang mit Blick über das Saaletal in Richtung Saalfeld. Es war am Ende der Mörlaer Hohle, an der Westperipherie von Rudolfstadt. Schindlers waren sehr erfreut über unsere Entscheidung, hatten sie doch die Grundstückseigentümerin, Frau Rasch, so lange beeinflußt, es vorher nicht zu verkaufen. – Ich machte mich daran, sofort die ersten Vorentwürfe für unser Haus zu entwerfen, und wir verhandelten mit der Stadtsparkasse über einen Kredit.

Als wir mit unseren Neuigkeiten unsere Eltern und Schwiegereltern überraschten, waren sie natürlich sprachlos! – Ja, wo wollt ihr bloß das viele Geld hernehmen, was so ein Haus kostet!? – Ach, sagten wir, das schaffen wir schon, Margot sucht sich einen festen Arbeitsplatz, und ich werde mit der Zeit auch nicht auf der Stelle treten. Ich mache ja jetzt schon immer mal so nebenbei eine Zeichnung! –

Kurz danach kreuzte mein Vater bei uns auf und bot uns finanzielle und materielle Hilfe an! – Wißt ihr, sagte er dann, wenn ihr ein Zweifamilienhaus bauen würdet, in das wir später mit reinziehen könnten, würden wie euch noch mehr unterstützen! – Wieso das? Ihr wohnt doch in Orba ganz gut!? – Ja, schon, aber wir werden doch auch immer älter, und wenn wir auch in die LPG müssen, sind wir doch nur noch einfache Landarbeiter, denn wir können doch kein Landeigentum einbringen, wie die anderen! –

Ja, sagten wir dann, wenn wir es baulich auf dem Grundstück unterbringen, werden wir es uns überlegen.

Ich machte neue Entwürfe für ein Zweifamilienhaus. Es ließ sich machen, allerdings mit der Einschränkung, daß unsere eigene Wohnfläche um einiges reduziert

werden mußte, denn die ursprünglich im Dachgeschoß geplanten Schlafräume mußten jetzt auf einer Ebene untergebracht werden! – Was sollen wir machen, fragten
wir uns! – Einschränken und Geld sparen oder großzügig und teuerer bauen? –

Wir fuhren mit den neuen Plänen nach Orba und diskutierten die Vor- und Nachteile! – Diesmal war Fred dabei, der gerade in Triptis auf der Landwirtschaftsschule
studierte, um „Staatlich geprüfter Landwirt" zu werden. Nach langem Hin und Her
boten sie uns ihre Hilfe und Unterstützung an, mit der Maßgabe, daß wir jegliche finanzielle und materielle Hilfe bekämen, wenn wir ein Dreifamilienhaus bauen würden! – Was soll aus Fred werden, wenn wir nach Rudolfstadt ziehen und wenn er mal
heiraten will!? Soll er etwa vor der Tür stehen? – Wie denkt ihr euch das denn!?
sagte Lene in ihrer bestimmenden Art. Der arme Kleine! –

Vater versuchte einzulenken, indem er anbot, unsere Felder in Klettbach und das
gesamte lebende und tote Inventar in Orba zu verkaufen und den Erlös mit in das
neue Haus zu investieren! – Das ist dann gleich euer Erbteil von uns! – Na, was
sagt ihr nun!? – Natürlich müssen wir dann kostenlos bis an unser Ende in dem
Hause wohnen dürfen und natürlich auch mit persönlicher Pflege euerseits! –

Ja, das klingt ganz schön und grün, und für euch und Fred ist das natürlich eine
sehr gute Lösung! – Aber darüber müssen wir nun schon noch mal nachdenken! –
Also, bis neulich, verabschiedeten wir uns und fuhren wieder heim. Wir waren sauer
und niedergeschlagen, sollten wir das ganze Haus nicht lieber vergessen!? – Wir
stritten uns einige Zeit darüber, ob wir da mitmachen sollten, denn wie sagt man so
schön: Kompanie ist Lomperie! –

Ohne zu ahnen, was wir uns damit einbrocken würden und da eines Tages
noch auf uns zukommen würde, sagten wir dann ja zu dieser „Erpressung", denn wir
hatten ja der Frau Rasch und der Sparkasse gegenüber schon so einige Zusagen gemacht!

Meine Kinderkrippe, oh Gott, brachte mir dann auch so ihre Probleme mit sich.
Dabei lernte ich „Gilla", die Säuglingsschwester und zukünftige Leiterin, kennen! –
Ob ich wollte oder nicht! –

Sie kam direkt von der Uniklinik aus Jena und war eine sogenannte oder auch
„Ibrahim-Schwester", wie sie bei ihrer Vorstellung sagte! – Mußte man wissen, was
das für eine Schwester war!? – Vielleicht besser nicht??? – Nun, sie war nicht besonders häßlich oder hübsch. Blond und klein war sie. Mittelklein bis pummelig sogar und rund! – Ein rundes Gesicht, runde rote Backen, die Wangen auch und auch
die Arme und Waden! – Vermutlich auch der Bauch!? – Aber sehr agil und noch sehrer selbstbewußt! – Verheiratet war sie auch, aber mit einem schwachen Typ, der ih-
retwegen, Gott sei's gedankt, ein ganzes Stück weit weg im Schwarztal wohnte! –
Kinder? „Keine"! –

Scham war nicht, aber eben auch dicke Lippen hatte sie, auch im Gesicht. – Das
paßte gut zu ihr, und deshalb war sie mir gar nicht unsympathisch, weil ich auch
sonst sehr gut auszukommen schien mit ihr. Und so gut ich konnte, erfüllte ich ihr
auch unsere Wünsche! – Die baulichen, meine ich, zunächst. – Natürlich auch nur,
soweit es ihren Rahmen nicht sprengte, den finanziellen! – Sie kam immer öfter in

unser Büro, mit der Zeit schon fast täglich, und sie kam nur wegen Kleinigkeiten, es waren immer nur für fünf Pfennige Ursache! – Die Kollegen begannen mich schon mit ihr aufzuziehen, vor allem die „Innen". Merkst du denn nicht, daß sie was von dir will, sagten sie, und doch nur deinetwegen hierherkommt! – Natürlich will sie was von mir, von wem sonst? konterte ich. – Wer sonst ist der Bauleiter der Kinderkrippe!? – Da kann was dran sein, dachte ich so vor mich hin, ja! wenn ich das so bedenke!? – Natürlich gab es mir einen Ruck und durchunddurch! Klar an ihrer Brust war was dran, vier Nüsse hatte sie dort versteckt, daß es gar nicht aufgefallen war, mir! – Durch die Bluse oder den Pulli schauten sie, zwei harte Haselnüsse und zwei dreiviertelgroße Kokosnüsse, auch ganz runde! – Als dann der Bau zu Ende ging, sprach mein Chef mich an: Sagen Sie mal, mein lieber Herr Paulsen, ich glaube, Sie müssen jetzt was unternehmen! – Meinen Sie nicht auch? – Ja, ja, fing ich zu stottern an, aber wie denn, was denn!? – Ja, machen Sie sich doch mal Gedanken darüber! – wie wir das Einweihungsfest in den Griff kriegen!? – Ich habe schon mal mit dem Kreisarzt und dem Bürgermeister gesprochen. Die sind alle bereit, was beizusteuern. – Sie kennen doch die Handwerker alle und die Frau Schnider und die Leiterin der Krippe. Die werden Ihnen bei der Ausgestaltung schon ganz schön behilflich sein! – Ja, alle waren bereit, da was mitzumachen, vor allem die Frauen von allen. – Eines schönen Nachmittags kam dann die Kapelle und machte Musik, und die Frauen brieten Bratwürste und Rostbrätel, dazu gab es Semmeln und Kartoffelsalat! – Und die Männer zapften Bier und schenkten Schnaps und Likör aus, was sie auch reichlich feilboten! –

Der Bürgermeister, der Karl Langebach und der Kreisarzt Dr. Ebert hielten jeder eine Rede, und sie dankten den beiden verantwortlichen Damen für ihren hervorragenden sozialistischen Einsatz! – Auch das Entwurfsbüro, das unsrige, und alle beteiligten Handwerker, und auch ich wurde erwähnt. – So tanzten dann auch alle wie toll herum und es war ein schöner Tag geworden!

Als sich dann endlich alle verzogen hatten, waren wir heilfroh, denn ab nun wollten die beiden Damen mit uns die Krippe „zünftig" einweihen. – So wie es sich gezieme, sagten sie. Das hieß dann für Lother und mich, mit den weiblichen Zustandspersonen in der Krippe weiter zu trinken, essen und tanzen! Lother machte sich mit Frau Schnider zu schaffen – und Schwester Gilla mit mir! Na endlich! – Und nun wurde auch geduzt und geknutscht und gekichert! – Das Pfandspiel war ein wenig aus der Kontrolle geraten, weil wir uns unbeobachtet fühlten und zum Ende zu fast gar keine Kleidung mehr an unserem Körper trugen! – Diese lag dann in allen Ecken und Zimmern herum, so daß wir uns zu schämen begannen und nach Hause gingen! – Tschüß und ahoi! – Morgen wird aufgeräumt und wieder ordentlich angezogen! Ja, hatte ich in Erinnerung, sie waren beide ganz rund, rundum rund! –

Margot schlief zum Glück schon, als ich wankend und schwankend zu Hause ins Bett fiel! – Hinein schlich ich! –

Meine Frau hatte es mir abgenommen, daß wir nach Ende der offiziellen Vorführungen noch einen Skat in der Pilsner Schenke gespielt haben – wir Männer –.

Die Zeit ging weiter, wir hatten im Büro viel zu tun. Ich machte viele Überstunden, echte und unechte. – Natürlich besuchte ich Gilla ab und zu wieder, entweder in der Krippe oder in ihrer kleinen Wohnung. – Auch tagsüber auch schon mal, je nach Laune und Bedarf! – Sie hatte davon auch eine ganze Menge! Sie überraschte mich da jedesmal aufs neue mit irgend einer neuen praktischen Übung, ganz sportlich ging es dabei zu! – Sie war so gut trainiert, daß sie mit einem Handstandüberschlag oder einem Spagat immer genau dort landete, wo sie wollte. Wurzeltief landete sie und punktgenau! Langnachfedernd und rhythmisch ließ sie sich auspendeln und durchmassieren! Bis zum OOOHOHO!

Irgendwann erzählte sie mir, wie sie zu solcher Praxis und Finesse gekommen war. – Ja, als Lehrling schon, in der Klinik, bekam sie mit vierzehn Jahren die ersten „Einführungskurse". – Pfleger und junge Ärzte wählten die geeigneten weiblichen Subjekte aus und begannen systematisch mit dem manuellen Training und entsprechenden Übungen. – Dann wurden sie in die Hände der femininen Weiterbildenden gegeben. – Das war psychologisches Training, mit Lesboismus! – Danach bemühten sich die älteren und erfahreneren Kollegen um die Vervollkommnung der Technik und Routine! – Ja, und die Leistungskurse wurden danach zwischen den Nachtwachen mit den anwesenden Crews regelmäßig veranstaltet. – Da wurden dann auch Trios und Gruppen-Therapien geübt! – Hat dir das denn gefallen, fragte ich sie leicht enttäuscht. – Aber ja, natürlich! Wir alle hatten unseren Spaß dabei! Und wie könnte ich heute so gut auf diesem Gebiet sein!? –

Ja, und was sagt dein Mann dazu? – Ach der, der hat doch sowieso keine Ahnung von Liebe und Sex! Der kommt doch ganz selten mal hoch! Aber DU! Du bist gut, mein lieber Knuth! Dich möchte ich haben! Immer! Und als meinen Mann! Von Dir würde ich mir auch Kinder machen lassen!!! Was denkst du, wie die Lefze, immer danach lechzt. Dabei ganz besonders stark! Genau das macht das ja aus, wenn du verstehst, was ich meine!? –

Der Vollständigkeit halber seien ihre engen Taillen noch erwähnt: Die äußere, die optische, betonte noch ihre Rundungen, und die innere, etwa auf halbem Wege, reizte ganz besonders zu einem Zweikampf! Dahinter waren große Tiefe und Finsternis, ja, und Unholde! – Schon wieder! – Wir ließen es nie auf Sieg oder Niederlage ankommen, sondern es gab immer ein Remis!!! –

Ja! Jetzt schien ich zu wissen, was eine „Ibrahim-Schwester" ist! –

Nun war es aber auch an der Zeit für mich, mich ernsteren Aufgaben zu widmen: Ich mußte die Planung und den Bauantrag für unser „Dreifamilienhaus" zu Ende bringen!

Margot hatte eine Anstellung bei der HO-Industriewaren bekommen. Zunächst als Verkäuferin, als Anlernling, sozusagen! – Und sie mußte wohl mir auch auf die Schliche gekommen sein, denn sie sagte was, von sich scheiden lassen wollen!? – He, was soll das, wie kommste denn darauf? – Ja, du hältst mich wohl für sehr blöd, was!? – Im übrigen war ich schon bei einem Anwalt, damit du es nur weißt!

Au weia, jetzt mußte ich mich aber endlich zusammenreißen! – Wir diskutierten nächtelang darüber, und ich versprach ihr, von nun an immer sehr lieb und nett zu ihr zu sein, und zu den Kindern natürlich auch! – Und dann, ich meine danach, als wir uns auch im Bett wieder öfters vertrugen, zogen wir wieder an einem Strange – am selben, meine ich!

Wir bekamen die Baugenehmigung! – Ausnahmsweise, sagte Oswin, der Kreisbauamtsleiter, zu mir, aber ohne offizielle staatliche Zuteilungen wie Material, Arbeitskapazitäten, und so! Wie ich dich kenne, und bei deinen Beziehungen und inneren Verbindungen und so, schaffst du das schon! – Ich denke ja, und nochmals vielen Dank, Oswin! Na, vielleicht kann ich dir auch mal einen Stein in den Weg legen!? – Danach rief mich Otto an. Hast du nicht Lust, zum Vatertag mal wieder einen draufzumachen? – Mit mir und Hannchen? – Oh! Lust schon und schon wieder, aber meine Margot hält da gar nichts davon, weißt du, und eure dürren Bohnenstangen sind mir den Hausfrieden nicht wert! – Bring doch selber eine Frau mit! Wir haben nichts dagegen, aber bitte nicht die eigene, die könnte meiner Ehehälfte mal was sagen! – Ruf mich wieder an! – Tschüß! –

Das ließ mir dann doch keine Ruhe, einerseits wollte ich mit Margot keine neuen Probleme bekommen, doch andererseits mußte ich aber die Kontakte zu Handwerkern und Materialzuteilern und sonstigen Schiebern aufrecht erhalten. Ich könnte ihr doch sagen, daß ich mit verschiedenen Berufskollegen – das war doch an diesem Tage üblich – oder mit Freunden, so ohne Namen zu nennen, damit sie sich nicht erkundigen konnte! – Und so rief ich Otto wieder an. Aber nicht so spät heimkommen dürfen wir, ist das machbar? – Na gut, ich kann ja meiner Ollen sagen, daß wir noch zusammen waren, während ich mit zu Hannchen gehe! Ja, wo kann ich dich abholen? Ja, das beste ist, wir treffen uns in der Zetkinstraße 13, dort wohnt mein Mitbringsel! – Gut, also dann bis übermorgen. – Ja, gut. – Obwohl ich mir geschworen zu haben schien, aber da waren die dicken, weichen Lippen und die mich immer wieder quälende Taille mit den Unholden dahinter!

Der Tag war da, ich war da und Gillas Mann auch, und Margot war mir auch heimlich gefolgt, nichts böses ahnend – (ich auch nicht!) –

Ich glaube, es war das flüchtige Abschiedsküßchen, was sie mißtrauisch gemacht hatte! – Ähnlich muß es auch Gillas Mann empfunden haben, denn als ich bei ihr schellte, kam sie noch im Negligé vor die Tür und sagte: „Mein Mann ist da, wartet noch ein bißchen, bitte, wir sind gleich fertig!"

Nach etwa zehn bis fünfzehn Minuten kamen sie beide aus dem Haus. Er ging nach links, mit hängendem Kopf, und sie kam freudestrahlend auf mich zu. Sie umärmelte mich und freute sich sehr! – Endlich habe ich ihn losgekriegt, schon seit gestern abend ist er da, und er hat die ganze Nacht mit in meinem Bett geschlafen! – Mit allen Tricks hatte ich versucht, ihn loszuwerden. Selbst mit einer tollen Nummer konnte ich ihn nicht überzeugen, er hatte so eine Ahnung, daß ich heute was vorhaben mußte. Ich konnte ihn nur von der Harmlosigkeit unserer Himmelfahrtstour überzeugen, als ich ihm versprach, etwa gegen sieben Uhr wieder zurück zu sein und indem ich ihm noch eine Abschiedsvorstellung gab! – Was sagst du nun, bin ich nicht gut!? –

Wir fuhren zum Kyffhäuser und besichtigten die Barbarossahöhle. Anschließend gingen wir essen, und danach suchten wir uns ein ruhiges und verstecktes Fleckchen

Erde, wo wir ungestört picknicken konnten. Eine kleine Waldlichtung, mit trockenem Gras und weichem Moos sowie schützenden kleinen Fichtenbäumchen umgeben, war dann auch gefunden! –

Hannchens mitgebrachter Kaffee und Kuchen schmeckte uns allen vortrefflich. Es ist doch ein herrlicher Tag heute, so ein richtiger schöner Tag zum Heldenzeugen, sagte Otto. – Oh, ja! jubelten unsere beiden Mitbringsel wie auf Kommando, und in Nullkommanichts hatten sie sich auch schon ihrer Anhabe entledigt! – Bis auf ihre Nylons und die Befestigungsanlagen, die Strapse! –

Hannchen ließ sich von uns beiden Männern noch ihren BH abmontieren. Gilla trug bei solcher Gelegenheit vorsichtshalber gar nicht erst einen! – Nahtlos sollte es sein! –

Na los, ihr Männervolk, raus aus den Sachen! Die Socken könnt ihr anbehalten! – Befohlen, getan! – Dann suchten wir paarweise einen geeigneten Platz fürs Mittagsschläfchen. – Gilla hatte bald das passende gefunden und befahl mir, mich da auf das große Moospolster zu legen, mit dem Rücken nach unten, natürlich. – Ich hatte mich noch nicht richtig ausgestreckt, als sie auch schon mit dem ersten Radschlag über mir in Position kam und präzise, wie immer, nachfederte. Oh! Hat auf Anhieb geklappt, was sagste nun!? – Ja, wie gut du heute wieder bist! sagte ich.

Dann entzog sie sich mir und sprang durch die Gegend und umher. Ganz nahe bei unseren Freunden blieb sie stehen und schaute ihnen ungeniert zu. – Soll ich ein bißchen dableiben, darf ich mal sehen!? Kommt doch mit rüber zu uns, da sind wir mehr, zusammen! – Im Nu waren wir dann zusammen und am Singen und am Lachen! – Dann lagen wir alle vier so herum, leicht müde waren wir und nickerten so dahin und auch herum. –

So, jetzt probiere ich den großen Handstandüberschlag mit freiem Fall, ohne Netz und doppelten Boden! Otto, willst du mich einfangen? – Ja, geht in Ordnung! – Sie nahm einen großen Anlauf, schlug noch ein Rad vorher, und dann kam der große Moment mit dem Einschlag! – Aua! – Auweh! – Aaaach, – Ooohoohoo! – Hurra! Es hat geklappt, es hat hingehauen, ein Volltreffer, so schön, wie noch nie!!! – So was konnte nur eine Ibrahimschwester vollbringen! – Training ist eben alles, und wir hatten unseren Spaß dabei. Nun wird es aber Zeit, daß wir wieder nach Hause kommen. – Auf geht's! –

Als ich, nach noch einem Imbiß in Gillas Wohnung, so gegen sieben Uhr endlich zu Hause gelandet war, mußte ich oh Schreck in der Abendstunde feststellen, daß gar keiner da war. – Wo mochten sie denn noch hingegangen sein!? – In meiner großen Müdigkeit und bei den Promillen zog ich mich aus und ging direkt ins Bett!

Am anderen Morgen, es kann auch schon fast Vormittag gewesen sein, wachte ich so ziemlich auf, und oh Schreck in der Morgenstunde, schon wieder so ein Schreck! – Ja, wo seid ihr denn? – Da ist doch schon wieder gar keiner zu Hause! – Wo waren sie denn alle? – Ich schaute in die Betten, unter die Betten, in die Schränke, unter Tisch und Bänke, aber nirgends war da einer! – Ich konnte nicht mal feststellen, daß Sachen oder Koffer und so fehlten. – Jetzt versuchte ich erstmal, klar zu denken, was gestern eigentlich los war. Da wurde mein schlechtes Gewissen immer schlechter, ich mußte da wohl schon wieder Scheiße gebaut haben!? – Ganz bestimmt war sie hinter meine Gelogenheiten gekommen! – Noch viel größere und ganz schwarze Wolken zogen an meinem geistvollen Horizont vorüber. – Oh, ich Volltell, der ich doch schon wieder war! – Trot-Tell! –

Wo konnten sie bloß sein? – Sie wird sich und den Kindern noch nicht etwa? Kalter Schweiß und ein großer Haufen voll Angst beschlichen mich da, ganz in Windesschnelle, und ich schleiche mich in den Keller und auf den Dachboden hinauf und schaute so herum. – Nein, ich wollte keine Kohlen holen und sie dort auch gar nicht finden! – Um des Himmelswillen nicht! –

Und dann gab ich mir einen oder auch zwei Rucks und schlich mich ganz langsam ins Büro. – Und ganz unauffällig sozusagen. –

Fast wie kreidebleich muß ich ausgesehen haben, als mich Else so von hinten her erschreckte: „Na, der Vatertag muß dir ja noch ganz schön in den Knochen stecken!?" – Ich vertraute mich ihr an, war sie doch wie eine Kompaniespießin zu uns, mit viel Erfahrung und Verständnis für solche Nöte und Vorfälle. –

Sie versuchte, mich zu beruhigen, und meinte, daß ich erstmal das Wochenende abwarten solle. – Wahrscheinlich sind sie zu den Eltern gefahren, und sie will dir eine Lektion erteilen. – Mit den zwei Kindern kommt sie bestimmt wieder! – Das war dann vielleicht ein langes Wochenende. Und als am Sonntagabend immer noch keine Margot zu sehen war, war meine Geduld am Ende! – Telefon hatte damals in der DDR nur der Bürgermeister und der Lehrer oder ein paar Geschäftsinhaber. – Die konnte ich doch nun wirklich nicht fragen, ob sie wüßten, wo meine ausgerissene Frau stecke? –

Also spannte ich das Motorrad an und fuhr nach Orba! – Dort angekommen, fragten sie mich, was ich denn so spät und so allein denn noch wolle!? – Ach ja, – ich habe nur mal eine Probefahrt gemacht mit dem Motorrad, wie ihr ja seht! – Ich habe es frisch repariert und gewaschen auch. – Ja, also dann bis zum nächsten Mal! – Tschüß!

Die Nacht vom Sonntag und dahinter schlief ich miserabel, nämlich überhaupt nicht. – Danach ging ich ins Büro und arbeitete so gut wie gar nichts. – Na, was gibt es Neues bei dir, lieber Knuth, scheinbar nichts Gutes, wie ich vermute. – Nein, wie du richtig vermutest. Was soll ich bloß machen, in Orba scheinen sie nicht zu sein. – Soll ich zur Polizei gehen!? Nein, warte den heutigen Tag noch ab, riet sie mir, und am besten meldest du dich krank! –

Ja, was sollte, konnte ich bloß noch unternehmen? – Ich versuchte bei allen Verwandten und Bekannten, soweit das möglich war, anzurufen und unter fadenscheinigen Gründen herauszufinden, ob sie dort waren? – Nein! Sie seien nicht da oder dagewesen! – Was mögen die bloß gedacht haben? –

Ich war ganz am Verzweifeln, mir kamen die Tränen, wo konnten sie nur stecken? – Was war nur los? – Ich ging alle Möglichkeiten nochmal durch und kam zu dem Schluß, daß sie eigentlich nur in Bechscht sein könnten. – Da lebte eine Cousine von ihr mit Onkel und Tante, ihre Peiffers, und vielleicht sogar wieder ihr ehemaliger Freund!? –

Also rief ich dort nochmal an, natürlich hatten nur Pfeiffers Telefon. – Hallo! Hier ist nochmal ich! – Also, wenn sie nicht bei euch ist, muß ich zur Polizei gehen und eine Vermißtenanzeige aufgeben! Moment mal, warte mal. – Hör, ruf in einer halben Stunde nochmal an, – wir fragen nochmal. Tut, tut, tut! –

Das war wohl die längste „halbe Stunde" meines Lebens! –

Auf die Minute genau rief ich wieder an! – Ja? Wer ist dort? – Ja! Wir sind hier, bei Kirlis, holst du uns ab!? Die Kinder wollen wieder heim! – Ja! Natürlich, ja, ja- doch, gleich bin ich bei euch! Aber wartet auf mich! Ich – ich komme gleich! Mit einer Taxe komme ich oder mit dem Bus, oder was immer ich ganz schnell bekomme! Und wenn es ein Lkw oder ein Kremser ist! Gleich bin ich bei euch! – Ja, bitte komm gleich!!! –

Ein großer Plumps und noch viele kleine. – Lauter Steine! –

Schirmers Max fiel mir auch gleich ein, er war zwar schon alt, aber als unser langzeitiger Mietwagenfahrer und Eigner desselben aus der Staatshochbauamtszeit und noch danach, würde er mich ganz bestimmt und auch jetzt zu später Stunde noch! – Nie hatte er Fragen gestellt und war ausnahmsweise bereit! – Ich brauchte nicht auszusteigen, denn Margot hatte es mir erspart, denn sofort, als Max anhielt, rissen sie die Türen auf und quollen zu mir hinein in den Fond, umarmten und küßten mich! – Oh, wie war mir jetzt zumute! Sie hatten es mir leichtgemacht! – Aber, wenn du das wieder machst, so schlimm, dann kommen wir nie wieder zu dir zurück! –sagte sie leise zu mir und schmiegte sich auch dazwischen und gab mir ein paar ganze Küsse! Was waren wir nun alle wieder sehr froh! – Und gingen dann auch gleich in die Betten, in die Ehebetten. – Alle vier zusammen, bis die Kinder auch bald einschliefen! – Wir brauchten noch ein kleines langes Weilchen! –

Auf unseren Hausbau konzentrierten wir uns jetzt! Und wenn Gilla immer mal wieder um die Ecke kam, um mich mit den Kindern beim Sonntagvormittags-Spaziergang abzufangen, ließ ich sie abblitzen! – Es darf nicht wieder sein, willst du das nicht verstehen!? – Na gut, da muß ich mir eben einen anderen suchen, und wehe dir, wenn er dir nicht gefällt! – Genehmigt! – Und Tschüß! –

Zuallererst bauten wir eine Baubude und ein Schutzdach für empfindliche Baumaterialien. Vater Hellmuth nahm das in die Hand, und die Eltern bezahlten auch das Grundstück. – Dann gingen wir daran, mit Hacke und Schaufel und Schubkarre die Ausschachtungsarbeiten für den Keller und die Fundamente voranzutreiben. – Blasen und Muskelkater waren die Folgen. Der Boden war hart und lehmig, im tieferen Bereich kam Scherbelfels dazu! – Die zäheste Erderbeiterin war Margot! – Obwohl sie ja rank und schlank von Figur war! – Bagger und Kräne, auch Transportkapazität (Lkws), gab es in der DDR für Privatzwecke so gut wie nicht. – Ein Glück, daß ich den Egon aus Bad Blankenberg sehr gut kannte, denn er half uns immer mit seinem alten klapprigen Lkw aus der Patsche! – So zum Beispiel, wenn wir die Schlackensteine aus der Maxhütte für die Kellerwände abholen mußten. – Auf- und abladen mußten wir sie von Hand, die waren ziemlich schwer und voller kleiner Stahlsplitter, die uns mangels Bauhandschuhen das Fell von den Händen fraßen! Oder die Tuffsteine, die wir in Remda selbst herstellten, oft, des öfteren, weil sie durch Regenwetter immer wieder während des Trockenvorganges auseinanderfielen, wieder zu Brei wurden. –

Natürlich holte er uns alle anderen Materialien, die wir so kleckerweise bekamen. – Er und sein Schofför gehörten schon fast zur Familie! –

Zwischendurch, an den Wochenenden, mußten wir aber immer wieder mal nach Orba, zum Ernteeinsatz! – zu meinen und auch Margots Eltern. –

Aber auch so zwischendurch ging ich auch schon mal zum Skatspiel mit älteren Freunden, sie waren meistens Unternehmer oder Geschäftsleute in Rudolfstadt. – Für mich war es eine Ehre, daß sie mich jungen Hüpfer überhaupt mitspielen ließen! – Ich spielte zwar nicht schlecht Skat, war aber immer sehr nervös, weil ich befürchten mußte, nicht genug Geld zu haben, wenn ich mal ein teueres Spiel verlieren könnte. – Bei einem riskanten Spiel verlor ich dann auch prompt, eben, weil ich an mein dünnes Portemonnaie dabei dachte. – Manchmal mußte ich dann auch einen der „reichen" Mitspieler anpumpen, um meine Zeche bezahlen zu können. – Irgendwie freuten sie, die „Geldsäcke", sich hämisch, mich in finanziellen Schwierigkeiten zu sehen! Sie schenkten mir nichts, denn Spielschulden sind Ehrenschulden! Das war gar keine Frage. – Das hieß aber nicht, daß sie mir schon mal einen Extradrink spendierten, aber natürlich in eine „Freiwillige Runde" verpackt, versteht sich doch, und anstandshalber natürlich! –

Man mochte mich, und das spürte ich, und es gefiel mir, vor allem deswegen, weil keiner von denen irgendwie Kapital daraus zu schlagen versuchte. – Bestechung war damals noch nicht in! – Aber ein gutes Verständnis untereinander war eben viel wert! – Irgendwie hatte ich mit dieser Mittelstandsschicht beruflich immer mal zu tun, und es sprach sich halt herum, wer und wie ich war! –

Um nicht immer die teuren Materialien auf dem sogenannten „Freien Markt" (HO und so) kaufen zu müssen, mußte ich meine Kontakte zu den Bau- und Handwerksgenossenschaften, ganz speziell zu den Geschäftsführern und Materialeinkäufern, intensivieren, was mir bei meinem „Charme" nicht sonderlich schwer viel. – Auch zu Oskar Neuberger, den imaginären Schwarzmarktkönig, weit und breit bekannt und auch von den Behördenvertretern geduldet, denn irgendwann, bei bestimmten Engpässen, konnte nur er helfen! – Er sah aus wie ein schlauer Fuchs, undurchschaubar war er, und sein Gesichtsausdruck war immer unverändert. Den konnte so gut wie keiner ans Bein pinkeln! – Auch kein Staatsanwalt, glaube ich. – Mich schien er zu mögen. Wenn wir uns mal trafen, sagte er: Komm Knuth, laß uns einen trinken! – Brauchst du was? – Ich nutzte ihn nicht aus, und wir unterhielten uns über dies und jenes, über vieles, und vor allem über Politik! – Im negativen Sinne allerdings! – Vertrauenssache war das! –

Zwischendurch mußten wir in Klebach das Bauholz unterm Ringelholze einschlagen. Vorher war ich zum Revierförster nach Berga gefahren, um eine Einschlag- und Einschnittgenehmigung zu beschaffen. Ja, in der DDR konnte man nicht einfach Holz abmachen, auch im eigenen Wald nicht! Der Förster war dann aber noch so nett, mit meinem Vater und mir an Ort und Stelle die genehmigte Menge Bäume zu markieren, die wir absägen durften. – Nach einem entsprechenden „Bakschisch" durften es dann auch ein paar mehr sein, denn die genehmigte Menge reichte für unseren Bau ohnehin nicht.

Als wir nach mehrmaligem Hinfahren und Absägen, Abschälen und Ablängen dann mit Egons Lkw vorfuhren und am Aufladen waren, kam der Förster zum drittenmal, um die einzelnen Stämme mit dem Nummerhammer zu schlagen. – Na, da habt ihr aber ganz schön zugeschlagen, soviel habe ich aber nicht erlaubt! – Also, noch mehr „Bakschisch"! – O.K., so ist es gut! – Soll ich Ihnen mal zeigen, wie man Wasser sucht? – Ja! Also, man sucht sich eine Haselnußrute, etwa einen Zentimeter dick und ein Meter lang, und schauen Sie her, Sie müssen die Enden in je eine Hand nehmen und soweit zusammenbiegen, daß die Rute in etwa einen Halbkreis bildet. – So, schauen Sie! – Und nun geht man auf Wasseradersuche! – Wenn die Rute dann nach unten oder oben ausschlägt, sind Sie genau über einer solchen Ader! – Kommen sie, Herr Paulsen, probieren Sie mal! – Pech gehabt, bei mir hatten sie offensichtlich das Wasser gerade abgestellt! – Keine Reaktion! – Ja, jeder kann das eben nicht! – Bin ich „Jeder"? – Wir fuhren das Holz nach Zelle, zu Hermann, dem Ackermann, den ich gut kannte. Er hatte ein kleines Sägewerk, eine Schneidemühle, wie man so was in Thüringen nannte. – Natürlich wußte Hermann, daß wir viel mehr Holz brachten, als auf der Einschnittgenehmigung stand. – Also, hört her: Ich schneide heute abend gleich die erste Ladung, die müßt ihr morgen in Allerherrgottsfrühe aber sofort wegschaffen! Das müssen wir aber noch zweimal so machen. – Ich werde ständig kontrolliert, und die suchen nur eine Gelegenheit, mir meinen Laden dichtzumachen! – Geht in Ordnung, Hermann, du kriegst auch 'nen Hunderter extra! – Das mußte ich natürlich noch mit Egon klarkriegen, denn der wartete nicht unbedingt auf mich! – Wir haben es aber gut über die Bühne bekommen, Fred und Heinz mußten sich ein paar Tage freimachen, um beim Auf- und Abladen mitzuhelfen. – Das nasse, noch grüne Holz hatte schon sein Gewicht! – Danach haben wir es auf dem Baugrundstück, mit Margots Hilfe, schön gestapelt und auch ein bißchen versteckt! – Jetzt konnte es erstmal trocknen. –

Aber nachdem wir im Herbst noch die Fundamente gegossen bzw. gemauert hatten, mußten wir über dem Winter noch in den Steinbruch, um die Sandsteine für das Possenmauerwerk des Kellersockels zu brechen! – Schon wieder nichts als Schinderei! Hierbei halfen uns mein Schwiegervater Hilmar und Heinz. Sein Schwiegervater kam ab und zu auch mal mithelfen. – Auch dieser Sandstein mußte noch trocknen und aushärten, bevor Hellmuth ihn im nächsten Jahr steinmetzmäßig bearbeiten konnte. –

Dazwischen mußte ich aber auch noch im Büro hart rangehen und oft viele und unbezahlte Überstunden machen! – Die Überstunden wurden grundsätzlich erwartet, aber genauso grundsätzlich auch nicht bezahlt! –

Ich nutzte den Winter auch, um mich mit Paul Henz mehr anzufreunden, denn er war zuständig für die Materialbeschaffung und Verteilung in der Bauhandwerksgenossenschaft. – Ja, Knuth, ich denke, daß ich ab und zu mal ein paar Sack Zement und Steine für dich abzweigen kann. – Wieviel? fragte ich zurück. Na ja, das hängt ganz davon ab! – Weißt du, ich habe in Berga ein Bratkartoffelverhältnis, da könntest du mich ab und zu mal begleiten. Wir finden da schon was Passendes für dich. Wenn du weißt, was ich meine!? – Ja ist gut, sagte ich, wann dachtest du, wenn das über die Bühne gehen soll? – Bei mir paßt das immer am Donnerstagabend, da geht meine Olle Kartenspielen. – Aha! Da kam ja was auf mich zu, mir war klar, daß ich da in erster Linie nur als Zahlemann gebraucht war! – Aber was blieb mir da schon übrig?

Er hatte Gott sei Dank einen Dienstwagen, den wir benutzen konnten. Es war ein Vorkriegsmodell, wie fast alle Autos, die es zu dieser Zeit gab, genau wie mein Motorrad eben auch. Hoffentlich hatte er nicht auch laufend seine Mucken, so daß ich noch zum Schieben, ich meine Anschieben, avancieren mußte. Ja, mit Krawatte, Blumenstrauß und 'ner Pulle unterm Arm erschienen wir dann bei Ernie mit Freundin, wie zwei Heiratskandidaten! –

Igittigitt, sagt man heute, wie waren die schön! – Nun, Paul war schon ein paar Jährchen älter als ich, für ihn konnte das ja noch angehen. Aber ich, leid mußte ich mir tun! – Kleinwüchsige sind auch Menschen, aber wenn sie dann noch ziemlich dick sind und nicht mehr ganz neu, ja, was soll man da bloß machen? – Ausreißen war schon deswegen ein Problem, weil ich gar nicht gewußt hätte, wie ich von hier nach Rudolfstadt hätte kommen sollen!? Das waren immerhin zirka 30 Kilometer. – Also mußte ich gute Miene zum bösen Spiel machen. Und das begann dann auch bald: Nachdem die erste Pulle geleert war, enthemmten und enthemdeten sich die Damen, so peu a peu! – Zum Glück wurde dann das Licht enthellt, und es sah dann alles nicht mehr ganz so trüb aus. Na, denn Prost! – Ja, her damit, mir auch noch ein paar Schluck, bevor es aus und vorbei ist! – Ja, nun ging's zur Sache. – Auf in den Kampf! – Wehre dich mal gegen solche Fleischmassen, wenn du kaum noch stehen kannst, da liegst du sofort auf dem Kreuz, wohin du nun auch endlich gehörst. Furien und Hyänen sollen sehr gefährlich werden können. Soweit ließ ich es dann doch nicht kommen! Ohne größere äußere Blessuren habe ich es überstanden. Aber das kann man niemandem erzählen! – Igittigitt! –

Ich wußte nicht, wie ich es Paul erklären sollte, daß die Freundin für mich einfach zu „klein" sei. – Ja, ich hab's schon gemerkt, sagte er, wir finden schon noch was Besseres für dich! – Bitte nicht, Paul, weißt du, ich habe so wenig Zeit, jetzt bei dem Bauen, ich gebe dir ab und zu etwas Geld, da könnt ihr zwei es euch mal so richtig gemütlich machen! – Er war dann damit einverstanden.

Natürlich ging ich, mußte ich, auch in anderen Branchen hausieren gehen. – Ich ließ auch beim Materialplaner vom Bauamt 'nen Blauen liegen und bekam dann ab und an mal einen Bezugsschein.

Eine Beton- oder Mörtelmaschine hatten wir natürlich auch nicht, woher auch? Wir mischten den Sand mit dem Kalk und ein wenig Zement, mit dem eisernen Rechen und mit der Schaufel, so wie früher eben.

Als der Bau dann wuchs und wuchs, so nach einem Jahr etwa, bauten wir unter Verwendung der Holzbalken und Sparren eine Auffahrtsrampe, worauf der „Speis" dann in der Schubkarre hochtransportiert wurde. Beim Speis/Mörtelmachen mußte Margot und auch unser Peter mit seinen acht Jahren schon mal mit zufassen. – Ich hatte mal mit Gustel, dem Leiter des Kreisbaubetriebes (KWU), gesprochen, ob er mir nicht mal mit seinen Maurern eine Sonderschicht an einem Wochenende organisieren könne. – Na ja, mal sehen, sagte er. – Ja gleich am nächsten Sonnabend standen sie schon da, sechs bis acht Maurer! – Nur keine Handlanger waren dabei. Zum Glück hatte ich mit Margot und Peter am Freitagabend, wie immer, die Gerüste mit Steinen vollgepackt. – Aber Mörtel kann man bekanntlich nicht vorproduzieren. – Allenfalls etwas trocken mischen. Nun, wie dem auch sei, die Maurer warteten erstmal, bis der Mörtel kam, ehe sie einen Stein anfaßten. – Und bevor wir zweieinhalb „Handlanger" wieder etwas Mörtel aufs Gerüst brachten, verging die Zeit, aber für so viele Maurer braucht man viel mehr Handlanger! Die, die ich ohnehin aus Orba bestellt hatte, ließen sich ausgerechnet heute nicht blicken! – So'n Scheißspiel! – Nach etwa zwei Stunden waren wir körperlich am Ende, und ich schickte die Maurer heim. Bezahlen mußte ich sie natürlich auch, auch für das Herumstehen, denn sie werden doch nach geleisteten Stunden bezahlt, nicht nach Leistung! Ich, wir waren so sauer und durstig, daß ich mit viel Wut im Bauch, auch auf Fred und Hellmuth und Hilmar, anschließend zu Kriegers, nach Mörle, in die Kneipe ging und mich vollaufen ließ! – Na, dann Prost! –

Margot war natürlich auch sauer, hatte sie doch für das Wochenende, wie immer, größere Mengen an Nahrungsmitteln für uns und die Helfer vorbereitet. – Diese Massen transportierte sie immer mit einem Handwagen von unserer Wohnung am Bahnhof bis nach Mörle. – Die Hälfte des Weges, etwa zwei Kilometer, war sehr steil! Für alle unsere Mitbauherren ganz selbstverständlich, daß sie das machte. Die Kartoffeln und den Speck lieferte ja Hellmuth! – Natürlich wurde auch erwartet, daß sie sich um Übernachtungsmöglichkeit in unserer Dreizimmerwohnung kümmerte! – Das war doch klar! – Wer wollte denn bauen!? –

Selber schuld! –

Die „Liedertafel", ein gemischter Chor, veranstaltete jedes Jahr am Faschingsdienstag ein Karnevaltreiben. Es war ein teilweise von Mainz und Köln entliehenes Programm. Mit Büttenreden und Tanzmariechen und mit Kostümball! – Humba, rumba, täteräh! – Im Löwenhotel fand es immer statt! –

Es war immer sehr schön und unterhaltsam, so auch dieses Jahr wieder. Eintrittskarten bekam man nie, nur hintenherum. Wir hatten da aber Appells, Alfred und seine Frau, sie waren im Verein und somit für uns unersetzlich.

Margot hatte ihr schwarzes Spitzenkleid mit dem fliederfarbenen Unterkleid, ihr ehemaliges Hochzeitskleid, an. Natürlich etwas geändert, vor allem kürzer, dazu einen knallroten „Tütenhut" mit weißer Schleife. – Clowns haben oft so was auf dem Kopf! – Und einen schönen Fächer hatte sie und ihre tolle Figur auch! Zum Beneiden schien ich mir zu sein! –

Ich sah in meinen weiten roten Hosen und dem weißen Hemd mit Spitzen dran und mit dem Fes auf dem Kopf beinah wie ein Emir oder so was Arabisches aus. – Dazu hatte ich mir einen Schnurrbart und lange Koteletten wachsen lassen. (Als ich sie hinterher wieder abrasiert hatte, sahen sie wieder besser aus, wie man mir sagte. –

Nicht mehr so schwarz, rot, weiß durchwachsen.) Aber des Nachts, bei Licht und

Schatten, fiel das gar nicht auf. Es waren ja auch noch Musik und Alkohol dabei! – Wir amüsierten uns köstlich, Margot und so, und tanzten miteinander und mit Freunden und anderen Bekannten!

Sehr, schon des öfteren, hatte ich zum Beispiel auch mit Truthilde gut getanzt. – Sie war so sehr am Anschmiegen, an mich, so daß wir beinahe schon am Ausfließen zu schienen waren. –

Fast schon aufreizend, sagte sie flüsternd zu mir: Knuth, mein Lieber, laß uns zuvor ein bißchen abkühlen und dabei vielleicht aus dem Saal hinausgehen!? – Ich werde immer feuchter und auch schon naß! –

Ja, mir ging es fließend ähnlich! – Ich ließ an mir herumziehen, bis wir im Hotelzimmertrakt in der x-ten Etage ankamen. – So erschöpft und geflossen wir schon waren, schafften wir es immerhin bis zur Matte vor der Tür. – Und wir wollten jetzt gar nicht mehr wissen, welche Nummer das dahinterliegende Zimmer eigentlich hatte. – Nein, bestellt hatten wir es ohnehin nicht! – Aber die Nummer, die wollten wir haben! –

Sie trug ein sehr praktisches Kostüm, heute abend, wie dazu ganz passend! Einen weiten Rock aus Sackleinen, ganz unempfindlich, eine weiße Faltenbluse mit weiten Armlöchern, so richtig ohne anzuecken beim Eingriff.

Natürlich war auch ein Dekolleté dabei, mittelgroß etwa und ohne BH, mit steifen Warzen dran. – Das Höschen war ein goldenes Fließ, aber ganz kraus und ganz durchnäßt!

Jetzt hatte ich alle Hände voll zu tun, um uns abzukühlen, was zur Folge hatte, daß die Feuchte und Nässe nur noch schlimmer wurde! – Wir küßten ein wenig dabei, und sie hatte auch einen feuchten und weichen Mund, der uns gut mundete! –

Als wir kurz danach oder ein bißchen später schon wieder in den Saal zurückkehrten, waren Margot und ihr husband vermutlich mit Freunden schon nach Hause des Weges gegangen!

Truthilde ließ uns mit dem Geschäftswagen ihres Mannes nach Hause bringen. Hallo, Schatzi, da sind wir, ich habe Knuth gleich mitgebracht, du hast doch nichts einzuwenden? –

Schnarch, er schlief schon den Schlaf des Gerechten, so wie immer, sagte sie noch. – Komm, mein Darling, laß uns noch was trinken, ich habe schon wieder furchtbaren Hunger, du verstehst!? Dabei schmiegte sie sich sehr an mich an. An hatte sie da aber schon nichts mehr, bis auf ihren BH und das Fließ! – Es war dann auch ein kräftiges Dessert, was wir zu uns genommen hatten, so daß wir beschlossen, ein wenig zu schlafen. – Sie kuschelte sich zu ihrem Mann ins Bett und ich durfte in dem ihrigen nächtigen. Dabei fummelte sie noch ein Weilchen an uns herum, bis ich dann auch einschlief. –

In der frühen Morgenstunde weckte sie mich ganz leise auf und bat mich ins Badezimmer, wobei sie mir half, mich ordentlich zu entschlacken, das genoß sie denn auch zusehends, indem sie auf dem Frisiertisch saß und ich davor stand. – Mach schnell, jetzt, was soll denn mein Mann und deine Frau von uns denken, wenn sie hereinkommen würden? Los, komm, der Wagen steht schon vor der Tür. – Und solange die beiden noch am Schlafen sind, möchte der Fahrer doch noch mit mir frühstücken, wie sonst auch! – Du verstehst!? –

Auf Anhieb hatte ich das wohl nicht verstanden, und Margot war in der Tat noch friedlich am Schlafen, sie lag dabei in meinem Bett! –

Die Superschau

Als nach dem vorangegangenen Putschversuch in Polen 1956 in Ungarn der bekannte große Aufstand gegen das kommunistische Regime stattfand, bekam man in der DDR Angst, daß es möglicherweise auch die DDR-Bürger wieder auf die Straße treiben könnte! – Natürlich waren da die Sowjets auch unruhig geworden! –

Spontan wurden erstmal parteiinterne Versammlungen angesetzt, um die Genossen als Agitatoren für öffentliche Versammlungen vorzubereiten. Für mich war das die erste Parteiversammlung, die ich besuchen mußte, denn unser neuer Boß, der Helmut Janecke, hatte mich regelrecht dazu überredet, daß ich hinzugehen habe! – Schließlich gingen er und unsere anderen Genossen ja auch hin! – Wo sollen wir da hinkommen, wenn ich nicht auch!?

So habe ich mich denn auch gleich danebenbenommen, als man uns verpflichten wollte, eine Resolution zu unterschreiben, dahingehend, daß wir deutschen Arbeiter und Bauern, jawohl, und natürlich, mit dem Eingreifen der Armee unserer sowjetischen und ruhmreichen Freunde ganz und gar einverstanden sind! –

Moment, sagte ich und meldete mich zu Wort. – Was gehen uns eigentlich die Ungarn an, was wissen wir denn, wie es denen geht? Vielleicht haben sie gute Gründe zu rebellieren!? – Und überhaupt, im Sozialismus wird laufend von Verbesserung gesprochen, aber ändern tut sich doch nichts! – Verhaltener Beifall und Gemurmel einiger Genossen. – Ja, und warum geht es den Menschen bei den Kapitalisten so gut, soviel besser als bei uns und bei den Russen? –

Der Obergenosse vorn am Rednerpult kam jetzt ganz schön ins Schwitzen und versuchte die Anwesenden zu beruhigen, indem er unter anderem sagte: „Genossen! Jawohl, laßt euch nicht irritieren, die Partei hat immer recht, und nochmals, jawoll! – In ganz kurzer Zeit, jawoll, wird die Sowjetunion die Amerikaner, und werden wir, jawoll, die dumme deutsche demokratische Republik, äh! – ich meine Westdeutschland wirtschaftlich und ideologisch überholt haben! – Jawoll! – Im übrigen dürft ihr nicht vergessen, daß die Bundesrepublik Schulden in Millionenhöhe bei den Amerikanern hat! Na, was sagst du nun, Genosse, wie war nochmal dein Name?" – Ich wollte, wir hätten auch eine Menge Millionen (Schulden) bei den Amerikanern und nicht andere bei uns! – Buhrufe und Beifall! – Was immer auch überwog, ich nahm Stock und Hut und ging. –

Bald darauf sprach mich unser Boß und Willer von hinten an, und sie versuchten, mich zurechtzurücken. Mensch, da haste dir aber einen geleistet, und unser ganzes Büro haste in Mißkredit gebracht! – Na, wenn das in der Kreisleitung bekannt wird, da kannste aber was erleben! – Wie stehen wir jetzt da? – Willer, was sagst du dazu? – Ja, Knuth, ich kann nur versuchen, daß ich das bei der Kreisleitung wieder in die Reihe kriege! (Er schien gekriegt zu haben!) – Ich sagte ihnen zu, mich in Zukunft etwas mehr zurückzuhalten, auch wenn dann die Versammlungen noch monotoner, sozusagen zum Monolog werden. Bisher hatten sie uns mit Politik ja auch in Ruhe gelassen und keinen Parteisekretär gefordert! –

Na, wenn mal nicht Willer unser „Heimlicher" war!? –

Etwa um diese Zeit wurde auch das große „Deutschlandtreffen" der Jugend in Ost-Berlin abgehalten. Es war eine Superschau der FDJ, der Freien Deutschen Jugend der DDR, wie es offiziell hieß. In Wirklichkeit aber wurde – alles was noch halbwegs jung aussah – überredet, mit nach Berlin zu fahren. Natürlich alles auf Kosten der Staatspartei und mit Sammeltransporten! – So geschah es, daß auch fast alle Mitarbeiter unseres Büros mit von der Partie waren. Es war für uns ein zusätzlicher Urlaub auf Staatskosten, ein tolles Erlebnis, zwar nicht gerade im Sinne der Veranstalter. Und für zu Hause war es sozusagen ein astreines Alibi! – Wir fuhren mit Sonderzügen gen Ost-Berlin, schön gemischt, Männlein und Weiblein, ab und zu auch mal im Liegewagen, je nach Bedarf und Gelegenheit. – So waren wir bei Ankunft auch schon leicht vorsortiert und dementsprechend in Schulen und Privatquartieren untergebracht. – Ich hatte das Glück, ein Privatquartier mit zwei Zimmern und einer feschen Wittfrau zu erwischen, dazu gab man mir die zwei Damen fürs Doppelbettzimmer mit, die sich an mich geheftet hatten. – Die eine war etwa Mitte zwanzig, die andere leicht über dreißig jung. – Letztere war eine gutgewachsene, geile Superblondine mit allem Drumunddran. Die jüngere war etwas kleinlich, dunkelhaarig und auch nicht zu verachten! –

Die Wittib, eine Mittvierzigerin, war leicht mollig, rothaarig und hatte einen großen vollen Mund, ich meine da, wo die Lippen waren, und sah mit ihrer Stupsnase dennoch verdammt ansehnlich aus! –

Die ersten beiden Tage ließen wir uns noch ziemlich in Ruhe und machten in kleinen Gruppen unsere Streifzüge durch Berlin, natürlich auch nach West-Berlin, wo wir aber gar nicht hingehen durften. Und ausgerechnet dort gefiel es uns so gut! – Was es bei den Kapitalisten doch alles gab, noch nie gesehen, geschweige denn gekostet! – Ganz geil wurden wir alle davon. – Leider hatten wir aber nicht das richtige Kleingeld dazu, so daß wir uns auf unsere Herkunft besannen und uns in den eigenen Reihen umsehen mußten! – Nun brauchte ich da nicht lange rumzusehen. – Mein Problem war nur, welche von beiden sollte ich mir ins Bett gewöhnen!? –

Aber vorher mußte ich mich noch bei den Organisatoren umsehen, die mußten auf alle Fälle wissen, daß ich, Knuth Paulsen, auch bei dem Spektakel dabei war. Und so ließ ich mich immer mal da und dort sehen und machte ein Schwätzchen dort und da. – So hatte ich dann auch keine Schwierigkeiten, mich und uns, auch die Frau Wirtin, mit allem Möglichen einzudecken! – Ob Decken, Getränke aller Couleur, Lebensmittel vom Besten und dergleichen. – Ja, ich nehme gleich die Sachen für Soja, Lena, Max und Moritz mit und ecetera, die sind gerade zu einer Probe oder Veranstaltung. – Man traute mir, da ich ja auch wie ein begeisterter „Fan" dieser Show wirkte. – Natürlich war ich begeistert, aber mehr von dem Drumunddran! – Meine Damen! – Hatte ich doch den Vogel dabei abgeschossen!

Noch ehe ich mich für Soja oder Lena entschieden hatte, kam mir unsere Wirtin sehr entgegen. Natürlich hatte sie gehofft, daß sie auch männliche Einquartierung bekäme, wo sie doch schon einige Jahre nichts Männliches mehr bei sich gehabt hatte. Daß nun aber das Verhältnis so negativ ausgefallen war, machte sie sehr nachdenklich. So sehr nämlich, daß sie in die Offensive ging! – So klopfte es an meine Tür, und sie trat ein mit der freundlichen Frage: „Junger Mann, Sie, haben Sie denn keine irgendwelchen Wünsche nicht!? – Kaffee oder Tee, vielleicht oder was noch Besseres?" – Sie kam mir dabei so nahe, daß sie mich anschmachtete und nach Veilchenduft duftete. –

Erst nach dem ersten Schreck dachte ich: Ein bißchen zu alt für mich, vielleicht, aber sie hatte noch eine sehr glatte Haut im Gesicht und so ein freundliches Lächeln bei sich, daß ich mich sofort für „oder" entschied! – Ja, sagte ich zu ihr, wenn Sie darauf bestehen sollten, dann nehme ich etwas von dem noch Besseren! – Nun, nur leicht verwirrt und angerötet, aber sehr froh und liebevoll lächelnd, sagte sie: „Sie, Sie sind aber einer! Nein doch, kein Schlimmer, meine ich, ich will sagen, Sie gehen aber ran!" – Mit dem drohenden Zeigefinger flötete sie jetzt: „Nur einen Moment bitte, mein lieber Herr, ich komme gleich wieder. Sie gehen heute abend doch hoffentlich nicht wieder aus?" – Das kommt jetzt ganz auf Sie an! antwortete ich. Mit einem schnellen Husch war sie aus dem Zimmer! –

Und wieder schnell stand sie mit einem Tablett voller Köstlichkeiten in meinem Zimmer. Ja! fiel es mir wie Schuppen von den Augen, den schicken „Morgen-Abendmantel", hatte sie doch vorher schon an! – Selbstverständlich und ganz ohne Umschweife setzte sie sich mit übereinandergeschlagenen Beinen mir ganz gegenüber. Daß dabei der nur flüchtig gebundene Gürtel des Spitzenmodells sich löste und ihre Oberschenkel leicht sichtbar werden ließ, schien sie gar nicht zu bemerken, denn sie offerierte mir gleich einen „Spezialtrink", wie sie sagte. – „Möge es uns schmecken und gut bekommen, ich darf doch „du" zu dir sagen? Ich heiße Olga, Prost! Auf heute abend!" – Ja, auch Prost! Ich heiße Knuth, wie Max! antwortete ich ihr. – Und so prosteten wir uns noch einige paarmal immer wieder zu, bis wir uns dann auch den Brüderschaftskuß verabreichten! – Ja, und dann schmeckte ich sie, ihre großen dicken Lippen, und ich konnte sie spüren, kräftig und vollmundig und lange! Dabei spannte sie mich ganz ordentlich ins Geschirr! – Später noch einige paarmal des öfteren! – Und immer wieder sehr gekonnt und angenehm dazu! –

Natürlich hatte ich immer wieder Kontakt zu meinen „Mitschwestern" in der Wohnung. Wir stießen irgendwie immer wieder aneinander an, ob gewollt oder ungewollt. – Eines Morgens, na ja, so nach dem Wachwerden, ging ich ins Badezimmer, um mich in Ordnung zu bringen. – Was soll ich sagen, die Tür war ausnahmsweise mal nicht verriegelt, aber das Bad war diesmal so schön, daß ich ganz schnell die Tür von innen schloß und automatisch den Riegel vorschob! – Sie, Soja, war der Grund, denn mit nichts darunter konnte ich sie beobachten, wie sie sich ihre Fältchen behandelte und die Spalten pflegte. Noch bevor sie mich wahrnahm, schwoll mir der Kamm, und danach war sie hellbegeistert, daß ich die Tür verriegelt hatte. – Das Ganze hätte doch so peinlich werden können! –

Es ergab sich dann aber doch, daß Lena mich mit einem ihrer Augen bewarf und mir den Hof machte! – Was dann zur Folge hatte, daß ich Ralf, meinen Kollegenfreund, um Mithilfe bitten mußte! –

Ich kannte sie flüchtig, nämlich aus dem Thälmannhaus, von zu Hause, wenn wir dahin mal zum Tanzen gingen. Wir wohnten ja auch fast gegenüber, am Bahnhofs-vorplatz. – Sie saß da oft auf der Empore mit einer alten Frau zusammen und schaute dem Treiben zu. – Ganz selten wurde sie mal zum Tanz aufgefordert, ob-wohl sie doch eine gute Erscheinung darstellte! – Schlank, blond, groß, mit hellem Teint und großen Brüsten saß sie da, und mit einem stolzen und erhabenen Blick blickte sie um sich und meist geradeaus! – Aber die meisten Männer mieden sie wie die Pest. Und das deshalb, weil sie sagenumwoben, um nicht zu sagen befleckt sein sollte, zumindest war etwas Mystisches an ihr. – Ihr wohl nur angedichtet wor-den? –

Wie schon gesagt, waren die sogenannten Jugendfestspiele in Berlin ein politi-sches Spektakel, womit man dem Ausland gegenüber als sehr offener und demokrati-scher Staat glänzen wollte. – Natürlich waren Jugendgruppen aus der „ganzen" Welt eingeladen, und es waren viele gekommen. Natürlich auch „geschickt" worden! – Aus den sozialistischen Ländern ganz besonders. – Daraus ergab sich auch ein ge-wisses Interesse für die Jugend aus der DDR, sich manche kulturellen Darbietungen anzusehen. So waren heute abend unsere zwei anderen Mitbewohnerinnen ausgegan-gen, was wohl Lena nutzte, um mir ein Stelldichein zu geben.

Ich hatte mir heute vorgenommen, mal zu Hause zu bleiben, um mich mal wieder auszuruhen von all den Strapazen der letzten Tage und Nächte! – Ohne noch was es-sen zu wollen, war ich gerade dabei, mich auszuziehen und in mein Nachthemd zu steigen, als es plötzlich klopfte und eine Blondine im Zimmer stand, so mir nichts dir nichts! – Hochroterhobenen Hauptes und überall ganz nackend stand ich vor ihr und war am Herumstottern: „Guten Morgen, – hallo, ich wollte sagen, hallo, guten Abend, meine ich!" – Sie lachte ganz herzhaft und natürlich und mir mitten in mein Gesicht hinein, und ich schien mich zu schämen, was bei ihr wohl noch mehr herz-haftiges Lachen erzeugte! – Irgendwann war sie fertig damit und ich auch, und sie entschuldigte sich bei mir für ihr schnelles Hereinschneien! – Ich vergab ihr, sor-tierte mich, erst innerlich, dann auch äußerlich, indem ich endlich mein Nachthemd überzog! – Was ein erneutes herzhaftes Gelächter bei ihr auslöste. – Entschuldi-gung, wenn ich schon wieder lache, aber Sie sehen in diesem Aufzug nun mal lä-cherlich aus! – Pardon! –

Sofort zog ich mich um, indem ich das Nachthemd gleich wieder über meinen Kopf mir zog, und oh Schreck, bevor ich mir meinen Bademantel überwarf, drehte sie sich um und kicherte nun nur noch vor sich hin. –

Aber bitte sehr, meine Dame, nehmen Sie doch bitte Platz, hier auf diesem Stuhl da! – sagte ich, kaum noch stotternd zu ihr. – Danke! –

Gut sah sie aus, ja, gut wie immer, waren meine spontanen Gedanken, und ein hübsches kurzes Sommerkleid hatte sie darüber gedeckt, dachte ich so vor mich hin. Fast durchgeknöpft hatte sie es, bis auf die zwei oberen und unteren Knöpfe, waren noch meine Gedanken, während sie dabei ihre Beine übereinander tat und ich auch noch ihr Dekolleté zu sehen bekam. – Beide waren tip top gemacht, sowohl die Schenkel oben wie auch die sich hervordrängenden Brüste! – Mir war sofort klar, daß sie „sie" nur auf einem Heber trug! – Ja, tip top und ganz luftig waren das Kleid und was sie trug, und gar nicht etwa anstößig war es, wie sie auch. – Dagegen stieß er sofort bei mir an! –

Ja, Herr Paulsen, wie soll ich sagen, wir sind ja immer noch per „Sie", wie Sie wissen. – Sagen Sie doch einfach „Lena" zu mir, bitte. – Ja, Knuth, ist mein richtiger Name! – Bitte. – Ja, in Ordnung, mein lieber Knuth, – Den sogenannten Brüderschaftskuß können wir ja danach offiziell nachholen! Wie soll ich bloß beginnen, ich will sagen, daß ich Sie sehr schätze und Sie schon oft in Rudolfstadt gesehen habe, wenn Sie mir nachgesehen haben. Und eigentlich gefallen Sie mir am Besten. Und wenn Sie nichts dagegen haben, ich meine nur, dann könnte ich doch noch ein Weilchen und gerne dableiben!? – Darf ich ihnen einen Kuß anbieten? – Oder haben Sie was Besseres da? – Wenn Sie wissen, was ich meine!? – Natürlich, äh, ich verstehe. – Wenn Sie bitte ablegen würden!? – Oh ja, wenn ich darf, aber gerne und gleich noch heute abend. – Soviel Entgegenkommen hatte ich kaum erwartet. – Und ganz im Nu war das schöne Kleid abgelegt, und sie hatte sich dabei auch gleich aufs Bett darniedergelegt. – So hatte ich keine Schwierigkeiten, es ihr gleich anzutun, und dann konnten wir uns endlich auch den so wichtigen Freundschaftskuß zusammen gestatten! –

Ja, und noch des öfteren und auch noch in dieser Nacht! –

Ich bat, wie gesagt, Ralf um Unterstützung, um meine drei Frauen befriedigen zu können. Er durfte sich eine oder auch beide auswählen, Lena aber ausgenommen, denn sie war mir das süßeste Vögelein in bezug auf das Äußere und auch das Innere, und im Besonderen. Sie verstand es auch, mit viel Gefühl und Anpassung meinen Wünschen zu entsprechen. Sie hatte viel Erfahrung und Phantasie in ihrem aufregenden Leben erworben, was sie gut dosiert einzusetzen vermochte. – Sie war verlangend, aber nicht streßig! –

Ralf prüfte beide Angebote und entschied sich dann für Olga. An ihr reizte ihn eben auch die Erfahrung und, wie er sagte, ihre Geilheit. – Um nicht zu sagen, ihre Gefräßigkeit. – Aber Knuth, da ich weiß, daß unsere schönen Tage hier gezählt sind, nehme ich diesen „Glücksstern" gerne in Kauf!

Lena erzählte mir in den nächsten Tagen und Nächten, so zwischendurch, aus ihrem sagenumwobenem Leben:

Bevor du es von anderen erfährst, will ich es dir selbst sagen. – Ja, man sagt in Rudolfstadt „Die Soldatenhure" zu mir! – Oder wußtest du das schon? – Ich war schockiert, wollte sie mich herausfordern, oder machte sie schlechte Witze!? – Nein, sagte ich, aber es gibt da schon gewisse Ressentiments, was deine Person angeht! – Natürlich bist du irgendwie eine geheimnisvolle Person, sagen wir Frau!? –

Ich gehe zu Hause wenig aus, und irgendwie stimmt es schon, was man über mich sagt, aber damit du es richtig verstehst, muß ich ein wenig ausholen. – Aber nur, wenn es dich interessiert!? – Du wärst übrigens der erste, dem ich dies erzähle und auch nur, weil ich dich sehr gern habe und weil ich dir vertraue! Also, als der Krieg ausbrach, war ich achtzehn Jahre alt und hatte mich gerade verlobt. – Mein Verlobter war Offizier bei der Deutschen Wehrmacht, so wie auch mein Vater. – Dadurch lernte ich ihn kennen. – Und lieben! – Wir stammen aus dem Osten, und meine Familie hatte dort große Güter. Das ist heute nicht mehr wichtig, aber es gehört nun mal zu meinem Lebenslauf. – Jetzt wurde mir auch klar, warum sie etwas stärkere Backenknochen und graugrüne Augen hatte. – Ich meine die Wangenknochen, natürlich. – Und ihr langes blondes Haar, was sie meist als Knoten trug, eigentlich immer. – Ich glaube, daß ich einer der wenigen war, der das lange, aufgelöste Haar in seiner ganzen Pracht je gesehen hat und sich darin verstecken durfte. –

Mein Verlobter und mein Vater sind gleich zu Kriegsbeginn gefallen, der eine in Polen, der andere in Frankreich. Es hatte mich und natürlich auch meine Mutter schwer getroffen. Geschwister hatte ich keine. – Meine Mutter hat es so sehr mitgenommen, daß sie es nie verwunden hat. Sie wurde ein Pflegefall, wodurch ich selbst gehindert bin, einer geregelten Arbeit nachzugehen. – Eigentlich dürfte ich hier gar nicht dabei sein, aber eine liebe Nachbarin hat mir zugeredet, mitzufahren. – Du mußt endlich auch mal ausspannen und dich erholen, hat sie gesagt! –

Ja, und ich bin damals, als überzeugte Nationalsozialistin, auch zur Deutschen Wehrmacht gegangen und sogar freiwillig. – Und bin dann, auch freiwillig, als mein Verlobter gefallen war, eine „Offiziersmatratze" geworden. – Ich gebe es zu! – Ich war mit in Nordafrika, bei Rommel, und wurde auch verwundet und war eine ganze Zeit Invalide, schau, hier kannst du die Narben noch sehen. Na ja, mit dieser Vergangenheit und in diesem Staat, was soll ich da machen, um über die Runden zu kommen!? – Irgendwann muß ich versuchen, nach Westdeutschland abzuhauen! – Es mag dir egoistisch oder sogar unmenschlich erscheinen, wenn ich sage, daß ich es längst getan hätte, wenn meine Mutter tot wäre. – Was soll ich in der Bundesrepublik mit so einer kranken Frau anfangen? – Ich muß dort doch ganz neu und von vorn anfangen! –

Nach dem Krieg mußten wir hier doch auch neu anfangen, nur konnten wir da noch unsere durchgeschmuggelten Wertsachen gegen lebensnotwendige Dinge eintauschen! – Aber mittlerweile ist da nichts mehr! – Wir haben und tun es noch heute, nämlich uns so durchbetteln. – Kartoffeln auf den Feldern stoppeln und auch mal ein bißchen Stehlen, wenn es gar nicht anders geht! – Wir wollen leben wie die anderen auch, und Hunger tut weh! –

Auch die Bauern geben uns nichts umsonst, für eine Nummer, nicht mit meiner Mutter, sind sie aber schon mal bereit, uns ein paar Eier, Brot und Speck zu geben. – Nun stell dir mal vor, ich würde häßlich sein! –

Ja, und als es uns wieder einmal ganz dreckig ging, da nahm ich all meinen Mut in beide Hände und ging auf die Kommandantur. Ich wollte vom Kommandeur wissen, ob sie vorhätten, uns verhungern zu lassen!? –

Der Kommandant sagte zu mir: „Du schene deutsche Mamatschka! – Du Nutte? – Ich dir geben viel Kartofkals, Wodka und Machorka! Du schene deutsche Frau mußt dafür geben viel job, job, mit viel fik, fik! – Du, du kannst kommen immer mit viel fik, fik! – Du komm! –"

Er packte mich am Arm und zog mich in ein Nebenzimmer, dabei öffnete er seinen Hosenlatz und fiel über mich her! – Ich schrie und biß und kratzte ihn überall hin. – Erst als ich ihn seine Eier zusammenquetschte, ließ er von mir ab. Er schlug mir ins Gesicht und rief nach seiner Ordonnanz! Dieser bekam einen Befehl, den ich zwar nicht verstand, aber bald begriff! Es dauerte nicht sehr lange, bis eine ganze Menge Soldaten im Zimmer standen. Sie rissen mir die Kleider vom Leibe, legten mich rücklings auf den Tisch, und vier dieser Bestien hielten mich an meinen Gliedmaßen fest, und dann ging's zur Sache! – Sie ließen ihre Hosen fallen und jeder durfte mir seinen Penis durchs Gesicht ziehen und mich anschließend vergewohltätigen! – Ich war wie versteinert, und nach dem Dritten oder Vierten tat es mir auch gar nicht mehr weh! – Und irgendwie fing es sogar an, mir Spaß zu machen! – Ich schaute mir diese Männer und ihre Waffen sogar mit Lust an und wurde richtig geil dabei! – Es müssen an die zwanzig gewesen sein, aber ich hatte noch Lust auf mehr! – Das kann man nicht verstehen!? – Was meinst du!? – Als alle aus dem Zimmer waren, kam der Kommandant zurück und fragte: „Na Ruzki, gut fik, fik?" – Ich nickte mit dem Kopf, und als er sagte: „So, jetzt ich auch fik, fik machen!" – Ja, jetzt ließ ich auch ihn gewähren, und mir war ganz wohl dabei, und ich war froh, daß er sich viel Zeit dabei ließ!"

Verrückt! konnte ich nur sagen! – Und weiter? –

„Was weiter? – Sie gaben mir einen neuen Soldatenmantel zum Anziehen, weil sie meine eigenen Sachen völlig zerfetzt hatten, und einen großen Sack voller Lebensmittel und fuhren mich mit einem großen Auto nach Hause. – Der Kommandant hatte vorher nochmal reingeschaut und gesagt: Du kannst kommen immer! – Es gab außerhalb genug Zuschauer, die alles mitbekommen hatten. – Und so war ich die „Russenhure" geworden! – Und damit muß ich leben! –

So, jetzt kennst du meine Geschichte, und jetzt wirst du mich, wie alle anderen Männer, weit von dir stoßen! Wer will schon mit einer Hure gesehen werden? – Noch dazu mit einer „Soldatenhure"! – Und bedenke bitte, ich bin auch nur ein Mensch, und ich hatte schon längere Zeit keinen Bettgespielen mehr! –

Durch meine Zeit bei der Deutschen Wehrmacht mit den vielen Offizieren und natürlich auch mit den niedrigeren Chargen, war ich moralisch ein wenig daneben gekommen! – Das hat mich ganz neu geprägt und mir auch sehr gefallen, wenn du das verstehen kannst!? – Ihr Männer tut doch auch nichts anderes, oder? – Du hast es doch auch gerne mit mir getrieben, und warum wohl hast du mich hier von uns Dreien ausgewählt? – Gib es doch zu, nur weil ich die am besten Ausgebildete war und es dir mit Gefühl und Raffinesse besorgt habe!" – Ja, natürlich hast du recht, und ich bin dir doch gar nicht böse! – Ganz im Gegenteil! – Mit dir habe ich viel Neues kennengelernt, und davon werde ich noch lange zehren! – Danke, meine Liebe! –

Am nächsten und letzten Tage war ein großer Abschiedskommers mit Tanz im Freien, Feuerwerk und kostenlosem Grillabendessen geplant. Deshalb, und weil wir das als „erste" Teilnahme am eigentlichen Spektakel vorgesehen hatten, waren wir vier übereingekommen, heute abend eine interne Abschiedsparty bei Olga zu inszenieren. – Olga hatte sich bereiterklärt, ein kaltes Büfett zu arrangieren, und Lena, ich und Ralf sorgten für die Getränke!

Ich ging mit Lena nach West-Berlin, was zu dieser Zeit mit der S- oder U-Bahn noch relativ einfach war, um einige Spezialgetränke einzukaufen, die es in der DDR nicht gab. Lena bezahlte, denn sie hatte „Westgeld". Anschließend lud sie mich noch zum Dinner in einem feinen Restaurant ein! – „Na los, spuck es schon aus!" sagte sie zu mir. „Du möchtest gerne wissen, wo ich das Westgeld herhabe?" – Na, dann sag es mir!? –

Na, woher schon? Natürlich vom Kommandanten, die Peronjes und die Germanskys haben doch keine Devisen. – Oder? –

Das heißt auf gut deutsch, daß du dich noch immer von ihm, äh, ich meine, daß er dich noch immer darf!? – Ja! Umsonst gibt er mir auch nichts! – Also bist du immer noch seine „Mätresse"!? – Nein, der hat so viele Möglichkeiten, daß ich für ihn nur eine Nummer bin. – Ich will sagen, daß er mir eine macht, wenn ich es benötige, aus welchem Grunde immer!

Ja, ich verstehe, vergessen wir dieses Thema. – Jetzt bist du wohl sauer, was? – Hm, – natürlich wurde ich immer saurer, zumindest süßsauer. – Wir speisten gut, ungewöhnlich gut, für DDR-Verhältnisse, und vertrugen uns und schäkerten wieder etwas miteinander.

Zu Hause angekommen, gingen wir erst noch eine Stunde auf mein Zimmer, ich will sagen, in mein Bett. – Danach halfen wir Olga in der Küche. –

Lena ging noch ein wenig in die Stadt, während Olga mich bat, ihr zum Abschied doch nochmal eine Besorgung zu machen. Was ich ihr auch gerne bereitete! – Weißt du, mein lieber Knuth, ich mag dich eigentlich am liebsten. Und wenn du mal wieder nach Berlin kommst, dann gedenke meiner! – Bitte! – Ja? – Sie wird immer für dich offen sein! – Ich meine, ich! – Du verstehst!?

Ja, liebe Olga, ganz gewiß werde ich an euch denken, wenn ich komme! Habt ihr mir doch so viel Freude bereitet und gemacht, habt ihr es mir, ich meine uns! –

Ja, ich mochte ihre vollen Lippen und Titten so sehr und lange gerne! Auch ihre Rundungen rundeten nun das ganze Bild ab, bis hin zum Hineinbeißen!

So kam dann, so gegen acht, der Beginn unserer flotten Vierer-Veranstaltung. Zunächst labten wir uns an dem tollen Büfett, danach miteinander. Wir spielten Pfänderspiele, dabei verlor man so nach und nach fast alle seine Sachen, die man da bei sich hatte. Bis wir alle miteinander und endlich ganz adamskostümiert waren. – Es gab dazu viele schöne Drinks und Angebote. Wir fanden nicht viel und nichts mehr dabei und küßten uns gegeneinander und dann auch auf den Mund, so daß wir danach auch unter- und übereinander dabei waren. – Und ganz durcheinander brachte uns die Stimmung dabei auch. Und als wir dann in bester Stimmung, und vollgestopft die Damen von Ralf und dem meinigen waren, und bei allerbester Zufriedenheit auch, ging die Tür auf! – Hereinspaziert kam Soja, und sie brachte ihren Jimmi mit! Ja, Jimmi war ein Farbiger, ein großer noch dazu, was unsere Damen ganz aus dem Häuschen brachte! – Ja, so ein Exemplar hatten sie noch nie gesehen, geschweige denn gehabt! – Noch nicht dazwischen meine ich. –

Und ganz im Nu wurde er zum Mittelpunkt, auch zum Leidwesen von Soja, denn sie stürzten sich über ihn her und knutschten ihn und so. – Er sprach englisch perfekt und wir deutsch, was aber nicht zu Verständigungsschwierigkeiten führte. Denn im Nu war er ausgepellt und, oh Wunder, verspeist. – Abwechselnd und zusammen, sozusagen. – Wir wurden jetzt nicht mehr benötigt! – Die Quintessenz war, daß Soja zu mir aufs Zimmer kam, um sich auszuweinen. Was ich ihr auch gestattete und dabei helfend eingriff!

Nach der „Abschlußfeier" am nächsten Tag mußten wir schon nach Mitternacht auf dem Bahnhof sein, denn der Zug ging schon um zwei Uhr in der Frühe gen Heimathafen! –

Mit viel Freude, Jubel und Tamtam wurden wir von unseren Männern und Frauen und Kindern auf dem Bahnhof erwartet und hatten natürlich viel zu erzählen, zu küssen und zu lügen! –

Ich weiß nicht mehr, ob es Abschiedstränen gab? – Waren wir alle doch noch sehr müde.

Aber ich weiß, daß es eine große Massenhypnose und Befriedigung der Teilnehmer war!!! –

Ich liebte meine Margot nach wie vor, wir schmusten miteinander, gingen mal ins Kino. So zum Beispiel in den sehr gut inszenierten Film „Der Stille Don", nach dem Roman von Scholrarchof, machten Radtouren und bauten weiter an unserem Haus, soweit wir Material bekamen! –

Ich machte die Zulage für den Dachstuhl, unter Mitwirkung von Margot und Peter. Letztere schälten die Baumkanten (Rinde) ab, halfen mir beim Sägen mit der Schrotsäge, Transportierten, Hin- und Herschaffen der Hölzer und beim Pinseln und Stapeln.

Lux war zwischenzeitlich nach Mörla umgezogen und bewachte das noch immer nicht fertige Haus. – Zunächst mußte er in der Baubude wohnen, das machte ihm aber nichts aus, denn ab jetzt brauchte er die lange, schwere Halskette nicht mehr zu tragen! – Schön hatte er sie nie gefunden! – Später, als er im Keller und Garten wohnte, fühlte er sich „schäferwohl". – Nur wenn er mal spazieren ging, so auf der Straße, holte er jeden Radfahrer von seinem Rad, denn diese Sorte Mensch haßte er wie die Pest! – Schon von Jugend an hatten ihn diese Typen in Orba gepeinigt, immer hatten sie mit Steinen nach ihm geworfen! – Diese Schmerzen hatte er nie verwinden können! –

Dann hatten wir Richtfest, wir feierten es im Thüringer Hof, gleich neben unserer Wohnung. Dazu luden wir außer den Helfern am Bau, wie Egon, mit seinem Atlatus Lindemann und den „Schmiergeldaffären", auch unsere Nachbarn ein. Unter anderem auch Schwatzkis. Er, Edwin, war äußerlich ein treuer Regimer und Politiker in höherem Ranking beim Kreisrat und später im Innenministerium in Berlin. Gunar, seine Frau, war eine ewig agile und dunkelhaarige schöne und stramme Person, – und vorverheiratet, mit Tochter Marina. Dazu waren dann noch die Zwillinge Baggas und Elfe und Sohn Gerd gekommen. Gerd war, um es vorwegzunehmen, ein Taugenichts, der immer etwas anstellte, eigentlich gewollt provozierte, um auf sich aufmerksam zu machen! – Dafür bekam er immer und ewig Prügel. – Später, etwa mit sechzehn, hatte er immer Kopfschmerzen, und in seiner „Verzweiflung", hat er sich dann das Leben genommen! – no comment anymore. –

Marina war mit ihren vierzehn Jahren schon voll erwachsen. – Sowohl geistig, als auch körperlich. – Da war einfach schon alles dran, was eine Frau so dranhaben sollte! –

Wenn sie auch immer freundlich lächelnd und schmachtend mich anschaute, machte sie mich nicht unbedingt an, denn an ihren unteren Beinen fehlten ein wenig noch die Waden dazu.

Nach dem Essen tanzten wir nach den Klängen einer kleinen Unterhaltungskapelle und sangen und tranken dazu Bier und Schnaps. – Fast bis in den Morgen hinein ging es zu. Opa Hellmuth erzählte auch einige Schwänke aus seiner Jugendzeit! – Dabei wurde er immer wieder von seiner Helene ermahnt, doch nicht solche „Schweinereien" zu sagen. – Hörst du! – Hellmuth! –

Aber so gegen zehn Uhr bekam Marina den Befehl, doch bitte nach Hause zu gehen, denn sie mußte ja auch auf die Geschwister aufpassen. – Da es schon dunkel geworden war, sagte ich, nichts Böses ahnend: Ich komme mit, ich begleite dich bis vor eure Tür. – Sie wohnten ja in unmittelbarer Nähe und auch in unserer Nachbarschaft. –

Als ich mich verabschiedete, fiel sie mir um den Hals, und ehe ich mich versah, küßte sie mich! – So richtig, wie eine erfahrene Frau, mit Zunge und so und auch gleich dabei. – Hoppla, so fuhr es mir hindurch, was ist denn das? dachte ich gleich bei mir. Ich sprach mit niemandem darüber. – Das war sicher eine Folge des Alkohols in der geschwängerten Luft, dachte ich bloß. Als wir dann im Morgengrauen endlich nach Hause gingen, mußten wir alle zusammenkriechen, um noch ein paar Stunden schlafen zu können, denn wir waren mit den Orbanern und Umgebung runde zehn Personen, die verpackt werden mußten.

Um den Fall Marina noch zu Ende zu bringen, ist vorerst festzuhalten, daß Mädchen in diesem Alter, auch heute noch, sehr gefährdet sind, obwohl sie selbst viel dazu beitragen! – Natürlich ist es der Naturtrieb, der dahinter steckt. – Früher, vor hundert oder mehr Jahren, wurden sie in diesem Alter offiziell doch schon verheiratet! – Bei Kaisers und Königs allemal schon. – Nun, immer wenn Margot nicht zu Hause war, wahrscheinlich wenn sie gerade bei ihrer Mutter am Talken war, klingelte sie bei mir und schwappte herein und umhalste mich, wobei sie mir ihre Kußkünste vorführte. – Als sie mich zu vergewaltigen versuchte, nicht nur psychisch, nein, so richtig mit weiblichem Charme, tat sie das wie eine „Alte"! – Das ging, nein, sie ging soweit, daß sie sich plötzlich und mit ohne ein Höschen nicht anzuhaben, auf die Couch legte und mir ihr „Allerheiligstes" herzeigte und mich aufforderte, es ihr doch endlich mal zu machen, wie sie sagte! –

Da war ich aber von den Socken, verdammt nochmal, was jetzt, schoß es mir durch Kopf und Kragen? – Ich mußte mich ganz schön festhalten! Meine Gedanken machten Riesensprünge, und meine Köpfe erst, die taten mir schon weh! – Und dann fiel mir Erik ein, ein Kollege von mir, schon etwas älter war er. – Ja, er wurde zu fünf Jahren Haft verurteilt, wegen eines ähnlichen Falles! – Ich erinnerte mich, wie er damals zu uns sagte: „Beweise doch mal das Gegenteil! – Da bist du ganz schnell ein Monster, und um dich herum hast du nur noch „anständige Menschen", du selbst ausgenommen!" – Danach wurde ich verdammt nüchtern, ich wußte, daß ich jetzt keinen Fehler machen durfte. Ich ging zu ihr, strich ihr über ihren Leib und strich ihr Kleid wieder glatt, küßte sie auf die Wange und versuchte ihr zu erklären, daß ich für sie doch viel zu alt sei! Ja, ich könnte doch ihr Vater sein, und denk daran, wenn du mal einen echten Lebenskameraden findest, was du ihm sagen wirst, von wegen deiner Unschuld?! – Jetzt weinte sie und schämte sich, und das war gut. – Ich nahm sie in die Arme, aber wie eine Mutter (die ihr eigentlich fehlte) und beruhigte sie. Und versprach ihr, daß ich dies vergesse und daß wir aber gute Freunde bleiben würden! – Du bist nicht das erste junge Mädchen, dem so was passiert ist, sagte ich noch. – Dann brachte ich sie zur Tür, und mit einem Freundschaftskuß verabschiedete ich sie. –

Zwischenspiele und Politik

Bei meinen Berlinbesuchen, dienstlichen Ursprungs oder auch privater Ursache (Schwatzkis waren mittlerweile nach Berlin gezogen), fuhr ich per S-Bahn immer wieder mal nach West-Berlin. Ich ging beispielsweise zur kanadischen oder australischen Botschaft, um eine Ausreise in diese Länder zu beantragen. – Dies wurde aber immer wieder abgelehnt mit dem Bemerken, daß dies nur möglich sei, wenn wir mindestens ein Jahr in der Bundesrepublik gelebt hätten!

Edwin sagte immer zu mir, wenn du mal wieder „West-Schrippen" kaufen gehst, lieber Knuth, dann bring mir doch bitte mal ein paar Zeitungen und Illustrierte von Drüben mit! – Dabei sah er mich immer ganz verstohlen an. Als großer Staatsfunktionär durfte er das natürlich gar nicht. –

Die wirtschaftlichen und auch die menschlichen Beziehungen untereinander wurden immer komplizierter. So stiegen die Scheidungsquoten ständig an. – Nicht nur durch das ständige Auswandern, durch die Flucht vieler Menschen, sondern auch dadurch, daß viele Frauen zwangsläufig in den Arbeitsprozeß integriert wurden. –

Auch wurde es immer schwieriger, den dringenden Bedarf an Waren wie Konsumgütern und Lebensmitteln zu decken. Wohnungen und andere öffentliche Einrichtungen, die medizinische Versorgung oder auch die außerpolitischen, kulturellen Angebote gingen zurück. – Die Straßen vergammelten immer mehr, und auch die Verkehrsbedingungen, ob Bahn oder Bus, waren auf einem Stand stehengeblieben, der jeder Entwicklung hinterherhinkte. –

Wenn ich nicht das „Motorrad" von anno piefke gehabt hätte, das Dienstmotorrad, wie hätten wir bloß dagestehen!? – Ein eignes neues Motorrad oder Auto zu kaufen, war aus finanziellen Gründen wie auch aus Wartezeit-Gründen so gut wie ausgeschlossen! – Selbst bei dem geringen Angebot gab es doch so viele „Bevorzugte und Begüterte", zu denen ich nicht gehörte! –

Ein Kleinstwagen (Trabant) kostete mehr als zehntausend Ostmark, dazu muß man wissen, daß die Stundenlöhne 1955 maximal bei drei Mark und das Gehalt eines mittleren Angestellten etwa um sechshundert Mark lagen. – Die Wartezeiten für ein Auto lagen bei über zehn Jahren. Allerdings waren die Wohnungsmieten sehr billig, etwa bei fünfundzwanzig bis fünfunddreißig Mark pro Wohnung, egal, wie groß und wie alt sie waren. Die Grundnahrungsmittel, wie Brot, Kartoffeln, inländisches Gemüse und Obst wurden vom Staat subventioniert und waren dadurch sehr preiswert.

– Die „Inländischen" wurden allerdings auch mit Dreck und Speck verkauft! –

Aber da unsere Einkünfte von unserem Hausbau voll verzehrt wurden, war an Extravaganzen, wie Auto oder Urlaub, ohnehin nicht zu denken! –

Diesmal fuhren wir mit dem Zug und ganz ohne Motorrad nach Owenisse zur Heirat meiner Cousine Hanne, das ist übrigens die, mit mir in Weimar bei unserer Tante „Heil-Hitler" zusammen war, während unseres Studiums! –

Diese Hochzeit lief eigentlich ganz normal ab, so wie eine Bauernhochzeit nunmal gefeiert wird. Mit viel Blasmusik und viel Geschmause und Geschmuse. – Aber wieder einmal mit einem drallen Weib, mit solo, und auch noch aus dem „Westen"! – Und wie gehabt, sie war auch schon wieder „spitz" auf mich! – Na so was, wer bin ich denn? –

Prinzipiell hatte ich nichts gegen sie, aber wie, wo, was? – Nun, darum brauchte ich mich nicht zu sorgen, das tat sie auf ihre Weise! – Mitten am hellichten Nachmittag, faßte sie mich am Arm und sagte: „Komm Schwarzer, ich will dir mal was zeigen!" Es störte sie nicht im geringsten, daß da ein paar andere Gäste dabeistanden, sie führte mich schnurstracks auf den Dachboden des Hauses und zeigte mir eine Dachkammer von innen.

„Das ist mein Asyl, hier schlafe ich und noch dazu ganz allein! – Komm, laß dich mal küssen, du kannst es doch, so wie du aussiehst!?" – Bitte schön, probier doch mal, und ich bot mich ihr dar! – Ich kann auch noch was anderes, sagte ich zu ihr, nachdem ich aus dem Dachfenster geschaut und festgestellt hatte, daß man vom Fenster aus direkt auf ein Flachdach gelangen konnte. – Sozusagen ein idealer Fluchtweg, wenn man das Weite plötzlich suchen müßte.

Hast du auch einen Schlüssel zu dieser Tür hier? – Und ob, schau her, antwortete sie mir. Und schwuppdiewupp, schon hatte sie abgeschlossen und war dabei, mich zu küssen! – Und schon halfen wir uns gegenseitig aus den Kleidern zu helfen! – Natürlich mußten wir uns beeilen, denn es sollte ja niemand merken, daß wir gerade mal fehlten! – Oh, bitte, komm heute nacht nochmal! – Bitte, du warst gut! – Zu mir. – Wen sollte ich sonst bitten, da ist doch keiner! –

Der relativ kurze Abstecher war scheinbar nicht weiter aufgefallen, und nachdem wir schlafen gegangen waren und Margot eingeschlafen war, schlich ich mich von dannen und übers Dach zum Dachkammerfenster, was natürlich schon auf mein Kommen wartete! – Tolla, so hieß die scharfe Biene, empfing mich natürlich ganz stürmisch und wild auch! Sie hatte das Kostüm von Adam angezogen und verpaßte mir auch das gleiche, damit es brünstiger sei, von vornherein, wie sie flötete! – Komm schnell, mein Liebling, und laß uns langsam dabei sein! So geil wir auch zu sein schienen, so lange ließen wir uns Zeit dabei! – Nachdem ich dann ganz leise verschwand und genauso leise mein Bett wieder fand, war ich noch fast ganz wach, als Tante Trude uns am Wecken war! – Sie ist übrigens die „alte Hexe", die unser Peter damals auf dem Wege nach Orba getroffen hatte. –

Wir wollten zeitig in Erfurt sein, weil wir uns mit Studienkollegen von mir zu einem sogenannten Semestertreffen verabredet hatten, aber vorher mußten wir uns noch zurechtmachen, denn von Owernisse ging kein Bus oder so was nach Erfurt, so daß wir auf Schusters Rappen fahren mußten. – Das war in der Dunkelheit nicht ganz einfach, da wir den Weg nicht, sondern nur die „Himmelsrichtung" kannten!? –

Dabei kamen wir dann auch vom Wege ab und stolperten so einhin und ruhten dann auch ein wenig, wobei Margot dann auch noch liebesbedürftig wurde! – Ihr hatte es ja auch so gut auf der Feier gefallen, wie sie sagte! – Bist du etwa auch gefallen? – Letzte Nacht, fügte sie dabei noch hinzu und küßte mich auch ganz brünstig dabei! – Und es war wieder so schön, wie des öfteren! Danach kam es noch ganz schön dick! Und dann fing es zu regnen an, so daß wir uns beeilen mußten. – Ganz verschmiert und befleckt sahen unsere Sachen aus, als wir am Vormittag in Erfurt ankamen. – Große Schwierigkeiten bekamen wir nun, ein Hotel zu finden, um uns zu säubern. – Eine Studentenbude bekamen wir dann endlich, da konnten wir auch ein Bad nehmen, denn die Wirtin war sehr um uns versucht, denn als Margot als erste gebadet hatte, hatte sie ihr ihr Bett zum Ruhen angeboten, damit sie ein wenig oder auch etwas länger schlafen könne. Margot und ich waren ihr sehr dankbar und ich besonders! Brauchten wir doch nach den Strapazen ein wenig Ruhe! –

Dann war sie eifrig dabei, mir in die Wanne hineinzuhelfen. – Aber auch beim Heraus war sie mir sehr behilflich. – Denn sie war doch eine Kriegerwitwe, die sich da gut auskannte und mich im Studentenbett gut einpackte und mir noch was zum Naschen gab, wie sie es nannte! –

Ganz schlimm war es, und ich noch ganz müde, als sie mich weckte. – Danach aber machten wir uns landfein und gingen auf den Semesterball im „Kossenhaschen"! – Und danach wieder zur Kriegerwitwe, wo wir auch wieder schliefen, und am nächsten Tag fuhren wir ganz zerbeult mit dem Zug auch wieder nach Hause. –

Hast du etwa gar in Naturalien bezahlt!? fragte Margot, mich dabei spitzbübisch anschauend. – Wieso, fragte ich zurück. – Weil sie beim Abschied so schelmisch sagte: „Nein, Sie sind mir wirklich nichts schuldig geblieben!" – Und dabei hat Sie dich ganz komisch angesehen!? – Wir lachten und waren uns einig, daß wir ein paar schöne Tage gehabt hatten. – Wenn auch anstrengende. – Auch Nächte! –

Im übrigen, mein Schatz, während du den Dachboden besichtigt hast, hat mir Franz, dein Vetter, seinen Hof gezeigt! – Sowohl die Ställe, als auch die Scheune und die frühere Knechtkammer! – Na und? sagte ich. Nichts na und, jetzt weiß ich auch, wie man auf einem Strohsack liegt!" –

Meine berufliche Tätigkeit nahm mich sehr in Anspruch, ich hatte, bedingt durch das einzige Fortbewegungsmittel, nämlich das Motorrad, zusätzliche Aufgaben gegenüber den anderen Mitarbeitern wahrzunehmen. Das waren mehr oder weniger Verwaltungsaufgaben, vor allem die Kontaktpflege zu unserem Zentralbüro, welches inzwischen ja nach Gera übergesiedelt war. – Dies war auch eine Folge der neuen Dezentralisierung in der DDR gewesen, nämlich die Aufteilung des Staates in Bezirke, anstatt bisher noch nach den alten Ländern. Auch mußte ich öfters mal nach Berlin zum Bauministerium fahren, um Rechenschaftsberichte über die hauptsächlich mir übertragenen Zentralbaumaßnahmen abzugeben. – So mußte ich viele Überstunden leisten, um die Kurve zu kriegen. Natürlich wurden diese zusätzlichen Stunden, wie gesagt, nicht extra vergütet! – Man hatte ja noch die sogenannte Berufsehre, und hinzu kam auch, daß mir der Architektenberuf Spaß machte, war es doch ein sehr abwechslungsreiches Leben, was damit verbunden war!

Ende 1957 war es dann soweit, daß wir nach etwa vier Jahren in unser neues Haus in der Mörlaer Straße 35 einziehen konnten. Sicher war noch dies und jenes zu tun, aber erst mal einziehen, war die Devise! – Für DDR-Verhältnisse hatten wir ein schönes Haus gebaut und wurden von allen darum beneidet, die es dann in Augenschein nahmen!

Mein Bruder Fred hatte nach seinem Studium als „Staatlich geprüfter Landwirt" zunächst in Weimar eine Anstellung beim Kreislandwirtschaftsamt bekommen. Schon nach kurzer Zeit sagte ihm diese Tätigkeit nicht mehr zu, weil er dort die Praxis des Sozialismusses mit voller Wucht und Realität kennenlernte! – Als er noch am Studieren war, war er ein guter und gläubiger Kommunist gewesen, so wie fast alle anderen Kommilitonen auch! –

Von nun an war er bekehrt und kehrte sich zum Antikommunisten! – Ja, der Umgang formt den Menschen, so wie Karl Marx oder Lenin es so schön und ganz richtig einmal gesagt hatten! –

Danach hatte er sich beim Institut für Landwirtschaft in Jena beworben und auch eine Anstellung als Versuchsingenieur erhalten. Dort wurde Politik genauso klein geschrieben, wie in unserem Entwurfsbüro damals auch noch. Seine politische Einstellung wurde wieder normal, nämlich negativ im Sinne der DDR-Funktionäre. Ab jetzt verstanden wir uns wieder, so wie früher in der Jugend schon! Da für ihn aber die tägliche Hin- und Rückfahrt von Rudolfstadt nach Jena sehr umständlich und zeitaufwendig war, hegte er die Absicht, in der Nähe eine Anstellung zu finden, denn er hatte zunächst seine Bleibe bei unseren Eltern in unserem neuen Haus genommen!

Er fragte mich, ob ich nichts für ihn wüßte, in unserer Nähe. Ja, sagte ich, ich kenne den Karl, der da unter uns wohnt, und der ist in Kochberg bei der sogenannten MTS tätig. – Ja, sagte er, das ist die Motoren- und Traktorstation für die Landwirtschaftlichen Produktionsgenossenschaften, die brauchen auch Fachberater, das könnte was für mich sein.

Karl war Parteisekretär dort, und als ich fragte, ob für Fred eine Chance bestünde, sagte er: „Klar, lieber Knuth, da setze ich mich schon für ihn ein, Fachkräfte zur Unterstützung und Schulung der neu zu gründenden LPGs können wir dringend brauchen!" – Für den kommenden Sonntagmorgen verabredete ich einen Termin zwischen beiden. –

Aber, oh Gott im Himmel, schon im Treppenhaus brach das Unwetter los! Fred fuhr dem Karl gleich in die Parade, als er von den großen Fortschritten des Sozialismus zu reden begann. Er konterte gleich damit, daß Karl Marx und der Lenin sich den Kommunismus so gar nicht vorgestellt hätten, wie er in der DDR praktiziert werde, und daß hier nur unfähige Parteibonsen das Zepter in den Händen haben. Das Gespräch wurde immer heftiger und unqualifizierter, und als Karl merkte, daß er theoretisch gegen Fred nicht ankam, weil dieser das „Kapital" von Karl Marx auswendig zu kennen schien, verließ er mit hochrotem Kopf und die Haustür hinter sich zuschlagend unser Haus! – Und aus war der Traum für Fred, hier in der Nähe eine Anstellung zu bekommen! Na ja, sagte ich zu Fred, da hast du das Porzellan ja zerschlagen, und ich stehe jetzt ganz schön blöd da, denn das wird der nicht für sich behalten! Du weißt doch, was man mir angeboten hat, und daß unser Büro nach Gera verlegt wird! – Da werden wir in Zukunft beide einen langen Tag haben, ich nach Gera noch länger als du nach Jena! – Mit den öffentlichen Verkehrsmitteln mußte man da schon morgens gegen sechs losfahren und würde abends so gegen sieben Uhr wieder zu Hause ankommen. –

Entschuldige, Knuth, aber mit solchen Typen will ich nichts „lebenslänglich" haben, da nehme ich die lange Fahrtzeit lieber in Kauf! – Und wer küßt mich? – Ja, ganz unerwartet für mich hatte man mir die Position des Stadtbaudirektors angeboten. Die Stadtbauämter für Kreis- und kreisfreie Städte wurden im Zuge einer neuen Verwaltungsreform wieder erschaffen, und dabei wurden auch wieder Titel in der DDR eingeführt, genauso wie die Krawatten die „Schillerkragen" wieder ablösten! – Gott sei Dank, denn mit dem nackten Hals um die Kehle kam ich mir schon lange ewig nackig vor! –

Wer mich vorgeschlagen hatte, konnte ich mir denken, es war wahrscheinlich „Oswin" der alte und neue „Kreisbaudirektor", aber wer mich dann akzeptiert hat, konnte ich mir beim besten Willen nicht vorstellen!? – Denn meine politische Einstellung und vor allem meine SED-Misere war in einschlägigen Kreisen doch hinreichend bekannt! –

Also, politisch betrachtet, war ich ganz gewiß nicht der Geeignetste, da gab es einige andere, die da eher taugten und die sich darum auch bemühten! – Ich bin sicher, daß da auch „Willer" seine Hände mit im Spiel hatte. Er sagte eines Tages zu mir: „Weißt du, Knuth, du solltest nun endlich deine Parteigeschichte in Ordnung bringen. Ich war auf der Kreisparteileitung, und die wollten dir sehr entgegenkommen, die wollen dich nicht verlieren!"

Du kannst mir vertrauen, ich mache das schon, wir gehen da zusammen hin, wenn du einverstanden bist, sagte er noch.

Es ging vor allem darum, daß ich wieder offizielles Parteimitglied wurde und daß meine Beiträge in die Reihe gebracht wurden, mit denen ich nun schon mehrere Jahre im Rückstand war. – Ohne dem war nichts, von wegen Stadtbaudirektor! –

Ich willigte ein, was sollte ich auch machen, denn wenn ich diese Position weiterhin ausschlug, blieb mir nur noch die tägliche lange Fahrtzeit oder aber der Umzug nach Gera! – Wozu hatten wir uns dann vier Jahre mit dem Hausbau abgeplagt!? –

Also ging ich mit Willer zur SED-Kreisleitung, um mich einer Überprüfung zu unterwerfen. – Ich sagte vorher noch zu ihm: „Weißt du, das wird sowieso nichts, ich sage dort doch nichts, woran ich selbst nicht glaube!" –

Nun, entweder war es Glück oder aber auch Absicht, denn ich wurde dort lediglich einer jungen Frau vorgeführt, einer hübschen noch dazu. – Und nicht einem Tribunal, wie ich eigentlich befürchtet hatte! –

Die meisten der wenigen gestellten Fragen an mich konnte oder wollte ich nicht beantworten. – Das tat dann Willer, und „sie" akzeptierte! – Ich glaube, sie mochte mich! Und sie machte es dann auch relativ kurz, das Offizielle! – Also, Genosse Paulsen, ab jetzt bist du wieder einer, sagte sie dann. – Und wegen der Beiträge, das machen wir so: Du zahlst ab sofort wieder normale Parteibeiträge, und wir rechnen jeden Monatsbeitrag für zwei Beiträge an! – Rückwirkend, sonst hinkst du ja noch zehn Jahre hinterher! – Einverstanden? – Ich bin heute sicher, daß das von ganz oben so entschieden worden war, genauso, wie die Frage, wer der neue Stadtbaudirektor sein sollte! – Nun ja, natürlich konnte, mußte ich einverstanden sein, mit diesem Vorschlag! – Bei meiner späteren Vorstellung beim Bürgermeister „Karl Langback" wurde mir dann auch klar, warum ich ausgeguckt worden war. Der Referatsleiter für Bauwesen war der mitanwesende zweite Kreissekretär der CDU, Herr Wollovsky. – Der gleiche nämlich, der bei meiner ersten Bewerbung in Rudolfstadt beim Staatshochbauamt schon dabei war. – Damals zwar noch als Kreisratsmitglied! – Die CDU-Kreisleitung war also auch gefragt worden, wen sie an dieser Stelle akzeptieren würde.

Denen konnte einer wie ich nur recht sein, ein „SED-Mitglied", hart und eigensinnig, mit meiner Vorvergangenheit und meiner politischen Einstellung, besser konnte das gar nicht passen!

Wer das System in der DDR nicht kannte, war gar nicht in der Lage zu erkennen, was sich da manchmal so hinter den Kulissen abspielte! – Man muß es ihnen lassen, organisieren, politisch zumindest, konnten sie manchmal schon, denn bestimmte Leute, sie nannten es „Kader", die man der Bevölkerung irgendwann einmal präsentieren wollte, auch mußte, mußten langsam und mit Zurückhaltung auf die späteren Aufgaben vorbereitet werden. Sie hatten mittlerweile auch erkannt, daß an manchen, vielen, Positionen ungeeignete Parteimitglieder viel „Mist" bauten, was dem System nicht gerade förderlich war.

Nun, das Einstellungsgespräch da verlief für mich durchaus positiv, und ich traute mir den Job auch zu, obwohl überhaupt keine „Rezeptur" dafür vorlag! – Ich mußte das Pulver also selber erfinden. – Aber durch meine Tätigkeit beim ehemaligen Staatshochbauamt und durch meine vielen Kontakte zum Kreisbauamt brachte ich wohl für so eine Aufgabe die besten Voraussetzungen mit!

Am 1. April 1958 (hoffentlich kein Aprilscherz) trat ich dann meinen Dienst im Rathaus an. – Daß ich um diesen Posten beneidet wurde, war mir klar. – Meine Eltern hatten mir eine schicke, hellbraune Rindslederaktentasche gekauft, was in der DDR schon eine Seltenheit bedeutete. Margot hatte mir von unserem Gartennachbarn, dem Schneidermeister Menger, aus okerfarbenem Cordsamt eine kurze Sportjacke mit durchgehendem Reißverschluß machen lassen. So aufgeputzt und mit Hut natürlich, wie sich das für so'ne Stellung gehörte, marschierte ich nur dreißigjähriger junger Mann von Mörle ins Rathaus. Viele grüßten mich freundlich, als ich unterwegs war, und ich lüftete ehrerbietig meinen Hut! – Scheiß Hut, waren bald meine Gedanken, warum habe ich den bloß, wenn ich ihn ständig vor mir hertragen muß!? –

Im Rathaus angekommen, wurde ich von meinem neuen Dezernenten freundlich begrüßt und in mein Amtszimmer begleitet. – Natürlich standen fast alle Mitarbeiter der Stadtverwaltung auf den Fluren (rein zufällig) herum, oder die Türen zu den Arbeitszimmern standen auf, um mich zu bekieken und zu begrüßen! –

Na, wie gefällt Ihnen dieses Zimmer, Herr Paulsen? – Ja, gut, sehr groß und eine herrliche Aussicht zur Heidecksburg, ja, das gefällt mir schon, antwortete ich. Wenn es Ihnen recht ist, Herr Paulsen, kommen Sie heute nachmittag bitte zu einem Informationsgespräch zu mir in das Zimmer 110, ja? – Ach, beinah hätte ich vergessen, Ihnen Ihre Sekretärin vorzustellen! – Kommen Sie mit nach nebenan! – Guten Morgen, Frau Herz, das ist Ihr neuer Chef, Herr Paulsen! – Ich hoffe, daß Sie gut miteinander auskommen und sich auch sonst gut verstehen werden. Schauen Sie sich inzwischen ein bißchen um und beschnuppern Sie sich erst einmal, wir sehen uns später.

Nun, Frau Herz war eine stattliche Blondine, etwa 25 Jahr jung, gut gebaut, mit strammen Busen dran, und so. Ja, sie hatten meinen Geschmack in etwa schon getroffen, was den Beginn meines neuen Arbeitsumfeldes sehr erhellte. Mein Arbeitszimmer kannte ich natürlich schon, denn darin hatte ich vorher schon mit noch vier oder fünf Kollegen des Entwurfsbüros am Reißbrett gearbeitet! – Und die berühmte Tür zum Hotel „Löwen" war auch ganz in der Nähe! – Nach dem Einführungsgespräch mit Herrn Wollovsky ging ich daran, mir ein Konzept über das Aufgabengebiet und über die personelle Besetzung zu machen. Wie schon gesagt, gab es von übergeordneten Stellen keine Vorgaben. Man ließ mir da freie Hand, was sollten sie auch tun, hatten sie doch auch keine Vorstellung davon. – Und Geld für gutes und reichliches Personal war auch nicht da!

Als nächsten Mitarbeiter stellte ich Horst Nassel ein, er war ein guter Praktiker im Bauwesen und hatte da ein Allroundwissen auf vielen Gebieten! Er war auch schon mal im „Westen" gewesen, und in der SED war er auch! – Ohne, wäre ohnehin nicht akzeptiert worden! – Aber seine größte Fähigkeit war das Organisieren, ohne das wäre man hier ohnehin aufgeschmissen gewesen. Nach kurzer Zeit war er meine sogenannte „Rechte Hand". Ich setzte ihn speziell für die Altstadtsanierung und Instandhaltungsmaßnahmen städtischer Gebäude ein. Horst mußte aber auch noch die Versorgung der Bevölkerung mit Baumaterialien für Reparaturzwecke mitübernehmen, was ihm und natürlich auch mir sehr große Sorgen machte. – Sie hatten doch nichts, die Kommunisten! – Da war beispielsweise ein sehr hoher Bedarf an Klosettkörpern, noch eine Kriegsfolgeerscheinung, die mangels Masse unlösbar war! Wir hatten dafür eine Bedarfsanforderung von fast tausend Stück vorliegen, bekamen aber im Jahr maximal zwanzig zugeteilt, wem sollten wir da bevorzugt eines zuteilen!? – So ähnlich war es natürlich auch mit anderen Dingen. – Aber Horst fuhr mit seinem Trabi in der ganzen DDR herum, um da und dort noch was aufzutreiben! –

Zu Anfang studierte ich erst mal „meine" Stadt, und das zu Fuß, um alle Winkel und Ecken und das ganze Elend näher kennenzulernen. Da war es zu Anfang ganz gut, daß ich noch keinen fahrbaren Untersatz hatte. – Natürlich bekommen Sie einen Dienstwagen, hatte mir der Bürgermeister versprochen, bei unserem Einführungsgespräch. Vorerst können Sie ja das Motorrad nehmen, das im Hof steht, hatte er noch gesagt. – Aber das hatten alle anderen ständig in Gebrauch, so daß ich auch später noch oft zu Fuß des Weges dahinschritt! –

Nun ja, da mußte ich ja auch erst noch den Pkw-Führerschein ablegen.

Es lief dann auch alles ganz gut an, und es schien mir auch zu gefallen, der beneidete Stadtbaudirektor sein zu dürfen! – Wir trafen uns an den Wochenenden in Kriegers Kneipe in Mörle mit unseren alten und nun auch vielen neuen „Freunden" zum Skat- oder Doppelkopfspiel und zum Verzählen. Ja, wir hatten neue Freunde bekommen, manche bedingt dadurch, daß wir jetzt in Mörle wohnten, und andere durch meine neue Stellung! – Man war doch jetzt wer! – Da kam dann beispielsweise auch der Erich Both mit seiner Frau mal näher an unser Haus heran. Vorher waren sie nur vorbeigegangen und hatten eben nur guten Tag gesagt! – Margot kannte ihn schon seit mehr als 15 Jahren, war er doch der Bruder ihrer damaligen Chefin in Bechscht am Trippstein gewesen, und Offizier war er damals auch gewesen. – Nun, jetzt war er beim Kreisfinanzamt ein geheimnisvoller Mitarbeiter. – Auch Peters Lehrer oder Jürgens Kindergartengrößen und andere im halböffentlichen Leben stehende Personen und natürlich auch Kontaktmenschen durch mein neues Amt und noch mehr Geschäftsleute verschmähten unsere Gesellschaft ganz und gar nicht!

Fred brachte dann auch seine erste Freundin mal mit. Die auch einen Arbeitskittel dabeihatte und mich dann fragte: „Knuth, was kann ich euch noch am Bau helfen!?" – Na ja, sagte ich, das meiste ist ja nun fertig, aber wenn du schon fragst, so schlage ich vor, daß du die beiden Giebelfenster im Spitzboden mal putzt, denn die Oma traut sich nicht so hoch hinauf, und Margot hat noch vieles andere zu tun, was wichtiger ist! – Da strahlte sie mich an! – Mehr aber nicht! – Irgendwann hat Margot diese Fenster auch noch geputzt. –

Eines bösen Tages bekam ich dann Besuch vom Bezirksbauamt, denn so nach und nach bekamen sie Mut, da unten in den „Stadtbauämtern" doch mal nach dem Rechten zu sehen. Sie interessierten sich für alle Kleinigkeiten, wie und was wir da machten! – Später erkannte ich, auch durch Gespräche mit anderen Stadtbaudirektoren des Bezirkes, daß sie es sich sehr einfach gemacht hatten, nämlich daß sie von allem das für sie Geeigneteste in einer „Gebrauchsanweisung" zusammenfaßten und uns als Arbeitsanweisung präsentierten! – Ja, so kann man es auch machen! – Eine Folge davon war, daß wir dann auch die „Hoheitsaufgaben" der Staatlichen Bauaufsicht mitzuübernehmen hatten! – Zur Entlastung der Kreisbauämter. – Ich mußte, dadurch bedingt, zu einem Speziallehrgang nach Naumburg, um den Befähigungsnachweis als „Leiter der Staatlichen Bauaufsicht" zu bekommen. – Eine zusätzliche Planstelle für diese Aufgabe wurde mir dabei in Aussicht gestellt. –

Kurz nach diesem Besuch offerierte man mir dann „Karl" aus Saalfeld, er war zuvor bei der Staatlichen Bauaufsicht im Kreisbauamt Saalfeld tätig gewesen. Er war ein ruhiger Typ, den man nicht hörte und nicht sah. Es sei denn vorgekommen, daß man regelrecht über ihn stolperte. Aber bezüglich seiner Arbeit gab es keine Klagen!

Ein Glück für uns war es, daß wir uns nicht auch noch um die Betreuung aller öffentlichen Gebäude bezüglich der normalen Instandhaltung und um die Schönheitsreparaturen zu kümmern brauchten. – Dafür gab es die Abteilung für kommunale Wirtschaft, die auch für die Straßenunterhaltung und das Park- und Friedhofswesen zuständig war. – Wir mußten da nur in konstruktiver und gestalterischer Hinsicht Unterstützung geben. –

An meinem Geburtstag, am 23. Mai 1958, fand dann der Polterabend zu Freds Hochzeit statt und am darauffolgenden Tag die Hochzeit. Waltraud, die neue Frau im Hause, nutzte dabei auch gleich die Gelegenheit und hielt bei Tisch ihre kurze Einführungsrede: „So, Knuth, also ab heute habe ich in diesem Haus auch was mitzureden!" – Punkt! – Ja, da saß ich nun, mit rotem Kopf, und wußte nicht, ob ich ihr eine Antwort geben oder das Schlachtfeld verlassen sollte!? – Ich hatte einen Kloß im Halse, deshalb ließ ich es dabei. – Nun, ab jetzt wohnten sie über uns, im Obergeschoß unseres Hauses. Die Eltern waren ins Dachgeschoß umgezogen worden! Nach der besagten Rede hat Waltraud dann aber nicht mehr viel gesagt oder getan. – Ich meine am Haus und Garten. – Nur angelächelt oder angelacht hat sie mich immer, wenn wir uns mal begegneten!

Den Garten haben dann hauptsächlich unser Opa „Hellmuth" und Margot angelegt. – Ich habe die Bäume besorgt und mit Fred eingepflanzt. – Schon sehr bald bekam ich meinen „Stellungsbefehl", nach Naumburg einzurücken. In der Jugendherberge fand der Lehrgang statt, ich meine den „Aufsichtslehrgang", und wir sollten dort auch schlafen, wenn es sich halbwegs einrichten ließe, sagte man uns! – Die, wo in der Nähe wohnten, durften auch zu Hause schlafen. – So ein Glück! Mein Schlafzimmer lag direkt im Erdgeschoß! – Organisiert und personell durchgeführt wurde der Lehrgang vom Bauministerium aus „Ostberlin". – Es gab ja auch noch „Westberlin" in Berlin! –

Abends, nach Dienstschluß, gingen wir ins Städtchen zum Biertrinken, Skatspielen oder zum Tanzen! Ich hatte mich mehr für das Letztere entschieden. Es war nach meiner Meinung für den Kreislauf und so viel bekömmlicher, und so! – Heute würde man zu so einem Tanzschuppen wahrscheinlich „Disco" sagen! – Dort tanzte mehr die reifere Jugend, wo ich durchaus noch dazutendierte!? – Gleich am ersten Abend schaute ich mich nach einem passenden Bratkartoffelverhältnis um! –

Da waren „Zwei", die mir in etwa zusagten, eine Schlanke so Anfang zwanzig, und eine Stramme, ein bißchen älter!

Letztere, die Stramme, nahm ich mir zuerst aufs Korn, wie man in einschlägigen Kreisen zu sagen pflegte. – Sie war knackig, wenn Sie wissen, was ich meine? Sie sah gut aus, und war dabei noch sehr gescheit. – Letzteres hatte ich beim Tanzen mit ihr herausbekommen, nach längerem Zureden! – Was mir ganz besonders an ihr gefiel, war, daß sie mich laufend und immer wieder mit ihrer sehr großen Oberweite streichelte. – Aber ansonsten verhielt sie sich sehr zurückhaltend, um nicht zu sagen, sehr damenhaft! Erst am zweiten Abend gestattete sie mir, sie nach Hause begleiten zu dürfen. Ja! Sie bat mich sogar darum, mit ihr auf eine Tasse Kaffee noch in ihre Wohnung zu kommen! – Wie sie ganz einladend zu mir sagte! –

Nun ließ ich mich da nicht lange bitten, denn es kam meinen Vorstellungen sehr nahe!

Zum Kaffeetrinken kamen wir allerdings erst sehr viel später, denn wir tranken erst mal eine Flasche Sekt, die sie schon kaltgestellt hatte, bevor sie in die Disco gegangen war, wie sie so schön sagte. Sie hatte auch gleich vorgeschlagen, dabei ein sogenanntes Pfänderspiel zu machen, Sie kennen so was? Das war vielleicht schön! – Eine leere Sektflasche, wovon sie einige zu besitzen schien, wurde auf dem Fußboden gedreht, abwechselnd natürlich, und auf denjenigen, wo der Flaschenhals zeigte, der mußte sich vom anderen ein Kleidungsstück ausziehen lassen! – Als erstes zog sie mir die Hose aus, und als zweites meine Unterhose. – Wo sollte das bloß hinführen, dachte ich so bei mir. Natürlich revanchierte ich mich bei ihr in der gleichen Wahl! Nach jeder Kleiderablage mußte der andere geküßt werden, egal wohin, na und den Mund hatte man ja schon vorher abgeschmeckt. – Also natürlich dort, wo neues zartes Fleisch sichtbar wurde. – Und da das Küssen uns ganz durcheinanderbrachte, legten wir damit eine Pause ein und „entspannten" uns erst einmal, und das gleich ganz ordentlich und gekonnt!

Da Magda, so hieß sie nämlich, an diesem Abend wohl sehr viel Unterziehsachen anhatte und wir uns immer wieder entspannen mußten, kam ich an diesem Abend gar nicht mehr soweit, sie vollkommen und adamskostümig zu Gesicht zu bekommen. Sie beherrschte die Situation gekonnt, ähnlich einer Melkmaschine, preßte und saugte sie mich mit ihrer Vollmundigen, und hin und her, und immer schneller brachte sie mich an den Rand meines Verstandes, so daß ich mich dann ergab. Sie entkrampfte sich mit einem langen Schrei! – Dabei ergossen wir uns, und ich wankte abgekämpft in meine Herberge zurück! –

Am nächsten Abend fuhren wir da fort, wo wir am Tage zuvor geendet hatten, nur gingen wir diesmal gleich in die Betten. – Wir zogen uns aus unseren Sachen, dabei war das Licht sehr stark abgedimmt, so daß wir uns nur schemenhaft erkennen konnten. – Im Bett angekommen, spürte ich dann eine riesige Fleischmasse auf mich zuquellen, so daß ich ganz erschrak! – Um Gottes Willen, was war das denn? – Wo kamen diese Massen her, waren meine Gedanken. – Ich sprang, ganz erschreckt wie ich jetzt war, aus dem Bett und schaltete die Deckenbeleuchtung ein. – Und was sahen meine trüben Augen? – Ja, sie sahen Magda, wie sie unter einem großen Hefeteig zu ersticken schien! –

Jetzt weinte sie und stammelte: „Es ist immer dasselbe, was kann ich nur tun mit den Riesentitten!? – Mir war es jetzt auch sehr peinlich, ja wie machte sie das bloß, wenn sie ausging, da sah sie immer so attraktiv aus? – Heute würde ihr jeder, fast jeder, Chirurg helfen können! –

Obwohl sie mich mit ihrem Souterrain sehr reizte und immer wieder neue und ausgefallene Ideen hervorbrachte, schockierte mich ihr „Hochparterre"! – Wir trieben es, nach längerem von Mund zu Mund und Oben und Unten, und mit ohne Licht, in dieser Nacht noch des öfteren, bis ich dann wieder mein Bett durch das offengelassene Fenster erreichte. –

Nun mußte ich so zwischendurch mich auch mal wieder etwas an meine Gesundheit und an die Lehrgangsarbeit denken, denn die Abschlußprüfung wollte ich auch nicht gerade mit einer Vier abschließen! – Am wichtigsten waren für mich die Baurechtsfragen, denn da gab es immer wieder mal was Neues auf dem Markt! – So gegen Ende des zweiwöchigen Lehrganges machte ich dann der schlanken Gina schöne Augen. Sie wohnte noch bei ihren Eltern, so daß hier die Frage des „wo" im Vordergrund stand. – Nun, auch sie schien schon ihre Erfahrungen auf diesem Gebiet zuhaben, denn schon am ersten Abend führte sie uns in den Schrebergarten ihres Großvaters, der auch ein Gartenhaus besaß, und sie hatte natürlich den dazugehörigen Schlüssel!

Es war schon Herbst und recht kühl im Gartenhaus, und zum Feuermachen hatten wir einfach keine Zeit, denn uns gelüstete es nach ganz anderen Dingen. So kamen wir dann auch gleich zur Sache, wobei wir die meisten Sachen anbehielten. – Sie war gut auf dem Gebiet, anders, und viel enger auch, aber nicht besser als Magda. – Halt mal wieder eine Abwechslung! –

Ich schloß mich dann noch einem Skattrio an, um mir die Abende zu vertreiben, und trieb es aber am letzten Abend erst noch mal mit Gina auf einer eiskalten Parkbank und wärmte mich danach noch bei Magda in ihren Betten ganz gehörig auf! –

Danach war ich aber auch froh, endlich wieder nach Hause in Mutters Bett zu kommen! – Da war's doch wieder geruhsam und auch schön! –

Den Job als Stadtbaudirektor hatte ich mir anfänglich ganz anders vorgestellt, als es sich mit der Zeit herausstellte. – Eigentlich viel romantischer, mit mehr Gefühl und Phantasie für das Gestalterische! –

Man erwartete von mir nicht nur fachliche Qualitäten, sondern auch politische, nämlich sogenanntes „gesellschaftspolitisches Engagement"! –

Vor allem, nachdem ich mich bei der Bevölkerung dadurch „beliebt" gemacht hatte, indem ich anläßlich von öffentlichen Versammlungen schon einige Male positive Änderungsvorschläge gemacht hatte, die von den Versammlungsanwesenden mit viel und lautstarkem Beifall gewürdigt wurden! – Beispielsweise hatten die Politiker vorgeschlagen, für die neugegründete LPG in Schwarza eine Schweinemastanstalt in Richtung Bad Blankenberg zu errichten. – Mein Gegenvorschlag war, es doch auf der Ostseite von Schwarza zu machen, da dort doch ohnehin schon gewerbliches Industriegebiet sei und der zu erwartende Gestank durch den Westwind nicht ewig in das angrenzende Wohngebiet geweht werde. – Abgesehen von dem Schweinelärm und Gequietsche! –

Ja, öffentliche Stellungnahme zu dem bestehenden kommunistischen System erwarteten sie von mir. Doch ich war schon immer ein politisches Embryo geblieben: Mich hat die, oder sagen wir mal diese, Politik nie interessiert. Vor allem haßte ich es, immer „ja" sagen zu sollen, ob es mir paßte oder nicht! – Hinzu kam, daß ich jetzt mit vielen Funktionären zu tun hatte, mit Parteiidioten, die immer die große Klappe hatten und nichts verstanden, und davon aber eine ganze Menge! – Mit ihrer ewigen Lautstärke lenkten sie doch nur von ihren Schwächen ab! – Ausnahmen bestätigen allerdings auch hier die Regel! –

Jede Woche, am Mittwochmorgen mußten wir an einer sogenannten Zeitungsschau teilnehmen. Sie hatten wohl kapiert, daß die meisten Menschen die Zeitungen gar nicht mehr lasen, weil sowieso nur Bla-Bla und politische Wiederholungen drinstanden. – Uns hatte man bei diesem Bla-Bla mit in die Schulungsgruppe der Kommunalen Wirtschaft zugeordnet. – Aber ich machte mich stark und sagte, daß das für mich und meine Mitarbeiter unter Niveau sei und ich es im Bauamt in Zukunft selber machen möchte. – Sie akzeptierten! – Die Kollegen waren froh darüber, weil sie wußten, daß ich ihnen nichts vorgaukeln würde! – Nur hatte ich dann ein neues Problem, nämlich, daß der Verwaltungs- oder der Parteisekretär ganz plötzlich mal nach dem Rechten sehen kam. – Natürlich hatte ich damit gerechnet, ich hatte mein „Neues Deutschland", so hieß die Partei- und Volkszeitung, zu Hause schon ein wenig präpariert, rot markiert, vor mir liegen und erzählte den Kollegen Witze oder andere „negative Wahrheiten". – So zum Beispiel, daß ich gar nicht erst an die mir zugeteilte Westadresse geschrieben hätte, um denen da „Drüben" von unseren Errungenschaften zu berichten: – Natürlich war ich auch darauf vorbereitet, etwas halbwegs Positives vorzubringen, wenn der „Sekretär" es für angebracht hielt, uns ein wenig zuzuhören, bei unserer Show! Dabei kam ich allerdings ganz schön ins Schwitzen, wie man sich vorstellen kann. –

Dann schickten sie mich wieder mal an die Front, weil sie mit den „Sturen Bauern", die nicht bereit waren, in die LPGs eintreten zu wollen, nicht voran kamen! – Ja, da wollen wir mal sehen, was der „Stadtbaudirektor wirklich draufhat", mögen sie wohl gedacht haben. – Und ob ich da was drauf hatte! –

Damit ich aber nicht so ganz ohne Kontrolle blieb und sie auch vorsichtig mit mir umgehen mußten, schickten sie mir meine Marli mit. – Marli hatte ich als technische Zeichnerin eingestellt, weil ich zeitlich nicht mehr in der Lage war, allen Unsinn, den die noch „Freien Architekten" mir als Bauanträge vorlegten, selbst zu korrigieren. – Die meisten davon waren alte Maurermeister und so. – Marli war übrigens die Tochter vom Maler Erich, dem Mohr! – Und sie liebte mich sehr schlimm! Das wiederum wußten die Außenstehenden nicht! – Ich eigentlich auch noch nicht ganz, aber wie sie mich immer anschmachtete und mir ihren strammen, nein, ich meine die stramme Bluse entgegen hielt, deutete einfach auf so was hin! –

Also zogen wir los! – Zuerst nach Kumbach, der Bauer, übrigens der Schwager von Horst, war nicht anwesend, dafür aber der Tierarzt. Ja, und der hatte nur auf uns gewartet, denn da hatte eine blöde Kuh einen „Nagel" gefressen, wie er sagte! Und nun müsse er dieser dummen Kuh den Bansen aufschneiden, um den Nagel herausholen zu können! – Ja, Herr Paulsen, da kommen Sie gerade recht, kommen Sie und helfen Sie mir! – Natürlich war ich schon wieder der Rechte, hatte ich in solchen Sachen doch schon meine Erfahrungen in der Jugend und so gemacht. – Klar, wir holten den Nagel raus, und der Doktor nähte den Bansen und den Bauch wieder zu. Als der Bauer endlich heimkam, wurde er doch gebraucht, hier, und natürlich von mir! – Dann zogen wir weiter nach Schale, Zeigerheim und weiter. Natürlich gingen wir beide zu Fuß durch Feld und Wald, sozusagen quer durch die Prärie! – Marli hatte sich für diese Aktion so richtig ländlich schick angezogen. Feste Halbschuhe, Kniestrümpfe, ein kurzes Röckchen, eine leichte weiße Trachtenbluse, nach der ich irgendwann auch trachtete! Ja, und so waren wir beide dann doch noch zu unserem gemeinsamen Erfolg gekommen. Die meisten der noch unentschlossenen Bauern hatten danach „Ja" zur LPG gesagt! – Ich hatte denen gesagt: „Entweder sie hauen nach dem Westen ab, oder sie greifen schnell zu, solange noch „Posten" vergeben werden!"

Ja, und das Allerschlimmste für mich war, daß die „Sekretäre" mich mehr oder weniger gezwungen hatten, der Kampfgruppe beizutreten! – Eigentlich hatten sie mich überlistet, denn unser Karl hatte mir zugesagt, mich aus dem aktiven Politeinsatz herauszuhalten, obwohl, wie er sagte, wir „Jungen" da eigentlich aktiv mitarbeiten müßten.

Es war zum Verzweifeln, da hatte ich mich nach einer langen Diskussion mit meinem Schwager Gerald in Orba endlich wieder durchgerungen, wieder mitzumachen, und da kam das wieder auf mich zu! – Kurz vorher hatte mich mein Dezernent beauftragt, auf dem „Sedanplatz" das Kriegermonument abreißen zu lassen und ein neues Denkmal für den „Karl, den Marx", zu entwerfen und zu bauen! Und gleich noch eins obendrauf! Der „Pieck", der Wilhelm, der muß auch ein Denkmal bekommen! – Ja, Herr Paulsen, als Architekt muß das für Sie doch eine interessante Aufgabe sein! – Jawoll, mein Führer! – Ich Arschloch! –

Wie konnte ich mich ausgerechnet von diesem „Sozialisten" einwickeln lassen? Mitgegangen, mitgefangen! – Also ließ ich mich in so einen grauen Arbeitsanzug stecken! – Zähneknirschend zwar, aber mitgegangen! – Wir marschierten durch Rudolfstadt nach Volkstedt, wo der Schießstand war! – Also, der Feind, der ist überall und wir, nein ihr, müßt ihn vernichten! – Also, das ist eine „Scheißübung", ja, so sagte es der „General"! – Aber mir war es nicht „scheißegal", denn ich legte diesen Karabiner, den ich von früher her kannte, nieder und sagte sehr laut und deutlich: „Also, da hat nach dem Kriege ein ganz bekannter Politiker gesagt: 'Alle, die jemals wieder eine Waffe in die Hand nehmen, denen sollen die Hände verfaulen!' – Wer war das noch???" – Ich bin danach zu Fuß nach Hause gegangen, und keiner hat mich daran gehindert! –

Zu Piecks Todes- oder Geburtstag hat man aber wieder an mir herumgebastelt und mich unter Androhung der Aufrechterhaltung meines Angestelltenverhältnisses „gebeten", als Ehrenwache teilzunehmen. – Da hat mich „Karl" sogar gebeten, ja dazu zu sagen! – Knuth, dazu brauchen wir doch gutaussehende junge „Genossen"! – Bitte, tu mir persönlich den Gefallen und stell dich dazu zur Verfügung! – Was sollte ich machen!? – Scheiße, hoch drei! – Karl mochte mich! – Das Schlimme für mich war nur, daß es sich sehr schnell herumgesprochen hatte, daß ich, der Stadtbaudirektor, am Wilhelm Pieck Denkmal am Bahnhofsplatz Ehrenwache schob! – Da kamen die ganzen „Freunde" von mir und auch die ganzen Unternehmer, die mich kannten, und sie „gafften" mich an! – Hämisch! – Wenn ich gekonnt hätte, hätte ich sie alle erschossen! – Nach der ersten Runde ging ich da nicht mehr hin! – Und ich kündigte meinen Job zum sofortigen Zeitpunkt! –

Nun, in der DDR ging das nicht so wie im sogenannten „Westen"! –

Viel Reden und Gerede

Mein CDU-Referent war mich immer am Amantreiben mit Großaktionen im Rahmen des „Nationalen Aufbauwerkes"! Ja, er trampelte immer wieder auf meinen Nerven herum! – Das war vielleicht noch so eine Sache! –

Da wurden Baumaßnahmen ins Leben gerufen, die es gar nicht gab! – Die Wohnbezirkskommitees oder andere Klugscheißer, die sich wichtig machen wollten, riefen am Wochenende in der Tageszeitung zu freiwilligen Arbeitseinsätzen auf! – Natürlich, ohne vorher mit den zuständigen Stellen Rücksprache genommen zu haben! – „Morgen wird die Kindertagesstätte oder der Zeigeheimerweg oder sonst etwas im Rahmen des Nationalen Aufbauwerkes gemacht!!! – Bitte kommt reichlich, es ist vorgesorgt!" – Immer wieder Scheiße war das, denn ich, der dafür zuständig sein sollte, für die technische Ausführung und so, war vorher gar nicht informiert oder gefragt worden! – Selbst wenn ich es noch halbwegs rechtzeitig erfahren hatte, konnte ich organisieren, was ich wollte, es war immer daneben! – Entweder ich hatte einige Kollegen vom Städtischen Fuhrpark überzeugen können, doch am „Samstag" Werkzeuge oder Fahrzeuge bereitzustellen, oder ich hatte bestimmte notwendige Materialien angefordert, es war immer daneben! – Falsch! – Ja, entweder kam keiner, oder es standen sich alle im Wege! – Trotzdem wurde ich irgendwann dafür ausgezeichnet! – Sie mußten mich auszeichnen, weil ich doch meine Freizeit eingesetzt hatte, auch wenn nichts dabei herausgekommen war! – Ja, so hatte mancher eine Geldprämie zuerkannt bekommen, obwohl er eigentlich gar nichts Positives geleistet hatte. – Ich bekam für einige hundert Stunden NAW-Einsatz auch für nichts Besonderes, zum Beispiel den zweibändigen Roman von Scholarchov „Der Stille Don", mit Widmung und so! – Das Buch war gut, wie auch der danach inszenierte Film! – Da zum Stadtgebiet etwa 20 LPGs, 15 Schulen und 20 Wohnbezirke gehörten und fast alle einmal glänzen wollten, waren immer welche am Aufamrufen, oder sie hatten alle paar Wochen oder Monate eine Versammlung, an denen ich möglichst teilzunnehmen hatte.

Nach meiner ersten Kündigung kamen sie dann alle, ja vom Bürgermeister angefangen bis hin zum SED-Kreisvorsitzenden und noch einige im „Schafspelz", die ich nicht einordnen konnte! „Also, Genosse, wann du zu kündigen hast, das bestimmen immer noch wir! – Ist das klar!? – Und wenn du trotzdem kündigst, dann bilde dir mal gar nicht erst ein, daß du wieder in dein Entwurfsbüro zurückgehen kannst! – Ist das auch klar? – Ist sonst noch was!? – Und glaube nicht, daß wir nicht wissen, was du immer so von dir gibst!? – Wir haben auch noch andere Möglichkeiten! – Willst du, daß wir dir das erklären? – Also blieb ich, wo ich war! – Karl, der Bürgermeister, rief mich anschließend noch zu sich ins Büro und versprach mir wieder, mich weitestgehend von den politischen Aufgaben zu befreien. Er eröffnete mir auch, daß der Rat beschlossen habe, mich als kooperatives Mitglied in den Rat aufzunehmen. Das hätte für mich doch den Vorteil, daß ich außer ihm selbst keinen Vorgesetzten mehr haben würde! – Na schön und grün, dachte ich so bei mir. – Nur noch die Partei, und wie die „Halbzivilisten" noch hießen!? – Aber kaum, daß sie mir ihre Versprechungen und Drohungen gemacht hatten, oder umgekehrt auch, hetzten sie ihre Hunde schon wieder auf mich. – Da gab es wieder mal einen Engpaß mit der Butterversorgung, und es wurden Butterkarten ausgegeben! – Ja, Genosse Paulsen, es tut uns zwar sehr leid, aber jetzt ist jeder gefragt! – Also, du übernimmst den Wohnbezirk 17, das ist ja in deiner Nähe! – Guten Tag, Frau Meier, Herr Tunichtsgut und so, hier bringe ich ihre neuen Buttermarken, sie haben sicher schon davon gehört!? – Ja, Herr Paulsen, so was müssen sie als Stadtbaudirektor machen?. Ich kam mir dabei so dämlich vor, daß ich mich erst mal „vollaufen" ließ und danach wieder bei einem Dämchen landete!

Da hatte man uns kurz vorher noch eingepaukt, daß die Sowjetunion in spätestens einem Jahr Amerika, und die DDR den Westen, wirtschaftlich überholen werde! – Das sollten wir überall in der Bevölkerung publik machen, bei jeder sich ergebenden Gelegenheit, natürlich! –

Dazu gehörte natürlich auch, daß wir, die DDR, so neumodische Verkaufsläden bauen oder umbauen mußten! – Also, Genosse, übrigens warum trägst du nie das Parteiabzeichen? – Also, du setzt dich sofort mit Gerd den Reußen, und Dezernent für Versorgung zusammen und überlegt mal, welche Geschäfte dafür in Frage kommen! – Und in der nächsten Ratssitzung erstattet ihr Bericht! Nun, wir hatten erst mal zehn HO- und Konsumläden dafür ausgeguckt, die dann vom Rat auch akzeptiert wurden. – „Selbstbedienung" sollten sie heißen, die Neumodischen! –

Zwischendurch mußte ich auch wieder einmal auf einen Wochenlehrgang nach Schwarzburg. Dort wurde unter Leitung von Dozenten der Technischen Hochschule aus Dresden ein Speziallehrgang über Stadtsanierung und damit verbundener Verkehrsplanung veranstaltet! – Natürlich waren wir wieder in einer Jugendherberge untergebracht! – Nun war Schwarzburg selbst ein relativ kleiner Ort, aber auch ein FDGB-Urlaubsort, so daß da auch die Möglichkeiten für Feierabendbeschäftigung und Entspannung gegeben war! – Zum Glück fand diese Veranstaltung im Sommer statt, so daß wir das Waagrechtproblem auch in den Griff bekamen! – Wie sie auch hieß, blond und drall, und mittelalt war sie. Und verheiratet auch, was nichts Negatives an sich hatte, denn sie hatte einiges drauf!

Danach entwickelte ich ein Programm zur Stadtsanierung, denn in all den Jahren des Krieges und danach hatte man die Bausubstanz und die Straßen und Gehwegbefestigungen so sehr vernachlässigt, daß es einem grausen mußte! – Ich schaltete den Architektenbund mit ein, dem ich selbst auch angehörte, und auch die Handwerksmeister und die Bauberufsgenossenschaften, die man inzwischen unter freiwilligem Druck ins Leben gerufen hatte! –

Für die äußere Fassadengestaltungen schrieb ich einen Wettbewerb aus, der ein paar gute Resultate brachte! – Willer hatte gewonnen, seine Vorschläge wurden vom Bauausschuß mit dem ersten Preis ausgezeichnet. – Was der Preis auch war, sicher nicht viel, aber „er" war schon mit wenig zufrieden, allein die Veröffentlichung mit Namensnennung war damals noch was wert! –

Es gab natürlich auch einige stümperhafte Vorschläge dabei, vor allem in der

Farbgebung. Wille aus der Käseglocke hatte auch gute Ideen eingebracht, die wir mitverwendeten. –

Bei der Verwirklichung gab es aber große Probleme, nämlich, wie schon gewohnt, die Frage der Bereitstellung von Baumaterial und Baukapazitäten! – Vom Geld ganz abgesehen, das mußten im Regelfall ja die Hausbesitzer übernehmen. – Da mußte Horst wieder an die Front, er organisierte und schummelte überall herum, so daß irgendwann und noch rechtzeitig zum berühmten „Rudolfstädter Volkstanzfest" zumindest der Marktplatz mit den Anbindungsstraßen und Gassen weitestgehend saniert war! – Danke Horst! Dafür bekommst du eine Prämie und einen Orden! –

Das hatte beim Bezirksbauamt Eindruck gemacht, soviel, daß ich sofort eine Bezirksbaukonferenz, die in Rudolfstadt stattfinden sollte, organisieren mußte! – Und natürlich mußte ich auf dieser Konferenz auch eine Rede halten! – Meine erste übrigens! – Das Thema war natürlich klar, nämlich: „Altstadtsanierung"! – Was habe ich davor für ein Bammel gehabt und dann geschwitzt und gestottert. Das Konzept, das ich mir dazu gebastelt hatte, war ganz verschwommen vor meinen Augen! – Erst als ich es ignorierte und frei von der Leber weg redete, wurde ich flüssig und enthemmter! – Danach bekam ich sogar großen Beifall und hinterher noch Lobhudelei dazu! –

Da aber die „Selbstbedienungsläden" immer noch nicht vorangekommen waren, wurde ich in einer Stadtverordnetenversammlung öffentlich gerügt! – Da schoß es mir ins Horn! Und ich meldete meinen Protest an! – Ich sagte, nun am Rednerpult stehend und schon kaum noch Hemmungen habend: – Ja, meine Damen und Genossen, was wollt ihr eigentlich von mir? Ihr wißt doch, daß wir nichts haben, kein Material, keine Arbeitskräfte und kein Geld! – Aber selbst wenn diese Läden fertig wären, was wolltet ihr denn da drin verkaufen!? – Ihr habt doch nichts! – Das ist doch genauso, ich meine, wo wir doch den Westen überholt haben, inzwischen, und in jeder Beziehung! Und so redete ich meine Rede! – Stilles Schweigen auf den Rängen und Entsetzen in den Visagen der auf der Ehrentribühne Sitzenden! – Rudi, der Meißner, war der erste, der etwas sagte. „Na ja, irgendwie hat der Knuth ja recht, ich meine aber, er hätte das nicht so direkt sagen sollen, denke ich." –

Nun wachten sie aber auf! Jetzt fielen sie scharenweise über mich her! – Ich verließ den Saal mit der Bemerkung: „Ihr könnt mich mal, ich kündige!" – Rudi kam nach der Sitzung als erster in mein Zimmer und berichtete mir über den Fortgang des Tumultes. – Ich war wieder mal in aller Munde, natürlich nicht in der Presse, nein, so was hielt man schon in Grenzen! – Übrigens, Rudi war der Abteilungsleiter im Rathaus für Kultur und Sport. – Er war auch so ein ewiger „Querulant" wie ich, und wir unterstützen uns natürlich auch immer, wenn Bedarf vorlag! –

Nach etwa einer Stunde standen sie dann alle wieder vor meinem Schreibtisch! – Die großen hochrangigen Genossen und so, auch die von den anderen Parteien waren diesmal dabei! – „Also, ja so geht das aber nicht, verstanden!? – Und von wegen, schon wieder kündigen!? – Mit uns nicht! – Ist das klar? – Wir kriegen dich schon noch! – Jawoll, und basta! – Heil Hitler, fehlte da nur noch. –

Sie können es glauben, daß ich am nächsten „öffentlichen Sprechtag" wieder hinter meinem Schreibtisch saß und daß die meisten Besucher vor „meiner" Tür warteten, um mir ihre Anerkennung zu zollen. – Ich hatte an den Sprechtagen sowieso fast nur „wenig linientreue" Besucher, und die meisten davon wollten gar kein Baumaterial oder so was von mir, sondern einfach nur ein Gespräch mit mir führen, nur um mal wieder das Gefühl zu haben, daß da auch noch Leute sitzen, die nicht immer nur von den großen Errungenschaften des Sozialismus schwafelten! – Da kamen meist ehemalige Bauräte oder Finanzbeamte aus früheren Tagen. – Mit der Zeit nahm das schon überhand, so daß mich „Ulla", meine Sekretärin, des öfteren schon mal verleugnen mußte! –

Mein Engagement bezüglich der Altstadtsanierung und Verkehrsplanung und so hatte dazu geführt, daß ich noch zwei Planstellen dazubekam. Mußten wir doch viele Altbauten aufmessen und zu Papier bringen. – Zum guten Schluß hatte ich sechs, nein, nicht „Sex", Mitarbeiter, davon waren zwei männlich und vier nette Damen! Natürlich waren sie alle hübsch und jung, die Damen! – Wir waren sozusagen ein Jungteam! – Was die Frauen und mich anging, so hielt ich sie sauber, wenn sie es mir auch manchmal nicht gerade leicht machten. – Sie ließen sich da schon was einfallen, ob im einzelnen oder in der Gruppe. – Ob sie mich zum Kaffee oder Essen einluden, außerhalb oder bei sich, da mußte ich schon auf mich aufpassen. Oder wenn sie vor meinem Schreibtisch saßen, mit dickgeschwollener Brust oder Fußkontakt herzustellen versuchten, mußte ich mich schon an meinem Riemen reißen! – Sich an mir vorbei drängeln zu wollen, war auch so eine Masche, denn sie wußten um ihre Vorteile, nämlich ihre vorstehenden Oberweiten! – Auch von hinten funktionierte das! –

Natürlich gab es im Rathaus noch eine ganze Menge solcher Drüsen in anderen Bereichen, denen ich, im Ausnahmefalle, auch ihrer Reichweite entgegenkam! – Da war zum Beispiel eine flotte Agile, die mir ewig über den Weg stolperte, vor allem nach Feierabend, wenn fast alle schon fort waren. Sie war zwar etwas weniger nicht ganz so schön, aber sie hatte den Beinamen „Hely Finkenzeller", was nichts heißen soll, sie nahm mich dann schon mal mit ins Archiv und dort zwischen ihre Regale und so. – Doch, ja, sie war auf dem Gebiet nicht ungeübt, nein, ich kann sagen, daß sie das Geschäft beherrschte, mit allem Drin und Dran! –

Aber sie war nicht allein schuld daran, und da waren ja auch noch andere so Agile und Gute! – Entspannen sollte man sich schon des öfteren. –

Auch wenn ich es schon mal gesagt haben sollte, und wenn ich es noch sage: Die Frauen, auch jede Ehefrau, sind meist, fast immer sogar, selbst daran schuld, jawohl, wenn nämlich ihre Männer nach anderen Frauen Ausschau halten oder sogar fremdgehen! – Jawoll! – Sie sollten, ja müssen, ihren Partnern auch schon mal entgegenkommen, manchmal auch ganz schnell sogar, ehe da die Ehe in Gefahr gerät! – Sie müssen endlich ihre Verklemmtheit, die sexuelle, meine ich, über Bord werfen! – Und sehr wichtig scheint mir, daß sie ihr Äußeres nicht vernachlässigen. – Das Gesicht nicht, den Körper und auch die Kleidung, das Outfit, nicht! – Das muß nicht immer teuer sein, und auch kein „Gemälde" sollte es sein! – Es muß gekonnt, kreativ sein, und wer selbst nicht dazu in der Lage ist, sollte sich beraten lassen, egal von wem! Auch nicht nackt sollte eine Frau sich darreichen, nein, der Mann muß immer noch was erahnen können, müssen! – Da muß noch was gefunden, entdeckt werden können! – Das Gehirn ist erstmal dran, erst dann der Schwanz! – Ich meine das Manuelle, das Handwerkliche! –

Auch sollte die Frau mal der aktive Teil sein und auch der kreative Partner. – Mit der Verklemmtheit meine ich auch, das sich nicht äußern, vor allem, wenn es doch auch gefällt! – Man sollte sich artikulieren, mit Worten und Gebärden! – Sowohl der Mann, als auch die Frau! – Männer brauchen die Genugtuung, die Bestätigung, daß sie befriedigt haben! – Beide sollten glücklich sein! – Den Männern sei noch gesagt, daß sie nicht zu stürmisch sein sollten, bei Beginn, und auch währenddessen nicht! – Schon mal was von Orgasmus, oder gar von Orgasmen gehört!? – Übrigens, laut fast einheliger Aussage der weiblichen Teilnehmer gibt es gar keinen zu kleinen Penis, da schon eher einen zu großen! – Mittelgroß ist aber sicher das Beste, was man bieten sollte!? –

Na also, ich hatte guten Kontakt, auch zur Bevölkerung, und war allgemein recht beliebt, in meiner Position auch, und ich lief immer noch durch meine Stadt, und mein Hut sozusagen vor mir her, denn Hinz und auch Kunz, alle grüßten mich! – Meist auch mit dem Hut in der Hand! –

Und dann so eines schönen Tages erschien der Kultur- und Sportdezernent in meinem Büro. Er ließ sich in den dafür vorgesehenen Klagesessel fallen und war fast am Weinen! – Er war noch jünger als ich, und man hielt ihn für einen „zweihundertprozentigen" Kommunisten, meine ich. – Nun, er wirkte sehr nervös und unsicher auch! – „Na ja, ich weiß nicht, wie ich anfangen soll, ich meine, was ich sagen will. – Du Knuth, du weißt schon, was ich meine! – Ich meine, ich bin zu dir gekommen, wenn du verstehst!? – Hier weiß doch jeder, wer du bist, will sagen, was du denkst! – Wir halten dich alle, nein, ich meine, nur fast alle, oder eben manche, für einen harten Kritiker unseres Systems, für den ewigen Nörgler vielleicht auch nur!? – Ja, weißt du, ich habe die Schnauze richtig voll! Ja! – ! Im Moment, meine ich natürlich nur, wenn du weißt, was ich meine!?" –

War der ausgerastet, oder wollten sie mich reinlegen, waren ganz schnell so meine Gedanken? – Na, sag schon, was du auf deinem Herzen hast, sagte ich zu ihm. Ich hatte das Gefühl, daß er am Ende seiner Kräfte war. – Wie viele! –

„Alles was man hier anfängt in guter Absicht, geht doch an den Baum, es ist doch nichts mehr da in diesem Laden. Du verstehst doch? Jeder hat doch nur noch seinen persönlichen Vorteil im Kopf, wie soll man da etwas organisieren!? – Jetzt kommt das Volkstanzfest wieder auf mich zu, und wie du doch weißt, mit starker Auslandsbeteiligung, vor allem aus dem kapitalistischen Ausland!" – Er war wirklich völlig verzweifelt, das war keine Schauspielerei, ich sah, wie er Tränen in den Augen hatte. – Zum guten Schluß heulte er wie ein Kind! – Er tat mir leid, und ich versuchte, ihn zu trösten, aber wie nur? Ich konnte doch nicht zu ihm sagen: „Mensch hau ab, nach dem Westen, so wie ich es schon oft vorhatte!" –

Natürlich fand das Volkstanzfest wie geplant statt, auch wenn Gerd der Reuße es für schier unmöglich gehalten hatte, hatte man von „überallher" mitgeholfen, das

Nötigste nach Rudolfstadt umzudirigieren! – Es war wieder alles da, was in einem sozialistischen Lande dazusein hatte! – Die Läden und die Schaufenster waren voll, auch mit Südfrüchten und so! – Genauso, wie die Schaufenster der Republik, in Ost-Berlin das ganze Jahr über! –

Auch für die Frauen war gesorgt worden, denn es gab auch reichlich dunkelfarbige Männer zum Tanzen und Austauschen und so. Ja, aber in der Schlange mußten sie da auch wieder stehen, solange diese Schlangen eben noch standen! – Wenn Sie verstehen? – Aber dafür gab es halt keine Schlangen mehr vor den Geschäften! –

Der „Stadtrat" hatte mir nicht nur Vereinfachung eingebracht, sondern eine ganze Menge Mehrarbeit, so mußte ich nun auch das Budget für mein Ressort selbst aufstellen und vieles mehr, was ich vorher vom CDU–Macker vorgekaut bekam! – Der war sicher froh, daß er sich jetzt mehr um seine politische Karriere kümmern konnte, um den Aufstieg!

Nun saß ich mal wieder da, denn Ulla war im Urlaub und ich ohne sie auch! Wer sollte mir nun das große Budget tippen? – Einer der Sekretäre, welcher immer, ich glaube, es war die Graue Eminenz, der SED Schneider, muß es gewesen sein! – Denn da tauchte ganz plötzlich Uta auf, sie stellte sich mir vor. Daß sie natürlich ganz besonders hübsch und jung war, sah ich selber, aber sie käme aus der Stadtbücherei, wie sie so schön sagte, und sie solle meine Sekretärin vertreten! – Bei mir! – Ja, ja, natürlich bei mir. – Ja, da nehmen sie mal Platz, stotterte ich. – Also, sind Sie fertig, haben Sie Block und Stift? – stotterte ich weiter. – Mensch, sieht die aber gut aus und so unverdorben noch dazu, und nicht einmal viel Busen, dachte ich weiter, und dann riß ich mich endlich ein bißchen zusammen! –

Ja, da gehen Sie mal nach nebenan, ach was, das mach ich doch für Sie ganz von selber, natürlich, aber bleiben Sie doch sitzen, Sie sind doch mein Gast! Etwa einen halben Moment später kam ich schon zurück, von nebenan, mit Stift, mit spitzem Stift, meine ich, und, so da wollen wir mal. – Ganz ruhig bleiben, meine Liebe, nur keine Angst bitte nicht, und schon gar nicht vor mir, wenn Sie wissen, was ich meine!? – Sie schien zu wissen! –

Also, da schreiben Sie mal an ... und Absatz, Komma, und das Ganze geht in Durchschrift an ... und Unterschrift. – Geht's? – Sie lächelte mich an. – Also ging es wohl. – Ich hatte auch ganz schön langsam diktiert und natürlich noch ein paar Briefe. – Dann gab ich ihr noch den ganzen handgeschmierten Budgetkram zum Abtippen mit auf den Weg! – Ja, meine Liebe, wenn Sie alles geschrieben haben, kommen Sie einfach und gerne wieder, ja? – Ja, natürlich sprach sie so süß mich an und schaute mir auch noch in meine Augen, und Aufwiedersehen, Herr Stadtbaurat! – Ja, dunkelblond und blaugrüne Augen hatte sie im Gesicht, und etwa einen Meter und vielleicht fünfundsechzig Zentimeterwar sie groß. – Dazu trug sie stramme, aber gut gewachsene Beine, die etwas muskulös zu sein schienen und bis auf den Boden reichten, konnte ich beim Hinausschreiten noch erhaschen! –

Erst nach Tagenden kam sie wieder und legte mir ihre künstlerischen Werke vor, mir auf meinen Tisch hin! – Ich sah ihr gleich an, daß sie mit dem Resultat selbst nicht zufrieden war. – Ja, nachdem ich nur einen kurzen Blick daraufgeworfen hatte, sah ich nur eine große Katastrophe! Das hätte ich auch selber gemacht haben können, dachte ich so bei mir, als ich da hineinschaute. –

Ja sagen Sie mal, hörte ich mich sagen, als sie dann sofort und gleich zu Schluchzen anfing und sich darniedersetzte und richtig weinte. –

Ja, sagte ich dann, wen soll ich denn so was zumuten? – Sie müssen mich doch auch verstehen! – Das kann doch keiner lesen! – Nun weinte sie richtig laut und hatte einen richtigen Weinkrampf! – Ich ging um den Schreibtisch und legte meinen Arm um sie und versuchte, sie mit Worten zu trösten. – Da beruhigte sie sich langsam und stand auf und fiel mir um meinen Hals. – Aber ich bin doch gar keine Stenotypistin, ich wollte Ihnen doch nur helfen, flüsterte sie. –

Ja, was sind Sie dann? fragte ich sie. – „Ich bin doch in der Ausbildung in der Stadtbücherei, als Bibliothekarin!" antwortete sie. Man hat mich einfach zu Ihnen geschickt, um Ihnen zu helfen, was, wußte ich gar nicht! – Natürlich habe ich in der Berufsschule auch etwas Steno und Maschinenschreiben mit ...

Also so was auch, da hat uns jemand reingelegt, entschuldigen Sie bitte meine Erregung, lassen Sie das alles hier, ich werde das klären! – Und trotzdem, danke, daß sie mir helfen wollten! – Aufwiedersehen! – Ich mag Sie doch, flüsterte sie noch beim Hinausgehen. – Das war Uta.

Da war nun der das Bremsklotz, nämlich der Bauausschuß. Er war mit dem Ausschuß aus den Stadtverordneten besetzt worden, der Vorsitzende war Maurer vom Beruf, und die anderen auch, so was ähnliches. – Nichts gegen Handwerker, aber für so eine Kontrollaufgabe gehörte schon etwas mehr dazu! Einer davon wäre aber genug gewesen. Ein Altkommunist war der Vorsitzende. – Man hatte mir gesagt, daß ich an deren Sitzungen teilzunehmen habe. –

Also ging ich da hin, ich nahm meine Sekretärin mit, als Protokollführerin. Als ich mir deren Gestammel und Durcheinandergerede ein Weilchen angehört hatte, sagte ich: „Halt mal, was soll das eigentlich werden? – So ein Durcheinander! – Man kann zusammen singen, aber mit dem Reden ist das schon etwas anders! – Also, ich denke, daß es besser ist, wenn ich das Kommando hier übernehme!" – Staunen und Ablehnung war zunächst in ihren Gesichtern erkennbar, aber dann sehr bald war Akzeptanz zu erkennen. Und gleich danach Zustimmung! Ja, Genosse Paulsen, machen Sie das bitte! – Also versuchte ich, mich erstmal in das Tagesprogramm hineinzudenken und die Weichen zu stellen. – Danach diktierte ich das Protokoll!

Und nicht viel später danach bekam ich gesagt, daß ich denen gar nichts zu sagen, sondern nur Rede und Antwort zu geben hätte, wenn die von mir was wissen wollten! – Wo sollte ich schon die Spielregeln einer „Demokratie" herkennen, der sogenannten „Legislative"! – Ja, da konnten die „Sozialisten" nun wieder sehr korrekt sein! – Ich Dummkopf, aber auch. –

Dann, ganz plötzlich, ich glaube, es war gerade Übermorgen, kam Horst in mein Amtszimmer gestürzt, und ganz am Boden zerstört schien er zu sein und legte sich in meinen Besuchersessel hinein! – Knuth, was glaubst du wohl, wo ich gerade herkomme!? keuchte er mich an. – Jaa, wenn ich dich so ansehe, könntest du gerade von einer verlorenen Hetzjagd kommen! Aber erzähle schon! – Du wirst es nicht glauben! Ich komme gerade vom Bürgermeister, aus seinem Zimmer, was voll war, ich will sagen, voller Genossen und geheimen Genossen! – Die, die wollen, daß ich „Stasispitzel" werde, auch dich soll ich observieren, und auch aufpassen soll ich, wer zu dir und uns immer kommt, auch in, und außer den Sprechstunden, und so! – Was sagst du nun? Was soll ich bloß machen? – Ich habe mir Bedenkzeit ausbedungen! – Was rätst du mir!? Knuth! – Hoppla, fuhr es mir durchs Gehirn. – Dann dachte ich weiter. –

Na, nun beruhige dich erst einmal, Horst, versuchte ich ihn zu beruhigen. – Weißt du, das ist zwar Neuland für mich, aber gehört hat man ja schon von „so was", bei uns in Mörla haben wir auch so einen. – Aber der scheint damit keine Probleme zu haben! – Der brüstet sich damit sogar noch öffentlich! – Allerdings bist du mit dem absolut nicht zu vergleichen. – Weißt du Horst, daß ist nun eine reine Intelligenzfrage! – Ja, wie meinst du das!? –

Also, ich sehe das so: „Die werden dir so lange zusetzen, bis du ja sagst, nachdem sie dich einmal ausgeguckt haben! – Sie werden dich erpressen, womit immer, die finden auch immer was, und wenn es Pinaz ist!!" – Aber ich habe doch nichts, und wieso ich!? – Horst, mach dir keine weiteren Sorgen, wenn „die" wollen, hast du! – Wie du dich auch immer entscheiden wirst, Horst, das ist gar nicht wichtig! Sondern das, was du dann tust! – Danke, Knuth, danke, ja, du hast recht! – Wie er sich dann entschieden haben mag, ist für mich nie wichtig gewesen, ich habe mich danach auch nicht anders verhalten als vorher. – Und ich habe auch mit niemandem darüber gesprochen! –

Ja, auf der einen Seite versuchten sie, mich zu halten, und auf der anderen Seite pinkelten sie mir immer wieder ans Bein. – Du mußt endlich mal auf die Parteischule, lieber Knuth, du hast doch das Zeug zu Höherem, säuselte mir die Eminenz, die Dunkelgraue, immer mal wieder in die Ohren! – „Und natürlich auch fast jeden Abend in eine Versammlung, sagte ich! Heute in die LPG-Vollversammlung, morgen in eine Elternversammlung, übermorgen in eine Wohnbezirkssitzung und, und, und! – Wißt ihr eigentlich, daß ich noch ein Privatleben habe? – Haben sollte, darf, muß!?" –

Ich wußte, daß in der „Pilsner Schenke", die auf meinem Nachhauseweg mir oft in die Quere kam, hauptsächlich „Stasigrößen" und „Halbgrößen" verkehrten! – Die kannten mich bestimmt alle, aber tuten taten sie so, als ob sie mich nicht kannten. Und das wußte ich aber auch!

Aber wenn ich mich da hinein verirrte, war ich nie allein, denn zuvor hatte ich schon ein paar intus, oder war ich in anderer Begleitung! – Von Freunden oder Gesinnungsgenossen. –

Heute war ich mit Herbert, einem Studienratsfreund, nach einem vorher genommenen Drink bei Anderswo noch mal hineingeschwenkt! – Hallo, Herr Rinnert! Da hätten wir gerne noch ein Bierchen, wenn die geheimen Genossen noch was übrig gelassen haben! – Danke! – Und Prost auch, ihr Duckmäuser, oder wer ihr sonst noch seid! – Habt ihr schon gehört, der Walter soll früher mal in einer anderen Branche staubgewischt haben!? – Komm Rinnert, laß laufen! – Na denn mal Prost auf unseren großen Führer! Ich meine natürlich den Wilhelm, den großen Pieck! – Prost! – Nicht die kleinen Gernegroßen! – Und so weiter, und so ähnlich. –

Stinkbesoffen muß ich gewesen sein, denn am nächsten Morgen, als ich leicht verspätet in mein Amt marschierte, das dauerte immer so seine fünfundzwanzig Minuten, begegnete ich Herbert, der auch auf dem Wege war! – „Mensch, Knuth, du bist noch da, sagte er!? – Ja, wieso nicht, fragte ich. – „Mensch, wenn du gehört hättest, was du gestern alles so von dir gegeben hast, und was die da für Gesichter gemacht machen!? – Du mußt hier wirklich Narrenfreiheit haben!" –

Danach hatte ich, so bis Mittag etwa, schon ein bißchen Bammel. – Ob die gleich mit Armreifenschmuck kommen, waren immer wieder meine Gedanken? –

Aber sie kamen nicht! – Noch immer an der langen Leine!? – So'n Scheißspiel! – Mir war nicht nach Arbeit zumute, so daß ich mich bei Ulla mit einer Ausrede abmeldete, für heute! –

Ich besichtigte mal wieder meine Stadt, und das ganz zu Füßen! – Über die Elisa, die Bettbrücke, wanderte ich jenseits der Saale. – Entlang der Saalewiesen, und weiter vorbei an den Bauernhäusern, bis hin zu den Schreber seinen Gärten, und dort hinein in die Katakomben von Grete und Kurt! – Sie waren die einzigen Nichtpolitiker in ganz Rudolfstadt, nein, sie waren gar keine Kommunisten, nur normale Menschen, waren sie! – Nun, wenn auch nicht mehr ganz jung, so wußten sie trotzdem, was „Menschen" so ab und zu mal brauchten! – Die Menschen brauchen vor allem Menschen, die Menschen sind! – Selbst wenn sie mal einen trinken oder einen tanzen oder auch noch einen Abstecher machen wollen! – Oder sogar in das angrenzende Nudistencamp gehen! Pfui dem Teufel aber auch! – Wieso hatten sie vergessen, es niederzubrennen!? – Ich hatte mich einfach mal zusammengerissen und hatte da mal reingeschaut! – Ganz dienstlich und offiziell, natürlich nur. – Daß die mir dabei alles gezeigt hatten und den Eindruck nicht verwehrt haben, wenn auch leicht verschämt, ich meine die Scham und das Fließ mit Gekräuse und so! –

Dabei kam ich dann auch mit Elfriede in Unordnung. Sie war gelegentlich dem Maurermeister Hauser sein Ab-und-Zu. – Aber heute war er nicht gekommen, so daß sie mich mit auf den Heimweg nahm. – Mitten in der Altstadt wohnte sie in einem historischen Haus mit den fünf Kindern und drei Eltern, wie sie sagte. Sie war dabei groß und nicht gerade unschön. Nein, sie war ganz schön und schlank dabei, und mit langen Beinen auch, und mit Busen dran. Nur schöne Frauen haben viele Kinder. – Ja, mit hineingehen, das geht nicht, denn soviel Platz ist in unserem Hause nicht! – Aber wenn du so nett sein willst, dann können wir das hier in dem Torbogen machen. – Siehst du, hier ist noch so ein alter Torstein, und da liegt noch ein anderer Stein. – Damit kann man den Größenunterschied ausgleichen! – Komm her, ich zeige dir, wie es geht! – Siehe da! – Es ging! –

Unser Peter war nun auch reif für die Jugendweihe, Konfirmation war nicht, einmal weil er, genau wie ich vor etwa zwanzig Jahren, „anti" erzogen worden war, in der Schule, und ich natürlich in meiner Position ewig schon gedrängelt wurde, aus dieser „Partei" doch endlich auszutreten! –

So feine Unterschiede gab es halt in der DDR. –

Unserem Peter war das ziemlich egal, war er doch auch ein guter Schüler und Hahn im Korbe bei seinem Klassenlehrer und natürlich auch ein „Junger-Pionier-häuptling".

Natürlich wurde dieses Ereignis gebührend gefeiert! – Peter und den Großeltern zuliebe! –

Jürgen war ein etwas ruhigerer Typ, der sehr sportlich veranlagt war, und sich im Gegensatz zu Peter mehr auf seinen Hosenboden setzen mußte, um einen Einser in den Zeugnissen zu bekommen. – Aber trotzdem war er vorgesehen, in die Landes-Jugendsportschule nach Bad Blankenberg zu kommen! –

Peter war bei aller handwerklichen Begabung aber eigentlich ein Naturliebhaber. – Immer wenn er Blumen am Wegrand sah, pflückte er davon welche für seine Mutti ab und überreichte ihr freudestrahlend seinen mitgebrachten Strauß!

Margot war sehr oft sauer auf mich, weil ich eigentlich nur noch „Schlafgast" zu Hause war. – Eines Tages überreichte sie uns drei Männern je eine Tafel Westschokolade. – Mit strahlendem Blick noch dazu! – Ja, und du, fragte ich sie. – Ich, hm, ja, ich habe ein Paar Nylons bekommen! – Wieso, und wofür, fragte ich!? – Na ja, der Westler hat mich dafür ein Stück in seinem tollen Westwagen mit des Weges genommen! –

Aber? Das kam mir aber doch bekannt vor!? – War ich doch mit meinem Vetter, dem „Kleinen Hans" aus Köln, vor noch gar nicht so langer Zeit mit seinem „Westwagen" in Sitzendorf zum Essen gewesen, und da hatte er doch auch eine Bedienungsdame einfach angesprochen, ob sie nicht mal mit in seinem Wagen mitfahren wollte? – Begeistert war sie eingestiegen, und Hans war anschließend zurückgekommen, und auch begeistert! – Über alle vier Backen grienend, sagte er zu mir: „Was man hier alles für eine Tafel Westschokolade und ein Paar Nylons bekommen kann!? – Einfach gut und preiswert! –

Ich weiß gar nicht, was du willst, sagte sie noch zu mir. – Du bringst mir da doch nie was mit nach Hause!? – Oder etwa doch? –

Ja, Hans war zum zweiten Mal hier im Osten zu Besuch, vor allem in Ulle, bei seiner Mutter und in Obringen bei seiner Schwester Jutta. – Zu mir sagte er, mensch Knuth, ich verstehe nicht, wieso du immer noch hier bleibst, du bist hier zwar auch was geworden, aber bei diesem Theater gehst du doch vor die Hunde! Und da du, wie du sagst, ja innerlich sowieso ein Gegner dieses Regimes bist, kann das mal ganz schön an den Baum gehen! – Da solltest du dir doch im Klaren sein. – Denk nochmal darüber nach, im Westen fällst du allemal wieder auf die Beine, bei diesem Boom! – Ja, sicher ist es nicht leicht, nochmal von vorn anzufangen, und das schöne neue Haus, das ist sicher nicht leicht, für so einen Schritt. – Aber ein Ende mit Schrecken ist allemal besser als ein Schrecken ohne Ende! – Ich weiß nicht mehr, wer das gesagt hat, aber ich weiß, daß er recht hatte! – Und was ist eigentlich ein Baum? –

Es kam eben immer dicker, jetzt hatten sie wieder was Neues erfunden, nämlich den Landeinsatz! – Der galt für alle Verwaltungsangestellte in der DDR. Ja, da mußte jeder einmal im Jahr einen ganzen Monat lang in einer LPG Frondienst leisten! – Ich wurde zum Beispiel mit noch zwei Frauen von der Stadt zur LPG nach Schale delegiert. – Und welch ein Wunder, die Graue Eminenz hatte wieder mal ihre Hände im Spiel, denn „Uta" war auch da! – Extra für mich als kleines Dankeschön vielleicht gedacht. – Natürlich freute ich mich ein bißchen sehr, sie wiederzusehen, und es schien so, sie sich auch! –

Ich durfte da handwerkliche Arbeiten machen, da hatten sie viel Bedarf, so zum Beispiel die Scheunentore reparieren, und das größte Problem, was sie hatten, nämlich den Heuaufzug, der schon lange herumlag, endlich mal in der Scheuer eingebaut zu bekommen. – Sie würden sich das zutrauen, Herr Paulsen, Sie könnten uns die Förderanlage einbauen? – Und Sie sind sicher, daß das Ding auch richtig funktionieren tät!? –

Warum nicht, antwortete ich, wenn ich Werkzeug und einen Hilfsarbeiter bekomme, dann wird's schon werden! – Aber natürlich, Werkzeug haben wir hier und den Hilfsarbeiter doch auch, der Horst Gerold, euer Stadtsekretär, hat mir gesagt, wenn ich einen Helfer bräuchte, soll ich ihnen das Uta zur Verfügung geben! – sagte der LPG-Vorsitzende zu mir. –

Aha, waren meine Gedanken, die beiden „Sekretäre" stecken unter einer Decke!" – Wir ließen es langsam angehen, und mit dem leckeren Uta würde es mir sicher viel Spaß bereiten! – So nahmen wir unsere Aufgabe und uns erst mal in Augenschein.

Sie, das Uta, freute sich sehr schlimm und schmiß sich mir in unsere Arme, als wir auf dem Heuboden gelandet waren! – Eigentlich wollten wir da die örtlichen Bedingungen auskundschaften, wie es am besten zu machen wäre. – Die Befestigung nämlich, und so! –

Ja, wir merkten ganz schön schnell, daß wir uns gern hatten, mit der Zeit sogar immer mehr und schneller. – Aber wir drückten einander und küßten dabei unsere Lippen, und es mundete immer besser, es war fast wie schon im Himmelhochoben! – Ich durfte mit dem Stadtmotorrad jeden Tag sogar dorthinfahren und Uta natürlich mitnehmen. – Auch auf der Heimfahrt, die dann immer sehr viel weiter war, ach, wieviele Umleitungen schien es da zu geben, die ganzen Straßen waren voll davon! – Wie wir uns da freuten! – Wie richtig Verliebte, und einfach so ganz auf einmal und plötzlich!? –

Selbst an Wochenenden fand ich eine Ausrede bei Margot, um mich heimlich mit Uta in Wald und Flur herumzutreiben. Händchenhaltend und herumküssend aber nur! – Eines Tages hatte ich mich in Schale versucht, Fische zu angeln. – Da war der Schalbach mit Forellen drin. Nun, ich war zwar als Angler, ich meine Fischangler, nicht sehr geeignet, weil ich viel zu wenig Geduld für so schnelle Lebewesen aufbrachte. – Aber denen wollte ich es schon noch zeigen! – Also, man nehme einen Stock, kein Problem, dann eine Schnur, auch kein Problem, denn ich hatte ja eine Maurerschnur. Und dann einen Angelhaken mit Wurm dran! – Der Wurm war auch kein Problem, aber der Haken, woher nehmen? – Also, da mache ich mir eben selbst einen. – Ein ganz dünner Nagel war das Opfer. – Er wurde mit zwei Zangen gebogen, so wie ein Angelhaken auszusehen hat eben, und dann dengelte ich das runde Ende auf dem Dengelstock ganz dünn, bis er am Ende leicht ausfranste! – Das war's dann. – Also Wurm dran, und ins Wasser halten muß man die beiden. – Ich würde es selbst nicht glauben, wenn ich es nicht selbst erlebt hätte! Und Uta ist meine Zeugin! – Reinhalten, wie gesagt, und hochgezogen, und Forelle dran! – Und wie die gezappelt hat, aus Angst natürlich! – Ich nahm ihr den Wurm wieder ab und übergab sie wieder den Fluten! – Tatsache! –

Ja, so was soll es geben, und auch noch so einiges mehr. –

Da kam eines Tages der Bauausschußvorsitzende und offenbarte mir, daß er mir einen tollen Zusatzjob besorgt habe. – Na, was schon wieder, fragte ich. – „Hör zu, ich bin ja Mitarbeiter der Wirtschaftssonderkommission, als freier Mitarbeiter natürlich nur, und auf Abruf!" Und wenn es da mal irgendwo brennt, muß man an die Basis! Da wirste mitten in der Nacht aus dem Bett geholt, und ab geht die Post, sage ich dir! – Da haste Kontrollaufgaben wahrzunehmen, wenn du verstehst!? – Ich verstehe nur Bahnhof, mein Lieber, sagte ich. Und was geht mich das an? – Na, die suchen noch zuverlässige Genossen, vor allem solche wie uns, die gute Fachleute sind – und deshalb habe ich dich vorgeschlagen! – Na wie schön! –

So kam dann auch der Gerold auf mich zu und verkündete mir frohgemut, daß ich jetzt die Chance meines Lebens bekäme, nämlich weil er keine Zeit hätte, vielleicht auch keine Lust, so müßte ich die Wahlrede in der Stadtrandsiedlung halten! – Normal dürfen das zwar nur Stadtverordnete und solche, wie ich einer bin, aber schließlich bist du ja auch im Stadtrat, wenn auch nur kooptiert. Nein, sagte ich gleich zu ihm, das mache ich nicht, das kann ich auch gar nicht! Wer bin ich denn? – Ja, weißt du, lieber Knuth, das ist doch ganz einfach, du brauchst doch nur meine Rede zu nehmen und vorzulesen! – Ja, auch ablesen kann und will ich nicht! Vergiß es! –

Es dauerte nicht lange, da erschien „Karl der Große" in meinem Zimmer. „Also, mein lieber Knuth, was hat mir Horst da erzählt? – Du lehnst es ab, in der Siedlung die Wahlrede zu reden? – Wo die dich doch alle gut leide könne! – Da du mir doch wenichsten den Gefalle, ich hawe doch sonst Keenen der an den Amnd frei es! (Thüringer Platt)

Na gut, Karl, und nur dir zuliebe, aber wundere dich nicht, wenn ich dich enttäusche! – Wenn ich dabei wieder mal Porzellan zerschlage! – Untersteh dich, da kannste awer was erlewe. Das is e Befehl! Is das klar!? –

Karl war eigentlich ein weicher, ein menschlicher Typ, der versuchte, immer im Guten mit uns auszukommen.

Ich war am Boden zerstört! Ich sollte eine Wahlrede halten, mich zum hundertprozentigen Kommunisten abstempeln lassen!? – Dreimal sheet hoch drei!!! – Da fiel mir „Männi" ein! – Ja, sie war jetzt für mich die richtige Beruhigungspille! – Ich war mit ihr mal ins Gedränge gekommen, als ich auch stocksauer von einer Versammlung gekommen war, leicht angeschickert auch schon, damals. – Und das war so gewesen: – Es war in einer Mondnacht, und ich wollte die Abkürzung über die Heidecksburg nehmen, um schnell wieder heim zu kommen, nach so einer miesen und fiesen Veranstaltung, die in der Pörze stattgefunden hatte! –

Ich hörte schon eine Frauenstimme laut rufen, als ich über den Schloßhof ging, und als ich dann an der westlichen Seite den Park passierte, da passierte es, daß ich sie sah, auf einer Parkbank nämlich, war es wohl passiert, wie sie mir mitteilte. – Drei junge Bengels seien es gewesen, wie sie berichtete, die ihr den ganzen Schloß-weg herauf schon gefolgt seien. Und als sie endlich oben waren, alle vier, hätten die drei sich zu ihr mit auf die Parkbank gesetzt. Aber nun raten Sie mal, was die von mir wollten, die drei? – Und das um diese Nachtzeit noch dazu!? – Ja, ich kann es mir fast denken, noch dazu, wenn ich Sie hier so ohne Hemd und ohne Höschen sit-zen sehe! Oder liegen Sie hier und nehmen gerade ein Mondbad? – Nein, eigentlich hatte ich mir mehr von denen versprochen, Sie müssen wissen, daß ich eine herren-lose Frau bin, noch vom Krieg benachteiligt, wenn Sie mich verstehen? Aber die hatten doch nur an sich selber gedacht, und Ruckzuck, und fertig, und davon waren sie wieder! – Nun liege ich hier und ganz aufgerissen und gereizt noch dazu! – Was soll ich nur machen? – Könnten Sie mir da nicht zu Hilfe kommen!? – Ja wie das denn, soll ich die Polizei rufen!? – Aber jetzt um diese Tageszeit, mitten in der Nacht. – Nein, keine Polizei, sonst denken die noch von wegen Verführung Minder-jähriger oder so!? – Nein, ich dachte, daß Sie ein richtiger Mann sind, wie Sie ausse-hen!? Oder gefalle ich ihnen denn gar kein bißchen!? – Wenn ich auch schon vierzig Jahre alt bin, bin ich doch immer noch zu gebrauchen. – Bitte, brauchen Sie mich doch, und wenn es auch nur das eine Mal ist. Ich brauche eben auch ab und zu noch mal 'nen Mann! – Oder können sie das nicht verstehen? – Da schauen sie sich das Ganze doch erst mal in Ruhe an! – Und wenn Sie mich erst mal begrüßen würden, würden sie mir vielleicht auch ganz guttun können!? – Ich würde Sie auch wieder küssen, und Ihnen sonst auch sehr entgegen kommen, in jeder Beziehung nämlich. – Ich hab doch auch was gelernt. – Und ich hatte doch auch schon mal nen Mann, aber der ist im Krieg geblieben! – Kommen Sie schon her! Und genier dich doch nicht, von wegen der paar Spritzerchen von vorhin, das ist doch nicht der Rede wert! –

Ich war mittlerweile so durcheinander, und bei genauem Hinsehen war mir das Ta-schenmesser schon in der Hose aufgesprungen, und so hatte ich kaum merken wol-len, daß sie mir mit ihren Händen schon am Gemäche war und den Gürtel samt Un-terhose entnommen hatte. – Und, oh Wunder du, wie bist du mir so hold! – Sangen die Vöglein im Walde und mitten in der Nacht! –

Ja, so hatte ich ihr dann geholfen aus ihrer Not und nach Hause noch begleitet. – Die sangen so wunder-, wunderschön! – Oh! Männi, ja, Männi, hatte sie dazu ge-sungen!

Und so erinnerte ich mich jetzt an die Klarastraße 66, gleich Parterre rechts! Ob sie sich an mich noch erinnern würde, waren meine Gedanken?

Klingeling! – Ja bitte!? Wer klingelt denn da? – Ich bin's, der Mondschein vom Schloßpark, antwortete ich. – Ach! – Gerammel und Gepolter, hinter der Haustür und aufgeschlossen und gesperrt war da gleich! – Ja, so was Nettes stand mir da auch schon gegenüber und fast mit nichts an, auch noch! – Wie sich das doch traf! – Komm schnell, gerade habe ich auf dich Lümmel, ich meine, an dich gedacht, und so! – Komm rein, schnell, eh du wieder weggehst und das Nest ist noch schön warm. Sind wir doch jetzt ganz allein hier, bei mir zu Hause! –

Ein Glück, daß du nicht früher gekommen bist. – Wieso das? – Na ja, da wären wir ein flotter Vierer gewesen. – Was ist das? – Ach, ich meine, daß ich mich ganz und gar freue, daß du jetzt schon da bist! – ??? –

Wie sie das nur ahnen konnte, da hatte sie doch schon eine Flasche Sekt aufgemacht, extra für mich, wie sie sagte. – Komm, mein Liebling, komm gleich ins Bett, und tob uns richtig aus! – Und sie tobte mich aus, daß mir Hören und Sehen verging! – Danach, ich muß wohl gerade eingenickt gewesen sein, hörte ich eine zarte Mädchenstimme rufen: „Männi, du hast wohl noch Besuch? – Darf ich ein bißchen mitmachen!? – Sag bitte nicht nein, ich bin so geläufig heute, so, daß ich dringend was brauche!" – Oh, dachte ich, die scheinen hier zu haschen!? – Oder was sollte das sonst heißen? –

Weißt du, das ist meine Tochter, sie ist mit ihren fünfzehn Jahren schon richtig erwachsen und braucht ab und zu auch schon mal einen ordentlichen Mann rein. – Hallo, ihr Hübschen! – Und schon hatte sie mich in der Hand, und ich ließ es mir einfach so gefallen! – Gekonnt, waren noch meine Gedanken, da mischte sie sich einfach mitten unter uns. – Und da war es dann kein Vierer, aber auch ganz schön was Neues für mich! –

Spät abends war ich dann heimgeschlichen gekommen und täuschte eine Unpäßlichkeit vor und ging gleich zu Bett. – Margot brachte mir einen Tee. – Am nächsten Morgen wollte sie wissen, warum ich schon wieder gesund sei? – Ja, ich muß heute abend eine Wahlrede halten, und da muß ich halt wieder gesund sein. Verstehst du das denn nicht!? – Die brauchen mich doch! – Na ja, wenn du es sagst, wird es schon so sein! –

Sie gab mir einen Kuß und ging an ihre Arbeit. – Und ich gammelte noch zu Hause herum und machte mir Gedanken, wie und was ich aus der Wahlrede machen sollte!? – Ich wußte zum guten Ende aber nur soviel, daß ich diese verdummende und naive Rede nicht ablesen würde. –

Für diesen Abend hatte man mir auch unseren Chauffeur Heinz Schuster mit Bürgermeisters Wagen zur Verfügung gestellt. – Einen Trabanten hatten sie offenbar nicht dazubeordert!?

Pünktlich um sieben klingelte es, und Heinz stand vor unserer Tür. – Guten Abend, Knuth, wenn wir wollen, dann können wir, sagte er zu mir. – Ja, da laß uns mal wollen, antwortete ich, auf in den Kampf! – Let's go! –

Damals hätte ich mit diesem Begriff noch nichts anzufangen gewußt, da schon eher avanti, oder so was. –

Als ich dort in dem Speiseraum des Betonwerkes ankam, das war direkt neben der Stadtrandsiedlung gelegen, waren schon fast alle Sitzgelegenheiten besessen. Ich glaube, soviel Teilnehmer hatte es zuvor noch nie gegeben. – Es mußte sich schon herumgesprochen haben, daß ich heute der Tomteur sein sollte. Mit viel Apfelläusen und mit Getrampel, wie in den Hörsälen der Unis, wurde ich empfangen! – Es schien mir ziemlich peinlich zu sein, und ich dachte, Mensch, wie kannste das wieder gutmachen!? –

Nachdem ich nun vom Wohnbezirksvorsitzenden begrüßt worden war, einem

Maurer glaube ich, nichts gegen die Maurer, nein, er war übrigens ein sehr netter und ganz normaler Mensch, fast so nett wie ich auch, – bekam ich noch zwei bis drei Abläuse und dachte gleich, du meine Güte, was wird morgen früh bloß in der Zeitung stehen, von wegen und so, und von mir!? –

Also und einen schönen guten Abend, meine Damen und Herren. – Und ich danke Ihnen auch recht schön für Ihre freundliche Aufnahme! – Na ja, wie ich merke, wissen Sie schon, daß heute der Hauptredner, der Herr Horst Gerold leider nicht anwesend sein wollte. – So hat man dann mich vergattert, hier die Rede vorzulesen. – Die vom Horst! – Aber ich kann das nicht, nicht, weil ich nicht lesen kann, sondern weil ich das erstens bescheuert finde und weil ich zweitens selbst auch eine Rede hätte schreiben können! – Aber ich bin eben kein Redenschreiber, sondern nur ein Redner, der redet, wie ihm der Schnabel gewachsen ist. Und nur das sagt, was er selber versteht! – Sie verstehen, was ich meine!? – Applaus! – Ganz viel davon. – Also, da ich nunmal nichts von der hohen Politik und von dem so Drumherum verstehen will, will ich euch vorschlagen, daß wir nicht länger drumherum reden, sondern daß ihr mir sagt, wo euch der Schuh drückt, und ich versuche, euch zu sagen, wie wir zusammen versuchen könnten, dieses Geschwür zu beseitigen, oder aber zumindest zu lindern! – Applaus und noch vielere Appläuse! – Heda, da saß er, der, nein, die Wanze! – Halbversteckt hatte er sich hinter einer Säule nämlich. – Hallo, winkte ich ihm zu! – Aber jetzt hatte ich keine freie Minute mehr, mich um die Eminenz zu kümmern! –

Viele Fragen und Beschwerden prasselten auf mich nieder, so viele Kritiken, daß die Eminenz immer kleiner wurde und bald verschwunden war. – Ob er es mit der Angst zu tun bekommen hatte? –

Ja, Genosse, äh, Herr Stadtbaudirektor, wir brauchen hier in unserer Siedlung, die ja noch zu Führers-, äh, Hilterszeiten gebaut wurde, wir wollen sagen, daß die uns völlig vergessen zu haben zu scheinen. – Jawoll! – Und wir brauchen hier doch endlich mal 'nen Konsum und auch mal ein Kulturheim, oder wenigstens eine Kneipe mit Versammlungs- und Gesellschaftsraum, so zum mal Tanzen und so! – Wir müssen heute noch zum Einkaufen in die Stadt laufen oder mit dem Fahrrad oder mit dem Handwagen fahren. – Wann hält hier schon mal der Bus an? – Der ist doch immer überfüllt! – Oder kaputt! –

Soviel Applaus hat vorher hier noch keiner bekommen, ja, so was hat vorher aber auch noch keiner gewagt zu sagen! –

Ja, das ist mir natürlich ganz neu, sagte ich. – Aber ihr könnt es mir glauben, daß ich euch helfen werde! – Ich bin froh, daß ich hier bei euch sein kann, und daß ich eure „Wünsche" weiterbearbeiten werde. – Aber ihr müßt mir versprechen, daß ihr mich „alle" dabei unterstützt! – Wieder viel Appläuse! –

Wie ein kleiner, fühlte ich mich ein bißchen. – Oder hatte ich mich hier aufgeführt. – Beim Abschied schüttelten sie mir fast alle die Hände, mit hoffnungsvollen und dankbaren Blicken. Der Vorsitzende klopfte mir auf die Schultern und sagte noch: „Danke, Paulsen, daß du gekommen bist!" – Na, fiel es mir wie Schuppen von den Augen, ob da nicht jemand dran gedreht hatte, daß ausgerechnet ich mal wieder an die Front geschickt wurde!? – Aber der Zorn des Gerechten oder der Ungerechten sollte auf den Fersen folgen! – Schon am Sonntag riefen mich einige Freunde und Gleichgesinnte an und gratulierten mir zu meinem Erfolg! – Wenn die geahnt hätten, was mir noch bevorstand! –

Am Montag, in der Frühe gleich, wurde ich dem Kadi vor die Füße geworfen. „Karl" glotzte mich ganz furchterregend über den Rand seiner Nickelbrille hinweg an! Er sah aus, als würde er selbst gleich abgestochen. –

„He! – Ja, eichendlich hättchs mir gleich denke könne! Mensch, warem jage ech dech nech gleich zom Dembel naus!?" – Du blamierscht mir doch bis of de Knochen! – Wie wellste das bloß wedder gut mache, Mensch? – Daß de di Redde nich geredt hast, das well ech der noch verzeihe, awer die Versprechunge di de gemacht hast, wie soll mer das bloß wedder aus der Welt schaffe!? – Mensch, wenn ich nur dran denke, abgesehen von der Blamasche, awer die Zigarre die ech von Obn krieche! – Nun sach doch ooch mal was, Knuth! – Mensch!" – Er mochte mich halt, trotz allen Ärgers, den ich ihm immer mal wieder machte! Na ja, sagte ich dann, du mußt doch zugeben, daß das da unten in der Siedlung ein unhaltbarer Zustand ist und daß wir denen helfen müssen! – Auf normalem Wege passiert da doch in den nächsten zehn Jahren immer noch nichts! – Und ich habe mir da schon was überlegt, wie das zu machen ist. – Ha! – Wie haste dir das gedacht!? fragte er gleich! –

Weißt du, Karl, wir haben so viele NAW-Projekte laufen, bei denen sich seit Jahren schon nichts mehr bewegt, weil nämlich in der Hauptsache die Arbeitskräfte fehlen. – Und in der Siedlung wohnen fast ausschließlich Handwerker. Und die wollen alles selber machen, wenn wir denen mit Technik und Material unter die Arme greifen. – Die Planung für das Gebäude mache ich mit meinen Mitarbeitern, auch im NAW! – Meinst du, das geht? – Daß das was wird!? – Da müssen wir aber Geld aus unserem Budget locker machen und ein Grundstück suchen, was nichts kostet, sagte er, nun schon wieder ruhig geworden und auch wieder auf „Hochthüringisch"! – Gut, Knuth, ich spreche mit dem Stadtkämmerer, mit Willi, und du sprichst mal mit dem Liegenschaftsamt, ob da ein geeignetes volkseignes Grundstück in der Nähe ist. Und sprich auch mit dem Kreis, mit dem Taudermann von der Staatlichen Plankommission, daß die uns Material dafür zuteilen! – Ja, machste das, mein lieber Knuth!? – Ich denke, da wird doch alles wieder gut, Knuth. – Da war die Idee wahrscheinlich doch gar nicht so falsch, sagte er noch und verabschiedete mich mit einer Umärmelung aus seinem Zimmer. – (Eminenz?)

Ich machte mich auch gleich ans Werk und machte einen Entwurf für das neue Stadtrandkulturhaus, mit Versammlungs- und Gesellschaftsraum, mit Kindergarten und Einkaufsladen. – Die Konzeption war so ausgelegt, daß das Ganze in Einzelabschnitten gebaut werden konnte. – Diese Pläne und den Bauantrag mit Statik machte ich bei mir zu Hause, denn im Amt wäre ich gar nicht dazu gekommen. – Marlik setzte ich ans Reißbrett und ließ sie die Ausführungspläne zeichnen. Horst bekam den Auftrag, sich um das Grundstück und die Durchführung zu kümmern. – Das war doch eine interessante Aufgabe für ihn! –

Uta sah ich noch des öfteren, immer wenn es möglich war, kam sie mal kurz vorbei und gab uns einen Bützer. – Aber meine Zeit war kurz bemessen, so daß mit der Zeit die Liebe erlahmte. – Eines schönen Tages, als wir einen Bummel durchs Gelände machten, blieb sie plötzlich stehen und sagte zu mir: „Weißt du, lieber Knuth, ich sehe ein, daß es mit uns keinen Zweck mehr hat, noch länger, du verstehst, was ich sagen will? – Du kannst dich nicht von deiner Familie trennen, und ich will sie auch nicht zerstören. Außerdem hast du doch auch eine hübsche Frau und zwei nette Jungen! – Laß uns in Freundschaft auseinander gehen. – Ich gehe weg von hier, nämlich nach Westdeutschland zu meinem Vater! – Und vergiß mich nicht so schnell. – Dann küßte sie mich noch einmal ganz innig und lief davon! – Kurze Zeit danach hörte ich von Ulla, daß Uta nach dem „Westen" abgehauen sei. –

Nun, die Zeit ging weiter, ich bekam immer wieder Ärger mit den kleinen Gernegroßen, oft war es der Neid, aber auch das Unvermögen, worüber ich stolperte. Mit der Zeit war das Ganze nur noch im Suff zu ertragen, ich purzelte von einer Versammlung in die andere und von Kneipe zu Kneipe. – Da fingen die Versammlungen ja meist auch an. –

Fritz Hellwich war oft mein Begleiter, immer wenn er einen Bauantrag zu uns brachte, er war noch einer der wenigen freien Architekten und wohnte außerdem ganz in unserer Nähe, machten wir einen Zug durch Rudolfstädter Kneipen. – Im Hirschen oder in der Garküche begannen wir, dabei spielten wir auch mal einen Skat, wenn es sein mußte, dann ging's in das Weiße Roß oder in die Pumpe zu Alfred, dann so langsam heimwärts und nochmal kurz in die berühmte Pilsner Schänke, um mit den Stasibrüdern noch ein kleines Geplänkel auszutragen. Natürlich bezahlte immer Fritz, warum waren wir auch so gute Freunde geworden. – Und Leidgenossen! – Ich hatte dafür sowieso kein Geld übrig. –

Dann machte ich endlich meinen Führerschein, nein, ich meine die Fahrerlaubnis, denn so hieß das in der DDR.

Fritz Libau hatte ich mir als Fahrlehrer ausgewählt, obwohl ich eigentlich meinen, unseren Freund und Mit-Kartenspieler in Mörle, den Manfred Großmann, hätte nehmen müssen. – Aber Fritz sagte mir wegen seiner Ausgeglichenheit und Reife dafür mehr zu. – Außerdem war er nach seiner Scheidung bei uns in das kleine Souterrainzimmer unter unserem Wintergarten gezogen. Nur als Übergangslösung, denn das Zimmer war gar nicht heizbar. –

Ich ging also ein paarmal bei Fritz in den Fahrschulunterricht, und das war gut so, denn Fritz hatte mir vorgeschlagen, doch gleich den Lkw-Führerschein, ich will sagen, „Fahrerlaubnis", zu machen. Knuth, sagte er zu mir, wenn das die Stadt finanziell sowieso übernimmt, das kostet dich doch keinen Pfennig mehr! – Ich schreibe die Rechnung schon so, daß die von dem „Lkw" gar nichts mitkriegen. – Er war, wie alle Fahrlehrer, ein Volkseigener. –

Da ich schon sehr lange mit dem Motorrad gefahren war, kannte ich mich mit den Verkehrsregeln und den Engeln und Teufelchen ja ohnehin schon recht gut aus, so daß ich die Theoretische Prüfung beim Theo, dem Polizeifeldwebel, im Kreispolizeiamt, so zwischendurch mal mitabgelegt hatte. Ich kannte diese Persönlichkeit von irgendwoher, so daß er mir nicht gerade die schwierigsten Fragen gestellt hatte. –

Als ich Fritz davon Mitteilung machte, war er nicht gerade begeistert, da wollten sie, die Fahrlehrer, schon gerne selbst dabei sein! – Ich war mit Fritz nur eineinhalbmal mit dem Lkw auf Fahrschultour gewesen, und beim ersten Mal war ich bei Rottmich unter der Eisenbahnbrücke mit einem Volksarmeelaster zusammengestoßen! – Nichts Schlimmes, aber zum Lernen doch ganz geeignet. – Das ging natürlich auf Fritzens Kappe, denn schließlich hatte er ja vergessen, rechtzeitig zu bremsen! Ha, ha! –

Aber den allergrößten Kummer hatte ich Fritz bereitet, als ich ihm eines Abends sagte, als er nach Hause kam: „Hallo, lieber Fritz, was glaubst du, was ich heute ausgefressen habe!?" – Na, was denn, sag's schon! – Du wirst lachen, ich habe heute nachmittag meinen „Führerschein" gemacht! – Erstens heißt der nicht so, und zweitens gibt's das gar nicht. Du kannst doch noch gar nicht autofahren! – Hier, schau sie dir doch an, die „Fahrerlaubnis!" – Da guckste dumm, was!? – Nachdem er sich etwas erholt hatte, fragte er: Mensch, wie haste das denn fertiggebracht? – Ach, weißt du, ich kam da gerade am Kreispolizeiamt vorbei, und da war Manfred und der „Theo" gerade damit fertig, ein paar Abnahmen gemacht zu haben. – Ich sagte: „Ach, ich muß meine Prüfung auch noch machen!" – Da sagte der Theo, komm, klettre da rein in den Lkw, Manfred kannst du mitkommen, ich muß nämlich meine Mülltonnen noch vom Schmied Hörnlein nach Kummbach abholen. – Ach, den Hänger lassen wir hier, damit kommst du, Knuth, bei mir sowieso nicht um die Kurve, du Anfänger du. – Ja, und so fuhr ich dann los. – Ja, wo ist er denn, der Rückwärtsgang!? – Manfred schaltete für mich so gut, daß ich es nicht selbst hätte besser machen können! – Fritz konnte nur noch mit dem Kopf schütteln! –

Ich bin danach auch nur einmal in der DDR mit einem Auto gefahren, ganz allein, und das war fast nicht ganz ungefährlich. – Da war der Stadtgärtnermeister, der auch so politisch wie ich war und der mich auch mal in den Krematoriumskeller überredet hatte, um mir das doch mal anzusehen. – Oh Gott, wie die sich gekrümmt haben, noch! – Ja, sag mal, wen gehören denn die vielen Knöchelchen, da dort auf dem großen Tisch!? – Ach, das weiß ich doch nicht, antwortete er mir. – Ja, und wer, was kommt in die Urnen? – Weißt du, lieber Knuth, da hätten wir aber viel zu tun, wenn wir auch noch die Knochen zeichnen wollten! – Und dieser Duft hier! – Baa! –

Ja, die hatten so ein Zwischending-Auto. Nicht Pkw und nicht Lkw. – Äußerlich mehr Lkw. – Also, wo immer ich hinwollte damit und was ich vielleicht auch holen wollte, das war ganz egal, stellte ich fest, als ich damit durch Rudolfstadts „Osten" sauste! – Die Gänge, Scheiße, wer, wie, wo waren sie denn, und die Kupplung und das Gas? – Immer schneller fuhr das Ding, und um die Kurven erst! – Ein Glück, daß ich die Hupe gleich gefunden hatte! – Und wie die mir alle hinterherschauten, die vielen Menschen auf den Bürgersteigen! –

Na ja, irgendwann und irgendwie hatte ich „es" dann doch überlistet und zum Stehen gebracht! – Und wie ich jetzt am Schwitzen und am Zittern war! –

Ja, in Kriegers Schänke waren wir oft, auch mit unseren Frauen, manchmal. – Da trafen wir unter anderem auch Feikuses, den Gaswerksdirektor, oder Max, den Maler, oder Willi, den auch Künstler und Lehrer, und, und, als Gunna mal ohne Hermann und ich ohne Margot war, gingen wir beide zufälligerweise zusammen nach Hause des Weges! – Wir waren schon halbvoll, und als ich sie danach fragte, zog sie mich auch gleich in den Straßengraben. – Bitte sehr, mein Lieber, es ist mir auch danach zumute! – Oh, sagte ich, du hast heute wohl schon extra kein Höschen dabei? – Ach, im Sommer trage ich sie immer „ohne"! – Ich bin diese ewigen Umstände einfach leid! – Ihr habt es doch sowieso immer nur darauf abgesehen. – Aber nun mach schon voran, sonst werden wir noch gestört, von den Spätheimkehrern! –

Am nächsten Tag, es war Samstag, brachte Fritz zwanzig Rouladen mit, sie waren vom Pferdemetzger Mertens. – Die schmeckten genau wie Rinderrouladen, versicherte er uns, ich schenke sie euch doch, wenn ich eine davon abbekomme!? – Noch nie in unserem Leben hatten wir so was Schlimmes gegessen! – Ach was, sagte ich zu Margot, das Pferd ist doch das sauberste Tier auf der ganzen Welt. – Gib her, ich bereite sie zu, gut gepfeffert und mit Senf und Paprika, das wäre ja gelacht! –

Da meldeten sich die Klettbacher Kusines mit Familie für Sonntag zum Essen an! – Oh, sagte Margot, ob die Pferd essen? Natürlich sagte ich! – Bis heute wissen die nicht, daß die so gut geschmeckten Rouladen vom Pferd waren! Und jeder durfte zwei Stück essen! –

Die Flucht

Es war Freitag, der 16. Juni, anno 1961. – Auf dem Marktplatz fand anläßlich des morgigen „17. Juni 1953" eine Großkundgebung statt! – Die Einleitung wurde vom 1. Kreissekretär der CDU zelebriert! – So was ließ sich auch diese Blockflöten-Partei nicht nehmen! – Es hätte auch sicher keinen Unterschied gemacht, von welcher Partei der Redner gewesen wäre, denn sie gehörten doch alle zur gleichen Partei! –

Auch ich stand in Reih und Glied, der Bürgermeister hatte sich an meine Seite gestellt, aber nicht aus besonderer Anerkennung, sondern um mir die Leviten wieder mal zu lesen. – „Warum warst du gestern nicht in der Ratssitzung, ich habe gehört, daß du mal wieder in der Pilsner Schänke warst, mach dich auf was gefaßt! Mir müsse mal ein ernstes Wort mit dir redde! – Am Montag soll's sei! – Hau ab, rat ich dir. – Hatte er noch ganz leise gesagt. –

Dann ging es aber erst richtig los, der Hauptredner, er kam vom Bezirk aus Gera. Der redete und redete und drohte, und ich glaube, daß ich ihn richtig verstand! Denn, wie ein Hellseher, las ich zwischen den Zeilen seiner Rede. Wer richtig hinhörte, mußte es verstehen, was er sagte! Er sagte nämlich, Mensch, hau ab, ab nach den Westen, wenn du hier nicht vergammeln willst oder noch Schlimmeres von dir und deiner Familie abwenden willst! – Man konnte zwischen den Worten hören, daß die Partei es nicht länger mitansehen werde, daß täglich Fünftausend unserer Besten irregeleitet werden! – Die Kapitalisten werben sie uns ab, unsere Errungenschaften zu verlassen, sagen sie. – Ja, der Klassenfeind ist unter uns! – Der meinte bestimmt mich, schoß es mir durch den Kopf! – Jetzt mußte ich aufpassen und mich beeilen, mußte ich mich! –

Direkt nach der Kundgebung ging ich zum Bahnhof, es war mir völlig klar gewesen, wer hier noch heraus wollte, der mußte es bald tun, das war sozusagen der letzte Zug in die Freiheit!

Als ich am Fahrkartenschalter angekommen war, stand unser Stadtkämmerer auch schon in der Schlange, und hinter dem Schalter stand Lothar aus Orba, mein ehemaliger CDU-Ortsvorsteher. – Ich verzog mich schnell wieder, eh „die" dumme Fragen stellten. – Die sahen mir doch gleich an, was ich vorhatte!? – Ich ging zurück ins Amt und rief Horst zu mir. – Also Horst, paß gut auf, was ich dir sage: Mach mal das Motorrad klar, wir müssen sofort oder gleich zum Kreisbauamt und zur Staatlichen Plankommission. Du mußt jetzt über alles informiert sein! – Er schaute mich ganz deppert an und sagte: Was soll der Quatsch, geht denn die Welt unter!? – Sag mal, hast du vorhin nicht zugehört, was der, die, gesagt haben!? – Wieso, was? – Na, es ist schon gut. –

Ich klärte bei den vorgenannten Behörden alle noch offenstehenden Fragen bezüglich unserer Baumaßnahmen und Anfragen. – Danach fuhren wir all unsere Baustellen und anderen Objekte ab. – Und ich erklärte Horst, worauf es jeweils besonders ankam und wo er noch nachhaken müsse. – Unterwegs, während der Fahrt, drehte ich meinen Kopf nach hinten und sagte zu ihm: Willste mit? – Wohin? fragte er zurück. – Nach dem Westen, sagte ich. – Da lachte er und sagte: Ach, da ist auch nicht alles Gold was glänzt! Du weißt ja, daß ich mit Ilse vor Jahren schon mal drüben war! – Ich glaube, er hatte es für einen Scherz gehalten, was ich gesagt hatte.

Wieder im Amt angekommen, nach der Mittagspause, war ich erst nochmal auf dem Bahnhof gewesen und hatte mir eine Fahrkarte nach Ost-Berlin geholt. – Dann rief ich Frau Herz zum Diktat. – Aber Herr Paulsen, ich habe doch das von gestern noch nicht alles getippt, und morgen kommt doch das Wochenende, hat es denn nicht Zeit bis Montag? – Nein, sagte ich, liebe, meine liebe Frau Ursulla, wenn ich ihnen das, was ich zu diktieren habe, heute nicht mehr diktiere, dann weiß ich nicht, wer ihnen das diktieren soll und wann immer!? – Das hatte sie wohl nicht begriffen. – Also, ob sie wollte oder nicht, sie mußte wollen. – Und ich diktierte viel, und sie stöhnte viel dabei! – Dabei war es schon etwas später geworden, und ich begleitete sie noch ein Stück auf ihrem Nachhauseweg. – Dabei fing es auch noch zu regnen an, und wir suchten Schutz unterm Eingangsportal der Zwölfjahresschule in der Weinbergstraße. – Dabei küßten wir uns zum ersten Mal, sogar richtig innig tat sie das, und ich dann auch. Und auch zum letzten Mal. – Omen? –

Es war allgemein bekannt, daß zu dieser Zeit am Stadtrand von Ost-Berlin sowie auch auf dem Bahnhof Schönefeld starke und intensive Personenkontrollen vorgenommen wurden, um die vielen „Republikflüchtlinge" abzufangen! – Deshalb ging ich in der Abenddämmerung auch nochmal ins Rathaus zurück, natürlich durch den Nebeneingang, wozu ich „auch" einen Schlüssel besaß! – Hatten sie vergessen, mir den abzunehmen!? –

Ich ging ins Sekretariat von Ullas Gnaden und suchte und fand! – Ob sie vielleicht doch? – Die streng gehüteten Dienstreisegenehmigungen! Und was Wunder! Der Untenliegende war auch schon mit dem, immer geheim versteckt zuhaltendem „Siegel" versehen!? – Zufall, Technik, Taktik oder Absicht!? – Omen!? –

Also soviel Maschineschreiben konnte ich gerade noch, um meinen Dienstreiseauftrag nach Berlin auszufüllen. – Danach nahm ich mir noch ein paar Akten, das Gaswerk betreffend, sowie die Umplanung des Güterbahnhofes und einen Stadtplan mit. – Ich hatte offiziell Kontakt zu einem Berliner Entwurfsbüro, diesbezüglich. – Und beinahe hätte ich es vergessen, das Parteiabzeichen nämlich, was schon Jahr und Tag in meinem Schreibtisch ruhte, ganz ungenutzt! – So, das war eigentlich meine Hauptfahrkarte, vorausgesetzt, ich kam unbehelligt aus Rudolfstadt und der näheren Umgebung heraus! –

Meine Frau war gerade nicht zu Hause, sie war mit unserem Peter zu ihren Eltern nach Orba zur Heuernte gefahren. Irgendwie paßte mir das in den Kram, denn ich war mir sicher, sie würde mir meinen Entschluß wieder auszureden versuchen. – Immer wieder, bei früheren Ansätzen, hatte sie es fertiggebracht, es umzulenken. – Was willst du da drüben!? Da warst du doch schon einmal! – Willst du wieder von vorne anfangen, so ins Ungewisse, ins Nichts gehen!? – Wir haben nun das schöne Haus hier, unsere Eltern, die Geschwister und viele nette Freunde! – Da hatte sie sicher nicht unrecht, aber sie konnte die zwingenden Zusammenhänge und die Risiken nicht erkennen. Sie sah nur meine „Sauferei" und die „Weibergeschichten", die unsere Ehe auch in Gefahr brachten! – Also mußte ich sie austricksen, auch auf die Gefahr hin, daß ich dabei alles verlor! – Die Frau, die Familie, die Freunde und unser Haus!? – Leicht ist mir das nicht gefallen, aber ich war mir sicher, daß „Karl" es gut mit mir gemeint hatte! – Und sie waren ja kurz vorher schon wieder dabei, daß ich auf die Parteischule müsse! – Ja, morgen sollte ich den Kursus ja schon beginnen! – Ich hatte aber wieder strikt abgelehnt, und ganz sicher wollte Karl mir sagen: Das war das letzte Mal, ich kann dir nicht mehr helfen! –

Für mich stand ganz klar die Frage: Entweder ein Ende mit Schrecken, oder ein Schrecken ohne Ende! – Ich ging nach Hause und bat meine Mutter, mir doch bitte ein paar Oberhemden zu bügeln, denn ich müsse diese Nacht noch nach Berlin fahren, sie verstand natürlich nicht, auch mein Vater nicht, und Fred erst, warum ich am Freitagabend nach Berlin fahren müßte. Nun, sagte ich, ich habe am Montag dort eine Besprechung und ich will bei dieser Gelegenheit Schwakitzs besuchen, da kann ich auch die zwei Tage bleiben. –

Wegen der Bügelei ist erklärend zu sagen, daß wir, Margot und ich, vor ein paar Tagen gerade von einer Schiffsreise mit der Völkerfreundschaft zurückgekommen waren. Die Stadt hatte eine Karte für diese Seereise bekommen und bot sie an wie warme Semmeln, aber keiner wollte sie haben, weil es einerseits viel Geld kostete und andererseits eben nur „ein" Platz war. Ich sagte dann zu, aber nur, wenn ich zwei Plätze bekäme. – Ich bekam! – Es war dann, Ende Mai, auch eine schöne Reise, nämlich über Danzig, Helsinki, Leningrad und zurück. – Auf der Rückfahrt mit dem Sonderzug von Rostock und Berlin. verließen Scharen von Teilnehmern in Berlin den Zug. – Sie nutzten diese Gelegenheit, um sich abzusetzen. Aha, jetzt war uns klar, warum nur Einzelkarten verkauft wurden! – Wenn unsere Kinder mit von der Partie gewesen wären, hätten wir auch die Mücke gemacht. – Selbst Margot wäre da bereit gewesen, und volle Koffer hatte man ja dabei! –

Ich war an dem Abend, nachdem ich meine Aktentasche gepackt hatte, nochmal nach Mörle in die Kneipe gegangen. – Mein Zug ging ja erst um Mitternacht. Jürgen, der das mitbekommen hatte, daß ich nach Berlin fahren wollte, hatte gebettelt, ach Vati, nimm mich doch mal mit nach Berlin, da war ich auch noch nicht. – Beinahe hätte ich es gemacht, aber was hätte ich mit ihm machen sollen, wenn Margot es mit Peter nicht schaffen sollte!? –

Ich unterhielt mich noch mit den Freunden und trank noch ein paar Bierchen, dann verabschiedete ich mich mit Handschlag von allen und sagte: Macht's gut, laßt es euch gut gehen! – Auf Wiedersehen! – Ja, du machst es heute aber feierlich, wo hast du deine Margot eigentlich gelassen? – Viel später erst hatten sie kapiert. –

So, aber jetzt galt es Abschied zu nehmen von meinen Vorgesetzten. Und Rache an den zurückbleibenden Funktionären. Das waren meine schadenfrohen Gedanken. Jetzt bekamen sie den „schwarzen Peter"! –

Mit der Aktentasche unterm Arm ging ich dann, in der Nacht vom 16. zum 17. Juni 1961, zu Fuß zum Bahnhof, ich hatte etwa eine halbe Stunde zu gehen. Überall begegnete ich Doppelposten-Streifen. War das immer schon so gewesen, in der Nacht zum 17. Juni!? – Oder warteten sie auf mich? – Ließen sie mich noch ein

Weilchen an der langen Leine laufen? – Nun, ich bin gut in den Zug nach Berlin ge-kommen und wurde das erste Mal in Berlin-Schönefeld im Zug kontrolliert, so wie alle anderen auch! – Aber mit meinem Parteiabzeichen an meinem Rockaufschlag wurde ich höflich angesprochen, und nach einem kurzen Blick in meinen Personal-ausweis mit „Danke, Genosse" verabschiedet! – Diesmal hatte ich Glück, daß der Ausweis nicht abgelaufen war, wie vor 13 Jahren! –

Den doch recht auffälligen Kontrollen an der S-Bahn in Ost-Berlin konnte ich mit Geschick entkommen! –

Als ich sah, daß ich in West-Berlin war, getraute ich mich auch nach dem Flücht-lingslager zu fragen. – Ach, sie wollen nach Marienfelde, ja, da nehmen sie die Bus-linie XYZ. – Dort gegen Mittag angekommen, stand ich nun vor dem „Großen Tor!" – Hinein, oder nicht hinein, das war jetzt die große Frage!? – Ich ging! – Und es war zweifelsohne ein Neuanfang, ganz von vorn, und mit ohne allem!!! –

Rudolfstadt, 16. Juni 1961

Liebe Margot!

Es fällt mir gar nicht so leicht, wie ich dachte, aber ich glaube, es ist besser so!

Diese ewigen Schikanen und die aufdringlichen politischen Erpressungsversuche meiner Vorgesetzten zermürben mich und unsere Ehe! – Ich frage mich täglich, was habe ich eigentlich für einen Beruf, bin ich Architekt oder ein Politiker!? –

Hinzu kommen die ständigen Schwierigkeiten, die objektiven, meine ich. Da ist kein Material oder keine Arbeitskräfte vorhanden. – Ganz zu schweigen von dem Unverstand vieler Mitarbeiter und Vorgesetzten, und den „Übergeordneten" erst noch! –

Wir haben ja oft über diese Dinge gesprochen. Nun, Du wirst es sicher nicht für möglich gehalten haben, daß ich nun Ernst mache! – Daß ich heute noch abhaue!? – Aber mehrere Vorkommnisse in den letzten Tagen und Wochen treiben mich regel-recht zu diesem Schritt! – Na, du weißt schon, was ich meine. – Ich hoffe aber, daß Du mit unseren Kindern bald nachkommen wirst! Am liebsten sofort, noch über die-ses Wochenende!

Aber, vielleicht ist es besser, wenn ich im Westen erst etwas fußgefaßt habe!? – Ich bin mir da auch nicht so sicher, aber die anderen schaffen es ja auch! – Auch mit Familie! –

Vielleicht solltest Du sagen, wenn sie dich verhören, daß ich mit einer anderen Frau abgehauen sei!? – Daß wir uns zerstritten hätten. –

Das könnte wegen Deines Passes, besser sein, Du verstehst!? –

Tut bitte meine persönlichen Sachen beiseite und schick mir schon mal ein paar Sachen an Hans' Adresse nach Köln, ich meine Kleidung und so. – Ich schreibe Dir sofort über Orba oder Klebach.

Ich wollte Euch vorher nichts von meinem plötzlichen Entschluß sagen, damit Ihr alle unbelastet seid, wenn „sie" Euch in die Mangel nehmen!

Ich will es kurzmachen, grüß bitte die Kinder von mir, und versuch es ihnen zu erklären. – Es tut mir so leid, sehr sogar, und glaube mir, daß es mir ja auch nicht leicht fällt, Euch ohne meinen Schutz zurücklassen zu müssen! – So eine Scheiße! – Aber ich bin Optimist, es wird ganz bestimmt alles gut werden! – Vielleicht soll es so sein!? – Lieber ein Ende mit Schrecken, als ein Schrecken ohne Ende!

Ich liebe Euch!!! – Und ich küsse Dich! – Ganz viel sehr!
Dein Knuth

Das war in etwa der Brief, den ich meiner Frau anläßlich meiner Flucht aus der DDR in die BRD hinterließ. – Ich hatte ihn bei meinen Eltern in den Briefkasten geworfen, weil ich da sicher sein konnte, daß er schnellstmöglich in Margots Hände kommen würde!

Mein Vater brachte ihr den Brief per Moped auch gleich am nächsten Morgen nach Orba. – Sicher war er vorher schon gelesen worden, und sie wußten, was Sache war!

„Margot! – Da ist ein ganz wichtiger Brief von Knuth, für dich! – Er ist letzte Nacht nach Berlin gefahren. Kommt ganz schnell nach Rudolfstadt zurück!"

Nachdem sie meine Zeilen gelesen hatte, kullerten ihr ein paar Tränen über die Wangen. – Also doch, jetzt hat er es wahrgemacht! sagte sie leise vor sich hin. –

Noch am gleichen Abend fuhr sie mit dem Zug nach Rudolfstadt zurück. So schnell konnte, wollte sie diese Entscheidung nicht treffen, deshalb hatte sie Peter noch bei ihren Eltern zurückgelassen.

Zu Hause angekommen, besprach sie sich erst einmal mit meinen Eltern und mit Fred. – Ja, was mache ich jetzt? Soll ich allein oder mit den Kindern direkt nachfahren, und würde das gut gehen? Würde man uns an der Kontrollstelle vor Berlin aus dem Zug holen? Oder war Knuth überhaupt durchgekommen, vielleicht hatten sie ihn erwischt und eingesperrt!? – Fragen über Fragen! –Was sollen wir da drüben ohne Knuth anfangen, wohin gehen, wovon leben!? – Und was sollen wir am Montag sagen, wenn sie nach Knuth fragen? Wenn er nicht im Amt erscheint! Ja, in welch eine fast unlösbare Situation hatte er uns nur gebracht! Das hat er wohl selbst nicht bedacht.

Nein, all das hatte ich nicht bedacht, ich muß doch sehr kopflos gewesen sein. Sicher kam dies für mich sehr überraschend, und ich war doch recht unvorbereitet gewesen. – Eigentlich hatte ich mir das so einfach vorgestellt und gar nicht bedacht, daß Margot doch nicht allein auf diese gewagte Reise gehen mußte, nicht wie ich, nur mit der Aktentasche, sondern mit zwei Kindern im Alter von zehn und vierzehn Jahren! –

Ich sah sie schon am Montagmorgen ganz froh und guter Dinge im Flüchtlingslager in West-Berlin aufkreuzen! –

Sie kamen nach langem Hin und Her zu dem Schluß, daß es besser für sie sei, nicht sofort nachzureisen, sondern alles gut vorzubereiten! – Aber was mache ich am Montagmorgen, wenn die mich nach Knuths Abwesenheit befragen!?

Da kam, wie vom Himmel geschickt, am Sonntagmorgen ihre Cousine Hilda aus Bechscht zu Besuch. Ganz unangemeldet und mit ihren Ost-Berliner Feriengästen, kreuzte sie auf. – An ihren verheulten Augen hatten sie erkannt, daß da was bei uns nicht stimmen mußte. Hilda hatte sicher gleich an eine andere Frau gedacht. – Aber als Margot sie aufgeklärt hatte, auch den Besuch, wurde von Neuem beratschlagt, was jetzt am Besten zu tun sei!

Jetzt müssen Sie die Nerven behalten, gute Frau, sagte der Besuchsmann. – Am Besten wird sein, daß Sie morgen früh die Sekretärin Ihres Mannes anrufen und sie fragen, wann Ihr Mann denn von seiner Dienstreise aus Berlin zurück komme? – Dann müssen Sie erst mal weitersehen, wie sich alles entwickelt. – Nur nicht zugeben, daß Sie wissen, wo er ist! – Und nichts übereilen. –

Ja, ich war nun da, im Lager Marienfelde, und auch gleich in die Mühlen geraten, so wie alle anderen eben auch. Da gerade Wochenende war, lief sonst noch nicht viel, ich bekam eine Schlafdecke und eine Zimmernummer zugewiesen. Als ich es nach langem Fragen und Suchen endlich gefunden hatte, stellte es sich heraus, daß in dem heruntergekommenen und dreckigen Raum in dem mit vier Betten, eine junge Frau eingezogen war.

Wieso kommen Sie hieher, als einzelner Mann!? fragte sie ganz erstaunt. – Danke, dito, antwortete ich ihr. – Aber meinetwegen kann das hier zunächst ruhig so bleiben. – Sie gefallen mir ganz gut! – Danke, dito, konterte sie. – Aber was halten Sie davon, wenn wir das Zimmer ein bißchen wohnlicher machen würden? – Ja, das machen wir, ich schlage vor, Sie kümmern sich mal um einen Besen und eine Schaufel, während ich mich um was Eßbares bemühe, sagte ich. Von den vier Betten hatte nur eines eine Matratze und sonst nichts, und unsere Versuche, noch eine Matratze und eventuell auch Bettwäsche aufzutreiben, blieben erfolglos.

Ich hatte dann für uns ein Abendessen organisiert, mit einer großen Kanne Kaffee, während sie in der Zwischenzeit das Zimmer ganz gut auf Vordermann gebracht hatte.

Der starke Kaffee war dann auch schuld, daß wir ewig nicht einschlafen konnten. Sie hatte sich auf die Matratze gelegt und ich mich auf den Tisch. – Da es im Raum aber sehr warm war, entblätterten wir uns so nach und nach immer mehr, und als ich sie dann so fast nackt so herumwühlen sah, mit fast nichts mehr an, und ich genauso, mußten wir plötzlich beide lachen, denn das Licht getrauten wir uns nicht auszumachen, von wegen der Spitzbuben und aus Angst vor mir!? –

Wir fingen an, uns unsere „Abhaugründe" zu erzählen, und gewannen dabei ein gutes Vertrauen zueinander, so daß wir uns dann auch getrauten, zusammen auf dem Strohsack, dem einen, ein gemeinsames Nickerchen zu machen, wobei wir dann auch bald danach einschliefen. – Müde und abgekämpft wie wir doch waren! – Glaube mir, daß es uns sowieso keiner glaubt, daß wir beide hier zusammen und ganz allein in einem Zimmer nur miteinander geschlafen hätten, sagte sie am nächsten Morgen zu mir. – Hoffentlich weisen die in den nächsten Tagen niemanden mehr hier ein! – So gefällt es uns wohl ganz gut, antwortete ich. Am Morgen ging es dann aber zur Sache mit den sogenannten Sichtungen! –

Sie war da schon ein Stück des Weges gekommen, denn sie hatte schon zwei Tage hinter sich gebracht und mich etwas informiert, wie das so geht hier. Als erstes lief ich zum Tor, um nachzusehen, ob meine Familie inzwischen eingetroffen sei!? – Aber nein! – Noch nichts da! –

Margot hatte sich also entschieden, doch nicht sofort und übereilt nachzukommen. Sie wartete am Montag so bis zehn Uhr, und rief dann meine Sekretärin an und fragte sie: „Frau Herz, ich wollte sagen, Guten Morgen, Frau Herz, können Sie mir sagen, wann mein Mann von seiner Dienstreise zurückerwartet wird?" – Bitte wie, Frau Paulsen, was meinen Sie, bitte wieso ist Ihr Gatte auf Dienstreise? Und wann und wohin soll er auf Dienstreise sein!? – Wer hat Ihnen denn gesagt, daß er auf Dienstreise gegangen ist!? – „Ja, mein Mann ist doch am Freitag in der Nacht noch nach Berlin gefahren, zu so einem Projektionsbüro, wie er sagte. Und es sei plötzlich so ganz dringend geworden, wie er sagte, und geschimpft hat er noch!" –

Ja, wissen Sie, Frau Paulsen, ich weiß nichts davon! – Da muß ich hier im Hause mal rumfragen. – Ich rufe Sie gleich wieder zurück. –

Sie rief auch bald zurück und sagte: „Frau Paulsen, da muß etwas nicht stimmen, hier im Rathaus weiß niemand was davon. Er wird doch keine Dummheiten gemacht haben!? – Er war am Freitag schon so merkwürdig, so zweideutig, wie ich mich jetzt erinnere." – Du großer Gott, da müssen Sie aber stark bleiben, wenn da was nicht stimmt!" – Danke, Frau Herz, Aufwiederhören. –

Kurz danach klingelte es an der Haustür, sie konnte durch das Küchenfenster sehen, daß mehrere Wagen vorgefahren waren!

Margot und meine Eltern sowie ihre Freundin Käth Hellwich waren noch am Diskutieren, wie sie sich verhalten solle und was jetzt noch dringend zu tun sei?

Ja, als sie mit zitternden Knien die Haustür öffnete, quollen sie regelrecht zur Tür hinein. – Sex, sieben, acht Männer waren es, sie kannte nur unseren Sekretär Horst und die Graue Eminenz und unseren Chauffeur. Die anderen, die mit den ganz finsteren Gesichtern, waren ihr völlig unbekannt!

Ja, Frau Paulsen, nun erzählen Sie mal schön der Reihe nach, und die Wahrheit bitte, wie, wo und wann ist Ihr Mann nach Berlin gefahren!? – Begann Horst das Gespräch, das „Verhör".

Meine Eltern und Käth hatten unbemerkt und sofort unsere Wohnung verlassen. Margot stellte sich natürlich dumm, jetzt hatte Sie sich auch gefangen, und antwortete: „Ich war ja gar nicht zu Hause, ich war doch in Orba, bei meinen Eltern zur Heuernte. Und als ich am, ich meine gestern abend, wie vorgesehen, nach Hause kam, hörte ich von den Schwiegereltern, daß Knuth, ich meine mein Mann, am Freitag spät am Abend dienstlich noch nach Berlin fahren mußte! – Er hat ja sonst auch gar nichts mitgenommen, wie ich feststellen konnte. – Wieso? – Nun, unsere Koffer sind doch alle noch da, er ist nur mit der Aktentasche gefahren. – Jetzt sind Sie dran!" –

Betroffenes Schweigen, sie starrten sie an, sie starrten sich gegenseitig an! – Hm, ja - ja – ja!? – Er wird doch keine Dummheiten gemacht haben, sagte dann die Eminenz. – Frau Paulsen, wenn das die Wahrheit ist, dann sagen Sie nichts zu irgend jemand. – Zu niemand! – Ist das klar!? – Wir lassen von uns hören! – Einige der vermutlichen Stasileute schauten noch in alle Räume und Schränke. Fast unauffällig hatten ein paar von denen den Dachboden und Keller auch schon inspiziert, wie „Opa Hellmuth" ihr später berichtete.

Wie gekommen, so zerronnen, war der „Spuk" wieder fort! –

Noch am gleichen Tage wurde das „Diensttelefon" abgeholt. Aber schon kurze Zeit später wieder gebracht, mit der Bemerkung: Es war ein Versehen. – Das Versehen war natürlich jetzt im Apparat. – Margot ging ab jetzt nicht mehr an das Telefon, auch nicht, wenn es klingelte. Sie verpackte es mit Decken und Kissen! – Horcht nur, ihr Affen! –

Am übernächsten Tag kreuzte seine Eminenz wieder auf. Er bat sie, mit ihm doch nach Berlin zu fahren, um mich schnellstens aus dem Rachen des Kapitalismus zu befreien und zurückzuführen! – Ganz so hat er es wohl nicht ausgedrückt, aber wohl gedacht. – Ja, sagte er, es sieht so aus, als habe er unsere Dumme-Demokratische-Republik verlassen, aber wenn er sofort zurückkommt, bevor es publik wird, könnte er seinen Posten behalten. – Vorerst jedenfalls, dann müssen wir mal sehen!? – Das war sicher nur eine Kurzschlußhandlung, fügte er hinzu. – Nein, sagte Margot, da fahren Sie mal alleine hin. „Sie" persönlich und alle Genossen vom Rathaus, mit allem Drum und Dran, sind doch dafür verantwortlich! – Nein! – Ohne mich! –

Als er merkte, daß sie da nicht mit sich reden ließ, zog er wie ein begossener Pudel wieder ab. – Sie hören wieder von mir, von uns! –

Sie hörte länger nichts, alle mieden sie, so daß sie sich wie eine Aussätzige vorkam. Wie eine, die was Schlimmes getan hat! – Nur einige gute Freunde und ihre Kolleginnen standen ihr bei! – Wo waren sie denn, die „guten Freunde"!? –

Ich hatte Margot natürlich sofort geschrieben, natürlich nicht nach Rudolfstadt, sondern nach Owernisse, an meinen Vetter Franz! – Weil das außerhalb unseres Bezirkes Gera lag. –

Ich schrieb ihr, daß sie bald nachkommen müsse, denn was ich da in Berlin sähe, die vielen tausend „Ausreißer" jeden Tag, das könne so nicht weitergehen. Da werden „sie", ja, da müssen „sie" was dagegen tun!? –

Franz hatte ihr natürlich und gerne diesen Brief per Motorrad nach Rudolfstadt gebracht. – Erinnerte er sich doch noch immer an die Hochzeit seiner Schwester Hanna und an die Führung durch seinen Hof. – An die alte Knechtkammer und den Strohsack, und so! –

Nach etwa zwei Wochen, nach meiner Flucht, kreuzte Atlatus Horst bei Margot auf. Er kam spät am späten Abend und klopfte an ihr Fenster. – Als sie öffnete, das Fenster, flüsterte er: „Läßt du mich rein, bitte!?" – Ja, aber Horst, wo kommst du jetzt noch her, um diese Zeit!? –

Es muß doch keiner sehen, daß ich dir helfen will, sagte er zu ihr. – Na, wenn du schon den Mut hast, hierher zu kommen, da komm schon rein! –

Er hatte auch eine Flasche mitgebracht, Krimsekt auch noch, sagte sie. Sie setzten sich auf die Couch, nebeneinander, und sie holte zwei Gläser aus dem Büfett, während er die Flasche öffnete und eingoß. – Auf alte Freundschaft, Prost, Margot! – Prost, Horst! – Ich freue mich, daß du mich trösten willst, lieber Horst, aber versprich dir nicht zu viel, wenn ich auch schon im Nachthemd bin. – Und so schnell gehe ich nicht fremd! – Auch wenn wir uns gar nicht so fremd sind! – Du sagst es, aber du mußt wissen, daß damals, vor etwa einem halben Jahr, als ich dich hier besucht habe, auch schon so spät am Abend, dein Knuth bei meiner Ilse in Kummbach war! – Wir hatten das damals doch so ausgemacht! – Nein! – Was sagst du da!? – Und das sagst du mir erst jetzt!? – Also, wenn das so ist, war, dann brauche ich ja gar nicht fremdzugehen, das wäre dann allenfalls ja nur ein Fehltritt!? – Ja, warum kann ich nicht auch mal danebentreten? – Mit dir, mein Lieber!? – Ja, mein Bett wird kalt!? – Ha, ha! – Wo steht dein Auto? – Unten in der Hohle! – Gut, ich sehe, du bist auf Draht! – Du mußt es aber immer wieder woanders hinstellen, man kann nie wissen!? – Komm, laß stecken, ich bin müde, jetzt! – Vielleicht ein andermal! – Tschüß! –

Habe ich einen „Puff"!??? –

Vorwort (Buch III)

Auch dieses Buch wird in „Leichter Kost" fortgesetzt, wie die beiden vorangegangenen. – Und Margot und Knuth werden die Hauptakteure bleiben!

Ein paar Anmerkungen seien aber noch gestattet:

Wenn auch manches, aus besagter Absicht, überzogen erscheint und auch ist, so sollen aber die Wahrheit und Offenheit überwiegen.

Es wäre nicht im Sinne meiner Darlegungen, wenn beispielsweise die Erinnerungen und Empfindungen der Vergangenheit heruntergespielt würden, wie das von manchen Medien und Politikern getan wird. – Und ebensogut auch, wenn man von den noch „Übriggebliebenen" eine sogenannte „Generationsschuld" erwartet oder gar fordert! – Was ist danach doch alles geschehen!? – Und grundsätzlich sind doch alle Menschen Egoisten und denken an sich selbst zuerst! – Oder? – Was wäre wenn!? –

Und sie taten es schon immer, und sie tun es noch heut!

Der Hummelflug

Am Montagmorgen hieß es Anstellung und Dranhalten, wie es mir meine neue „Leidensgenossin" erklärt hatte!

Als erstes ging ich zur „Sichtungsstelle". Da wurde man erstmal registriert und generell informiert, wie das hier so abläuft. – Und man bekam den berühmten Laufzettel, den man ja nicht zu verlieren hatte! – Sonst müssen Sie wieder von vorne beginnen. –

Ich mußte zur ärztlichen Untersuchung, zum Röntgen, Meldebehörden, zu den drei Besatzungsmächten, zum Vor- und Hauptprüfungsausschuß und so weiter. Das dauerte natürlich ewig, überall mußte man Schlangestehen, das war ja schlimmer, als in der „Sowjetischen Besatzungszone"!

Zu den Alliierten-Sichtungsstellen brauchten die meisten Flüchtlinge nicht hin, wohl nur die, von denen man sich irgendwelche politischen oder militärischen Informationen erhoffte. – Ich wurde dorthin immer mit einem Militärfahrzeug gefahren. – Der französische Offizier machte mir große Vorwürfe, daß ich meine Familie nicht gleich mitgebracht habe. – Ob der wohl die richtigen Vorstellungen hatte, wie so was gemacht wird!? – Ich hatte sie jedenfalls nicht! – Gut, hinterher ist man immer schlauer! –

In einer solchen Schlange wurde ich plötzlich von hinten mit meinem Namen angesprochen und begrüßt! – Hallo, Herr Paulsen, Sie auch hier? – Entschuldigen Sie, aber ich kann Sie im Moment nicht einordnen!? – Ja, mein Name ist Ihnen sicher nicht bekannt, aber ich bin der Schwiegersohn vom Gemüseklein. – Ach, sagte ich, den kenne ich sehr gut. – Was haben Sie denn in Rudolfstadt gemacht!? fragte ich ihn. – Ich bin, äh, ich war bei der STASI beschäftigt! – Aha, aber in der Pilsner Schenke habe ich Sie nie gesehen!? – Nein, da verkehren ja nur die Genossen, die im Westen Rudolfstadts wohnen! – Aber wieso sind Sie hier? – Wollen Sie mich zur Rückkehr überreden? sagte ich. – Nein, nein, Herr Paulsen, ich bin letzte Woche auch mit meiner Familie „fahnenflüchtig" geworden. – Na, so was ! – Das gibt's auch? – Wir unterhielten uns noch ein Weilchen, er erzählte mir, daß er mit Fritz Libau Kontakt habe und von Berlin direkt zu ihm nach Bretten wolle. (Wir trafen uns später auf einem sogenannten Heimattreffen mal wieder.) – Er war wirklich abgehauen! – Wie Fritz vor etwa zwei Monaten auch schon. –

Natürlich wurde ich auch den großen deutschen Parteien, CDU und SPD, vorgeführt. Dazu ist anzumerken, daß sich die CDU mehr um meine Person bemüht hat als die SPD. Letztere wollten mich offensichtlich nicht haben, wogegen die „Exil-CDU" mir jahrelang ein Informationsblatt über Ostdeutschland zukommen ließ!

Aber auch diese Vertreter schienen der Annahme zu sein, daß die „Flucht" ganz einfach und ohne Risiko sei. – Man gehe zum Einwohnermeldeamt, fülle ein Abmeldeformular aus und setze sich mit der ganzen Familie in den Zug und fahre nach West-Berlin! – Ab geht die Post, ohne anzuecken, direkt in die Freiheit! –

Schon nach wenigen Tagen ging mein Geld zur Neige. Ich konnte nicht viel mitnehmen, erstens haben wir sowieso nur von der Hand in den Mund gelebt, allein schon, weil unser Hausbau uns immer noch am Bein klebte, und auch durch unsere Schiffsreise bedingt. – Na, und ich konnte Margot auch nicht ganz ohne Geld zurücklassen!

Im Flüchtlingslager bekam man zwar 50 Pfennig pro Tag Taschengeld in Devisen, aber dafür konnte ich mir gerade fünf Zigaretten oder ein Bier kaufen. – So entschloß ich mich, meinen Vetter Hans anzurufen, und bat ihn, mir doch etwas Geld zu schicken!? – Er war auch so nett und schickte mir einhundert Mark (DM) und sagte gleich, komm nach Köln zu mir, dann sehen wir weiter.

Jeden Tag, nach dem stundenlangen Anstehen, genehmigte ich mir nachmittags ein bis zwei Bier. Dazu ging ich in die Kneipe, die direkt vor dem Eingang zum Lager lag. Als ich da mal wieder im Gästegarten bei einem Bierchen, ich meine, mit meiner Molle, zusammen saß, kam eine leicht mollige „Dame" zu mir an den Tisch und fragte, ob sie mir ein wenig Gesellschaft leisten dürfe. –

Sie sei auch gerade aus der DDR gekommen und warte auf den Ausreiseflug ins Bundesgebiet, wie sie sagte. – Dann fragte sie mich so richtig aus, wer ich denn wohl sei, wo ich denn wohl herkomme und wie ich wohl und eventuell mit Namen heißen täte!? – Ich war doch nun im „Westen", was konnte mir jetzt schon noch passieren!? Ich fühlte mich so richtig sicher und frei und gab ihr gerne und freimütig alle Antworten, die sie erheischte. – Endlich schien sich mal wieder jemand für mich zu interessieren! –

Als es dann plötzlich zu regnen anfing, fragte sie mich, ob ich nicht geneigt sei, mit ihr ein wenig noch ins Innere des Lokales hineinzugehen!? Oh, ja, ich meine nein, mein Geld, das geht heute leider nicht mehr, ich will sagen, daß das Bier für heute aus ist. – Aber mitnichten, Sie sind natürlich mein Gast! – Sagte sie mit viel Charme und Gezwinker zu mir, so daß ich auch gleich dabei war. Wann wurde ein Mann schon mal von einer Frau so angemacht!?

Da es mittlerweile und so schnell ganz voll war, weil es regnete, setzten wir uns an den einzigen noch freien Tisch direkt gegenüber der Eingangstür.

Natürlich können wir anschließend noch ein bißchen zu zweit sein, wenn Sie unbedingt wollen, aber da gehen wir doch lieber noch wohin! –

Ich saß mit dem Rücken zur Tür, mit der Wand vorm Kopf. Aber da saß auch schon einer. Von Hamburg sei er, sagte er von sich aus. – Und dann kamen hinter meinem Rücken zwei bis drei Stimmen hinter mir her, die mich baten, doch mit ihnen, und uns Zweien, in die „Stadt" zu fahren, mit ihrem Wagen natürlich, wie sie sich ausdrückten. – Hier ist doch nichts los! sagten Sie noch, und wir laden Sie natürlich ein! – Wir interessieren uns doch so sehr für sie, wir meinen für die Ostzone. Wie es da so ist, meinen wir! – Ach, sagte ich, daß können Sie doch im Fernsehen sehen, wenn es Sie wirklich interessiert, sagte ich. – Aber, irgendwie juckte mir schon das Fell! – Aber wie komme ich hierher zurück? sagte ich nun. – Ach, da brauchen Sie sich nicht ihren Kopf zu zerbrechen, das machen wir schon für Sie mit! –

Als meine Anmache dann zur Toilette gegangen war, sagte der Hamburger zu mir:

216

Passen Sie auf, die drei Männer und ihre „Dame" haben vorhin vielsagende Blicke gewechselt, da scheint was faul zu sein!? –

Da machte es „klick", und ich mußte auch mal zur Toilette! – Und siehe da, die Pinte hatte einen Nebenausgang! – Extra für mich! –

Ja, und Sie könnten mir auch sonst noch behilflich sein, so zum Beispiel in Fragen der Familienzusammenführung! Hatten Sie noch gesagt! –

Mittlerweile hatte es sich herumgesprochen und es wurde auch offiziell darauf aufmerksam gemacht, daß sogenannte „Schlepper" hier herumschwirren, um die Flüchtlinge wieder heimzuführen, manchmal sogar ganze Busladungen voll! –

Margot ging weiter ihrer Arbeit bei der HO nach und ließ durchblicken, daß sie nicht die Absicht habe, mir nachzukommen. – Abzuhauen! –

Das hatte zur Folge, daß man ihr behördlicherseits auch die Verwaltung meines Hausanteiles überließ. – Auch nahm man ihr nicht den Paß weg. – Vielleicht ein Versehen? – Allerdings teilte man ihr mit, daß unser Peter nun „leider" nicht mehr befähigt sei, die Oberschule zu besuchen, und Jürgen sei nun auch nicht mehr geeignet, auf die Kinder- und Jugendsportschule in Bad Blankenberg aufgenommen zu werden.

Der CDU-Stadtrat Wollovsky hatte sie auf Umwegen wissen lassen, daß sie im Fahndungsbuch stehe und daß sie keine Chance habe, mir nachzukommen!

Ihr Chef hatte ihr auch die Erlaubnis gegeben, zu Hause zu arbeiten, zumindest für die erste Zeit, bis etwas Gras darüber gewachsen sei und solange er sie beraten und Trost spenden könne! – Wenn Sie wissen, was ich meine, hatte er noch nachgeliefert! – Und so ließ er sich auch alle zwei bis drei Tage sehen, um nachzuliefern! – Ich lasse Sie doch nicht im Regen stehen, meine Liebe! –

Ja, wo waren sie denn, die uneigennützigen Freunde? – Selbst Fred wurde mit der Zeit eigennütziger, wenn auch nur auf materiellem Gebiet.

Aber Hellwichs, Käth, Fritz und Ecke standen ihr bei. – Ecke fuhr sie schon mal mit dem Motorrad nach Klebach oder Weimar, um dort Pakete für mich aufzugeben, natürlich nicht an meine persönliche Adresse, sondern an neue Freunde von mir. Sie hätte sich sonst verdächtig gemacht, und die Sendungen wären beschlagnahmt worden.

Dann, eines Tages, kreuzte Waldemar, „der Hüne", bei ihr auf. – „Hören's, ich habe gehört, daß dein Knuth nach dem Westen abgehauen ist! Stimmt das?" – Na, das weiß inzwischen doch wohl jeder in ganz Rudolfstadt, sollte man meinen. Was wollen Sie denn von mir? – „Ja, wie Sie doch wissen, war ich mit Knuth leicht befreundet, und er hätte sicher nichts dagegen einzuwenden, wenn er hier wäre! – Ich meine, wenn ich ihnen ein bißchen unter die Arme greifen würde!"

Aha, ich rieche den Braten, Sie glauben, ich könnte mal wieder einen Mann gebrauchen, was!? – „Na, warum denn nicht, und da ist es doch immer noch besser, wenn ich ihnen aus der Not helfe, als jeder andere, ein ganz Fremder gar!? – Und schauen Sie doch erst einmal her, was ich ihnen mitgebracht habe!"

Ach Sie, gehen Sie mir weg, was werden Sie mir schon schönes mitgebracht haben? – „Nun! Nun fassen Sie mir erst mal in meine Hosentasche, da werden Sie aber staunen! – Ach, was sage ich da, Sie werden begeistert sein!" –

Aber ich bitte sie, gehen Sie wieder, ich brauche nichts, und wie könnte ich Ihnen in Ihre Hosentasche fassen, sagte sie dann ein wenig verschämt! – Aber dann doch ein wenig neugierig geworden, sagte sie zögernd: Wehe Ihnen, wenn es etwas Unanständiges ist, da in Ihrer Hosentasche! –

„Aber, ich bitte Sie, Frau Paulsen, für wen halten Sie mich, wie könnte ich! – Es ist etwas Nettes, sehr Schönes und sehr Großes, woran Sie ganz sicher Ihre helle Freude haben werden!" – Nun wurde sie noch neugieriger, was mochte er ihr wohl mitgebracht haben? – Ganz langsam und fast schon in Trance trat sie näher an ihn heran. – Im Unterbewußtsein fiel ihr ein, was ich ihr von ihm so alles erzählt hatte. – Halbverwirrt, und neugierig auch, faßte sie in seine Hosentasche. – Ja, Sie! Da ist doch gar nichts, sagte sie enttäuscht. Nicht mal eine Hosentasche ist da drin! Wollen Sie mich auf den Arm nehmen? – Machen Sie, daß Sie fortkommen, oder ich nehme Sie am Schlafittchen und werfe sie raus! –

Nichts übereilen, sagte er ruhig zu ihr, Sie müssen nur tiefer greifen, viel tiefer! – Jetzt war sie völlig verwirrt, aber da sie schon mal ihre Hand da drinnen hatte, faßte sie tiefer, sehr viel tiefer! – Oh jemine, was war das, was sie in ihrer Hand hatte!? –

Oh Gott! – Um Gottes Willen! – So ein Ding! – Jetzt schaute sie zu ihm auf und sagte, immer noch ganz verwirrt: „Es ist vielleicht doch besser, wenn Sie jetzt gehen! – Oder ich vergesse mich doch noch!?" –

So eine riesengroße „Unverschämtheit" ist mir noch nie begegnet!

– Das ist doch wirklich ein „starkes Stück"! –

Ich gammelte dann so die letzten Tage im Lager herum und wartete auf meinen Abflug nach Köln. – Man hatte mein „Einreisevisum in die Bundesrepublik" genehmigt. – Nach Köln! –

Meine Zimmernummer war schon fortgeflogen. Wir hatten noch einige Nächte zusammen sein dürfen und uns eine schöne Abschiedsparty zubereitet. – Sie konnte das nämlich sehr gut! – Das Be-Reiten. –

Zwischenzeitlich hatten sie mich endlich auch aufgetrieben, die Fernsehleute, nämlich. Ich bin vom ZDF, hatte er mich irgendwann und irgendwo angesprochen. – Der Herr Robert Röntgen hat mich ausgesandt, um den Stadtbaudirektor aus Rudolfstadt zu finden! –

Ich wurde dann auch bald ins Studio gefahren, und wir besprachen die Sendung, die er mit mir über Rudolfstadt machen möchte. – O.K., Herr Paulsen, das Thema eilt nicht so, daß wir nicht warten können, bis ihre Frau auch in Sicherheit ist. Melden Sie sich wieder! – Obwohl ich diese „Tausend Emmchen" sehr gut hätte brauchen können, verzichtete ich darauf! – Auch später, denn alle Rückzugswege soll man sich nicht selbst verbauen! –

Am vorletzten Abend ging ich dann noch mal aus, und auch ganz allein ins Städtchen, aber immer auf der Hut, von wegen der Familienzusammenführung! –

Mir juckte einfach das Fell, und deshalb zog es mich in eine Tanzbar hinein! Eine Vierzigjährige hatte es mir angetan, sie tanzte sehr gut und war auch sonst gut zu mir. – Scheinbar mochte sie mich, denn sie drückte sich an mich, auch weiter unten! – Danach nahm sie mich mit zu sich und auch in ihre Wohnung! – Ich durfte bei ihr noch schön essen und trinken, und auch sonst recht gut und schön! – Geduscht haben wir auch zusammen und später auch geschlafen! Ich hatte so das Gefühl bekommen, daß sie mich gerne behalten hätte, so als neuen Mann vielleicht, vielleicht für immer und ewig!? – Beinahe hätte ich gedacht, daß das prima sein könnte, ein relativ leichter Neuanfang!? – Aber des Morgensamgrauen, hat „er" mich wachgeritten und mich heimlich angezogen und aus ihrer Wohnung entfernt! – Nur meine Krawatte hat er vergessen mir einzupacken, ich meine, umzubinden! – Der Gute! –

Dann kam der Tag des Abfluges, der allererster Flug in meinem Leben! Die Maschinen waren alt und klapprig, es waren zweimotorige USA-Militärmaschinen. Ich saß direkt hinter den Tragflächen und konnte sehen, wie die Flügel ständig auf und ab wedelten. Es konnte einem Angst und Bange werden. – Hoffentlich klappen die nicht zusammen, wie bei einem Insekt, wenn es keine Lust mehr hat!? – „Meine Damen und Herren, wir passieren jetzt eine Turbulenz, halten Sie sich bitte fest, überall da, wo Sie was zum Festhalten finden können!" – Gab der Käpten durchs Mikrofon. – Blitz und Donner! – Ach, das nennt man so!? – Ab nun wurde aber festgehalten, auch oben und unten, je nach Geschlecht und Reife, und wer was Passendes zum Festhalten in seiner Nähe erwischen konnte! – Leider war die Turbulenz schon bald wieder vorbei, aber besser ist besser, wer weiß da schon, wann sie wiederkommt!? – Die Turbulenz, und ob man dann gleich wieder was Passendes zum Festhalten findet!? –

Die erste Zwischenlandung war in Hannover, die zweite in Düsseldorf, dort mußten wir in den Zug umsteigen nach Köln und dort in die Straßenbahn nach Lindental! – Hier ließ dann endlich auch die Schwerhörigkeit nach und der Druck in den Fellen der Trommeln!

Von meiner letzten DM kaufte ich mir am Bahnhof noch fünf Eckstein und rief bei Hans an. „Ja wie schön, daß du da bist! – Nimm die Linie Sex und steig in der Zülpicher aus, dann nur noch ein paar Schritte und du bist da, bei mir! Ich kann dich nicht vom Bahnhof abholen, weil ich gerade Besuch habe! – Aber bis du hier bist, bin ich fertig damit! Also, bis bald! Tschüßi! –

Na gut, ich fand diese Linie, aber als ich bezahlen wollte, hatte ich nur noch ganze zwanzig Pfennige. – Der Schaffner tat es aber nur für fünfundvierzig Pfennige! – Was nun, was tun? – Wie lange muß ich bis zur Laudanstraße laufen, wenn ich zu Fuß gehe? fragte ich ihn. – Na ja, so etwa eine Stunde, denke ich, antwortete er. – Traurig schaute ich in die Runde und die Menschen mich an! – Da sagte eine etwas ältere runde Dame: Kommen Sie, hier sind die fehlenden fünfundzwanzig Pfennige, ich sehe doch, wo Sie „Ostler" herkommen! – Sie armes Schwein, wäre zutreffender gewesen. – Mir aber kamen beinahe die Tränen, und ich war gerührt und bedankte mich!

Noch am gleichen Tage schrieb ich Margot von meinem Flug nach Düsseldorf und von dem Flug. Natürlich verschwieg ich ihr das Sturmwetter, ich schrieb, daß es mir wie ein Hummelflug vorgekommen sei. – Weißt du, so, wie eine Hummelkönigin von den vielen Drohnen umschwirrt wird! – Stelle ich mir vor! –

In ihrem Antwortbrief schrieb sie, daß es für sie von Vorteil sei, wenn ich an den Bürgermeister persönlich einen Brief schreiben würde und ihn darin selbst entlasten könne, wegen meiner Flucht und so! – Dein Atlatus, die „Drohne", war wieder hier bei mir, er meint, daß du vielleicht mit einer anderen Frau abgehauen seiest. Vielleicht die Blonde, die immer zum Libau kam? – Denn die ist auch am gleichen Tag wie du abgehauen! – Sagt er, die Drohne. –

Noch mal von vorn

An den Rat der Stadt

Köln, den 05.07.61

Rudolfstadt
zu Hd. Herrn Bürgermeister – persönlich –

Geehrter Herr Langebach,

persönliche und familiäre Gründe haben mich veranlaßt, Ihre Dienststelle ohne Kündigung zu verlassen.

Ich bitte Sie, mir dies nachzusehen! – Ursprünglich hatte ich auch gar nicht vor, Ihre DDR zu verlassen. Es geschah ganz plötzlich für mich, wie ganz sicher auch für Sie selbst! – Oder? – Es resultierte aus einer fehlgeschlagenen Bewerbung meinerseits in Berlin! – Ich will sagen in Ost-Berlin! – Die Ursache, mich wohnsitzmäßig zu verändern, sind rein privat-persönlich, worüber ich mich aber, für Sie sicher ganz verständlich, nicht näher äußern möchte! – Hinzu kam natürlich auch noch die Tatsache, daß mich die Arbeit in Ihrem Hause nicht mehr befriedigte.

Dafür sind einige Ihrer Mitarbeiter und auch die vielen Ungereimtheiten mit schuld. – Auch die übergeordneten Gernegroße! –

Aufgrund der Erfahrungen in den letzten Jahren bezüglich meines Privatlebens, auch außerhalb der Dienstzeit, hätten Sie meinen Schritt sicher nicht gebilligt, wenn ich Sie gefragt hätte!? – Und mir des Schrittes wegen doch ohnehin nur Schwierigkeiten gemacht! – Oder? –

Von den Kündigungen, den meinigen, gar nicht zu reden. – Wenn ich die Antworten noch höre! – Von wegen nur als Handlanger! –

Ich hoffe trotzdem auf Ihr Verständnis und bitte Sie, meine Frau unbehelligt zu lassen, denn sie hat damit überhaupt nichts zu tun! – Genausowenig wie meine anderen Angehörigen! –

– Ihr Knuth Paulsen –

Diesen Brief habe ich, wie schon gesagt, auf Bitten meiner Frau geschrieben, um sie damit persönlich zu entlasten. – Ebenso den Bürgermeister selbst, war er doch, wie auch schon gesagt, doch immer recht kulant zu mir! –

Komm rein, mein lieber Vetter, und entschuldige, daß ich dich nicht vom Bahnhof abgeholt habe, aber Gardi, mein Weib, ist zur Zeit mit Christian, unserem Sohn, in Berlin, bei ihren Eltern, mußt du wissen! –

Na ja, und da hatte ich gerade einen netten kleinen Besuch. Du wirst ihn noch kennenlernen, wenn du verstehst!? – Komm, nimm Platz! – Prost, Knuth! –

Na, ich denke, daß Gardi noch ein Weilchen in Berlin bleibt, so daß du in Christians Zimmer für ein paar Wochen unterkommen kannst. – Bis du Arbeit und ein Zimmer gefunden hast. –

Er lieh mir noch zweihundert Mark, die ich ihm später, zuzüglich der hundert Mark von Berlin, zurückzahlte. – Und hier eine Krawatte für dich, ohne ist hier nicht! Daß er mit seiner Frau ganz schönen Kniest hatte und möglicherweise eine Trennung ins Haus stand, verschwieg er mir allerdings. – Aber vorweggenommen, sie versöhnten sich nach mehreren Wochen wieder, und wir lernten uns dann auch kennen.

Aber am folgenden Wochenende kreuzte erstmal der „nette kleine Besuch" auf. – Er war maximal zwanzig Jahre jung. – Sie schien mir eigentlich auch ganz gut zu gefallen. Einen Handkorb hatte sie dabei, der war voller Picknick! –

Dann machten wir uns auf die Socken und fuhren mit dem Opel Rekord durch die Ländereien, bis hin nach Hollanden. – Du meine Güte, hat der aber einen Zahn drauf, mit 140 bis 150 Sachen raste er durch die Gegend! Solche Geschwindigkeiten war unsereins doch gar nicht erst gewöhnt, so daß ich mich ganz heimlich am Türgriff festklammerte und mein Teint im Gesicht wohl ziemlich weiß geworden war! – Was ein Glück, daß ich hinten im Ford sitzen durfte! –

Der Picknickkorb war ganz schön voll gewesen und wir danach auch ein bißchen! Und am Abend schliefen wir dann alle in Göldenburgs Betten. Hans dabei am meisten. Das war ihr nun wieder auch nicht ganz recht so, so daß sie dann auf meine Wenigkeit zurückgriff! – Einfach so! – Wie peinlich mir das war!? –

Gleich am Montagmorgen ging ich mich polizeilich anmelden und anschließend aufs Arbeitsamt, um mir eine Anstellung als Architekt zu suchen. – Und nie wieder zu einer Behörde wollte ich gehen, das hatte ich mir geschworen! Ehe ich mich so durchgefragt hatte, wo ist das Johannishaus? – Ah, gleich hinter dem Bahnhof, aha! – Und wo ist das Arbeitsamt? – Ach, ganz entgegengesetzt, in der Aachener Straße, Linie 1. – Wie schön. –

Dort bekam ich zwei Adressen, wo ich um Arbeit nachsuchen könne. – Nun, die erste konnte ich vergessen. Ein klitzekleines Büro, nur für einen Einzelkämpfer ausreichend, und nur 600 DM Monatsgehalt!? – Nein danke!

Die zweite Adresse war gut! – Prima sogar! – Eigentlich auch so ein halber Einzelkämpfer, war er, der Oberbaurat a.D., aber ein tolles Büro war das! – Die ganze obere Etage des Agrippinahauses am Ring beherbergte sein Büro mit zwei Sekretärinnen und einem männlichen Mitarbeiter, dem Kalkulator, wie er sagte. – Die Arbeiten am Brett und die Oberbauleitung mache er selbst! –

Na, sagte er nach der Begrüßung zu mir: Hat Sie das Arbeitsamt hierher geschickt!? – Ja, sagte ich. – Na schön, da erzählen Sie mal, was Sie alles so schon gemacht haben? – Aber nicht flunkern, bitte!

Nachdem ich dann geendet hatte mit meinem Lebenslauf, sagte er: Na, das hört sich ja so schlecht nicht an, und unsympathisch sind Sie mir auch nicht gerade. Ja, und wie ich vermute, haben Sie auch nicht viel mitgebracht aus Thüringen, Zeichenproben und so? – Nein, ja wissen Sie, ich meine, –. Ist gut, ich schlage Ihnen vor, daß Sie am Montag, den nächsten meine ich, hier probeweise mal anfangen. Sie brauchen nichts mitzubringen, es ist alles da. Ich gebe Ihnen für den Anfang mal 850 DM im Monat, brutto, versteht sich! – Wenn Sie so gut sind, wie ich vermute, bekommen sie automatisch mehr, und eine Wohnung beschaffe ich Ihnen dann auch, sobald Ihre Familie nachkommt! Wissen Sie, Herr Paulsen, ich suche schon seit etwa zwei Jahren einen geeigneten Mitarbeiter, nicht zu alt, nicht zu jung und nicht zu faul! – Sie verstehen? – Und wie Sie sehen, bin ich ja auch nicht mehr der Jüngste! Und wenn Sie wollen, können sie später mein Büro ja mal übernehmen!? – Im übrigen mache ich nur, was mir gefällt, ich meine, nur interessante Aufgaben. Zur Zeit bin ich an einer großen Villa hier in Köln und an einer Brauerei in Bremen dran. – Ich brauche einen zuverlässigen und vertrauensvollen Mitarbeiter und Vertreter, damit ich mit meiner Frau endlich mal wieder in den Urlaub fahren kann! – Also, dann bis Montag! – Auf Wiedersehen! –

Mensch, was habe ich für einen Dusel. – Ich hätte Freudensprünge machen können!

Als ich am nächsten Tage noch mal zum Arbeitsamt ging, um die Zuweisungskarten zurückzugeben, waren die beiden Angestellten sehr erstaunt, daß mich der Herr Oberbaurat a.D. eingestellt habe. – Seit etwa zwei Jahren schicken wir dem schon Leute hin, aber noch keinen hat er akzeptiert, bisher! –

Hör mal, sagte der eine der Angestellten zum anderen: Da ist doch auch noch die Anforderung von den Nordwerken, für einen Bauinspektor, wäre das nicht auch was für Herrn Paulsen? – Oh ja, ich denke schon, denn die suchen jemand, der mit Behörden gut zurechtkommt. –

Ja, sagte ich, da kann ich mal hingehen, ich habe ja noch Zeit. – Obwohl ich ja eigentlich nichts wieder mit Behörden zu tun haben wollte! – Wie komme ich dahin? –

Wie schon angedeutet, hatte Margot von ihrem Chef die Erlaubnis erhalten, zunächst zu Hause zu arbeiten. Zumindest, bis etwas Gras über die Sache gewachsen sei. Und die vielen Freunde ließen sich nicht mehr sehen, offensichtlich hatten sie Angst, persönliche Nachteile zu bekommen.

Dafür umschwirrten sie immer mehr die Drohnen, wie das halt so im Leben ist, wenn man eine junge und hübsche Frau ist!

Ihr Chef ging sogar soweit, daß er ihr schon „fertige" Arbeit mitbrachte, die sie in ihren Arbeitsbericht einschreiben sollte. – Sie sollten darüber nachdenken und nicht so viele Skrupel haben, meine Liebe, umgarnte er sie immer stärker, daß sie nicht sicher war, ob sie schwach werden solle!? – So'ne Imme! –

Dann kreuzte auch der Stasimann immer mal wieder auf, der sie observierte, wie er es nannte. – Dabei vergesse ich mich immer wieder, wenn der mich so vornimmt! – Ich bin mir da gar nicht sicher, ob der mir nur gut sein will oder nur eigennützig ist!? – Er redet immer von Bakschisch, oder ob er seinen Backfisch oder auch mich meint!?

Dabei trieb es ihr fast jedesmal beinahe die Tränen in die Augen! – Und wenn sie dabei noch an mich dachte. – Nur Schikanen!? –

Aber „schwirr, schwirr", da kreuzte auch Atlatus wieder mal auf und erzählte ihr, daß er in West-Berlin war und mich von dort in meinem Büro angerufen habe. Ja,

Knuth hat mich gebeten, dir zu helfen, und unter die Arme soll ich dir, dich fassen! – Du bist doch nun schon so lange allein, ich meine mit ohne Mann und im Bett doch auch! – Oder? – „Ja, oder, was noch!?" – Ja, er dosierte gut!? – Bin ich denn eine Nutte!? – Schon für euch!? –

Es kam aber noch besser!

Wer von uns Ostzonalern wußte schon, daß in Köln u.a. auch die Nordwerke residierten? Ich merkte sehr schnell übrigens, daß wir von vielen Dingen des eigentlichen täglichen Lebens und auch in kulturellen Dingen nur gar nichts wußten! – Wieso hatten die Holländer und Belgier, und, und, noch Könige oder Queens!? – Wer war das nun schon wieder „Farra Diva" oder Liz Tailor, die Callas. Oh Gott, was hatten die bloß alles bei den Kapitalisten!?

Also fuhr ich zu dem Nordwerk mit der Linie 9 nach Niel, zu den Lords. Das letzte Stück mußte man zu Fuß gehen, etwa 15 Minuten. Da traf ich einen ehemaligen „auch Flüchtling", mit dem ich ins Gespräch kam. „Ja, da rate ich Ihnen, mindestens 100 DM mehr zu verlangen, als Sie sich gedacht haben" sagte er noch zu mir. –

Ich ging, dort angekommen, zur Personalabteilung, nur mußte ich da eine Weile rotieren, bis ich die „richtige" gefunden hatte! – Lord war ja schließlich nicht irgendwer, die hatten viele Personalabteilungen! –

Zu guter Letzt landete ich in der Bauabteilung des Stabes! – Die hatten auch noch viele andere Bauabteilungen, wie ich merkte. –

Hier sprach ich beim Leiter der Hoch- und Tiefbauabteilung, Herrn Dipl.-Ing. Reuf vor. – Nach längerem Gespräch sagte er zu mir: „Ich glaube, ich sollte Sie nehmen, Herr Paulsen, Sie scheinen mir der rechte Mann zu sein! – O.K.", sagte er, als ich ihm sagte, daß ich nicht gerne wieder mit Behörden zu tun haben möchte, „in ein paar Wochen wird auch eine Planstelle in der Hochbauplanung frei, da können Sie auch als Architekt am Brett arbeiten! – Da muß ich aber erst noch einen rauswerfen! –

Ich biete Ihnen 1.050 DM im Monat, als Anfang. Sind Sie einverstanden?"

Ja, ich war, denn das waren doch 200,00 DM mehr im Monat und auch mit Aussicht auf mehr! – Das war für unseren Neuanfang doch von Bedeutung!

Also, dann bis Montagmorgen! – Auf Wiedersehen! –

Übrigens war Herr Reuf auch Thüringer, und ich stellte dann fest, daß da noch ein paar davon in dieser Stabsabteilung waren.

Als ich dann am Montag darauf dort aufkreuzte, konnte ich direkt in der Hochbauplanung als Architekt am Reißbrett Platz nehmen, denn der Boß hatte den „anderen" noch am Freitag rausgeschmissen, wie er sagte.

Als erstes rief ich natürlich beim Baurat an, um ihn über meinen Gesinnungswandel zu informieren. –

Oh weh! Seine Frau war am Apparat und war ganz fassungslos, als ich ihr mitteilte, daß ich absagen müsse! – Aber um Himmels Willen, Herr Paulsen, Sie wissen gar nicht, was Sie da meinem Mann antun! – Er hat den ganzen Tag von Ihnen geschwärmt und hat allemögliche Pläne geschmiedet, auch Urlaubspläne! Endlich, hat er gesagt, habe ich meinen Nachfolger gefunden! – Nein, das muß ich ihm aber vorsichtig beibringen! – Natürlich kann ich verstehen, daß für Sie 200,00 Mark in Ihrer Situation viel bedeuten! – Ja, wie schade für uns! –

Aber noch mal zurück zu Margot, da war gleich am nächsten Tag Waldemar wieder aufgetaucht! Guten Morgen, liebe Margot, begrüßte er sie. – Wieso sind wir per „Du"? sagte sie. – Na ja, ich dachte!? – Was wollen Sie denn auch schon wieder, bin ich ein Kindergarten oder eine Prostituierte!? Ist das aber eine Plage mit euch Hummeln!

Nun, da Sie schon mal da sind, nehmen Sie bitte Platz, ich hole uns was zu trinken. Was darf's denn sein? – Ja, wenn du'nen Schnaps da hast? –

Ja, dann Prost „Waldemar"! Sag mal, wenn du mir schon helfen möchtest, was wäre denn, wenn Sie mich und die Kinder mit Ihrem Auto nach Berlin bringen würden!? Na? – Ja, das wäre aber doch Beihilfe! – Na ja, ich denke du wolltest mir Beihilfe machen? – Hm, ja, ja, schon. Aber ganz anders, habe ich gedacht. –

Entschuldigen Sie, ich muß in die Küche, mal nach dem Essen sehen. Bin gleich zurück!

Als sie aus dem Küchenfenster schaute, sah sie Käth gerade vorbeigehen. Sie öffnete das Fenster und lehnte sich hinaus. –

Hallo Käth, sagte sie zu ihr, wohin gehst du? – Ach, nur mal zum Konsum, antwortete sie. Soll ich auf dem Rückweg mal reinschauen, hast du von Knuth Nachricht? – Ja, meinetwegen, gerne!? –

Als sie das Fenster wieder schließen und zurück ins Wohnzimmer gehen wollte, stand er plötzlich hinter ihr und sagte: „Bleiben Sie einen Moment so stehen, ich will Ihnen mein Mitbringsel übergeben. – So von hinten herum, denn ich weiß ja, daß Sie in diesen Dingen genant sind. Nur einen kleinen Moment noch. – Aber ich bitte Sie, was machen Sie denn, was haben Sie denn vor? – Sie stoßen mich doch! – „Ach bitte, lassen Sie mich doch mal Ihre Bauchwunde sehen! Bitte! antwortete er. „Aber Sie! Sie fassen mir doch schon mitten rein, wenn ich mich da nicht sehr täusche!?"

„Ja, Margot, soll ich noch auf einen Sprung zu dir reinkommen?" – Ja! Ich meine nein, da ist schon wer drin. – Der Klempner ist da! – „Was macht der denn bei dir?" – Ach, ohh! ja, die Spüle ist es. – „Aber was ist mit dir, liebe Margot? Du bist ja ganz rot im Gesicht!" Ach, ohho! Die ganze Suppe ist am Überamkochen! – „Ein andermal dann eben. – Was ist mit deiner Gardine!? –

Na, dann sag dem Klempner, daß bei mir der Empfänger repariert werden muß! – Fritz ist morgen den ganzen Tag nicht zu Hause, das kannst du ihm ausrichten!" –

So, jetzt reicht es mir aber, hau endlich ab und laß mich in Ruhe!!! – Endlich, denn die Kinder müssen gleich aus der Schule kommen! –

Und außerdem habe ich auch noch was Wichtigeres zu tun, als mir von Ihnen die Zeit vertreiben zu lassen! – Obwohl, ach, vergiß es! – Solche Drängeleien, die habe ich gern! –

– Vielleicht sollte ich eine Bedürfnisanstalt aufmachen? – Ich meine keine Pinkelbude. – Ja, ja, Vöglein im Walde! –

Horst hatte mich tatsächlich aus West-Berlin angerufen. Ich habe ihn dringend gebeten, sofort nach Hause zu fahren und Margot mit den Kindern nach Berlin zu bringen, denn wie er sagte, wären auf den Straßen keine Kontrollen gewesen! – Ich mache es dir wieder gut, hatte ich noch zu ihm gesagt. – Aber das hatte er Margot dann
doch nicht angeboten, und im nachhinein bin ich gar nicht mehr so sicher, ob er von
West-Berlin angerufen hat. – Wo sollte er übrigens meine Telefonnummer hergehabt
haben? Und wo wußte er her, wo ich in Köln beschäftigt war? –

Die ersten Wochen wohnte ich, wie gesagt, bei Hans, er nahm mich abends schon
mal mit in seine Stammkneipe „Hopp am Hahnentor", wo ich beispielsweise das
obergärige Kölschbier kennenlernte, was mir zu Anfang gar nicht gut schmeckte, ich
sagte damals, es schmeckt wie abgestandene Füße! – Heute trinke ich es vorzugs-
weise. – Ja, Hans zeigte mich damals bei seinen Freunden und Bekannten herum,
wie man so sagt! Hier, das ist der ehemalige Stadtbaudirektor aus Rudolfstadt in
Thüringen, mein Vetter, stellte er mich vor. – Viele begafften mich, oder sie bemit-
leideten mich vielleicht auch nur. – Mir war es natürlich peinlich, hinzu kam, daß
ich, wie schon gesagt, mir sehr dumm vorkam, von wegen der „Böhmischen Dörfer"
auch. Im Büro ging es mir anfangs ähnlich mit vielen Fachbegriffen und neuen
Baumaterialien, die ich nicht einzuordnen wußte. – Wie gerade vom Mond gefallen,
kam ich mir oft vor! – Das war mit dem Arbeitsgerät so, wie mit dem Klopapier!

Ja, hier war alles anders, alles neu, man mußte regelrecht von vorn anfangen! Da
war beispielsweise die Frage Rentenversicherung, Krankenversicherung, Arbeitsamt,
Flüchtlingsamt, Wohnungsamt, Arbeitsrecht, Baurecht, Steuerausgleich und so weiter! – In der DDR wurden einen maximal 60 Mark vom Gehalt einbehalten für die
Renten- und Krankenversicherung! – Hier waren das etwa 16 Prozent vom Bruttoge-
halt zuzüglich des gleichen Betrages vom Arbeitgeber! –

Mit dem Sex hatte ich in diesen Wochen keine Probleme, nicht, weil ich inzwischen impotent geworden war, sondern weil die Putzfrau von Hans, die wöchentlich
zweimal kam, da guten Rat wußte! – Die Whiskyflasche und der Grand-Marnier
standen doch immer im Kühlschrank, und da sie sich von Hans ausbedungen hatte,
daß sie von ihm mit Alkoholitäten und sonstigen Tätlichkeiten gut versorgt würde,
schenkte sie auch mir immer einen mit ein. – Und wenn Hans seinen Verpflichtungen nicht nachkam, hielt sie sich an mich! – Und da Hans ja zur Zeit anderweitig
Pflichten eingegangen war, war er ganz froh, wenn ich ihm von Frau „Putzteufel"
entlastete! – Trotz ihrer Korpulenz war sie jedoch eine ansprechende Gespielin. Besser als gar nichts jedenfalls doch, denn sie war dabei sehr einfallsreich. – Das Schlafzimmer war selbstverständlich das Normale, aber im Wohnzimmer gab es doch noch
Couch und Sessel und das Klavier! – Am liebsten hatte sie es im Treppenhaus, und
wenn jemand kam, zögerte sie unseren Rückzug bis zum letzten Moment hinaus, so
daß dann die Funken flogen! Dabei durfte ich, außer den Schuhen und Strümpfen und
der Krawatte, nichts weiter anhaben! – Sie selbst trug Gardies besten Hut, Nylons
mit Strapsen und lange weiße Handschuhe dabei. –

Ja, das hatte sie sich bei ihrem Arbeitsantritt ausbedungen, wie sie mir versicherte. – Was habe ich schon von dem Geld? – Mein Mann bringt auf dem Gebiet

doch nichts mehr, ergänzte sie noch. – Spaß muß doch auch sein, auch bei der Arbeit! – Was meinst du denn, mein Lieber? –

Ja, antwortete ich ihr, aber die meisten Menschen haben keine Zeit für diesen Spaß! – Und das ist sicher sehr schade! –

Scharmützel und Schikanen

Nach etwa vier Wochen zog ich in die Gartenstadt Nord, es war in der Nähe der Firma. Ich hatte durch eine Empfehlung ein möbliertes Zimmer bei Schusters bekommen, und da sie noch keine Kinder in ihrem Häuschen hatten, war es auch nicht zu teuer für mich.

An meine neue Anschrift schickte Margot dann auch die Pakete und Briefe, natürlich adressiert an Frau Brunhilde Schuster.

Sie schrieb mir, daß sie damit beginne, unseren Haushalt aufzulösen, und natürlich müsse sie dabei sehr geschickt zu Werke gehen. – Schon wegen der Hummeln, wenn du mich verstehst!? – Aber dein Vater betreut mich dabei sehr gut, er hat immer wieder neue Ideen!

Die Wohnzimmergarnitur und den Teppich habe ich an Hellwichs verkauft, die haben mir einen guten Preis gemacht. Fritz sagte, daß du damals, als du seinen neuen Dachstuhl für den Umbau gezimmert hast, ja nur ein Trinkgeld dafür verlangt hättest! – Heinz hat den Kühlschrank, zwei Sessel und unsere Daunendecken geholt. Damit sind unsere Erbausgleichsschulden abgedeckt. Er hat es mir schriftlich bestätigt. – Das war natürlich eine Nacht- und Nebelaktion! – Schon wegen der Nachbarn nicht ganz ungefährlich. –

Hellwichs wollen das in der Nacht meines „Abfluges" auch so machen, sie brauchen es ja nur über die Äcker und Wiesen zu tragen!

Fred will sich dann auch schadlos halten, nämlich die Küchen- Schlaf- und Kinderzimmermöbel austauschen, und natürlich auch andere Einrichtungsgegenstände, Geschirr und ähnliches verschwinden lassen! – Er hat mir dafür tausend Mark gegeben. –

Hoffentlich geht es bald los, ich sehne mich so sehr nach dir! Die Kinder natürlich auch, die wachsen mir mit der Zeit schon über den Kopf! – Übrigens hat Peter bei der Post eine Ferienarbeit bekommen, und Jürgen habe ich mit ins Kinderferienlager, in der Nähe von Berlin, geschickt. – Ursprünglich sollte ich als Betreuerin da mit hinfahren, aber dann haben sie wohl gedacht, daß ich da ja die beste Chance hätte, abzuhauen! – Da wären so einige doch ganz schön aufgeschmissen! – Da müßten sie sich ja umorientieren! –

Natürlich hatte ich auch Neider im Büro, und wie sich so nach und nach herausstellte, mehr als es mir lieb sein konnte. – Sie boykottierten mich, wo sie nur konnten, sie fühlten, daß ich ein neuer Konkurrent werden könnte. Entweder warf einer mit Knetgummi nach mir, natürlich von hinten, daß ich nicht sehen konnte, wer es gewesen war, oder sie stießen beim Vorbeigehen an mein Reißbrett an, so daß die Tusche über meine Zeichnung lief.

Mein gewohnter Arbeitseifer paßte einigen Herren gar nicht ins Konzept. Den ganzen Tag immerzu nur arbeiten, igittegit, wo sollte so was hinführen, ja, wo kämen wir da hin!? – Ja, auch das mußte ich noch lernen, nur wußte ich nicht, ob so was erlernbar ist? – Sie, einige „sie", wollten ab und zu ein Schwätzchen machen, privat herumtelefonieren und natürlich morgens erst mal die Zeitung lesen. – Diese Voraussetzungen hatte man in der DDR gar nicht. Da hatte doch nicht jeder eine eigene Telefonanschlußnummer, na, und die Zeitung, da stand ohnehin nichts Interessantes drin. Jeden Tag das Gleiche!

Ja, und das Gehalt wollten sie nach Hause tragen, und, wenn möglich, auch noch Karriere machen. Und da kommt da so ein Halbrusse aus dem Osten und macht ihnen womöglich noch einen Strich durch die Rechnung!? –

Wie ich dann so herausbekam, waren in der Hochbaugruppe zwei Stellen vakant. Die des Gruppenleiters und die des ersten Architekten. Insgesamt war die Gruppe zwischen acht bis zehn Mann stark. Darunter waren auch zwei Damen, eine davon war eine Pastorentochter aus Thüringen. – Natürlich unterhielten wir uns miteinander, und natürlich wollten sie wissen, wo ich herkam und was ich vorher alles schon gemacht habe. – Na ja, der Stadtbaudirektor und das neue Haus, das ich nicht mitgebracht hatte, gaben der Spekulation viel Spielraum. – Gegenüber unseres Büros war die Bauleitungsabteilung, mit Peter Wengen an der Spitze. Er war Rheinländer und auch ein aktiver Typ. Sein Atlatus kam aus der Nähe von Erfurt, er hieß Kurt Pfank. – Übrigens, welch ein Zufall, daß sein Bruder in Jena im gleichen Institut tätig war, wie mein Bruder Fred.

Auch Franz der Pitrich, war in der Bauleitung, er hatte einen roten Stoppelschnitt auf dem Kopf. Mit ihm, und später auch mit Kurt, hatte ich ein gutes Verhältnis, nicht, was Sie denken könnten, nein, ich meine Beziehung, nein, Sie werden schon verstehen, eine Freundschaft, meine ich!

Franz war einverstanden, daß Margot auch ab und zu ein Paket an ihn schickte, und nahm mich am Wochenende auch mal in seinem Wagen mit. Dabei war er katholisch, und das machte mir gar nichts aus, wenn er Sonntagmittags eben mal in eine Messe oder so was ging. Manchmal ging ich auch mit hinein! – Aber er half mir auch immer aus, wenn mein Geld sich so schnell verflüchtigt hatte. Da lieh er mir schon mal einen Fünfziger, um über die Runden zu kommen. – Ich warf das Geld zwar nicht zum Fenster raus, aber ich brauchte dringend neue Oberbekleidung, denn in meinen ostzoalen Anzügen, Hemden und Schuhen war ich einfach daneben! – Hinzu kam, daß ich auch etwas Geschirr brauchte, um mir mein Frühstück und Abendessen zu bereiten. –

Den Nachtisch bereitete mir meist am Wochenende Brunhilde! – Ihr Gatte, wie sie ihn titulierte, war bei der Feuerwehr und mußte zu ihrem Leidwesen oder auch Glück des öfteren zum Einsatz. – Manchmal mußte sie mich auch wochentags mitten in der Nacht aufwecken, damit ich ihr eine Schlaftablette verabreichte! Sie war schon eine richtige Brunhilde, im Nehmen und im Geben. – Sich-hin! –

Nun waren schon ungefähr sex Wochen vergangen, seit ich fort war, und Margot forcierte ihre Vorbereitungen zu ihrer Flucht. Sie hatte alles, was möglich war, außer Hauses gebracht, denn es war ihr klar, daß jede Mark wichtig war, die sie mitnehmen und „drüben" umtauschen konnte! – Damals bekam man noch eine Westmark für vier Ostmark. –

Später fiel der Kurs auf zehn bis zwölf Ostmark für eine harte DM. –

Ach, da kam er auch schon wieder mit seiner „großen Überraschung!" – Ja, er wolle doch nur mal wieder nach ihren reizenden Narben schauen, und sicher müsse doch auch die offene Wunde behandelt werden? – Ach, Sie Fliege schon wieder!? – Ich habe keine offene Wunde, ich will Sie nicht mehr hier haben, Sie mit ihren Ungewöhnlichkeiten! – Ich fahre bald zu meinem Mann, können Sie das denn nicht verstehen?

Natürlich verstehe ich das, aber denk doch daran, daß der Weg weit ist und Hunger bekanntlich sehr weh tun kann! – Ach Sie, gehen Sie weg, ich will nichts mehr davon hören und sehen!

Dann kreuzte Gunnar aus Berlin auf. Erwin war inzwischen in Berlin die Treppe noch höher hinaufgefallen, wie sie berichtete.

Als sie gehört hatte, daß ich abgehauen sei, sagte sie zu Margot: „Ich helfe dir selbstverständlich, ich bringe dich hier raus, das wäre doch gelacht!"

Hör mal, ich habe in Berlin eine tolle Freundin, Maria heißt sie, und die möchte in Thüringen gerne mal ein paar Wochen Urlaub machen. Vielleicht kann sie bei deiner Schwiegermutter wohnen? Was hältst du davon!? –

Sie ist eine prima Frau, die dir bestimmt bei deiner Flucht hilft!

Maria kam dann Ende Juli und zog nicht in Omas „Minigästezimmer", sondern mit bei Margot im Schlafzimmer ein, in mein Ehebett sozusagen. – Sie hatten sich auf Anhieb gut verstanden und waren sich gleich sympathisch. – Gleich am ersten Abend, als sie nach ein paar Gläsern Wein ins Bett gegangen waren, erzählte Maria, daß sie noch immer ledig sei, aber sie hoffe, daß sie hier in Rudolfstadt was erleben würde. „Wenn du gerne tanzt, dann könnten wir ja mal zusammen ins Ernst-Thälmann-Haus gehen!? – Oder woran hast du gedacht?" –

Weißt du, Margot, tanzen kann ich auch in Berlin, und Männer habe ich auch schon viele gehabt, auch im Bett, aber so einen richtigen, ja, wie soll ich sagen? – Einen Mann, der mich mal so richtig fertig machen kann, habe ich bisher noch nicht gefunden!? –

Weißt du, hier gibt es so einen, aber der ist nicht mehr ganz neu, hat aber eine enorme Durchschlagkraft mit seinem Drum und von Hintenrum! –

Sag, wer ist das, und woher weißt du das? Wie komme ich da dran? – Na ja, der belästigt mich, seit mein Mann weg ist, der kreuzt immer wieder mal bei mir auf! – „Ich verstehe!" –

Na klar, Mensch, ruf ihn an, und laß ihn kommen! – Am liebsten gleich, ich bin schon ganz heiß! –

Du hast doch nichts dagegen? – Wir werden uns schon arrangieren, ich hoffe, daß er außerdem auch eine hohe Potenz mitbringt!? – Nein, natürlich nicht, ich meine ja, ich habe nichts dagegen! Wie sollte ich? – Und der wird froh sein, daß ich ihm endlich mal was bieten kann! – Waldemar war sofort zur Stelle, so eine Gelegenheit ließ er nicht vergehen.

230

Ja, Margot, meine Liebe, das werde ich dir nie vergessen! – So ein tolles Geschenk! – Wie kann ich dir das wieder gutmachen!? –

Sie verabredete sich mit Waldemar noch des öfteren, natürlich nicht in unserem Schlafzimmer! – Das wäre für Margot auch eine Zumutung gewesen! Ich hatte ihr in meinem letzten Brief noch mal gesagt, daß sie nicht mehr lange warten könne, und daß das Loch noch offen sei! Du wirst doch noch Lust haben, nach hier zu kommen!? –

Ohne weiteren Verdacht zu erregen, hatte sie mit großer Lust und mit viel Mumm ganz intensiv gearbeitet, um sich loszureißen und mir nachzukommen! Mit Maria hatte sie sich verständigt und das weitere Vorgehen abgesprochen. Am Vorabend war sie, genauso wie ich, auch noch einmal zu „Kriegers" nach Mörla gegangen. Sie hatte ihr Strickzeug dabei und strickte eifrig an Peters Pullover.

Du bist so still heute abend, sagte Steffi zu ihr, ich dachte eigentlich, daß du heute gar nicht hier seiest, weil deine Wohnung hell erleuchtet war, als ich vorhin vorbeigegangen bin!? – Ja, weißt du, da muß ich wohl vergessen haben, das Licht zu löschen, und ab morgen habe ich keine Zeit mehr, den Pullover fertigzumachen. – (Also waren „sie" schon am Ausräumen!?)

Sie blieb dann auch nicht mehr lange, denn morgen früh hieß es doch „Auf geht's!" –

Sie gingen getrennt zum Bahnhof, nachdem sie sich von Oma und Opa unter Tränen verabschiedet hatte. Natürlich auch von Waltraud und Fred! – Die Kinder und ihre Eltern durften davon ja nichts wissen, wie auch ihr Bruder Gerald und Familie! War er doch inzwischen zum Hauptmann der Volkspolizei avanciert. Nach 1946 war er in die Volkspolizei eingetreten, hatte dann in Berlin im Wachbattaillon „Wilhelm Pieck" gedient und danach die Polizeischule in Weimar absolviert. – Jetzt war er Stellvertreter des Leiters des Kreispolizeiamtes in Sonneberg. –

Sie traf sich dann mit Maria im Zug wieder. – Und auf dem Wege zum Bahnhof hatte sie eine leitende Angestellte der HO getroffen. – „Na, Frau Paulsen, wo soll es denn hingehen?" sagte sie. – Ach, ich muß mal wieder zum Professor Herold nach Jena, antwortete sie. – Und wenn die Teufelchen schon mal unterwegs sind, sind sie alle da, dachte sie, als auch noch der Stadtkämmerer Hammel zustieg und ihr die gleiche Frage stellte. – Das ist derselbe Mann, der schon am Fahrkartenschalter stand, als ich meine „Berlin-Fahrkarte" holen wollte, vor sechs bis sieben Wochen. –

Ein Glück war es dann, daß die beiden (vielleicht Observatoren) in Orlamünde den Zug verließen, denn in der nächsten Station, in Jena, sollte Peter auch in den Zug, der nach Berlin ging. – Fred brachte ihn mit dem Motorrad dahin. – Dem Schein halber stieg Margot aber in Jena kurz aus und täuschte vor, zum Professor zu gehen. Die Zeit reichte aber, eine neue Fahrkarte zu lösen und in den Berlinzug einzusteigen! – Ab ging die Post, mit Peter und mit Maria! – Das war nur eine Vorsichtsmaßnahme! –

Am berühmten Kontrollpunkt in Berlin-Schönefeld hatten sie Glück, denn in ihrem Abteil waren sonst nur noch „Berliner", so daß die „Karibineries" glaubten, daß sie alle Ost-Berliner seien und die Paßkontrolle nicht so genau nahmen! – Danke, und gute Weiterreise, Genossinnen und Genossen! – Ja! – Brüder zur Sonne, zur Freiheit, stimmten sie die „Internationale" an. –

Ja, und so war Margot mit Peter ersteinmal, und schon, in Ost-Berlin!

Sie wohnten zunächst bei Schwatzkis, und Maria war aktiv am Koffer- und Pakete-Transport nach West-Berlin, zu Bekannten von meiner Tante „Luise", zu ihren alten Kampfgefährten. –

Ja, und die „Heil Hitler" Tante Luise hatte sich, mit ihren siebzig Jahren, bereiterklärt, unseren Jürgen, der am 11. August aus dem Ferienlager zurück kam, in Rudolfstadt in Empfang zu nehmen und direkt nach West-Berlin zu ihren alten Freunden zu bringen.

Margot war dann am 12. August gegen Abend mit Peter auch dahin übergewechselt, in der Hoffnung, daß Jürgen inzwischen auch schon da sei! – Aber noch waren sie nicht da!

Am 13. August, noch sehr früh am Morgen klopfte es an Margots Tür! „Hallo, Frau Paulsen, entschuldigen sie nur, aber da muß wat los sein! – An der Sektorengrenze, meine ick. – Die Kommunisten und die Russen bauen ne Mauer, wie se im Radjo sachen!" sagte ihr Herr Schulze! –

Oh Gott, unser Jürgen ist doch noch „drüben"! – Warum haben wir bloß solange gewartet!? Ihr traten Tränen in die Augen. –

Sollte alles aus sein? –

Nu mal Kopp hoch, kleenet Frauken, so schnell schießen ooch de Russen nich! Und so schnell ham'n die nich gleich allet dicht! – Abwarten, ruhig bleiben, und Tee trinken! – Als sie am Nachmittag immer noch nicht da waren, sagte Margot: „Wenn Jürgen bis heute abend nicht hier ist, war alles umsonst, da gehen wir wieder zurück!" –

Peter, der Naseweis, hatte die nähere Umgebung schon inspiziert und kannte sich mittlerweile schon gut aus und schaute sich den „Mauerbau" am Bahnhof Gesundbrunnen an. – Plötzlich brach er in Jubelrufe aus! – Er hatte Tante Luise mit Jürgen zu Gesicht bekommen. – Los! Nun kommt schon, unsere Mutter ist schon ganz am Verzweifeln! Die flennt schon den ganzen Tag! – Wo seid ihr auch bloß so lange? –

Tante Luise erzählte dann, daß sie den Zug verpaßt hätten, und hier in Berlin fänd sie sich auch nicht mehr so zurecht. – Die Kontrolleure hätten nur gesagt: „Na, altes Mütterchen, wo wollen sie denn hin mit dem Kleinen?" – Ach, ich bringe ihn zu seiner Mutter, nach Pankow. – Ach so, na dann gute Reise! Die haben nicht mal nach meinem Ausweis gefragt.

Sie fuhr am Montag gleich wieder nach Thüringen zurück, bevor die Mauer ganz dicht wurde.

Und Margot fuhr, in Begleitung von Herrn Schulze, mit der Straßenbahn ins Lager nach Marienfelde!

Lust und Liebe

Am Montag, am 14. August 1961, einen Tag nach Beginn des „Mauerbaues" zwischen Ost- und West-Berlin, saß ich völlig niedergeschlagen an meinem Reißbrett und hätte heulen können! – Da wird nun alles aus und vorbei sein, waren meine Gedanken. – Der „letzte Zug" ist nun abgefahren!? – Die Kollegen bekundeten mir ihre Anteilnahme und versuchten mich zu beruhigen, das konnten sie durchaus verstehen! – Nicht den Bau der Mauer, allerdings! –

Da klingelte mein Telefon, ich nahm ganz automatisch den Hörer ab und verstand erst einmal kein Wort. – Dann hörte ich „ihre" Stimme! – Hurra!!! brüllte ich und sprang ganz spontan mit beiden Beinen auf meinen Zeichentisch, nicht bedenkend, was ich tat! – Wo bist du, wo seid ihr!??? – „Wir sind in Berlin, in West-Berlin!!!" – Sind die Kinder auch dabei!? – Wunderbar!!!

So ein Tag wie heute, der dürfte nie vergehen! – Wann kommt ihr nach Köln? – Was, es dauert mindestens noch eine Woche!? – Ach so, ihr seid im Lager Marienfelde. – Das ist ja eine Ewigkeit! Was, was sagst du? – Hallo! – Hallo! – Tut, tut, tut. – Das Gespräch unterbrochen! – Sicher kein Geld mehr!? –

Was trinken wir jetzt!? – Wo kriege ich Sekt her? – Das müssen wir begießen! Ob der Chef was dagegen hat? – Ach wo, solche Gelegenheiten werden bei uns immer gebührend gefeiert! – Frau Hansen, die Sekretärin von der Bauleitung, besorgt uns welchen! – Ja, Frau Hansen war auch gleich zur Stelle und gratulierte mir auch zu diesem Ereignis. Und viele Kollegen von den anderen Fakultäten kamen dazu. – Den Sekt und Bier und so lieferten die „Baufirmen", das taten sie doch gerne, auch bei weniger spektakulären Veranlassungen!

Nach Dienstschluß feierte ich noch in der „Stammkneipe" bis spät in die Nacht hinein mit sogenannten Kneipenbrüdern und -schwestern. Auch meine Wirtsleute hatte ich eingeladen. –

Das tut mir aber sehr leid für mich, daß deine Frau jetzt kommt, flüsterte sie mir zu. – Aber einmal mußte mir noch gefällig werden, fügte sie hinzu.

Auch Herr Reuf hatte mir gratuliert und sagte: „Ja, da muß ich Ihren Vertrag ja noch ergänzen, dahingehend nämlich, daß die Firma sich bereiterklärt, Ihnen eine sogenannte Betriebswohnung zu beschaffen!" – Das bedeutete, daß man mir eine sogenannte Sozialwohnung, die vom Werk gefördert wurde, in Aussicht stellte. Ich stellte sofort einen Antrag beim Wohnungsamt der Stadt, denn die teilten die einzelnen Wohnungen im Endeffekt zu. – Auch einen Antrag auf Ausstellung eines „Flüchtlingsausweises", empfahl man mir.

Margot hatte ihre liebe Not mit den beiden Jungens, sie waren Hans Dampf in allen Gassen, wie man so sagt. Alles interessierte sie natürlich, war doch hier alles anders, viel schöner und augenfälliger, vor allem die Schaufenster. Nicht wie zu Hause, wo beispielsweise anstatt richtiger Würste nur Attrappen im Fleischerladen ausgestellt waren. – Vieles hatten sie zuvor noch nie gesehen! – Wie im Schlaraffenland fanden sie es. –

Ihr sollt doch auf unsere Koffer und Kartons aufpassen, ihr Lümmel, und nicht immer weglaufen! Sie waren, mit Abstand, die meist bepackten Flüchtlinge weit und breit! – Es war wohl die am besten vorgeplante Flucht seiner Zeit! Vielleicht mit Wissen oder Duldung der zuständigen Stellen und Verantwortlichen!? – Who knows? Ja, wer konnte schon wissen, ob man den einen oder anderen noch mal gebrauchen kann!? – Wofür immer!? –

Bei jedem Standortwechsel brauchte sie fremde Hilfe. Sie selbst schleppte das Gepäck wie ein Tragesel oft hin und her! – Wollt ihr wohl mit aufpassen, ihr wißt doch, daß alle wie die Raben klauen! An jedem Abend war sie völlig geschafft! – Dann kam die Familie Kasinski, die sie schon eine ganze Weile beobachtet und bewundert hatte, auf sie zu und bot ihr Hilfe an.

Oh, danke sehr, das ist aber sehr lieb von Ihnen. – Paulsen ist unser Name. Sie haben recht, so schwer hatte ich mir das auch nicht gedacht, aber bald haben wir es hier erstmal überstanden, denn morgen werden wir nach Friedland ausgeflogen! – Das muß in der Nähe von Hannover liegen!? – Aber wir wollen nach Köln, zu unserem Vater. – Der erwartet uns schon sehr ungeduldig! Ach! – Wir wollen auch nach Köln, zu unseren Verwandten, da können wir doch zusammenbleiben und Ihnen ein bißchen zur Seite stehen, wenn's recht ist!? – Oh ja, ist mir das recht! – Sie hatten eine Tochter dabei, die geistig etwas zurückgeblieben schien.

Telefon: Hallo! – Ist dort? – Bist du's? – Ja, hier ist Margot! – Ja, wir sind heute in Hannover gelandet, es war ein herrlicher Flug, die Jungens waren hellauf begeistert, wie du dir sicher denken kannst! – Inzwischen sind wir mit Bussen hierher, nach Friedland ins Lager gebracht worden. – Morgen sollen wir, „die Kölner", mit der Bahn weiter nach Waldbröhl ins Auffanglager gebracht werden. – Ich weiß nicht genau, wo das liegt, aber man sagt, daß es nicht allzuweit von Köln weg liege. – Erkundige dich doch mal, und vielleicht könntest du übers Wochenende zu uns kommen!? – Bitte! – Ja! O.K., das mache ich natürlich, Liebling! Du kannst versichert sein, daß ich so schnell wie möglich bei dir, bei euch, auf der Matte stehe! – Ob die dort auch Betten haben? – Du Wüstling, du bist scheinbar immer noch der Alte! – Aber ich freue mich ja auch so sehr darauf, Liebling, du! – Na warte nur! – Du auch! – Tschüß! Ich rufe gleich an, wenn wir dort gelandet sind. –

Waldbröhl? – Ja, das liegt im Bergischen Land, das wird so an die siebzig bis achtzig Kilometer von hier sein, so die Kollegen. –

Über die Bahnauskunft erfuhr ich, daß man sowohl per Bahn als auch per Bus hinfahren könne. –

Ich entschied mich für die Bahn, das ging schneller als mit dem Bus und war auch billiger. Franz lieh mir noch mal fünfzig Mark, denn das Gehalt, mein zweites hier, bekam ich erst in der kommenden Woche, so um den Fünfundzwanzigsten herum! –

Natürlich trieb es mich jetzt wieder zu Frau und Kindern, den Meinigen! Ich fuhr noch, oder auch schon, am Freitagnachmittag. Mein Chef ließ mich schon etwas früher gehen, damit ich den Zug noch erreichen konnte. Diese Bahnlinie war nicht so stark frequentiert, weswegen täglich nur zwei oder drei Züge dorthin gingen. Am frühen Abend kam ich in Waldbröhl an. Ich fragte mich durch, wo das Lager zu finden sei? – Etwa eine halbe Stunde später kam ich mit meiner Aktentasche unterm Arm an. – Für die Kinder hatte ich Schokolade und Kaugummi und für Margot einen Rosenstrauß mitgebracht, alles im Rahmen meiner bescheidenen Möglichkeiten natürlich.

Ja, und dann war es soweit! – Sie kamen mir in der Lagerstraße entgegengelaufen. – Hallo, Vati! schrien die Jungens, oh wie schön, daß wir dich wiederhaben! – Sie sprangen an mir hoch und drückten und küßten mich! – Margot stand dabei und lächelte, sie freute sich sehr.

Ach, was bin ich froh und glücklich, dich wiederzusehen und dich endlich wiederzuhaben! – Nach all den Kummer! – Wir fielen uns um den Hals, die Tränen konnten wir beide nicht unterdrücken! – Komm herein, in die gute Stube! Wir haben ein Zimmer für uns allein, sogar mit vier Betten, ist das nicht schön? – Ja, wunderschön ist das. Aber für die erste Nacht werden sicher drei Betten reichen, flüsterte ich ihr leise ins Ohr. – Na? Du wirst ja noch rot im Gesicht! – Na ja, ob das Keuschheit oder Scham ist? – Ich bin mir da nicht sicher, antwortete sie.

Wir haben alle viel Hunger, sagte sie dann, und du sicher auch. Ich denke, wir gehen zur Feier des Tages mal da vorne ins Restaurant zum Essen! – Oh, wie fein, jubelten Peter und Jürgen, das ist aber toll! – Ich esse Fritten mit Ketchup, sagte Jürgen. Und ich ein Brathähnchen mit Fritten und einen großen gemischten Salat, war Peters Wunsch.

Oh, ihr Götter! Ich weiß nicht, ob ich noch soviel Geld habe, bekomme ich doch nächste Woche erst wieder mein Gehalt, mein zweites hier im Westen! – Es war mir richtig peinlich, daß ich nun im „Goldenen Westen" meiner Familie nicht alles bieten konnte, was so geboten wurde!

Ich war sicher, daß Margot das verstand, aber die Kinder bestimmt nicht!? – Denkste! – Vati, sagte Peter sofort: „Ich habe gar keinen großen Hunger, mir reichen auch Fritten mit Mayonnaise und vielleicht noch eine Cola dazu. – Ich bitte auch eine Cola, sagte Jürgen!

Also, jetzt nur keine Angst oder gar Panik, meine Lieben. – Schließlich bin ich ja auch noch da! – Ich halte euch alle frei! – So arm sind wir Ostzonaler ja nun auch wieder nicht, fügte Margot hinzu. – Zur Erklärung sagte sie: „Wir haben doch noch soviel wie möglich Kapital aus unserer Flucht geschlagen. Ich habe mehr als dreitausendfünfhundert Ostmark bis nach hier durchgeschmuggelt. Dafür habe ich hier fast tausend DM West bekommen, mit meinem Charme natürlich nur! – Was sagt ihr nun!? –

Kunststück, sagte ich jetzt, wenn man so gut aussieht wie „DU"! – Ja! Und außerdem soll ich auch Arbeitslosengeld bekommen, wie man mir sagte! – Wenn auch nicht viel, aber es hilft uns weiter! – Arbeitslosengeld? – Was ist das denn? – Mir hatte niemand was davon gesagt!? –

Der Abend verlief sehr harmonisch und bei froher Ausgelassenheit! Wir waren rundum glücklich und zufrieden.

Es gab ja auch so viel zu erzählen. „Vati, weißt du? Hast du schon gesehen? – Keiner konnte da zurückstehen, und alle hatten doch ihre kleinen und großen Erlebnisse nach meiner und bei ihrer eigenen Flucht gehabt! – Margot hielt sich zurück, wahrscheinlich, damit die Kinder auf ihre Kosten kommen sollten, oder aber auch, um manches der letzten Wochen zu sortieren und innerlich zu verkraften!? –

Kurz vor Mitternacht brachen wir auf, nachdem wir alle ein ausreichendes Menü verzehrt hatten. – Peter auch sein Hähnchen! – Die Jungens schliefen auch bald ein. – Aber wir beide waren so aufgewühlt und in Gedanken, daß wir noch lange wach lagen und redeten und redeten. – Und dabei einschliefen! –

Erst am Samstagnachmittag hatten wir Zeit für unsere persönlichen Bedürfnisse. Die Jungen bekamen Kinogeld, damit sie aus dem Haus waren. Eine Flasche Sekt leisteten wir uns vorher aber noch! – Es war nur eine nicht ganz so teuere Flasche! – Danach gab es aber keine Zurückhaltung mehr, und da die Matratzen mehr einer Hängematte glichen, bevorzugten wir den Fußboden und den Tisch zum Liegen und zum Sitzen und dazu! –

Der Sekt zeigte seine Wirkung, so daß wir keine Hemmungen mehr hatten! – Dann schaute sie zum Fenster raus und zog die Gardine hinter sich zu, die Stores meine ich. Ihren Po schob sie weit nach hinten und bot mir aufreizende Bauchtanzrhythmen dar. Das war für mich eine neue Aufforderung zum Tanz! – Damit machte sie mich ganz verrückt, so hatte ich sie noch nie kennengelernt!? War sie früher bei so was immer sehr still und zurückhaltend gewesen. – Sie schien eine völlig andere, freiere und gereifte Liebhaberin zu sein!? – Wir waren sehr glücklich! – Als ich sie danach darauf ansprach, sagte sie: „Ja, weißt du, da muß wohl der Hummelflug dazu beigetragen haben!?" –

Was heißt hier Hummelflug? fragte ich. – „Ach, das kann ich dir nicht erklären, eigentlich fing es mit der Hosentasche an, die gar keine war!" – Was soll das nun wieder? – „Weißt du, mein lieber Knuth, das kann ich dir nicht erklären, das muß man erlebt haben. – Da hört man die Engel singen und tirilieren!" – Hast du in meiner Abwesenheit vielleicht einen Lehrgang mitgemacht? – „Vielleicht kann man es so nennen!" – Auf alle Fälle hast du viel dazugelernt, Liebling! – Obwohl ich es immer noch nicht verstehe!? –

Wir hatten noch ein schönes Wochenende in Waldbröhl, alle vier, und auch wir zwei! Am Montagmorgen fuhr ich mit einem Werksbus nach Köln zurück. – Ich hatte zufällig erfahren, daß unsere Firma ihre neuen „Ostarbeiter" mit dem Bus täglich hin- und herfuhr. – So konnte ich an den folgenden Wochenenden auch immer mitfahren.

Wieder in Köln, war meine Hauptaufgabe die Beschaffung einer Wohnung. – Ich rief fast täglich beim städtischen Wohnungsamt an, natürlich verlangte ich immer, die Leiterin zu sprechen, weil sie „die" war, und aus eigener Erfahrung wußte ich doch, daß derjenige, der einem immer wieder auf den Nerv geht, am schnellsten bedient wird. – Man will endlich seine Ruhe haben! – Zu Anfang wurde ich natürlich auch hingehalten, denn diese Sozialwohnungen gab es auch nicht in unbeschränkter Anzahl! – Aber nach einiger Zeit hörte ich sie, mit abgedecktem Hörer zwar, wie sie zu einem Mitarbeiter sagte: „Der Paulsen geht mir nach und nach auf den Wecker, geben sie dem eine Wohnung! – Vielleicht die in der Halfengasse in Niehl, die gestern wieder freigeworden ist!? – Hören Sie, Herr Paulsen, rufen Sie morgen meinen Mitarbeiter, Herrn Baldachin, an, der wird Sie weiter beraten." Und so kamen wir relativ schnell zu einer Wohnung, und noch dazu zu einer Neubauwohnung ganz in der Nähe vom Werk, in der Nieler Straße!

Zweihundertvierzig Mark kostete die Dreizimmerwohnung. Natürlich kalt, wie man so schön sagt. – Warm mußten wir sie selber machen, mit einer Kohle-Sumaheizung. Das ist fast eine Zentralheizung, nur mit dem Unterschied, daß man die Kohlen aus dem Keller holen und mit Holz und Streichholz anzünden muß und natürlich das Nachlegen der Briketts nicht vergessen darf! – Natürlich hatte sie ein Bad mit Elt-Durchlauferhitzer, einen Einbauschrank im Flur für Hausgeräte und so und eine Einbauküche! – Letzteres war für uns natürlich von finanziellem Vorteil, auch wenn wir den Herd und den Kühlschrank noch selber kaufen mußten, und natürlich auch die Waschmaschine!

Da das Ganze aber ein Neubaugebiet auf einem ehemaligen Sportplatz war, mußten wir noch bis Ende November mit dem Einziehen warten. Diese Zeit nutzten wir mit dem Aussuchen von Möbeln und Nähen der Gardinen. – Letzteres tat Margot in Waldbröhl, dazu hatten wir uns eine Nähmaschine von Quelle gekauft.

Um die nötigsten Möbel kaufen zu können, brauchten wir natürlich einen Kredit, aber ohne Bürgen war da nichts drin, denn unter zehntausend hätten wir nicht viel machen können. – Hans war dann so nett, für uns zu bürgen. Wir kauften dann alles, was wir brauchten bei den „5-Möbelbrüdern" am Ring. Sogar das Dekorationsradio war mit von der Partie!

Inzwischen bekam ich eine Gehaltserhöhung von 200,00 DM monatlich, und die auch noch rückwirkend vom Beginn meiner Anstellung an! – Das war ein sogenannter „warmer Regen" für uns. – Eine Einrichtungsbeihilfe vom Vater Staat bekamen wir auch, und zwar 1.200,00 DM, aber erst zwei Jahre später! – Typisch Behörde! – Inzwischen hatte ich herausgefunden, daß es erlaubt und sogar gerne gesehen war, wenn man Überstunden machte. – Dazu brauchte man eine Überstundenkarte, die man in die Stechuhr zu stecken hatte, sowohl beim Dienstantritt, als auch bei Dienstende! – Dadurch verdiente ich im Monat so etwa fünfhundert Mark dazu.

Mein Ersuchen auf Ausstellung eines Flüchtlingsausweises wurde mittlerweile abgelehnt, mit der Begründung, daß die Ursache meiner Flucht ja nur innerbetrieblicher und innerparteilicher Schwierigkeiten war. Und als SED-Mitglied sei ich da ja selbst mitschuldig gewesen! – Peng! – Die hatten es herausgefunden! – Margot und unsere Kinder hatten, wie fast alle im Flüchtlingslager, automatisch diesen Ausweis erhalten. – Wozu braucht ein Mensch, der sich sofort Arbeit sucht und auf den längeren Aufenthalt im Lager und auch noch auf Arbeitslosengeld verzichtet, einen Flüchtlingsausweis? – Ist doch ganz klar! – Na, und ob ein SED-Genosse und Stadtbaudirektor aus der Zone, noch dazu mit einem eigenen neuen Haus, wirklich nur ein Flüchtling ist, das wollen wir doch erst mal herausfinden!? –

Daran hatte ich gar nicht gedacht, erst viel später, als wir uns über geöffnete Briefe, die mit Banderole des „Zollamtes Köln-Deutz" wieder verschlossen ankamen, schon nicht mehr wunderten. Auch das Knacken im Telefon und die Befragung, warum wir die Zeitung abbestellt hätten und so weiter, ließen uns in dieser Richtung nachdenklich werden.

Meine Rückstellung der Sendung über Rudolfstadt des Senders Freies Berlin muß wohl auch den Verfassungsschutz stutzig gemacht haben. – Auch einige meiner Kollegen haben in dieser Richtung gedacht, denn als ich nach zehn Jahren zum erstenmal wieder nach Rudolfstadt die Einreise erhielt, wollten sie es nicht glauben! – Ach, das kannst du uns doch nicht erzählen, daß du jetzt zum erstenmal wieder nüber fährst!? – Ich konnte es nur mit meinem Reisepaß beweisen, denn selbst wenn die DDR-Behörden keinen Eintrag gemacht hätten, so waren ja in den vergangenen zehn Jahren auch keine Bundesgrenzschutz-Visas eingetragen. Und ohne diese wäre ich ja auch nicht hinüber gekommen. – Es sei denn, durch einen Tunnel oder mit einem Rucksackhubschrauber! – Einige dieser Kollegen haben sich dann auch bei mir entschuldigt, daß sie so schlecht über mich gedacht hatten und mich auch ab und zu hatten auflaufen lassen. – Ja, war ich vom Regen etwa in die Traufe geraten?, waren meine Gedanken. –

Natürlich besuchte ich meine Familie an jedem Wochenende, jeden Tag war für mich nicht drin, da meine Arbeitszeit nicht so exakt geregelt war, auch durch die Überstunden, die ich gerne machte. Da es ein schöner Spätsommer war in diesem Jahr, gingen wir viel in dieser schönen Landschaft spazieren, es war unserem Thüringer Land sehr ähnlich.

Unsere Jungens hatten Freunde gefunden, wie Margot natürlich auch, und hatten meist keine Lust mitzugehen, dafür wurde unsere Lust immer stärker. Wir balgten uns sozusagen in Wald und Flur richtiggehend herum. – Und da Margot neuerdings in den heißen Monaten sich ganz französisch trug, nämlich im Schritt offen, war es für uns fast egal, wo und wie wir uns herumtrieben. Ob an einem Wiesenrain, im Maisfeld oder am Waldrand. Manchmal zogen wir uns auch aus und sonnten uns dabei. – Auch die Hochsitze der Jäger hatten ihre Reize! – Aufpassen mußten wir nur, daß wir nicht als Wilddiebe eingeschätzt wurden, denn eine Ladung Schrot, so in den Po oder gar in die Intimitäten, das wäre uns gar nicht recht gewesen!

Es war wirklich schön, endlich wieder zusammen sein zu können und so viel Zeit für unsere Liebe zu haben. –

Sag mal, wo hast du das her, daß du in Sachen Sex so gut drauf bist? – Du bist einfach nicht wiederzuerkennen? sagte ich wieder. –

„Ganz sicher warst du in letzter Zeit und während unserer Trennung auch kein Heiliger, und vielleicht hast du dabei auch die Engel singen gehört! – Oder sollte ich mich da in dir getäuscht haben? – Dann wärst du doch nicht Knuth Paulsen? Ich kenne doch meinen Zwillingsgeborenen, dich Charmeur!"

„Du selbst sagst doch immer, daß man im Leben ständig dazulernen muß!!!" – War das ihre Antwort auf meine Frage gewesen!?

Da sich die Fertigstellung unserer Wohnung nun doch noch länger hinauszog, lud ich Margot und die Kinder zu einem Wochenende nach Köln ein. Dabei machten wir einen ausgiebigen Bummel durch die Kölner Innenstadt, und anschließend nahm ich sie mit zu Schusters in die Gartenstadt. – Als die beiden Frauen sich zum ersten Mal begegneten, spürte ich sofort, daß sie sich nicht ausstehen konnten. – Nein danke, sagte Margot sofort, als Frau Schuster uns zum Kaffee einlud! –

Weißt du, mein Lieber, mit dem Übernachten hier in deinem Zimmer mit vier Personen, daß können wir wohl vergessen. Komm, laß uns ein Hotelzimmer suchen gehen. – O.K., sagte ich, du hast ganz recht! – Nur nach etwa zwei Stunden hatten wir immer noch nichts Passendes gefunden, denn es war uns einfach zu teuer. Nein, 20 Mark für ein Doppelzimmer, das war zu viel, und zu viert wollten sie uns auch nicht darin übernachten lassen.

Wir hatten schon daran gedacht, irgendwo im Park zu übernachten, wo doch die Nächte noch recht mild waren!

Aber dann hatte Margot eine gute Idee. „Wie weit ist es von hier bis nach Langenfeld? – Du weißt doch, daß Belzichs da wohnen. Die Schwester von Mohrs Erich, die mit dem „Klarinettenschnabel" verheiratet ist, du weißt doch, der immer auf der Kirmes in Orba mit von der Partie war!?" – Ja, ich erinnere mich. Ja, die haben uns vergangene Woche in Waldbröhl besucht und uns eingeladen!

Das ist eine Idee, sagte ich, und so weit ist das gar nicht von Köln, da können wir mit dem Bus ab Hauptbahnhof hinfahren. Ich hoffe, daß heute am Samstagabend noch einer fährt.

Es fuhr noch einer, und als der Schaffner nach etwa einer halben Stunde Fahrt die Haltestelle „Hakelkreuz" ausrief, rief Margot sofort: „Halt, hier müssen wir raus!" – So sagten sie nämlich „Haltestelle Hakelkreuz". –

Wir stiegen aus und fragten uns nach Bezichs Wohnung durch. Gott sei Dank hatte Margot ihr schlaues Adreßbuch dabei. – Das Durchfragen um diese Tageszeit, nein, Nachtzeit, hätten wir uns erspart, wenn wir im Gasthaus „Hakelkreuz" direkt gefragt hätten, denn wie es sich später herausstellte, waren sie nicht zu Hause, sondern nach Meinung der Nachbarn gegen zwanzig Uhr dahin zum Essen gegangen!

Also zurück Marsch, Marsch, und tatsächlich fanden wir sie da! – Große Freude und herzliches Willkommen war angesagt. Und nach ein bis zwei Bierchen ging es ab zu Belzichs Haus. Wir unterhielten uns noch lange, und dann wurden wir in die „Betten" gepackt. – Am nächsten Tag, nach dem Mittagessen, zeigten sie uns etwas von Langenfeld und brachten Margot und die Kinder am Abend mit ihrem Opel nach Waldböhl zurück. – Ich fuhr mit dem Bus nach Köln zurück. So hatten wir doch insgesamt ein schönes Wochenende gehabt.

Mich ritt danach, in Köln angekommen, noch der Teufel, und anschließend auch noch eine Nutte in der Brinkgasse. – Denn bei meinem ausklingenden Stadtbummel war ich versehentlich dort gelandet. – Die roten Laternen da und die halbnackten Frauen, die dort aus den Fenstern hingen, hatten es mir plötzlich angetan und mich so neugierig und lüstern gemacht, daß ich es riskierte, eine davon anzusprechen. Und ehe ich mich versah, hatte sie mich ins Innere des Häuschens gelockt und gleich danach auch schon entwaffnet und willenlos gemacht! – Viele nackten Frauen liefen da herum, ganz junge, mitteljunge und auch schon recht alte. –

Der Preis hing sehr stark vom Alter ab. – Hundert sollte eine Junge kosten, was mir natürlich viel zu teuer war. Bis auf dreißig Mark konnte ich eine Mittelalte herunterhandeln.

Bei dem diffusen Licht sah sie noch ganz brauchbar aus, aber da sie so rasant ritt, konnte ich mich nicht entspannen. Das aber wurde nicht akzeptiert, denn sie müsse doch der „Mutter" was vorzeigen, sonst sei unser Vertrag nicht erfüllt. – Nachdem ich meiner Vertragspflicht aber nicht nachkam, rief sie um Hilfe! – Die Mutter, eine dicke Fettel, versuchte ihr Glück mit Handarbeit, aber als auch sie mich nicht überzeugen konnte, holte sie noch zwei Jungnutten zur Unterstützung, die es nach langer Überredungskunst dann doch schafften. Nun wurde ich für den Normalverkehr wieder freigegeben, und ich schlich mich von dannen! – Wieder was dazugelernt! Was sagste nu, Geilfriede? –

Maloche und Leve

Die Wohnung war inzwischen bezugsfertig, und wir konnten einziehen. Wie schon erwähnt, hatten wir dazu alle Vorkehrungen rechtzeitig getroffen, so daß der Möbelwagen anrollen konnte. Natürlich brauchten wir noch dies und jenes, um alles recht wohnlich zu haben, aber Rom ist auch nicht an einem Tag erbaut worden. An einen Fernseher oder gar ein Auto war im Moment noch nicht zu denken.

Trotzdem gefiel uns unsere neue Wohnung sehr gut, selbst Vetter Hans, inzwischen auch wieder mit Frau Gardi und Christian, war ganz zufrieden, wie man sehen konnte. Er brachte auch eine Flasche Weinbrand zur Feier des Tages mit. Wir lebten sehr sparsam. Beispielsweise gab es zum Abendbrot oft nur Margarinebrötchen mit Bananen und Kakao oder Bauernomelett mit einem Salat dazu. Fleisch gab es meist nur am Sonntag, auch vom Pferd! – Aber wir waren dadurch in der Lage, jeden Monat soviel von unserem Kredit zu tilgen, daß er nach zwei Jahren gelöscht werden konnte. – Mit dazu beigetragen hatte Margot mit ihrem Stundenjob als Putzfrau. Sie war sogar so „geizig", daß sie zu Hermanns in die Friedrich-Karl-Straße, etwa drei Kilometer, zu Fuß ging, um die Fahrkosten zu sparen. Sie bekam immerhin 2,50 DM pro Stunde, so daß sie in der Woche etwa 25,00 DM dazuverdiente. – Das war netto, denn sie brauchte keine Steuern und so zu zahlen. – Schwarzarbeit, sozusagen. –

Ich selbst verdiente ja recht gut, und mit den Überstunden ging es gut voran. Es gab damals ja fast jedes Jahr tarifliche Gehaltserhöhung zwischen fünf und acht Prozent, und es war in unserer Firma möglich, daß der Chef seinen Mitarbeitern eine außertarifliche Gehaltserhöhung gewähren konnte. – Ich habe davon immer mitprofitiert! – Nach etwa drei Jahren avancierte ich zum ersten Entwurfsarchitekten, was mir wieder ein größeres Gehalt einbrachte. Das war natürlich sehr peinlich für mich und noch sehrer völlig unverständlich für meine Kollegen, denn auf diesen Posten hatte mancher schon lange spekuliert.

Also, da seht ihr es mal wieder, immer wieder sind es die „Pimoken", die befördert werden. – Und hatte „er" nicht gesagt, daß er keine leitende Position wieder haben wollte!? – Alles leere Versprechungen! –

Ja, in der Tat, ich wollte nicht wieder ein Vorgesetzter sein. Aber wie wehrt man sich gegen so was!?

Da war inzwischen auch die Stelle des Gruppenleiters schon wieder zweimal besetzt worden. Zum erstenmal mit einem Dipl.-Ing. aus dem Voigtland, also auch einer von drüben! – Er konnte sich aber nicht lange bei uns halten, wohl, weil er den ganzen lieben langen Tag mit irgendeinem von uns am „Predigen" war. Er war Angehöriger einer Sekte!

Danach kam dann Nicki, er war Ungar, also schon wieder ein Pimok! – Das muß man sich vorstellen, wie sollte da ein Langgedienter vorankommen? Nicki war als Deutschstämmiger 1956 nach dem Putsch von Ungarn nach Österreich geflohen, hatte dort sein Studium in Graz beendet und war danach nach Siegen umgezogen. –

Ich habe ihn mit seiner Familie dann an einem Wochenende beim Umzug nach Köln geholfen. Hatte ich doch einen Lkw-Führerschein!

Apropos Autofahren in der BRD! – Da mußte ich auch wieder von vorne anfangen. Nicht mit dem Führerschein selbst, nein, da bekam ich einen sogenannten Behelfsführerschein, den ich heute nach über 35 Jahren immer noch habe und benutze. – Aber wie Sie wissen, hatte ich meine Fahrerlaubnis in der DDR gemacht, aber so gut wie nie Auto gefahren! – Na, und hier war ein Auto ganz anders als da drüben. – Die hatten damals zum Beispiel Lenkradschaltungen und viele Knöpfe und Hebel, mit denen man erst mal Freundschaft schließen mußte. Ich erinnere mich an meine erste selbständige Fahrt ins Stadtzentrum zum Bauamt. – Franz hatte mir freundlicherweise alles erklärt, was ich so zu machen habe, daß ich hin und wieder zurück kommen konnte! – Aber oh je, das Anlassen konnte ich auf Anhieb, aber das Losfahren schon weniger gut, denn ich würgte ihn erstmal ab. – Aber dann raste ich davon, nur nicht wieder stehenbleiben, war meine Devise. – Und ich schaffte es fast ohne Pause und landete dann in der Cäcilienstraße, da wo ich links abbiegen mußte. Und da waren da auch noch zwei Straßenbahngleise so direkt und mitten auf der Straße. Ja, da blieb mir keine Wahl, ich mußte ihn abwürgen, um die Straßenbahn nicht zu demolieren! – Aber nun stand ich da, mitten auf dem Gleis, dem einen. Bim, Bim, Bim, machte sie und starrte mich an, aber mein Auto sagte keinen Ton dazu, einfach nichts! – Dann schimpfte und gestikulierte der Mann hinter der Windschutzscheibe. Und die Zuschauer hatten ihre helle Freude dabei. – Dann endlich schoben sie mich ein paar Meter weiter, die Zuschauer, und die Straßenbahn konnte weiterfahren. – Aber ich gab Gas und zündete, und zündete, aber nichts, einfach nichts. Dann machte es schon wieder Bim, Bim, Bim, denn die Gegenstraßenbahn stand mir wieder im Wege! – Ich schwitzte wie ein nasser Sack und war am Fummeln und am Zünden, aber vergebens! – Da faßte sich ein Führerscheinzuschauer ein Herz und kam zu mir her und sagte: „Versuchen sie es doch mal, mit Vollgas zu starten!?" – Ja so was!? – Aber siehe da, es hat funktioniert, und wir alle waren dankbar und froh, daß die Straßenbahn ihre Fahrt fortsetzen konnte! – Und ich erst! – Wieder was gelernt. –

Die Heimfahrt ging dann schon viel besser, nur zog der Wagen nicht mehr so gut wie auf der Hinfahrt. – Kurz vor der Werkseinfahrt blieb ich dann fast eine halbe Stunde stehen und ließ die Bremsen abkühlen und die Rauchwolke sich verziehen!!! –

Ich hatte mich bewährt und war rundum mit mir zufrieden. Die Kollegen hatten es aufgegeben, mich weiter zu boykottieren, und wir gingen nach Feierabend auch schon mal einen trinken. – Einige vermeintliche Anwärter hatten mittlerweile die Firma auch verlassen, um es anderswo neu zu probieren. – Ein neuer Ersatzmann war zum Beispiel Heinrich. Er kam aus dem Ruhrpott. Anläßlich eines solchen verlängerten Tages gingen wir in die Malzmühle am Heumarkt. – Heinrich war mit dabei. – Es sei noch erwähnt, daß die Malzmühle eine sogenannte „Typische Kölsche Kneipe" war. Eine von sex oder sieben in Köln. Hallo, Herr Köbis! – Das ist sozusagen ein Kellner. – Bringen Sie uns bitte fünf Kölsch mit Musik! – Kölsch ist ein obergäriges Bier, so wie Altbier, nur genauso hell wie Pils. – Musik ist meist ein Korn.

Was können wir denn essen, fragte Heinrich. – Sie, Herr Kölsch, bringen Sie mir bitte mal die Karte! – Bitte sehr, mein Herr!

Ja, was ist denn ein Röggelchen? Zum Beispiel mit Blootwosch? Oder ein Halver Hahn? fragte er uns. Ja, bestell es dir doch einmal, da wirst du es kennenlernen, sagten wir. Na gut, Herr Ober, bringen Sie uns fünfmal Blootwoscht. Nachdem wir die Blutwurst mit Röggelchen, nämlich dem Roggenbrötchen, verzehrt hatten, sagte Heinrich: „Das war gut, aber ich habe noch mehr Kohldampf." – Was gibt es denn noch für sogenannte „Kölsche Spezialitäten"? – Ja, da iß doch mal Flönz! – Ja!? Herr Köbis, bitte einmal Flönz! – Bitte sehr! – Ja, sagen Sie, das hatten wir doch schon, das ist doch wieder Blootwosch. – Nein, mein Herr, das ist Blootwosch mit Öllich! – Wie, was? – Das ist doch Blutwurst mit Zwiebeln und mit Brötchen! – Oder? – Nein, mein Herr, das ist Flönz! – Mit einem Röggelchen! – Aber sagt mir bitte, was ich noch an Kölscher Spezialitäten essen kann? – Was ist denn „Kölsch Kaviar"? – Ja! Das mußt du mal probieren, sagten wir, wie aus einem Munde. Wir mußten nun sehr an uns halten, denn: „Ja, das ist doch schon wieder Blutwurst!" schrie Heinrich. – Oh, ihr Sauköpfe! –

Jetzt bin ich die „Kölschen Spezialitäten" aber leid, und ihr könnt mich mal! Bitte, Herr Kölsch, bringen Sie mir einen „Halven Hahn"!

Ja, sagen Sie mal, was ist das denn? Ich habe doch einen Halven Hahn bestellt! rief Heinrich ganz ungehalten. – Und wir konnten uns nicht mehr zurückhalten! – Ein Halver Hahn hat in Köln nicht etwa etwas mit einem halben Hähnchen zu tun, sondern das ist einfach wieder ein Röggelchen mit einer Schreibe Gauda-Käse darauf! – Armer Heinrich! – Noch lange sprach er kein Wort mehr mit uns! –

Ja, ja, andere Länder, andere Sitten!

Mich hatten sie mal zum Miesmuschelessen mitgenommen. – Kennste das? Nein, sagte ich. Komm, Probieren geht über Studieren! Na gut, also einmal Miesmuscheln bitte! – Oh Gott, gleich so viele? Das sind ja gleich Hunderte, sagte ich, und wie macht man das? – Und wie die aussehen! – Baah! – Nun, sie erklärten es mir, wie man das macht. Man nehme eine leere Muschel in die eine Hand, so wie eine Zange etwa, und die noch volle Muschel in die andere Hand. – Klar? – Klar doch! Igittigitt, die sahen aber aus. Und igittigitt, die schmeckten aber komisch. Die zweite dann sah immerhin schon gelb aus, wie Eigelb oder so. Oh, aber die knirschte zwischen den Zähnen! – Das sei nicht weiter schlimm, sagten sie, das ist nur ein Sandkorn. – Ooh, igittigitt, ich wurde weißlich im Gesicht, und dann mußte ich schnellstens zur Toilette! – So was eßt ihr hier und auch noch gerne!? – Nee, damit könnt ihr mir gestohlen bleiben! – Ich wurde später wieder überredet, sie doch noch mal zu probieren, und so mit der Zeit hat der Bauer gelernt, was gut schmeckt! –

Nachdem ich im Büro so nach und nach das Einmaleins gelernt hatte, wurde ich auch öfters mal zu einem Kurzseminar geschickt. – Das war eine gute Einrichtung in dieser Firma, denn wir hatten dadurch die Möglichkeit, uns laufend auf dem neuesten Stand der Technik zu halten und weiterzubilden. Ich mußte, nachdem ich aufgestiegen war, auch eine Woche zu einem Lehrgang für Führungskräfte auf Schloß Gymnich. Das war mit Internat, und da in anderen Lehrgängen auch Damen mit von der Partie waren, wurde ich davon auch betroffen! – Von einer Kosmetikafirma war sie, und sehr gut zurechtgemacht war sie, und sonst auch gut dabei! –

Eines Tages sagte Margot: „Was denkst du, wer mich heute besucht hat?" Na, sag es mir!? – Es war der Doktor Möller, der im Lager mich oft zu einem Spaziergang und zu einem Imbiß eingeladen hat. Ich hatte ihn dir doch vorgestellt! – Erinnerst du dich nicht mehr? – Nein, ich erinnere mich nicht. – Ja, der hat jetzt eine Anstellung als Oberstudienrat in Poll am Gymnasium, und er kam mit seinem neuen Auto. Eigentlich wollte er mich zu einer Spritztour einladen, aber dann reichte die Zeit nicht mehr. Seine Frau sei immer gleich eifersüchtig, wenn er mal zu Bekanntschaften ginge und erst so spät nach Hause komme, sagte er noch, als er vorhin ging. – Dein Mann wird wohl auch gleich von seiner Arbeit nach Hause kommen, hat er noch gesagt! –

Weißt du, der gefällt mir immer wieder! – Wieso? fragte ich. Na ja, weil der immer so gut drauf ist! Und dabei ist er auch immer ganz lustig. –Nun, wegen dem mußt du nicht gleich eingeschnappt sein, so gut ist er auch wieder nicht. – Ich meine, sieht er nicht aus! –Aha, ach so, sagte ich. Gibt es sonst noch was Neues?

Ja, wir haben heute auch das Telefon bekommen, der kam da auch noch so dazwischen, mit seinem Ding. Und dann wollte er gar nicht gehen, wir saßen wie auf Kohlen! – Morgen will er noch mal vorbeischauen, wegen seines Telefones. – Wieso muß er noch mal kommen? Ach, er sprach von dem dicken Muli-Kabel, was er da mitbringt, und er müsse ja auch mal nach der Dose sehen. Genau habe ich nicht verstanden, was er meinte. Er ist aber noch ein ganz junger Mann, vielleicht noch ein Lehrling, der es noch genau nimmt und sich weiterbilden will, glaube ich. – Du weißt ja, hier im Westen ist alles anders als zu Hause! – Du kannst ja mal vorbeischauen, ich habe mich für neun Uhr mit ihm verabredet. –

Am nächsten Tag, so gegen halbzehn fiel es mir wieder ein. Mir schien das ganz merkwürdig mit dem „Lehrling" von der Post. Das Telefon war doch ganz in Ordnung, wie wir am gestrigen Abend feststellen konnten. – Da mußte ich doch mal nach dem Rechten schauen, dachte ich ganz plötzlich!

Und siehe da! – Da fuhr gerade die Post ab, als ich zu Hause ankam. Er war nicht mehr anzuhalten, wie mir schien. – Hallo, Margot, ja wie siehst du denn aus? – Fast völlig unangezogen kam sie aus dem Badezimmer, als ich eintrat. Was meinst du, wie ich aussehe? – Na, ich denke, der Postler war da!? – Nein, der hat sich bis jetzt noch gar nicht sehen lassen, ich weiß auch nicht, wo der noch solange gewesen ist? – Ja, da war doch gerade das Postauto vor unserem Haus. Wenn ich mich nicht getäuscht habe? – Da mußt du dich aber sehr getäuscht haben, mein Lieber! – Da hätte ich doch was davon gespürt, wenn der da war. – Ja, wie man sich doch täuschen kann! – Wenn man sich nicht täuscht! –

An den Wochenenden, am Sonntagmorgen meistens, fuhren wir mit neuen Freunden oder mit Güldenbergs ins Grüne oder mal den Rhein aufwärts oder so.

Dann lernte ich auch Kasinskis kennen, das sind die Helfer aus der Lagerzeit. Wir trafen uns auf eine Einladung hin bei ihren Verwandten in Köln. Obwohl sie auch Vertriebene waren, waren sie doch schon ganz gut dabei. Der Alte und auch ein Sohn waren Schornsteinbauer. Und sie hatten auch eine zwanzigjährige Tochter dabei. – Sonst waren sie ganz anständige Leute, wie man so sagt. Auch Iset, die Junge, war lieb und nett. – Meinen neuen Wagen, den ich mir gerade zugelegt hatte, auf Kredit natürlich, wollte sie so gerne mal ausprobieren. – Na gut, dachte ich, wenn es sein muß. – Aber gehen Sie bitte vorsichtig mit meinem guten Stück um! – Aber ja doch, ich kenne mich schon aus. Ich weiß schon, wie man das macht, nur keine Angst! – Ruck zuck, saß sie am Steuer, und ruck zuck, hatte sie ihn in der Hand, den Steuerknüppel! – Oh, der scheint ja ganz gut zu sein!? – Können Sie den mal noch ein bißchen länger machen!? – Na so was, so schnell hatte mich noch keine in der Hand gehabt! Ja wissen Sie, ich fahre immer mit Verheirateten, die wissen immer gleich, was man will, und die sind auch nicht so genant. – Aber noch keiner hat es geschafft, mich aufzureißen! – Ja, fassen Sie doch mal zu, die Membrane ist immer noch ganz. – Können Sie mir da nicht weiterhelfen? –

Sie arbeitete beim Rübenfranz, aber wie sie sagte, nicht mehr lange, denn er habe so gut wie keine mehr. – Können Sie mir dabei nicht unter die Arme greifen, ich meine, daß ich was Passendes finde?

Na, ich will mal sehen, was ich da machen kann, ich denke, daß sich bei uns was Passendes für dich findet, wie kann ich dich erreichen? – Ach, ich komme öfters mal bei euch vorbei, da sehen wir dann schon weiter.

Natürlich stand sie bald auf der Matte, und sie wußte es einzurichten, daß außer mir keiner da war. – Ja, sagte ich, Sie können mal bei uns im Betrieb vorsprechen, in unserer Nachbarabteilung ist 'ne Stelle als Stenokontoristin frei. – Oh, wie schön, komm, laß dich doch mal müssen. Mich kannste auch mal! Und im Nu steckte ihre Hand schon wieder in meiner Hosentasche! – Komm, Mensch, laß uns noch mal probieren, du kannst in meinem Wagen mitfahren. Ja!? Na gut, wenn du so sehr darauf bestehst, dann let's go!

Wir, nein sie, fuhr die Militärringstraße entlang und bog plötzlich rechts ab, und auf einem schmalen, ganz verwachsenen Weg blieb sie stehen und stieg um. – Nach hinten nämlich. Ja, so komm doch, worauf wartest du noch, das muß doch endlich in die Reihe kommen, die Membrane, meine ich. – Sie half mir beim Umsteigen, und auch sonst kannte sie sich gut aus, Gürtelschnalle und Schlitz im Slip, und sie ganz unten mit ohne, das war für sie schon Routine. – Aber so sehr ich mich abmühte, ich konnte das Fell einfach nicht aufreißen! Dann war alles naß und schlapp noch dazu. – Was ist das nur, soll ich denn wirklich noch zum Doktor gehn?" so war sie am Jammern und Lamentieren, was mache ich nur falsch? –

Vielleicht muß ich mir was Dünneres suchen? Was meinst du? – Ach was, ich besorge mir einen starken Überzieher, und du bringst eine Dose Vaseline mit, beim nächsten Mal. – Ja gut, wo können wir uns morgen treffen? fragte sie gleich. Laß uns wenigstens zwei Tage warten, sagte ich, er muß ja auch ganz stark dabei sein und kein Schlappschwanz! – Gut, dann übermorgen wieder hier, und sagen wir um fünf, ja. Bitte!

Am übernächsten Tage um zehn nach fünf hat es dann auch geklappt! – So glücklich habe ich noch keine Frau gesehen, Iset dankte es mir, indem sie bei mir Reitunterricht nahm. Sie lernte schnell und war bald schon eine Meisterin ihres Faches! Sie gab ihr Wissen dann auch an viele Kollegen weiter, nachdem sie bei uns in die Firma eingetreten war! – Das konnte auch schon mal in der Aktenkammer passieren, oder da blieb auch öfters mal ein Aufzug stecken, meist in der achten oder neunten Etage. – Auch Heinrich oder ein Vorgesetzter konnte davon betroffen sein!

Ich, der „Mohr", hatte meine Schuldigkeit getan! – Trotzdem blieben wir Freunde. – Margot schien Lunte gerochen zu haben, denn wenn ich Iset mal zu Hause abholte, weil ihr Wagen defekt war, stand sie vor der Werkseinfahrt, zog sie an den Haaren aus meinem Wagen und versetzte ihr noch ein paar Watschen!

Mein angeheirateter Cousin, Edits Mann aus Klebach, hatte einen richtigen Cousin in St. Jakob an der Nahe, und die hatten ein Weingut dort. – Da ergab es sich denn, daß Margot in den Herbstferien öfters mal mit den Jungens zur Weinlese kommen sollte. Eigentlich, um bei der Lese mitzuhelfen und auch dabeizusein. – Es schien ihr immer wieder Spaß zu machen, die Lese, denn immer, wenn der Sohn sie wiederbrachte mit dem Firmenwagen, verabschiedeten sie sich sehr herzlich, und sie schienen sich auch zu küssen dabei. – Was mir unangenehm war, denn das tut man doch nicht! – Ich meine so öffentlich. –

Aber dann hatten wir eine Einladung vom Heimatverein bekommen. Zum Rudolfstädtertreffen nach Weinheim an der Bergstraße. Ja, da fahren wir hin, war Margot ganz begeistert, und wenn wir kein Quartier bekommen, da können wir doch in St. Jakob übernachten, ja, das wäre aber schön!

Natürlich fuhren wir dahin. Wir trafen viele Bekannte und Unbekannte. So auch Fritz Liebau und den „Langerschwiegersohn" (den Stasimann) und den Sargprase, den Hinterlader. Auch den Bauunternehmer, der unser Haus geputzt hatte. „Mensch Rolf", sagte Klaus zu ihm, „wie sehen denn deine Zähne aus? Laß dir bloß deine Fresse in Ordnung bringen, da kann man ja das Kotzen kriegen!" – Ja, da war auch noch der Kunstmaler Eggedie und der Zimmerei- und Sägewerker aus Volstädt mit der ewig ledigen Tochter. Die Letztgenannten waren im Vereinsvorstand, und wie wir dann erfuhren, hatten sie schon festgelegt, wer nach der Wiedervereinigung die Posten in Rudolfstadt bekäme! – Ich war nicht dabei. – Aber den Bürgermeisterposten hatte der Meister Beithahn für sich und den Sekretär für seine Tochter schon reserviert! –

Eine große Freude machte uns aber, daß wir hier auch meinen früheren Kollegen und ehemaligen Chef Lothar Zacker mit seiner Frau Resa, der Schreibtischdame vom Löwen, mit Töchterchen wiedersahen. – Hören Sie mal, Herr Paulsen, ach was, laß uns Du sagen, einverstanden, Knuth, und Margot auch? – Ja, natürlich, Lothar und Resa.

Sagt mal, habt ihr nicht Lust, nächsten Sommer mal an den Bodensee in die Ferien zu fahren? – Ja, Lust immer, aber wir sind noch sehr knapp bei Kasse, ihr könnt euch sicher auch noch an eure ersten Jahre hier hüben erinnern!? –

Natürlich, aber das würde euch nicht viel kosten, wenn du, lieber Knuth, bereit wärst, dem Manne von meiner früheren Verlobten ein wenig Nachhilfe in Mathematik, Physik und Chemie und vielleicht auch in Rechtschreibung geben könntest! – Vielleicht ein bis zwei Stunden täglich? – Der ist in Überlingen bei der Landmaschinenfirma beschäftigt und könnte da zu einem Refa-Kursus gehen, um ins Angestelltenverhältnis aufzurücken. – Na, darüber läßt sich reden. Wir amüsierten uns an den beiden Tagen, auch noch, als ich den ganzen Abend mit einer klatschnassen Bierhose tanzen und lachen durfte. – Eine Ersatzhose, wer hat so was schon!? – Aber das war dann doch der Grund, daß wir noch bis zum nächsten Tag blieben und Sohn „Awid" von St. Jakob uns zum Übernachten abholte! – Ich war ja voll wie eine Haubitze, das hatte Margot rechtzeitig erkannt. Und war gar nicht mehr fähig! – Ob etwa gar das große volle Bierglas damit hineingespielt hatte!? –

Nun, am nächsten Tage durfte ich mich nicht mehr den Gläsern nähern, aber wir trafen da noch die Bäckersfrau von nebenan in der Sommerstraße in Rudolfstadt! – Sie waren zwei Schwestern, die auch eine Tochter mitgebracht hatten. – Margot war froh, daß ich mich mit den älteren Damen und der Tochter zufrieden gab. – Und ob die Damen Frauen waren! –

Am Sonntag fuhren wir wieder nach Hause und waren rundum zufrieden! –

Ich nehme es vorweg, im darauffolgenden Jahr fand das Treffen zufälligerweise in Köln statt. Eigentlich wollten wir gar nicht mehr hingehen, weil wir uns geneppt fühlten. Wir waren in einen Verein gegangen worden, hatten eine „Vertriebenenzeitung" bestellt, mit gefälschter Unterschrift, die wir mindestens ein Jahr bezahlen mußten. Und außer den Liebaus und Zackes kaum interessante Leute kennengelernt! – Dafür wurden wir über die Zukunft informiert! Na ja, ein Vereinsmeier war ich nie gewesen, so mit Haut und Haar, wie die Kegelbrüder in meinem Berufsumfeld, die mich sogar einmal als ihren Präses ausgeguckt hatten. Ich war in diesem „Beruf" eigentlich nur eine unterhaltsame Niete gewesen! – Aber was soll's. – Im Karneval war ich zwar auch nicht aktiv tätig, aber gerne dabei!

Ja, was wollte ich sagen? – Ja, wir gingen in Köln doch hin. Ins Mohr-Bädorf, am Neumarkt, und feierten mit. – Wir trafen die Alten wieder, aber auch ein paar Neue. – Und es war nicht zu glauben, da war doch plötzlich auch Gilla dabei, die unsere Rudolfstädter Behördenhaus-"Schreibtischsekretärin". – Ja, sagte sie, sie sei schon 1953 von drüben weg und sei inzwischen mit einem Bauingenieur verheiratet und wohne in Königsdorf im Westen von Köln. –

Beim Abschied flüsterte sie mir noch zu: Komm mich doch mal besuchen, mein Gatte ist schon etwas älter!

Margot schien es bei Herrmanns zu gefallen, mittlerweile wurde sie schon herumgereicht. – Mal zum alten Herrn, der sich wohl auch ganz gerne für ein paar Märkerchen extra von ihr verwöhnen ließ! – Wenn Sie wollen, leve Frau Paulsen, könne Se immer, und nur zu mir komme!? – Ach nee, das würde mein Mann sicher nicht recht sein, zu einem Alleindarumstehenden! Nein, ab und zu mal, daß ist für unsere Haushaltskasse schon ganz gut! – Nein danke, mein Lieber. – Aber da waren noch mehrere von dieser Sippe, die Margot nett und preiswert fanden. Wenn auch der Preis inzwischen auf fünf Mark gestiegen war, war das doch sehr preiswert! –

Diese Dynastie hatte unter anderem ein Druckereiunternehmen und auch einen Modegroßhandel in Köln. – Eines Tages wurde sie gebeten, doch in Deckstein mal auszuhelfen. – Die Hausfrau dort schien sie nicht sonderlich zu mögen, dafür aber der Herr des Hauses! – Als sie zum zweiten Mal dahin mußte, war „sie" gar nicht da, sondern nur der Herr des Hauses. – Hallo, liebe Frau Paulsen! – Wie geht es Ihnen? – Ach ja, ja so, ach kommen Sie, trinken wir erst mal einen zusammen. Was darf's denn sein? – Aber ich bitte Sie, ein kleiner Sherry vielleicht? Na, sehen Sie, vielleicht einen Cognac!? – Ach was, Sie brauchen heute nicht zu putzen, meine Frau ist verreist. – Nein, ich will Sie nicht verführen! Wir fahren jetzt in unser Geschäft am Neumarkt, ich denke, Sie kennen das!? Nein! – Ja, da können Sie alle Textilien einkaufen, mit rund fünfzig Prozent Rabatt, wenn Sie verstehen? – Hier, ich gebe Ihnen einen Sondereinkaufsschein! Kommen Sie, hier ist mein Geheimkabinett, da darf kaum einer rein. – Nur persönliche gute Freunde! – „Mein Gatte auch!?" sagte sie jetzt. – A, aa, ach, natürlich, wenn Sie nicht da sind. – Aber ich brauche ihre Hilfe. Schauen Sie sich doch erst mal um! – Moment noch, bitte, probieren Sie mal diesen Drink hier, so was bekommt sonst kaum jemand vorgesetzt! – Prost! – Oach! Was ist das denn, Herr Pimmel? Das schmeckt ja toll! – Na, nehmen Sie nur noch 'nen Schluck, dann können Sie es erst richtig beurteilen! – Prost! – Prost, Herr Schwanz! – Äh, wie heißen Sie eigentlich? Ach, das ist doch jetzt ganz egal, meine Liebe! – Schauen Sie sich doch erst einmal um!? – Ooooh! Aaah! So was Schönes habe ich noch nie aus der Nähe gesehen! – Ist das ein Himmelbett? – So eines, wo man gut drin schlafen oder fummeln kann!? – So was kann man bei dir auch kaufen!? – Komm hierher, und du darfst dich hineinbegeben! – Auch wenn ich nicht in der Nähe bin!! – Willst du einen Séparéeschlüssel? My Darling!? –

Nein! – Sie Schwein! – Die Frauen besoffen machen und dann umlegen, das ist alles, was du kannst! – Du kannst mich mal! – Du Kapitalist!

Na, bleiben Sie mal ganz ruhig, mein Schatz, ich will Ihnen doch nichts Böses. – Sonst müssen Sie, du, mir den Sondereinkaufsschein zurückgeben! – Ist das klar!? Du, Sie!? –

Ja, das habe ich gern, erst alles versprechen, und dann nichts einhalten, was? Aber jadoch, du könntest den Schein schon behalten, wenn du! – Ach ja, erst aufdringlich sein, dann auch noch drohend und handgreiflich, was!? – Na gut, von mir aus, aber eindringlich nur hier und heute, aber danach bitte nicht gleich wieder, wenn du verstehst!? – Klaro? – O.K. – Na, nun sei nicht so! –

Ohooho, dat sieht ja gut aus, was ick da sehe, wenn das dann auch noch wirklich so gut tut!? – Na, dann meinetwegen! Aber den Schein darf ich behalten!? – Da kann mein lieber Knuth aber stolz auf mir sein! – So kommt eben immer was dabei! – Ja, hörens, dat is doch leicht verdientes Jeld! – Oder etwa nich? – Hm, das sieht ganz danach aus.

Sie hatte mir den Einkaufsschein gezeigt und fragte gleichzeitig, ob sie das wohl richtig gemacht habe? – Du sagst doch selbst immer, daß man das Geld, was einem vor den Beinen herumliegt, immer mitnehmen soll! – Ach, sagte ich, in dem feudalen Laden können wir heute und morgen sowieso nichts kaufen, da ist es in sonem Fall immer besser, die eigene Leistung gleich in cash zu verlangen. – Wenn du mich verstehst, mein Schatz!? –

Nach einiger Zeit sagte sie, daß sie nicht mehr zu den Herrmanns ginge, sie würden sich immer auf- und eindringlicher benehmen. Die Männer hauptsächlich, fügte sie noch hinzu. – Aber mach dir nichts draus, mein Lieber, ich gehe ab nächster Woche zu der Schwester von ihr, der Alten. Da kriege ich sex Mark die Stunde, und ihr Mann ist sehr krank. – Na ja, ein bißchen weniger wird's da schon, unter dem Strich! – Sie wohnen am Eigelstein, wenn sie in Köln sind, sonst wohnen sie in Bingen, dort hat die Sippe noch eine Messer- und Sägefabrik. –

Ich mußte nun auch immer öfters mal in unsere auswärtigen Fabriken. Auch nach dem Saarland, dort waren wir eine neue Fabrik am Bauen, ein Montagewerk, oder nach Düren, da bauten wir ein Achsen- und Getriebewerk, und nach Bordeaux in Frankreich, oder Genk in Belgien, wo wir auch ein neues Montagewerk errichteten. – Na und die ganzen Ersatzteillager innerhalb Europas nicht zu vergessen! Dabei lernte ich wieder so einiges dazu. In Belgien zum Beispiel auch die französische Küche, bei den Froschschenkeln angefangen und bei den Schnecken aufgehört. – Das aßen wir meist auf dem Nachhauseweg in einem Restaurant am Wege. Die Belgier verstanden schon ihr Handwerk, denn auch der Nachtisch war darauf abgestimmt! – Sie boten zum Beispiel für sehr wenig Geld, eigentlich nur für ein Trinkgeld, diese Spezialitäten in natura noch mal im Séparée als Extra an! – Diese „Extras" saßen dann immer mit am Tisch und verspeisten uns danach! – Sie waren meist Hausfrauen aus der näheren Umgebung, deshalb waren die Schenkel und Schnecken auch so frisch! – So frisch bekam man sie sonst nirgends! – Und frank und frei waren sie dabei!

Das taten wir natürlich nur, wenn wir sozusagen unter „uns" waren, nämlich wenn keine Kostverächter mit von dem Trip waren. – Da war beispielsweise Nicki oder auch Erich, ein Mitarbeiter eines Ingenieurbüros, oder auch Hermann, auch so ein Pimok aus Ost-Berlin. Noch nach der Mauer war er mit seiner Frau durch einen selbstgebuddelten Gang nach dem Westen abgehauen. Ich war inzwischen wieder aufgestiegen, nämlich zum Leiter der Hochbauplanung und bekam dafür runde 6 TDM im Monat, was uns viel unabhängiger machte, in jeder Beziehung natürlich!

Unsere beiden Jungens waren in Köln direkt aufs Gymnasium gekommen, wobei Peter, der ältere, das neunte Schuljahr nochmal wiederholen mußte. Sie wußten hier im Westen, daß sie einige Schwächen mitgebracht hatten, von drüben. Vor allem in Fremdsprachen und Deutsch. Russisch war damals hier hüben noch nicht gefragt! – Aufgrund seines vorgeschrittenen Alters konnte Peter nur das Aufbaugymnasium in der Frankstraße besuchen. – Jürgen kam auf das „Kaiser-Wilhelm-Gymnasium" in Nippes. Das war für ihn besonders günstig, weil es auch als Sportgymnasium in Köln an erster Stelle rangierte. Er ging dann auch nach Schulschluß beim ehemaligen Olympiasieger „Helmut Banz" zum Geräteturnen ins Training. Beide waren auch im Fußballverein und in einem Judoclub.

Freunde und Freundinnen hatten sie dabei schnell gefunden, auch in unserem

Wohngebiet, denn die meisten davon waren ja auch Flüchtlingskinder. Na, und die kölsche Sprache hatten sie schnell drauf. Im Gegensatz zu uns „Alten". Wir haben das nie richtig gelernt, auch nach dreißig Jahren nicht. Das Verstehen dann aber schon! –

Hauptsächlich durch die Kinder lernten wir dann auch neue Freunde kennen, mit denen wir dann oft etwas unternahmen. So zum Beispiel gingen wir im Sommer am Abend zum Fühlinger See schwimmen, oder wir fuhren am Wochenende in die Eifel oder ins Bergische Land an einen Stausee. Natürlich auch an die Ahr, die Mosel, oder an den Oberrhein und den Mittelrhein. Auch an die Nordsee nach Holland oder Belgien fuhren wir schon mal des öfteren.

Bei den Wochenend-Tagesfahrten war es immer zermürbend, wenn man stundenlang in der Autoschlange stand! – Damals waren die Autobahnen und Bundesstraßen noch nicht so gut ausgebaut, und manche waren damals noch gar nicht existent! Auch der Kölsche Autobahnring war da noch im Bau oder in Planung, oder die A4 nach Olpe war noch in der Diskussion, damals.

Aber trotz all dem Streß, es wurde immer was unternommen!

Mit meinen Eltern, die uns dann auch fast jedes Jahr besuchen kamen, oder auch mit anderen Verwandten und Bekannten von drüben fuhren wir durch die nähere Umgebung, um denen mal was anderes zu zeigen. – Mit den Eltern fuhren wir natürlich auch zu Rolfs Grab in Ysselstein in Holland. Und auch mal nach Landau und Bergzabern in die Pfalz. Da war Vater beim Militär, kurz vor dem Franzosenfeldzug gewesen. – Da gab es ein Wiedersehen mit seinen damaligen Quartiersleuten. Was hat Vater da in sich hineingeschmunzelt, ich sehe ihn noch vor mir. Na, und vor allem war meine Mutter froh, wenigstens Rolfs Grab zu sehen bekommen zu haben. Dort ist ein sehr gepflegter Heldenfriedhof mit etwa dreihunderttausend Gräbern.

Mit Weckbrodts, dem ehemaligen Gastwirt und Bürgermeister aus Orba, waren wir nach Koblenz gefahren, ans Deutsche Eck! Na ja, wer da so alles aufkreuzte bei uns, das kann man sich nicht vorstellen, auch Tante Luise und Tante Anna.

Später kamen da noch viele dazu, sobald sie Rentner geworden waren. – Vorher durfte ja niemand von drüben rüberkommen. Mit Ausnahme von politisch ganz zuverlässigen Genossen, und Innen!

Margot durfte nach ungefähr zwei Jahren auch mal wieder nach Hause fahren. Sogar zu ihren Eltern durfte sie kommen, obwohl ja ihr Bruder sich von ihr losgesagt hatte, sie sozusagen als Schwester aberkannt hatte! – Allein deswegen durften ihre Eltern nie „rüber" kommen. Sie haben den Westen nie in ihrem Leben zu Gesicht bekommen! – Ja, und sie durfte sogar die Kinder mitnehmen! Es war kaum zu glauben. Mich allerdings wollten „sie" nicht wiedersehen. Und vermutlich brauchtes sie auch gerade keinen Sündenbock für einen Schauprozeß!? – Wie sie mir hinterher erzählte, wurde sie zu einem Informationsgespräch eingeladen, wie fast alle Besucher von hüben. – Na, und wer weiß schon? – Sie hatte auch die alten Freunde und Freundinnen besucht, wie sie sagte. Und die meisten davon seien auch sehr nett zu ihr gewesen, auch die damaligen Hilfsbereiten. – Mit Marga aus Pflanzwirrbach, die inzwischen verwitwet war, und noch zwei anderen Frauen habe sie ab und zu einen

Jück gemacht, wie sie es nannte. Mal zu 'ner Tanzparty oder zu einem Betriebsfest oder so! Ja, da staunste aber, was, mein Lieber!?

Ja, ja, dachte ich so bei mir, und ob da auch „Atlatus oder Hummelflug" mit von der Partie war? –

Aber was soll's, ich war ja nun auch kein Engel. – Mit einigen Kumpanen war ich nach einem Stadtbummel durch einige Stripteasbars gezogen, danach mit Klaus und Erich in dem Hausfrauenclub am Ehrenfeldgürtel, gelandet. – Das war vielleicht 'ne tolle Sause! Die Frauen waren alle Damen aus besseren Kreisen, das merkte man nicht nur an den Äußerlichkeiten, sondern auch an ihrem Benehmen! – Dabei fiel auf, daß sie fast alle durch die Bank ein fehlerfreies Deutsch sprachen, wenn auch mal das Kölsch dazwischen kam!

Ja, das zu erklären, ist gar nicht so einfach. Das Haus war eine tolle Villa, mit großer Freitreppe im Foyer nach den oberen Gesellschaftsräumen und dicken Teppichen, Fellen, Kronleuchtern und, und, und. – Eigentlich waren wir danach gar nicht richtig uniformiert. – Nur im Arbeitsanzug, zwar mit Krawatte ganz normal. Aber wenn ich mir schon die Empfangsdamen ansah, sah ich, daß wir gar nicht so richtig angezogen aussahen! – Aber die Dame mit gar nicht viel an schien sich daran dann doch nicht zu stören, als Klaus nämlich erstmal einen „Braunen" so ganz unauffällig an der Garderobe liegen ließ!

Meine Herren, wenn's recht ist, sollten Sie gleich noch etwas mehr ablegen, denn unsere Räumlichkeiten sind gut temperiert. Und es empfiehlt sich auch, das Schuhwerk hierzulassen, nehmen Sie doch von den Pantöffelchen, die sind ganz unbenutzt, müssen Sie wissen. – Aber bitte sehr, für jeden ist das Passende da, auch eine leichte Hausjacke vielleicht gefällig? –

Da guckste aber, was Knuth? flüsterte mir Klaus ins Ohr. – Oh ja! – Na, dann erst mal Prost! Meine Herren, und darf ich Sie nach oben begleiten? sprach sie, eine gutaussehende „ältere" Dame, zu uns. – Danke, meine Gnädigste, sagte ich, und wir. –

Ja, das war eine tolle Überraschung, was sich uns nun darbot! – Tolle Frauen mit fast gar nichts an, standen, saßen, lagen da herum, allen Alters waren sie. Dazwischen konnte man auch schon einige Herren sehen, die uns in etwa ähnlich sahen, waren!? – Die meisten davon hatten außer den Pantöffelchen und der Krawatte auch schon nichts mehr dran. – Das mußte wohl das „Sich-suchen-und-finden-Zimmer" sein, dachte ich so bei mir, und schaute mich nach was Passendem um. Und ob, da waren einige, die mir zusagten, die Mittelalten schienen mir das Richtige zu sein. Natürlich wählte ich mir zuerst einmal eine dunkelhaarige und nicht ganz dünne aus, und nur halbgroß war sie. – Hallo, was halten Sie von mir, meine Dame? – Na, das wird sich noch herausstellen, wenn wir es hinter uns gebracht haben, scherzte sie mich an. – Lassen Sie uns doch erst ein Tänzchen vollführen, ja? sagte sie. Und vielleicht legen Sie auch noch ein wenig ab, vielleicht auch die Hose? O.K. – Ja, so sehen wir uns schon ein wenig ähnlicher. Sie tanzte gut und fingerte dabei an mir herum und bemerkte dann: Ja, ich bin zufrieden, ich denke, daß ich dabei auch auf meine Kosten kommen kann! – Sollen wir uns ein Zimmer suchen, oder hatten Sie an ein Trio oder Quartett gedacht? – Oh, das gibt's hier auch? sagte ich. Aber ja doch, und in noch späterer Stunde werden alle Türen aufgesperrt, und Sie (auch wir) können überall herumnaschen! – Das mögen zwar nicht alle Damen und Kunden, aber die gehen dann schon vorher weg!

Wenn es Ihnen recht ist, suchen wir erstmal was Separates, sagte ich dann. Die beiden anderen hatten sich auch schon verdrückt, wie ich gesehen hatte.

Klaus hatte sich für die Empfangsdame und Erich für eine ziemlich dicke große Frau entschieden.

Im Séparée angekommen, gab sie, die Meinige, sich dann gar nicht mehr damenhaft, sondern sehr geil und leicht ordinär, was mich verdammt nochmal sehr anmachte! – Natürlich bin ich verheiratet, und du würdest staunen, wenn du wüßtest, wer mein Alter ist, der Fettsack und Schlappschwanz! Der kommt doch kaum mehr hoch, und das kleine Piepmätzchen hat doch eh noch nichts bewirkt, bei mir! – Den kann man doch in der Pfeife rauchen! – Darf ich jetzt Pfeife rauchen? Ja, wenn du möchtest, sagte ich, da hier, nimm sie dir doch. – Ach so, ja gib her, laß mich mal probieren. – Aber ich hatte eigentlich wirklich ans Rauchen gedacht! – Von mir aus schon, ich bin auch Raucher, und wenn ich mal mitziehen darf, ist's noch besser. – Du darfst, aber nun mach mir erst mal eine ordentliche Fütterung, ich bin nicht hierher gekommen, um mit dir einen Talk zu machen. – Das Geld spielt hier bei den meisten Weibern sowieso keine Rolle. Aber trotzdem sollt ihr uns anständig was geigen! – Ja, so ist es prima, immer schön langsam von vornherein! – Ich gebe dir schon den Takt an, denn auch hierbei darf der nicht außer Acht gelassen werden! – Oh, ah, aha, ja jetzt ein wenig mehr Tempo und Rhythmus, bitte. Ja, ooh, aah, ohoho, tralala, so ist's richtig, ja, ich glaube, du bist gut zu mir, du hattest richtig Glück bei deiner Wahl, ich meine, daß ich das Glück hatte, daß du mich so schön beglückst! – Aaah, oooh und juchheirasa, bester Schatz, bester Schatz, du bleibst da. – Wenn du möchtest, kannst du mich öfters mal bei mir zu Hause besuchen!? – Willst du mich wieder haben? Und willst du Geld sparen!? – Ja? – Wir können ja ab und zu mal hierherkommen, um eine kleine Abwechslung zu haben oder auch mal eine Massenkarambolage mitzumachen, wenn du willst!? – Na, sag doch was! – Wer bist du eigentlich? – Wie konnte ich bloß!? – Kannst du mir deine Telefonnummer geben, fragte ich sie, mit dieser Nummer war ich gut bedient. – Aber laß uns mal sehen, was heute in der Karamba angeboten wird!? – Einverstanden? – Oh, jadoch, mein Held! –

Klaus hat danach den ganzen Spaß beglichen, ich glaube, daß er schon einigemale mit Freunden hier war und auch als solvent hier galt! – Ich konnte ja ab nun, wenn ich wollte, mit Geily hierher auf Kosten ihres Memberships kommen!? –

Ja, so malochten wir uns über die Runden, und vor allem ich mußte schaffen gehen. Margot brauchte nicht mehr anschaffen zu gehen, nur noch, wenn es ihr danach war. Aus Langeweile beispielsweise!?

Eines Morgens ging ich ins Büro. – Ich ging meistens zu Fuß, denn ich brauchte nur so etwa zehn Minuten bis ins Werk. – Aber wenn es regnerisch war, oder werden wollte, fuhr ich mit dem Wagen.

An diesem Morgen wußte der Tag noch nicht, ob er oder ob er nicht. So entschied ich mich für nicht! – Aber schon kurz danach merkte ich, daß ich mich vertan hatte, denn es fing an, immer mehr zu regnen. – Und siehe da, er war hilfsbereit, wie schon des öfteren, mir gegenüber! – Hallo, entschuldigen Sie bitte! Aber hätten Sie was dagegen, wenn ich Ihnen Ihren Schirm tragen dürfte!? Gnädige Dame? Ach, „Sie“, dat kenne ich schon, auf diese Anmache falle ich nicht mehr herein, Sie! – Na ja, ich will ausnahmsweise mal nicht so sein. Ich sehe ja, daß Sie den Wetterbericht nicht richtig begriffen haben! – Kommen Sie schon, Sie Filou! – Danke sehr! – Bitte sehr! – Ja, ja, so'n Wetter aber auch, und so plötzlich. Nicht wahr? – Ja, ja, – Sagen Sie mal, wo kommen Sie denn her? – Ja, ich wohne hier in Niehl, in der Nielerstraße. – Nein, ich meine wo Sie herstammen, denn ein Kölner sind Sie doch nicht! – Nein, ich bin Thüringer, antwortete ich. Aha. – Aber Sie sind auch keine Kölnerin, sagte ich wieder zu ihr. – Nein, ich stamme aus Neuwied, gab sie zur Antwort. – Ach! Aus Neuwied? Da habe ich auch eine Bekannte. – Schölle, heißt sie, Hanne Schölle. Es könnte ja sein, daß Sie sie zufällig kennen würden!? – Sie, von wo aus Thüringen kommen Sie!? – Aus Rudolfstadt, aber das kennen Sie bestimmt nicht. Direkt aus Rudolfstadt? fragte sie zurück. – Na ja, da haben wir zuletzt gewohnt, aber eigentlich stammen wir vom Lande. – Wie heißen Sie denn? – Oh Pardon, daß ich mich nicht vorgestellt habe, mein Name ist Paulsen, Knuth Paulsen. – Ach! – Wie heißt der Ort denn, von wo Sie da stammen? – Den kennen Sie sowieso nicht, antwortete ich ihr. – Na, sagen Sie doch mal, wie der Ort, das Dorf heißt!? – „Orba“, heißt das Nest! – Dann ließ sie mich mit Schirm und Charme stehen, ging zügig einige Schritte voraus, blieb stehen, drehte sich um, und als ich vor ihr stand, schaute sie mich an, direktmang mir ins Gesicht, und sagte: „Ich bin die Hanne Schölle! – Mein lieber Knuth! – Da war ich aber von den Socken! Das kann doch nicht wahr sein, stotterte ich nun. Mir lief es eiskalt den Rücken runter! – Nein! Was, du bist die Hanne!? Mensch, so'n Zufall, dich hätte ich nach ... ja, so etwa nach 17 Jahren, nie wiedererkannt! – Ja, ich dich bestimmt auch nicht, sagte sie dann. – Und dann umärmelten wir uns, und Tränen hatten wir in den Augen! –

Ja, und wo in der Nieler wohnt ihr? – Und hast du die Margot geheiratet? Und ist sie mit hier in Köln, habt ihr Kinder? Und? – Was in den 20B, ach, du wirst es nicht glauben, da wohnen wir uns doch direkt gegenüber, Mensch, da hast du mir wohl schon mal beim Ausziehen in mein Schlafzimmer schauen gekonnt, wenn du gewollt hättest!? – Ach, wie finde ich das schön, Menschenskind, da schau heute abend aber mal! – Ich lasse extra mal die Gardine etwas offen! Wirst du? – Na, schon, aber komm doch heute abend erstmal zu uns rüber auf einen Wiedersehenstrunk, ja!? – Ich rufe Margot gleich an!

Urlaub mit Freuden

Da bekamen wir dann noch die Anschrift von Helge, der ehemaligen Lindenwirtin, und schon wieder so'n Zufall, den es eigentlich gar nicht gibt: Denn sie wohnte ganz in der Nähe von Köln. Sie hatte wieder geheiratet und lebte in einem kleinen Häuschen in einer Arbeitersiedlung. Und „Klein Uwe" war auch dabei. Ihr neuer Mann war ein prima Filz, immer höflich und zurückhaltend, ein kleines bißchen Pantoffel, aber mit viel Geschick dabei! – Helge hatte natürlich alles im Griff, wie gehabt! – Ja, und wir freundeten uns an, auch mit ihren Freunden und mit Helges Schwester und Schwager. Er war in Flensburg der Boß der Polizei und hatte selber die Hosen an. – Sie waren prima, auch als wir zusammen in Italien, in Catolica, im Urlaub waren. – Mit Seuferts waren wir übrigens vier- bis fünfmal dort zusammen im Urlaub. Später nicht mehr, weil sie oder auch er nicht in eine Flugmaschine zu bringen waren.

Nachdem uns Kozelis aus Überlingen für einen Sommerurlaub von vier Wochen eingeladen hatten, fuhren wir im Sommer 1962 mit dem Zug zum Bodensee. Sie holten uns vom Bahnhof ab, mit ihrem Ford. In der Oberstadt wohnten sie. Von da hatte man einen tollen Blick über den See und auf die Alpen, in Richtung Schweiz. – Sie war klein mit Eierwaden und einer Brille mit Lupengläsern, aber sie war sehr nett und freundlich und auch mit ordentlichen Titten dran. Er war auch nicht groß, dafür rund und immerzu am Lächeln und auch nett und freundlich.

Wir freundeten uns auch gleich an, und sie bestanden darauf, daß Margot und auch ich in ihrem Schlafzimmer platznehmen müßten. Zum Schlafen, und so! – Die Kinder bekamen die Wohnzimmer-Schlafgelegenheiten, Sofa und Couch, und sie selber zogen in die Wohnküche um! – Zu Ajax, dem Rüden Schäfer! –

Ich machte mich erstmal mit Günter vertraut, vor allem mit seinem Niveau, da oben. – Er war auch ein Umsiedlerkind aus dem Osten und hatte dabei seine Mutter verloren. Die wiederum hatte seinen Vater nur kurz kennengelernt, es war damals doch Krieg gewesen! – Er hatte Schlosser gelernt und sollte nun einen Lehrgang für Arbeitsvorbereitung besuchen. Und dafür hatten sie mich angeworben, um ihn darauf ein wenig vorzubereiten. – In geistiger Hinsicht, sozusagen. – Er war nicht dumm und verstand das meiste, was ich ihm dann so beizubringen versuchte, doch recht gut! – Außerdem war er Agent einer Schweizer Versicherung, was er aber nur nach Feierabend machte. – Und dann war er noch im Vorstand des örtlichen Fußballvereins und auch Spieler in der alten Herrenmannschaft und Trainer des Nachwuchses! – Amelie war beim Kreislandwirtschaftsamt als Sachbearbeiterin tätig und auch im Sportverein!

Zum Baden gingen wir meist nicht in den Bodensee, dorthin gingen die Jungens zum Angeln. Wir fuhren zum Andelshofener Weiher, um da zu baden, der war nicht so tief und demzufolge viel früher warm.

Amelie und Lothar hatten sich nach dem Krieg wieder getrennt, weil sie ihm leichtfertigerweise von ihrem Verhältnis mit Robert, dem franzmännischen Besatzungsoffizier, erzählt hatte. Er stammte aus Colmar und ließ sich ab und zu mal wieder bei ihr sehen. Das war Günter zwar gar nicht recht, aber was sollte er schon dagegen tun? – Lothar kam ja auch immer mal wieder nach dem Rechten bei ihr schauen! –

Amelie schien gemerkt zu haben, daß ich nicht ihr Typ war, deswegen machte sie mich mit ihrer Freundin bekannt, die aus Schweden gerade zu Besuch bei ihren Verwandten war. Sie wohnte auch in der St.-Joseph-Straße, sozusagen gleich um die Ecke. – Sie war eine noch junge Blondine, und sie mochte es immer wieder gerne, wenn ich zu ihr mal reinkam! – Küssen konnte sie auch! – Ja, und wenn ich gerade mal nicht zu Hause war, war immer mal wieder der Jäger da! – Er und sie waren mit Kozelis gut befreundet, vor allem er. – Wahrscheinlich, weil er auch ein Agent der Versicherer war.

Aber natürlich schien ihm meine Frau viel besser zu gefallen als sie. – Da mußte ich aber schon ein bißchen auf der Hut sein, denn er schien ganz schön was drauf, ich meine dran, zu haben. Da kannte ich doch Margot inzwischen sehr gut! – Sie schaute da nur einmal hin, und schon funkelten ihre Augen! – Natürlich hatte sie da hingesehen, am Adelshofener Weier, denn da kamen sie oft mit, besonders der Jäger!

Aber der Urlaub war für uns rundum sehr erholsam und abwechslungsreich! Ich ging mit Günter des Abends schon mal ein Schöpple trinken, von dem Badenser Wein, und wir spielten auch mal ein bißchen dabei, entweder Skat oder auch ??? denn da waren dann immer wieder dieselben, und auch die Damen, mit da! Natürlich lernten wir dabei auch Amelies Mutter und andere Verwandte kennen. Wir wurden so richtiggehend in den Familienklan miteinbezogen. Moggels zum Beispiel hatten inzwischen ihr großelterliches Kaffee übernommen. Abends fuhren wir mit Christine und auch Günter und mit Amelies Bruder Axel mit seiner Frau aus Ummeln, seiner zweiten Frau, und natürlich auch mit Günter und Amelie nach Meersburg in den Hirschen zum Tanz. – Dabei hing mir Christine immer am Hals und Margot dem Auchgünter immer in den Armen. – Das war dann auf der Heimfahrt genauso, denn wir fuhren zu sext in Günters Wagen! – Damals schauten sie da noch nicht so genau hin, die Polices. – Natürlich, fast wie vorprogrammiert, bekamen wir uns kurz vor Überlingen in die Haare. Wir vier Hintenliegenden nämlich!

Mitten am Eingang von der Stadt bestanden wir darauf, daß Günter anhielt und uns aussteigen ließ.

Des Anstands halber stritten wir noch ein bißchen und gingen dann getrennt unseres Weges! – Wir, alle vier! –

Nur die Straßenführung war schuld, daß wir uns dann wiederfanden! – So war Margot fast gar nicht sehr erstaunt, daß sie plötzlich Auchgünter gegenüberstand und auch ich der Christine! – Christel nahm mich einfach mit zu sich, und ganz früh im Morgengrauen schickte sie mich wieder weg!

Aber es sollte zum Abschluß unseres Ferienaufenthaltes hier in Überlingen noch viel besser kommen! –

Nämlich hatten die Wetterfrösche von großen Unwettern in Norditalien und in der Schweiz berichtet. Oh, sagte Amelie, hoffentlich sind da nicht auch Zackers,

Kawitzkes und die Holländer davon betroffen, denn sie sind dieses Jahr alle nach Italien in den Urlaub gefahren! –

Ja, und so war das dann auch. Als erste kamen Adda und Jopp an, völlig übermüdet und verstaubt. – Na, kommt schon rein, begrüßte Amelie sie. – Darf ich vorstellen, das sind unsere neuen Freunde aus Köln, Margot und Knuth! – Ja, macht euch erstmal wieder zurecht. – Ja, ich glaube, da müssen wir zusammenrücken. – Margot, da mußt du mit Adda, und du, Knuth, mit Jopp zusammenschlafen, oder umgekehrt!? – Jopp war für umgekehrt, ich stimmte ihm zu! – Wie sollten wir das auch machen? – So eine Gelegenheit, lang und dünn mit klein und nicht so dünn auszuwechseln kam so schnell doch nicht wieder!? Ich meine, daß wir uns sofort anfreundeten, und so! – Wenn es unbequem oder zu streßig wurde, wechselten wir immer mal wieder! –

Am nächsten Tag trafen Resa und Lothar ein! – Aber sie erkannten die Lage und fuhren am Abend noch nach Hause, nach Ulm.

Übermorgen, von gestern an, kamen natürlich auch noch Kawitzkes, mit denen wir uns auch gleich anfreundeten! – Allerdings so richtig erst am Übermorgen von vorgestern. Wenn Margot sich von Jopps langer Latte des Nachts angenehm von hinten berührt fühlte und auch Adda mich immer wieder in die Enge trieb, so waren wir dann doch froh, daß sie am nächsten Tag weiterreisten. – Wir freuten uns aber dann schon auf unser Wiedersehen und Ineinandertreffen!

Auch Kawitzkes, die allerdings im Zelt in Unteroldingen übernachteten, machten sich auf die Heimreise, denn es regnete stark und war doch sehr unangenehm im Zelt. Wir gingen schon mal zusammen oder auch getrennt in so 'ne Hütte ins Pfahldorf aus der Bronzezeit. – Bertel war auch so ein richtiger Schelm dabei, wie mir Margot sagte. Aber auch Christine war eine sehr unkomplizierte und Freifrau! – Ja, ich sehe euch bald in Köln, wenn ich zur Fotokina komme. Da nehme ich auch bei euch Maß, für die Brücken und den Schmuck! – Er war Zahnarzt und Dentist und eben auch erfinderisch und sinnlich!

Gut erholt, ausgefeilt und manches dazugelernt, fuhren auch wir wieder gen Kolonia! –

Ich mußte wieder ran an den Speck, vor allem in der Firma. Auch wieder zu besonderen Lehrgängen. – Margot ging immer wieder zu Bauerns am Eigelstein. Sie war mit der Dame des Hauses in guter Beziehung und lernte von ihr auch noch was dazu, auch im Haushalt.

Aber irgendwann war sie doch neugierig geworden und wollte es unbedingt wissen! Eines Tages hatte sie mich gefragt: Sag mal, da am Eigelstein, auf der Verlängerung des Ringes, zum Rhein runter, da stehen immer Frauen. Die sehen gut angezogen aus, und da halten immer wieder Autos an und manchmal steigt eine ein. Warum eigentlich? – Und das sind meist nur Mercedesse!? Ach, hatte ich wohl gesagt, die fragen nur, ob sie sie mitnehmen können! – Wie, wohin? – Ja, vielleicht nach Hause, wenn sie dieselbe Strecke haben!? – Ach so! –

Als sie etwas Zeit hatte, hatte sie sich da auch mal mit hingestellt. In der Nähe nur und um das zu beobachten, dachte sie.

Schon nach kurzer Zeit hielt ein Wagen direkt da, wo sie stand, und ein feiner älterer Herr kurbelte das Fenster runter und fragte sie: „Kann ich Sie mitnehmen?" – Wohin? fragte sie. – „Ja, wohin Sie wollen!" – Und was kostet das denn? „Ihnen nichts, aber was verlangen Sie denn dafür?" – Ich, ach, da muß ich noch mal darüber nachdenken. – Na, steigen Sie schon ein, ich tue Ihnen doch nichts!" – Ja, das haben schon viele gesagt! – Na gut, dann fahre ich mit nach Niehl, in die Nieler Straße. Wenn das keine Umstände macht!? Aber nein doch, Sie gefallen mir doch, wenn Sie verstehen!? – Ja doch! –

Der Herr schien ihr dann doch ein wenig zutraulich zu werden, denn er legte seine Hand direkt auf ihren Oberschenkel, einfach so! –

Angekommen, stieg er sofort aus und öffnete ihr die Wagentür mit gekonnter Grazie, so wie im Kino, dachte sie noch. – Als sie sich per Handschlag und mit Dankeschön verabschieden wollte, sagte er: „Aber meine Gnädigste, wollen Sie mich denn nicht mit zu sich in die Wohnung bitten!? – Meine Dame, da bitte ich aber schön darum!" – Nun war sie völlig von der Rolle. – Habe ich das Wohnzimmer und überhaupt die Wohnung eigentlich schon gemacht? dachte sie nach. – Na gut, wenn Sie darauf bestehen, bitte, da kommen Sie. Ich kann Ihnen auch gerne eine Tasse Kaffee machen, wenn's recht ist? – Oh, Dankeschön, mein Fräulein. –

Bitte nehmen Sie doch Platz, mein Gatte ist im Moment Gott sei Dank nicht da, er ist auf einem Lehrgang. – Er würde das auch gar nicht akzeptieren, daß ich einen fremden Herrn mit in unsere Wohnung bringe! – Und unsere Kinder sind heute nachmittag zum Training! –

Na, das paßt ja prima, sagte er. – Wenn Sie bitte einen Augenblick warten, bringe ich Ihnen einen Kaffee, ja? – Ja, gut, aber dürfte ich mal Ihre Toilette aufsuchen, ich möchte mich ein wenig zurechtmachen. – Ja, ganz vorn im Flur rechts.

Als sie dann den Kaffee auf den Tisch gestellt hatte, kam er gerade von der Toilette zurück. Oh Gott, Mensch, wie sehen Sie denn aus, rief sie aus! – Was soll das denn!? Sie! – Aber mein lieber Mann, das kann doch nicht wahr sein!? – Wer sind wir denn!? – Sie rannte aus dem Zimmer in die Toilette und war am Überlegen und ganz langsam am Begreifen! – Jetzt erst fiel bei ihr der Groschen! – Ja, was mache ich jetzt, um Hilfe rufen konnte sie nicht, denn wie ein Verbrecher sah der Mann nun wirklich nicht aus! – Aber wie hatte der sich hergerichtet, so ganz ohne Hosen, nicht mal mit Unterhose, und die Krawatte als Lendenschurz und einen Haufen Schmuck hatte er dran, und auch noch schön tätowiert war er, auch am Körper!

Ja, mitgegangen, mitgefangen, oder so ähnlich, war ihre Überlegung. Nun mußte auch sie sich etwas zurechtmachen, das war klar, aber wie!? – Nach etwa zehn Minuten kam sie dann ins Wohnzimmer zurück, auch nur leicht geschürzt, im Slip nur, einem schwarzen, und die Warzen mit Lippenstift bemalt und das Gesicht natürlich auch!

Na, jetzt schauen Sie aber, was Sie können, kann ich auch! – Lassen Sie uns doch Du sagen, schlug er ihr vor. – O. K.! – Aber das war's dann wohl? – Oder? – Laß uns doch erst mal über den Preis reden, ja!? –

Wieso Preis? Du sagtest doch am Eigelstein, daß es nichts kostet, das Hierherfahren! – Oder doch? – Ich bekomme nichts von dir, meine Liebe, ich meine kein Geld! – Aber sag du mir bitte, was du von mir dafür bekommst?

Wofür? – Ja, ich habe schon gemerkt, daß du keine Professionelle bist, aber jede Leistung ist doch seines Lohnes wert, sexuelle Leistung auch!

Ach, so sehen Sie das? Na gut, aber ich kenne die Preise nicht! – „Passen Sie auf, ich mache Ihnen für jede Einzelleistung einen Preisvorschlag, da kannst du mit mir darum feilschen, ja?" – Gut, was bieten Sie, äh, du!

Schau, du bekommst diese einen Meter lange Majolika-Perlenkette, wenn du mir gestattest, sie dir durchzuziehen. Wo durch? – Ach, du meinst mir durch die Lasche ziehen? – Mit Naturalien willste also bezahlen? – Sag, wo hast du sie geklaut? – Quatsch, nein, du kannst wählen, entweder Kette oder zwei Blaue!? Gut, ich entscheide mich da doch lieber für zwei Hunderter. – Was soll ich sonst meinen Gatten sagen, woher ich die Kette habe? – Aber es darf mir nicht weh tun! – Sonst ist es aus mit der Vorstellung, klar? – Natürlich tue ich dir nur Gutes an, es wird dir gefallen! – Na gut, da gefallen Sie mal! – Hmm, oh, -- Ah! Ooh jaa! – Ohho wie schön sich das anfühlt. – Jaaa, das gefühlt mir guuut! –

Sie sind aber einer, sie ziehen es mir doch über meinen Kitzler, und das merke ich doch, Sie wollen mich anspitzen, oder? – Na klar doch, du kannst mich doch auch! – Wie macht man so was? – Nimm sie dir doch mal vor. – Die? – Du meinst wohl die Eier? – Oh, ja! – Bitte, deine zarten Finger! Laß sie doch ein wenig durchgleiten! – Und walke sie schön dabei! – Moment, bitte, dafür verlange ich einen Extrapreis! – Wieviel verlangst du? – Mach ein Angebot, was es dir wert ist! – Hundert? – Gut, für hundertfünfzig ganz nach Wunsch, nach genauer Rezepturangabe deinerseits. – Gut so? Ja, jaja, aber jetzt etwas mehr Kompression, ooh, aaah, jaaa! – Mehr Gas noch! Jaaa! oooh! – Stopp! – Warum Stopp? – Na, denkst du, daß ich mein Pulver so schnell verschießen will!? – Nicht mir dir! – So was kriegt man doch nicht alle Tage zwischen die Finger! Wie, soll das etwa so weitergehen!? – Wieso nicht, mein Lieb!? – Moment, hast du eigentlich so viel Geld? – Aber jadoch, hier in der Jackentasche ist meine Brieftasche, nimm sie raus und leg das Geld auf den Tisch. – Da kannst du dir jedesmal dein Honorar wegnehmen! – Bin ich jetzt eine Honorardame!? – Oder eine kleine Nutte? – Nein, weder noch, du bist eine tolle Frau, fast ganz normal, denke ich. – Was glaubst du, was manche Frau darum geben würde, jetzt hier an deiner Stelle zu sein!? –

Ich glaube dir! – Und es fängt an, mir sogar Spaß mit dir zu machen! – Also, wie soll's weitergehen? – Na, jetzt denke ich, mich dich mal von innen zu betrachten. – Wie, du willst mir mal reinschauen, mit einem Fernglas vielleicht?

Nein, jetzt kriegst du mich rein! Du hast doch wohl nichts dagegen? Oder? – Nein, nein, das heißt ja, wie stellst du dir das vor? Das große dicke Ende etwa? – Und mit dem ganzen Gebimmel da drum und dran!? So was Großes hatte ich noch nicht! – Da mußt du dir was anderes einfallen lassen!? – Wie? Du meinst, das ginge trotzdem? Du meinst mit Geduld und Spucke!? – Mit viel Spucke eventuell!?? – Aber die Goldringe da dran, den dicken da vorne an der Ecker und die Kreole um den Sack und Schweif! Wie? Die scharfen Steine könntest du abmachen, ja? – Hmm? –

Na, ich weiß nicht, aber du mußt es ja wissen, und schließlich will ich nicht der Spielverderber sein, und schließlich müssen wir uns auch beeilen, denn meine Kinder müssen bald wieder hier auftauchen! – Sag, was ist es dir wert, wenn du mit deinem Monster und dem Goldverhau darfst!? – Oh, jetzt gefällst du mir, jetzt wirst du richtig geil! – Sagen wir, für eine halbe Stunde in etwa, mit „ohne" und mit vollem Schwall, na sagen wir fünf!? – Volles Risiko willst du? Du meinst Risiko für mich! Von wegen Schwangerschaft und Tripper und so!? – Nein, nicht mit mir! – Ach, bitte, bitte, du hast so 'ne schöne und eine völlig echte und natürliche Kleine! – Die lasse ich mir was kosten! – Und du mußt nicht glauben, daß ich jede Nutte oder Halbnutte mit „ohne" esse!

Also gut, du Genießer, für den Braunen da, darfst du mir mit all deinem Geklunker und so und mit dem Eselstreiber mal dazwischenfahren!!! Aber glaube ja nicht, daß ich dich hereinlasse! –

Was würde mein lieber Knuth von mir denken, wenn er wüßte, daß ich in zwei Stunden beinahe eintausendfünfhundert Mark verdient habe!? – Natürlich habe ich mir zwei große Scheine da weggenommen! – Der hat es doch! – Hau endlich ab, sonst werfe ich Deine Hose zum Fenster naus! – Das muß ich sowieso schnell vergessen und auf mein persönliches „Konto" verbuchen! –

Wenn man hier nicht aufpaßt, kann man noch in die Gosse geraten oder Karriere machen!? – Ja ja, bei deinem Aussehen und deiner Figur schon! –

Ihre Brieftasche? – Die liegt schon draußen! –

Ja, wir fuhren natürlich jetzt jedes Jahr in den Urlaub! – Zu Anfang noch nach Catolica, auch mit den beiden Jungens. – Da lernten wir auch einen Hotelier mit deutscher Frau kennen. Er nahm uns mal abends zu einem Bummel durch die Gegend mit, sozusagen zu seinen Freunden rundherum! – Er bezahlte die ganze Zeche dabei, aber so aus der Rocktasche eben! – Als ich ihn darauf ansprach, antwortete er: „Du mußt wissen und gleich wieder vergessen, mein lieber Knuth, daß wir auch in Italy zwei Währungen haben. Eine für euch Touristen und eine für uns Daheimgebliebenen!" – Ach so!

Ja, so ab Mitte Juni konnte man hier auch schön in der Adria baden und sich sonnen! – Bis Mitte Mai und ab Ende September waren hier die Hotelfenster mit Brettern vernagelt. Und dazwischen waren die Itaker am Bescheißen, vor allem die Neapolitaner! – Eine schöne Uhr gefällig? Ganz neu aus der Fabrik! – Dabei hatten sie nicht mal gelogen. – Daß das Gold nur Katzengold sei, hatten sie nicht gesagt! – Und daß das Smaragddiadem und das Ohrgeschmeide und der Ring auch nur preiswert seien, war auch nicht gelogen! Helge hat es in all den Jahren nur einmal in Deutschland getragen! – Einige Tausend hatten sie dafür bezahlt! – Ich rede nicht von Lire!

Auch zu den Griechischen Inseln sind wir mal gesegelt, Margot allerdings fast ausschließlich mit dem „Eimer", denn das Wackeln der Schiffe mochte sie gar nicht so sehr!

Danach war Franzosenland für uns interessant. – Das erstemal fuhren wir rund 20 Stunden lang, über Neustadt, durchs Rhonetal, dann durch die Schneealpen in Richtung St. Tropez. – Die Fahrt war deswegen so lang, weil wir unsere Freunde verloren hatten, das heißt, sie waren uns davongefahren! – Obwohl eigentlich ich der Pfadfinder und der Rasantfahrer war, war mir Ede davongefahren. Er hatte unsere Verabredung ganz außer Acht gelassen, nämlich, daß wir nach einer bestimmten Entfernung einer auf den anderen warten wollten. Im Konvoi zu fahren, hatten wir erfahren, klappt nie!

Wie dem auch sei, wir waren im unteren Teil der Alpen auf unserer Suche immer wieder mal hin- und zurückgefahren. – Nach Mitternacht sahen wir Feuer und Flammen in einer Schlucht! Voller Angst und Bange bin ich dahinunter geklettert! – Und was ich vorfand, war ein Haufen brennender alter Autoreifen! – Also Frust war angesagt! – Nach längerer Weiterfahrt sah ich im Rückspiegel, hinter einer Straßenecke, den Schatten eines Autos mit was obendrauf! – Stopp, und Rückwärtsgang rein! – Und da schliefen sie seelenruhig, alle vier in ihrem Auto! – Ja, und das zwei Kilometer vor unserem Ziel! – „Kontiki" hieß unser Zeltplatz, ganz in der Nähe von St. Tropez. – Das Wasser im Wasser war gut! Nur in der Wasserleitung und in der Toilettenspülung war meistens keines! – Wasser! – Da stank es immer in den Toiletten! –

Das nächste Jahr fuhren wir auch wieder nach Frankreich. Über Caen, vorbei am Mont St. Michel (St. Malô) bis St. Marc, ganz bei St. Nazaire an der Loiremündung! – Wo mein Bruder in der Festung feste gekämpft hatte! – Da war es schön, der Strand, das Meer, der Campingplatz und so. – Tolle Wellen waren da, da mußte man bei Ebbe aufpassen, daß man nicht weggesaugt wurde, aber wir tummelten uns darin! – Unser Peter war damals schon nicht mehr mit, nur Jürgen!

In St. Nazaire, am U-Boothafen, wollte ich eine Aufnahme von uns sieben machen. – Wir drei und Ede mit Anni und Berni und Uti. Denn Ede war ja U-Bootfahrer gewesen! – Ja, und obwohl er ein wenig schulfranzösisch konnte, versuchte ich, so ein paar dabeistehende „Franzosen" zu überreden, uns zu knipsen! – „Parle vous france?" Und die schienen mein Kauderwelsch nicht zu verstehen. – So'ne Merde, sagte ich dann, so vor mich hin. – Wieso Scheiße, sagte da der „Franzose" auf deutsch! – Verstehen sie deutsch? war meine Gegenfrage. Ja klar, wir sind doch Bayern! – Da mußten wir alle zusammen herzlich lachen! –

Auf dem Campingplatz gab es noch einige unvergeßliche Dinge. So zum Beispiel ein zwei Tage und Nächte dauernder Sturm, der hauptsächlich uns Männern zu schaffen machte! – Wir waren die ganze Zeit damit beschäftigt, das Hauszelt festzuhalten, damit es nicht wegflog!! –

Das war aber nicht alles, denn nebenan war eine Französin mit Kind und Kaplan am Campieren. Wobei der Kaplan sie nur alle paar Tage besuchen kam. Immer nur, wenn die Tochter nicht da war! – Aber er sprach gut deutsch, denn er hatte nach dem Kriege auch in Süddeutschland gedient. Gegenüber waren zwei junge Franzosen, die uns auch immer im Visier hatten. – Sie wiederum waren Bruder und Schwester, wie wir irgendwann herausfanden! –

Jürgen und die anderen, die kein Zelt zu halten hatten, gingen ins Städtchen oder ans Meer. – Margot war vom Kaplan nach St. Nazaire eingeladen. – Und ich hatte eben auch meine Pflicht zu erfüllen! – Ja, als sie spät am Abend zurückgebracht wurde, erzählte sie mir dann alles! – Oder halballes? –

Zu seinen Eltern habe er sie mitgenommen, und die Pfarrei habe er ihr eingehend gezeigt. – Und sehr nett sei er zu ihr auch dabei gewesen!

Na so was! – Ein Glück, daß der Wind endlich nachließ! So fuhren wir vier am nächsten Abend mit Renee und Poulett nach La Baule. Da wächst der Hummer, und da aßen wir Crêpe souset, und Renee zeigte uns da auch so bestimmte Einrichtungen, wo man für ein paar Cents eine kurze Couchee machen konnte! – oder so ähnlich! – Er nahm Margot an der Hand und verschwand! – Poulett tat das gleiche mit mir. – So choucheteten wir eine halbe oder ganze Stunde darin herum, und fuhren sehr viel später wieder zum Campingplatz zurück. Dabei chuchelte sich Poulett im Ford an mich und nutzte die Gelegenheit, sich mit mir zu unterhalten! – Margot konnte sich während der Fahrt nur an Renees Steuerknüppel festzurren! – Wie auch immer!? –

Natürlich hat uns der Kaplan in seine Kirche in St. Nazaire zum großen Diner eingeladen. Wir aßen und tranken und sangen, auch alte deutsche Wehrmachtslieder, mehr als vier Stunden lang! Und das Ganze am Freitag, auch mit Fleisch und so! – Natürlich waren seine Vorgesetzten, die Herren Professoren und so, mit von der Partie! –

Übrigens war Anni und Uta mit nach St. Nazaire gefahren. Solange Margot mit dem jungen Kaplan unterwegs war, waren sie schoppen gewesen. Kaplans Jackline hielt Edes Stange fest und fester, damit er sie beruhigen konnte! Poulett half ihrem Bruder, die Stange zu halten, dabei schaute sie oft zu mir herüber! – Dann hatte sie aber auch die Faxen dicke satt und kam zu mir ins Zelt gehuscht! – Mit einer sehr gekonnten und ausdauernden Bücke unterstützte sie mich, um den starken Sturm und Drang zu bändigen.

Die Heimfahrt war weniger amüsant, dafür aber streßig. – Denn wir hatten die Loire der schönen Schlösser wegen als Rückweg ausgewählt, hatten aber das Pech, daß Ede unmittelbar hinter Orléans in einen Auffahrunfall verwickelt wurde. – Diesmal mußte Anni „uns" hinterherfahren, um uns zurückzuholen! – Sie hatte dabei das Glück, daß ein Französischer Bankherr sich ihr darbot. Er stellte uns auch eine deutschsprachige Mitarbeiterin für die zwei Reparaturtage als Dolmetscherin zur Verfügung und versorgte unsere Damen ganz in französischer Manier. Ede war Kfz-Meister und konnte die umfangreichen Reparaturen selbst ausführen. – Bis auf die Blechschäden! – Die notwendigen Ersatzteile holte ich aus Bloir, von einem Fordhändler, der uns sogar mit einem Scheck bezahlen ließ. – Die Dolmetscherin war noch sehr jung und froh, daß ich ihr dabei immer auch die deutschen Regeln beibrachte! Sie lehrte mir dafür etwas französisch! „Voulez vous coucher avec moi" zum Beispiel! – Was mochte das wohl heißen? – Aber mir gefiel es sehr gut! – Und ich war gar nicht geneigt, so schnell wieder deutsche Suppe essen zu müssen! – Es geht eben nichts über die Französinnen! –

Nur um es nicht zu vergessen, wir hatten natürlich bei unserem ersten Frankreichfeldzug auch einen Abstecher nach Nizza und Monaco unternommen! –

Und damals meckerten die Franzmänner noch über uns Fritzen!

Ja, sie mochten und trauten uns damals noch nicht so richtig. – Vor allem uns männlichen Fritzes nicht! – Aber das hatten wir beispielsweise zu dieser Zeit auch in Holland erlebt. – Da konnte es einem auch schon mal passieren, daß ein Gastwirt uns zwar nicht des Lokals verwies, aber uns einfach nicht bediente, solange nicht, bis wir resignierten und wieder gingen. – Natürlich waren bekam er dafür kein Trinkgeld! –

Nun, wir sind danach noch oft nach Frankreich gefahren und haben dabei so unsere typischen Erfahrungen gemacht. – So hatten wir uns mal der Unredlichkeit ausgesetzt, als ich uns unsere Gläser noch mit Rotwein nachfüllte, nachdem ich die Rechnung schon bestellt hatte. – Wie eine Furie kam die Wirtin angesaust und riß mir die Flasche aus der Hand! – Wie konnten wir Allemanen denn wissen, daß sie den wirklichen Weinverzehr so gut abgeschätzt hatte? – Wir dachten, wie in Old Germany, daß wir ohnehin die ganze Flasche angerechnet bekämen! – Schämt euch!

Oder auch das Fahren auf den französischen Dreispurhauptstraßen muß man erst lernen, das dauert, bis man kapiert, daß immer der die mittlere Spur benutzen darf, der den meisten Mut hat!?

Daß Frankreich ein schönes Land ist, weiß inzwischen fast jeder Deutsche, auch wenn in ländlichen Gegenden noch der Misthaufen direkt an der Straße steht! – Sicher auch bei uns da und dort noch!? – Na ja, uns hat am besten Süd- und Südwestfrankreich und die Biscaya gefallen, und die Sprache, auch wenn wir sie nicht verstanden haben sollten.

Mittlerweile tat sich auch bei uns im Betrieb und privat so einiges. – Wir waren nach Deutz umgezogen, direkt gegenüber des Bahnhofes, wo wir schon mal was zu essen holten, wenn wir Überstunden machen mußten. – Das bezahlte Wernerz, unser Zwischenboß, oft privat, um uns bei guter Laune zu halten. Das war dann schon die Zeit, wo wir zum Europastab gehörten, was mir wieder eine Promotion einbrachte. Dabei wurde ich ins Management aufgenommen, und mein Gehalt reichte dann schon über die Achttausender hinaus. – Ich mußte da beispielsweise die ganzen Angebote für das neue Werk in Almusaves prüfen und begutachten. Das war für mich insofern schwierig, weil das alles auf „englisch" war, auch die Diskussionen! Na, und privat hatten wir eigentlich kaum Probleme, Margot liebte mich immer wieder und noch und ich sie auch! – Jürgen wurde konfirmiert, dazu kamen meine Eltern von Drüben und Güldenbergs auch, und die neuen Nachbarn und Freunde, und natürlich auch Hanne mit ihrer Mutter aus Neuwied. – Hoch die Tassen und ein Prosit! –

Margot fuhr jedes Jahr nach drüben, vollgepackt mit allem, was sie so gerne gehabt hätten. – Apfelsinen, Zitronen, Kaffee, Rosinen, Mandeln, Bananen, Puddingpulver, Pfeffer, Majoran und Därme zum Hausschlachten. – Natürlich auch Schokolade, Zigaretten, Whisky und anderes, wie Nylons, Nyltesthemden, Schuhe und sonstige Klamotten, von technischen Geräten, wie Armaturen, Fliesen und Autozubehör ganz abgesehen. Es sei nur am Rande erwähnt, daß wir dafür, einschließlich der dreißig Pakete pro Jahr, etwas mehr als hunderttausend Mark bis zur Wiedervereinigung ausgegeben haben. – Wir kannten auch ehemalige Flüchtlinge, die in der ganzen Zeit nur etwa sechzig Pfennige dafür ausgegeben haben, für die Ansichtskarte nämlich! – Auch Helge und Helmut gehörten dazu. – Manche sollten auch immer nur „Tosca" geschickt haben. – So hieß es später immer wieder!? –

In der Zwischenzeit hatten wir uns auch mit Kawitzkes aus Ummeln und mit Adda und Jopp aus Holland wiedergetroffen. – Bertel hatte anläßlich seines Messebesuches hier in Köln bei mir und Margot maßgenommen und. Abdrücke für die Brücke und den Intimschmuck gemacht.

Lammés, die Dutchmans, besuchten wir anläßlich eines Schreveningen-Besuches in Hoogeveen, später in Hengelo. Bei diesem Urlaubsaufenthalt hatte Jürgen in der Nähe von Haag seine „Maud" kennengelernt. – Sie war eine nette Deern, und wir hätten sie uns als Schwiegertochter gut vorstellen können, aber es wurde nichts daraus. Jürgen ging dann irgendwann nach England für ein Sprachstudienjahr und studierte da erst wohl die britischen Ladys. –

Aber weiter in Sachen Urlaub. Wir fuhren, ohne Peter, nach Spanien mit unserem neuen Granada. Quer, nein halbquer, durch Frankreich, über Andorra, durch die Pyrenäen nach Cambrills. Das liegt etwas südlich von Taragona, von dem bekannten Süßwein.

Die Fahrt war landschaftlich wunderbar. Allein über die Pyrenäen zu kommen und durch Andorra, war schon ein Meisterstück für den Fahrer! – Und da war ein Fluß, na, sagen wir kleinerer Fluß mit rotem Wasser drin! – Ja! – Aber das war natürlich kein Blut oder sonst was Schlimmes, sondern roter Ton. – Dann kamen wir an ganz verlassenen Steinhaufen vorbei, das waren ehemalige Dörfer, auch mit scheinbar ehemaligen Burgen und Schlössern. – Alles aus ehemaligen Bruchsteinen gebaut. – Nur die Menschen fehlten da! – Aber danach kamen wir an eine große Tiefebene, hinter Saragosse und schon in der Nähe von Taragona, nahebei von Barcelona. – Das war eine sehr tiefe Aue, da wuchs und blühte alles nur so herum! – Serpentinenartig und kurvenreich ging es da hinein! – Und halbwegs so schwierig wieder raus! –

Der Campingplatz in Camprils und der Strand waren für uns sehr beeindruckend, wie auch unsere Zeltnachbarn. Sie waren Franzosen! – Was ein Glück, daß wir nicht schon wieder eine neue Sprache lernen mußten! Konnten wir die anderen schon kaum!? Aber ein Seeigel oder ein Tintenfisch ist nun mal was Neues für uns Germanskis. – Jürgen hatte mit seinen Fischereigeräten einen Mordstintenfisch gefangen! – Ein Calemares, oder so, heißt so ein Schlingeltier, glaube ich!? – Na, das ist aber toll, und den machen wir uns heute mittag schön zurecht, zum Essen! – Ich, der Hobbykoch, schritt zur Tat! – Igittigit, oh weh! Ja, was ist das denn, die schwarze Brühe, die da aus dem Ungetüm herauskommt? – Ach, was soll's, damit werden wir Deutschen allemal fertig! – Mach mal schon den Kocher an, Liebes, und mach Olivenöl rein in den Pott, nicht zu knapp! Dann hatte ich ihn aufs Kreuz gelegt und ganz schön klein gemacht! – Gesalzen und gepfeffert und rein in die Pfanne. – Pane mit Butter dazu und einen gemischten Salat dabei, wenn das nichts ist, da weiß ich aber nicht!? –

Margot und Jürgen bedrängten mich dann. – Sag, wie sieht es aus? Wir haben

Hunger! – Moment noch, ich denke, daß es gleich soweit sein wird! – Ich war am Probieren und am Probieren, alle zehn Minuten, aber das Zeugs wurde und wurde nicht weich.

Na gut, wenn ihr schon keine Zeit mehr habt, also bitte sehr, und guten Appetit! – Ja! Das ist doch wie Leder!? – Das kann man doch nicht essen!? – Ja, ich mußte ihnen recht geben, aber was hatte ich bloß falsch gemacht!? – Franzosens wußten es! – Hatten sie doch schon die ganze Zeit gelugt und geschmunzelt, was ich da wohl machte! – Ja, und dann erklärten sie uns, was ich falsch gemacht hatte! – Was hat er, sie, es gesagt? – Ach so! Ja, ja! Da wußten wir, daß man so einen Fisch erst mal ein paar Stunden weichkochen muß, bevor man ihn kocht.

Na, mit den Stacheligeln, mit den Seeigeln erst noch! – Nein, essen wollten wir diese Dinger schon gar nicht mehr! – Nein, nein, aber was macht man mit den Scheißstacheln! Wenn man sie an, in, zwischen den Füßen am Herumstachen hat!? Kein Problem für uns, hatten wir doch Franzosens! – Bla, bla, bla, und wir hatten verstanden!? – Na klar doch, das Beste ist, wenn man damit gar nicht erst in Berührung kommt! – Wenn also diese harten glasartigen Spitzen gar nicht erst abbrechen, sondern gleich mit der Pinzette ins Meer gehen! – Aber wenn wir es richtig verstanden hatten, ist die beste Medizin, wenn man abwarten kann, bis diese Glasfasern wieder herauseitern! So nach Wochen wahrscheinlich! – Merci! –

Da das Wetter damals, schon Ende August, recht kühl war, hatte ich mich am Fischerhafen mit einem „Kapitän" von so einem Fischerboot für einen Fangtag mit einem Kasten Bier verdingt! – Also, morgens schon um Fünfe mußte ich da dasein. Und ab ging der Törn! – Das dauerte und dauerte, bis wir endlich in Fangposition waren! – Es war ziemlich stürmisch schon am Morgen, aber ich war ja sozusagen seefest! – Ich stand vorn an, auf dem Bug, und schaukelte mit dem Boot immer so um die drei Meter rauf und runter! – Die Katalanen warteten schon immer darauf, daß ich das Mittagessen wieder ausspeien würde, was ich noch gar nicht gegessen hatte! – Aber da konnten sie lange warten, denn ich wurde nicht seekrank! – Das wußte ich!

Um die Mittagszeit wurden dann die Netze ausgelegt, und wir aßen erst mal zu Mittag. – Es gab gebackene oder gebratene Wassertiere mit Kartoffeln in, mit, viel Öl dabei. – Das war so schlecht gar nicht. Bis auf die doch recht rauhen Eßgeräte. – Die waren aus rauhem Holz, und sicher schon des öfteren benutzt. – Spät am Abend, bei einigen Ziegenfellen Rotwein, die wir geleert hatten, kamen wir wieder im Heimathafen an! – Gefangen hatten wir eigentlich nichts, nur so einige kleine Dinger. – Von allem eben ein bißchen, auch einen ganz kleinen Hai! – So einen, der nicht mal einen Menschen fressen wollte. Man muß wissen, daß wir nur Grundschleppnetzer waren! – Seefoodfänger nur! –

Dann wurde es erst mal wieder Winter, und unser Peter, der leider sein Abitur nicht machen konnte, weil er seine Klassendoktorlehrerin mit seiner hilfsbereiten Art nicht überzeugen konnte! – Es paßte ihr einfach nicht, daß er in den Pausen den anderen, etwas zurückgebliebenen Mitschülern zum Beispiel was von der „Matte" beibringen wollte! – Was für ihn ein Kinderspiel war! – Na gut, das Fräulein Doktor war neu und Peter schon zu alt, also go! – Versetzung no! – Seine Direks, die ich damals aufsuchte, bedauerte es sehr, denn sie sagte mir: Wissen Sie, Herr Paulsen, Ihr Sohn ist sehr begabt, vor allem in Matte! – Ich habe ihn persönlich in diesem Fach, aber was soll ich machen, ich kann doch meiner neuen, jungen Mitarbeiterin nicht in den Rücken fallen! – Es tut mir wirklich sehr leid!? –

Also, was sollte es. – Peter bekam von mir eine Tracht Prügel, völlig unangebracht und auch für die Katz! – So lernte er als Maurer bei einem halbbekannten Maurermeister, bei Rudi! – Er war der Vater seines damaligen Freundes Herbert. Mit ihm war er dann im Winter 1967 auch nach Kaprun zum Wintersport gefahren. – Auch wir hatten uns da nochmal dazu verleiten lassen, nach mehr als zwanzig Jahren Skisport treiben zu wollen! – Na, bis wir durch den Schnee und die Straßenglätte endlich da angekommen waren, waren wir eigentlich schon am Boden zerstört! – Gleich am nächsten Tag wollte ich es denen da mal zeigen, wie Ski gelaufen wird! – Von wegen mit so einem „Lift" da auf den Berg fahren und sich wieder heruntergleiten lassen!? – Nein, jetzt sollt ihr mal sehen, wie das zünftig gemacht zu werden hat! –

Also, wie auch immer wir an die alten Skier gekommen waren, so mit ohne Stahlkanten und mit den Lederbindungen. – Ich und wir und Margot schnallten uns die Brettel an und stiegen zünftig auf! – In der Nähe dieser Lifte taten wir das! – Ja, und jetzt schaut ihr mal zu, wie sowas geht! –

Ich hatte mir schon Blasen an den Fersen beim Aufstieg zugezogen, aber ein Jungvolkjunge ist hart, war die Devise. – Also, ab geht's! Horido und Weidmannsheil! – Und rutsche, futsche, dutsche und Salto mortale! – Ja, und Aua! – und die Zähne zusammengebissen. Und wo sind sie denn? Die Bretter!? –

Das war damals, vor mehr als zwanzig Jahren, doch ganz anders. – Oder? – Was soll's, ich kann doch hier nicht zu Fuß runterlaufen!? – Also auf ein Neues!? – Fitschi, futschi, und schon wieder Salto mortale! – Und noch mehr Aua, Aua! Nach noch zweimal war ich endlich unten, und die Pistenfahrer schienen Respekt zu haben, vor mir? Oder noch mehr vor Margot, denn sie war mit dem neumodischen Ding, dem Lift, schon vor mir da unten eingetroffen!

Wir fuhren nun nicht gleich wieder heim, nein, wir machten dann, nach einigen Tagen, sogenannte Wanderungen, mit, und mit ohne Skier! Am schönsten war es ganz oben auf der Höh, mit Blick auf den Kapruner Stausee, oder den Großglockner. Und nach einem schönen Mittagschläfchen und einem Nickerchen und am Abend im Restaurant, oder bei einem Heimatabend und auf 'ner Hütten beim Jagertee! –

Jürgen hatte inzwischen sein Gymnasium auch mit der mittleren Reife verlassen, weil er ein bißchen faul war, vor allem mit Französisch und Latein! Wir hatten ihm über Herrmannsche Beziehungen allerdings schon eine Lehrstelle im graphischen Gewerbe vermittelt, aber nach unserer gemeinsamen ADAC-Packagetour durch den Balkan, über Österreich, Jugoslawien, Ungarn, Rumänien bis nach Istanbul, hatte es sich ergeben, für ihn, sich anders zu entscheiden! Dieser Tour konnte ich nur deswegen zustimmen, sie war mehr als 5.000 Kilometer weit, weil Jürgen inzwischen mit

Achtzehn seinen Führerschein hatte. – Es war eine Dreiwochenreise, die ab Kärnten begann. Wir fuhren über den Tauernpaß nach Villach und nach Klagenfurt, Mariboro, Zagreb (früher Agram) durch den Banat. – Dort wurden wir freudig begrüßt und zu einem Drink und Talk gebeten. – Ja! – Ach! Wie freien wir uns, daß ihr Deitschen aus dem Reiche, zu uns kemmt! Ja, sagte ein etwa Siebzigjähriger, ich bin durchs Reich als Wanderpursch getrampt, damals! – Die jüngeren konnten nur noch ein kleinwenig Deitsch! –

Dann ging es weiter nach Romania, da hätten wir lieber vorher unser Französisch noch mal überprüfen sollen, denn mein bißchen Englisch reichte da nicht weit. – Aber unterwegs wurden wir immer wieder von „Freunden" angehalten! – Von richtig echten Zigeunern, nämlich! – Und die schienen alle Sprachen zu sprechen, auf alle Fälle perfektes Deutsch! – Ja, und was die für dicke Brieftaschen hatten, mit allen nur möglichen Währungen! – Aber sonst ganz bescheiden, mit Panjewagen und ihre Knirpse auf dem Arm, und nicht aufdringlich! In Buda, nein Bukarest, gleich nach dem „Steineren Meer", da mußten wir in ein Hotel ziehen, in ein ganz altes, weil der „Nixon", der US-Präsident gerade da war! – Es war sehr gut eigentlich, nur es roch sehr stark nach Mottenkugeln! – Letzteres trafen wir auch später noch in anderen europäischen Ländern an! Man konnte da kaum atmen! –

Diese Tour war für uns nicht sehr problematisch, und wir machten dabei wieder neue Erfahrungen. So überrollte ich eine ganze Herde Gänse, die mir unangemeldet hinter einer Bodenwelle plötzlich gegenüberstanden! – Gack, gack, gack! – Die Frau mit dem verrosteten langen Messer wollte nicht uns, sondern den halbtoten Gänsen an die Gurgel! – Wir danken auch schön, schienen sie uns sagen zu wollen! – Kolchose! –

Ja, auch die Menschen und die Tiere waren nicht an so schnelle Fahrzeuge gewöhnt. – Da lagen oft Pferde und Kühe und Schweine am Straßenrand, die plattgewalzt worden waren. Ich glaube nicht gewollt oder aus Leichtsinn. – Uns selbst passierte auch folgendes: Wir befanden uns auf einer langen geraden Pustastraße so mit Alleebäumen und Straßenrändern und Straßengräben. Rechts und links waren weite Felder mit Mais oder Sonnenblumen bewachsen, gelb oder grün leuchtend. Vor uns links auf der Straße ein sogenannter Heuwagen mit somebody on the top! – Rechts daneben am Straßenrand saßen, lagen einige bunte Bauersleut- oder -innen. – Sie machten wohl eine Siesta. – Ja, und da waren wir da, und da sprang eine Inne ganz plötzlich vor unseren Wagen! – Bremse, Hupe und Kreisel! – Ja, da waren wir vorbei, mit Beinahe! – Ja, noch mal Glück gehabt! –

Wir fuhren durch das Donaudelta, bis zu unserem Urlaubsziel „Eforie Süd" in Rumänien. – Nähe Konstanza. –

Da angekommen, völlig am Boden zerstört, nicht nur der schlechten Straßen wegen, sondern auch wegen der Versorgung. – So beispielsweise mit Superbenzin. Denn die Normal-, nein die Superbenzinmotorautos, kamen ohne Flugbenzin kaum noch weiter! – Und die, die kein Motoröl dabei hatten, hatten auch große Probleme. – Ich hatte dabei, brauchte aber keines, weil ich, thanks god, ein neues Auto und ein gutes Auto fuhr! – Ich hatte mir für diese Tour extra einen Normalbenziner genommen, um mit Super fahren zu können! – In Eforie war es dann ähnlich: Weil das ADAC-Hotel überfüllt war, wurden wir mit in ein Quelle-Hotel verfrachtet. Wir bekamen ein Parterrezimmer mit aufgespleistem Klosperrholzdeckel, weil er von der Dusche immer was abbekam. Den Balkon mußten wir des Nachts bewachen, denn da wurde laufend die zum Trocknen aufgehängte Wäsche geklaut.

Am Strand war es ähnlich: Badetaschen mußte man am Körper festbinden, sonst liefen sie einfach davon, mit den eigenen Strandsandalen sogar. – Das Essen war sehr bäuerlich, mit viel Kartoffeln und Gemüse, dafür sehr wenig Fleisch, und wer etwas zu spät kam, der war schlecht bedient! – Wein und Bier gab es aber ausreichend, denn das mußte ja extra bezahlt werden. Das Personal war fast ausschließlich deutschsprechend, denn dafür hatte man die „Siebenbürgen" herangeholt! – Gebrauchen konnten sie alles, was wir bei uns hatten. Angefangen von den Lippenstiften, selbst wenn sie schon nicht mehr neu waren, auch die Nylons, Bluejeans, Hemden, Schuhe, Kleider und Anzüge.

Jürgens neuer Freund dort rückte ihm die ganze Zeit nicht von der Pelle, weil er bei unserer Abreise seine Jeans erben sollte. – Die Empfangsdame, eine ehemalige Majorsfrau aus Konstanz, hatte mir für ihren Sohn schon so manches gute Stück meiner Kleidung auf französisch abgekauft! – Da sie männerlos war und noch sehr gut aussah, bezahlte sie in natura, dafür hatte das Personal ein hübsches Séparé eingerichtet, sogar mit Schlüssel dabei! –

Aber meinen neuen hellgrauen Sommeranzug, den sie sehr gerne noch haben wollte, wollte ich ihr nur für Devisen geben. Zweihundert Mark hatte ich verlangt. Als sie mir das Geld am letzten Tag immer noch schuldig war und sie sich krankgemeldet hatte, fuhr ich nach Konstanz zu ihrem Haus. Da wohnte auch die Familie ihres Sohnes. – Als sie nach meinem Klingeln die Tür öffnete, war sie ganz erschrocken, mich da zu sehen! – Ach! – Ja, kommen sie bitte herein. Ja, wir haben nicht mehr soviel DM, was machen wir da!? – Ja, das ist doch ganz einfach, sie geben mir meinen Anzug zurück, und das war's dann eben, sagte ich. Aber das geht doch nicht, denn mein Sohn ist mit dem Anzug schon in die Klinik gegangen! – Ja, was nun? – Warten Sie mal, ich spreche mal mit der Schwiegertochter. – Nehmen Sie bitte Platz und trinken Sie ein Glas Wein. – Moment, bitte. –

Nach zehn Minuten kam eine junge, sehr attraktive Frau ins Zimmer, begrüßte mich sehr freundlich und lächelte mich dabei sehr aufmunternd an. Ja, mein lieber Mann aus Deutschland, was können wir beide in diesem Falle da alles noch tun? – Hier habe ich noch hundert Mark, den Rest lege ich bei ihnen gerne „so" dazu. – Mein Gatte mag nun mal Ihren ehemaligen Anzug so sehr, daß er mich gebeten hat, mich mit Ihnen zu arrangieren. Wie mir meine Schwiegermutter sagte, nehmen Sie auch Geld in natura!? – Oder? – Bitte sagen Sie mir, wieviel ich noch dazugeben muß? – Mein Mann dachte, so zwei- bis dreimal vielleicht!? – Oho! Da hatte Sie schon ein wenig abgelegt von den wenigen Sachen, die Sie nicht anhatte! – Das tat mir dann gleich so weh, daß ich annahm! Was hatte Sie doch auch für eine tolle Fikkur an sich! – Sie war dann auch ganz unverklemmt und ungehemmt, und ohne Hemd und Höschen, und so gut drauf, daß ich dachte, daß sie das gerne machte! –

Und ich nahm dann, wie angeboten, noch zweimal davon! Schade, daß sie nicht von Anfang an meine Verhandlungspartnerin war! –

Wir hatten uns entschlossen, noch einen zweitägigen Abstecher nach Istanbul in die Türkei zu machen. – Mit dem Schiff ab Konstanza. – Allerdings waren wir schon ziemlich knapp bei Kasse. Obwohl wir diesen „Zugewinn" hatten, hatten wir doch mehr ausgegeben als geplant. – Da waren nämlich noch die „Ostzonaler" aus der Nachbarschaft dazugekommen, die sich uns mittlerweile schon in „Scharen" angehängt hatten! – Ja, was waren wir alle froh, uns getroffen zu haben. Auch der Direktor der Porzellanfabrik aus Ulstädt, gleich nebenan von Rollscht!

Ja, sie hatten es nicht ganz so leicht, in Rumänien Urlaub zu machen, wie wir. Sie waren alle FDGB-Urlauber und bekamen, außer ihrer Vollpension, nur zwanzig Ost-Mark pro Person umgetauscht, für den persönlichen Bedarf, wie Zigaretten, Getränke und Mitbringsel! – Ausnahmsweise noch mal so viel, aber zu einem viel schlechteren Kurs! – Das hatte mich an meine BDA-Exkursion von 1954 nach Prag erinnert! –

Margot ermunterte mich, es doch zu tun. Hier sagte sie, da lege ich noch einen Hunderter dabei! – Eine junge Auch-Personalfrau hatte sie gebeten, ihr von Istanbul, aus dem Basar, doch einen weißen Ledermantel mitzubringen, und hatte ihr auch West-Mark dafür mitgegeben. – Als sie lange zögerte, hatte diese Dame sie mal in das Séparé gebeten und ihr bewiesen, daß sie beide doch die gleiche Nummer hatten, die Größe und so betreffend! – Dabei hatte ihr anwesender Freund, der sehr gut aussah, mit Maß genommen! – Oho, ja, jadoch, das mache ich doch! – Aber nur für einen zusätzlichen Blauen! – Ooh, Aaah, Oja! –

Diese Schiffsreise hatte es in sich, denn um Mitternacht kam ein starker Sturm auf, und wir wurden wach, als in unsere Achtmannkabine das Meerwasser massenhaft durch die Bullaugen in unsere Kabine schoß! – Bis die paar Matrosen mit dem Schließen der Fenster fertig waren, standen wir knöcheltief im Wasser. Na, der Rost und die Tapeten hielten dieses Wrack einigermaßen zusammen!

In Istanbul angekommen, war unser erstes Großerlebnis der Besuch der Basare. Von Anbeginn an hatte sich uns ein sogenannter Schlepper an unseren Fersen geheftet. Wie ein Schatten folgte er uns! – Aber immer vor der Eingangstür zu einem Geschäft blieb er davor stehen, wie ein dressierter Hund,. – Als erstes besuchten wir ein Teppichgeschäft, unter Aufsicht der Reiseleitung. – Da wurde uns Tee serviert und gemächlich unterhalten, bis wir zu guter Letzt einen Seidenläufer gekauft und mit einem selbstgemachten Scheck bezahlt hatten. – Auf Treu und Glauben sozusagen. – Unsere Bank hat das Ding nach einem Vierteljahr auch akzeptiert.

Aber danach kam eigentlich erst das richtige Basargefühl, denn nun gerieten wir mitten hinein, in das Getümmel und Geschrei! – Aber immer mit unserem Schatten! – Wir kauften „Türkischen Honig", an den ich mich aus meiner Kindheit noch so süß erinnerte! – Dieser hier war aber ganz ohne Geschmack, wie wir später feststellen mußten, denn es war Plaste in dem Päckchen! – Der erste Beschiß! – Unser Schlepper schleppte uns in alle möglichen Läden und sogenannte Fabriken, als er herausgefunden hatte, daß wir einen weißen Damenledermantel kaufen wollten. –

Das waren vielleicht Einfallen von Gebäuden! – Und die meisten Angebote waren nicht des Ansehens wert, geschweige denn des Kaufens! – Am Schluß und schon völlig am Boden zerstört, kauften wir nach zähem Verhandeln den Mantel doch für „mitbekommene" einhundertsiebzig DM! –

Nun besteht Istanbul nicht nur aus Basaren, nein, da gibt es noch viel zu sehen und zu erleben. – Zum Beispiel das Goldene Horn, die Blaue Moschee, den Sultanpalast und noch viele andere Bauwerke wie Dampfbäder und noch viele Moscheen, und die vielen Schuhputzer nicht zu vergessen! – Und die Bauchtänzerinnen! –

Die Rückfahrt war dann weniger aufregend, und Margot brachte den Ledermantel persönlich ins Zimmer Nr. 10. – Hatte man ihr doch noch einen Nachschlag bei Vertragserfüllung zugesagt! – Etwa eine Stunde später traf sie wieder mit freudestrahlendem Blick bei uns ein. – Na, was haben sie gesagt? fragte ich sie. – Oh, er hat sich sehr gefreut, daß ich kam. – Wieso er? – Und sie? – Na ja, er war doch so scharf darauf! – Sie war in Kronstadt heute, das war so abgemacht. – Das soll einer verstehen!? – Ach, ihr Männer, ihr werdet uns Frauen nie verstehen! – Aber er war doch so nett zu mir und hat mir dabei auch noch einen guten Tropfen verabreicht! – Wenn du verstehst!? –

Komm, laß uns packen! – Du hast doch von der Obristin auch nur hundert Mark in bar mitgebracht! – Habe ich dich gefragt, ob dir das genügt hatte!? –

So traten wir dann die Heimreise an, durch Siebenbürgen, über Kron- und Hermannstadt, nach Arad und bis Budapest. – Da blieben wir noch zwei Tage und aßen auch den ersten echten ungarischen Gulasch, nämlich die „Gemüsesuppe" und nicht, wie hier in Old Germany, ein Fleischgeschnetzeltes! –

Wir waren in Buda und in Pest und auch auf dem Gellertberg und in der Fischerbastei, wie auch im Parlamentsgebäude und so weiter! –

Zurück über Wien, Linz und München und Nürnberg, Frankfurt, Köln! – Mit keinen längeren Aufenthalten mehr! – Einer macht's dem anderen! –

Unser Büro war aus den Nähten geplatzt, vor allem durch die Bildung des Europastabes. Wir hatten viele neue Leute dazubekommen, wie Amis, Engländer und andere aus fast allen europäischen Landen. Also zogen wir in ein angemietetes neues Bürohaus nach der Venloer Straße.

Die Chefs in den einzelnen Abteilungen waren wechselweise entweder ein Engländer/Ami oder ein Deutscher. Ich hatte einen Engländer vorgesetzt bekommen. Wir kamen gut miteinander aus, nur mit der Sprache hatten wir so unsere Probleme. Die Geschäftssprache war nun endgültig „Englisch", was für mich bedeutete, mich schnellstens weiterzuentwickeln! –

Es wurden danach auch so verschiedene amerikanische Methoden eingeführt, die mich an die Zeiten in der DDR erinnerten. – So zum Beispiel auch das Führen eines persönlichen Leistungsbogens, wo man täglich notieren sollte, was man an welchem Objekt gearbeitet hatte. Auch mit Stundenangaben und so. – Da mußte ich mich manchmal fragen, wer da wohl von wem abgeguckt hatte!? – Aber nach einiger Zeit gab man manche dieser Statistik- oder auch Kontrollmaßnahmen wieder auf, denn es war mehr oder weniger doch alles zusammengelogen und erst am Wochenende nachträglich eingetragen worden. – Hüben und drüben! – Man hatte doch meist auch gar nicht die Zeit dazu! –

Für besonders gute Leistung gab mir mein Bereichsleiter Wernerz drei Tage Extraurlaub! – So was hatte es bis jetzt wohl noch nie in unserem Planungsbereich gegeben, wenn überhaupt!? – Fahren Sie mit Ihrer Frau mal drei Tage in die Eifel, hatte er zu mir gesagt, und erholen Sie sich gut! – Er war ein guter Psychologe und wußte genau, daß so was Früchte tragen würde, bei dem gesamten Mitarbeiterstab.

Ja, und interessanterweise tat er das, kurz nachdem ich ihm mal halböffentlich verweigert hatte, etwas „mal so eben zwischendurch" zu machen! – Erstens hatte ich wirklich kaum Zeit für was nebenbei, und zweitens hatte ich dem Anfrager aus der Produktplanung am Telefon schon diese Frage ausreichend beantwortet. – Und obwohl ich die mit davon betroffenen Abteilungsleiter informiert hatte, hatten diese ihre Mitarbeiter weiter daran arbeiten lassen und sogar noch zusätzliche Überstunden angeordnet! – Gleichgültigkeit war manchmal auch vorhanden!? –

Ja, Herr Paulsen, Sie und ich, sind hier doch die besten Architekten, hatte er mal zu mir gesagt! – Ob er mich da auch gemeint hat. –

Unser Peter hatte inzwischen seine Gesellenprüfung als Maurer gemacht und war dann in eine Ausbaufirma übergewechselt, wo er sich in der Holzbranche weiterbildete. – So lange, bis er mal gestürzt war und durch die Knieverletzung, die er sich zugezogen hatte, diesen Beruf nicht mehr praktizieren konnte. – Obwohl es ein Betriebsunfall war, bekam er keine Schwerbeschädigtenanerkennung oder Rente. – Er bekam allerdings ein kostenfreies Studium am Kölner Technikum, was er mit „Sehr gut" als Bautechniker abschloß, und dabei auch noch die Fachschulreife zugesprochen.

Er hatte mittlerweile auch geheiratet und unsere Enkeltochter Andrea produziert. – Nach dem Studium bekam er aber keine Anstellung und auch kein Arbeitslosengeld, sondern nur rund zwanzig Mark Sozialhilfe pro Woche für sich und seine Familie. – Wir mußten ihnen rund tausend Mark zuzahlen, sagte der Gesetzgeber! –

Zu Anfang zogen sie mit in unsere Dreizimmerwohnung, denn die Schwiegereltern hatte ja ein Einfamilienhaus mit nur fünf Zimmern. Und keine weiteren Kinder hatten sie noch! –

Sein früherer Meister bot uns den Ausbau des Spitzbodens in einem seiner Mehrfamilienhäuser an. – Da machten wir eine hübsche Puppenstubenwohnung daraus, die wir auch sehr praktisch einrichteten! – Sie gefiel allen sehr, auch Monas Eltern. Jetzt waren alle wieder hilfsbereit! – Und willkommen! –

Natürlich hatten wir noch des öfteren in den Urlaub zu fahren. Nun schon mit ohne den Kindern, mit Ausnahme nach Catolica, wo Andrea als Baby mit ihren Eltern dabei war. Das war 1970 und hat uns allen viel Spaß gemacht.

Zuvor waren wir in Bad Reichenhall gewesen, weil Peter dort bei den Gebirgsjägern war, um seiner Allgemeinen Wehrpflicht genügezutun. – Er war eigentlich gerne Soldat, wie ich glaube. Sie hätten ihn auch gerne als Längerdienenden übernommen, weil er gut russisch konnte. – Aber er blieb doch nicht längerdienend! – Wir hatten von da aus, übrigens war da Mona mit Eltern auch dabei, den Königsee mit Berchtesgaden, Hitlers Berghof und so einiges mehr besichtigt. Auch waren wir mit von der Partie, als die Gebirgsjäger im Flachland am Chiemsee Krieg spielten! – Da war auch der Nachkomme von Ledas Schwan da, am Strand. – Und er wollte partout mit Margot anbändeln! – ? – Er spreizte die Federn, und sein Schwanz geriet dabei in Verzückung! –

Währenddessen war Jürgen mit seinem Freund Bernd wieder in Holland am Pendeln, mit seiner Maud nämlich! –

Klingeling, hallo! Hier bin ich! – Ja, das Zelt, ja, es war der Sturm, wir waren nicht dabei, aber die Nachbarn haben es gesagt! – Ja, es ist völlig hin! – Was sollen wir nun machen, Vater!? – Kommt schnell! –

Danach waren wir an der Riviera, Livorno, La Spezia und am Schiefen Turm in Pisa. – Weiter nach Piombino und rüber nach Elba, mit der Fähre. Dort besuchten wir vor allem den Bonaparte und den Napoleon. – Das Wasser war dort immer noch glasklar und sauber. – Die Küche im Restaurant sehr viel weniger, denn da waren die Hunde und Katzen zwischendrin. – Nichts gegen die Hunde, und schon gar nichts gegen die Rüden da, meinte auch Margot.

Mit dem Autozug fuhren wir später quer durch Südwestfrankreich bis nach Biarriz, mit Christe und Bertel. Von dort mit unserem Auto, dem Meinigen, nach Lequitio. Das liegt im Baskenland am Golf von Biscaya. – Da war es sehr schön, denn wir besichtigten auch eine Höhle, eine sehr große Höhle, die war fünfzehntausend/oder -millionen Jahre alt und mit vielen Höhlenmalereien, so mit Mammuts und Spieß- und Speermänneckens. –

Nachdem Bertel uns den Intimschmuck angepaßt hatte und wir alle Möglichkeiten ausprobiert und durchgespielt hatten, spielten wir am Strand des öfteren Pelotta. – Dabei kam es schon mal vor, daß man davon was sah! – Besonders dann, wenn unseren Fraulichkeiten mal die Möpse heraussprangen, aus dem Bikini. –

Auch nach Norderney, zu Käts Verwandten, fuhren wir. Oder zur Lissi, nach Korfu. Dort hatte ich einen Unfall, der mich eine ganze Woche lahmlegte! – War ich doch im Dunkeln, noch ganz nüchtern dazu, eine Straßenstützmauer drei Meter tief abgestürzt und mit dem Rücken unten auf das rauhe Betonfundament aufgeschlagen! – Nichts gebrochen und gleich wieder auf, aber dann brach ich zusammen. – Innere Verletzungen an Nieren und Lunge stellte der Doktor fest! –

Ein Glück noch, daß er gut deutsch sprach. Er war in Essen zehn Jahre als Oberarzt in einem Krankenhaus tätig gewesen, wie er uns erzählte. Nach einigen Tagen fuhr ich mit dem Taxi mal in seine „Privatklinik" nach Kerkira. Da hat er mich durchgeleuchtet! – Das war vielleicht ein Ding, das Röntgengerät. – In der Mitte stand ein Schemel, da drumherum war aus Ofenrohr oder so was ähnlichem ein im Kreis verlaufendes Fragezeichen.

Er muß da wohl irgendwo durchgeguckt haben, vielleicht auch mit der Taschenlampe, denn er hat nicht „Röntgen" gesagt, sondern „Durchleuchten"! –

Für mich war der Urlaub also gelaufen, denn liegen sollte ich, und mich möglichst nicht bewegen, hatte er gesagt! – Es tat ja auch noch weh dabei! –

Und aus unserem billigen Urlaub nach Neuseeland wurde danach ja auch nichts mehr! – Denn ich mußte nun meine Vorvertragspflichten bei Irene, dem Girl von dort, einstellen, dabei hatte es so gut angefangen. – War sie doch mit ihrer englischen Cousine hier auf Korfu, bei ihrer gemeinsamen Cousine, in Ferien. Alle drei waren sie noch sehr jung, aber schon gut dabei! – Irene ganz besonders! – Mit sheeps hatten ihre Eltern zu tun, und da sie weitab vom Geschehen wohnten, habe sie damit oft ihren Spaß gehabt. – Ihre Mägde hatten sie oft mitgenommen, und da habe sie zugeschaut und mit der Zeit auch Gefallen daran gefunden! – Oh! Do you know, what eight inch mean!? –

Margot hatte sich dann, notgedrungen, die Zeit anderweitig vertrieben. Es gefiel ihr sogar, mal wieder mehr Unabhängigkeit zu genießen und nicht ständig in das Ehejoch eingeengt zu sein. – Ach, ich gehe mal öfters an den Stand, wo die Engländer sind. – Da kann ich noch so vieles dazulernen! – Auf „englisch", worin ich doch noch so schwach bin! – Wenn du mich verstehst!? –

Danach waren wir auf Korsika, schon wieder beim Bonaparte und bei den Korsen. Es war sehr schön da, aber auch ein wenig unsicher, denn die Korsen befanden sich im versteckten Aufstand gegen Frankreich, sie wollten ihre Unabhängigkeit erhalten. – Das Wasser aber war wunderschön und sehr sauber, wie auch der Strand. Unser Hotel dagegen war weniger attraktiv, vom Geruch her erinnerte es uns sehr an Bukarest! – Desinfektionsmittelgeruch! –

Auch in Überlingen waren wir noch einige Male, wo wir unsere Kontakte weiter vertieften. – Mit Amelie, Günter, Jägers und Ajax, auch mit Monika, wenn sie da war. – Auch den Hochsitz des Jägers pflegten wir des öfteren, ganz besonders auch mit Margot. – Auf dem Heimweg wurden dabei auch immer wieder ein paar Pilze gesammelt. – Außer Margot und mir traute sich keiner weiter dran. – Ajax freute sich auch jedesmal auf das Wiedersehen, er hatte da immer seine Spielkameraden, die sich um ihn kümmerten, wenn die Hausdame nicht da war. Bekam er doch bei passender Gelegenheit immer mal was besonderes zum Naschen, ganz besonders von den Besucherinnen! –

Kurereien und Amouröses

Der Prager Frühling im Sommer 1968 war vermutlich als Kur des Sozialismus gedacht!? – Die „Roten Zaren" in Moskau, mit dem an der Spitze stehenden Generalsekretär Breschnev, hatten damals schon erkannt, daß das kommunistische System nach mehr als fünfzig Jahren Praxis das erhoffte Ziel nicht erreicht hatte. – Aber wie sage ich es meinem Kinde, schien jetzt die Frage zu sein. Man sah, daß der Kapitalismus auf vielen Gebieten eigentlich viele soziale Vorteile für die breite Masse erreicht hatte, die sie mit dem starren Planwirtschaftssystem und der Einengung der persönlichen menschlichen Freiheiten nie erreichen würden! – Da war es vielleicht am unauffälligsten, wenn sie den Kleinsten im Bunde, nämlich den Dubscheck mit seiner Sozialistischen Tschechoslowakischen Republik, an die Front beordern würden!? – Nur hatten sie dabei vergessen, daß sich die Menschen auch in diesem „Partnerland" immer noch unterdrückt fühlten und diese politische „Lockerung" in Richtung Demokratie sofort ausnutzen wollten, das Sowjetische Joch abzuschütteln! Massenweise gingen sie auf die Straßen und feierten ihre scheinbare „Befreiung"! – Aber das konnte der „Große Bruder" nun aber doch nicht hinnehmen, denn er mußte ja damit rechnen, daß auch die Germanskies, Polskies und die Ungarn gleich wieder mit von der Partie sein wollten!? – Also zurück Marsch, Marsch, und her mit den Panzern! – Natürlich mußte dabei, aus rein moralischen Gründen, die DDR-Volksarmee miteingespannt werden, um den Klassenfeind niederzumetzeln!

Das stärkte auch die Deutsch-Sowjetische Freundschaft, wenn es dadurch auch die Deutsch-Tschechische am Boden zerstörte! – Aber was soll's? @Heil Moskau! –

Nachdem ich nach zehn Jahren erstmals wieder in die DDR reisen durfte, und auch fast jedes Jahr danach, kam ich beim Vergleich zwischen diesen beiden Systemen zu der Ansicht, daß sich diese unterschiedlichen politischen Systeme immer näher kamen, zumindest in wirtschaftlich-sozialer Hinsicht und rein theoretisch zunächst nur! – In menschlich-liberaler Hinsicht dagegen klafften sie noch weltweit auseinander! –

Das größte Problem des „Sozialistischen Systems" waren aber die Menschen, einmal, weil sie den Druck, die persönliche Unterdrückung, nicht länger ertragen konnten, und zweitens, weil die moderne Technologie und das know how fehlten! – Natürlich auch die Devisen und die personelle Qualifikation! – Den meisten Menschen in der DDR blieb so auch gar nichts anderes übrig, als mit den Wölfen zu heulen. – Jeder, der beruflich weiterkommen wollte, mußte dem System gegenüber seine Treue bekunden, wenn auch nur nach außen hin!?

Natürlich gab es auch überzeugte Kommunisten darunter. Wenn man nichts anderes zu sehen bekommt, wie soll man da in Zweifel kommen, und steter Tropfen höhlt bekanntlich den Stein! – Das war auch der Hauptgrund, daß man die Ostdeutsche Bevölkerung nicht ins kapitalistische Ausland, worunter natürlich auch die BRD gehörte, reisen ließ! – Eigentlich nur mit der Ausnahme, wenn ein Verwandter ersten Grades verstarb oder seinen achtzigsten Geburtstag geschafft hatte! – Später war es schon zum Sechzigsten gestattet, aber auch nur, wenn man sehr „zuverlässig" oder selbst schon im Rentenalter war! –

Kuren gab es in der Ostzone auch, aber nur sehr selten und kürzer, und nicht in so eleganten Heimen wie im Westen. Der Jahresurlaub war auch nur zwei Wochen und fand fast ausschließlich in den Ferienanlagen des „Freien Deutschen Gewerkschaftsbundes" statt. – Da hatte man seine Schäfchen immer im Griff und unter Kontrolle. Das war vor allem in den Ländern der „Sozialistischen Freunde" wichtig. Hätte es doch sein können, daß ein verlorenes Schaf ganz verlorenging. – Über die Graue Grenze in ein „Kapitalistisches Land" etwa. –

Manchem ist es tatsächlich gelungen, beispielsweise nach Österreich oder Jugoslawien durchzukommen, aber die meisten wurden abgefangen oder blieben in den Grenzbefestigungen liegen. – Schwerverletzt oder tot! – Wer aber abgefangen wurde, mußte mit einem Gerichtsverfahren rechnen und mußte dann einige Jahre in dem berüchtigten Zuchthaus in Bauzen oder in einem „Gleichwertigem" zubringen! – Nach Augenzeugenberichten soll da auch noch gefoltert worden sein! – Meine Patenttochter und Ehemann mußten das auch hinter sich bringen! –

Nun lebten wir schon fast zehn Jahre im „Goldenen Westen", wie man drüben immer dazu sagte. Und wie schon angedeutet, bekam ich anläßlich der Goldenen Hochzeit meiner Eltern erstmals eine Einreisegenehmigung in die DDR! – Ich habe lange mit mir gekämpft, ob ich fahren sollte oder nicht. – Letztlich habe ich mich „für" entschieden. Mit Margot und auch mit den Kindern hatten wir alle Möglichkeiten und Eventualitäten durchgesprochen. – Ja, selbst die Möglichkeit einer Festnahme hatte ich einkalkuliert! – Ausschlaggebend war letztlich, daß wir meine Eltern nicht enttäuschen wollten, und auch, daß unsere Jungens erwachsen waren und notfalls sich allein weiterhelfen konnten. Ich hatte auch von meinen Chefs eine persönliche Unterstützungsbereitschaft dahingehend erhalten, daß sie sich im Falle eines Falles dafür verwenden würden, ihnen beruflich weiterzuhelfen, und aber auch versuchen würden, auf politisch/medialen Wegen für mich und Margot eine Bresche zu schlagen. Peter war ja verheiratet und hatte inzwischen Arbeit und Brot, und Jürgen war in einer Lehre als Industriekaufmann.

Also vollgepackt den Wagen mit allem Möglichen, für das Fest und die große Verwandtschaft und Augen zu, und ab ging die Post!

An der Grenze fing es natürlich an mit der Kontrolle! – Fahren Sie mal rechts raus, war der erste aufmunternde Wunsch, nachdem sie unsere Pässe schon mal im Computer hatten. – Was haben wir da? – Was ist das? – Machen Sie mal auf, lassen Sie mich mal schauen! Packen Sie mal den Kofferraum aus! – Hier alles auf diese Bank stellen! – Danke, Sie können weiterfahren! – Nur 240 DM Zoll war zu entrichten! –

Sack-naß geschwitzt waren wir, vor allem vor Angst! – Aber nur nichts anmerken lassen, schon gar nicht, daß mir die Hände wie Espenlaub zitterten! – Jetzt hätte ich am liebsten einen Cognac getrunken, aber hier, in der „Sozialistischen Deutschen Republik", oder so ähnlich, war das nicht erlaubt! Also einpacken und weiterfahren, und nur keine Angst, auch wenn die noch ein paarmal Gesichtskontrolle machten. –

274

Wir wählten die Route über Orba, auch wenn es hieß, nur den direkten Weg zu nehmen. – Große Freude bei den Schwiegereltern und Neffen, auch über das Mitgebrachte! – Ach, was sind wir froh, daß ihr auch an die Rosinen, Mandeln, Zitronat und an den Pfeffer und Majoran zum Schlachten gedacht habt, und ach wie schön! – Unser Neffe Harold fragte mich, ob ich ihn nicht mitnehmen könne, auf der Rückfahrt nach „drüben"!?

Dabei wäre ich froh, selbst schon wieder da zu sein, wo wir herkamen! – Auch mit ohne ihn! –

In Rudolfstadt am 23. Dezember 1971 endlich eingetroffen, sind wir freudig begrüßt worden. Das Auspacken nahm man uns bereitwillig ab. Wir mußten nur aufpassen, daß die kleinen Geschenke für andere nicht unter die Räder kamen. Ich bat Margot noch, auf das Polizeimeldeamt zu gehen und uns an- und auch gleich abzumelden, denn wir wußten nicht, wielange wir bleiben konnten. – Als sie zurückkam, sagte sie, daß ich persönlich vorsprechen müsse, man habe noch einige Fragen an mich. – Ich könne aber am nächsten Tag kommen, am Heiligabend! – Ich entschloß mich für morgen, wer kann da schon sicher sein!? – Gegen Abend gingen wir drei Brüder in die Schenke zu Kriegers nach Mörla. Wir wurden freundlich und mit Hallo begrüßt! Auch die „Kriegermädchen" und Schwiegersohn Alfred empfingen uns sehr herzlich. – Mich alten Stammgast! – Weniger, nein absolut unherzlich, wurde ich aber schon bald von Hermann Schulz, den bekannten Stasispitzel, gebeten, mich zu ihm an seinen Tisch zu begeben! – Oh! Wie konnte ich den bloß vergessen haben!? – Ehrlich, ich wäre zu Hause geblieben! – „Setz dich! – Alfred, ein Bier! – Haste 'ne Zigarette für mich?" – Guten Abend. – „So, nun erzähl mal, was die anderen machen?" – Was für andere, fragte ich, wohl ziemlich kleinlaut. – „Na die, die du mit nach den Westen genommen hast, die von deiner Organisation!?" – Oh! Ich weiß nicht, wen und was du meinst, was für eine Organisation!? – „Na, das war damals doch ganz klar, daß du damals all die anderen auch abgeworben und überredet hast, mit abzuhauen!? – Ja, wenn du das sagst, muß es wohl stimmen, sagte ich zu ihm. – Hier hast du noch die Packung Zigaretten, aber du mußt verstehen, daß ich zu meinen Brüdern an deren Tisch zurück will. – Sie hatten sich inzwischen in einen Nebenraum verzogen, vermutlich um irgendwelchen Komplikationen aus dem Wege zu gehen!? – Als mir Alfred ein Bier brachte, sagte ich: Bring dem Kerl auch ein Bier auf meine Rechnung. – Das könne ich vergessen, der ist schon über alle Berge! – Warum, fragte ich naiv? Na, der ist doch einer der wenigen hier in Mörla, der ein Telefon hat. –

So werden Sie, liebe Leser, verstehen, wie gut mir das Bier schmeckte und warum ich es nicht mehr lange da aushielt.

Ich ging dann, das heißt, ich fuhr, am nächsten Tag zur Polizei, um mich anzumelden. Kurz zuvor hatte mir mein Freund und Berufskollege Fritz Hellwich noch den Rücken „gestärkt", als er mir erzählte, daß er am Vorabend in der Pilsner Schänke gewesen sei und daß er die anwesenden Stasileute gefragt habe, was sie denn von meinem Besuch hier dächten!? – Ja, auf den warten wir schon lange, habe der stellvertretende Chef darauf geantwortet! – Also, nur keine Bange nicht, Kleiner, und

auf geht's! – Das Polizeimeldeamt war zu dieser Zeit völlig leer, bis auf den dienst-
habenden Obermeister. – Und als dieser sein Haupt erhob, war das doch der Herr???
Ja, wie heißt er nur noch? Es war doch Ralfs Schwager! – Noch nie konnte ich Namen behalten, erst nach dem 23. Mal! – Guten Tag, Herr Paulsen, Sie kennen, erkennen mich noch? – Ja, natürlich, wie geht es Ihnen und Ihrer Frau? – Gut, ja, und
Ihnen, was machen Sie drüben, ich meine beruflich und so? Ihre Frau war ja gestern
schon hier, ich glaube, daß sie mich gar nicht wiedererkannt hat. – Was freue ich
mich, Sie mal wiederzusehen! – Waren Sie schon bei Ralf und Enge? – Ja, sowas.
Wir unterhielten uns noch, bis jemand das Zimmer betrat. Er gab mir dann zwei
dicke Stempel in meinen Paß, Einreise und Ausreise. – Auf Wiedersehen, und ein
Augenzwinkern. Tschüß auch. – Also nur Polizist und noch ein normaler
Mensch! – Ein Stein war gefallen, aber der Stasistein klemmte noch irgendwo!?

Alle freuten sich mit mir, und wir waren froher Dinge. Auch mit Essen und Trinken und mit dem Verzälle, wie der Kölner sagt.

Fred erzählte mir auch aus seinem Berufsleben und auch, daß die Stasi aus Gera,
der Bezirkshauptstadt, bei ihm war und ihn befragt habe!

Auf meine Frage: „Hatte das etwas mit mir zu tun?" antwortete er: „Nein, gar
nicht, nein, die wollen, daß ich bei der Internationalen Tagung der Agronomen in
Leipzig ein paar Westkollegen betreuen soll, auch noch nach dem offiziellen Tagesprogramm, wenn du verstehst!?" – Aha, ich verstehe, oder auch nicht? –

Am nächsten Morgen, es war ein herrlicher Sonnenschein am Himmel, und wir
hatten vor, einen ausgiebigen Spaziergang, auch nach Mörla, zu machen.

Da rief unsere Mutter „Lehne" von oben herab: „Knuth, hörst du? – Geh ja nicht
aus dem Hause! – Schon über eine halbe Stunde lang steht das Polizeiauto da oben
an der Kreuzung nach Mörle! – Die wollen dich bestimmt holen!" –

Mir war sofort klar, daß sie meinetwegen dastanden, denn so warm war es um
diese Jahreszeit nicht, daß man sich so lange dahinstellt, um nur ein bißchen zu relaxen, hinzu kam, daß die Ostautos zu dieser Zeit noch keine guten Heizungen besaßen. – Aber was sollte ich machen, wenn die mich abholen wollten, würden sie
auch ins Haus kommen. – Sollte es nur eine Schikane sein, eine Warnung? – Aber
warum, wovor? – Hatten Sie nur die Familienfeier mit Rücksicht auf meine Eltern
nicht stören wollen!? –

Kommt! sagte ich, laßt uns gehen, egal wohin! – Fred sah kreideweiß im Gesicht
aus, ich sicher nicht viel weißer, oder aber auch ziemlich rot! – Heinz sah eher lila
aus. – Ich versuchte, ganz normal mit meinem Gesicht auszusehen, und ging auf
dieses Monster von Auto geradlinig zu! – Da, ganz plötzlich vor mir, vor meinem
ich, ging die hintere Tür, da ganz links auf meiner Seite auf, und ein Herr Offizier,
groß und kräftig, quoll heraus! – Er nahm Haltung an und schaute mich an, oder
durch mich durch, kam auf mich zugeschritten und schon fast auf Tuchfühlung,
schwenkte er nach links ab, ohne mir auf die Füße zu treten! – Ich ging in Trance an
dem Auto vorbei, ohne Guten Morgen zu sagen, und vergaß dabei sogar, meine
Hände hinzuhalten, um mich fesseln zu lassen!? Meine beiden Brüder kamen mir in
gebührlichem Abstand nach. – Auch ohne Guten Morgen gesagt zu haben! –

Dann fuhren sie weg! –

Ja, sagte ich später zu Margot, ich glaube, wir sollten so bald wie möglich unsere schöne Heimat wieder verlassen, solange sie uns noch lassen!?

Andere alte Freunde und Bekannte trafen wir an diesen Tagen nicht mehr, oder aber sie ließen sich gar nicht erst sehen. Rein zufällig lief mir aber kurz vor unserem „Rückzug" mein Atlatus „Horst" noch über den Weg und stotterte: „Hm, ja, ich bin nicht mehr bei der Stadt, aber Knuth, ich muß dir gestehen, daß du Mut hast, um nicht zu sagen, du bist ein Held!" – Wie das, fragte ich zurück. – Na, wenn du wüßtest, was damals hier in Rudolfstadt los war, als der Stadtbaudirektor „abgehauen" ist!? –

So fuhren wir dann am 28.12.1970 im Morgengrauen wieder heim, nach Colonia! Bis auf einige Schikanen, die scheinbar mir persönlich galten, sind wir heil wieder zu unseren Kindern gelangt! – Plumps, zweiter Stein down! –

Ach, wie ist es doch in Kölle schön!

So feierten wir natürlich jedes Jahr auch ausgiebig Karneval, mit unseren Nachbarn, Kollegen und Freunden. – Für uns Pimoken war das gar nicht so selbstverständlich, denn um da richtig mitzufeiern, muß man auch die richtige Einstellung haben. Da hat es der Rheinländer doch viel leichter, weil er dafür die Mentalität besitzt. Das ist auch Tradition und liegt diesen Menschen im Blut! Ganz sicher beeinflußt durch die Vermischung mit anderen Völkern, zurückgehend bis zur Römerzeit. – Sie sind aufgeschlossen gegenüber Fremden und sehr tolerant! – Ich sage immer, wer mit dem Rheinländer nicht klarkommt, ist es selber schuld! –

Zu „Wiewerfasteloven", dem Karnevalsdonnerstag, bekamen unsere Damen ab zehn Uhr immer „schulfrei"! – Allerdings nur die, die im Angestelltenverhältnis und nicht direkt in der Produktion tätig waren. – Der Rosenmontag war generell in Köln ein halboffizieller Feiertag, und der Dienstag in unserem Betrieb auch für die Angestellten. –

Wir Mannsbilder wurden oft von den „Weibern" auch mit in die nahegelegenen „Weetschaften" entführt! – Auch wegen des Brauches, daß am Weiberfastnachtstag die Frauen die Männer freizuhalten haben!? – Nun das galt aber nur solange, wie der Vorrat reichte! Da wird dann geschunkelt, getanzt und gebützt. Keine Frage, daß überall Karnevalsmusik zu hören ist! – Und wenn man sich besonders sympathisch war, saß man dann auch in einer stillen Ecke beisammen und bützte sich oft und heftig! – Wenn es dann auch noch duster in dieser Ecke war, saß man auch übereinander und sang und war dabei am Hüpfen! – Da saß das Weib auf dem Schoß von ihm, denn sie hatte sich dafür, ich meine für so was, schon zu Hause präpariert. – Auch viele Männer hatten sich dafür passend angetreckt! – Schon gar nicht die beste Butz, un am besten gar keen Ongerbutz eesch aan. – Im Laufe des Tages wurden dann die Weetschafte und auch die Partner usgeduuscht und weiter getanzt und gebützt und getrunken und so! –

Manches Jahr waren wir auch mit Hanne und ihrer Freundin auf Jück! Die beiden Frauen waren mittlerweile späte Mädchen geworden. – Hanne hatte eine Tochter, die im Heim war. – Ihre Eltern hatten ihr den Vater der Tochter nicht als Ehemann gegönnt. – Nun, wir fingen meist auf dem Altermarkt und Heumarkt an und landeten am Abend meist in einer Kneipe in Weidenpesch oder Niehl, wo wir wohnten. Jedesmal wetteiferten die Damen zum Schluß damit, doch noch auf einen Drink mit zu „ihr" zu kommen, einen Kaffee vielleicht doch nur!? – Sie wußten schon, daß Margot meist ablehnte, weil sie soo müde sei. – Ich ging aber anstandshalber noch auf ein halbes Stündchen mit! Nach spätestens zehn Minuten wurde es aber immer der „Nichtwohnungsinhaberin" übel, oder sie bekam ein Unwohlsein und mußte schnell nach Hause, noch bevor ich mein Glas geleert hatte!

Die andere konnte ihre Freude darüber kaum verhehlen, denn nun konnte sie doch damit rechnen, daß sie noch eingehend vernascht wurde!

Jedes Jahr, wie schon gesagt, fast jedes Jahr natürlich nur, hatten wir auch Freunde zu Karneval hier. – Da war manchmal die Bude voll, wie man so sagt. Die Überlinger, die Holländer oder die Ummelner wollten den echten „Rheinischen Karneval" doch auch mal kennenlernen! – Wenn man schon Freunde in Köln hat!? – Zu vorgerückter Stunde „schäkerten" wir oft noch, auch im Mix! – Die ostdeutschen Freunde und Verwandten konnten leider davon keinen Gebrauch machen! – Weil sie von „drüben" waren! – Und man sie nicht rüberließ! –

Im Sommer Anno 1972 bekam ich eine Heilbehandlungsmaßnahme, eine sogenannte Kur von der Bundesversicherungsanstalt für Angestellte genehmigt. Vier Wochen lang durfte ich mich zur Erhaltung meiner „Schaffenskraft" im Degenbergsanatorium in Bad Kissingen erholen. – Erholen von den Strapazen des Karnevals, vom Danze un Bütze und so, und vom Streß im Betrieb und allem Drum und Dran! – Diese Maßnahme war eine tolle Einrichtung und nach meiner Überzeugung auch eine sinnvolle und hilfreiche Sache. – Immer vorausgesetzt, daß man es ernstnahm und nicht über die Stränge schlug! – Damals war der Besuch einer bzw. eines Mitpatienten auf dessen Zimmer noch strikt untersagt. Ich habe es selbst mal erlebt, daß eine Frau und ein Mann nach Hause geschickt wurden, weil eine Schwester gesehen hatte, daß diese Frau in der Nacht aus dem Zimmer dieses Mannes kam. – Das war eigentlich richtig gemein, denn sie mußten den Kurbetrag selbst zahlen, und es erging auch eine Mitteilung an den Arbeitgeber! – Gab es doch auch Schwestern, vor allem „Nächtliche", die da auch schon mal aus einem Patientenzimmer kamen!? – Auch aus dem Meinigen. – Aber grundsätzlich hatte ich mir beim ersten Mal Kur vorgenommen, mich dabei nicht erwischen zu lassen, deshalb schloß ich mich einem Männer-Dreier an, mit dem ich zusammen Skat spielte, Spazieren und Biertrinken ging! – Mit Margot war ich so verblieben, daß sie nach zwei Wochen nachkommen sollte. – Was sie auch einhielt. – Ich hatte ein schönes Zimmer ganz in der Nähe meines Schlafhauses gefunden, wo sie wohnen konnte, auch mit der Erlaubnis, daß ich sie da des öfteren mal inspizieren durfte! – Wie mir die Wittibwirtin versicherte. Als sie ankam, inspizierten wir gleich einmal, und es war alles o.k.! – Am nächsten Tag taten wir einfach so, als hätten wir noch gar nicht. – Und nach der dritten Inspektion erklärte mir Margot, daß es ihr hier viel zu langweilig wäre und daß sie lieber nach drüben fahren würde, denn hier hätte ich doch alles, was ich brauche, und da drüben könnte sie doch viel hilfreicher und aktiver tätig sein. –

Sie habe für diesen Trip alles schon dabei! –

Und die Eltern und alten Freunde warten schon auf mich! sagte sie noch. –

Nun, sie war nicht zu überzeugen und zu halten. Schon am nächsten Tag fuhr sie gen Osten, zu den alten Freunden und Bekannten!? –

Ich versuchte mich wieder anzuschließen, aber der Dreier hatte sich schon neu orientiert. So ging ich viel allein wandern, von einem Berg zum anderen. Schon nach Tagenden begegnete ich immer wieder einer alleinstehenden oder männerlosen Frau, so von hintenher, denn ich lief immer sehr schnell durch die Gegenden! – Beim dritten oder vierten Überholvorgang scherzte ich sie an: „Guten Tag, mein Fräulein, äh, ich meine, einen schönen guten Nachmittag, wollte ich Ihnen wünschen! – Ich meine, daß ich Sie kenne!?" – Wenn „Sie" denken, daß ich hier auf Männersuche bin, denken „Sie" fast ganz verkehrt, mein lieber Herr! – Aber, sind „Sie" nicht der, der mir in den letzten Tagenden immer beim Sonnenbaden über die Schulter schaut!? – Oh, Pardon, ich verstehe Sie nicht, bitte wie, wo ist das? – Natürlich liege ich immer hinter dem Wirtschaftsgebäude, da wo fast immer die Sonne hinscheint und wo mich fast niemand sieht!? – Im übrigen, ich bin in festen Händen, wenn „Se" verstehen! – Ja, wie sich das trifft, ich bin auch da, und ich suche kein Erlebnis, wenn Sie mich verstehen! – Aber wäre das nicht ideal für uns beide? – Da könnten wir doch ab und an mal was zusammen unternehmen, ohne Gefahr zu laufen!? – Aber jadoch, Herr Paulsen, so was suche ich doch schon die ganze Zeit hier! Erst am letzten Wochenende habe ich Otto gesagt: „Ich verstehe nicht, daß der nicht anbeißt!?, so mies sehe ich doch wohl nicht aus!? – Wieso, woher kennen Sie meinen Namen? fragte ich jetzt sehr verwundert. – Ach, ganz zufällig habe ich im Anstehen in der Klinik mal hinter Ihnen gestanden und aufgepaßt, wie Sie heißen. – Äh, ich wollte sagen, ganz zufällig gesehen, wie Sie heißen. – Ach, was bin ich froh, daß wir heute abend im Kaffee Pumpelmann zusammen tanzen gehen! – Sagen Sie bitte, wer ist Otto? – Ja, Otto ist mein Betreuer, ich meine mein Beschäler, oder wie man das heute so nennt! – Er ist mein Oberkollege sozusagen. –

Natürlich hatte ich sie hinter dem Wirtschaftsgebäude schon ab und zu im Bikini liegen sehen! – Was hat die für ‘nen tollen Busen und schöne Beine auch! – Aber mehr war unter uns Männern nicht. – Gleich am gleichen Abend trafen wir uns im Tanzkaffee Pumpelmann wieder. Sie war schon flott am Tanzen, so daß ich kaum noch den Mut fand, sie mal dazu aufzufordern! – Aber, na ja, sie schien gefragt zu sein, und als ich mich dann doch erhob, war sie schon wieder frequentiert, und ich hätte mich beinahe schon wieder zurückgezogen, da ließ sie ihn einfach stehen und sprang mir in die Arme! – Huu!? – Und ab jetzt saß sie an meinem Tisch und tanzte und trank fast nur noch von meinem Nektar! – Auf dem Nachhauseweg gingen wir uns knutschend und küssend noch an meinem Wagen vorbei, der auf dem Parkplatz auf uns gewartet hatte! – Sie hatte auch schöne lange Beine! –

Daß sie auch eine große „Wunde" hatte, sah ich erst später. – Nur konnte ich zu Anfang damit noch nicht viel anfangen.

Ihre scheinbar unbekümmerte Art und ihr „rheinischer Frohsinn" sowie dieser Anblick faszinierten mich dermaßen, daß ich hin- und hergerissen war! –

So ein Weib hatte ich noch nicht gehabt, kennengelernt! – Mensch, wie die draufging! –

Eine Woche später war fast eigentlich der ganze Spaß vorbei, denn meine Zeit war hier abgelaufen, und ich hatte mich mit Margot dahingehend verständigt, daß ich sie in Bebra auf dem Nachhauseweg abholen würde! – Das Dumme an der Geschichte war nur, daß Lore, so hieß sie, mehr von unserer kurzen Beziehung erwartete. – Besuch mich bitte, bitte, wieder, hier oder in Köln! –

Ich war natürlich hin- und hergerissen, mein Gott so was, was macht man damit!? Ich verabschiedete sie und verfüllte sie mit allen meinem Können und versprach ihr eigentlich gar nichts! – Na ja, wenn es sich ergeben sollte, so besuche ich dich einmal. –

In Bebra angekommen, auf dem Bahnhof mit einem Küßchen begrüßt, gingen wir noch in eine Kneipe zum Dinieren, aber nur zum Essen! –

Auf der Heimfahrt, fast noch dreihundert Kilometer, talkten wir nur so oberflächlich herum. – Ja, wie war's denn? – Und bei dir? – Ach was, kennengelernt!? – Wen denn? – Ich kannte die schon von damals, sagte sie. – Und du? – Ja, na ja, ich habe da eine Frau kennengelernt! – Wieso das? – Na ja, du sagtest doch, als du zu deinen „Freunden" fuhrst, wenn du was brauchst, so such dir was! – Na ja, ich brauchte eigentlich nicht unbedingt was. – Aber da hat sich dann ergeben, daß sie vielleicht was suchte!? – Und dann hat sie, es mir gefallen! – Die hat vielleicht was drauf! schob ich noch nach.

Stille! – Wenn du glaubst, daß sie die Richtige für dich ist, dann will ich dich daran nicht hindern! – Ist das alles, was du dazu zu sagen hast!? – Ja! Was soll's! – Du hast doch schon lange danach gesucht! – Also, geh zu ihr! – Peng!!! – Na so was! – War das alles, was uns noch verband? – Die vielen Jahre unserer Ehe, wo waren sie denn? – Ich hatte wohl erwartet, daß sie um mich kämpfen würde, aber nichts!? – Wieso nicht, das kann es doch nicht gewesen sein. – Gab es da vielleicht einen anderen, vielleicht schon länger!? – Und vielleicht sogar da drüben!? – Mir fiel ein, daß sie fast jedes Jahr ohne mich darüber fuhr und sich nie beklagt hatte, daß es sehr anstrengend für sie sei mit all dem Gepäck und so! Und immer hatte sie sich gut erholt und amüsiert, wie sie oft schwärmte! – Ich ein Tell! ??? – Trottel? – Hörner!? – Trotzdem gingen wir zusammen ins Bett, danach, und dachten darüber nach! –

Na so was, da fahr ich am Wochenende doch nochmal nach Kissingen. – Bitte schön! – Da angekommen, war der Observator, der „Otto" da, sie zu besuchen, und ich konnte dabei zuschauen, wie er sie in seinem Auto mit in den Wald nahm. – Ja, was war sie denn? – Doch nicht etwa? Oder doch? – Nein, sie war so allein und bedürftig und abhängig! – Ihr Sohn Werner war noch dabei, er war schon achtzehn und hatte sich zurückgezogen verhalten. – Danach erst erzählte sie mir, daß sie verwitwet sei. Ihr Mann sei Schauspieler gewesen und vor zehn Jahren schon tödlich verunglückt. Sie selber sei eine ausgebildete Sopranistin. Habe diesen Beruf aber nach ihrer Ehe aufgegeben. – Außerdem sei sie Halbjüdin! – Als Kind sei sie immer und ewig in der Eifel versteckt worden. Von einem Bauernhof auf den anderen sei sie verlegt worden! – Ja, und nach dem Kriegsende habe sie ihre „deutsche" Mutter erst kennengelernt und erfahren, daß ihr Vater in Dachau „vergast" worden sei! –

Ja, ich liebe dich! – Und ich mag dich! – Auch im Bett gefällst du mir! – Bitte heirate mich! – Sie konnte mich schon anmachen!!! – Nur ihr Sohn machte es mir schwer! – Auch wenn er mich zu mögen schien, stand er immer zwischen uns! – Daraus mußte ich die Erkenntnis gewinnen, daß eine Frau mit Kind immer zuerst das Kind liebt, eh der Mannfreund, oder wer auch immer, dran ist! –

Mit Margot hatte ich mich schnell, viel zu schnell, geeinigt, daß wir uns trennen sollten. – Deshalb zog ich aus unserer alten, langjährigen Wohnung aus und bezog ein möbliertes Appartement in Mühlheim in Köln! –

Da sie, meine Frau, gar nicht um mich kämpfte und die Kinder einverstanden schienen, hatte ich zu Anfang damit auch gar keine Probleme! – Ich hatte immer die anmutige und nachholbedürftige beschnittene Schnecke im Sinn! – Ja, was diese Menschen doch alles durchgemacht hatten. – Danach hatten sie zwar Geld bekommen. – Lore, oder ihre Mutter auch, hatten es gut angelegt. – In Rath besaß sie eine Zweifamilienvilla, sehr ruhig gelegen.

Meist war ich da, und auch mit ihr im Bett! – Da war sie gut, um nicht zu sagen Spitze! – Ich übernachtete da auch schon mal, vor allem, nachdem ich den Garten umgestaltet hatte. – Aber als dann die Spatzen kamen und mir meinen Samen wegfraßen, und der Sohn Werner mich des Morgens kritisierte, ihm am Schlafen zu behindern, wurde ich stutzig! – Na so was, wer bin ich denn!? – Hatte ich doch noch kurz vorher mit ihm und Jürgen auf meiner „Bude" so eine schöne Harmonie empfunden!? – Ja, wo bin ich denn!? –

Kurz vorher war sie auf einem sogenannten Betriebsausflug! – Vom Samstag bis zum Montag! – Anrufen wollte sie mich, aber sie schien es vergessen zu haben!? – Danach erfuhr ich, daß „Otto" auch dabei war, und auch, daß sie beim „Bundesverfassungsamt" beschäftigt sei. Na gut, aber sie liebte mich und tat es gerne, und mir gefiel es eben auch gerne mit der immer offenen Scham! –

Ja, dann machte sie mich auch mit ihrer unbeschnittenen Mutter bekannt. – Diese wollte, danach, daß ich sie heiraten sollte. – Noch nie hätte sie sich so gut dabei gefühlt, sagte sie.

Lore war trotz meiner Zweifel voller Optimismus. – Ja, nach Italien, zu ihrem alten Freund Mario wolle sie mit mir und ihrem Werner in Urlaub fahren! – Dem will ich mal zeigen, welche Chancen ich noch habe! – Die denken auf dem Nest dort immer noch, daß ich nur für die Liebe gut bin!? –

Ja, was war das denn, immer wollte sie mich mit ihren Vergangenheiten ausstechen! Wenn ich da mitgemacht hätte, hätte ich „Lochschwägerei" betreiben müssen! – Aber das machte mich fast stutzig, indem ich ihr sagte: „Lore, ich glaube, daß es gut ist, wenn du mich bei Mario und seiner Familie in den Abbruzzen vorankündigst und ihn langsam entwöhnst! – Mit allem Drum und Drin, sozusagen! – Fahr bitte mit Werner voraus, ich komme dann vielleicht so langsam nach!? –

Zwischenzeitlich waren mir wohl die Schuppen von den Augen gefallen! – Was hatte ich mir da doch angetan, waren so meine Überlegungen.

Wir waren nach unserer Entscheidung, auseinanderzuziehen, noch des öfteren und öfters ganz ungezwungen und unvoreingenommen zusammen gewesen und auch ins Bett gekommen. – An Wochenenden, wenn sie anderweitig arrangiert zu sein schien, fuhr ich mit Margot in der Straßenbahn durch ganz Köln. – Dabei entdeckten wir diese schöne Stadt so richtig. – Vorher hatten wir dazu noch nie Zeit gefunden. Am liebsten hätte ich sie dabei immer wieder und gerne mal geküßt! – Aber dieser Zug schien wohl abgefahren zu sein!? – Ob sie ähnlich empfand!? –

Inzwischen war Jürgen mit meinem, nein, erstmal mit seinem „Renault" nach Schweden in den Urlaub aufgebrochen. – Aber schon nach zirka zweihundert Kilometern bei Exter war ihm die Puste ausgegangen, dem R4. – Klingeling, hurra, ich bin da! Ja, Vater, der geht nicht mehr, nur noch ganz langsam! – Da komme ich nie nach Schweden damit! – Ja, bitte, hole mich hier ab an der Autobahnkirche! – Ja, wann kannst du hier sein!? – Wir fuhren noch am gleichen Tag los, Margot und mit mir. Mit meinem neuen Capri, dem Sport-Zweieinhalbsitzer! –

Spät am Abend fanden wir unseren „Anfänger". – Ja, was machen wir da? – Na ja, am besten ist es, wenn du unseren Wagen nimmst und weiter in den Urlaub fährst. Wir wollen morgen früh sehen, ob wir mit deinem „Salatauto" wieder nach Köln fahren können!? –

Mehr als einen ganzen Tag benötigten wir dazu, nach Köln zu kommen. – Ein neuer Motor war fällig! – Warum kauft ihr auch ein altes Auto!? Was ein Glück dann auch noch, als Jürgen das zweite Mal anrief. – Nämlich aus Schweden, mit der Sondermeldung, daß er den neuen Capri zu Schrott gefahren hätte! Also, was ein Glück, daß wir im ADAC waren und ich ein Leasecar hatte! –

Beinahe hätte uns diese Situation wieder zusammengeführt. – Nach der langen Reise in diesem Oldie, so mit fünfzig Sachen maximal, hatten wir immer wieder mal die Hände an der Hosennaht des anderen. – Und in der Übermüdung, dann in Köln, gingen, nein legten wir uns zusammen darnieder! – Am Morgen danach hatten wir völlig vergessen, daß wir uns in der langen Nacht völlig vergessen zu haben schienen!? – Sorry! – Die alten Gewohnheiten! –

Peng! – Weg war sie! – Ja, wo war sie denn!? – Da war ich einfach mal nicht dagewesen, als sie weg war. –

Ich war inzwischen schon ein bißchen alt geworden und hatte beinahe vergessen, nochmal in die Schule zu gehen. – Ja, nachdem ich Manager geworden war, war es unumgänglich geworden, einigermaßen perfekt „englisch" zu sprechen! – Nicht nur das, nein, auch zu verstehen und zu schreiben! –

Nachdem mein Bigboß Wernerz mich verschiedentlich in Englischkursen untergebracht hatte und ich so gut wie nichts dazugelernt hatte, machte er einen vorletzten Versuch. – Also, Herr Paulsen, wie Sie sicher schon gehört haben, lernt man eine Fremdsprache am besten im Bett! – Schauen Sie mich an! – In Köln-Sülz gibt es einen Spezialkurs, da ist Einzelunterricht das Normale! – Ich habe für Sie schon buchen lassen. Jeden Montagmorgen in der Frühe von 8.30 bis 10.00 Uhr ist Ihre Zeit. Da müssen Sie pünktlich dasein! – Strengen Sie sich ein bißchen an, und machen Sie mir keine Schande!

Die Kurse zahlte die Firma, nur die Blumen oder Schoklets mußte ich beisteuern, natürlich auch die guten Absichten. In diesem Falle fiel mir das gar nicht sehr schwer, denn die Lehrerin war weiblich-amerikanisch und nur zwanzig Lenze alt. – Und das Ganze fand natürlich in ihrer Wohnung statt. Gleich nach dem ersten Einführungskurs machte sie mich auch mit ihrem Schlafzimmer, ihrem Bett und mit dem Aufpasser „Hasso" bekannt und übergab mir einen Wohnungsschlüssel. Aber bitte, komm möglichst pünktlich zum Dienst, sagte sie noch, denn ich erledige mein ganzes Pensum am Vormittag, und nach dir kommen noch ein Herr und hinterher eine nette junge Dame dran. – Die ist lieb, die mag ich aber auch am liebsten!

Natürlich war ich pünktlich, denn diese eineinhalb Stunden mußten ausgekostet werden. – Und natürlich war sie jedesmal noch im Bett zu finden. Entweder noch fest am Pennen oder sich mit Hasso am Beschäftigen! – Das schien ihr sehr zu gefallen. – Aber dann flog er raus, aus dem Bett, und ich kam an die Reihe. Und natürlich brachte sie mir dabei einiges an „Englisch" bei. Aber was sind schon eineinhalb Stunden, wenn man das Ab- und Wiederanlegen der Garderobe davon noch away takes, bleibt da kaum noch Zeit für die eigentliche Arbeit! – Ja, und der Hund störte halt doch dabei sehr, er schien eifersüchtig zu sein und fuhr uns immer wieder mal dazwischen! –

Nach langem Suchen und mich Durchamfragen, hatte ich herausgefunden, wo sie sich es verstecken ließ! – Auch wenn ich selbst auf dem Gebiet der Entspannung recht gut versorgt war, hatte ich doch auch Gunda an der Hand, die mich entweder persönlich in Pflege nahm oder bei einer ihrer Freundinnen empfahl. Aber das war einfach unbefriedigend und unbequem, immer von Bett zu Bett gereicht zu werden.

Nach meinem zweiten Anruf in Überlingen gab Amelie zu, daß Margot bei ihnen sei. – Was sie da so allein mache? wollte ich wissen. – Da mach dir mal keine Sorgen, gab sie mir zu verstehen. – Hier bei uns gibt es immer noch Jägerhochsitze und viele grüne Wiesen und Waldränder, wie du dich sicher erinnern wirst!? – Gib sie mir doch bitte mal an den Apparat! – Das tut mir leid für dich, aber die ist wahrscheinlich gerade mit dem Jäger beschäftigt!? Sie sind zusammen weggefahren, heute nachmittag! – Und außerdem hat sie doch auch den Ajax! – Die hängt doch den ganzen Tag mit ihm zusammen. – Ach, die vermißt dich nicht! –

Ja, den Jäger hatte sie schon immer angepeilt, wenn wir zusammen im Andelshofer Weier am Baden und Herummachen waren, jetzt erinnerte ich mich wieder, das war ja auch ein großer Kerl! – Und die knappe Badebutz immer, die er dran hatte. – So ein Luder aber doch! –

Da sie nie zu erreichen war, schrieb ich ihr fast jeden Tag einen Brief. Bitte verzeih mir, mein Liebes, laß es uns doch nochmal versuchen. Ich weiß, daß ich dich verletzt habe, aber du weißt auch, daß du ein kleines bißchen mitgeholfen hast, undsoweiter! – Natürlich fügte ich noch einige Liebesgeschwüre bei! – Nach Wochenden erst ließ sie sich erweichen und gestattete mir, sie in Überlingen besuchen zu dürfen! – Nichts wie hin! – Und dann ging alles sehr schnell. Drauf auf die Couch, und eine Menge Lust und Freude den ganzen Tag und auch noch in der Nacht ließen uns nicht zur Ruhe kommen!

Gleich am nächsten Tage schon fuhren wir gemeinsam nach Meran in Tirol. Dort wollten wir alles in Ruhe besprechen und im Detail besiegeln. Sie wollte auch an die Jägerei nicht mehr erinnert werden. – So machten wir es immer wieder mit viel Spaß dabei und so ganz und gar unbekümmert und wie ganz neu verliebt!

Hatten wir doch noch kurz vorher erst unsere Silberhochzeit gefeiert, im Kreise der Familie, und der Opa war dabei, mein Vater. – Meine Mutter hatte abgesagt, warum wußten wir nicht, auch Opa schien es nicht zu wissen oder wissen zu wollen!? – Margots Eltern durften ja wohl nicht!? –

Wieder in Köln, mußte ich erst nochmal mit Lore zusammenkommen, um ihr von meinem Sinneswandel zu berichten! – Ich hatte mit Margot auch verabredet, daß ich nicht wieder in unsere Niehler Wohnung zurückkommen würde. Wir wollten uns eine neue Wohnung in einem besseren Wohngebiet von Köln suchen. – Erst dann wollten wir wieder gemeinsame Sache machen, wieder so richtig und wieder von vorne! – Ja, so habe sie es am liebsten! –

Diese Entscheidung kam auch unserer Personalstelle entgegen, denn man hatte mich schon länger gebeten, unsere Sozialwohnung doch für eine bedürftige Familie freizugeben.

Lore hatte wohl schon mit so etwas gerechnet, nachdem ich ihr nicht nach Italien nachgekommen war. Sie erzählte mir dann auch ganz unbefangen, was sie alles an neuen Tollheiten dort erlebt hatte. – Ja, weißt du, der Mario hat inzwischen geheiratet und lebt jetzt nicht mehr im Dorf bei den Eltern, sondern in Florenz. – Aber seine zwei Cousins sind mittlerweile zwei Prachtexemplare geworden, was glaubst du, wie die mich hergenommen haben!? – Mal der eine, mal der andere! – Wie ich dir ja erzählt habe, haben die Eltern ihren Hof in den Bergen mit einem großen Obstgarten hinterm Haus, und Weinberge sind auch dabei. Da weit und breit keine Nachbarn zu sehen waren, badeten wir im Teich immer ohne Badesachen und sonnten uns auch mit ohne. Beim Herumbalgen nahmen sie mich dann immer mal dazwischen, natürlich nur, wenn Werner bei seiner Freundin war. – Warum bist du auch ewig nicht gekommen, wie soll ein Mensch das aushalten, noch dazu, wenn zwei so junge Kerls immer hinter mir her waren! –

Was heißt „so dazwischen genommen?" – Na ja, wie soll ich's erklären? – Eben so, daß der Emilio mich auf sich Hoppereiter machen ließ und der Claudio mich von rückwärts einritt!" – Wenn ich das richtig interpretiere, war das ein Doublo, um nicht zu sagen, ein Trio!? – Na ja, wenn du so willst, hast du schon recht, aber es hat mir doch Spaß gemacht! – Und so groß sind die Italiener ja ohnehin nicht! –

Aber am lustigsten war es immer, wenn sie mich in ihren Stall sperrten! – Wie das? fragte ich sie, erzähle! – Ja, die hatten in einem Schuppen einen Käfig gebaut, der war so klein, daß ich da nur allein reinpaßte und nur so halb im Stehen oder Liegen, wenn du verstehst!? – Nein, nicht so ganz? – Na ja, das war so ein Gestell aus ein paar Pfählen, mit einem gepolsterten Deckel drauf und rundherum mit Latten benagelt. – Seitlich vorne waren zwei halbhohe Türen, auch mit abgepolsterten Oberkanten, und in der Mitte war eine auch gepolsterte Pritsche zum Drauflegen. Die Vorderseite war ab Pritschenhöhe völlig offen! – Wieso, und was solltest du da drin!? – Na ja, zuerst wußte ich das auch nicht, und ich hatte beim erstenmal auch ein ganz beklemmendes Gefühl dabei, als sie mich da reinsteckten. – Aber wir hatten vorher eine ganze Bottel Chianti vernichtet, so daß ich das Ganze gar nicht so tragisch fand! – Ja, und weiter? – Nun ja, sie legten mich rücklings auf die Pritsche und schlossen die Türen und zogen meine legs seitlich darüber und schoben die Pritsche nach vorn, so daß auch mein Unterleib ganz nach vorn kam. – Hast du da nicht ein bißchen Angst bekommen, da so eingesperrt zu sein und in dieser Lage? Und was weiter? – Haha! Das sind vielleicht zwei Lustmolche, die zwei, sage ich dir! – Darauf muß man erst kommen, sage ich dir! – Na sag schon!? – Ooh, aah, ja, sie bespritzten mich abwechselnd, dann sollte ich raten, wer von beiden mich berührt hatte! Mich genommen hatte!? Kannst du mir folgen? – Nein, ja, ich denke doch, aber? Konntest du? Ich meine raten!? – Nein! – Aber das war mir jetzt doch ganz egal! – Ja, wo ist da der Witz? fragte ich sie. – Ach, das war für sie doch nur ein Gag oder aber ein Einführungstraining, ganz wie du willst. – Denn nun ließen sie die Katze aus dem Sack! Sag, Lorle, hast du was dagegen, wenn unser bester Freund dich auch mal verwöhnen darf!? – Wie, was, wen meinten sie mit „besten Freund?" –

Ach weißt du, jetzt war ich schon so richtig in Fahrt, so daß es mir fast egal war, wer es war! – Hoffentlich konnte er mich so richtig glücklich machen!? – Und, konnte er? – Ohhh! – Der war gut, der konnte! Der war noch viel besser als gut! – So ein Mann! – Das es so was gab, hätte ich nicht geglaubt, noch nie vorher gehabt, sage ich dir! – Nun sag schon, was, wer war das!? – Ich weiß nicht, wie ich es erklären soll, es wurde mittlerweile schon dunkel und der Wein verklärte meine Sinne, aber wie ein großer Schatten kam er über mich, will sagen über das Gestell, und ließ seine Arme und Beine seitlich herunterhängen und schob sich mir entgegen! – Ja, er preßte mir seine Potenz dazwischen, daß mir ganz schlimm zumute wurde, denn er füllte mich völlig aus, und voll und ganz! – So daß mir die Tränen kamen und ich überfloß, ganz im Überfluß! – Und nun sag schon, wer war dieser Freund!? – Ach, das traue ich mir gar nicht zu sagen!? – Warum denn nicht? – Ach, ich war doch ein Esel!!! – Die hatten nicht nur Hühner, Schafe und Ziegen!

Im übrigen, ich habe einen neuen Auftrag bekommen, vom Amt! – Ich soll für eine Zeit ins Ministerium, nach Bonn! – Na ja, ich habe bei den Männern einfach kein Glück! – Ich meine so zum Heiraten! –

Ende 1972 waren wir wieder mal in der DDR gewesen, ich zum zweiten Mal. Ich war sehr enttäuscht, daß die alten Bekannten und ehemaligen Freunde nicht mehr die Gleichen zu sein schienen! Tagsüber sahen sie mich nicht, und des Nachts klopften sie heimlich still und leise an unsere Tür! – Das heißt, an Freds Tür, denn er war ja in unsere Erdgeschoßwohnung gezogen. In seiner Wohnung, oben, wohnte inzwischen Frau Dr. Samstag mit Familie. Ihr Mann war auch in Jena beschäftigt. – Sie hatten mit Fred Kommunikationsschwierigkeiten, was bei meinem ersten „Vorstellungsgespräch" dazu führte, daß sie mich sofort ankuppeln ließ! – „Na so was, das hätte ich nie gedacht, daß ihr Bruder so einen netten Bruder hat!? – Wenn ich das meinem Mann sagen würde, der würde das gar nicht glauben, wie nett „Paulsens" sein können!?" – Leider wurde unsere Leitung immer wieder durch die etwa vierzehn-jährige Tochter unterbrochen, weil sie gerne dabei zuschauen wollte.

Später setzten wir unsere Beziehungen weiter fort. Ich versorgte sie auch mit Ma-terialtransporten von drüben zum Bau ihres Hauses in der Friedrich-Ebert-Straße. – Dazu setzte ich auch andere Verwandte und Bekannte hier im Westen ein. –

Natürlich besuchten wir diesmal auch Reubers, Helge und Willer. – Sie hatten uns wohl sehnsüchtig erwartet, und nachdem wir schön gegessen und getrunken hat-ten und so richtig dabeiwaren, und eben danach sagte Willer: „Sag mal, lieber Knuth, und auch du, liebe Margot, würdet ihr gerne wieder hier in Rudolfstadt sein wol-len!?" – Ja! sagte ich sofort, natürlich, wir betrachten Rudolfstadt doch noch immer als unsere Heimat! Da wir hier doch unser Haus und unsere besten Freunde haben! – Aah, ja, wie schön, schaltete sich Helge sofort ein. – Na ja, fügte ich an: „Allerdings nur, wenn hier die gleichen politischen und wirtschaftlichen Verhältnisse herrschen, wie bei uns drüben. – Und wenn ich Rentner wäre und die gleiche Rente wie bei uns drüben bekommen würde! Peng! – Und aus! – Funkstille! – Ja! Warum bin ich, sind wir damals nicht auch abgehauen!??? - Scheiße! – Und ein heulendes Elend saß uns gegenüber! – Vermutlich hatte Willer einen sogenannten Parteiauftrag bekommen, uns für den „Sozialismus" zurückzugewinnen!? – Who knows? –

Ein paar Ausnahmen gab es aber noch, so kam uns Enge beispielsweise mitten in der Stadt entgegengelaufen und umärmelte uns lauthals, sich dabei herzlich freuend! Ach wie schön, euch mal wiederzusehen! – Kommt uns doch mal besuchen, wie lange bleibt ihr noch!? – Oder Hellwichs hatten da auch keine Komplexe und waren noch ganz normal geblieben! – Auch Ferdel und Steffi gehörten dazu! –

Zwischenzeitlich war nach dem Stripteaserummel, den ich mit Kollegen und ver-schiedenen Firmeneinladungen eingehend kennengelernt hatte, auch der Pornoboom ausgebrochen! – Zunächst schauten wir uns Filme dieser Art bei Alex oder Toni an. Letzterer holte sie immer aus Dänemark und hatte so einen kleinen illegalen Handel aufgemacht. – Zu dieser Zeit war dies in der BRD noch „Schweinskram" und streng verboten! – Wenn nach sonem Filmvortrag das Licht wieder angemacht wurde, schämten wir uns auch noch ein bißchen! – Später nicht mehr so sehr, denn da wa-ren oft auch schon Frauen dabei, manchmal auch „die" Frauen! – Erich war auch ein „Scharfer", wenn der dabei war, konnte es einem schon mal passieren, daß einem die Frau abhanden gekommen war! – Mir ging es auch mal so, da fand ich „sie" zusam-men in seinem Wagen um die Ecke! – Völlig ineinander verbissen hatten sie sich da! Im Moment sah ich da nicht mal eine Chance, etwas dagegen tun zu können! – Da mußte ich halt abwarten, wenn ich das Porzellan nicht zerschlagen wollte! – Später ist ihr das nochmal widerfahren, zu Karneval nämlich, und mitten am Tag so-gar auf dem Grünstreifen des Niehler Dammes war's! Ich sah da zufällig seinen Wa-gen stehen und stoppte sofort. – Sie hatten es in der Hitze des Gefechtes gar nicht bemerkt! – Als ich die Tür öffnete, hatte sie sich gerade an seinem Mast festgemacht und er sich in ihren Weichteilen verbissen! – Als ich sie herauszog, schien es ihnen sehr peinlich zu sein. – Aber Schatz! – Was du auch gleich denkst!? – von mir! –

Da konnte man nichts machen, er war ja nicht bei mir beschäftigt, sonst hätte ich ihn abmahnen oder auch entlassen können! – Aber da wir immer wieder dienstlich miteinander zu tun hatten, gingen wir auch schon mal einen zusammen trinken. Er blieb gerne kleben, wie man so sagt, und da die Kneipe und das Büro gleich um die Ecke lagen, so wohnte er auch ganz in der Nähe. – Und er hatte auch eine sehr schöne und nette Frau, die mir gerne einen „heißen" Tanz vollführte! – Sie waren übrigens in der bekannten Tanzschule „Breuer" engagiert! – Durch Erich lernte ich auch den Straßenstrip ein bißchen kennen. So waren da in dieser Kneipe auch immer einige ganz gutaussehende Frauen anzutreffen. Für ein paar Bierchen waren sie erstmal bereit, sich zu einem an den Tisch zu setzen. Kurz danach bezahlte man die Zeche und ging mit dem Fräulein Studentin auf ihre Bude, die meist gleich in der Nähe lag. – Ich handelte sie von Hundert auf Fünfzig runter, mit noch ein paar Extras. – Hinterher sah ich, daß sie mir ganz unbemerkt einen Überzieher verpaßt hatte und ich mir sehr dämlich vorkam! – Wieviele Bierchen hätte ich dafür trinken können!? – Und die hätten sicher nicht so fad geschmeckt.

Im Sommer darauf hatte ich im innerbetrieblichen Vorschlagswesen ein Auto bekommen, einen Consul. Aber da ich kein zweites Auto brauchte, verkaufte ich es an eine Firma. Der Chef dieser Firma bat mich, die Rechnung mit separat ausgewiesener Mehrwertsteuer (Umsatzsteuer) auszustellen. Das hat für Sie keine Nachteile, Herr Paulsen, ich lasse diesen Wagen in meiner Süddeutschen Filiale zu, da kommt das Finanzamt nie dahinter! – Hm? – Na gut! – Denkste! – Etwa zehn Jahre danach bekam ich die Quittung! – Raten Sie mal, von wem? – Ja! Vom Finanzamt nämlich, von meinem! – Rund eintausenddreihundert Mark bitte schön, und sofort! – Und ja nicht nochmal! Sonst wird's wesentlich teurer! – Ja, wenn man „gefällig" sein will! – Ich Blödmann! – Ja und diese Firma hatte mich mit noch zwei Freunden mal nach Kopenhagen eingeladen, da lernten wir auch Porno-Lifeshows und auch wieder den Studentenstrich kennen, aber viel natürlicher, besser und viel teurer!

Nun schnell nochmal nach Ost-Berlin zur Jugendweihe meines Patenkindes Elfi Schwakitz. Weil wir am Karfreitag einreisten, hatten wir keine Gelegenheit, uns dort polizeilich an- und abzumelden, da wir am zweiten Feiertag schon zurückfahren mußten. – Mit großem Bammel kamen wir an dem Grenzübergang „in der Zone" an! – Einen schönen guten Tag, die Herrschaften, wurden wir von einem jungen Offizier begrüßt! – Was mag der im Schilde führen, waren gleich meine Gedanken! Hatten wir da doch fast nur schlechte Erfahrungen mit dieser Volkspolizei gemacht!? – Ihre Papiere bitte! – Ach, Sie haben sich gar nicht an- und abgemeldet!? – Ja, sagte ich, wir hatten gar keine Gelegenheit dazu. – Über die Feiertage waren die Meldestellen in Ost-Berlin gar nicht geöffnet! – Aha! – sagte dieser Offizier. Na gut, dann mache ich das jetzt! – Von wann bis wann bitte, waren Sie hier in der „Hauptstadt der Deutschen Demokratischen Republik"? – Gut, danke sehr und gute Weiterreise! – Na so was, wo hatten sie denn diesen höflichen Menschen hergenommen!? – Danke! – Auf Wiedersehen! –

Wir machten noch einen kleinen Umweg über Orba, um Margots Eltern zu besuchen und auch in Rudolfstadt schnell mal vorbeizuschauen! – Alles lief gut ab, nur in Orba kam uns ganz aufgeregt unsere Nichte entgegen und sagte mit weinerlicher

Stimme: „Was machen wir jetzt? – Gerald ist da, mit Helge und einer Kollegin!?" – Ja, sagte ich, was schon, wir sagen Guten Tag, und dann sehen wir weiter! – Gerald war in der Zwischenzeit zum Generaloberst, oder so was, aufgestiegen und von der Polizei freigestellt und als Abgeordneter im Bezirksrat von Suhl tätig. – Als Leiter des Referates für Innere Sicherheit! – „Innenminister, sozusagen!" –

Ja, nun standen wir uns nach zwölf Jahren ganz unvorbereitet gegenüber! – Margot benahm sich ganz normal: „Hallo, lieber Bruder, wie geht es dir? – Komm, laß dich mal drücken!?" – Derweil gab ich Helge und der uniformierten Offizierin Elke die Hand. – Als ich sie Gerald reichte, hatte ich nichts in der Hand, nur was ganz Weiches, und er schaute mich an, oder auch durch mich hindurch? Dabei war sein Gesicht völlig verzerrt und seine Lippen am Zittern! – Er bekam kein Wort heraus. – Komm, Margot, laß uns nach oben gehen und erstmal deine Eltern begrüßen! sagte ich, um die Situation zu retten! –

Als wir im Obergeschoß ankamen, hörten wir einen Wagen anspringen und wegfahrendes Motorgeräusch. – Fort waren „sie"! Da war nicht nur Margot traurig.

Und da war er wieder, mein Oberboß, der Wernerz! – Das war ja wohl nicht viel mit dem Bettenlehrgang, was, Herr Paulsen!? –

Also, da bleibt uns nichts weiter übrig, als Sie nach England zu schicken! Frau Wolff hat für Sie einen vierwöchigen Intensivkurs in London gebucht. Am Ersten ist der Letzte, da packen Sie schon mal die Koffer, und wenn Sie wollen, können Sie meinetwegen auch Ihre Frau mitnehmen. Die Flugkosten können Sie zu 50 Prozent sparen, wenn Sie gleich mit Ihnen reist!? –

Wir waren dann umgezogen und fühlten uns da auch ganz wohl. Da lernten wir auch wieder neue Freunde kennen, und ich hatte da auch wieder eine schöne gemütliche Stammkneipe gefunden. Der Wirt, ein Berliner, hatte die Tochter des „Kessels" geheiratet und führte das Lokal unauffällig, aber gepflegt! – Ganoven mußten da vor der Tür bleiben. –

Zu Karneval lernten wir auch ein nettes Ehepaar kennen, mit dem wir flott herumtanzten und auch gegenseitig bützten, und danach mit zu ihnen in ihr nettes kleines Häuschen eindrangen und so! – Eigentlich hatten wir uns verabredet, uns des öfteren mal wieder, und so! –

Vor meinem Englandtrip waren wir aber nicht mehr dazu gekommen. – Ich jedenfalls nicht. – Hans und Gardi zogen nach Düsseldorf, weil Hans dort bei einer Schwester von der „Dresdener" eine Anstellung als Direktor bekommen hatte. Kurz zuvor muß wohl Margot die Absicht gehabt haben, sie zu verabschieden. – Denn da rief mich eines Tages Gardi an, ob ich so nett sein würde, sie mal von ihrem Kegelabend abzuholen!? – Aber jadoch, gerne, ja wann, wo? – O.k. – Mitten auf dem Ubirring sagte sie ganz plötzlich: „Bitte, lieber Knuth, halte hier mal an!" – Ich hielt an und fragte, was ist denn? – Komm, fahr mal auf den breiten Gehweg hier, es ist ja schon dunkel! – Na, so was? dachte ich noch, als sie sagte: „Komm, nimm mich mal, ich muß jetzt mal!" – Wie, warum, und ausgerechnet hier? – Ach, komm schon, das ist doch ganz egal! – Ich hatte kaum eine andere Wahl, und Lust zu so was hatte ich ohnehin immer! – Hinterher sagte sie mir, daß sie Margots Perle von ihrem Ring in ihren Ehebetten gefunden habe!? – Ich wußte, daß sie diese Perle vermißte und überall gesucht hatte!

Aber natürlich gehören immer zwei dazu, sagte ich zu Margot, und sie gab mir recht! – Ja, was soll ich da den ganzen Tag machen, in London, wenn du in der Schule bist? – Ich mitohne meinem Englisch!? – Wenn du unbedingt darauf bestehst, dann komme ich die letzte Woche mal rüber! – Na gut, du hast sicher recht, ich könnte mich da auch nicht richtig auf die Sprache konzentrieren und abends meine Möglichkeiten verpassen! – Ich meine meine Studien.

So flog ich denn, natürlich hatten wir uns geziemend verabschiedet, mit einen ganzen Haufen davon, gen London! – Nach Heathrow auf den größten Flughafen Europas, mit Tausenden von Türen und Treppen und Schildern! – Wenn man es lesen kann, ist das möglicherweise nicht ganz so schlimm, aber lesen allein hilft da auch nicht weiter. – Verstehen muß man das!

So nahm ich mein Herz in beide Hände und redete so einige Menschen an, damit sie mir weiterhalfen! – „Känn ju helf mie, ei mast go tu Kennsington!" Oh, for schure, ju häv go to se Bass, witch goos tu se Therminel intu se City! – Klar, ich hatte fast alles verstanden, bis ich endlich diesen Bus gefunden hatte und in der City auch den, die Busse, die mich nach Kensington brachten! Das für mich vorgebuchte Zimmer gefiel mir gar nicht, deshalb zog ich am nächsten Tag in ein besseres Hotel.

In der „Canning School of English" wurde ich getestet, um herauszufinden, in welche Klasse ich am besten passen würde. Danach hatte man entdeckt, daß ich für die Anfängerklasse zu gut und für die Nächsthöhere nicht gut genug sei. Aber versuchen wir's mal mit der, in der Sie nicht gut genug sind! – Aus Erfahrung sei das besser als andersherum. – So bekam ich eine nette Lehrerin, etwa dreißig Jahre alt, und auch sehr pretty looking dabei. Dazu noch vier Mitstreiter, einen Griechen, ein Fabrikantensohn, sehr faul, einen Franzosen, einen Italiener und einen stolzen Spanier. – Wieso eigentlich keine Frau, so zum Ansporn? – Na ja, wir kamen gut miteinander aus, denn viel zu sagen hatten wir uns zu Anfang mangels Vokabeln ohnehin nicht.

Wir gingen mittags auch immer zusammen in ein Lokal zum Dinner, mit unserer Miss Betty. – Nach einer Woche hatte der Spanier schon das Handtuch geworfen. – Ich war auch nahedran, denn die hatten uns regelrecht ins kalte Wasser geschmissen, schwimm oder ertrink, schien hier die Devise zu sein! – Von morgens bis abends hörten wir kein Wort unserer Nationalsprache, nur „englisch"! Zwei Stunden im Klassenraum, zu Anfang mit Bildern und Sprechblasen und so, Vorsagen galt nicht. Dann ins Sprachlabor, mit Vorsprechen und Nachplappern. Dabei wurde man stichprobenartig abgehört. Dabei hatten wir natürlich Kopfhörer auf. – Am Nachmittag im Comprehantchenroom, wieder mit Kopfhörer, da wurde uns eine Geschichte in englisch erzählt, die wir schriftlich ins Deutsche zu übersetzen hatten. Sinngemäß erstmal nur! – Oder umgekehrt, man las irgend eine Kurzstorry in deutsch und mußte sie ins Englische verdrehen. – Dann vielleicht nochmal ins Sprachlabor oder ein Liedchen singen! – Zweimal in der Woche war dann eine Sherryparty als Tagesabschluß von siebzehn bis achtzehn Uhr als Lockerungsübung angesetzt. – Das hatte den Vorteil, daß man sich nach ein paar Gläschen Sherry getraute, perfekt „english" zu talken! – Den deutschen Mitschülern ging ich dabei tunlichst aus dem Wege, denn da war die Verlockung zu groß, eventuell ins „Französisch" zu verfallen!? – Auch abends ging ich allein zum Lunch oder in die Pup zum Talk! – Am Tresen stand man mit in der Reihe und trank sein pint ale oder beer mit Seinesgleichen. – Die Herren Engländer waren meist recht wortkarg oder auch zu stolz, wenn sie merkten, daß man kein echter Brite war!

Da waren die Schotten oder Iren schon hilfsbereiter, die korrigierten mich auch, wenn ich etwas nicht korrekt sagte. – Nach zweiundzwanzig Uhr war der Ofen aus, da durften keine Alkoholitäten mehr ausgeschenkt werden. Entweder man bestellte sich vorher genug, oder es war Feierabend. – Mancher hatte da sich schnell noch ein paar pints hinstellen lassen! – Aber man hatte natürlich noch eine andere Chance, nämlich daß man in einen „Club" ging, dort konnte man bis zum Aufstehen weitermachen. – Aber vorher mußte man für fünf Pfund Sterling „Member of the Club" werden. – Eine einmalige Ausgabe pro Club! –

Auch im Restaurant, zum Essen, bekommt man in London erst nach achtzehn Uhr alkoholische Getränke serviert. – Maybe it's changed in the meantime!? – Ich stellte fest, daß die Frauen in England viel hilfsbereiter waren als anderswo! – So lernte ich im Club beispielsweise zwei Fraulichkeiten kennen, die sofort bereit waren, mich am Sonntag im Hotel zu besuchen. – Nein, sie waren keine für Geld! – Zwei Freundinnen waren sie, eine ganz Junge und eine Mittelalte. – Die Junge schien noch in die Lehre zu gehen, wie ich erkennen konnte! Auch die waitress, die mir das Frühstück im Bett servierte, zierte sich nicht dabei, sie war immer offenherzig und vollmundig, wenn sie zustieg! –

Unsere Oxfort-Teatcherin Betty erbot sich eines Tages, mir ein wenig von London zu zeigen. Am weekend, perhaps? – Da habe sie ohnehin nichts vor, sagte sie richtig nett zu mir. – Natürlich ließ ich mich einladen dazu. – Sie zeigte mir erstmal, wie man mit der „Tube" fährt, mit der Underground. Danach gingen wir zum Tower, Westminster, Buckinghampalast und so weiter. – Anschließend lud ich sie zum Dinner ein. – Und auf dem Nachhauseweg turtelten wir ein bißchen im Hydepark herum, und anschließend noch ein wenig in meinem Hotelbett! – Das hatte uns gefallen, und da Margot nicht kam, kam uns das ganz zu passe! – Wir versuchten es noch einigemal, bis wir es konnten! – Dabei trainierte ich auch meine Zunge, um das „englische" gut zu beherrschen! – Wie hatte Wernerz doch zu mir gesagt!? –

Auch nach „Soho" war sie mit mir gegangen, das erinnere sie immer an ihre Studienzeit, sagte sie. – Weißt du, hier juckt mir gleich wieder das Fell, komm, laß uns schnell ins Hotel gehen! – Morgen kommt auch mein husband zurück! – Und gekonnt, wie immer, bereitete sie mir das super! –

Nach anfänglichen Strapazen waren es dann doch schöne vier Wochen in London gewesen, und ich mußte wieder heim, nach Old Germany! –

Ich mußte da wohl etwas unvorhergesehenerweise zu früh nach Hause gekommen sein, denn als ich unsere Wohnungstür aufschließen wollte, steckte von innen der

Schlüssel, so daß ich klingeln mußte. – Nach ein paar Minuten öffnete Margot und sagte ganz erschrocken: „Ach! Wo kommst du jetzt her? – So unangemeldet? – Ich meine bloß!" Und du? fragte ich, du hast wohl geschlafen? – Mit wem!? – Ach, was du nur denkst? – Ich habe Besuch, warum die Tür verschlossen war, weiß ich auch nicht. – Ob Jürgen? –

Ja, da saß er auf unserer Couch, etwas unordentlich gekämmt schien mir und so unzugeknöpft! – „Du kennst doch noch Hermann, vom letzten Karneval!? – Er hat mich heute wieder mal besucht! – Aha, ja ja, und wie geht es deiner Frau? Wie heißt sie nochmal? – Sag ihr, daß ich sie bald mal besuchen komme! – Ja, auf Wiedersehen! – Wenn ich gerade mal nicht zu Hause bin. – Margot brachte ihn zur Tür und sich im Bad in Ordnung.

Wir freuten uns dann auch sehr, daß wir uns wiederhatten, auch auf der Couch! Sag mal, warum hast du nie geschrieben? – Und warum bist du nicht rübergekommen? – Ach, weißt du, ich hatte Angst, allein darüber zu fliegen. Aber geschrieben habe ich dir oft, hast du meine lieben Briefe denn nicht bekommen? – Nein, nicht einen einzigen! – Na so was! Das verstehe ich aber nicht? – Was hast du die ganze Zeit denn so getrieben!? fragte ich sie. – Ach, ich hatte immer was vor. Die letzten drei Wochen bin ich dabei, mich auf den Führerschein vorzubereiten! – Wie, du gehst in die Fahrschule? – Ja, das heißt nein, noch nicht so richtig. – Wie soll ich das verstehen!? – Ja, weißt du, ich war da mal in Junkersdorf im Dorfkrug, da war gerade Tanz dort, und da sind doch immer so viele Holländer da. – Soldaten aus der Kaserne. – Ach, du meinst die Belgier!? – Na ja, die sehen da doch alle gleich aus, ob mit oder ohne Uniform! Ja, da hast du wieder recht. – Wie alle Männer! – Aber was hat das mit dem Führerschein zu tun? – Sag mal, was für einen Führerschein machst du dort!? – Nun, so genau weiß ich das noch nicht, im Moment erklären die mir noch was ein Ein- oder Zweizylinder ist. Oder die Pferdestärken und den Hubraum! – Und was ist das? – Paß auf: Die Pferdestärke hängt mit dem Durchmesser zusammen, ab fünf Zentimeter ist es „ein" PS. – Und ein Zweitakter muß mit zwei Kolben gefahren werden, welche an den Pleuelstangen hängen, und sie sollen im Wechseltakt stoßen! – Wenn sie im gleichen Takt sind, ist das eine Fehlzündung! – Diese kann aber zur Überdehnung und zu Rissen führen! – Im Zylinder, sagen sie! – Ja, und der Hub hängt von der Länge der Pleuelstange ab. – Die sollte so zwischen fünfzehn und zwanzig Zentimeter sein. – Sagen sie! – Diese Woche wollen sie mit dem Praktischen beginnen! – Was hältst du davon!? – Und ganz umsonst wollen sie das machen! – Ja! – So einen Fahrschulunterricht würde ich auch geben wollen, zumindest mit dabeisein dürfen, beim Probelauf und so! – Was für ein Märchen willst du mir da aufbinden? – Oder bist du wirklich so naiv!? – Mein Liebling? – Komm, das erste praktische Training kriegst du gleich von mir. – Jetzt und sofort! – Oh wie wohl ist's mir doch, mit dir den Führerschein zu trainieren! –

Etwa drei Monate später traf ein Päckchen mit dem Vermerk „unzustellbar" aus London bei uns ein. – Da siehste, daß ich dir doch geschrieben habe, immer so dazwischen mal!? –

Anfang dieses Jahres, es war etwa ein Jahr nach meinem ersten Besuch in der

DDR, hatte mir Fred einen dreizehn Seiten langen Brief geschrieben, weil er gerade krank sei, wie er noch erwähnte! – Ja, da habe ich vor einem Jahr deine Haushälfte hier kaufen müssen, sonst hätte die Stadt es an einen anderen verkauft. Aber da ich kein Geld hatte, haben sie mir immer wieder billige Angebote gemacht. Ich weiß nicht, was du davon hältst!? – Schreib mal, was du mir raten würdest? – Aber ändern kannst du sowieso nichts mehr! – Ich weiß auch gar nicht mehr, wer die waren, und da habe ich mich mit unseren Eltern beraten! – Ja, ganze zweitausendsechshundert Ostmark habe er berappen müssen! – Und dafür habe man ihm noch die Wohnungszusage für seine Kinder gegeben. Die älteste Tochter war damals neun Jahre alt! – Ja, und das einem sogenannten „Regimegegner", für den er sich immer hielt!? – Aber nur hinter verschlossenen Türen und vorgehaltener Hand! –

Mein Vater sagte mir bei seinem darauffolgenden Besuch: Mit mir haben sie nicht darüber gesprochen, nur mit deiner Mutter. Aber wie ich so mitbekommen habe, haben sie zu Fred wohl unter anderem gesagt, daß „ich" doch ein Sperrkonto bei der DDR-Staatsbank von etwa zwanzigtausend Mark hätte und daß sie sich das teilen könnten! – Damit könne er den Kaufpreis allemal bezahlen!? – Ich habe damals Fred gegenüber überhaupt keine Stellungnahme abgegeben. – Was hätte ich damit schon erreichen können!? – Die waren sich doch so sicher, daß nie in ihrem Leben eine politische Änderung eintreten werde! – Warum bin ich auch, und Gott sei Dank, nicht drüben geblieben!? –

Zu dieser Zeit fingen sie da drüben fast alle an, sich etwas unter den Nagel zu reißen, und wenn es nur ein kleines, aber schön und ruhig gelegenes Grundstück für eine Datscha war. – Warum waren wir durch unsere Flucht dem Sozialismus auch in den Rücken gefallen!? – Doch selber schuld, wenn man uns Neukapitalisten ihr Eigentum wegnahm! –

So hatten auch Margots Eltern 1970 ein Testament gemacht und dabei ganz vergessen, daß sie auch noch eine Tochter auf die Welt gebracht hatten. – Und diese lebte sogar noch. – Aber eben nicht in der DDR. – Auch wenn sie immer mal was von dort schickte oder was mitbrachte!? –

Natürlich fuhren wir auch zu den runden Geburtstagen und zur Diamantenhochzeit von Margots Eltern in die DDR, und natürlich nicht mit leeren Händen. Abgesehen von Backzutaten brachten wir auch noch die Kleidung für die Jubilare mit. Na, und wenn man schon mal in ein Restaurant mit dem Familienclan ging, durften wir selbstverständlich auch gerne die Zeche bezahlen! – Mit wenigen Ausnahmen. –

Daß das Mitgebrachte vom vorherigen Jahr oft besser gewesen sein sollte als das jetzige, ließ uns inzwischen ziemlich kalt, denn so genau wußten wir das meist selber gar nicht! –

Ja, die Kuren in den siebziger- bis achtziger Jahren, noch fünf für mich und zwei für Margot, waren meist sehr ähnlich. Die letzte machten wir beide zusammen in Bad König im Odenwald. – Keine besonderen Vorkommnisse! –

Die vorletzte hätten wir beinahe auch wieder zusammen gehabt, aber da war unser „Blümchen" gerade mal wieder am Reformieren, und da ging es „rein in die Kartoffeln! – Raus aus den Kartoffeln". Und so hatten wir nur die Hin- und Rückfahrt gemeinsam! In unserem Auto nämlich. – Margot lieferte ich in Bad Mergentheim im Sanatorium Hinze ab. Das liegt an der Tauber, südlich von Würzburg. – Es war ein kleines Haus, da hatte man gleich Kontakt zu den Mitstreitern.

Ich fuhr noch vierhundert Kilometer weiter, bis nach Bad Tölz südlich von München und direkt vor die Benediktenwand! – Es war die Buchbergklinik, mitten im, am, Wald gelegen, deshalb auch schön ruhig! –

Zu Anfang riefen wir uns öfters mal an, aber später fast nur noch ich! – Sie hatte kein Telefon in ihrem Zimmer, und sie war auch sehr selten zu erreichen, auch nicht, wenn ich meinen Anruf angekündigt hatte. – Auch meinen angekündigten Pfingstbesuch kündigte sie mir ab, denn sie sei viel unterwegs. – Ach, was du schon wieder denkst!? – Wir sind da manchmal zu mehreren! – Auch mit mehreren Männern natürlich. – Warum denn immer nur mit Frauen, ich bin doch nicht lesbisch! – Mir gefällt es hier sehr gut! Dir doch sicher auch!? – Nein, nicht so wie ihr offensichtlich. Da waren zwar zu Anfang ein paar Frauen, die mir den Hof machten, aber ich wollte nicht. – Mich ödeten vor allem die Frauen an, die in der ersten Woche noch so liebevoll von ihren Ehemännern und Kinderchen schwärmten und ab der zweiten nur noch im Gebüsch oder in irgendeinem Bett wiederzufinden waren! – Aber dann natürlich nicht allein. – Dann hatte mich der Aids-Test fast zwei Wochen auf Trab gehalten. Mehr aus Neugier hatte ich den Stationsarzt nach diesem Test gefragt. – Ja, das können wir machen, haben Sie einen Verdacht!? – Oh, so direkt nicht, aber, ich war oft im Ausland und so. – Na gut, machen wir. – Wir schicken die Probe allerdings nach Berlin, und da kann es zwei Wochen dauern, bis das Ergebnis zurück ist.

Nach ein paar Tagen des Wartens, war ich mir erst klar, was ich da angestellt hatte, mit mir. – Ich konnte kaum noch schlafen, weder nachts noch am Tage. – Was ist, wenn der Test positiv ist!? – Mensch, was mache ich da? – Aufhängen, oder ins Wasser gehen? – Warum habe ich bloß danach gefragt, viel einfacher und weniger aufregend wäre es doch gewesen, wenn ich diesen blöden Test nicht verlangt hätte! –

Nach etwa zwei Wochen rief mich der Vertreter des Stationsarztes an. Er war noch Lehrling und vertrat unseren Arzt, weil der im Urlaub war.

Mitten bei meinem Mittagsschlaf klingelte der mich aus dem Halbschlaf: „Herr Paulsen, kommen sie doch gleich mal zu mir ins Arztzimmer, mein Name ist Meier. Ich habe schon mit dem Chefarzt gesprochen!“ – Was, wie bitte? – „Ja, wegen ihres Aids-Tests – Kommen sie am besten gleich!“ –

Oh Gott! – Mein lieber Herein, jetzt ist alles aus, alles vorbei!? – Waren meine Gedanken. Eigentlich hatte ich gar keine mehr! – Gedanken. – Ich wankte den Flur entlang, im Pychama und ungekämmt. – Ja, herein! – Guten Morgen! – Ja, lachte er noch, guten Tag, mein Herr! – Herr Meier, Doktor, wieso Chefarzt? – Na ja, er mußte mich doch aufklären, ich will sagen, mir die Genehmigung geben, Ihnen das Resultat des Testes mitzuteilen. – Ich brachte keine Silbe mehr heraus, aus meinem Mund. – Ja, Herr Paulsen, der Test ist „negativ“! – Also doch! – Wie, was heißt negativ? – Negativ für wen? – Für mich oder für den Bandwurm!? – Ich meine, habe ich jetzt Aids, oder nicht? – Nein, natürlich nicht! – Sie haben keinen Band-wurm, ä, ich will sagen kein Aids. – Langsam fiel der Plumps in die Tiefe. – Na, Gott sei Dank! – Danke, Doktor! –

Hallo, Margot, wo warst du schon wieder den ganzen Tag!? – Ich habe kein Aids! – Was sagst du jetzt? – Was soll ich sagen!? – Wieso? – Na, wenn wir heimkommen, mußt du auch einen machen! – Wieso ich? – Na ja, ich meine du da, dort mit deinen vielen Männern!? – Hör mal, mein Lieber, auch wenn ich viele Männer habe, hätte, so gehe ich doch nicht nackt mit denen ins Bett! – Ich meine, ginge ich nicht, will sagen, das tue ich nicht mit einem Nackten! – Wenn du mich verstehst!? – Wann kommst du mich hier wieder abholen? –

Ich ließ mir vom Chef einen Tag früher die Papiere aushändigen, weil ich am kommenden Tag Geburtstag hatte. – Und so stolperte ich schon wieder einmal mit-ten hinein. – Ich mußte mich lange durchfragen, bis ich endlich erfuhr, wo sie sei!? – Mit dem Boxer, dem Baumstamm und dem Araber sei sie oft in der Traube, sagte mir endlich eine Angestellte des Hauses. – Manchmal ist auch ihre Freundin dabei, die aus dem Schwarzwald, eine tolle Nudel sei das, sagte sie noch. –

Ja, nach Stundenden sah ich sie, wie sie in einer Nische mit den beiden „meinen Geburtstag" feierte! – Schön in die Mitte schienen sie sie genommen zu haben. – Sicher, damit ihr nichts Allzuschlimmes passieren konnte, wenn einer von beiden mal zur Toilette mußte, oder so!? – Ihre Hände hatten sie alle drei anstandshalber un-ter dem Tisch, damit alle auf sich aufpassen konnten. – Küssen und so konnten sie ja auch ohne die Hände, und was ist da schon dabei? Ein bißchen Spaß muß doch auch sein dürfen, oder etwa nicht!? –

Ich setzte mich etwas abseits, so daß sie mich nicht erkannten, vor allem die Männer nicht, die mich ohnehin nicht kannten! – Margot war ohnehin schon leicht abwesend, denn sie brachte keine Hand mehr auf den Tisch! –

So kurz vor Feierabend verließ ich das Lokal und wartete in meinem Wagen bis sie herauskamen, alle drei! – Dann fuhr ich an sie ran und hupte kurz. – Ach! – Da kommt ja mein Mann, was machen wir nun!? – Nimmst du uns mit ins Sanato-rium, lieber Knuth, oder bist du mir böse? – Worauf sollte ich? – Na ja, daß ich dir mit meinen beiden Freunden noch nicht zum Geburtstag gratuliert habe!? Kommt schon und steigt ein, ihr „Schatten"! –

Neunzehnhundertachtig war ich in Lippspringe, und da hatten wir beide noch das Glück, daß Margot die letzte Woche endlich aufkreuzte! – Denn nach der ersten Wo-che hatte mich so eine etwas ältere Bundesbahnerin mit „von und zu" aufgerissen, nachdem ich sie vor einem Schuhladen angesprochen hatte. – Na, wenn du denkst!? – Ich bin noch gut drauf. Habe doch schon nach dem Kriege mit den sich versteckenmüssenden SSlern meine Tour gemacht, bis mich mein Adelskurt geehe-licht hat! – Die waren gut, sage ich dir. – Wo gehen wir hin? – Im Auto? Aber ich bitte dich! – Die Zimmer hier, so als Halbtagszimmer kosten doch nur fünfzehn Mark! – Na gut, also ganz in der Nähe, und überall gibt es so was. – Beim ersten Mal hatte sie eine Tasche mit Gemüse dabei: Gurken, Möhren, Bananen und feste Tomaten auch. – Aber beim nächstenmal verzichtete sie darauf. – Ich hätte nicht gedacht, daß du das alleine schaffst! – Was? – Na, mich, und gleich so x-mal, in einer Halbschicht! –

Das Jahr davor war ich im Wingertsberg in Bad Homburg, auch mit Einzelzimmer, da konnte ich Margot schon mal mit reinnehmen, denn sie war diesmal mitangereist! – Ganz in der Nähe konnte ich sie unterbringen, und zwar in einem Stift der Englischen Fräuleins nämlich. Dort hatte sie auch Vollpension dabei. – Auch der Herr Pastor, der von Aschaffenburg des öfteren anreiste, um sich um die Schwestern zu kümmern, schien sich auch noch zusätzlich um Margot kümmern zu wollen. – Nichts Genaues weiß ich nicht, aber er wohnte auch im Gästehaus, wo Margot nächtigte! – Und manchmal waren die „Englischen Fräulein" auch am Beten. Und da hatte er oft Zeit dafür! – Er war noch recht rüstig! – Einmal kam ich am frühen Nachmittag dazu, als er mit Margot am Beten war!? – Es sah jedenfalls fast so aus!? – Margot bestritt es später. – Er habe sie nur bekehren wollen! – Auch wenn sein Piper mal aus dem Hosenlatz hervorgelugt habe!? – Was du bloß von einem unanständigen Pastor denkst? – Und von mir erst!? –

Auch du hast doch schon mal im Eifer des Gefechtes vergessen, deinen Reißverschluß hochzuziehen! – Oder etwa nicht!? – Wie kannst du nur immer so kleinlich sein!? –

Das Haus im Grünen

Ja, wie ist es doch in Kölle schön! – Wir hatten viele neue Freunde gefunden, daß wir die alten von drüben kaum vermißten. – Bis auf die Abkocher, die, die immer was brauchten aus dem Westen! – Da war beispielsweise Bäckers Hans oder Erich, der Mohr, der Schollers Karl und so. Kannst du mir mal zwanzig Mark geben, kannst du mir mal ein paar Mischbatterien oder Nebelscheinwerfer schicken? – Ich bezahle dir mal ein paar Liter Benzin dafür. – Kriege ich heute noch! – Und das waren alles noch selbständige Gewerbetreibende in der DDR. – Aber noch besser war da eine ehemalige Kollegenfrau, die Ilse, sie lag uns ständig auf der Tasche. – Könnt ihr mir mal ein Paar Pumps in weiß mit hellblau und pink appliziert schicken? – Oder andere schon seit etwa zwei Jahren ausgelaufene Sachen. – Da mußten wir oft wochenlang von Geschäft zu Geschäft laufen, um so was hier noch zu finden. Und getragene Sachen, natürlich noch so gut wie neu sollten sie sein, bitte so viel ihr nur könnt! – Als wir aber erfahren hatten, daß sie damit einen schwunghaften Handel in der DDR betrieb, waren der Ofen und die Freundschaft aus! – Dabei zahlten wir uns an Porto dumm und dämlich. – So ein großes Paket kostete doch an die zwanzig Mark, das war nicht so, wie man drüben erzählte, daß wir die Geschenkpakete doch nicht selber bezahlen würden, auch den Inhalt nicht! Nein, wir bräuchten doch nur zur Post zu gehen und die Anschrift und den gewünschten Inhalt anzugeben, und das andere machten „die" da schon! – Von wegen! – Und nur Tosca schickten die ehemaligen Freunde – immer wieder.

Sie hinkten immer, immer noch, etwa zwei Jahre hinter dem Westen her. – So passierte es unserem Jürgen bei seinem ersten Alleinbesuch, daß man ihm wegen seiner langen Haarfrisur und wegen des Bartes in der Mitropa auf den ostzonalen Bahnhöfen nichts an Speisen und Getränken servierte. – Hier werden nur „Menschen" bedient, bekam er vom Kellner gesagt! – Auch als er mit seinem Cousin Harold in Rudolfstadt ins Jugendclubhaus zum Tanze gehen wollte, ließ man ihn so nicht hinein, er mußte sich vorher erst sein Haar abschneiden lassen!

Wir fuhren natürlich noch jedes Jahr auch zwei bis drei Wochen in den Urlaub. So zum Beispiel mit unseren Doppelkopfpartnern, Peters Schwiegereltern, mal in den Schwarzwald, oder mit Gundas Eltern in den Bayrischen Wald ins Grüne. Hans-Karl und Ricke hatten immer so ihre potentiellen Schwierigkeiten, zusammenzufinden, wie sie durchblicken ließen. – So versuchten wir den beiden immer ein bißchen unter die Arme zu fassen. Ganz besonders, wenn wir zusammen durch den großen dichten und grünen Wald strichen! – Margot war mir da mit Hans-Karl aus den Augen gekommen, so daß Ricke sich an meine Fersen heftete und mir dabei ein Bein stellte. Und so, daß ich über sie herfiel!

Sie schien sich dessen sehr zu erfreuen, hatte sie doch vorsichtshalber erst gar keinen Stoff unter dem weiten Rock versteckt! – Nachdem wir, den Spuren folgend, einem schönen grünen Moospolster begegneten, bemerkte Ricke: Siehe da! – Da müssen sie der Längelang gelegen sein! – Wieso, fragte ich, woran willst du das erkennen? – Na, schau dir doch das Tempotuch an und fühle doch mal dran! – Man riecht es doch auch! – Bist du eifersüchtig!? –

Von da machten wir noch einen Abstecher in München, wo wir auch mit Hans zusammentrafen. Er war in Düsseldorf nur bei den Sekretärinnen zum Zuge gekommen und mußte deshalb seine Koffer packen! Dafür bekam er eine Abfindung von dreihundert-Mark, wofür er sich in München eine Maklerei erstand und herummäkelte.

Aber da wir schon so weit im Süden waren, statteten wir auch Wien mit seinem „Grinzing" noch einen Besuch ab. – Das war wunderschön und gemütlich auch. – Nur mußten wir leider etwas früher abbrechen, weil Margot ganz plötzlich in so einer Katakombe ein Blackout bekam und unter den Tisch rutschte. Der Tatüwagen war auch gleich da, aber nichts Genaues wußte man nicht, und ab ging's ins Hotel. – Am nächsten Tag war alles vergessen, und ab ging's gen Köln!

Dann waren wir mit Andrea für drei Wochen nach Jugoslawien gefahren, noch südlich von Dubrovnik, nach Budwa. Eine relativ kleine Stadt, wovon der alte historische Stadtteil immer noch abgesperrt war, weil da vor längerer Zeit mal ein Erdbeben gehaust hatte! – Man konnte da noch durch die Maschen kriechen und sich die „Altstadt" heimlich anschauen.

Gerade zu dieser Zeit hatten sie dort Versorgungsschwierigkeiten, wie das im Sozialismus schon des öfteren mal vorkam. Da waren die Paprikaschoten anstatt mit Gehacktem mit Reis gefüllt oder die Frikadellen mit kleingehacktem Gemüse. – Ja, was soll's, wir wurden trotzdem satt und gar nicht dick davon! – Sie wußten sich immer zu helfen und waren immer freundlich und entgegenkommend! – So auch das Personal, wenn beispielsweise mal ein Bett zusammengebrochen und ich bei der Reparatur behilflich war. – Aber bitte sehr, mein Herr aus Deutschland, wenn Sie es mit mir einmal ausprobieren möchten!? – Wir, ich stehe Ihnen immer zu Diensten!? – Und wie gut sie stand! – Andrea hatte mit ihren fünfzehn Jahren schnell einen Aufhänger, einen Jugo gefunden, mit dem sie sich amüsierte. – Danach hatte sie sich auch ein bißchen mit Egon aus Dortmund angefreundet, er war ein bißchen älter schon! – Seine Mutter war seinem Vater ein wenig voraus, denn sie trug sich scharf und für einen Kenner wie mich signalisierte sie ständig: SOS! – Ja, er war den ganzen Tag lang am Illustriertelesen und spürte gar nicht, was sie gerne gehabt hätte. – Da, ganz plötzlich meldete sie sich auch krank. Viele waren plötzlich erkrankt, an einer Grippe oder so. Ein Virus war da plötzlich da!

Ich wurde sofort informiert, so über Mann und Kinder, und ich hatte immer, wenn wir ins Ausland fuhren, eine reiche Auswahl an Arznei dabei, ob Penizillin oder Antibiotika, um schon mal helfen zu können. – In akuten, schwierigen Fällen oder, wenn ich nicht sicher war, was es sein könnte, fragte ich natürlich einen Arzt! – Aber in diesem besonderen Fall konnte ich das ganz allein entscheiden, denn sie, die großwärzige und gut gebaute Dame, wußte selbst ganz genau, was ihr fehlte! – So konnte ich sie wieder zum Lachen erwecken, auch mit ohne Arznei! –

Nur noch zur Allgemeininformation sollte auf folgende Gefahr verwiesen werden: Da sind die Korallen nicht zu unterschätzen. – Ich hatte da beispielsweise beim Baden in so ein „Nest" mit dem Bein getreten und mir so ein Ding in, unter die, meine Zehen gestoßen! – Was zur Folge hatte, daß das fürchterlich weh tat und brannte. – Und nicht aufhörte zu bluten! – Auch die Einheimischen waren da ziemlich überfordert! – Aber siehe da, da kam ein kleiner Kutter an unseren Strand daher und erbot sich, mich mit des Weges nehmen zu wollen, damit ich richtig versorgt werden würde! –

So wurde mir dann in einer Klinik, in den Bergen, dieser „Stachel" gezogen, und ich war danach sofort wieder „unblutig"! –

Aber was soll es, ich machte noch eine Bustour nach Dubrovnik, dieser sehr romantischen Stadt. – Man porträtierte mich gegen ein kleines Entgelt und zeigte mir dann auch noch so einiges, was ich noch nicht kannte! – Die heißen Frauen da waren sehr aufgeschlossen und zugetan, auch mit gernerein und alles fürs Geld! – Wenn es schon sein mußte! – Devisen waren immer gut! –

Dann fuhren wir mal nach Norderney, wo Kät herstammte. Da trafen wir auch ihre Schwester Margret wieder und lernten die ganze Sippe kennen. Alle waren echte treue und liebe Friesen. – Der Neffe hatte sogar ein eigenes Flugzeug. Und dieses Gerät hat damals sogar unserem Freund Fritz das Leben verlängert. Eines Sonntagmorgens, als wir mal gerade zusammen da Urlaub machten, war Fritz fast am Sterben, mit seinem Herz und dem Rhythmus haperte es! – Ja, der Sonntagsarzt und der Notarzt wollten einfach nicht aus den Betten! – Hinbringen sollten wir ihn! – Nur wie!? – Sollten wir ihn unter den Arm nehmen!? – Unser Auto mußten wir doch in Norden auf dem Festland lassen! – Na, und laufen konnte, wollte Fritz nicht mehr! – Nach meinem energischen Kommando kamen sie dann, und ganz schnell brachten sie ihn nach Leer und pflanzten ihm einen Herzschrittmacher ein! –

Danach in der Zone haben die Ärzte wohl kaum den Zeitpunkt abwarten können, bis sie dieses „West-Monster" mal auseinandernehmen konnten!? –

Dienstlich mußte ich unter anderem auch mal nach Mailand, um mit einem Ingenieurbüro einiges zu klären, was mit unserem Ersatzteillager da zu tun hatte!

Mein englischer Boß und Freund Ted sagte zu mir: Dear friend Knuth, wenn du willst, kannst du gerne ein paar Tage länger da unten bleiben und dir was ansehen, das geht auf Kosten des Hauses! – Du hast dich immer so sehr engagiert, daß du das zusätzlich verdient hast! –

O.k. – So flog ich nach Milano. – Ich hatte keine großen Schwierigkeiten, mit den Italienern klarzukommen, was die technischen Dinge anging. – Sie luden mich am Abend noch zu einem super Souper ein und anschließend auch noch zu einem Besuch in die Scala. – Mit allem, was danach so sein kann!? –

Aber ich hatte mich dann doch entschlossen, Teds Angebot zu realisieren. Mit wenig oder aber nur ein bißchen Schwierigkeiten landete ich dann am Tage danach in Roma. – Ich suchte mir ein Hotel außerhalb der City, was nicht zu teuer war, aber auch noch viel Komfort bot! –

So hatte ich dann nicht viel Zeit, mir eine Hilfskraft auszugucken, die mir weiterhelfen konnte! – Na gut, sie war eigentlich relativ gescheit und hatte zwei gute Griffe dran und war auch gut proportioniert und auch ein bißchen ganz gutaussehend! – Na ja, man kann sich in der Eile nicht sein Ideal aussuchen! – Nach gutgeruht planten wir dann, wohin ich sollte! – Sie war eigentlich mehr für wohin sie wollte! – Aber trotz all ihrem Wollen machten wir drei Stadtrundfahrten in Rom zusammen. So zum Beispiel zum Colloseum, zum Forum Romanum, zum Petersdom, zur Engelsburg und in die Sixtinische Kapelle hinein, und an den Geldbrunnen und in die Katakomben, und was glauben Sie, wo noch alles hin!? – Nach Rom muß man mindestens zweimal! – Ich schickte sie dann heim, weil sie müde wurde. –

Den Anschlußtrip machte ich nach Neapel, zu den kleinen Betrügern von Italia. Da hatte ich keinen großen Aufenthalt, weil ich ganz froh darüber war, daß die mich nicht richtig erkannt und ausgenommen hatten. –

Viel schöner und informativer war da schon die tote Stadt Pompeji, die vom Vesuv im Jahre 79 vor Christus in Schutt und Asche gelegt wurde! – Man hat sie wieder freigeschaufelt, bis auf das Straßenpflaster! – Natürlich sind da keine Dächer mehr drauf, auf den Häusern, aber noch Wasser- und Abwasserleitungen, sogar aus Blei. – Und Wandgemälde sind da noch, auch Männer mit langen Pimmels, die wie eine Klarinette bis zum Mund reichen! – Was ein Glück, daß das meine Frau nicht gesehen hat!? – Danach bin ich noch bis nach Sorrent zu den Zitronen gefahren, da hat es mir besonders gefallen, weil dort die Menschen keine Papagallos und vor allem auch keine Neapolitaner, d.h. keine Betrüger waren! –

Mit schönen Erinnerungen flog ich nach Köln zurück! –

Die ewige Herumstreunerei an den Wochenenden, nicht zu wissen wohin mit uns, um ein bißchen Sonne tanken zu können, brachte uns zu dem Entschluß, ein Wochenendhaus zu kaufen oder zu bauen. In der Nähe von Köln war das schier unmöglich, zumindest in bezahlbarer Größenordnung und geeigneter Lage.

So drifteten wir immer weiter von hier ab, bis zu zwei Fahrstunden waren dann schon weg! – Da sagten wir uns, wenn man jedes Wochenende den Wagen vollpacken soll und dann noch zwei Stunden fahren muß, vielleicht auch durch Stau bedingt noch viel länger, wie soll das noch sinnvoll sein!? – Das Ganze benötigte dann am Sonntag nochmal den selben Aufwand! – Fast zwei Jahre waren wir nun schon am Suchen und hatten uns mittlerweile schon auf das Bergische Land eingeschossen, auch mit dem Risiko, daß uns dort die „Russen" am schnellsten wieder einfangen konnten. – Es war ja in der Zeit des sogenannten „Kalten Krieges", als der Crustschow noch mit seinen Schuhen auf den Verhandlungstischen herumtrommelte und als er in den USA die „Wurst am Stiel", den Mais, entdeckt hatte! – Den Speisemais. –

Ja, da sagten wir immer, wenn bauen, dann nur linksrheinisch, denn das könnte für eine eventuelle Invasion die natürliche Grenze sein!? –

Ja, so fanden wir rein zufällig im Stadtanzeiger die Offerte „Neuerschlossenes Bauland auf der Kuhweide in Sommerhofen bei Neukirch im Bergischen Land". Nichts wie hin, denn der Preis von 35 DM pro Quadratmeter konnte doch nicht wahr sein. Die Entfernung bis zu unserer Wohnung in Köln war mit 60 Kilometer durchaus akzeptabel, noch dazu waren fünf Sechstel der Strecke Autobahn! –

Ja, und die Lage war auch ideal, eigentlich sogar für ein Wohnhaus geeignet. Der Zuschnitt der zehn Parzellen, etwa 25 mal 40 Meter, und leichte Südwestneigung und die Straße (Wohnstraße) an der Nordseite, ja was will man mehr!? –

Wir hatten uns die Parzellen angesehen, noch bevor wir den Eigentümer kontaktiert hatten und mit einem schon gekauften Bauherrn ein Gespräch gehabt. – Dabei kam uns die Idee, vielleicht doch gleich ein Wohnhaus anstatt eines Wochenendhauses zu bauen!? – Viele Anwohner von hier würden täglich nach Köln oder Bonn zur Arbeit fahren, sagte er uns, der Schonbauherr, auch er habe die Absicht, es zu tun. – Ja, wie lange müssen Sie denn noch schaffe gehen? – Na, so zehn bis fünfzehn Jahre schon! Na ja, wenn ich so überlegte, hatten wir doch Kollegen bei uns, die aus Bad Godesberg oder aus Dinslaken täglich zur Arbeit kamen! – Als Altersruhesitz wäre das gar nicht schlecht, waren unsere Überlegungen. Der Ort war sehr sauber und hatte nur noch eineinhalb Bauern. Die Einwohnerzahl betrug zwar nur 170 Inhabitants, aber es gab immerhin noch einen Tante-Emma-Laden, und Dorffeste werden hier noch gefeiert, und unten am Herrenteich feiern sie die Kirmes und Karneval sowie das Schützenfest zusammen mit Seelbach, erzählte er weiter.

Der Ort gewann zusätzlich an Attraktivität durch die vielen neuen Villen mit Schwimmbädern und gepflegten Gärten. Die meisten Neubürger kamen aus dem Köln-Düsseldorfer-Raum, und es waren alles gutsituierte Leute wie Bankdirektoren und Geschäftsleute. – Auch der Gemeindedirektor von Much wohnte da! – Nicht zu vergessen das qualifizierte Hotelrestaurant.

Ja, aber wovon bezahlen, wir hatten noch gar nicht viel auf der hohen Kante! – Margot hatte allerdings noch einiges zurückgelegt, unter anderem auch von dem Grundstückserlös in Sinnersdorf. – Das hatten wir damals Ende der sechziger Jahre mal günstig erwerben können, mit einer Interessengemeinschaft, vom Bauern und noch unerschlossen. – Übrigens hatte da auch Peter eine Parzelle von 650 Quadratmetern miterstanden. – Ja, da hatten wir 25 DM pro Quadratmeter bezahlt, heute muß man 400 dafür hinlegen! –

Hinzu kam, daß wir auch noch für Peters Familie etwa tausend Mark im Monat abzweigen mußten! – Nachdem wir dann die Bauersleut, die die Grundstücke zum Verkauf anboten, gesprochen hatten, waren wir bereit, ein Grundstück zu kaufen, wir hatten auch gleich ein gutes Verhältnis zu ihnen und den Kindern bekommen. Außerdem waren wir erst der zweite Interessent, so daß wir die Wahl hatten. – Kurz danach erhöhten sie auch den Preis und verlangten auch noch eine Kostenbeteiligung zum Bau der neuen Wohnstraße von 4.000 DM.

Also gekauft, per Handschlag! – Zum Notar gehen wir in zwei Wochen nach Siegburg, in die Kreisstadt! –

Nur wenige Tage danach rief uns der Bauer in Köln an: Ja, Herr Paulsen, wollen Sie es sich nicht doch nochmal überlegen mit dem Grundstückskauf, ganz sicher finden Sie doch noch was Besseres!? – Unser ältester Sohn ist ja auch Architekt, wenn Sie wissen, was ich meine!? – Herr Schulz, wir kommen morgen zu Ihnen nach Sommerhofen, da bereden wir alles noch mal! – O.k.? – Ja gut, es tut uns auch so leid! –

Am nächsten Tag, es war Samstag, fuhren wir zeitig los und waren so gegen neun Uhr da. – Ja, sagte sie, die Elly, mein Mann ist schon auf dem Feld mit den Jungen, es ist ja so schade, wo wir Sie doch alle so mögen! – Sagen Sie mir bitte, wo ich ihn finden kann? – Komm Ditmar, zeige Paulsens, wo sie sind. Als wir dort angekommen waren, war es dem Albert ganz peinlich, und er sagte: „Ja, wie ich schon sagte, ist unser Ältester doch auch Architekt, so wie Sie. Und er will sich hier keine Konkurrenz aufkommen lassen!" – Aber ich habe doch nicht die Absicht, mich hier als freischaffender Architekt niederzulassen, Herr Schulz! – Natürlich möchte ich unser Haus schon selbst planen und so! – Ach so, ja, wenn das so ist, wird unser Rainer wahrscheinlich auch nichts mehr dagegen haben!? – Würden Sie mal nach Winterscheid zu meinem Sohn fahren und mit ihm sprechen? – Natürlich, wie kommen wir dahin, und wie weit ist das?

Ach, das sind nur fünf bis sechs Kilometer von hier. – Gut, also bis später. Nach einem relativ kurzen Gespräch hatte er sich davon überzeugt, daß ich ihm keine Konkurrenz sei, da ich doch auch eine sichere Anstellung in Köln hatte, und natürlich hatte er nichts dagegen, meine eigene Planung selbst zu machen. – Aber in der Grundtendenz solle ich mich doch seinen Vorstellungen anpassen, bat er mich noch. – Das bezog sich auf die Geschoßhöhe, Dachneigung, Firstrichtung und die Farbe der Dachziegeln.

Als wir danach wieder bei Schulzess aufkreuzten und von dem Agreement mit ihrem Sohn Rainer berichteten, waren sie alle sehr erfreut und fielen uns um unsere Hälse! – Ganz besonders die beiden jüngeren Söhne: Ach, wie sind wir froh, Knuth und Margot, daß ihr nun doch hierher zu uns kommen könnt! – Unser Plan war zunächst noch, hier unseren Altersruhesitz errichten zu wollen!

Unser Peter machte mir natürlich große Sorgen, weil er immer noch keinen Job gefunden hatte. Es war auch schon die zweite Rezessionszeit in der BRD, seit wir hier waren. Ich sprach daraufhin mal mit unserem Baudirektor, und er kam mir entgegen und war einverstanden, daß Peter für eine kurze Zeit bei uns als sogenannter freier Mitarbeiter einen Job bekam. – Aber sobald sich eine Möglichkeit bietet, muß er wieder raus hier! – Ist das klar? – Direkte Verwandte dürfen hier eigentlich nicht in der gleichen Abteilung beschäftigt werden! Nun, er blieb zwar ein paar Jahre in unserer Firma, aber er wechselte dann in einen ganz anderen Bereich. – Dann hatte er sich bei einer großen Baufirma als Bauleiter für schlüsselfertiges Bauen beworben. – Da wir mit dieser Firma auch zu tun hatten, rief mich da eines Tages der Direktor der Firma an und sagte zu mir: „Herr Paulsen, ich habe hier eine Bewerbung vor mir liegen, die offensichtlich Ihren Sohn betrifft!" – Ja, das kann stimmen, sagte ich. Also, wenn Sie damit einverstanden sind, daß wir Ihren Filius wie jeden anderen behandeln können, auch wieder entlassen, wenn wir mit ihm nicht zufrieden sind, dann nehme ich ihn! – Erst mal auf Probe, natürlich!" – Ja, natürlich, Herr Fuchs! – Das ist ganz in meinem Sinne! – Und vielen Dank auch! – Wofür? – Ja, so hatten wir wieder etwas Luft bekommen, finanziell, meine ich.

Ich war mit dem Bau eines neuen Werkes in Spanien beschäftigt und flog fast jede Woche mal nach Madrid, um mit großen Baufirmen über deren Angebote zu verhandeln. Mit in meinem Gepäck hatte ich immer einen Einkäufer, der aus England dazustieß! – Das war so eine Art Doppelkontrolle, damit da nichts in die falschen Kanäle floß! – Wenn wir mal übers Wochenende bleiben mußten, schauten wir uns die Stadt an. Auch die nähere Umgebung, wie auch mal Toledo. Das Klima in Madrid war ganz ausgezeichnet. Man muß wissen, daß Madrid auf einem Hochplateau liegt, so daß es im Sommer eigentlich sehr heiß ist, aber man es trotzdem als angenehm empfindet. Deshalb nämlich, weil da eine sehr niedrige Luftfeuchtigkeit herrscht! – Als ich zu Anfang auf dem Flugplatz aus der Maschine ausgestiegen war, dachte ich, daß ich direkt im Strahl eines Antriebsaggregates stünde, weil die Luft so heiß war! –

Später mußte ich immer nach Valencia, mehr in den Süden, dort war es ganz das Gegenteil, nämlich sehr feucht und auch warm. Aber viel ungemütlicher und ungesünder war es da. Dort wachsen nämlich der spanische Reis und auch die Apfelsinen!

Natürlich blieb es da auch nicht aus, daß man zwischendurch mal vergewohltätigt wurde! – Ja, da war die kleine Französin in ihrer Nachtbar beispielsweise, die von vielen Kollegen ständig hofiert wurde, aber keinen davon erhörte! – Sie hatte eine pralle Figur, auch das Holz vorm Haus war so! – Knuth, komm doch mal mit in die Bar von Jackline, das ist vielleicht ein tolles Weib! sagte Pitter zu mir. – Aber da sind wir schon lange dran, nur die ist nicht zu erweichen! – Ich ging mal mit, kam, sah, und siegte! – Ja, sie gefiel mir auf Anhieb und ich ihr wohl auch!? – Vouloir vous coucher avec moi? – kramte ich mein bißchen Französisch zusammen. – „Oui! mon ami!" – sagte sie sofort und schloß sofort ihren Laden, nachdem sie ihr Köfferchen hervorgeholt hatte! – Da war selbst ich bass erstaunt, aber die anderen Mitgäste noch viel mehr! –

Ich nahm sie mit ins Hotel, und wir schliefen da auch zusammen, dabei behielt sie sogar ihre weichen langen Lederstiefel an! – Da wir immer in einem Fünf-Sterne-Hotel abstiegen, hatten wir auch kein Problem mit den Getränken, denn im Kühlschrank war da immer was drin. – Nur als sie am Morgen das Hotel verlassen wollte, hatte sie Schwierigkeiten, denn man ließ sie nicht gehen, bevor sie gesagt hatte, wo sie herkäme! – Also mußte ich mit zur Rezeption und für ein zweites Bett nachlöhnen! – Adieu, und merci, Mademoiselle! – Ich ging auch ganz gerne mal in den Playboyclub, vor allem, wenn ich allein unterwegs war. Das war eine ganz solide und hochgeistige Sache! – Ich meine nicht die „geistvollen Gläser" dabei, sondern die Gesprächspartner und -innen. Natürlich waren sie nice und pretty und sehr sprachgewandt und auch sehr verführerisch in ihrer Art. Von dem Outfit ganz zu schweigen! Man lud so eine Gesellschafterin zu einem Trink ein, ganz nach Wunsch, und unterhielt sich mit ihr über alle möglichen Möglichkeiten, auch flirten ließen sie mit sich. Vorausgesetzt, man war ihr sympathisch! – Aber schmusen war nicht drin, das gestattete das Reglement des Clubs nicht! – Nur im Ausnahmefalle und bei Funkenüberflug, und ich glaube auch bei entsprechendem Angebot, war so was nach Dienstschluß möglich. – Und auch nur außer Hause, natürlich. –

Mit Pitter, meinem beigeordneten Buyer, driftete ich auch schon mal in die Unterwelt ab, ich meine die Prostitution. – Nur so um das Milieu kennengelernt zu haben. Mir persönlich war es aber zu riskant, da was mit ohne anzufangen! – Aber my dear frend ließ da selten was anbrennen! – Im Hafen in einer Fischerkneipe zog die Wirtin nebst Tochter eine prickelnde Show ab! Beispielsweise pokerten die beiden „Damen" gegeneinander, wer von ihnen die meisten Münzen erkämpfte, die von den Gästen auf die Theke gelegt wurden. Dazu mußten sie ohne Rock und Hose auf der Theke im Spagat die Münze mit der Scham aufnehmen! – Anschließend konnten die Zuschauer mit der Gewinnerin hinter einem durchschimmernden Vorhang eine Extranummer abziehen. – Die Reihenfolge dazu entschied das finanzielle persönliche Angebot! – Pitter war da immer ein Mitbieter! – Auch, wenn er nicht als erster durchs Ziel ging! – Pflicht in diesem Spiel war, daß die Ablösung ohne jegliche Unterbrechung zu erfolgen hatte! – Das bedeutete, daß immer gut geschmiert war! – Eine Schlammschlacht nennt man das in Kennerkreisen! – Nun, jeder nach seiner Fasson! – Damals gab es zwar schon G-Krankheiten, aber thanks god noch kein Aids!? –

Die jährlichen Fahrten in die DDR, nach „drüben" wurden mir nicht gerade zur Last, aber sie kosteten uns Zeit und Geld. Wer damit nichts am Hut hatte, kann das sicher nicht verstehen, auch die daheim Zurückgebliebenen nicht! – Sie sahen immer nur sich persönlich benachteiligt und konnten gar nicht einschätzen, daß da noch eine ganze Menge Gleichdenkender auf uns und unsere Mitbringsel warteten! – Mittlerweile zeigten sie auch gar keine Hemmungen mehr uns gegenüber, daß sie sich nämlich mit dem kommunistischen System voll, oder auch nur halbvoll liiert hatten und damit zufrieden schienen. –

Weißt du, Knuth, euer Schnaps war auch schon besser, und bei uns gibt es jetzt auch schon alles! – Es geht vorwärts! – Kannst du mir nicht das und das und jenes mal schicken oder mitbringen!? –

Nur Enge war immer noch realistisch, wenn wir sie trafen. – Da komm doch mal, mein lieber Knuth, ich würde mich sehr auf dein Kommen freuen! – Mein Mann, mein lieber Hans, ist zwar Gott sei Dank oft nicht zu Hause, aber das kann doch kein Hinderungsgrund sein!? – Oder? – Also, na ja, ich hatte schon verstanden, und als es sich ergab, schon mal, nahm sie mich in ihre weite und so große Herzlichkeit mit viel Freude und Hingabe auf! – Sie war eben sehr lieb und nett!

Nur noch eine von vielen Grenzepisoden: Margot blieb noch einige Tage dort und packte mir meinen Wagen voll mit Gartenfrüchten und so. – Die Mitnahme von Alkohol, Fleischwaren und Textilien nach hüben war ohnehin verboten! – Aber da unsere Verwandten sich auch mal revanchieren und beweisen wollten, daß sie doch auch wer seien, wurde bei der Abreise schon mal an die Reserve gegangen.

In so ein Auto geht ja schon was rein, war da die Devise. – Da noch ‘ne Flasche mit Obstschnaps in die Ecke und da noch eine in die Kühltasche unter die Stachelbeeren, und noch eine Speckseite zwischen die Sachen im Koffer und so weiter! – Ja, sie brauchten ja an der Grenze dafür nicht geradezustehen! – In diesem Falle auch Margot nicht! –

In Wartha an der Kontrollstelle angekommen: Bitte rechts raus, mein Herr! – Bitte nehmen Sie die Rücksitzbank heraus, ja und bringen Sie bitte die Kühltasche mit! – Wieso ausgerechnet diese mickrige kleine Tasche, dachte ich. Bitte hier hineinstellen, mein Herr! – Ja, da nehmen Sie mal die Flasche heraus! – Was für eine Flasche, sagte ich, und wer mag denen wohl davon erzählt haben, dachte ich!? – Also, nun holen sie den Schnaps schon mal heraus! – So'ne Scheiße, keiner wollte das Zeug, den Holzschnaps, trinken, und deshalb nun dieser Ärger. – Ich blieb bei meiner Behauptung, davon nichts zu wissen, und bot diesem Polizisten an, die Flasche für sich dazubehalten. – Na, da hatte ich aber ins Fettnäpfchen gefaßt!? – Ja, da machen Sie mal den Koffer auf! Ja, was ist das denn? – Was meinen Sie? Na, diese Schuhe da, wo sind die denn her? – Na, na von drüben! Ich bitte Sie, die sind doch von hier! – Na ja, das sage ich doch, daß die von hüben sind! – Ja von wo denn nun!? – Sie wissen doch ganz genau, und hier steht es doch, daß Sie solche Artikel nicht ausführen dürfen! – Oder!? – Ja, schon, aber das ist doch nur billiger Kram, diese Kunststofflatschen da! – Hatte ich geantwortet. – Aber da hatte ich was gesagt! – Den Sozialistischen Deutschen Arbeiter- und Bauernstaat hatte ich in Mißkredit gebracht! – Aber mein lieber Herr! Ich bitte Sie! – Wer sind wir denn!? – Und das will ich Ihnen sagen, wenn sie noch mal so kommen, dann sind Sie aber dran! – Mensch, hauen Sie ab!!! –

Klein und häßlich muß ich ausgesehen haben, und ich kam mir auch wie ein Zwerg vor, daß meine Beine noch an das Kupplungs- und Gaspedal reichten, schien ein Wunder zu sein!? –

Als ich wieder drüben/hüben war, genehmigte ich mir erst einmal ein Bier und entspannte mich! – Relaxen, sagt der Engländer! –

Ja, und da sind wir auch bald in England! – Unser Jürgen war schon ein ganzes Jahr in Great Britain, er machte da seine Sprachstudien. – Ich hatte ihn über ein Consulting Office in Peterborough einen Job verschafft. – Später war er in ein Pub als Barkeeper gewechselt. – Wir wollten ihn wieder nach Old Germany zurückholen! –

Drei Wochen Englandurlaub hatte wir eingeplant, mußte ich doch endlich auch mal das Land meiner Mitkommmilitonen kennenlernen! –

So fuhren wir denn mit meinem neuen Granada gen Ostende und setzten per Ferry nach Felixstone über die Nordsee nach Britannien über. –

Diese Übersetzstrecke von Ostende in Belgien bis Felixstone war mehr als doppelt so weit wie von Calais nach Dover!

Wir kamen bald in einen schweren Sturm, und alle Passagiere hatten sich zurückgezogen, so zum Fischefüttern! – Ich ganz allein war ins Restaurant gewankt und hatte den Waiter in Verlegenheit gebracht, indem ich die Speisekarte verlangt hatte. – Als Vorspeise hatte ich erstmal eine halbe Flasche Rotwein geordert. – Diese angekommen, war gleich auf dem Fensterbord davongeschossen, wie eine Rakete! – Aber ich fing sie wieder ein und klemmte sie mir zwischen meine Beine. – Ich war dem Weinglas gar nicht erst hinterher geturnt. – Zum Lunch hatte ich zwei halbe Hähnchen mit Fritten kommen lassen. – Mein Problem war, das eine halbe selbst zu verspeisen, das hieß, es nicht davonlaufen zu lassen, sowie auch die Fritten nicht! – Es gelang so ziemlich! – Der Kellner war so clever, daß er mich richtig

verstanden hatte und das zweite halbe mit den dazugehörigen Fritten in der Tüte verpackt servierte! – Ich bezahlte, fast ohne zu wackeln, und machte mich mit der Tüte
auf der Suche nach Margot. – Nun, das Schiff war ziemlich groß, und so hatte ich
mich auf all den Treppen und in den Gängen zu behaupten! – Ich flog oft von einer
Wand zur anderen, und irgendwann fand ich auch mein Häuflein Elend zusammen-
gekauert auf einer Bank, so ziemlich weit unten im Bug! – Nein, Hunger schon,
aber niemand, der es festhalten konnte. – Auch die Polizei im Magen nicht! – Ja,
irgendwann dann war der Spuk wieder vorbei, und wir mußten raus aus dem
Bauch! – Auf die Plätze, fertig, los! Und ab ging die Post! –

Aber was soll das, die fahren doch alle auf der falschen Straßenseite, und warum
die mich bloß am Amanblinken und am Hupen waren? – Konnten die denn nicht
rechts fahren, wie man das doch gewohnt ist!? – Dann stand alles still, so vor mir,
bis ich endlich begriff, daß ich auf der falschen Straßenseite alles durcheinander
brachte! –

Es dauerte noch einige Stunden, bis ich endlich einsichtig wurde und mich mit der
linken Straßenseite abfand! – Nur beim Abbiegen und im Kreisverkehr mußten die
anderen mit mir vorsichtig umgehen! –

Wir steuerten dann ein „Inn" an und speisten Fisch mit Chips, dazu tranken wir
Ale und Limonade. – Weiter ging es dann über Norwich nach Peterborough. Dort
fanden wir irgendwann nach einem Footballmatch-Gematsche unseren Sohn Jogy in
seiner Pub! – Seine Girlfriend arbeitete da auch als Barmaid. Er, sie, es, wir freuten
uns und dinnierten dort und standen overnight! – Am nächsten Tag brachen wir auf
und ich war erstmal froh, daß Jürgens Freundin das Steuer meines Autos übernahm. – So tournten wir gen Leicester, über Manchester, Leeds, durch das Schafs-
hochland von England, nach dem Lake Distrikt! Dort standen wir für ein paar days
und pirschten uns an den Schmied heran.

Ja, über Glasgow, die Industriestadt, nach Greatnagreen, zur Hochzeitsschmiede in
Scotland! – Sie wollten nicht dort heiraten, und wir waren ja schon verheiratet. –
Aber das Ganze war schon interessant. Das war da auch ein großer Rummel; so zwischen zwanzig und fünfzig Busse waren etwa da. – Aber beeindruckend war eben
doch, wie der Schmidt mit seinem Feuer und Hammer das zusammenschmiedete! –

Wir fuhren später weiter nach Edinbourrow, oder so ähnlich. – Aber das ist eine
sehr schöner und interessanter Town! – So mit Schloß und Castell und so. Und mit
Lamp and Mintsouse und patetos zum Mittagessen. – War wohl nicht so nach unserem Geschmack!? – Na, und eh ich an einen Weinbrand kam, das war erst noch ein
Dilemma! – Natürlich wußte ich, daß ein Weinbrand im englischen Brändy hieß! –
Aber damit konnten die Schotten einfach nichts anfangen!? – Bis dann nach Finger-
sprache und mit Hilfe aller Angestellten in dem Restaurant endlich einer verstanden
hatte, was ich begehrte. – Oh! you want an Braawndiie! – Man muß es nur richtig
aussprechen können! – Versuchen Sie es doch einmal!

Die Rücktour machten wir dann über Newcastle, York, Birmingham, durch die
Worcester-Soße, nach Cardiff, der Hauptstadt von Wales, da schauten wir uns auch
wieder sehr um, übernachteten da auch ein paar Tage und fuhren dann weiter nach

Oxfort, mit Unterbrechung, und dann nach London, in die Capital of Great Britain. – Na, hier war ich ja beinahe zu Hause!? – Nur beinahe, aber ich zeigte Margot und Jürgen so ein bißchen von London! – Hier hatte ich aber wieder meine Probleme mit der Linksfahrerei, denn Jürgens Girl war inzwischen ausgetauscht worden! – Die Neue hier gefiel uns viel besser, sie machte einen soliden Eindruck, und sie wollte nach Australien ausreisen, und am liebsten mit unserem Jogy! –

Na ja, irgendwann landeten wir wieder in Calais und fuhren durch die Ardennen wieder heim ins Reich! – Alles in allem ein interessanter Urlaub! –

Inzwischen war Jürgen ausgezogen, er wollte auch in einer sogenannten Kommune leben, wie das gerade in Mode gekommen war. Da mieteten sich drei bis vier Jugendliche, meist Studenten, eine größere Wohnung und bezogen sie zusammen. Jeder hatte sein eigenes Zimmer, und die Küche und Bad wurden von allen gemeinsam genutzt. – Wobei es beim Putzen schon hin und wieder Probleme gab!? – Jürgen war am meisten dran, nur weil er die Unordnung und den Schmutz oft nicht mehr ertragen konnte! – Irgendwann, so nach zwei Jahren, hatte er die Faxen dicke und zog mit Gabi in eine kleine Altbauwohnung, wo sie die Unordnung selbst bestimmen konnten! – Bei einem gelegentlichen Besuch waren wir aber ganz zufrieden damit. – Was wohl auch mit Gabis Kinderstube etwas zu tun haben mußte!? –

Margot hatte, durch Jürgens Auszug bedingt, mehr Zeit und verdingte sich im Kaufhof als Halbtagskraft. Nach kurzer Einarbeitungszeit hat sie dann im Speiserestaurant, oder auch Schnellimbiß genannt, die Theke übernommen. Da liefen alle Bestellungen und Abrechnungen über ihren Tisch. – Sie fühlte sich dabei auch sehr wohl, weil sie viel menschlichen Kontakt hatte, wenn sie wollte, auch mal so einen kleinen Nebenverdienst. – Da waren die Vorgesetzten auch immer hilfsbereit und entgegenkommend! – Und rentenversicherungsmäßig brachte das auch noch ein paar Pluspunkte! –

Wir hatten dann im kleinen Familienrat beschlossen, doch schon früher zu bauen, auf unserem Grundstück, und nicht nur einen Altersruhesitz, sondern ein fast Zweifamilienhaus. – Nämlich so, daß man im Erdgeschoß mit maximal vier Personen und im Dachgeschoß mit maximal zweieinhalb Personen wohnen konnte! Das hieß, daß wir zu Anfang erstmal im Erdgeschoß wohnen wollten, eigentlich im ganzen Haus, solange, bis Jürgen mal heiraten würde. Dann konnten wir ins Dachgeschoß ziehen. – Die separate Zugängigkeit war also programmiert! – Natürlich brauchten wir auch eine „Kellerbar" im Keller, so wie das inzwischen fast alle unserer Freunde schon hatten! – Immer waren wir da eingeladen, zu diesen Kellerpartys, und wir konnten uns nie richtig revanchieren! – In einer Mietwohnung war das einfach nicht machbar!

Diese Kellerpartys waren knorke, einfach prima, da konnte man tanzen, mit wem und wie man wollte! – Da durfte auch geknutscht werden, und die Damen oder die Frau konnte da auch mal einen Striptease hinlegen! – Einfach mal Busen vorzeigen! Das kam an, auch Margot hatte da schon mal was herzuzeigen! – Oh, ja! – Auch die Männer, ich meine die Herren der Geschöpfe, standen da den Damen manchmal nichts nach!

Ja, eine Sauna gehörte natürlich genauso dazu wie das geheizte Schwimmbad. Unsere Kelleretage war wie ein normales Vollgeschoß ausgebaut. Zusätzlich noch mit Hobbyraum, Ruhe- und Fitnessraum und Wirtschaftsküche. – Eine Freiterrasse von 80 Quadratmetern mit überdachter Grill- und Eßecke mit Kleinküche und guter Laune war auch! – Natürlich eine Spielwiese mit Obstbäumen rundherum. –

So sollte es werden, und wir begannen dann im Spätsommer 1976 mit den Ausschachtungsarbeiten. – Natürlich mit Kredit, woher sollten wir das Geld sonst nehmen!? – Natürlich machten wir, wie gehabt, vieles selbst! – Unsere Kinder halfen uns dabei, vor allem Peter. – Er machte die Klinker- und die speziellen Maurerarbeiten sowie die ganze Elektrogrundinstallation. – Die Elektrofeinverkabelung und die Verteilung und die Antennenanlage machte unser Freund Hans-Karl! – Margot und ich machten, wie gehabt, die Zimmererarbeiten. – Ja, da fuhren wir wochenlang nach Remscheid zu unseren alten und neuen Freunden aus Bad Blankenberg. Sie waren eigentlich fast unfreiwillig im „Westen" gelandet, als sie nämlich ganz zufällig mal wieder schwarz im Westen waren und sie von dem „Mauerbau" überrascht wurden 1961! –

Aber ganz so schnell ging das auch nicht, ich meine der Hausbau. – Im Herbst 1976 war mein Vater nochmal hier bei uns zu Besuch. Er staunte über unser Bauvorhaben. – Als er den Rohbau des Kellergeschosses inspizierte, war er nur am „Grunzen", so wie immer, wenn er etwas nicht so leicht verkraften konnte!? – „Wie, wer soll das bezahlen?" – Ja, das werden wir sehen, sagte ich zu ihm. – Nichts Genaues wußten wir auch noch nicht, aber da wir Peter endgültig abgenabelt hatten und ich auch wieder ein paar Gehaltserhöhungen bekommen hatte, fiel es uns nicht so schwer. Hinzu kam, daß die „Baufirma", die direkt unter uns den Rohbau für unsere zukünftigen Nachbarn Machmanns fertiggestellt hatten, an einem Anschlußauftrag sehr interessiert waren. – So mußte ich mich mit den Planungsarbeiten sputen und die Baugenehmigung vorantreiben!

Jürgen hatte sich aus dem Staub gemacht, denn er war mit seiner Gabi nach Neuseeland und Australien für ein halbes Jahr auf Tour gegangen. – Natürlich hatte er noch ein paar Tausender dazu eingetrieben. – Von Muttern und von Vatern getrennt natürlich! – Also besser konnte es uns gar nicht passen! – Margot war mein bester Handlanger, den ich nur haben konnte, nicht nur bei den Zimmererarbeiten! – Auch mit Hacke und Schaufel konnte sie sich sehen lassen. – Ich fuhr ein ganzes Jahr lang jeden Abend nach Sommerhofen und bastelte alles Mögliche, was so zu machen war. – Meist noch bei elektrischer Beleuchtung und oft bis nach Mitternacht! – Ja, was so ein Stück Mensch alles aushält!? –

Das Jahr 1977 beutelte uns noch zusätzlich mit zwei Hochzeiten unserer Nichten Bärbel in Ewerschewlich Anfang August, und Marion in Rudolfstadt Mitte Oktober. – Natürlich auch mit Mitbringselei! – Ende August starb dann meine Mutter und Ende November mein Vater auch noch! – Hinzu kam, daß ich jeden Monat noch mindestens einmal nach Spanien mußte. – Dienstlich. –

Das war ein sehr hartes Jahr, wenn wir das nur schon hinter uns gebracht hätten!? Innenpolitisch gab es Grund zur Beunruhigung, denn junge Menschen, vor allem

Studenten, protestierten und randalierten gegen die Bourgeoisie, gegen die herrschende Klasse in der BRD also! – Das führte zu Exzessen bis hin zum Mord an Spitzenfunktionären der Wirtschaft und politischer Organisationen. – Ich erinnere mich, als ich eines Abends meinen Wagen zu später Stunde auf meinen Tiefgaragenplatz stellen wollte, stand da schon ein anderer! – Ein weißer Mercedes war es. Hinten im Fond hingen einige Kleidungsstücke auf Bügeln.

Ich wollte noch den Hausmeister wecken, ließ es dann aber, weil ich mir sagte, wenn der morgen früh weg will, muß er den ohnehin ansprechen, denn ich hatte meinen Wagen quer vor ihn gesetzt. Nach hinten und seitlich konnte er nicht entkommen, weil da eine Wand oder ein Pfeiler war. – Nur, am nächsten Morgen, als ich wegfahren wollte, war der weg! – Mein Auto stand noch auf dem gleichen Fleck, wo ich es hingestellt hatte!? – Na so was! – Der Hausmeister wußte von nichts!? – Kurz danach hörte ich, daß die „RAF" den Arbeitgeberverbandschef Martin Schleyer entführt hatten, dabei hatte es auch Tote gegeben! – Und das hatte stattgefunden in unserem Nachbarstadtteil, ganze drei bis vier Kilometer von uns! – Als man polizeilicherseits nach einem weißen Mercedes forschte, habe ich sie, die Polizei, über meine Wahrnehmungen informiert, aber ich glaube, daß die mir nicht geglaubt haben!? – Warum hatte ich die auch nicht gleich angerufen oder wenigstens deren falsches Kennzeichen notiert! – Wieso wußte ich nicht, daß dieser wichtige Mann entführt werden sollte? – Ja, leider wurde er dann einige Wochen danach im Elsaß oder irgendwo da in der Nähe ermordet, als Warnung sozusagen! – Wovor? – Ich weiß es nicht!? – Danach ging das einige Jahre so weiter! – Die meisten dieser Irren wurden später geschnappt und lebenslänglich für 15 Jahre eingesperrt! – Manche auch mehrfach lebenslänglich! – Na, die hatten wenigstens was von ihrem Leben! – Ja, wenn es dem Esel zu wohl geht...

Unser Headquarter hatte dann mal wieder eine oder auch einige neuen Ideen, noch anderswo neue Fabriken zu bauen, so auch in Portugal. – Wir mußten da mal wieder das Gelände sondieren! – Zunächst wurden wir in einer Informationsrunde auf die besonderen politischen und wirtschaftlichen sowie sozialen Bedingungen dort von einem deutschen Anwalt, der sich dort auskannte, informiert. – Portugal war ja noch gar nicht lange aus der Kolonialherrschaft befreit worden, und die Regierung ging auch etwas nach links! –

Die Kontaktgruppe, die nach Lissabon und zu dem möglichen Standort dort fuhr, bestand aus dem Leiter des Einkaufes für Bau, einem Vertreter der Produkt- und Einrichtungsplanungsgruppe und aus Ted und mir. – Wir wollten die Baupreis- und Infrastruktursituation in Portugal erkunden.

Natürlich wurden wir erwartet und entsprechend empfangen und natürlich von hochrangigen Vertretern der Wirtschaft! – Für uns war das schon Routinesache, aber trotzdem von ausschlaggebender Bedeutung! – Natürlich hatten wir von diesem Land, genau wie von fast allen anderen aufstrebenden Ländern, schon einige Backupinformationen in unserer File. – Beeindruckend für uns war, daß dort die Kinderarbeit noch an der Tagesordnung war! – So sagte man uns beispielsweise, daß sie Stemmarbeiten nicht mit Kompressoren, sondern mit Kindereinsatz machen würden! – Ja, selbst im Wasserbau wären das die besten und natürlich auch die billigsten Arbeitskräfte! – Für uns nicht zu glauben! –

Interessant für uns waren natürlich Land und Leute, neu für mich war, daß auch in Portugal Reis angebaut wird. Die Korkeiche und der Eukalyptusbaum sind da auch zu Hause, und natürlich der Portwein! Während der Sherry, der Malaga und der Tarragona aus Spanien kommen! – Was die Likörweine angeht. –

Der Hausbau machte Fortschritte, die Finanzierung hatten wir mit Bausparverträgen und einem Kredit zu Lasten meiner Lebensversicherung und einem Arbeitgeberdarlehen etwa zur Hälfte der voraussichtlichen Baukosten abgedeckt. – Das waren erstmal etwas mehr als zweihunderttausend Mark. – Später mußten wir noch mal vierzigtausend nachfassen, weil der Haufen immer kleiner geworden war, trotz unserer persönlichen Einschränkungen! – Das brachte eine monatliche Belastung von etwa dreitausenddreihundert Mark monatlich, einschließlich normaler Tilgung. – Ich nehme es vorweg, im Endeffekt hatten wir runde fünfhunderttausend Mark auf den Tisch legen müssen. Hinzu kamen etwa weitere hunderttausend Mark, was wir mit unseren Eigenleistungen eingespart hatten!

Kurz vor Weihnachten 1977 zogen wir ein, obwohl so manches noch nicht fertig war. Richtig fertig waren eigentlich nur unser Schlafzimmer mit Bad und die Küche. Als Wohnraum diente für das nächste halbe Jahr unsere Wirtschaftsküche im Keller. – Zu Weihnachten wurden wir von unseren neuen Nachbarn zum Kaffee und Abendmahl eingeladen! –

Aufgehalten hat uns vor allem die Verbretterung der großen Dachübersprünge. Da mußten wir uns Gerüste bauen, und der dreimalige Anstrich der Bretter brauchte seine Zeit. Auch die ganzen Innenholzdecken machten wir selber. – Da muß ich Margot nochmal ein großes Lob aussprechen für ihre unermüdliche Mitwirkung. Auch wenn ich dienstlich immer wieder unterwegs war, oftmals immer eine ganze Woche lang! – So konnte es dann passieren, daß ich mal nach Hause kam und ein Mann auf der Bettkante hing! – Willst du wohl da herunter gehen, rief ich aus! – Da stoppte er seine komischen Bewegungen und schaute mich gläsern an und stammelte: „Da laß mich doch wenigstens fertigmachen, was ich nunmal begonnen habe, man muß doch auch jönne könne!? – Na gut, sagte ich, da will ich schon mal Kaffeekochen. –

Hans-Karl war dagewesen, um die Antenne zu installieren. Dabei hatte er Margot erzählt, daß er schon mehrere Jahre völlig impotent sei. – Das kann ich nicht glauben, sagte sie, so ein kräftiger Mensch wie du!? – Und was sagt denn deine Ricke dazu, die kannst du doch nicht im Stich lassen! – Ja, antwortete er, stich mal, wenn du keinen Säbel hast! – Da, schau ihn dir doch mal an, hatte er noch hinzugefügt und auch schon den Latz geöffnet und ihn ihr hergezeigt. – Zunächst war sie völlig konsterniert, aber nachdem sie sich gefangen hatte, war sie näher herangetreten und nahm ihn in ihre Hände! – Sie drückte und drehte an dem Apparat herum, und siehe da, ganz langsam begann er, sich zu rühren und aufzubäumen! – Was sagst du nun? – Ach, du hast mich angelogen, du Himmelhund, du! – Ja, und so ist das passiert, wenn du verstehst!? –

Na gut, unter Freunden muß man schon mal behilflich sein, aber mach das nicht gleich wieder, sagte ich zu ihr. – Aber nein doch, wie käme ich dazu!? – Ich baute die Kellerbar aus und hobelte die Deckenbalken von Hand, damit sie rustikal wirkten. Die Sitzecke bekam eine halbrunde Holzdecke, damit sie wie eine Tonne aussah. Auch die Theke wurde entsprechend gestaltet, so zum Beispiel mit einer rustikalen Eichenholzplatte und mit alten handgefertigten 50 bis 70 Jahre alten Villeroy- und Boch-Fliesen versehen. Natürlich baute ich auch eine unsichtbare Entlüftung ein. – In dieser Bar konnten zwanzig Gäste rauchen wie die Stadtsoldaten, ohne daß sich jemand durch Rauch und Tabakqualm belästigt fühlte! Vierzehn Sitzplätze permanent in der Sitzecke und sex Barhocker war die normale Kapazität. – Natürlich war da auch noch genügend Platz zum Tanzen und für Ringelpietz und so! – 1980 kam dann Erich der Mohr mit Lotte angedüst. – Ja, natürlich könnt ihr ein paar Wochen hierbleiben, aber nur, wenn du mir die Kellerbar und sonst noch ein paar Kleinigkeiten künstlerisch bemalst!? – Ja, das ist doch klar, lieber Knuth, das mache ich doch! – Unter anderem zauberte er an eine Wand der Sitzecke der Bar den Diogenes, den Mann im Faß, mit Faß, und an die andere einen Harlekin mit Gespielin. – Es gefiel allgemein sehr gut, und man fühlte sich in „Margots Bar" rundherum wohl! –

Viele Kollegen und Freunde sowie das halbe Dorf feierten mit uns, wenn wir was feierten! – Und das taten wir oft! – So wie schon immer bei Paulsens! – Bei all diesen Feiereien kam man sich natürlich immer näher, so drückte mir Antje beim Tanzen ihre langen Schenkel immer gegen mein Gemäche, so daß mir immer gleich der Kamm schwoll! – Das gefiel ihr so gut, daß sie mich mit ihren Sternen anblitzte und mit der Hand in meine Hosentasche fuhr! – Oh, du Teufelin du! – Was machst du da? – Ich fuhr ihr dann einfach mit den Händen unter die Bluse und tätschelte sie ab! – Sie trug ohnehin keinen BH, denn sie hatte so was nicht nötig, so wie sie gebaut war, aber dabei schwollen ihre Düsen kräftig an! – Und sobald mal das Licht abgeschaltet wurde, hatte ich sie zwischen den Zähnen! – Was sofort ihren Schenkeldruck erhöhte! –

Auf einem Dorffest hatte ich oft mit Burgunde getanzt und geflirtet. Kalle, ihr Hasband, und Margot schienen auch ineinander verstrickt zu sein, denn zweitweise waren sie absent. – Dann hatte Gunde die Idee, daß ihr ganz übel wurde und sie nach Hause mußte, wie sie sagte. – Als Kavalier begleitete ich sie natürlich heim. – Sie bestand dann aber darauf, daß ich ihr ins Bett half! –

Später besuchte ich sie des öfteren schon mal, um einen Schraubenzieher oder Hammer zu bringen. – Wie, und wo macht man das eigentlich sonst, wollte sie von mir wissen. – Was meinst du, fragte ich sie? – Na, Fremdgehen!? –

Trud von nebenan bekam öfters mal Leibschmerzen und rief dann bei uns an, doch mal rüberzukommen, um ihr behilflich zu sein. – Meist dann, wenn ihr Hans gerade am Segelfliegen war, wie er es nannte! – Oft rief sie gerade dann an, wenn Margot nicht da war! – So mußte ich mich um sie kümmern. – Ja, lieber Knuth, ich habe wieder sehr starke Leibschmerzen, vielleicht kannst du den Doktor anrufen, daß der schnell kommt!? – Oder kannst du dir das mal anschauen? – Guck doch, hier mitten unter dem Nabel ist die Stelle, die so weh tut, ob das der Blinddarm ist? – Was meinst du? – Da laß mal sehen, fühlen. – Aua! – Ohh! Aach! – Aaaah! Ja, noch etwas tiefer, bitte! – Ja! Ohjaa! Ja, das muß die schadhafte Stelle sein, sagte sie und schelmte mich an! –

Ich behandelte sie dann immer zu ihrer besten Zufriedenheit! – Fast so gut wie der Doktor. – Und ganz ohne Krankenschein! –

Dann ließen wir das Schwimmbad noch ausfliesen und die Filteranlage installieren und auch noch eine Solarheizung auf dem Garagendach bauen. – Die Sauna, klein aber fein, mit Dusche, Waschbecken und Urinal, machte ich selbst. Sowie auch die ganzen Fliesenarbeiten im Keller. – Auch den Garten hatten wir nun fertiggestellt. Mir selbst machten da die Obstbäume besonders Freude. So hatte ich auch die meisten der Bäume noch zusätzlich veredelt. Beispielsweise hatte der Birnbaum drei verschiedene oder ein Apfelbaum sogar vier Sorten Obst zu bieten.

Ab jetzt spätestens kamen sie uns besuchen, alle Freunde und Bekannten und natürlich auch die Nachbarskinder zum Baden. – Wir hatten somit unsere Unterhaltung und manchmal auch viel Spaß dabei.

Irgendwann kreuzten dann auch Schwarzes auf, Franz und Gunna aus Berlin, vormals Schwakistz. Sie waren inzwischen Rentner geworden und waren offiziell von Ost-Berlin nach Bayern gezogen. Ach wie war die Freude groß, uns nach längerer Zeit wiederzusehen. – Und siehe da, es gefiel ihnen bei uns im Bergischen Land besser als da unten bei Bayern, und so blieben sie auch recht lange da! – Es macht euch doch nichts aus, und wo ihr doch so viel Platz im Haus habt!? – Wir fallen euch auch bestimmt nicht auf den Wecker. – Na gut, und neindoch. Franz half mir bei den kleinen Restarbeiten, war er doch Feinmechaniker von Hause aus. – Gunna ging dann immer mal wieder auf Reisen nach drüben zu ihren drei Töchtern, um denen was zu bringen und zu helfen. – Und zu Franz sagte sie, wie schon früher, wenn du 'ne Frau brauchst, kannst du dir ja was suchen!? – Ja, ja, sagte er, sie braucht keinen Mann, ihr sind die Kinder das Wichtigste im Leben.

Sie blieben zirka drei Monate bei uns. Eines Tages, nach dem Mittagessen, sagte Franz zu uns: Habe ich es euch schon mal erzählt, daß ich ganz übermäßig große Eier habe, wie mir die Ärzte schon oft sagten? – Nein! – Margot schaute mich an, ich schaute sie an! – Aber wir sagten nichts weiter, wußten wir doch nicht einmal, wie groß normale Eier sind! – Die von Männern! –

Franz machte in meiner Abwesenheit so manches, und er hatte sich auch in Gunnas Abwesenheit nach einer neuen Bleibe in unserer Gegend umgesehen. Die ausgeschriebene Stelle des Platzwartes und die gastronomische Betreuung der Tennisanlage in Nienkierchen hatten es ihm angetan. – Da konnten sie auch eine Wohnung im Haus vom Clubvorsitzenden bekommen. – Bevor Gunna zurück war, hatte er alles schon klargemacht. – Mit der Frau des Tennisplatzes konnte er es sofort und gut, wie er uns erzählte! – Ja, deren Mann ist wie meine Frau, der mag die Frauen scheinbar auch nicht sonderlich!? –

Wie dem auch sei, ich war, wie gehabt, viel unterwegs, auch immer mal wieder im Ausland, so auch wieder mal in Portugal. – Diesmal mit meinem neuen Chef. Er war eigentlich kein Baumensch, hatte aber unsere Abteilung übernommen, weil ich es abgelehnt hatte und er in seinem alten Bereich nicht mehr gebraucht wurde. –

Ich hatte vor meiner Entscheidung einen Kreislaufkollaps im Büro gehabt, war plötzlich umgefallen und schien tot zu sein. – Für die Umstehenden sah das zumindest so aus, obwohl ich alles hörte, was um mich vorging. Aber ich konnte kein Wort von mir geben! – Vier Betriebsärzte um mich herum und dann Tatütata, und ab ins nahegelegene Unfallkrankenhaus. – Zwei Tage Intensivstation und wieder kerngesund, war die Diagnose. –

Für mich hätte die Annahme dieser Position bedeutet, täglich bis abends acht Uhr im Büro zu sitzen, keine Überstunden mehr bezahlt zu bekommen, dafür zwar tausendfünfhundert Mark mehr an Gehalt zu haben und eine höhere Position, vielleicht, und ein zweites Leasecar auch. – Aber Geld allein ist nicht alles! –

Ich hatte zu dem Neuen ein gutes Verhältnis, auch weil er mir nicht reinredete. – So wurde unser Lissabontrip denn auch eine erfreuliche Angelegenheit. Auch weil wir nebenberuflich auf der gleichen Welle funkten! – Nach Feierabend aßen wir im Hotel. Danach, an der Bar, flanierten zwei tolle Damen im Foyer umher und schienen uns sehr zugeneigt zu sein. – Anschließend gingen sie uns in die Bodegabar voraus, und wir hinterher. – Plötzlich und völlig unerwartet standen sie neben uns und erboten sich, ganz gerne ein Gläschen mitzutrinken, mit uns! – Und so kamen wir dann ins Gespräch und sprachen auch über die Preise mit ihnen. Ja, viertausend hatten sie gedacht, was etwa zweihundertfünfzig Emmchen ausmachte. – Ich hatte sie dann auf die Hälfte down negotiatet, als wir uns gute Nacht sagten.

Eigentlich waren wir müde, und morgen war ja auch noch ein Tag, sagten wir uns. Aber nach dem Duschen klingelte das Telefon. – Ja, ob sie kommen dürfe, auf mein Zimmer, sagte sie, für zweitausend? – Ja, sagte ich, zweitausend für euch zwei! – Da antwortete sie: „Si, O.k." und hatte sogleich aufgelegt. – Fast schon im Nu klopfte es an die Tür, und noch ehe ich geöffnet hatte, fluteten sie herein in mein Zimmer. Ganz erstaunt wie ich war, waren sie dabei, sich zu entblättern und mein Doppelbett in Beschlag zu nehmen. – Ja, was soll das denn, sagte ich aber nun. – Ich hätte doch nur Spaß gemacht, sagte ich ihnen, und der Preis sei mir noch viel zu hoch! – Aber wo sollen wir denn heute nacht schlafen, sagten sie nun, und sie seien doch Argentinierinnen und beherrschten doch auch nicht die Sprache hier, und sie hätten doch auch kein Geld, sich ein Zimmer in dem teuren Hotel zu nehmen!? – Na gut, sagte die Wortführerin, wir machen es für tausend Escudos zusammen mit dir, wenn wir bis morgen früh bei Ihnen schlafen dürfen. – Und wir lassen alles machen, was Sie gerne machen. – Am nächsten Tag war ich fast immer müde. Aber in der Nacht war ich wieder da! – Wir gingen nach dem Abendmahl zu später Stunde noch durch die Gassen und so spazieren, als wir von zwei ganz jungen Señoritas angemacht wurden. – Die hatten vielleicht ein Tempo drauf, sage ich Ihnen. Die schlungen sich um unsere Hälse, öffneten ihre Oberbekleidung und wickelten uns hinein! – Dann transportierten sie uns in ein nahegelegenes altes Haus, bis in die erste Etage. Vorbei an einem düsteren Empfangsraum mit zwei Kerlen, und jeder tausend Escudos, bitte sehr! – Dann ging's in ein abgeteiltes Kabüffgen mit Liege und Waschschüssel auf dem Fußboden. – Sie goß da Wasser ein und hockte sich darüber und plätscher, plätscher, fertig war sie. – Dann knallte sie mich auf die Pritsche, entblätterte mich und ritt mich durch, solange, bis ich satt war! Ich schätzte sie auf etwa vierzehn Jahre, aber sie verstand ihr Handwerk, so daß ich voll und ganz zufriedengestellt war! – Na so was!? –

Meinem neuen Boß war es auch so ergangen, und wir sagten, da gehen wir mal wieder hin. – Natürlich hatten sie uns am Ende noch schön gewaschen, so wie es sich in der Branche wohl gehört! –

Am nächsten Tag kauften wir unseren lieben Frauen noch ein schönes Tafeltuch mit zwölf Servietten aus handgearbeiteter Klöppelei oder Spitzenstickerei, so am Straßenrand! – Als sogenanntes Mitbringsel. – Drachenfutter!

Wieder war ich einen Tag zu früh zurückgekommen, denn als ich ganz unerwartet das Schlafzimmer betrat, war Margot gerade dabei, sich die dicken Eier zeigen zu lassen! – Diesmal war ich aber sauer! – „Wieso die dicken Eier nur ansehen wollen? He!? – Und wozu muß das hier im Bett sein?? Was???" – Ja, ich konnte doch nicht wissen, daß Franz auch noch einen so riebischen Stiel an diesen Handgranaten hat!? – Da hat es sich so ergeben! –

Ich bestand darauf, daß Schwarzes sofort auszuziehen hätten, aber spätestens, wenn Gunna aus der DDR zurückkäme! – Wo soll das hinführen, wenn man da nicht aufpaßt! – Ich bitte doch sehr darum! – Wer bin ich denn sonst noch, und so!? – Hummelflug? – Schon wieder? –

Dafür fuhren wir dann nach Formentera auf die Balearen für drei Wochen in Urlaub. Das ist eine schöne kleine Insel, die die Hippies erfunden hat! – Und, wenn auch verboten, durfte man dort auch völlig nackt herumlaufen. Natürlich nicht auf den Straßen oder im Hotel, nein, nur an bestimmten Stränden und auch nur dann, wenn es die Polizei nicht sah! –

Schon auf der Anreise, gleich an der Fähre, in Ibiza, stand eine junge Frau nah ganz neben mir und fragte, ob sie sich uns näher anschließen dürfe und so? – Ja, natürlich, aber mit ohne „so", antwortete Margot. – Und wie es sich herausstellte, wohnte sie in Köln. – Auch das noch, ging es mir gleich durch und durch! Und obwohl wir in ganz verschiedenen Hotels wohnten, und auch so zwei Kilometer auseinander, waren wir nur leicht verwundert, als sie mit noch so einer, plötzlich neben uns am Strand lag. – Und ganz nackig auch, so wie wir! –

Und so verabredeten wir uns für den Abend, bei ihr im Hotel, in der Bar nämlich. – Und da tranken wir so ein paar Krüge Sangria, den Wein mit Früchten und Likör drin. – Da sie neben mir hockte, kniff ich sie des öfteren mal in die Backen, dieweil sie mir mit den Händen unter dem Tisch dranherumfummelte. Nach noch einem weiteren Krug bot sie an, uns ihr Zimmer zu zeigen. Es liegt im Parterre, gleich dort um die Ecke! – Margot hatte keine Lust dazu, hatte sie doch eine nette Unterhaltung gefunden. – So opferte ich mich, mir ihr Zimmer anzuschauen. – Und siehe da, es war ganz normal eingerichtet, aber ein schmaler Schlauch war nichts dagegen! – Und es hatte auch ein Bett in dem Zimmer. Gela wußte, was sie wollte, und sprang aus ihrem Kleid und entzog mir meine Beinkleider und bettelte mich an, denn sie sei doch ganz ohne ihren Mann in den Urlaub gefahren! – Weißt du, der hat nichts dagegen, wenn du mich ordentlich vornimmst! Und sie schon ganz und gar nicht! – Nur zu! Mein Lieber, und in Köln ist sie auch immer unterversorgt, wenn du willst, ich wohne im Severins-Vedel! Auch Margot war von dem verdammten Gesöff ganz aus dem Häuschen, will sagen, ganz offen gegenüber den Anfeuerungsrufen der Mitbeteiligten. – Als ich zurückkam, hatte sie einen Oben-ohne-Striptease hingelegt, daß ich sofort mit ihr nach Hause mußte. – So stolperten wir dann des Weges, bis wir in dem kleinen Wäldchen ankamen und erst weiterkamen, nachdem wir zusammen gewesen waren und ich nicht mehr gehen konnte. – So lag ich dann, bis ein Autolein des Weges kam und uns mit nach Hause nahm, weil „die" dort als Personal auch zu Hause waren! –

Nun, was man alles so erlebt, wenn man will. – In einem Restaurant am Strand trafen wir diesen netten mittelalten Herrn zum zweiten Mal. Schon beim ersten Mal hatten wir uns sehr nett und intelligent unterhalten und aber herausgefunden, daß er „homo" war. Aber beim Verabschieden ließ er durchblicken, daß er gegebenenfalls auch „bi" sei! – Er würde uns gerne wiedertreffen, allein der netten Unterhaltung wegen und natürlich auch, weil wir beide so gut auszusehen schienen. –

So freuten wir uns denn auch alle drei, daß wir wieder zusammen am Essen und am Talken waren. – Ach, wie lieb Sie das sagen, meine liebe Dame, und wie süß Sie heute wieder aussehen, und Sie, mein Liebster, wenn ich mir vorstelle, was Sie in der Hose tragen, ich meine, wie Sie gebaut sind, so richtig muskulös!? Ja, dürfte ich mir erlauben, Sie noch zu einem Drink bei mir zu Hause einzuladen? – Meine Frau hätte bestimmt nichts dagegen! – Wir schauten uns an, und da er zum erstenmal seine Frau erwähnte, hatten wir sofort unsere Bedenken über Bord geworfen und willigten ein!

Jürgen war nach seiner Rückkehr aus dem Fernen Osten, zuletzt aus Australien, mit Gabi noch zusammengeblieben. Aber nach kurzer Zeit bekam sie ein Angebot, nach Mali in Nordwestafrika vom Entwicklungsdienst aus Bonn. Dort sollte sie den Einwohnern die Funktionen von technischen Einrichtungen erklären und eben auch etwas von unserer Kultur rüberbringen. – Jürgen war damit einverstanden, und da er ohnehin noch keine feste Arbeitsstelle hatte, wollte er nach ein paar Monaten nachkommen. – Er kam dann auch nach, aber ein paar Stunden zu spät, denn Gabi hatte sich gerade eine Schwangerschaft von einem Ami besorgt, der gleich um die Ecke wohnte. – Es hatte ihm gar nicht so sehr gefallen, denn er stolperte danach noch einige Zeit im Schwarzen Kontinent herum, bis er dann wieder in Old Germany auftauchte. – Er zog dann in eine andere Wohnung im Kölner Süden und flirtete da so herum.

Peter hatte sich bei seiner Firma gut eingearbeitet und wurde als „Feuerwehrmann" immer dahin geschickt, wo es brannte oder wo die Gewinne in „rot" aus den Bilanzen herausschauten. – So war er beispielsweise fast ein Jahr in Luxemburg, wo seine Firma die Eurobank baute, oder danach in Brüssel, wo sie ein Euro-Verwaltungszentrum in die Tat umsetzten! –

Dann fing den beiden das Fell zu jucken an, denn sie hatten sich entschlossen, nun auch ein Haus zu bauen! – In Sinnersdorf nämlich, da wo wir auch nebenan mal ein Grundstück hatten. – Für uns, ganz besonders für mich, war da wieder Alarmstufe „1", denn nun mach mal schnell die Planung und den Bauantrag fertig! – Das ist doch eine Kleinigkeit, denn es wurde auch ein zweieinhalb Wohnungsbungalow! Vielleicht mal ein Altenruhesitz für die Schwiegereltern dabei, wenn sie mal nicht mehr in ihrem Einfamilienhaus allein zurecht kommen würden. Und im Hochtiefkellergeschoß noch ein Studentenappartement!? –

Wir reisten, aus Billigkeitsgründen, jetzt ein bißchen in deutschen Landen. So zum Beispiel mal nach dem Allgäu, Würzburg, Rothenburg ob der Tauber, entlang der Romantischen Straße, und zum „Dr. Kneip" nach Bad Wörrishofen. – Ein Abstecher zu Zackers nach Ulm war natürlich mit von der Partie! –

Auch mal wieder nach Norderney zusammen mit Fritz und Kät, und viel Familienanschluß bei Bruders und Schwesters von Kät war selbstredend eingeschlossen. – Natürlich wußten wir ab nun, wie „Friesischer Tee" gebraut wird und zu schmecken hat! – Und Schwester Margret hatte auch eine Tochter, die auch schon viel erlebt hatte, so auch die USA mit ihren Schönheiten und Erfreulichkeiten, auch mit ohne Rücksicht auf die Jungfräulichkeit! – Und als sie das kannte, die zwanzigjährige Mausi, konnte sie das Mausen nicht mehr lassen. – Nachdem sie wieder da war, in Norderney! – So lag sie dann auf der Liege auf Mutters Terrasse und war dabei ganz ausgezogen. – Da empfand niemand etwas dabei, außer mir vielleicht!? – Nicht so direkt meine ich, denn ich hatte einen günstigen Platz erwischt! – Sie lag da mir einfach so im Blick, wenn ich hinblickte. Sie blinzelte da so auf mich zu, aber so gut, daß keiner es sah. – Außer mir. – Aber, wenn die Damen da mal woanders hingingen, da schloß sie die Augen und blinzelte mich trotzdem an! – Sie schlief dann gleich ein und räkelte sich herum, daß dann ihre Beine ganz quer herumstanden und ich immer mehr stand und hinblinzelte! – Da sprach sie: „Komm mit auf mein Zimmer, und schiel nicht ewig so dazwischen herum!" – Wer sind wir denn!? –

In einem schönen Herbst ging's in die Lüneburger Heide, zu den Wachholderbeeren, und auch in die schöne Stadt Lüne- und Bückdichburg. – Leider war die Heide damals mehr Truppenübungsplatz, und die Soldiers schossen am liebsten auf die womens mit ihren Lanzen, weil sie ihnen immer im Wege standen!

Sowohl, als auch! – Da hatte Margot gar nichts dagegen, wenn ich mal allein zum Abendschoppen ging! – Konnte sie sich da doch mal ganz ungeniert in der Heide herumtreiben und die Lanzknechte in der Abendsonne belüstern, während sie sich unter einem Holderbusch zu sonnen schien!? – Auch wenn dabei die Sonne dem Mond ihren Platz freigegeben hatte!? – Da wurde es erst besonders reizvoll, denn da wurde in der Schlange gestanden, mit aufgepflanten Bajonetten, wie sie sehen konnte. – Zugesehen wurde aber auch mit den Nachtsichtgeräten aus den in der Ferne stehenden Panzer!

Wir wurden im folgenden Jahr auch mal zu einem Wochenendtrip nach Budapest eingeladen. Und das mit einer Iljuschin, einer russischen Flugmaschine. Oh weh, bitte nicht noch einmal, da hatte ich das Gefühl, daß da die Tapete unser Rettungsanker war!? – Aber, obwohl wir ja schon mal hier waren, war es doch wieder sehenswert.

Diesmal war Franz mit dabei und eine tolle Freundin auch. So was hätte ich ihm gar nicht zugetraut.

Und sie schien mich auch zu mögen, wie sie erkennen ließ. – Aber im Gellerthotel bot sich uns Männern, vielleicht auch den Frauen, ein tolles Angebot, so wie im Westen auch. An „Grünen Witwen" nämlich. – An der Bar konnte man sich das Passende auswählen und beim Empfangschef ordern und bezahlen. – Das Zimmer und die Betten waren ja schließlich Volkseigentum! – Natürlich buchte man die genaue Zeit mit, und ein Trinkgeld für Mathinka war gestattet! – Unsere Frauen gingen kurz nach Mitternacht zu Bette, so daß wir Männer noch einen Bummel machen konnten! –

Jeder von uns Eingeladenen hatte vom Veranstalter einen größeren Betrag zur freien Verfügung erhalten. Natürlich auch die Frauen. –

Als ich gegen 2 Uhr aufs Zimmer kam, wo war sie denn, meine Margot? – Sie schien auch nochmal weggegangen zu sein!? – Na, so was aber auch! – Ich konnte sie doch nicht suchen lassen. Und in welcher Etage, oder in welchem Bett konnte sie denn sein!? – Gott sei Dank, so gegen halb drei traf sie endlich ein. – Aber wieso bist du schon da, sagte sie ganz erschrocken! Wieso denn nicht? Aber wo kommst du denn her? – Ach, ich war noch ein bißchen unterwegs, ich konnte einfach nicht schlafen! – Ja, dann gute Nacht zusammen! Die Preise hielten sich in Grenzen, so daß man noch ein Souvenir mit nach Hause nehmen konnte. – Margot hatte mehr Forint ausgegeben als ich, konnte ich später feststellen.

Der Heimflug war ganz harmonisch und mit viel Fröhlichkeit und Tokayer vermischt, und diesmal mit einer deutschen Flugrakete! –

Ich bekam wieder eine Sonderaufgabe, eine erneute Sondierungsaufgabe nämlich, nach Wien. Mit dem stellvertretenden Chef des Einkaufes stiegen wir im Palasthotel ab. Jeder hatte eine kleine Sweet mit allem Drum und Dran. Es war gerade zur Zeit als der berühmte Opernball stattfand, so begegneten wir da auch unserem Bundespräsidenten mit Frau Gemahlin in der Halle. Nur schien er uns nicht kennen zu wollen, denn er grüßte nur ganz lässig zurück, als wir unseren Diener machten.

Empfangen wurden wir von hohen Wirtschaftsfachleuten, vor allem aus der Baubranche. – Die eigentlichen Fachleute, die uns was sagen konnten, saßen im Nebenraum, und bei jeder gestellten Frage unsererseits ging einer von unseren Gegenübern nach nebenan, um die Antwort für uns zu holen! – Eine besch. Situation fanden wir, aber wir waren ja die „Gnädigen Herren" aus Deutschland. Die mußte man doch gebührend und zuvorkommend behandeln!

Am Abend waren wir eingeladen in die berühmte Reiterschule, wo die Lipizaner Pferde vorgeführt werden. Und anschließend natürlich noch zum Galadinner in unserem Hotel. – Wir wurden danach noch in ein Etablissement gebeten, in dem man sich amüsieren kann, wo auch schöne Frauen waren, die wenig anhatten! – Und man durfte da auch in ein Séparée mitgehen, wenn man es gerne hätte. Die hohen Herren hatten es in vorgerückter Stunde auch ganz gerne: – Aber bitte, Herr Paulsen, nehmen Sie doch ruhig nochmal davon, es sind doch noch genug davon da! – Oder sollen wir noch ins Kasino gehen? – Nein, danke, die Herrschaften, aber ich bin jetzt gesättigt und würde mich gerne zurückziehen, wenn Sie gestatten!? – Aber natürlich, Herr Architekt, aber bitte sehr! –

Am nächsten Tag ließ der Generalsekretär der austrianischen Gewerkschaft nachfragen, ob wir die Güte hätten, ihn mit einem Empfang zu beehren? – Da mußten wir leider absagen, denn der Rückflug war schon gebucht. – Und außerdem hatten wir doch vergessen, unseren Frack einzupacken! –

Immer, in letzter Zeit, wenn ich von einem Auslandstrip nach Hause kam, kam mir der Hinz in der Haustür in die Arme gefallen. – Er war der Vater von Antje, gleich aus der Nachbarschaft. Er war mein Jahrgang, ich meine altersmäßig, und er lebte getrennt von seiner Frau, dafür wohnte er bei Antje mit im neuen Haus. – Schon oft hatte ich erlebt, daß Margot mit ihm zum Eierholen nach Winterschein gefahren war. – Wieso müßt ihr dort Eier holen, hatte ich gefragt? – Ja, die sind dort halt schöner und billiger als in Sommerhofen, und viel größer auch noch! – Ja, sagte ich zu ihr, ich habe schon gesehen, daß die ganz schön groß und angeschwollen sein müssen! – Kann es sein, daß der Kikelhahn auch ganz schön geschwollen ist und von Zeit zu Zeit einer außergewöhnlichen Behandlung bedarf!? – Ach, was du nur schon wieder von mir denkst! – Du treibst dich in Wien rum, und ich soll hier immer allein rumstehen. – Hilf dir selbst, steht in der Bibel. Dann wird dir geholfen werden! – Von wem, steht nicht dabei!? –

Als wir danach mal mit Jörg und Ann im Angelteich zum Essen waren, war Margot ganz aus heiterem Himmel und urplötzlich der Kopf auf den Tisch aufgeschlagen. – So mir nichts, dir nichts, so als wäre sie eben mal weggetreten! Danach war sie wieder voll da, als sei nichts gewesen? – Remember of Vienna!? –

Mir ging es eine Zeit später ähnlich, nur umgekehrt, ich wollte Margot vom Angelteich abholen, wo sie zu Wiewerfasteloven und am Suffe und Danze war. Als ich plötzlich auf halbem Wege stehenbleiben mußte, weil mein Motor stehengeblieben war! – Einfach so! – Zum Glück kam unser Dorfscholze Leo mit seinem Auto und nahm mich wieder mit nach Hause! – Aus! Benzin alle!? –

Glasnost & Perestroika

Ja, das waren wohl die Vorboten von Veränderungen in unserem Leben, nicht nur persönlicher Art, sondern auch im allgemeinen!

Auch in der Politik zeigten sich Veränderungen an. Da schien der Kalte Krieg warme Füße zu bekommen!? – Da war der Breschnew so gut wie tot und der neue Anführer Gorbatschow gerade geboren! – Der hatte endlich den Mut zu sagen, was viele, auch in der Sowjetunion, schon länger dachten! – Er hatte den Mut zur Wahrheit und Offenheit! – Und das hatte er auf seine noch immer rote Fahne geschrieben! – Und dann hatte er in den eigenen Reihen Luft gemacht, sozusagen ein wenig entrümpelt! – Da kam Hoffnung auf, sowohl in Rußland, wie auch in Deutschland! – Hüben und drüben! – Natürlich auch im gesamten Warschauer-Pakt-Bereich, in Polen, in der CSSR, in Ungarn, in Rumänien? und Bulgarien? – Er hatte es verstanden, daß das Ganze ihm aber nicht aus der Kontrolle geriet, so wie 1968 in Prag! – Zuerst flog er nach Ost-Berlin und vergatterte den Honnegger und sein Gefolge! Daß „der" und „die" davon nicht begeistert waren, lag klar auf der Hand! – Denen ging es genauso wie meinem Neffen Harold, als ich mit ihm schon vorher über die Frage der Wiedervereinigung gesprochen hatte. – Das war noch kurz vor Gorbis Machtergreifung gewesen. – Wir waren allein ins Feld gegangen, damit die „Wanzen" es nicht hören konnten. – „Ja, was macht ihr mit uns, wenn wirklich die Wiedervereinigung käme? – Sperrt ihr uns ein? Ich meine die Funktionäre und die Inoffiziellen!?" – Nun, ich weiß nicht, was du mit den Inoffiziellen meinst, aber wer niemandem wirklich Schaden an Leib und Seele zugefügt hat, hat da sicher nichts zu befürchten, sagte ich ihm. – Na ja, da wäre es wohl doch ganz gut, wenn nun Schluß gemacht würde! – Weißt du, ich glaube, wir sind wirtschaftlich sowieso am Ende! – Glaubst du wirklich, daß ihr mir als Ortsbürgermeister nichts tut!? – Aber sicher nicht! –

Für mich war dieses und auch andere Gespräche interessant, denn irgendwie konnte ich die Resignation immer heraushören. – Aber wie sage ich es meinem Kinde? – Auch meine Brüder Heinz und Fred sowie der andere angeheiratete Neffe Karlheinz und auch Bürgermeister, ließen Ähnliches erkennen, obwohl sie allerdings auch befürchteten, daß die „Mutter, Vater Staat" danach ihnen nicht mehr ständig beiseite stehen würde!? –

Das war wohl auch meine letzte und unvergeßliche Heimfahrt durch die DDR-Kontrollstellen an der Grenze bei Wartha. – Der erste Kontrolleur, der Herr Stabsfeldwebel, schon pensionsüberfällig eigentlich, ließ mich noch ein paarmal strammstehen! – Erst recht noch, nachdem ich gesagt hatte: „Bei uns im Westen bedeutet so eine Handbewegung, daß man weiterfahren kann!" „Ja, wo sind wir denn, wer bin ich denn!? – Ich lasse Sie mal flachliegen! – Sie! – Wo käme ich da hin!?" –

Ich hatte meinen Wagen etwa einen Meter vor seinem Standpunkt zum Halten gebracht! Und er war nicht bereit, mir diesen Mieter entgegenzukommen! –

Obwohl die DDR in der Weltwirtschaftsrangliste an fünfter oder sechster Stelle stehen sollten, nach Medienaussagen, war sie einfach am Ende, auch wenn viele Inhabitants dort immer noch stolz auf ihre „Errungenschaften" waren und mir immer wieder davon vorzuschwärmen versuchten! – Höflichkeitshalber versuchte ich zu dieser Zeit schon gar nicht mehr zu widersprechen, um ihnen ihren Glauben nicht zu zerstören! – Woher sollten sie es auch wissen oder kennen? – Fred erzählte mir immer wieder mal von Stasibesuchen in seinem Amt, aber was sie von ihm eigentlich wollten, das konnte ich nicht erkennen.

Ich war 1984 trotz großer Bedenken wegen meiner Gesundheit nach Bad Soden zur Kur gefahren. – Normalerweise fehlte mir nichts, ich konnte essen und trinken und sogar mit auf Gruppentour gehen. – Bergauf keine Probleme, aber ganz unvermittelt blieb mein Motor wieder stehen, und das oben auf dem Berg! – Das Benzin war wieder alle, und die Bremsen schienen auch defekt zu sein, denn ich war unfähig, mit eigener Kraft den Berg wieder hinunter zu kommen! – Zwei auch Kurende mußten mich regelrecht heimschleifen, wie man so schön sagt! Der diensthabende Arzt konnte nichts feststellen, gab mir eine Pille und schickte mich ins Bett! – Fertig. – Am Abend ging ich wieder mit in die Diskothek und tanzte auch wieder, so als sei nichts gewesen.

Als die nächste Oberarztvisite war, nahm die Oberärztin, eine Polin, unseren Stationsarzt zur Seite. – Ich konnte ein paar Fetzen auffangen, wie: Sagen Sie, haben Sie das EKG nicht angesehen von Herrn Paulsen!? – Da wurde er bläßlich! – Sie ließen mich in meinem Glauben, daß nur das Benzin alle war. –

Etwa nach drei Wochen bekam ich einen Anruf von unserem Hausarzt Dr. Samstag: Herr Paulsen, Sie sollten sofort nach Hause kommen, Ihrer Frau geht es gar nicht so gut! – Ja, was fehlt ihr denn? – Ich weiß es noch nicht, gab er mir zur Antwort. – So ohne weiteres ließen sie mich hier nicht gehen, denn eine Kur vor der Zeit abzubrechen hieß, daß ich alles Dagewesene selbst zu zahlen hätte!? – So mußte ich unseren Hausarzt bitten, doch nochmal in der Kurklinik anzurufen, um meinen vorzeitigen Kurabbruch zu begründen! –

Als ich mit Koffer und einen Haufen voll schlimmer Angst am nächsten Abend in Siegburg auf dem Bahnhof landete, nahm mich unser Nachbar Fritz in Empfang. – Ja, sagte er, Gisela ist bei Margot, es geht ihr gar nicht gut! – Aber was ihr fehlt, weiß keiner so genau! – Mal ist sie kerngesund, und dann krümmt sie sich wieder vor Schmerzen!? – Nobody knows? –

Ich erinnerte mich an meinen Umfaller im Büro oder an Margots Blackouts, auch an meine Benzinprobleme und an meine sogenannte trockene Lungenentzündung vor einem Jahr. Aber auch an unseren Nachbarn, den Chemie-Doktor von Bayer Leverkusen, der seine Wühlmäuse im Garten mit Radikalkur vergiftet hatte und dabei unseren ganzen Keller unter Giftdämpfe gesetzt hatte.

Auch die Giftstoffe in den Holzschutzmitteln, wie Formaldehyd oder Lindan, die inzwischen angeprangert wurden, fielen mir ein. Obwohl mir unser Chemie-Nachbardoktor immer wieder die Unschädlichkeit versichert hatte! – Zum Glück hatte ich alle Holzverkleidungen im Hausinnern nur mit Holzwachs behandelt! – Aber vorweggenommen, Tests, die ich mit Geräten des Bundesamtes für Gesundheit aus Bonn vorgenommen hatte, hatten nur ganz geringe und unbedeutende Ausdünstungen ergeben. – Auch bei Nachbars. –

Nachdem Margot immer wieder diese verrückten Anfälle bekam, obwohl mir immer Angst und Bange war, entschloß sich unser Hausdoktor, sie ins Kreiskrankenhaus einzuweisen. – Ich muß sagen, daß er sie für den Transport mit allem Nötigen vorbereitet hatte (Infusionsflasche). –

Im Krankenhaus wurde sie direkt auf die Intensivstation gelegt, wo sie dann mit der Normalstation alle drei bis vier Tage wechselte! – Und das ein Vierteljahr lang! – Nur zwischen Weihnacht und Neujahr brachte man sie nach Hause, so daß ich sie rund um die Uhr betreuen konnte! – Diese Feiertage werde ich nie in meinem Leben vergessen, denn ich saß fast die ganze Zeit, ob Tag oder Nacht, bei ihr am Bett und war dabei sie zu streicheln und händchenzuhalten! Sie bekam eigentlich nur schmerzstillende Mittel! – Nach diesem Streß, diesem ständigen besuchen müssen, und nicht wissen, was sie hatte, rückte ich dem Oberarzt auf die Pelle. – Ja, sagte er: „Wurde Ihre Frau schon mal auf Ihr Herz untersucht!?“ – Da platzte mir aber der Kragen! – Wie? Warum liegt meine Frau eigentlich schon drei Monate hier bei ihnen!? – Hören Sie mir gut zu, mein lieber Doktor. Überführen Sie meine Frau sofort nach Köln in die Uniklinik, sonst passiert was! – Aber ich bitte Sie, die Wartezeiten in der Kölner Herzstation sind drei Monate!? – Wie denken Sie sich das? – Ich denke mir das so: Wenn meine Frau morgen vormittag nicht in Köln eingeliefert wurde, komme ich spätestens um zwölf, ich sagte „zwölf“, mit einem Sanka hierher und hole meine Frau ab und bringe sie persönlich nach Köln in die Uniklinik! – Und dort warten dann schon die Presse und das Fernsehen! – Auf Wiedersehen! – Und fort war ich! –

Schon gegen neun Uhr am nächsten Tag klingelte das Telefon, und ich wurde gebeten, um elf Uhr in der Uniklinik beim Professor Hombach zu sein zu wollen. – Meine Frau sei dann auch dort! – Na bitte! –

Als ich da vorsprach, empfing mich dieser Kardiologieexperte und erklärte mir, daß das Operationsteam schon in Bereitschaft sei, um meine Frau am Herzen zu operieren. – Und meine Frau müsse bald hier eintreffen! – Also war sie noch gar nicht da!? – Ja, bitte warten Sie, bis ich Sie wieder rufe, Herr Paulsen. –

Nach einer Stunde etwa ließ er mich zusich rufen und sagte: „Ja, wissen Sie, ich habe einen großen Herzkatheter bei ihrer Frau vorgenommen, aber festgestellt, daß ihre Frau physisch nicht herzkrank ist. Ich weiß nicht, was ich davon halten soll. Wissen Sie, wenn Sie mich fragen, da denke ich, daß da so was wie Krämpfe sind. Und die Ursache könnten die Auswirkungen der Belastung durch unseren Hausbau sein. – Ja, sagte er, „Spasmo“!? Das ist möglich. – Ich verschreibe Ihrer Frau dafür was Passendes, und ich denke, nach einer Woche können Sie Ihre Frau wiederhaben! – Und in Zukunft, bei Herzproblemen, empfehle ich Ihnen meinen Freund Prof. Dr. Bischoff in Waldbröhl. – Das ist doch in Ihrer Nähe! – Ja, danke, Professor! –

Die politische Situation hatte sich weiter entwickelt, um nicht zu sagen zugespitzt. – Unser Franz Josef hatte der DDR fünfzehn Mille DM gegeben, damit sie noch nicht Pleite ging, und der Wisch und Brand und so, auch der Helmut Schmidt, hatten Kontakte mit der Führung der DDR angebahnt, um die menschlichen Beziehungen zu verbessern. –

So kam dann zu Margots 60. Geburtstag auch Heinz und Käte, und auch Waltraud, obwohl sie noch gar nicht im Rentenalter war, und Margots Freundin Ursulla Atzermann, zu Besuch! – Jubel, Trubel, Heiterkeit. – Natürlich wurde gebührend gefeiert. – Einmal in Nienkirchen mit etwa dreißig Personen, und zum zweitenmal bei uns zu Hause, im Hause, und in der Kellerbar, mit nochmal einer ganzen Heerschar! – Es war auf beiden Feierlichkeiten sehr schön und harmonisch zugegangen, und Margot schien wieder kerngesund! – Also doch nur seelisch und spasmisch! – Das Ganze!? –

Durch meine Position und in meinem Tätigkeitsbereich in der Firma hatte ich auch mit vielen Leuten aus dem Produktionsbereich und der Einrichtungsplanung zu tun. Dabei lernte ich unter anderem auch Herrn Thomeyr kennen, er war nach dem Prager Frühling aus der CSSR geflohen und zu uns nach Köln gekommen. In der CSSR war er der Chef des Statistischen Amtes der Regierung gewesen. – Er hatte hier eine weniger gutdotierte Position, war aber ein zuverlässiger und netter Mitarbeiter. – Wie er mir einmal erzählte, lebte er hier mit seiner schwer erkrankten Frau und hatte alle Kontakte zu seinen noch in Prag lebenden Kindern und Eltern abbrechen müssen. Die Erlaubnis zum Besuch seiner Familie war ihm mehrfach verweigert worden, auch zur Beerdigung seiner Mutter durfte er nicht einreisen! – Wie gesagt, ich mochte ihn und verstand seine melancholische Art ganz gut, war es mir doch ähnlich ergangen. Als dann auch noch seine Frau verstarb, hatte er am Aachener Weiher Harakiri begangen! – Am hellichten Tage und mitten unter Spaziergängern hatte er es getan! – Und ohne jeglichen Schmerzenslaut von sich zu gegeben! –

Die Beerdigung fand in aller tristen Stille statt! – Auch dazu durften die Kinder nicht erscheinen! – Heil dir, mein kommunistisches Vaterland! –

Das Werk für Plastikteilefertigung in West-Berlin habe ich von Anbeginn noch mitbetreut. Direkt am Havelkanal war es gelegen. Man konnte die berühmtgewordene Mauer am gegenüberliegenden Kanalufer und die Volkspolizisten deutlich sehen. – Die Soldaten taten mir leid, denn sie hatten doch gar keine Chance, sich davonzustehlen, bis auf wenige Ausnahmen natürlich. Aber das System war so aufgebaut, daß jeder jeden kontrollierte und eben dadurch jeder in Gefahr war, erschossen zu werden, wenn er den Versuch einer Flucht nach „hüben" wagen würde. –

Natürlich versuchten immer wieder DDR-Angehörige, über die Mauer oder die verminte Stacheldrahtgrenze zu fliehen, aber nur wenigen ist es gelungen! – Einige hundert haben den Versuch mit ihrem Leben bezahlen müssen! – Aber auch mit einem selbstgebauten Luftballon ist es einer thüringischen Familie gelungen, nach Bayern zu entkommen! – Meine Patentochter Elfe war es ja über Ungarn auch nicht gelungen, herauszukommen. Erst nach den sogenannten Freikaufaktionen war es ihnen nach der Verbüßung einer rund zweijährigen Haftstrafe möglich geworden, nach hüben zu kommen! – Dank Franz Josef, dem Strauß aus Bavaria! – Und nach einem Empfang in Bonn waren sie für ein paar Wochen zu Gast bei uns in

Sommerhofen. – Sie waren sehr glücklich, aber auf ihre Tochter mußten sie noch eine ganze Weile warten, bis sie auch herausgelassen wurde. – Natürlich gab es da viele solcher Fälle und auch viele, die dabei ihr Schärflein ins Trockene brachten! – Hüben und drüben. Die Sonne wird es an den Tag bringen, wann auch immer!? –

Auch im Sheraton Hotel in West-Berlin gab es die sogenannten Hausfrauenangebote, die Grünen Witwen. Man lernte sie abends ab Mitternacht etwa in der Hotelbar kennen und verhandelte über den Preis. Da galt das alte Sprichwort: Angebot und Nachfrage bestimmen den Preis!? – Natürlich gab es auch noch den Schönheits- und Qualitätszuschlag, der meist zwischendurch nachverhandelt wurde. Mein Bayer Walter, mein Schatten, war auch geneigt, mal eine andere Kost zu probieren, so daß wir uns beide das Passende heraussuchten. Nach dem ersten Akt klopfte er an meine Zimmertür und kam, wie vorher besprochen, mit seinem Spielzeug in meine Betten. – Es war gar kein Problem, nach dem relativ vielen Alkoholgenuß einen flotten „Vierer" zu veranstalten!

Mir war es gelungen, bei den Verhandlungen mit dem Generalunternehmer in der Abschlußverhandlung das mir gesteckte Ziel zu erreichen! – Etwa eine halbe Million war für unsere Gesellschaft gerettet worden. Mein Berater von der Bauleitung hatte zwar immer wieder versucht, mir hineinzureden, zu Gunsten des Unternehmers, aber nicht mit mir! – Ich bat ihn nach einer Zeit, das Lokal doch bitte zu verlassen, dabei machte ich ihm klar, daß ich dieses Handwerk mittlerweile schon recht gut verstehe! –

Und wie schon gesagt, unsere „Diäten" waren so gut, daß wir auf irgendwelche Bestechungsversuche nicht reagierten! –

Interessant fand ich oft die Gespräche an der Bar mit Ausländern, die hier auch abgestiegen waren. – So war ich beispielsweise mit einem Haciendabesitzer aus Südamerika mit hübscher Tochter in ein langes und interessantes Gespräch verfallen. – Sie sprachen beide außer spanisch auch ein gutes Englisch, besser als die Amis in unserer Firma. – Sie luden mich ein, doch mal zu ihnen nach Argentinien zu kommen. – Auch meine Frau dürfe ich mitbringen! –

Auch eine Folge der Perestroika war, daß der Staatsratsvorsitzende der DDR, Erich, der aus dem Saarland stammte, wo er mal als Dachdecker fungiert hatte, zu uns in die BRD auf Staatsbesuch kam. – Unser Kanzler Hellmut hatte ihn plötzlich eingeladen, obwohl seine Partei grundsätzlich die DDR nicht anerkannt hatte. – Aber so denke ich, daß da unser Außenminister Hans-Dietrich von der FDP gut zugeredet hat!? – Ja, mit rotem Teppich und allen militärischen Ehren wurde Herr Honnecker bei uns empfangen! – Es muß wohl der Gegenbesuch vom Vorkanzler Helmut Schmidt gewesen sein!? – Denn der war ja zu seiner Regierungszeit in Karlshorst auf Staatsbesuch in der DDR gewesen. –

Was sie zusammen auch immer geredet haben mögen, herausgekommen war nichts dabei. Unsere Regierung war dem Wunsche Honneckers, die DDR-Besucher nach Ablauf einer eventuellen Aufenthaltsgenehmigung wieder zurückzuschicken, nicht näher gekommen! – Unser Kanzler hatte darauf bestanden, den DDR-Bewohnern generelle Reisefreiheit zu gewähren, was dummerweise der Herr Honnecker wieder nicht zugestehen wollte! – Wenn der dazu ja gesagt hätte, wären wir im Westen ganz schön in die Bredouille geraten! – Denn wo hätten die vielen reiselustigen DDRler denn hingewollt? – Zu unserem Kanzler nach Oggersheim etwa!? – Nein, sie hätten natürlich alle versucht, bei den ehemaligen DDR-Flüchtlingen unterzukriechen! – Andere Wessis, und vor allem, die es sich hätten leisten können, hätten da nicht im Schlafe daran gedacht!? –

Ich habe mehrfach an die Ministerien geschrieben, uns doch zu entlasten, und wenn es nur mit den Postgebühren nach drüben gewesen wäre. – Aber nein, so was ging einfach nicht, da schob es das Postministerium aufs Finanzministerium, und die wieder zum Entwicklungsministerium, und so hin und her! – Aber ohne Erfolg! – Bürokratie! –

Wir bekamen danach noch mehr Besuch von drüben, denn man ließ jetzt schon mehr Jüngere und eben politisch Zuverlässige mal zu einem Besuch nach hüben raus. –

Zu meinem 60. Geburtstag kam außer Heinz und Käte auch Fred mit. – Wir feierten diesen Tag auch zweimal, wie bei Margot. Beim zweiten Mal waren hauptsächlich meine Kollegen und Geschäftsfreunde eingeladen! – Fred hielt eine recht nette Ansprache und ließ mich im Namen aller hochleben! – Na, denn Prost! –

Ja, wer jetzt alles aufkreuzte. Da kamen Cousinen und Vettern, mit denen wir gar keinen Kontakt pflegten. – Sie kamen meist auch auf einen sogenannten Anschlußeinkauf von anderswoher. Oft riefen sie bei uns an, aus Hessen, Niedersachsen oder Bayern, könnt ihr uns bitte abholen, wir wollten euch mal besuchen kommen!? – Ja, natürlich, das ist doch kein Problem für uns, und euer Begrüßungsgeld habt ihr sicher schon bekommen und ausgegeben! – Natürlich war eine Woche Bleibe das normale, und natürlich bekam jeder hundert Mark von uns, und natürlich würden wir gerne mal an die Mosel oder nach Holland fahren. – Wenn ihr schon so nett seid, ja!? – Ja, und für die Daheimgebliebenen noch ein paar Mitbringsel, bitte sehr! –

Sogar der Schnaps-Hermann Eicke aus Rottenberg kreuzte bei uns auf. – Warum er nicht zu Helge, der ehemaligen Lindenwirtin, gegangen ist, war wohl nur so zu erklären, daß sie grundsätzlich keinen Kontakt mehr mit denen von drüben haben wollte! – Erich der Mohr tauchte jedes Jahr mit seiner Lotte für mindestens zwei Wochen auf. Und bitte in Hessen abholen und zurückbringen und mal nach da- bis dorthin spazierenfahren, bitte. – Obwohl ich ihm seine Malerarbeiten gut bezahlt hatte, schien er immer wieder Forderungen zu haben. So luchste er mir beispielsweise meine Filmkamera ab, die er mir vergüten wolle, wie er sagte. – Er muß es aber dann doch vergessen haben!? –

Dem einen nimmt's der Herr, dem anderen gibt er es. – Oder so ähnlich? –

Ende 1983, Anfang 1984 wurde in der Firma ein Retirement-Programm angeboten. Es war schon das zweite Mal, daß solche Angebote gemacht wurden. Übrigens auch in späteren Jahren noch, auch in anderen Unternehmen.

Ich hatte es mir lange überlegt, ob ich davon auch Gebrauch machen sollte. Altersmäßig und von der Zeit der Betriebszugehörigkeit paßte ich da hinein. Entscheidend für mich war dann doch mein Gesundheitszustand, denn ich hatte starke

Herzrhythmusstörungen, und auch bei Margot brach es immer wieder einmal durch. So meldete ich mich dann bei unserem Baudirektor für ein Privatgespräch an. Als er mein Ansinnen hörte, sagte er gleich: „Nein, Herr Paulsen, jeder hier in meinem Bereich kann davon Gebrauch machen, aber Sie? – Nein, wer soll denn Ihre Arbeit machen, sagen Sie doch selbst!?" – Ja, das hatte ich mir eigentlich leichter vorgestellt! – Aber, Herr Steffels, so recht Sie haben mögen, nur was machen Sie, wenn ich plötzlich tot umfalle? Wie Sie wissen, habe ich seit einiger Zeit doch immer wieder mit dem Herz zu tun!? – Und bis zum letzten Atemzug, nein, das möchte ich auch nicht unbedingt! – „Ja, so habe ich das noch nicht betrachtet, Herr Paulsen. Gut, ich denke darüber nach!" – Nur müssen wir da ja auch Herrn Wernerz dazu hören!? – Ach was, der ist ja im Urlaub, und den frage ich sowieso nicht! – Ja, sie konnten beide nicht miteinander! –

Nun, er ließ mich zappeln und sprach mich die nächsten zwei Wochen auf mein Ersuchen nicht wieder an. So half ich ein wenig nach, indem ich über seine Schuhspitzen stolperte! – Immer, wenn er von Tisch kam, blieb er am Aufzug noch mit irgendjemand stehen und war da am Diskutieren. – Ich stellte mich daneben so leicht abseits, daß es nicht danach aussah, als würde ich lauschen. – Ich merkte, daß er mich bemerkte, und ganz plötzlich wandte er sich mir voll zu und sagte: Ja, ich weiß, was sie wollen, Herr Paulsen. Sie warten auf meine Antwort!? – Ja, ich habe es nicht vergessen, ich habe darüber nachgedacht. – Dabei griente er ganz leicht über beide Backen und sagte dann ganz spitzbübig: O.k. Mister, ich bin einverstanden! – Am 1. Januar ist der Erste, wenn Sie wollen! – Danke, Sir, sagte ich, ja ich will noch! –

Als dann mein Bereichsleiter Wernerz aus seinem Urlaub zurückkam und mir seine Aufwartung machte und mich nach den besonderen Vorkommnissen befragte, sagte ich: Nichts Neues, mien Heer! – Nur, daß ich am 31. dieses Jahres mein Ränzlein schnüre und Ihnen Adee sage! – Wie, was, was soll das heißen!? – Na ja, wie ich sagte, ich gehe in den vorzeitigen Ruhestand! – Aber, da habe ich ja auch noch ein Wörtchen mitzureden!? – Oder? – Ja sicher, antwortete ich, aber Herr Steffels hat seine Zustimmung schon gegeben, und bei der Personalabteilung sind die Verträge schon in Arbeit! – Hm, wenn das so ist? Ja, da gehe ich auch! – Und weg war er. – Ich glaube, er fühlte sich etwas verschaukelt. – Was natürlich nicht in meiner Absicht lag! – Er ging tatsächlich auch am 31. Dezember desselben Jahres wie ich! – Und er schenkte mir den Bildband „Große Deutsche" mit einer sehr persönlichen und netten Widmung! –

„Auch für das Glück braucht es seine Entscheidung! ... Ich schätze Sie nicht nur als einen Kollegen, der die technische und wirtschaftliche Bauplanung so hervorragend verbunden hat, sondern auch als einen liebenswerten Menschen ..."

Ich bekam eine Abfindung von etwa einem ...gehalt, netto, und eine monatliche Pension, unabhängig von meiner Rente. Beim Arbeitsamt mußte ich mich melden, um Arbeitslosengeld zu bekommen. – Aber die vermittelten mich relativ schnell auf eine ABM-Stelle, so daß ich sehr bald schon kein A-Geld mehr bekam. –

Also wurde ich wieder Schütze „A" im Bauamt der Stadt Nienkirchen. Da bekam ich ein kleines Gehalt, unter dem Strich kaum mehr als das A-Geld. Dort vertrat ich einen Kollegen, der schon ein Jahr krank war, so daß ich da erst mal wieder Grund in den Laden bringen mußte! – Ich war da für den gesamten Hochbau zuständig, einschließlich für die Gemeinde- und Friedhofsgärtner. – Das Aufgabengebiet war für mich zwar nicht ganz neu, aber doch ganz anders als mein vorheriges. – Nach einem Jahr ging ich wieder, obwohl der Gemeindedirektor und Bauamtsleiter mich gerne noch länger behalten hätte! –

Ich muß heute sagen, obwohl ich glaubte, fast alles in meinem Beruf zu kennen bzw. zu wissen, nein, hier lernte ich noch einiges dazu! – So zum Beispiel über die Pflege von Grünanlagen oder von Hartsportfeldern und das Anlegen von Blumen- und Staudenflächen. – Und anderes mehr! –

Ja, und nicht nur meine Vorgesetzten, sondern auch die Damen im Hause schätzten meine aktive Mitarbeit. – So auch Gisa, sie war im Bauamt als Sachbearbeiterin für Wohnungsfragen zuständig und wohnte auf meinem Halbwege, so daß ich sie schon mal abholen oder zurückbringen mußte, wenn ihr Auto defekt war. – Sie war geschieden mit Tochter. – Beide erfreuten sich, wenn ich mal bei ihnen einkehrte und ein bißchen blieb! –

Oder da war Frau Liebes, die öfters mal bei mir reinschaute, wenn sie die Bücherei inspizierte, die in unserem Hause untergebracht war. Das war nur hundert Meter vom Rathaus weg. – Sie schien mich auch ganz schlimm zu mögen. Kam sie doch immer mehr des öfteren mal vorbei! – Eines Tages dann nahm sie mich zu sich mit und nach Hause! – Das Dumme war nur, daß da ihr Gatte auch gerade da war!? – Und wir beinahe schon dabei waren!? –

Aber dann, zum 1.-Mai-Ausflug nach Colmar, im Elsaß, da gab es kein Halten mehr, obwohl wir da ziemlich sehr beargwöhnt wurden. – Nicht von den männlichen Kollegen, die hatten ihre eigenen Probleme mit den weiblichen! –

Aber so wurde ich dann doch noch verschlungen und mit Haut und Haar! – Und ich hatte danach nichts zu bereuen! Voll gesättigt, nicht nur von dem Munster-Käse und dem Edelzwicker-Wein, sondern von dem Begehren, traten wir am nächsten Tag die Heimfahrt an. –

Dann eines Tages mußte ich wieder zum Professor nach Waldbröhl, weil meine Pumpe immer wieder außer Takt pumpte! – Ja, Herr Paulsen, ich denke, Sie müssen einen Schrittmacher haben! – Kommen Sie nächste Woche in unsere Klinik, für etwa eine Woche auf Station! – Was blieb mir übrig, ich ging dahin, natürlich auf Einzelzimmer mit Chef-Bedienung! – Dadurch bekam ich das Einbauen des Schrittmachers auch mit Narkose gemacht. – Sonst wurde es nur mit örtlicher Betäubung vorgenommen! – Natürlich hatte ich vorher auch einen Herzkatheter über mich ergehen lassen müssen. – Nur den kleinen zwar. – Aber hinterher war es eine tolle Sache, denn ich konnte wieder alles machen, auch Bergsteigen und so! – Danach habe ich so gut wie nie etwas von diesem „Mercedes", wie der Professor sagte, gespürt. – Weder das Ein- oder Ausschalten, noch das Gasgeben! – Andere Mitkommilitonen hatten da mit ihrem „Volkswagen" mehr Probleme!? –

Natürlich wurde ich besucht in dieser Woche dort, und von wem? –

Von verschiedenen Damen auch! –

Und da waren schönes Herbstwetter und ein bunter Herbstwald auch gleich dabei! –

Das Jahr 1987 begann erstmal mit etwas Aufregung, da rief uns Hans aus München an und suchte scheinbar ein bißchen Streit. Wir hatten länger nichts mehr von ihm gehört, nachdem Gardi schon vor Jahren unverhofft verstorben war, hatte er sich sehr rar gemacht. Auch Christian war verstummt, Hans hatte immer von China und Kommunist gesprochen, wenn wir mal nach ihm fragten. Ich hatte dann mal in München in seinem Geschäft angerufen und von seiner „Rechten Hand" erfahren, daß er nicht zu sprechen sei. Auf mein Drängen hatte sie dann ausweichende Antworten gegeben wie, er sei in einem Heim oder Klinik, aber damit war nicht viel anzufangen. – Ich sagte dann noch zu ihr, daß sie uns ruhig die Wahrheit sagen könne, denn wir seien doch seine einzigen Verwandten hier im Westen, und selbst wenn er im Knast gelandet sei, würden wir das nicht weiter verbreiten! – Ja gut, ich frage ihn, wenn ich ihn besuche! „Wie kommst du dazu zu behaupten, daß ich im Knast war!? – Das verbitte ich mir aber, mein lieber Vetter! – Ich war länger im Krankenhaus! Das kannst du ruhig glauben! – Ja, ja, du bist immer der Größte! – Häuser bauen und so! – Ihr könnt mich mal!" – Hörer aufgelegt. –

Wir haben ihn trotzdem nochmal besucht, als wir in München waren. – Da war er aber nur im Kaffee anzutreffen, täglich von neun Uhr bis vierzehn Uhr, danach kam die Taxe und brachte ihn heim. – Er war nur noch unter Stoff. – Und last not least, er starb auch im Lokal. – Auf der Toilette. –

Als wir über Jutta, seine Schwester in Obringen, von seinem Tod erfuhren, haben wir Christian gesucht. Margot fuhr nach Düsseldorf, wo er nach unseren Informationen zu vermuten war. – Sie ging mit Karl Langfeld zum Einwohnermeldeamt, wo sie erfuhr, daß er schon vor vielen Jahren nach Duisburg verzogen war. Karl war dann allein dort hingefahren und hatte da seine Wohnanschrift herausgefunden und hatte unsere Adresse in seinen Briefkasten eingeworfen, da er gerade nicht anwesend war.

Ich habe Margot am Abend des gleichen Tages in Düsseldorf von Langfelds abgeholt, und als wir spät am Abend wieder zu Hause gelandet waren, fanden wir eine Notiz von Christian an unserer Haustür! – Er war sofort, nachdem er die Information in seinem Briefkasten gefunden hatte, mit dem Wagen zu uns gefahren, aber hatte uns leider nicht angetroffen. – Wir riefen ihn noch am selben Abend an. – Ja, nein, vom Tod seines Vaters hatte er noch nichts gehört! – Als er Tage später in München beim Nachlaßgericht vorstellig wurde, war man dort ganz erstaunt, daß da ein Erbe ersten Grades existieren sollte!? – Auch die eingesetzte Nachlaßverwalterin war von den Socken, hatte man ihr da wohl nicht die ganze Wahrheit gesagt. – Sie rettete für Christian noch, was zu retten war. Die Schweizer Freundin von Hans hatte die Wohnung schon aufgelöst und natürlich ausgeräumt.

Und die „rechte Hand" hatte das Geschäft auch schon gekauft, für einen Apfel und ein Ei, wie man zu sagen pflegt! – Unterm Strich hat er noch rund hunderttausend Mark herausbekommen. –

Leider waren inzwischen auch noch einige unserer guten Freunde verstorben. Als erster Bertel 1982, dann Joop, danach Fritz Hellwich und Günter vom Bodensee, auch Lothar aus Ulm. – Alle Herzinfarkt oder Schlaganfall. –

Ja, so ist das Leben, und da wir noch nicht dran waren, leben wir weiter und versuchen, das Beste daraus zu machen. – Man sollte leben, solange man noch lebt! – Wenn man tot ist, ist es zu spät! – Aber auch die Liebe darfst du nicht dabei vergessen! – Wen, oder mit wem, ist dabei zweitrangig! –

Also entschlossen wir uns zu einer Mittelmeer-Schiffsreise! – Zunächst mit dem Bus nach Genua und von da weiter mit dem Schiff. – Wir hatten eine Außenkabine ziemlich oben für vier Personen geeignet, aber für uns zwei allein gebucht. Natürlich mit Klimaanlage ausgestattet. Das Schiff war ein Dreißigtausendtonner mit Stabilisierungsanlage, damit Margot nicht den ganzen Tag den Eimer mit sich herumschleppen mußte, denn sie war ja nicht sehr seefest! Über das Angebot und das Essen sowie die Bedienung braucht man nicht zu reden, das war alles bestens! Es war übrigens ein italienisches Schiff, die „Eugenio C". Auch die Landausflüge waren gut vorbereitet und organisiert!

Als erstes liefen wir Capri an, leider war die Blaue Grotte gerade landunter! Bei Flut kommt man da weder rein noch raus.

Der zweite Stop war Catania, auf Sizilien. Vom sehr schönen Hafen fuhren wir per Bus nach Taormina, da ist ein herrliches altes griechisches Theater in gepflegtem Zustand zu besichtigen. Auch der Ätna ist von hieraus zu sehen, wenn er nicht gerade von einer Dunstglocke verdeckt wird.

Dann waren wir einen ganzen Tag auf See, mit Baden, Tontaubenschießen und anderen Deckspielen, wobei man sich näherkommen konnte, so untereinander auch. Wir fanden auch Kontakt zu drei Paaren. Unter anderen zu Stuhls, die wir auch danach noch in Kehl besuchten. – Na ja, wir trieben uns auch des Nachts auf den Decks und sonst auch noch herum. – Wir tanzten mit- und gegeneinander bis in die Nächte hinein und so herum! –

Die nächste Landung war in Alexandria, in Ägypten, fällig. – Nach einer Stadtbesichtigung bestiegen wir große airconditionischte Busse und trifteten gen Gizeh, runde zweihundert Kilometer auf der berühmt-berüchtigten Wüstenstraße. Da sprach man von neuen Ansiedlungen, aber die neuerschlossenen Gebiete sahen eher wie verlassene ärmliche und vertrocknete Slums aus. – Ein paar Tauben waren noch zurückgeblieben! –

Gizeh war sehenswert, die drei Pyramiden: Chefren, Micherino und vor allem die Cheops, und natürlich auch die Sphinx! – Auch verschiedene Neuausgrabungen waren sehr interessant und aufschlußreich. – Und „Hassan" nicht zu vergessen, den Kameltreiber, der es verstanden hatte, auch mich mit seinem Trick „hochzukamel" zu bringen! –

Weiter ging die Fahrt nach Sakkara zur Stufen-Pyramide des Königs Zosers aus der zweiten Dynastie um 2816 vor Christus.

Und nach Memphis wollten wir natürlich auch noch, hier steht der Koloß von Ramses II, eine Alabaster-Sphinx. – Da waren wir müde geworden und hatten uns

abseits vom Getümmel mit Maria und Friedhelm in den Hof eines „Cafés" darniedergelegt! – Es war für uns primitiv, aber eben ägyptisch, vielleicht? Ein Alabaster-
tisch, selbst zugehauen, mit Hockersteinen und eine Palme mit Feigenbäumen dazu,
so daß wir Schatten hatten! –

Als wir uns niedergelassen, kam Aicha auf ihren Sandalen daher, um die Bestel-
lung aufzunehmen. Sie war vielleicht vierzig Jahre alt, schlank und trotzdem gut gebaut und schön, soweit man das mit ihrem Kurzschleier beurteilen konnte. Nicht
schwarz, sondern weiß war ihr weites Kleid. Aber als sie merkte, daß wir eine fremde
Sprache sprachen, ging sie zurück ins Haus, na ja, was man so Haus nennen
konnte. – Dann kam Abdula, ihr Mann heraus, und er hatte sofort erkannt, daß wir
Deutsche waren. – Oh, guten Tag, was wollen Sie? – Bitte. – Ja, ich sprech
deutsch, ich war fümf Jahr in Hamburg gearbeiten! – Oh, schen, dein Land! – Wir
haben Studen, ah, oder sie sage Kuken darfor, gud vier Studen, mit Kaffee oder
Tee? – Ja, gud Kaffee. – Mit Millich wie in Hamburg? – Eine kleine Momment
noch, bitteschen. – Mit creme auch, auf Kuken? – Ja, sie frage ob Millich von Ku,
oder Ziege? – Nein, das ist von Stuten. – Vons Esels seine. Oh, ja, ich will keine
Milch, sagte ich sofort. – Margot fragte, kann ich mal davon kosten? – Nein nix
koste extra. – Nein, probieren will ich mal. – Da mischte sich Maria ein und sagte:
Hör, ich bin ja Italienerin, vom Gardasee, und bei uns gibt es viele Esel, auch für die
Salami, aber wir trinken auch Eselsmilch, die ist sehr gesund und schmeckt fast wie
Kuhmilch. – Ja, wenn du das sagst, dann bitte mit Millich, auch für mich! –

Als Maria sah, wie Aicha mit einem Eimer hinter das Haus ging, tuschelte sie
mit Margot und beide gingen hinterher. –

Sie sahen zu, wie Aicha die Stute am Melken war, aber danach auch noch den
Eselhengst einfing und mit ihm in einen Schuppen verschwand!? – Ich ging dann
hinterher, weil es doch ziemlich lange dauerte und die Damen noch nicht zurück kamen. – Abdula hatte uns zuvor erzählt, daß er seine Frau ein Eselpärchen geschenkt
hatte, als er nach Deutschland gegangen war. – Ja, in seiner Abwesenheit habe
Aicha sich mit den Eseln sehr angefreundet, was sollte sie auch ohne Mann allein
anstellen? – Sie melkte den Hengst sehr gerne. –

Wie das, hatte ich gefragt, der hat doch kein Euter!? – Ja, der hat zwei Eudern,
aber mit nur ein Zitze dran. – Auch wie Mann. –

Ohweh! Was sahen meine traurigen Augen da, als ich durch die Ritze spähte?
Aicha lag mit dem Rücken auf einem Haufen aus Gras oder Stroh und darüber hing
der Eselmann. – Sie spreizte sich und zog mit je einer Hand an seinen Eudern, dabei
hatte sie den Zitz sich zwischen ihre Schenkel geschoben! – Maria und Margot standen daneben und schauten ganz ent- oder begeistert zu!? Who ever knows!? –
Möchtest du auch mal, fragte Maria? – Nach mir!? – ??? Das ist dann ja noch mehr
als ein Hummelflug, wenn du verstehst!? – Nein, was ist das!? –

Also bitte mit ohne Millich!!! –

Die Rückfahrt ging über Kairo, wo wir eine Stadtrundfahrt hatten, mit vorbei an
„Sadats" Ehrenmal und auch durch die Slums und so. Und weiter über den sehr breiten Nil nach Port Said, wo wir wieder an Bord genommen wurden!

328

Eigentlich war als unsere nächste Anlegestelle Jaffa im Programm, aber dann wurde noch ein Tag auf See eingeschoben, damit wir uns angeblich von unserem Ägyptenaufenthalt noch ein wenig erholen könnten. – Danach aber legten wir in Haifa an. – Wie wir hörten, war in Tel Aviv so ein bißchen der Teufel los!? Aber bei unserer Weiterreise nach Jerusalem, mit seiner sehr interessanten Altstadt, der Klagemauer, dem Felsendom, dem Basar, der Knesset, der Grabeskirche und so weiter, wurden wir wieder ausgesöhnt. – Natürlich zeigte man uns auch den Ölberg, den Berühmten, und wir waren auch in Betlehem in der Geburtskirche Jesu! –

Außer den historischen Anlagen da gefielen uns vor allem die Sauberkeit überall und auch die gesamte neue Infrastruktur und die Urbanisation, die Urbarmachung dieser Wüstengebiete! – Weniger gut allerdings die vielen Militärs überall und rundherum. – Und die langhaarigen und bärtigen Fundamentalos paßten eigentlich gar nicht so ins Bild!? – In unser europäisches!? –

Nun landeten wir in Limasol, auf Zypern, da gab es auch eine Akropolis, und in Curium das Kolossi, wo sich der Richard Löwenherz vor 800 Jahren herumgetrieben hat. – Dort gab es auch noch sehr gut erhaltene Tempel und Theater aus der mykenischen Kultur. Das war die Bronzezeit etwa 1600 bis 1100 vor Christus –

Dann auf nach Rhodos mit dem berühmten Großmeisterpalast des Johanniterordens aus dem 15. Jahrhundert. Sie tragen auch das weiße Kreuz, wie die Malteser, mit denen sie verwandt sind. – Rhodos-Stadt, besonders die Altstadt, ist sehenswert! – Man hört mittlerweile auch oft deutschsprechende Einheimische, die wohl einige Jahre in Deutschland gelebt haben, um sich eine Grundlage zur Verbesserung ihres Lebensstandards in der Heimat zu schaffen! –

Auch der Kaiser Friedrich der I., der Barbarossa, soll sich hier herumgetrieben haben! –

Die Rückfahrt dauerte zwei Tage an Bord unseres Kreuzschiffes mit einer kurzen Unterbrechung auf einer kleinen griechischen Insel, nur mal so zum Baden. – Von dort ging es wieder gen Köln, durch die Straße von Messina, vorbei am Stromboli-Vulkan und Genua! – Fertig! –

Ja, im Herbst zog es uns nochmal nach dem Süden, weil es bei uns schon recht trist zuging. Es war schon Ende November, Anfang Dezember, als wir die bekannte Blumeninsel Madeira im Atlantik heimsuchten! – Obwohl der Kolumbus, der spanische Amerikaentdecker, dort auch ein paarmal übernachtet hatte, leben dort heute die Portugiesen, natürlich mit den ehemaligen Ureinwohnern, die von Nordafrika gewesen sein sollen! – Natürlich war er Italiener, der Kolumbus. – Und auf den Kanaren hat er sich auch herumgetrieben. –

Es gefiel uns dort sehr, natürlich die Blumenpracht noch zu dieser Jahreszeit, und auch das ganze Drum und Dran, wie die Bergwanderungen entlang der Trinkwasserkanäle mit den Pausen bei Limonensaft mit Honig und viel weißem Rum dabei! – Das Korbschlittenfahren war genauso interessant wie der Madeirawein und die Spitzenblusen. –

Besonders, wenn sie gut gefüllt waren! – Das Neckermann Vier-Sterne-Hotel ließ dagegen einiges zu wünschen übrig! – Das war vielleicht auch mit ein Grund dafür, daß wir uns für die Time Shareanlage im Cheraton Hotel mit fünf Sternen zu interessieren begannen!? –

Um diese Jahreszeit muß man auch schon mal mit ein bißchen Wolkenhimmel und etwas Regen zufrieden sein! –

Zurückgekommen aus den wärmeren Gefilden, lud uns Jürgen zu seiner Hochzeit mit Claudia und Laura ein! – Es wurde nur im kleinen Kreise, mit uns und Peters Familie, sowie mit „Oma Margret" und ein paar Freunden in einer italienischen Osteria gefeiert! – Claudia kannten wir noch, oder schon, aus Jürgens Kommunenzeit. – Sie hatte mit etwa zwanzig Jahren ihre Eltern verloren und hatte sich in ihrer Studienzeit so durchzukämpfen. – Mit einem Italiener hatte sie dabei ein kleines Ristaurante betrieben und sich Laura zugezogen. – Heiraten wollte sie ihn aber nicht. – Sowohl Claudia wie auch Laura waren sehr liebenswert, wenn Laura auch immer nur Spaghetti oder Pastaschuta essen wollte! – Unser gutbürgerliches Essen wollte sie nicht. „Nein, meine Suppe esse ich nicht!" – Damit brachte sie mich mit ihren sex Jahren immer in Harnisch! – Später war sie, mit Ausnahme ihrer Eßgewohnheiten, sehr lieb als „Enkeltochter"! – „Oma Margret" war die Schwester von Claudias Mutter, mit ohne Kindern und Witwe. – Sie hat auch noch einen Bruder, der in die Fußstapfen seines Vaters getreten ist. – Journalist. – Woran und warum ihre Eltern so früh verstarben, wissen wir nicht. – Das geht uns doch auch nichts an!? –

Claudia hat dadurch natürlich ihr Völkerkunde-Studium sehr spät erst abschließen können. – Als Ethnologin! –

Wir hatten das darauffolgende Jahr nochmal auf Madeira Urlaub gemacht, und zwar im Sheraton Hotel. Da es uns so gut dort gefallen hatte und auch wegen des wirklichen Fünf-Sterne-Services und allem Drum und Dran, haben wir da auch zwei Wochen Time-Sharing-Eigentum gekauft. – Uns sagte dieses System sofort zu, weil man nicht immer an den gleichen Ort fahren mußte, um Urlaub zu machen! – Wir wollten schon immer ein Feriendomizyl kaufen, aber durch die ewigen Klagen verschiedener Bekannten von uns, von wegen immer an den selben Ort zu müssen und immer wieder alles sauber machen und instand setzen zu müssen, hatte es uns immer wieder abgeschreckt. –

Zurück zur Perestroika, sie breitete sich fast unbemerkt weiter aus. Vor allem in den Ostblocksatelitenstaaten. Ungarns Außenminister war der erste, der offen aussprach, was andere dachten und der auch danach handelte. – So ließ Ungarn auch alle Fluchtwilligen nach Österreich die Grenze passieren, auch DDR-Bewohner, die dort Urlaub machten. – Auch unser Außenminister Genscher traf sich mehrfach mit dem russischen Kollegen Schewardnatse. – Und in Gießen meldeten sich immer mehr Flüchtlinge im Flüchtlings-Auffanglager.

Ich hatte, nachdem wir unsere Hypotheken mit Hilfe meiner Abfindung und der ausgezahlten Lebensversicherung zurückgezahlt hatten und dann aber finanziell etwas in Schwierigkeiten geraten waren, eine freie Mitarbeit bei dem Architekten Lieberschein angenommen. Er hatte dringend jemand gesucht, der zuverlässig und selbständig die

Bauleitung eines Ärztehauses übernehmen konnte. – Ich war mir anfangs nicht sicher, ob ich dafür der Richtige sei, aber ein ehemaliger Kollege, dessen Tochter dort in der Lehre war, hatte mich empfohlen und mir zugeredet. – Nach kurzer Zeit hatte ich die Sache im Griff und brachte auch Ordnung in den Bauablauf und die Ungereimtheiten auf Vordermann! – Ich korrigierte die falschen und unausgereiften Detailpläne, ließ den Polier merken, wer ab jetzt das Sagen hatte, und brachte auch die Termine in die Reihe. – Auch der Bauherr, ein Gastwirt, spürte den frischen Wind und war sichtlich erleichtert! – Der Architekt ließ mir freie Hand und war kaum noch zu sehen! – Ich führte dann auch alle Gespräche mit den künftigen Nutzern! –

Wir trugen uns aber auch mit dem Gedanken, unser Haus in Sommerhofen zu verkaufen, weil wir gesundheitlich oft damit überfordert wurden. Unser Sohn hatte sich mit seiner Frau auch definitiv entschieden, doch nicht aufs Land ziehen zu wollen. Es gab auch andere Störeffekte, wie das Auftreten von Modellflugzeugen über unseren Köpfen, besonders an den Wochenenden, oder das stundenlange Böllerschießen bei irgendwelchen Familienanlässen und dergleichen. Hinzu kam, daß die Nachbarn, einige davon, ewig am Bauen und Lärmen waren oder die Mamma aus Köln ihren Urlaub mit dem Papagei auf der Terrasse verbrachte. Er wurde natürlich hinter deren Haus gehängt, so daß das ewige Pfeifen und Geschrei direkt vor unserer Nase stattfand! – Und wer füttert die Katze, wenn wir in den Urlaub wollen!? – Ja, Knuth, wann willst du deine Baumscheiben machen, wann endlich deinen Rasen mähen? – Oder die Frau des Chemienachbarn hatte ewig was zu meckern oder zu kramern. Meist kamen sie erst spät abends nach Hause und stellten dann eine sehr helle Lampe in ihr Fenster, das direkt gegenüber unserm Schlafzimmer lag, so daß wir bis lange nach Mitternacht, trotz vorgezogener Vorhänge, die Zeitung hätten lesen können! –

Anläßlich einer Kur hatte ich zufällig einen Herrn kennengelernt, der auch bei dem Ölkonzern tätig war, wo die Orgeltante als Chefsekretärin waltete und schaltete. – Als ich ihn gesprächsweise fragte, ob er denn auch meine Nachbarin kenne, hatte er spontan geantwortet: „Wie, das ist ihre Nachbarin? – Da tun sie mir aber wirklich leid!!!" –

Der andere mähte seinen Rasen immer dann, wenn es ihm gerade einfiel, und wenn es an einem Feiertag war, natürlich in der Nachmittagszeit, wenn wir uns auf der Terrasse aufhielten oder auch Besuch hatten. – Frust kam auf! –

Eine interessante Begebenheit hatte ich auch mal in der Gastwirtschaft von Helmut, meinem Bauherrn in Marieheiden. – Ich erledigte meine aktuellen schriftlichen Obliegenheiten da, um Geld zu sparen, die Bauleitungsbaracke nämlich. – Da hörte ich eines Tages, wie zwei junge Männer sich über hüben und drüben unterhielten. – Dem einen hörte ich sein „Sächsisch" schon von weitem an. – Ich wurde irgendwann in das Gespräch einbezogen, weil es auch um den Neubau ging. Ja, sie waren auch vom Fach und hatten eine Menge Fragen an mich. – Zum Schluß fragte ich den Dresdner Kollegen: „Haben sie Lust, hierzubleiben? – Ich könnte ihnen eine gute Stelle beschaffen, auch eventuell eine Wohnung dazu!" – Wie kommen Sie denn darauf? – Da müßte ich doch verrückt sein! – In Dresden geht es mir doch viel besser als euch hier! – Ich habe so viele Verbindungen, daß ich alles bekomme, was ich brauche, und brauche mich nur halb so sehr zu schinden! – Na, siehste, warum war ich nur nicht drüben geblieben? – Verbindungen hatte ich da doch auch genug! – Und die „Mutter Staat" nicht zu vergessen!? – Ihre führende Hand! – Wo die mich möglicherweise noch hingeführt hätte!? – Wenn ich fügig gewesen wäre! –

Frust und Diebe

Gegen Ende 1989 näherte sich die Wiedervereinigung! – Der Umschwung stand kurz bevor. – Unser Bundeskanzler stand dabei und wurde Pate. Der noch „sowjetische" Dirigent Michayl Gorbatschov hatte aber die Fäden in den Händen! – Dann trafen sie sich in Berlin und handelten den Deal aus. – Dabei kam es darauf an, daß es möglichst keinen Verlierer geben durfte! – Und das Allerwichtigste war, daß es nicht zu ausfälligen Demonstrationen oder gar revolutionären Auseinandersetzungen kam! – Weder hier, noch da! – Auch in den übrigen Ostblockländern nicht! – Die Ungarn, Polen, Tschechen und Slowaken waren dafür ja schon prädestiniert! – Und im Oktober waren die Ostdeutschen Regimegegner in der Nikolaikirche in Leipzig aktiv geworden! – Sie forderten mehr Freiheit für die Bevölkerung in menschlicher, politischer und wirtschaftlicher Hinsicht! – Also Glasnost und Perestroika! –

Dann kam es mit Macht! – Die Menschen wurden mobil und gingen auf die Straße. Zunächst noch etwas zaghaft und diszipliniert, während die Spitzenfunktionäre in Klausur oder auch in volle Deckung gingen! – Sie wußten, was „Gorbi" ihnen gesagt hatte!? – Ja, und dann hatten sie sich durchgerungen, denn es blieb ihnen kaum etwas anderes übrig! – Allenfalls ein Bruderkrieg! –

Wir hielten uns damals gerade auf Lanzarote, auf den Kanaren auf. Da stand es in der Bildzeitung: „Deutschland wiedervereint!" – Ja, ein Prosit, und ein langanhaltendes Hurra!!! – Auch die vielen Ausländer um uns herum feierten mit! –

Die Menschen rissen die Mauer in Berlin nieder und auch Teile der Grenzzäune. – Das Beseitigen der vielen Bodenminen dauerte allerdings noch einige Jahre! – Und viele setzten sich in ihre „Trabants" und fuhren in den Westen, nach „drüben"! – Nur dauerte es für manche tagelang, bis sie ihr Ziel erreicht hatten, denn da waren alle Straßen, auch die Nebenstraßen, voll mit Autos! –

Als wir zurück waren, hatten wir auch einige Besucher unterzubringen. – Aber nicht mehr in Sommerhofen, sondern in Köln, denn wir hatten inzwischen unser Haus verkauft und wohnten wieder in Köln in einer Eigentumswohnung. Und genau um die Ecke, da wo wir vor rund fünfzehn Jahren ausgezogen waren, um das grüne Bergische Land kennenzulernen! –

Es waren die Neffen und Nichten, die Jungen, die so lange Eingesperrten und die „Bürgermeisters"! – Natürlich Jubel, Trubel, Heiterkeit und endlich auch mal Kölner Karneval in Natur und pur! –

Danach wurden in Ostdeutschland sogenannte „Runde Tische", eine Art Tribunale in allen Städten und Gemeinden, veranstaltet, wo die „Volksfeinde", diesmal im umgekehrten Sinne, nämlich die DDR-Funktionäre, neuerdings als „Staatsnahe" Bezeichneten, zur Rechenschaft gezogen wurden, werden sollten! –

Ich glaube, daß dabei nicht allzuviel herauskam, denn diese Tribunale waren ja nur mit DDR-Bewohnern ausgestattet, auch auf der Anklageseite. – Wobei die Regimegegner meist in der Minderheit waren, da es davon gar nicht genügend gab! – Die Masse der Ankläger waren normale Bürger, die wiederum selbst nicht genau wußten, wer sie sind, wohin sie tendieren sollten, denn sie hatten ja eigentlich so schlecht nicht gelebt in der DDR. – Und wer wußte schon, was da noch nachkommen konnte, ob die „Iwans" da schon endgültig „Ja" dazu gesagt hatten!? – So waren fast alle von den Angeklagten auf freiem Fuß geblieben! – Sie waren nach wie vor „ein Volk" geblieben, warum auch nicht? – Sie hatten es sich doch nicht aussuchen können, in welchem Teil von Deutschland sie leben wollten. – Nach dem verlorenen Krieg, nach Hitlerdeutschland!? –

Wie, wann und wo hatten die „Wessis" ihnen denn wirklich beigestanden? – Und gegen wen eigentlich? – Und wer wußte denn schon, was da alles Neues auf sie zukommen würde? – Ja, der Mensch gewöhnt sich an vieles!

Ganz überstürzt wurden danach die Vereinigungsmodalitäten ausgehandelt. Auf der Wessiseite war es der Herr Scheuble, auf der Ossiseite der Herr Kraus. – Beides unbekannte Größen! – Wo sollten die beiden Herren auch so auf die Schnelle herwissen, worum es längerfristig gehen würde!? – Unser Bundesführer schlug alle Einwände, auch die von seinem Rivalen Lafontaine, in den Wind. – Viel wichtiger war für ihn doch der Gedanke, daß er als Wiedervereinigungskanzler Deutschlands in die Geschichte eingehen würde! –

Aus meiner Sicht und auch nach den Diskussionen, die ich mit Ostdeutschen Bekannten führte, hatten die Menschen dort gar nicht mit einer sofortigen Wiedervereinigung gerechnet! – Schon gar nicht mit einer Einvernahme! – Sie wären froh gewesen, das kommunistische Joch endlich abschütteln zu können und „ihren" Staat als demokratischen Staat neu zu orientieren und aufzubauen! – Natürlich mit unserer Hilfe und Unterstützung! – Finanziell und durch fachliche Beratung! –

Jeder, der die alten wirtschaftlichen Bindungen der Systeme untereinander kannte, mußte wissen, daß ein sofortiger Bruch der alten Verträge zu großen Schwierigkeiten in den einzelnen Ländern führen würde! – Sowohl wirtschaftlich als auch politisch! – Alle technisch hochwertigen Maschinen und Geräte waren doch von der Zulieferung der Ersatzteile der ehemaligen Lieferländer abhängig!? – So konnte es doch gar nicht ausbleiben, daß die Traktoren, Mähdrescher oder Eisenbahnwaggons aus der DDR irgendwann auf den Feldern standen und plötzlich nicht mehr einsatzfähig waren, weil vielleicht nur die passende Schraube fehlte!? – Daß diese Tatsache irgendwann den Reformierern in diesen abhängigen Ländern politisch ein Bein stellen konnte, hätte man durchaus absehen können!

Nochmal zurück nach Lanzarote. – Wir waren mit Bekannten mal an einen sogenannten wilden Strand gefahren, und es reizte mich, da im Meer baden zu gehen, aber nicht im Sinne des Wortes, sondern nur schwimmen wollte ich da, weil das Wasser und der leichte Wellengang mich dazu verlockten! – Ich zog mir die Kleider aus, und schon war ich drin! – Aber dann hätte mich doch beinahe der Klabautermann geholt, denn ich spürte sehr bald schon keinen Grund mehr und merkte, daß der Sog mich nach unten und in Richtung offenes Meer zog! – Ich kämpfte um mein Leben und schwamm und schwamm, und kam kaum vorwärts! Zurück! – Und immer wieder zog es mich nach unten! – Der Versuch, um Hilfe zu rufen, schien völlig für die Katz zu sein, denn Margot und ihre Freundin waren in Richtung der nackten Mannskerle gegangen, die überdimensional waren und sie anzogen und sie sehr ergötzen! – Und das „Männlein" stand hilflos am Strand und gestikulierte mit den Armen, um anzudeuten, daß er mir nicht helfen könne, weil er die Kunst des Schwimmens gar nicht beherrsche!? –

In meiner großen Angst und Panik erinnerte ich mich an die hohen Wellen in St. Marc am Atlantik in Frankreich und wendete die gleiche Technik wie damals an: Nämlich, ich ließ mich immer wieder auf den Meeresgrund ziehen und stieß mich von da wieder kräftig nach oben ab! – Dadurch konnte ich wieder etwas Kraft sammeln und mich dem Strand näher bringen! – Nur mit Aufbietung meiner letzten Energien konnte ich mich an Land schleppen! – Dort lag ich dann ziemlich lange fast leblos, bis ich wieder in die Lage kam aufzustehen! – Der „Freund" (das Männlein), nur halb so alt wie ich, ein Berliner, gab dann zu, daß er Nichtschwimmer sei. – Unsere Frauen hatten davon gar nichts mitbekommen, denn in ihrem Trancezustand waren sie den außerordentlichen Typen hinterhergelaufen und hatten uns die ganze Zeit aus ihren Augen verloren. – Als wir sie nach längerer Zeit endlich wieder eingefangen hatten, schienen sie sich gut amüsiert zu haben. – Zwischendurch!? – Denn noch immer waren sie dem Anblick verfallen und konnten sich kaum losreißen, um mit uns die Rückfahrt wieder anzutreten. –

Da war ich dem Teufel wieder mal von der Schippe gesprungen! –

Natürlich fuhren auch wir im Frühjahr 1990 nach Thüringen, kurz zuvor, zu meinem Geburtstag, war ganz unerwartet mein Bruder Fred in Köln aufgetaucht. Sein Hauptanliegen war aber nicht mein Geburtstag, sondern die Frage: „Ja, Knuth, was machen wir nun? – Ich meine mit dem Haus in der Mörlaer Straße?" – „Was heißt das denn, natürlich will ich meinen Anteil wieder haben, war ich es doch, der es mehr oder weniger in die Wege geleitet und gebaut hat! – Zusammen mit Margot!" – „Aber ich habe es doch gekauft, vor rund zwanzig Jahren!" – Aber nicht von mir, sagte ich, und gefragt hast du mich damals auch nicht! – Aber, du kannst es mir jetzt abkaufen, denn wir werden voraussichtlich nun nach fast dreißig Jahren nicht mehr zurück nach Rudolfstadt wollen!? – „Und was willst du dafür von mir haben?" – Na, ich habe noch gar nicht darüber nachgedacht, aber so im Moment würde ich sagen, schon ein bißchen mehr als die zweitausendsechshundert Ostmark, die du seinerzeit an die „Genossen" bezahlt hast! – Sagen wir mal, auch als einen Freundschaftspreis, und weil du mein „armer" und lieber Bruder bist, so um die Fünfzigtausend!? – „Wie!? Du willst mir meine ganze Rente auf Lebenszeit wegnehmen!?" – Hör zu, du brauchst mir nicht deine Rechte zu verpfänden, du kannst das doch aus den Mieteinnahmen finanzieren, und ich will es auch nicht sofort haben! – „Ja, da nimm du es doch!" – O.k., antwortete ich prompt, was ihn die Sprache verschlug. – „Und was willst du von mir dafür haben?" – Na, das Gleiche, auch Fünfzigtausend – Westmark, natürlich! –

Damit war das Gespräch darüber beendet. – Er blieb noch eine Woche bei uns. – Als ich ihn am Bahnhof verabschiedete, sagte ich zu ihm: Sprich mit deiner Familie nochmal darüber und laß mich das Ergebnis bald wissen! –

Beim nächsten Besuch, auch in Rudolfstadt bei Fred, kam er auf das Hausthema gar nicht mehr zu sprechen. – Er erzählte mir, daß sie in Jena im Institut eine Vertrauensabstimmung gemacht hätten, dabei hätte der Chef, der Professor, nur fünfzehn Prozent Zustimmung erhalten! – Und da habt ihr ihn natürlich sofort abgesetzt, war meine Frage. – Wieso denn, sagte er darauf. – Und wozu habt ihr überhaupt abgestimmt!? – Ja, wer soll es denn machen, sagte er darauf. – Ich sagte: Na, warum nicht du? – Da war er perplex. Er bekam einen roten Kopf und minutenlang keine Luft mehr! – Nein, ich bin doch schon zu alt dafür, stotterte er hinterher. – Es schien ihm peinlich zu sein, ich überlegte hinterher, ob er mehr als 15 Prozent Zustimmung erhalten hätte??? –

Zu den angekündigten Modalitäten des Geldumtausches im Zusammenhang mit der Wiedervereinigung hatte ich von Anfang an große Bedenken, vor allem, daß man schon Monate vorher die Umtauschgrößen bekanntgab. – Alle unsere Bekannten und Verwandten, mit wenig Ausnahmen, hatten gestöhnt, daß sie soviel Sparvermögen gar nicht hätten. – Deshalb war es dann doch erstaunlich, daß alle genügend Geld zum Tausch 1:1 und auch noch zum Teil erhebliche Beträge zum Tausch 1:2 hatten. – Das muß darauf hindeuten, daß manche Beträge von alten Leuten und aber auch aus gewerblichen Beständen umverteilt worden sind! – Daß der zeitweilig in der Umbruchphase amtierende Herr Modrow neues Geld in Massen drucken ließ und unter das Volk brachte, ganz besonders den Funktionären zukommen ließ, ist inzwischen hinreichend bekannt! –

Wenn danach auch die sogenannten „Staatsnahen" mit Minirenten von etwa achthundert Mark im Monat auskommen mußten, und wohl auch konnten, was als sogenannte Bestrafung gedacht war, läßt bei mir den Eindruck aufkommen, daß das vorher abgestimmt und gewollt war!? – Eine Täuschung der Wähler also! –

Die Menschen hüben wie drüben waren zufrieden! – Auch die Rentner und die Arbeitslosen. – Zunächst! –

Aber vorher schon war die Euphorie im Westen stark zurückgegangen, daß die ostdeutschen Arbeiter sehr gut und tüchtig seien! Man hörte von Unternehmern, daß diese Neudeutschen, die Umsiedler von Ost nach West, die vorhandene Arbeitsmoral in den Betrieben völlig aus dem Gleichgewicht brächten. – Diese Arbeiter seien nicht gewöhnt, so hart ranzugehen, und fordern alle Stunde mindestens eine Pause. Bevor sie begännen, würde erst mal gefrühstückt und getalkt! – Auch mit der Technik und modernen Geräten hätten sie Schwierigkeiten! – Ja, ich selbst hatte einigen Firmen geraten, sich doch in Gießen aus dem Auffanglager die guten mitteldeutschen Arbeiter zu holen. – Aber auch ich bekam hinterher fast nur negative Berichte zu hören. – Ja, es schien zu stimmen, diese Menschen waren in den vielen Jahren des Sozialismus regelrecht versaut worden, was die Arbeitsmoral betraf, und auch in anderer Hinsichten!? – Ausnahmen bestätigen die Regel! – Und auch wenige Ausnahmen verderben das normale Image! – Leider! –

Ja, wie schon angedeutet, haben wir im Herbst 1989 unser Haus im Grünen, den gedachten Altersruhesitz, wieder verkauft. Aber auch das Verkaufen eines Hauses will gelernt sein, mußten wir feststellen. Der größte Fehler, den wir gemacht hatten, war, daß wir glaubten, es nicht im Ort publikwerden zu lassen. Die Freunde da und auch die Nichtfreunde hätten ja daraus schließen können, daß wir pleite seien. – Und noch eines muß man wissen, daß nämlich in einem bestimmten Zyklus die Nachfrage vom Land in die Stadt und umgekehrt sich eben immer wieder umkehrt! – So hatten wir erst nach fast zwei Jahren des Inserierens über Makler das erste Angebot und den ersten Interessenten bekommen. – Ja, und dem haben wir es dann auch gleich zugesagt und noch Konzessionen gemacht! – Man wird irgendwann auch ungeduldig. – Nachdem es aber auch im Ort und bei Freunden bekannt geworden war, zeigten viele Interesse an unserem Haus. Oft für eigene Freunde, die sie gerne in ihrer Nähe gehabt hätten. – Selbst der neue Gemeindedirektor war interessiert! – Zu spät! –

Ja, wenn wir geahnt hätten, was da noch auf uns zukommen würde, da hätten wir die Weichen sicher nochmal umgestellt. – Nur ein Detail dazu, als wir dann beim Notar waren, sollten wir noch eine zusätzliche Unterschrift für eine Hypothek in Höhe von vierhunderttausend Mark zu Lasten unseres „schuldenfreien" Hauses leisten, damit der Käufer in die Lage versetzt wurde, es zu kaufen. Das war zwar für uns, juristisch gesehen, kein großes Risiko, aber doch ein Schreck in der Morgenstunde! – Aber ich hätte schon früher stutzig werden müssen, nämlich dann, als der Käuferherr mir mal erzählte, warum er eigentlich „reich" sei, aber kein Geld hätte. – Ja, „sie" hatte die Hosen an, und die eigenen Kinder hatten „sie", die Eltern, schon mal in den Ruin gebracht! – Ich weiß nicht, ob es interessant ist, aber er war in meinen Augen eine ehrliche Haut, die aus Bremen stammte, und sie war mal seine Sekretärin gewesen, die aus Zittau stammte. – Ich nehme es vorweg! – Margot sagte damals: Weißt du, spätestens in drei bis vier Jahren kommt unser Haus wieder unter den Hammer. Ja, und nach vier Jahren wurde Sommerhofen von der Polizei umstellt und die „Angreifer" auf dieses Haus festgenommen! – Es war der Käufer der Fleischfabrik bei Köln, die vorher unseren Hauskäufern gehört hatte. – Sie hatten sich betrogen gefühlt, in jeder Beziehung! –

Margot hatte also recht behalten! – Und wir mittlerweile auch die knappe halbe Million bekommen. – Wenn auch mit Androhung der Prügelstrafe! –

Sie hatten es danach wieder verkauft, vorher hatte sie alles mit weißer Lackfarbe gestrichen, auch die roten holländischen handgestrichenen Klinker und auch die ganzen astreinen Deckenverkleidungen. – Die Heizung vergammelte, und der Keller wurde unter Wasser gesetzt! – So hat ein Haus auszusehen! –

Noch ein paar Worte zu den „Grünen Witwen" auf dem Lande. – Natürlich waren sie nicht alle so grün. Vielleicht gibt es sie heute auch gar nicht mehr? – Aber schon bevor wir in diese „Berge" gezogen waren, gab es ein Landstraßenlokal, wo man einkehren konnte, um auf die Schnelle mal einen zu heben, und sich dabei erleichtern konnte! – Es lag an der B55. Das Erleichterungspersonal bestand überwiegend aus Damen des gehobenen Landfrauenbundes. – Die ihre Herren von der Schöpfung sehr oft nicht zu Hause hatten, meist auf Dienstreisen, so wie ich auch, waren sie! –

Aber auch in Vögelsungen, ganz in unserer Nähe, gab es so was. – Und, oh Schreck laß nach, auweh, die kannte ich doch, die nette freundliche Dame aus dem

Supermarkt, oder die Dame vom Grill, die mit dem großen Holzklotz vor der Haustür, und noch einige sehr wohlhabendwollende gutaussehende verarmte Fraulichkeiten. – Natürlich sprach man später nicht darüber, auch wenn man sich nur so mal begegnete!? – Eine von denen nannte sich Sodomie, sie war gomorisch begabt. – Kein Kunststück, hatte sie doch alle Möglichkeiten dafür im eigenen Laden bei sich zu Hause! – Sie hatte mich unterwegs in ihrem Kombi mal aufgelesen, und dabei hatte sie ihren großen Rüden dabei, er lag daneben, auf dem Beifahrersitz und ging da auch nicht runter, so daß ich dahinter sitzen mußte. – Ja, sagte sie, er liebt mich über alles, ich ihn aber auch! – Als sie ihn während der Fahrt am Streicheln war, war er sehr zufrieden, denn sie strich ihm seinen Schwanz, und er zeigte ihr diesen in voller Länge! – Der hat aber einen großen Sterz, sagte ich. – Oh ja, antwortete sie, und wie gut der tut, meisterhaft sage ich Ihnen! – Wenn Sie möchten, können Sie uns ja mal besuchen und daran teilhaben!? – Wenn mein Alter mal wieder fort ist! – Sie hatte wirklich eine große Auswahl in ihrem Repertoire, das fing beim Schwan, der Leda an, ging weiter über den Geisbock, ja sogar ihren Eber führte sie mir vor, bis hin zum Pony. Ja, ich weiß nicht, ich habe davon gehört und gelesen, so zum Beispiel die russische Zarin Katharina II soll sich damit schon beschäftigt haben!? – Ja der Schoßhund!? – Jeder nach seiner Façon! – Warum auch nicht!? – Irgendwie sind Menschen auch nur Tiere, oder umgekehrt! – Erinnern wir uns doch nur an die Konzentrationslager in der Hitlerzeit, oder an Vietnam, den Golfkrieg, oder die Völkermorde im ehemaligen Jugoslawien oder Tschetschenien und, und, oder in Afrika, oder China. – Wo ist da ein Unterschied!? – Die Inquisition nicht zu vergessen! –

Schon ein paar Jahre vor der Vereinigung kamen immer mehr DDR-Bewohner in die Bundesrepublik, manche mit dem Möbelwagen sogar. – So auch Schwager mit Frau und zwei erwachsenen Kindern, und eben auch mit Katz und Maus! – Er war Ingenieur und sie ebenfalls. – Sie hatten einfach einen Ausreiseantrag gestellt, und der wurde genehmigt. – Nun, sie hatten ein neues Haus, was sie nicht mitnahmen, auch weil das einem Bonzen so gut gefiel. – Die DDR bekam dafür von der BRD noch eine hübsche Kaufsumme dazu. – Hatten sie doch den „Schalk" im Nacken! – Selbst der Bruder mit Frau durften ihnen beim Umzug helfen, mit nach dem Westen reisen! – So hatten wir, in Sommerhofen noch, plötzlich wieder mal das Haus voll! – Der Bruder mit Frau fuhr natürlich wieder zurück, hätten sie doch sonst keine Reiseerlaubnis bekommen!? – Ich glaube, daß das ähnlich war wie mit meinem Bruder Fred. – Denn von den noch Jüngeren bekamen nur Ausgewählte und Linientreue diesen Sonderbonus!? – Ein Judaslohn, vielleicht!? –

Im Sommer 1990 hatten wir über unser Time-Sharing-System eine Reise nach Südtirol, am Comer See, und anschließend nach Radstadt an der Enns in den Niedertauern gemacht. –

Auf der Rückreise fuhren wir nach Thüringen. Wobei wir die Gelegenheit nutzten, in Nürnberg einen Stop einzulegen, um die Rudolfstädter Schwippneffens mal aufzusuchen. – Ja, natürlich konnten sie sich an uns Sommerhofer noch erinnern, und eine Tasse Kaffee bekamen wir auch. – Eigentlich hatten wir eine Übernachtung dort eingeplant? Aber dann fuhren wir bis nach Engerschöwlich zu meinem Bruder Heinz durch!

Da inzwischen die berühmte Geldumtauschaktion so gut wie abgeschlossen war, bekamen wir von meinen beiden Brüdern je rund zweitausendfünfhundert Mark für unsere Sparbuchbeträge, von etwa dem doppelten Spar-Beträgen (jeweils) ausgehändigt. – Ja, wir hatten ja selber soviel Geld umzutauschen, daß wir euer Geld nur 1:2 tauschen konnten! – Wir mußten doch für andere Freunde und Verwandte noch mitumtauschen! – Ja, dann Dankeschön für eure freundlichen Bemühungen! –

Ich ging dann in Rudolfstadt zur Deutschen Bank, die Nachfolger der ehemaligen DDR-Staatsbank, um nach meinen Sperrkontobeträgen zu fragen. – Schon ein paar Jahre zuvor hatte ich da mal nachgefragt, aber nach längeren Diskussionen hinter verschlossenen Türen (ohne mich) die Antwort bekommen: „Herr Paulsen, wir dürfen Ihnen keine Auskunft darüber geben!" – Die Damen am Schalter kannten mich noch, ich sie natürlich auch, aber keiner getraute sich damals, es irgendwie auszudrücken!? –

Jetzt waren sie ausgewechselt worden, aber auch noch genau so höflich und freundlich wie damals: „Ja, Herr Paulsen, bis auf die dreihundert Mark (Rest), die Sie seinerzeit aus Weimar bekommen haben, haben Sie hier kein Sperrkonto! – Nie gehabt, da müssen Sie mal bei der Treuhand nachfragen!? – Ich hatte 1970 von Tante Luise 500 Mark nach ihrem Tode geerbt! –

Der anschließende Besuch bei der „Treuhand" riß mich vom Hocker! – Die Frau Megagold empfing mich sehr freundlich und sagte, als ich ihr mein Anliegen vorgebracht hatte: „Aber selbstverständlich, Herr Paulsen, bekommen Sie Ihr Haus zurück! – Moment mal, ich suche ihre Akte gleich mal heraus. – Wissen Sie, ich bin noch nicht so lange hier tätig, ich war vorher beim Kreisbauamt beschäftigt, vor der Wende! – Aber lassen sie mich nachschauen im Register hier: Also, Paulsen, mit „P" wie Paul. Da hätten wir den Alfred und dann die Helene. – Ach, sagte ich, das ist mein Bruder und meine Mutter. – Ja, das kann sein, antwortete sie. Ja, hier habe ich Sie auch! – Ich gehe nur schnell mal ins Archiv, warten Sie! – Ich schaute mir währenddessen das Register noch mal an und stellte fest, daß unter unserem Namen keine weiteren Personen registriert waren.

Dann legte sie mir meine Akte zur Einsichtnahme vor, und ich war sehr bald dahintergekommen, daß da einige interessante „Unwahrheiten" zu Protokoll standen. Und mein Sperrkonto-Auszug zeigte ein Anfangsguthaben von etwas über dreizehntausend Ostmark und endete mit einem Negativum von etwa sechshundert Mark. Ich konnte auf die Schnelle mit den Zahlen nicht allzuviel anfangen und fragte die Dame, ob sie mir dabei helfen könne? – Nein, sagte sie, das verstehe ich auch nicht! – Können Sie mir Kopien davon anfertigen? – Ich habe kein Kopiergerät hier, das ist bei uns nicht so wie im Westen, antwortete sie mir. – Aber wie ich sehe, haben Sie doch einen Fotoapparat bei, von mir aus können Sie alles abfotografieren, wenn Sie wollen!? – So tat ich denn auch. – Danke, meine Liebe! – Vergessen Sie aber nicht, einen schriftlichen Antrag auf Rückgabe zu stellen, sagte sie noch und gab mir ihre offizielle Anschrift mit. –

Ich bin anschließend noch in die Mörlaer Straße zu Fred gefahren. – Als ich ihm erzählte, daß ich bei der Treuhandstelle gewesen sei wegen meines Sperrkontos, hat er gar nicht reagiert, auch auf die immer noch unbeantwortete Frage, wie er sich mit seiner Familie zur Rückgabe meines Hausteiles entschieden habe, ging er nicht ein! – Ich konnte und wollte ihn dazu nicht zwingen! –

In Orba hatte ich mit dem „Nochbürgermeister" und Neffen Harold über die Folgen der Vereinigung gesprochen. Im Moment waren sie alle sehr zufrieden, denn finanzielle Sorgen schienen sie alle nicht zu haben. Das war interessant. Alle waren dabei oder hatten schon neue Westwagen gekauft! – Auch meine Brüder, Neffen und Nichten. – Ich fragte ihn, was er davon hielte, wenn wir seine Eltern in Suhl auf der Rückfahrt besuchen würden!? – Ja, er schien von dieser Idee begeistert zu sein. Ja, nach fast dreißig Jahren wäre das wohl angebracht, aber ich frage erstmal telefonisch an, schob er nach. –

Die Resonanz war positiv, und damit diese erste Wiederbegegnung nicht gleich mit blutigen Köpfen endete, hatte Gerald, der Schwager und ehemalige Staatsfunktionär, darum gebeten, daß Harold und seine Frau Evlin mitkommen möchten! – Nun, der erste Kontakt hatte sich leichter abgewickelt, als wir erwartet hatten. – Es war nach kurzer Überbrückung der persönlichen Unsicherheiten auf beiden Seiten zu einer recht herzlichen Angelegenheit geworden! – Ganz besonders für Margot und Helga, die Dämlichkeiten. – Wir blieben nicht allzulange und mieden erstmal alle kritischen Themen, hatten aber danach alle das Gefühl, daß die familiären Beziehungen wieder aufgebaut werden können. Auf der Rückfahrt nach Orba machten wir noch einen Stop bei Marlen, Harolds Schwester, an der Schneekoppe. Dort waren wir aber schon des öfteren mal gewesen, noch vor der Wiedervereinigung! – Ranald, Marlens Mann, gefiel mein Ford Sierra, und ich machte ihm einen guten Preis, so daß sie einen Grund hatten, uns bald mal in Köln zu besuchen und ihren neuen Wagen mit nach Hause zu nehmen. – Die Rückfahrt über Orba benutzten wir, um auch Margots Eltern nochmal auf Wiedersehen zu sagen! –

Oma Olivia starb auch kurz danach, so daß wir Anfang September wieder nach Thüringen mußten. – Leider auch nur zu diesem weniger erfreulichen Anlaß! –

Diese Gelegenheit nutzten wir jedoch, um unsere alten Freunde mal wieder zu kontaktieren. Hatten sie doch alle auf meine Weihnachts- und Neujahrskarten positiv reagiert! – Schriftlich oder auch telefonisch! –

Margot ging einige ihrer persönlichen alten „Freunde" besuchen, fragen Sie mich nicht, wen alles!? – Ich fing bei Hessels in Kumbach an. Else empfing mich freundlich, wie geht's, wie steht's. – Ja, Horst ist nicht da, komm doch nochmal wieder. – Dann fuhr ich in die Richard-Dingsstraße, wo die Frau Dr. Sonnabend wohnte, aber da öffnete mir keiner. – Also ein Haus weiter, da war Enge zu Hause. Sie freute sich riesig! – Sie zeigte mir auch gleich ihre neurenovierte Wohnung und die neuen Betten, dabei war sie richtig lieb zu mir! – Ja, Hans kommt um diese Tageszeit garantiert nicht nach Hause! – Das kannst du ruhig glauben, mein Lieber, und wenn du noch kannst, kannst du noch bei mir bleiben! – Ich bin für dich immer offen, wie du noch spüren solltest! – Aber jadoch, meine liebe Enge, spüre ich es! –

Du bist nun mal eine hingebungsvolle Frau! – Und in der Weite kaum übertrefflich! –

Weiter ging's über den Oberen Hainweg, und ich war bei Annchen angekommen, im Försterhaus. Auch sie war allein zu Hause und begrüßte mich freundlich. – Dabei saß sie mir am Tisch gegenüber und hatte ihr Holz vor sich liegen, immer noch so eine Menge! – Ja, Hannfried muß so ABM-Umschulungskurse im Schwarzatal abhalten. Nein, Ober-Forstmeister sei er nun nicht mehr. – Ich getraute sie nicht zu fragen, ob ich etwas zu trinken bekommen könnte!? – Ja, in puncto „Benimm" waren sie irgendwie zurückgeblieben! – Schien es mir!? –

Eigentlich gehört so was in die Muttermilch, aber da muß man erstmal die Richtige finden!? –

Ich hatte alle am Schluß meiner Kurzbesuche gefragt, was sie von einem gemeinsamen Treffen aller „ehemaligen" Freunde in Mörla bei Kriegers halten würden? – Auch Ralf, den ich noch kurz in seinem Büro aufgesucht hatte. – Die Antwort oder die Reaktion war immer negativ! – Ja, nachts und so gingen sie grundsätzlich nicht mehr aus. – Schon lange nicht mehr, und mit Müller, Meier, Schulzes haben sie schon viele Jahre keinen Kontakt mehr! – Ich konnte mich des Eindruckes nicht erwehren, daß sich einer vor dem anderen fürchtete! – Warum, ich weiß es nicht, vielleicht hatten sie alle Dreck am Stecken!? – Und wahrscheinlich wußten sie nicht, was der eine vom anderen weiß!? – Sie haben danach auch keine Weihnachtskarten mehr an uns geschickt. Auch unsere Einladungen wurden nicht wahrgenommen! – Ja, wozu auch, konnten sie doch jetzt alles im Laden kaufen! – Sie konnten ja auch nicht damit rechnen, daß wir immer weiter Zahlemann spielen würden. – Privat, meine ich. – Inoffiziell aber mußten wir immer weiter zahlen, über die Steuern! –

Und die Konzeptlosigkeit seitens unserer Regierung kostete dem Steuerzahler viel Geld. – Was da alles lief und nicht lief, wie es vielleicht laufen sollte! Ja, laufen müßte, kontrollierbar wäre!? –

Da im Herbst die ersten gemeinsamen Wahlen vorgesehen waren, getraute man sich offenbar auch nicht, die Neubürger zu verprellen! – Hatten sie ohnehin schon große Schwierigkeiten mit der Demokratie fertigzuwerden, auch mit den vielen Angeboten an der Haustür! – Letztlich mit dem Be- oder Nichtbetrogenwerden. – Genauso wie es uns vor etwa dreißig Jahren auch schon ergangen war. – Auch die Kredithaie nicht zu vergessen. Sowohl diejenigen, die für Geldanlagen unmöglich hohe Zinsen (18 Prozent) boten, und dann auf Nimmerwiedersehen verschwunden waren, als auch umgekehrt diejenigen, die für Kredite überhöhte Wucherzinsen verlangten. – Auch bis zu 15 Prozent. –

Da wurden hohe Geldmittel mit der Gießkanne verteilt. Beispielsweise bekamen kleine Gemeinden von nur ein paar hundert Einwohnern für sie nie dagewesene Millionen für den Straßenbau zur Verfügung gestellt. Da wurden Straßen, die sie kurz zuvor noch betoniert hatten, wieder abgerissen und ganz neu aus Bitumen hergestellt. – Natürlich kamen da auch wieder neue Kanäle, Wasser- und Gasleitungen und Kabel rein. – Auch die noch neuen Beton-Straßenkandelaber wurden durch neue modere ersetzt, und natürlich alle zwanzig Meter einer! – Im Nachbardorf wurde unter

Federführung der Kirche eine ganz neue Straße zwischen zwei kleinen Dörfern in einer Länge von etwa vier Kilometern gebaut. Dort hatte es zuvor nie eine Straße gegeben. – Aber warum sollte der Herr Pfarrer, der ja jetzt auch ein Auto hatte, jede Woche sex Kilometer Umweg fahren!? – Die drei Kilometer zu Fuß, wie zuvor jahrzehntelang, nein, das war nicht mehr zumutbar, wo wir doch in „Deutschland" leben. – Jetzt! –

Dagegen hatten Kreisstädte wie Arnstadt oder Rudolfstadt den Gießkannenregen verfehlt, denn dort wären viel dringender Umgehungsstraßen notwendig gewesen! – Da fährt man heute, nach sex Jahren, noch durch die ganze Innenstadt, im Schritttempo, und darf dabei nicht einatmen, weil man sonst einer Gasvergiftung ausgesetzt ist!

Wie schon erwähnt, wurde dann die sogenannte „Treuhandanstalt" ins Leben gerufen. – Wer immer da gerufen haben mochte, gekommen waren jedenfalls viele!? – Und die hatten dann wohl auch gleich begriffen, worum es ging, gehen sollte, wollte, konnte!? – Deshalb hatten sie gleich ihre ganzen Freunde und Verwandten mitgebracht! – Aber nun ging's zur Sache! – Her damit, du ein Stück, ich, wir ein Stückchen. Die haben doch sowieso keine Ahnung! – Da wurde beispielsweise Schwarza, das Kunstfaserwerk, für sechs Mille an zwei Inder verkauft, natürlich mit Auflagen zur Erhaltung der Arbeitsplätze und der Produktion. – Ja, daß die dann nach zwei Jahren mit 27 Mille in ihre Heimat zurückkehrten, das konnten wir doch nicht ahnen!? – Und die, unsere, Regierung hielt diesen Tatbestand natürlich nicht für ausreichend, bei der indischen Regierung dagegen zu opponieren und das gestohlene Geld zurückzufordern! –

Oder der Schloßkönig Hillebert kaufte in Suhl für eine Deutsche Mark ein modernes Wohnhochhaus mit über hundert Wohnungen, dazu das auch ganz neue Kongreßcenter und die Fitnessanlage mit Hallenbad! – Danach, auch nach dem FDP-Parteikongreß, fing er ganz langsam an, die Fassaden am Wohnhochhaus abzubrechen, ich weiß nicht, warum!? – Dann die ganzen Innereien im Kongreßcenter rauszureißen und dann auch das Fitnesscenter umzubauen! – Wozu das alles so dringend und überhaupt nötig gewesen sein soll? – Ich kann es nicht nachvollziehen! – Auf alle Fälle war er noch reicher an Immobilien geworden! – Aber dann auch pleite!? – Wo ist das Geld geblieben!? – Herr oder Frau Treuhand, haben sie vielleicht eine Idee!??? – Oder sie, Herr Regierungschef!??? - Im übrigen verdienen die Mitarbeiter der „Konzeptorganisation" eine Menge Geld! – Wie offiziell bekannt wurde! – Inoffiziell wird es erst noch bekannt werden! – gemacht werden müssen! –

Man hätte zwar wissen müssen, damals schon, daß es in der BRD einen sogenannten „Pensionärs-Experten-Service" gab!? – Da in Bonn gab es den, die Mitglieder, alles ehemalige Spitzenfachleute aus der Wirtschaft und Fachverbänden! – Und alle waren ohne feste Verpflichtungen und viele auch schon mal in einem unterentwickelten Lande tätig gewesen. – So zum Aufbau und Helfen! – Noch nie gehört davon, meine Herren!? –

Ich gehörte schon seit Jahren dazu! – Aber man hatte mich noch nie angefordert!? – Bis auf nun, des öfteren sogar! – Aber die Anfordernden dachten, daß wir Übermenschen seien! – Perfekt auf allen Gebieten! – Wahrscheinlich wußte die Zentrale in Bonn da auch nicht so genau Bescheid!? –

Dann ließ ich mich doch überreden und fuhr nach Schmölln, eine kleine Kreisstadt in Ostthüringen. Da angekommen, ließ man mich ein paar Stunden warten. Dann begrüßte mich der Bürgermeister und teilte mir mit, daß er keine Zeit habe, und ich solle mich doch inzwischen mit seinem Abteilungsleiter Popelmann unterhalten, bis er zurück sei. – Meine Sekretärin wird Sie zu ihm führen. Im übrigen sei ja auch gleich Mittagspause! – Außer, wo ich meine Unterkunft für die nächsten Monate finden könne, wußte er auch nichts. So fuhr ich denn mit meinem Privatwagen etwa acht Kilometer außerhalb der Stadt in ein Dorf, wo am Rande desselben ein Fußballplatz war. – Und in dem Sportgebäude könne ich in dem Büroraum wohnen. – Die Toiletten und Duschen in dem Umkleidebereich stünden mir natürlich zur freien Verfügung! – Natürlich hätte ich die Liege zum Schlafen benutzen dürfen. – Wäsche, Geschirr, Heizmaterial für den Kanonenofen? – Nobody knows! –

Eine Frau, die nahebei wohnte, hatte mir aufgeschlossen, sie sagte, daß ihr Gatte sich um den Sportplatz kümmere, wenn mal ein Spiel stattfände! Auf der Rückfahrt zum Rathaus hatte ich Gelegenheit, mir die großen Dreck- und Steinhaufen und die vielen Dümpelteiche anzuschauen, die es hier massenhaft gab. – Wie ich dann erfuhr, war ich mitten im ehemaligen Uranabbaugebiet gelandet! – Ja, man konnte noch daran fühlen und spüren, wie es mich anstrahlte! – Im einzigen Hotel am Platze erfuhr ich während des Mittagessens, daß die dreißig Gästebetten ständig und voraus fest gebucht seien. – Von Vertretern und Geschäftsleuten aus dem Westen! –

Ja, sagte der Bürgermeister, wenn sie länger bleiben und eventuell ihre Frau nachholen wollen, könnten wir ihnen vielleicht eine Neubauwohnung zur Verfügung stellen, in einem halben Jahr eventuell!? –

Nein, danke, sagte ich zu ihm, mir wäre schon geholfen, wenn sie mir bescheinigen könnten, daß ich heute hier war, damit ich meine dreißig Mark Tagegeld und die Benzinkosten zurückbekomme! Auf Wiedersehen! –

Ich denke, wenn man schon zum Einkaufspreis von dreißig Mark pro Tag arbeiten soll, könnte man schon etwas mehr an Entgegenkommen und Wohnkomfort erwarten! – Oder? –

Zwischenzeitlich hatte ich Fred mitgeteilt, daß ich mich veranlaßt sah, termingerecht Antrag auf Rückerstattung meiner Haushälfte zu stellen. Daraufhin schrieb er mir wieder, wie gehabt vor zwanzig Jahren, einen langen Brief! – Und jetzt wußte er auch den Namen des „Verkäufers" wieder, und der hat ihm erneut bestätigt, daß er meinen Anteil nicht zurückzugeben brauche! Und ich sei doch selbst schuld, denn ich, nicht er, sei vor 30 Jahren „abgehauen"! Ja, und dann sagte er mir auch, was Recht ist: Nämlich, das Recht ist immer auf der Seite des Stärkeren! – Ja, und unser Vater habe ihm auch dazu geraten. – In den Akten steht aber, daß es meine Mutter war! – Da steht auch drin, daß er Antrag auf Kauf gestellt hat! – In einem späteren Brief stellt er das aber in Abrede. – Ja, Redlichkeit steht im neuen Gesetz über Regelung von Vermögensfragen. – Lügen hat neuerdings aber nichts mit Unredlichkeit zu tun! – Das war dann allenfalls DDR-Verwaltungspraxis! –

So ähnlich schreibt dann auch der Leiter des Widerspruchsausschusses von Gera. Auch eine Zeugenvernehmung von dem „Herrn Fakurke" beispielsweise oder von Nachbarn und so, sei nicht entscheidungsrelevant! – Auch eine Auskunft beim Gauck, dem Stasiaktenverwalter, habe bisher in ähnlichen Fällen zu nichts geführt! – Ich denke, sie stecken alle noch unter einer Decke!? – Nachdem man mir das Rückgaberecht zwar zugestanden hatte, war aber die Unredlichkeit angeblich nicht zu beweisen!? – Mein Bruder ist mir allerdings seine Stasiaktenauskunft schuldig geblieben, sowie mindestens ein Foto aus der Bauzeit unseres Hauses, wo nur einer seiner Familie beim Bau innerhalb der vier Baujahre darauf zu sehen ist! – Ausgenommen er selbst! – Letzteres war ein Hauptargument in seinem Kaufantrag vom 6. Februar 1971 gewesen. – Nämlich, daß er und seine Familie sehr viel an diesem Hausbau getan hätten! – Er war zu dieser Zeit weder verlobt noch verheiratet! – Und die Akte über meine Mutter bei der Treuhand war nach fünf Jahren gar nicht vorhanden. – Nein, das war eine andere Helene P. gewesen, die sich auch nicht mit „ß", sondern mit „s" schreibe! – Meine Recherchen ergaben, daß so eine Helene nie in Rudolfstadt gelebt hat. – Nach Aussagen „aller" Behörden, die da noch oder immer noch existieren! –

Mensch, was willst du denn? – Du bekommst doch eine Abfindung! – Von uns allen! – Von den Steuerzahlern! – Zahlen die Politiker auch Steuern!? –

Im Oktober 1990 war dann die erste und gemeinsame deutsche Wahl zum Großdeutschen Bundestag. – Aber kurz zuvor wurde eine neue Wahlkampfmethode ausprobiert. – Da stach eine „Irre" den Gegenkandidaten in der Kölner Sporthalle mit einem Küchenmesser erstmal, nein zweimal, in seinen kurzen Hals, den SPD-Oskar L. nämlich. Aber parlamentarische Gerechtigkeit muß sein, deshalb die Attacke auch auf den Herrn Schäuble von der CDU. – Leider beinahe voll getroffen! – Ja, leider, denn soll so was der neue Stil der politischen Auseinandersetzung werden? – Gott bewahre uns! –

Nun, die Wahl ging zu Gunsten von unserem Helmut aus! – Das war für mich gar nicht anders zu erwarten gewesen, denn ausschlaggebend waren die „Neubürger"! Denen ging es genauso wie uns 1962, damals kannten die Ostdeutschen nur den Konrad Adenauer, den ersten Nachkriegsbundeskanzler. Der den Mut gehabt hatte, nach Moskau zu fahren und unsere Kriegsgefangenen zurückzuholen! – Ja, ich denke, wer in die Deutsche Geschichte eingehen will, der muß mal was mit Moskau zu tun gehabt haben! – So wie auch der Adolf Hitler. –

Nun, das Leben ging nach der Wiedervereinigung in Deutschland und in der ganzen Welt weiter, wenn auch mit vielen Ressentiments! –

Wir fuhren nach wie vor in Urlaub. – Jedes Jahr im zeitigen Frühjahr mal für zwei Wochen auf die Kanaren. – Auch mal mit Jürgens Familie. – 1990 war auch der Stammhalter Dennis-Knuth geboren worden, und so erlebte er Ende März 1991 auf Teneriffa seinen „zweiten" Geburtstag und auch das Sichselbstfortbewegen. – Und ich kann es doch! –

Wir hatten auch dort noch drei Wochen Time-Sharing gekauft, so daß wir mehrmals jährlich mit diesem System in Urlaub fahren konnten. – Eben auch immer mal woandershin! – Wir bekamen von der Vermittlerorganisation auch immer wieder sogenannte Bonuswochen (Zusatzwochen) angeboten, so daß wir auch schonmal unsere Verwandten einen Urlaub anbieten konnten. – So auch Gerald mit Frau und Gefolge! –

Ja, mit Gerald hatten wir uns noch öfters getroffen, mal hier, mal da. – Dabei haben wir dann auch über die Vergangenheit gesprochen, vor allem über die politische! – Wie er uns erzählte, hatte er auch schon ziemlich frühzeitig erkannt, daß „sein" himmliches Reich bald untergehen würde. – Vor allem aus wirtschaftlichen Gründen. – Diese seien natürlich auf die menschlichen Bedürfnisse zurückzuführen gewesen. – Er selbst habe irgendwann erkannt, daß die Menschen nicht ewig am Händchen geführt werden wollten. – Auch nicht in finanziellen Dingen. – Natürlich ausgenommen die Trägen und Faulen, die es überall auf der Welt gibt! – Er persönlich habe schon die letzten Jahre vor dem Zusammenbruch mit den Vertretern der Kirchen Verhandlungen geführt, die eine menschlich-psychologische Alternative im Hintergrund gehabt habe! – Für ihn sei das zwar sehr difficile gewesen, bei diesen Beratungen. – Aber es sei oft unter vier Augen abgelaufen. – So habe er beispielsweise mit dem kath. Bischof Meister, oder dem ev. Bischof Dingsbums aus Eisenach oder Erfurt ständig konferiert! – Noch heute bekäme er von einigen eine fröhliche Weihnachtskarte! – Ja, und mit der „Stasi" habe er nur am Rande zu tun gehabt. – Die waren ja dem SED-Politbüro direkt unterstellt gewesen. – Nun ja, sagte er zu mir, da sieh mal zu, daß wir die anderen mal an die Regierung bringen!? – Natürlich dachte er da wohl mehr an die Nachfolgepartei PDS, der er sicher auch beigetreten war? – Ich habe ihn danach nicht gefragt, aber er stand wohl mit einem Bein im Lager der SPD. – Wenn die nur nicht immer so blöd gewesen wären, und sich selbst durch Profilierungssucht das Wasser abgegraben hätten!? – Alles wie gehabt! –

Seine alten Kommilitonen, so auch „Elke", ehemalige Hauptmännin, und auch Liesel, ehemalige Leutnantin, sowie auch Liesels Husband, Helmut, waren nette Kerle! Wir feierten auf Elkes und Geralds Berg in Suhl irgendwas und auch sonst was! –

Im Herbst, glaube ich, im Jahre 1994, war es, wo wir zusammen Urlaub in Südspanien gemacht haben. – Auf Time-Sharing-Basis. – Bei Malaga, und in und um Granada herum, der Alhambra. – Und natürlich auch in Gibraltar! Ich hatte so gebucht daß die „Fünfte Kolonne" immer unter sich sein konnte! – Elke war eine große und gutgewachsene Frau, die eigentlich gar kein Hauptmann in meinem Sinne war! – Nein, sie war eigentlich eine sehr liebenswerte Dame. – Fast. – Nein, nicht Dame im Sinne des Wortes, sondern eben liebenswert! – Warum ihr Mann sie irgendwann verlassen hatte, weiß ich nicht. – Ich muß das auch nicht wissen! – Ihr Sohn mit Frau und Kind scheinen wohl eher ihrem Manne nachzukommen? –

Ich könnte mir denken, daß ich ihr gerne mal entgegengekommen wäre, wenn sie es immer noch will!? –

Aber dann waren wir wieder mal in Rudolfstadt, und da fuhren wir so in der „Blauen Schlange" und ganz langsam hinein, nach Rauchstadt. – Da, ganz plötzlich geschah es, daß wir links abbogen, direkt in die Schlußstraße rein! – Und siehe da, da wohnte doch meine ehemalige Sekretärin, die „Ulla"! – Ja, da gleich hinten links in der Nummer Neun! – Oder in der Nähe? – Wir konnten da auch parken, und eine Klingel hatte sie auch, um mal zu schellen! – Und siehe da, es hatte geklingelt! –

Fenster auf, im Vierten, und hallo!? – Ja, ja! Das kann doch nicht wahr sein! Ja, das ist doch, das sind doch. – Na so was, wie, wo, was wo kommt ihr denn endlich her!? – Moment, ich bin schon unten! –

Die Tür geht auf und fällt mir um meinen Hals und gibt mir einen Busserl! – Ja so was, komm Margot, laß dich küssen, mein lieber Knuth! –

Ja, das hatten wir gar nicht erwartet nach all unseren Erfahrungen mit der alten Heimat! – Hatten wir da schon immer einen, eine, vergessen!? –

Sorry, ich bin in der Schürze, wie konnte ich heute auch mit Besuch rechnen, noch dazu mit euch!? –

Wir hielten jetzt auch nur ein kurzes „Bla, bla", denn sowohl Ulla als auch wir hatten das nicht im Programm! – Ja, morgen oder so, da kommen wir vorbei. – Wir rufen noch an, vorher!? – Tschüßchen, Küßchen! –

Von unserer Urlaubsrückfahrt aus dem Bayrischen Wald hatten wir Thüringen mitangesteuert. – Dort hatten wir von Passau aufwärts über Deggendorf, Bogen, Regensburg und Bayreuth den ganzen Bayrischen Ostteil bereist. Auch eine Buskurzreise nach Prag hatten wir noch eingeschoben. –

Das war 1993, im Sommer. – Danach waren wir im Herbst mit Dennis noch drei Wochen in Holland, am Lauwersmeer bei Groningen. Er sollte aus gesundheitlichen Gründen sich öfters mal am Meer aufhalten. Seine Eltern waren schon drei Wochen vorher mit ihm da. – Wir hatten mit ihm dort auch keine Probleme, denn er ist von hauseaus eine Wasserratte und angelt auch gern!

Schon im Januar des vorangegangenen Jahres waren wir mit ihm auf Fuerteventura für zwei Wochen. Tagsüber hatten wir da mit ihm auch keine Probleme, da er den ganzen Tag mit dem großen Meer beschäftigt war! – Nur abends, immer dann, wenn er ins Bett sollte, bekam er Heimweh und sehnte sich nach seinen Eltern. – Da mußten wir immer zu Hause anrufen, und sein Papa mußte ihn überreden, doch noch dazubleiben! –

Das Jahr 1994 war dann nochmal ein recht arbeitsreiches Jahr für uns beide. – Denn Jürgen und Claudia wollten unbedingt ein Wochenendhaus haben. – Und weil ich all ihre vorangegangenen Kaufversuche zerredet hatte, wegen Baumängeln, oder zu weit entfernt und, und, hatten sie die Faxen irgendwann dicke und hatten sich ein Grundstück in Scheid im Bergischen Land für X-tausend gekauft. – Als ich es irgendwann mal inspizierte, stellte ich fest, daß das kleine Fachwerkhaus, das Claudia ganz besonders gefiel, am besten abzureißen sei, weil der Hausschwamm und der Hausbock alles schon aufgefressen hatte! – Eine Sanierung wäre teurer gekommen. – Natürlich Tränen, und wer soll das bezahlen!? – Also kommt, Vater und Mutter, macht voran! Ich war wieder am Zug mit der Planung und mit viel Geld. – Und damit man noch darüber schauen kann, hatten wir uns nochmal entschlossen, praktisch mit einzusteigen! – So bastelten Margot und ich den ganzen Sommer über an der Zulage herum. – Diese war viel aufwendiger, als alle drei vorangegangenen, denn es mußte wieder ein Holzfachwerkhaus sein, so die Behörden. – Ähnlich wie gehabt! – Wir machten alles aus Lärchenholz, was sehr schwer ist, dafür natürlich langlebig! – Fünfzig Jahre war es her, daß ich an Fachwerkbauten mitgewirkt hatte! – Ob das noch was wird? – Heinz kam dann zum Aufrichten, und siehe da, es war noch was geworden! – Ich brauchte mich nicht zu verstecken. Selbst der Zimmermeister, von dem wir das Holz hatten, zog seinen Hut! –

Im folgenden Jahr fuhren wir im April erstmal wieder nach Teneriffa zur Erholung, so wie gehabt in unser Apartment. – Danach, Anfang Mai, zu Kätes Geburtstag nach Schewlich. Ein, nein zwei andere Gründe kamen noch dazu. Der eine war, daß Margot ihren Vater vertretungsweise pflegen mußte, damit Evelin auch mal wieder in den Urlaub fahren konnte! – Der zweite Grund war, daß ich mit Ulla mal Essen gehen wollte. Was mir auch gelang. – Auf dem neuerbauten Marienturm waren wir. – Wir redeten viel, und nichts, dabei. Dann brachte ich sie zurück zu ihrer Wohnung, und sie nahm mich gar nicht einmal mit in ihre Wohnung, ja, mich sie küssen zu lassen, ließ sie nicht einmal dabei!? – Na gut, sie war erst vor vier Jahren Witwe geworden, aber nach so langer Zeit ließen sich andere Witwen schon mal wieder küssen und so!? – Daraufhin war ich fast kaum enttäuscht, denn wir nahmen sie anschließend mit uns mit nach Köln zu einem Entspannungsurlaub!

Aber aus meiner „Entspannung" wurde wieder nichts, denn sie war so lieb und nett, daß wir uns alle sehr mochten dabei. Sie war ein angenehmer und pflegeleichter Besuch bei uns. Wie nie zuvor. – Sie aß fast alles gern, was wir ihr anboten, und trank nicht allzuviel an Alkoholitäten, was Margot mehr als mir in den Kram paßte! – Was kann ein Mann schon mit „unenthemmten" Frauen anfangen? – So fuhren wir dann mal nach da und dort, und Margot mochte sie immer sehrer. – Sie zeigte ihr die Kölner Altstadt ganz allein, dieweil ich zu Hause bleiben sollte. – Dafür durfte ich ihnen was Gutes kochen! – Ich scharwenzelte um beide und charmeurte mit meinen zwei lieben Frauen nur so herum. – Das aber schien ihnen doch ganz ordentlich zu gefallen!? – Mir aber ganz besonders! –

So blieb es dann auch nicht aus, daß wir uns für das nächste Jahr, nämlich für jetzt, zu einem gemeinsamen Urlaub verabredeten! – Darauf freue ich mich aber auch recht schön! – Nach den Kanarienvögeln wollen wir fliegen! –

Wir waren nochmal auf Formentera für zwei Wochen und am Bodensee über Heidelberg mit Abstecher nach Zell am See. Dazu sollte eigentlich Heinz und Käte mitkommen, aber kurz vorher ließen sie uns mit unseren Arrangements sitzen. – Auch Mallorca wollten wir unbedingt mal kennenlernen, deshalb flogen wir da auch noch hin. – Ende Oktober, aber erst. –

Die Politik ließ einiges zu wünschen übrig, da fehlte immer noch die Führhand! – Wir turtelten von einer Rezession in die andere. – Die FDP mit den Herren Außenminister und dem Wirtschaftsminister schaukelten so lust- und frustlos dahin und konnten sich nicht für rechts und links entscheiden. – Die SPD ließ ab und zu mal einen Donnerschlag aus der Hose, konnte danach aber auch nicht am Ball bleiben, weil sie sich untereinander nicht abstimmen konnte! – Da war, wie gehabt, immer wieder die persönliche Profilierungssucht im Spiel! – Da kam der Oskar, der

Napoleon, mal wieder mit guten Ideen, aber er konnte sie einfach nicht an den Mann bringen!

Dafür hatte der Hellmut, gar keine Ideen, aber ihm war, wie immer schon, das Glück hold, und er brachte sie an den Mann! –

Die Grünen machten es den Roten nach und machten sich damit auch keine Freunde. – Im Gegenteil, sie arbeiteten alle für unseren gestandenen Bundeskanzler! – Na, und die PDS war eigentlich und inzwischen die eigentliche Opposition im Lande!? – Na bitte, Herr Jelzin, was sagst du nun!? –

Aber der Gorbatschow, den sie nach der Auflösung der Sowjetunion mal kurz eingesperrt hatten, die Russen, der hat sich wieder gemausert! – Der will im Sommer dieses Jahres wieder als Präsident kandidieren! – Mir kann das nur recht sein, denn ich halte ihn für den derzeit ungefährlichsten Kandidaten! – Auch bezüglich des Weltfriedens!!! –

Und vielleicht kann der unsere fünf „Mille" gebrauchen!? – Unsere Arbeitslosen! –

Ja, in den Ostwind hebt die Fahnen! – Nur nicht so hoch wie die Nazis es taten! Aber ich denke, daß die Zukunft in wirtschaftlicher Hinsicht vom Bedarf her in Osteuropa liegt. – Noch weiter hinten liegt sie, wie ich glaube, nämlich bis nach China muß man sein Augenmerk richten! – Ganz Europa sollte das tun! –

Und wenn heute in den neuen Bundesländern noch manches im Argen liegt, sowohl die kaputtgewalzte Wirtschaft, wie auch die hohen Arbeitslosenzahlen, so werden von dort aus in wenigen Jahren der wirtschaftliche Aufschwung und die Mechanisierung Osteuropas und Asiens vorangetrieben werden! – Man sollte hier im Rheinland beispielsweise gar nicht mehr so viele Wohnungen bauen wollen, sondern mehr die Transportwege und andere Infrastrukturen nach dem Osten! –

Unser Stammhalter machte uns viel Spaß, auch im Sinne des Wortes. So gab er immer mal wieder was zum Besten, wie: „Opi, du bist doch auch noch ein Kind." – Wieso das? – Na, du hast doch auch eine Mutter, oder? – Ja, aber die ist doch schon lange tot! – Aber trotzdem hast du eine Mutter, und du bist doch deiner Mutter Kind! – Also bist du auch noch ein Kind! –

Oder: Wieso soll ich auf euer Gäste-Klo gehen? – Ich bin doch kein Gast, ich gehöre doch zur Familie! –

Opa, schau dir mal meine Augen an! – Ja, und? – Na, da kannst du doch sehen, daß sie gleich weinen werden!? – Laßt mich doch meines Weges ziehen! –

Er hatte generell viel von mir, in seiner Art. Natürlich mußte ich immer um ihn sein. Als Gangster beispielsweise, wenn er den Sheriff spielte, oder als König, wobei er mich als Königshund bediente. – Oder er trieb mich mit meinen Jahren über den Fußballplatz, bis ich nicht mehr konnte. – Ganz stolz ist er auf sein neues Fahrrad, was wir ihm zu seinem „siebten" Geburtstag geschenkt haben. Damit will er mit sex ab Herbst ja in die Schule fahren. –

Hallo, Opi! Mit dir habe ich auch noch ein Hühnchen zu rupfen! – Warum das? Ja, ich finde es ungerecht, daß ich kein Taschengeld bekomme! – So, wie meine Schwester. –

Heute in einer Woche fliegen wir zusammen mit Ulla in die Ferien, hoffentlich hat Petrus bis dahin seine Schleusen zugemacht, denn es ist am Schneien, und das kurz vor Ostern! – Und ob sie „sie" dann endlich lüftet? – Ihre Superbrüste!? – Und ob sie mich dann in den Bauch beißt, ohne mir mein Rückgrat zu beschädigen, wie sie so schelmisch zu sagen pflegt!? – Na, warten wir's ab! –

Ulla kam mit dem Zug über Nürnberg nach Köln, um mit uns zusammen in den Urlaub nach Gran Canaria in eine Time-Sharing-Anlage zu fliegen. Für sie war es das erste Mal, wie sie sagte! – Das Fliegen meinte sie natürlich! – Aber auch ein Urlaub im westlichen Europa, ganz besonders auf den Kanaren, war für sie ein Erlebnis, das sie sich nie zu erhoffen gewagt hätte, hätte es die Einheit Deutschlands nicht gegeben!

Das erste Mißverständnis jedoch gab es am Bahnhof schon, weil sie meinen Anweisungen nicht gefolgt war, nämlich auf dem Bahnsteig auf mich zu warten!

Denn nachdem der Zug abgefahren und das Fußvolk sich verlaufen hatte, war sie nicht da! – War sie gar nicht mitgekommen, hatte sie irgendwo den Anschluß verpaßt!? – Aber nach Auskunft des Bahnpersonals hatte es unterwegs diesbezüglich keine Probleme gegeben. – Ich ging in Richtung Auskunft oder Bahnhofsmission, was ich ihr am Telefon geraten hatte, falls ich nicht pünktlich gewesen wäre.

Auf dem Wege dahin stolperte ich plötzlich beinahe über einen großen Koffer mit Ulla dabei! – Die Begrüßung war mangelhaft ausgefallen, weil ich immer noch ein wenig verschnupft zu sein schien. – Erst in der Trambahn fielen mir die Steine von dannen, und ich nahm sie in die Arme, und ich entschuldigte mich für mein unfreundliches Verhalten, während wir uns beinahe schon leidenschaftlich am Küssen zu sein schienen! –

Ich war zur Zeit autolos, weil Ford durch die Neuauflage des Fiesta in Lieferschwierigkeiten war. – Sonst hätte ich sie ja in Rudolfstadt mit dem Wagen abgeholt und natürlich auch zurückgebracht! – Das wäre auch in Margots Sinne gewesen. Hätte sie da doch ganz ungestört die Koffer packen und danach, nach der Rückkehr, auch die Wäsche waschen können! – Und ich hätte dabei nicht immer damit im Wege herumgestanden! – Und wie ich mich erst auf diese zwei Fahrten, zu „zweiallein" gefreut hatte! – So'n Pech aber auch, womit hatte ich das nun schon wieder verdient? – Doch nur ganz unverdienterweise! –

Nun, wie dem auch sei, wir hatten noch zwei Tage bis zum Abflug und turtelten und schäkerten so zu dritt miteinander so herum. Es war so angenehm und locker wie beim letzten Mal. – Auch Margot war ganz aufgekratzt, so daß ich glaubte, daß das ein toller Urlaub werden müßte! – Vielleicht so mit allem Dreierlei dabei!? Die große DC 10, die Condor uns zur Verfügung gestellt hatte, war dann, vor allem für Ulla, das Nonplusultra! – Ja, mit so was war sie noch nie gereist! Sie fühlte sich superprima und zeigte auch kein kleines bißchen Angst vor dem Fliegen! Wer bin ich denn, wozu Angst? – Und wenn schon, aber zeigen? Nein! – Niemals, schienen wohl ihre Gedanken zu sein. –

Ganz große Klasse fand sie alles in Playa de Ingles. – Die Dünen, den Strand, das Meer und auch die hübschen Häuser sowie die ausgesprochene Sauberkeit! Auch wenn sie zu Anfang, sicher durch die neuen Eindrücke bedingt, etwas zurückhaltend war, so änderte sich das bald, und der „Natschalnik" kam immer mehr zum Vorschein! – Ja, wenn ich darüber nachdenke, war sie doch eine andere in den vergangenen Jahren nach dem langen „Sich-nicht-sehens" geworden!? – Sie war nicht mehr die „kleine Sekretärin", nein, sie war eine sehr selbstbewußte Frau geworden, die genau wußte, was sie wollte! – Hatte sie doch auch kurz nach meiner Flucht 1961 eine neue Position bekommen! Es war in einer „Spezialeinheit", die zu Kontrollen in volkseigenen Firmen und Institutionen eingesetzt wurde. – Muß wohl ähnlich wie zu meiner Zeit gewesen sein, als mir der Bauausschußvorsitzende von meiner „heimlichen" Mitgliedschaft in so einer Organisation berichtet hatte!? –

Aber wie ich aus Gesprächen vermuten konnte, war das dann wohl eine neue offizielle Institution, die man in der DDR geschaffen hatte. – Und da ihr Chef der damalige geheimnisvolle Mitarbeiter des Kreisfinanzamtes Erich der Both war, der später auch als Stadtfinanzchef dem Verkauf meines Hausanteils an meinen Bruder Fred zugestimmt hatte, wurde ich schon ein wenig stutzig! – Als sie dabei auch erwähnte, daß der Both, sowie der Stadtkämmerer, der zuvor, der Jakobs, und, und, und, für die Stasi gearbeitet hätten, mußte ich mich doch wundern, daß Ulla als „Nichtparteigenossin" all das wußte!? – Die Frage bleibt, woher wohl? – Auch wußte, daß Margot nach meiner Flucht ständig observiert wurde. Ich denke, man sollte davon ausgehen, daß dort auch nicht alle Türen immer so dicht waren. So wie bei Resa damals auf dem Schreibtisch auch!? –

Aber in der DDR gab es die gleichen oder zumindest doch ähnlichen Stolpersteine wie hier im Westen. – Nämlich auch Schulungs- und Weiterbildungskurse, wo dann nach Schulschluß schon mal eine Einladung zum gemeinsamen, oder auch nur zu zweit angenommen wurde! – Da hatte Ulla mal das Pech gehabt, daß sie die Einladung eines Mitkommilitonen zum Abenddinner mit anschließendem Discobesuch angenommen hatte. – Nicht nur, daß da eine Mitfrau sauer auf sie war, weil der Einlader doch „ihr" Favorit war, sondern, weil sie danach bis in die Morgenstunden auf ihr Bett warten mußte, weil da nämlich ein anderer schon drin war, der wohl mit der Mitzimmerschwester da immer noch am Herumammachen war! –

Auf dem Stuhl im Flur hat sie geschlafen, bis ihr Bett wieder kalt geworden war. – Sagte sie!? –

Aber zurück zur Natur, ich denke, daß solche Kontakte generell nicht negativ waren, aber bei längerer Dauer doch zu den hohen Scheidungsraten in der damaligen DDR beigetragen hatten! – Bei uns irgendwie natürlich auch! –

Ja, manchmal versuchte sie schon, das Kommando an sich zu reißen! – Aber nicht mit mir, mit Knuth! – Wenn ich sie dann wieder in die Schranken verwiesen hatte, gab sie auch immer wieder klein bei und streichelte mich mit einem lieben Blick oder auch mit ihrem „Atombusen", wie sie ihn selbst nannte. – Das wiederum machte mich und ihn auch gleich wieder an! So spielten wir auch am Abend wieder gemeinsam Rommée zu dritt und tranken dabei auch immer was zum Anmachen. Beispielsweise die von mir noch verbesserte Sangria. – Ich glaube, wenn Margot etwas mehr davon mitgetunken hätte, hätten wir den „Dreier" doch noch geschafft!? – Aber ihr Magen wollte nicht so recht. Und so blieb es dann doch nur beim Petting zu dritt. – Meine beiden Damen hatten nämlich festgestellt, daß sie eigentlich fast gleich große Brüste hätten, nur daß Margots etwas fleischiger und im Durchmesser größer waren. – Ich konnte dazu aber keine definitive Aussage machen, weil Ulla ihre Katzen noch nicht aus dem Sack gelassen hatte. – Auch bei den üblichen Strandgängen nicht! –

Wenn sie dort auch ihre Blicke schweifen ließ, so wie wir anderen auch, auch in der Freikörperzone. – Oder wie sie sich auch an dem „Wichser" ergötzte, der beim Strandgang immer hinter einem durchsichtigen Geäst seine Lanze abfeuerte! – Das solle die letzte Aufnahme in meinem Film sein, wenn wir diese Insel verlassen, sagte sie, so als Talisman sozusagen! – Ja, wann bekomme man so was schon mal wieder geboten? –

Am gleichen Abend noch tauschten die Damen dann ihre BHs aus, und da wurde ich als Schiedsrichter gebraucht, auch zum Auf- und Zuknöpfen! – Ja, ihr habt die gleiche Größe, nur hat Ulla doch den besseren Büstenhalter, nämlich noch einer aus DDR-Zeiten. – Sie hatte allerdings einen besser aussehenden Busen, bei mitohne BH, denn er war länger, weiter auskragend, sprich ansprechender für meine Männlichkeit! 75/D hatte sie und Margot 85/D. –

Wenn du mal nach Rudolfstadt kommst, gebe ich dir die passende Größe, die du brauchst, die Sorte, die mir nie richtig gepaßt hat, meine liebe Margot! –

Am Strand hatten wir ein gutes Restaurant gefunden, wo wir gut essen konnten und auch gut bedient wurden. – Bonnes Dias, Seniores, Bonnes Dias mon Cassanova, mon Don Juan! – So empfingen die Camareos uns immer spaßhaft, und zum Schluß bekam dann jeder seinen Wunschcoktail, und meine Señoras auch ein Küßchen! – Wir hatten schönes Wetter gehabt und meine Frauen hatten sich auch noch was Nettes zum Anziehen gekauft, und so flogen wir nach zwei Wochen wieder nach Köln zurück! – Als ich Ulla nach zwei weiteren Tagen auf dem Bahnhof verabschiedete, sagte sie mir, daß sie lieber doch wieder einen Mann ganz für sich allein haben möchte, und bevor ich ausstieg, küßte sie mich innig, mehrmals und auch mit Zungenschlag und so! –

Und dabei standen wir beide ganz stramm, oder nur in der Hose! –

Und ich freue mich auf deinen, euren Besuch! – Und nochmals vielen Dank, und tschüßi auch, und winke, winke, und bald mal wieder!? –

Puff, puff, und weg war sie! –

Ja, und in der Politik ging auch immer mehr drunter und drüber! Schon mehr drunter! – Denn das Geld wurde immer knapper, Lohnforderungen der Arbeitnehmer wurden gedrückt, weit unter die Preissteigerungsraten, bis hin zur Nullrunde. – Die Rentner bekamen 0,56 Prozent Zulage, was bei Margot im Monat genau 1,78 DM ausmachte. – Bei mir nicht viel mehr! –

Man versuchte seitens der Regierung an allen Sozialleistungen wie Arbeitslosengeld, Sozialhilfe, Lohnfortzahlungen im Krankheitsfalle, Zuzahlungen zu Arzneimitteln oder zu Kuren zu reduzieren. – Nur bei den Erhöhungen der Diäten schienen alle Abgeordneten einig zu sein! – Dabei ging es aber nicht nur um Pfennigbeträge! –

Die alte Rezession war noch nicht zu Ende, als die neue schon wieder vor der Tür stand! – Nur mit einer noch größeren Grimasse im Gesicht! – Politiker sollte man werden, wenn man nicht weiß, was man werden will!? –

Ja, Herr Bundesgeldverteiler, jetzt guckste dumm. – Wie konnte das bloß passieren, wo sie doch immer wieder prophezeit haben, daß die Wiedervereinigung für unser großes Deutschland überhaupt kein Problem sei!

Es sollte nur noch kurz erwähnt werden, daß die „Stasiakten" endlich geschlossen werden sollten, denn es ist erschreckend, wer da alles in dieser Organisation verstrickt war!? – Ja, ich glaube, nicht nur alle Bürgermeisters und sonstigen kleinkarierten Mitläufer aller möglichen Verwaltungen und Betriebe!? – Das Schlimme daran ist nur, daß keiner den Mut aufbringt es zuzugeben! – Einer hat vor dem anderen Angst! – Nur wie sag ich es meinem Kinde? – Meinem Manne, meiner Frau!? – Sie schämten sich alle insgeheim und wußten nicht, wie da wieder herauszukommen! – Das ging soweit, daß sie sich auch ohne Worte verdächtigten und dabei fast zugrunde gingen! Ja, sie brachten sich damit fast bis an die Grenzen des Ruins!!!

Was weiß der von mir, wer war der, wer ist das!? – Das ist wohl noch das große Hemmnis für den unbefangenen Wiederaufbau! Für den unbefangenen Mut, etwas Neues zu beginnen!!! –

Nun geht eine schöne Geschichte zu Ende, und als ich bei Ulla nach ein paar Wochen mal hineinschaute, in Rudolfstadt, weil mich Margot gebeten hatte, ihr unser Vorbeikommen für den nächsten Tag anzukündigen, hat sie mich auch sehr herzlich begrüßt! – Schau mal hierher, mein lieber Knuth, sagte sie nach der ersten Begrüßung, schau dir mal dieses schöne Panorama an! –

Sie hatte sich ins offene Fenster mit Blick zur Heidecksburg gestellt, wobei sie mich an der Hand hinter sich hergeführt hatte. – Die Gardine war zwischen uns, und sie preßte mir ihren verlängerten Rücken entgegen! – Ja, du bist wirklich ein herrlicher Anblick, stotterte ich! – Dabei gingen die Reißverschlüsse auf! – Jaa! – Ooooh, Aach, Jaaa! – Ja, diesmal stand ich hinter der Kamera! –

Der Hummelflug!???